D12888411

Sección de Obras de Economía

EL CAPITAL EN EL SIGLO XXI

Traducción
Eliane Cazenave-Tapie Isoard

con la colaboración de
Guillermina Cuevas

Revisión de la traducción
José Carlos de Hoyos

Revisión técnica de la traducción
Gerardo Esquivel

THOMAS PIKETTY

El capital en el siglo XXI

FONDO DE CULTURA ECONÓMICA

Primera edición en francés, 2013
Primera edición en español, 2014

Piketty, Thomas
El capital en el siglo XXI / Thomas Piketty ; trad. de Eliane Cazenave-Tapie Isoard ; colab. de Guillermina Cuevas ; rev. de la trad. de José Carlos de Hoyos ; rev. técnica de la trad. de Gerardo Esquivel. — México : FCE, 2014
663 p. : ilus. ; 23 × 17 cm — (Sección de Obras de Economía)
Título original: Le Capital au XXIᵉ siècle
ISBN 978-607-16-2416-1

1. Capitalismo — Historia — Siglo XXI 2. Distribución, Teoría de la (Economía) 3. Economía — Teoría — Siglo XXI I. Cazenave-Tapie Isoard, Eliane, tr. II. Cuevas, Guillermina, tr. III. Hoyos, Juan Carlos de, rev. IV. Esquivel, Gerardo, rev. V. Ser. VI. t.

LC HB501 Dewey 332.041 P596c

Distribución mundial

Diseño de portada: Laura Esponda Aguilar

Este libro fue publicado en el marco del Programa de Apoyo a la Publicación de la Embajada de Francia en México/IFAL

Título original: *Le Capital au XXIᵉ siècle* de Thomas Piketty

ISBN 978-607-16-2416-1

Impreso en México • *Printed in Mexico*

SUMARIO

AGRADECIMIENTOS

Este libro se basa en 15 años de investigaciones (1998-2013) consagradas esencialmente a la dinámica histórica de los ingresos y la riqueza. Gran parte de estas investigaciones se llevó a cabo en colaboración con otros académicos.

Poco tiempo después de publicar en 2001 *Les Hauts Revenus en France au XXe siècle* [Los ingresos altos en Francia en el siglo XX], tuve la suerte de contar con el entusiasta apoyo de Anthony Atkinson y Emmanuel Saez. Sin ellos, no hay duda de que este modesto proyecto francocéntrico jamás habría adquirido la amplitud internacional que tiene hoy en día. Tras haber sido para mí un modelo durante mis años de formación, Tony fue el primer lector de mi trabajo histórico sobre las desigualdades en Francia, y de inmediato se ocupó del caso del Reino Unido y luego del de muchos otros países. Dirigimos juntos dos gruesos volúmenes publicados en 2007 y 2010, que abarcan en total más de 20 países y constituyen la más amplia base de datos disponible hasta ahora sobre la evolución histórica de las desigualdades en los ingresos. Con Emmanuel, abordamos el caso de los Estados Unidos. Pusimos al descubierto el vertiginoso incremento de los ingresos del 1% más rico desde los años de 1970-1980, lo que tuvo cierta influencia en el debate político en los Estados Unidos. Asimismo, juntos llevamos a cabo múltiples investigaciones teóricas sobre la tributación óptima del ingreso y del capital. Todas estas investigaciones conjuntas alimentaron abundantemente este libro, que les debe mucho.

En esta obra influyeron también mucho mis investigaciones históricas con Gilles Postel-Vinay y Jean-Laurent Rosenthal sobre los archivos sucesorios parisinos, desde la época de la Revolución francesa hasta nuestros días. Esos trabajos me permitieron captar la dimensión íntima y viva de la riqueza y del capital, y los problemas que se plantean respecto de su registro. Gilles y Jean-Laurent me permitieron sobre todo comprender mejor los múltiples paralelismos —y también las diferencias— entre la estructura de la propiedad vigente en la Bella Época y en este principio del siglo XXI.

El conjunto de este trabajo debe mucho a todos los estudiantes de doctorado e investigadores jóvenes con quienes he tenido la suerte de trabajar desde hace 15 años. Más allá de su aportación directa a los trabajos utilizados aquí, sus investigaciones y su energía alimentaron el clima de efervescencia intelectual en el que creció este libro. Pienso sobre todo en Facundo Alvaredo, Laurent Bach, Antoine Bozio, Clément Carbonnier, Fabien Dell, Gabrielle Fack, Nicolas Frémeaux, Lucie Gadenne, Julien Grenet, Élise Huilery, Camille Landais, Ioana Marinescu, Élodie Morival, Nancy Qian, Dorothée Rouzet, Stéfanie Stantcheva, Juliana Londono Velez, Guillaume Saint-Jacques, Christoph Schinke, Aurélie Sotura, Mathieu Valdenaire y Gabriel Zucman. En particular, sin la eficacia, el rigor y los talentos de coordinador de Facundo Alvaredo, no existiría la World Top Incomes Database, utilizada abundantemente en esta obra. Sin el entusiasmo y la exigencia de Camille Landais, jamás habría visto la luz nuestro proyecto participativo sobre "la revolución fiscal". Sin la minucia y la impresionante capacidad de trabajo de Gabriel Zucman, no habría podido llevar a cabo mi trabajo sobre la evolución histórica de la relación capital/ingreso en los países ricos, que tiene un papel central en este libro.

Deseo asimismo agradecer a las instituciones que hicieron posible este proyecto, y en primer lugar a la École des Hautes Études en Sciences Sociales (Escuela de Altos Estudios en Ciencias Sociales), en la que soy director de estudios desde el año 2000, así como a la École Normale Supérieure (Escuela Normal Superior), y todas las demás instituciones fundadoras de la École d'Économie de Paris (Escuela de Economía de París), en la que soy profesor desde su creación, tras haber sido su primer director, de 2005 a 2007. Al aceptar unir sus fuerzas y ser socios minoritarios de un proyecto más amplio que la suma de sus intereses privados, esas instituciones permitieron la constitución de un modesto bien público que, espero, contribuirá al desarrollo de una economía política multipolar en el siglo XXI.

Por último, gracias a Juliette, Déborah y Hélène, mis tres queridas hijas, por todo el amor y la fuerza que me dan. Y gracias a Julia, quien comparte mi vida y es también mi mejor lectora: su influencia y su apoyo, en cada una de las etapas de este libro, fueron esenciales. Sin ellas, no habría tenido la energía de sacar adelante este proyecto.

LIBRO Y ANEXO TÉCNICO/SITIO DE INTERNET: GUÍA DEL USUARIO

Con el fin de no sobrecargar el texto y las notas a pie de página, la descripción precisa de las fuentes históricas, las referencias bibliográficas, los métodos estadísticos y los modelos matemáticos fue remitida a un anexo técnico disponible en el siguiente sitio de internet: piketty.pse.ens.fr/capital21c.

El anexo técnico incluye esencialmente el conjunto de cuadros y series de datos utilizados para establecer las gráficas presentadas en el libro y una descripción detallada de las fuentes y los métodos correspondientes. También se presentan de manera más precisa en el anexo técnico las referencias bibliográficas indicadas en el libro y en las notas a pie de página. Este anexo incluye asimismo cierto número de cuadros y gráficas complementarios a los que a veces se hace referencia en las notas (por ejemplo, "Véanse las gráficas suplementarias S1.1, S1.2 y S1.3", capítulo I, p. 77, nota 21), además de un índice analítico. Tanto el anexo técnico como el sitio de internet se concibieron para ser consultados como complemento del libro y permitir varios niveles de lectura.

Los lectores interesados encontrarán también en línea el conjunto de los archivos (sobre todo en formato Excel y Stata), programas informáticos, fórmulas y ecuaciones matemáticas, remisiones a las fuentes primarias y ligas de internet hacia los estudios más técnicos que sirvieron de fundamento para este libro.

El objetivo es que este libro pueda ser leído por personas que no disponen de ningún bagaje técnico en particular y, al mismo tiempo, que el conjunto libro/anexo técnico pueda satisfacer a los estudiantes e investigadores especializados. Además, esto me permitirá poner en línea versiones revisadas y actualizadas del anexo técnico, así como de los cuadros y gráficas. Agradezco por adelantado a los lectores y a los internautas que deseen comunicarme sus observaciones y reacciones por correo electrónico (piketty@ens.fr).

Las distinciones sociales sólo pueden fundarse en la utilidad común.

Artículo primero,
Declaración de los Derechos del Hombre
y del Ciudadano, 1789

INTRODUCCIÓN

La distribución de la riqueza es una de las cuestiones más controversiales y debatidas en la actualidad. Pero ¿qué se sabe realmente de su evolución a lo largo del tiempo? ¿Acaso la dinámica de la acumulación del capital privado conduce inevitablemente a una concentración cada vez mayor de la riqueza y del poder en unas cuantas manos, como lo creyó Marx en el siglo XIX? O bien, ¿acaso las fuerzas equilibradoras del crecimiento, la competencia y el progreso técnico conducen espontáneamente a una reducción y a una armoniosa estabilización de las desigualdades en las fases avanzadas del desarrollo, como lo pensó Kuznets en el siglo XX? ¿Qué se sabe en realidad de la evolución de la distribución de los ingresos y de la riqueza desde el siglo XVIII, y qué lecciones podemos extraer para el siglo XXI?

Éstas son las preguntas a las que intento dar respuesta en este libro. Digámoslo de entrada: las respuestas presentadas son imperfectas e incompletas, pero se basan en datos históricos y comparativos mucho más extensos que los de todos los trabajos anteriores —abarcan tres siglos y más de 20 países—, y en un marco teórico renovado que permite comprender mejor las tendencias y los mecanismos subyacentes. El crecimiento moderno y la difusión de los conocimientos permitieron evitar el apocalipsis marxista, mas no modificaron las estructuras profundas del capital y de las desigualdades, o por lo menos no tanto como se imaginó en las décadas optimistas posteriores a la segunda Guerra Mundial. Cuando la tasa de rendimiento del capital supera de modo constante la tasa de crecimiento de la producción y del ingreso —lo que sucedía hasta el siglo XIX y amenaza con volverse la norma en el siglo XXI—, el capitalismo produce mecánicamente desigualdades insostenibles, arbitrarias, que cuestionan de modo radical los valores meritocráticos en los que se fundamentan nuestras sociedades democráticas. Sin embargo, existen medios para que la democracia y el interés general logren retomar el control del capitalismo y de los intereses privados, al tiempo que rechazan los repliegues proteccionistas y nacionalistas. Este libro intenta hacer propuestas en ese sentido, apoyándose en las lecciones de esas experiencias históricas, cuyo relato constituye la trama principal de la obra.

¿Un debate sin fuentes?

Durante mucho tiempo los debates intelectuales y políticos sobre la distribución de la riqueza se alimentaron de muchos prejuicios y de muy pocos hechos.

Desde luego, cometeríamos un error al subestimar la importancia de los conocimientos intuitivos que cada persona desarrolla acerca de los ingresos y de la riqueza de su época, sin marco teórico alguno y sin ninguna estadística representativa. Veremos, por ejemplo, que el cine y la literatura —en particular la novela del siglo XIX— rebosan de informaciones sumamente precisas acerca de los niveles de vida y fortuna de los diferentes grupos sociales, y sobre todo acerca de la estructura profunda de las desigualdades, sus justificaciones y sus implicaciones en la vida de cada uno. Las novelas de Jane Austen y Balzac, en particular, presentan cuadros pasmosos de la distribución de la riqueza en el Reino Unido y en Francia en los años de 1790 a 1830. Los dos novelistas poseían un conocimiento íntimo de la jerarquía de la riqueza en sus respectivas sociedades; comprendían sus fronteras secretas, conocían sus implacables consecuencias en la vida de esos hombres y mujeres, incluyendo sus estrategias maritales, sus esperanzas y sus desgracias; desarrollaron sus implicaciones con una veracidad y un poder evocador que no lograría igualar ninguna estadística, ningún análisis erudito.

En efecto, el asunto de la distribución de la riqueza es demasiado importante como para dejarlo sólo en manos de los economistas, los sociólogos, los historiadores y demás filósofos. Atañe a todo el mundo, y más vale que así sea. La realidad concreta y burda de la desigualdad se ofrece a la vista de todos los que la viven, y suscita naturalmente juicios políticos tajantes y contradictorios. Campesino o noble, obrero o industrial, sirviente o banquero: desde su personal punto de vista, cada uno ve las cosas importantes sobre las condiciones de vida de unos y otros, sobre las relaciones de poder y de dominio entre los grupos sociales, y se forja su propio concepto de lo que es justo y de lo que no lo es. El tema de la distribución de la riqueza tendrá siempre esta dimensión eminentemente subjetiva y psicológica, que de modo irreductible genera conflicto político y que ningún análisis que se diga científico podría apaciguar. Por fortuna, la democracia jamás será remplazada por la república de los expertos.

Por ello, el asunto de la distribución también merece ser estudiado de modo sistemático y metódico. A falta de fuentes, métodos, conceptos definidos con precisión, es posible decir cualquier cosa y su contrario. Para algunos las desigualdades son siempre crecientes, y el mundo cada vez más injusto, por definición. Para otros las desigualdades son naturalmente decrecientes, o bien se armonizan de manera espontánea, y ante todo no debe hacerse nada que pueda perturbar ese feliz equilibrio. Frente a este diálogo de sordos, en el que a menudo cada campo justifica su propia pereza intelectual mediante la del campo contrario, hay un cometido para un procedimiento de investigación sistemática y metódica, aun cuando no sea plenamente científica. El análisis erudito jamás pondrá fin a los violentos conflictos políticos suscitados por la desigualdad. La investigación en ciencias sociales es y será siempre balbuceante e imperfecta; no tiene la pretensión de transformar la economía, la sociología o la historia en ciencias exactas, sino que, al establecer con paciencia hechos y regularidades, y al analizar con serenidad los mecanismos económicos, sociales y políticos que sean capaces de dar cuenta de éstos, puede procurar que el debate democrático esté mejor informado y se centre en las preguntas correctas; además, puede contribuir a redefinir siempre los términos del debate, revelar las certezas estereotipadas y las imposturas, acusar y cuestionarlo todo siempre. Éste es, a mi entender, el papel que pueden y deben desempeñar los intelectuales y, entre ellos, los investigadores en ciencias sociales, ciudadanos como todos, pero que tienen la suerte de disponer de más tiempo que otros para consagrarse al estudio (y al mismo tiempo recibir un pago por ello, un privilegio considerable).

Ahora bien, debemos advertir que durante mucho tiempo las investigaciones eruditas consagradas a la distribución de la riqueza se basaron en relativamente escasos hechos establecidos con solidez, y en muchas especulaciones puramente teóricas. Antes de exponer con más precisión las fuentes de las que partí y que intenté reunir en el marco de este libro, es útil elaborar un rápido historial de las reflexiones sobre estos temas.

Malthus, Young y la Revolución francesa

Cuando nació la economía política clásica en el Reino Unido y en Francia, a fines del siglo XVIII y principios del XIX, la distribución ya era el centro de todos los análisis. Todos veían claramente que habían empezado transformaciones radicales, sobre todo con un crecimiento demográfico sostenido —desconocido hasta entonces— y los inicios del éxodo rural y de la Revolución industrial. ¿Cuáles serían las consecuencias de esos trastornos en el reparto de la riqueza, la estructura social y el equilibrio político de las sociedades europeas?

Para Thomas Malthus, que en 1798 publicó su *Ensayo sobre el principio de población,* no cabía ninguna duda: la principal amenaza era la sobrepoblación.[1] Sus fuentes eran escasas, pero las utilizó de la mejor manera posible. Influyeron en él sobre todo los relatos de viaje de Arthur Young, agrónomo inglés que recorrió los caminos del reino de Francia en 1787-1788, en vísperas de la Revolución, desde Calais hasta los Pirineos, pasando por la Bretaña y el Franco Condado, y quien relató la miseria de las campiñas.

No todo era impreciso en ese apasionante relato; lejos de eso. En esa época, Francia era por mucho el país europeo más poblado, y por tanto constituía un punto de observación ideal. Hacia 1700, el reino de Francia contaba ya con más de 20 millones de habitantes, en un momento en que el

[1] Thomas Malthus (1766-1834) fue un economista inglés, considerado uno de los más influyentes de la escuela "clásica", al lado de Adam Smith (1723-1790) y David Ricardo (1772-1823).

Reino Unido constaba de poco más de ocho millones de almas (e Inglaterra de alrededor de cinco millones). Francia presenció el crecimiento de su población a un ritmo sostenido a lo largo del siglo XVIII, desde fines del reinado de Luis XIV hasta el de Luis XVI, al punto de que su población se acercó a los 30 millones de habitantes en la década de 1780. Todo permite pensar que, en efecto, ese dinamismo demográfico, desconocido durante los siglos anteriores, contribuyó al estancamiento de los salarios agrícolas y al incremento de la renta de la tierra en las décadas previas a la deflagración de 1789. Sin hacer de ello la causa única de la Revolución francesa, parece evidente que esta evolución sólo incrementó la creciente impopularidad de la aristocracia y del régimen político imperante.

Sin embargo, el relato de Young, publicado en 1792, estaba asimismo impregnado de prejuicios nacionalistas y comparaciones engañosas. Nuestro gran agrónomo estaba muy insatisfecho con los mesones y con los modales de los sirvientes que le llevaban de comer, a los que describió con asco. De sus observaciones, a menudo bastante triviales y anecdóticas, pretendía deducir consecuencias para la historia universal. Sobre todo le preocupaba la agitación política a la que podía llevar la miseria de las masas. Young estaba particularmente convencido de que sólo un sistema político a la inglesa —con cámaras separadas para la aristocracia y el Estado llano, y el derecho de veto para la nobleza— permitiría un desarrollo armonioso y apacible, dirigido por personas responsables. Estaba seguro de que Francia se hallaba condenada al fracaso al aceptar en 1789-1790 que ocuparan un escaño unos y otros en un mismo parlamento. No es exagerado afirmar que el conjunto de su relato estaba determinado por cierto temor a la Revolución francesa. Cuando se diserta sobre la distribución de la riqueza, la política nunca está muy distante, y a menudo es difícil evitar los prejuicios y los intereses de clase de la época.

Cuando, en 1798, el reverendo Malthus publicó su famoso *Ensayo,* fue aún más radical en sus conclusiones. Al igual que su compatriota, estaba muy preocupado por las noticias políticas que llegaban de Francia, y consideraba que para asegurarse de que semejantes excesos no se extendieran un día al Reino Unido era urgente suprimir todo el sistema de asistencia a los pobres y controlar severamente su natalidad, a falta de lo cual el mundo entero caería en sobrepoblación, caos y miseria. Es ciertamente imposible entender las excesivamente sombrías previsiones malthusianas sin tomar en cuenta el miedo que abrumaba a buena parte de las élites europeas en la década de 1790.

Ricardo: el principio de escasez

Retrospectivamente, es muy fácil burlarse de los profetas de la desgracia, pero, objetivamente, es importante darse cuenta de que las transformaciones económicas y sociales que estaban en curso a finales del siglo XVIII y principios del XIX eran bastante impresionantes, incluso traumáticas. En realidad, la mayoría de los observadores de la época —no sólo Malthus y Young— tenía una visión por demás sombría, aun apocalíptica, de la evolución a largo plazo de la distribución de la riqueza y de la estructura social. Esto se aprecia sobre todo en David Ricardo y Karl Marx —sin lugar a dudas los dos economistas más influyentes del siglo XIX—, quienes imaginaban que un pequeño grupo social —los terratenientes, en el caso de Ricardo; los capitalistas industriales, en el de Marx— se adueñaría inevitablemente de una parte siempre creciente de la producción y del ingreso.[2]

Para Ricardo, que en 1817 publicó sus *Principios de economía política y tributación,* la principal preocupación era la evolución a largo plazo del precio de la tierra y del nivel de la renta del suelo. Al igual que Malthus, casi no disponía de ninguna fuente estadística digna de ese nombre, pero eso no le impedía poseer un conocimiento íntimo del capitalismo de su época. Al pertenecer a una familia de financieros judíos de origen portugués, parecía tener menos prejuicios políticos que Malthus, Young o Smith. Influyó en él el modelo de Malthus, pero llevó el razonamiento más lejos. Se interesó sobre todo en la siguiente paradoja lógica: desde el momento en que el incremento de la población y de la producción se prolonga de modo duradero, la tierra tiende a volverse cada vez más escasa en comparación con otros bienes. La ley de la oferta y la demanda debería conducir a un alza continua del precio de la tierra y de las rentas pagadas a los terratenientes. Con el tiempo, estos últimos recibirían una parte cada vez más importante del ingreso nacional, y el resto de la población una fracción cada vez más reducida, lo que sería destructivo para el equilibrio social. Para Ricardo, la única salida lógica y políticamente satisfactoria es un impuesto cada vez más gravoso sobre la renta del suelo.

Esta sombría predicción no se confirmó: desde luego, la renta del suelo permaneció mucho tiempo en niveles elevados, pero en resumidas cuentas, a medida que disminuía el peso de la agricultura en el ingreso nacional, el valor de las tierras agrícolas decayó inexorablemente respecto de las demás formas de riqueza. Al escribir en la década de 1810, sin lugar a dudas Ricardo no podía anticipar la amplitud del progreso técnico y del desarrollo industrial que se daría en el siglo que se iniciaba. Al igual que Malthus y Young, no lograba imaginar una humanidad totalmente liberada del apremio alimentario y agrícola.

No por ello su intuición sobre el precio de la tierra deja de ser interesante: potencialmente el "principio de escasez" sobre el que se apoya puede

[2] Desde luego que existía una escuela liberal más optimista: al parecer Adam Smith pertenece a ella, y a decir verdad no se cuestionaba realmente sobre una posible divergencia de la distribución de la riqueza a largo plazo. Lo mismo sucedía con Jean-Baptiste Say (1767-1832), quien también creía en la armonía natural.

llevar a algunos precios a alcanzar valores extremos durante largos decenios. Esto bastaría para desestabilizar de modo profundo sociedades enteras. El sistema de precios tiene un papel irremplazable en la coordinación de las acciones de millones de individuos, o hasta de miles de millones de individuos en el marco de la nueva economía mundial. El problema estriba en que este sistema no conoce ni límite ni moral.

Cometeríamos un error al despreciar la importancia de este principio en el análisis de la distribución mundial de la riqueza en el siglo XXI; para convencerse de ello, baste con remplazar en el modelo de Ricardo el precio de las tierras agrícolas por el de los bienes raíces urbanos en las grandes capitales, o bien por el precio del petróleo. En ambos casos, si la tendencia observada a lo largo de los años 1970-2010 se prolongara para el periodo 2010-2050 o 2010-2100, se llegaría a desequilibrios económicos, sociales y políticos de considerable amplitud —tanto entre países como dentro de ellos—, que no distan de evocar el apocalipsis ricardiano.

Desde luego, existe en principio un mecanismo económico muy simple que permite equilibrar el proceso: el juego de la oferta y la demanda. Si un bien tiene una oferta insuficiente y si su precio es demasiado elevado, entonces debe disminuir la demanda de ese bien, lo que permitirá reducir el precio. Dicho de otra manera, si se incrementan los precios inmobiliarios y petroleros, basta con ir a vivir al campo, o bien utilizar una bicicleta (o ambas cosas al mismo tiempo). No obstante, además de que esto puede ser un poco molesto y complicado, semejante ajuste requeriría varias décadas, a lo largo de las cuales es posible que los dueños de los inmuebles y del petróleo acumulen créditos tan importantes sobre el resto de la población que a largo plazo se volverían propietarios de todo lo que se pueda poseer, incluso del campo y de las bicicletas.[3] Como de costumbre, es posible que lo peor no suceda. Es demasiado pronto para anunciar al lector que tendrá que pagar su renta al emir de Qatar de aquí a 2050: ese tema será examinado en su momento, y desde luego la respuesta que daremos será más matizada, aunque medianamente tranquilizadora. Pero es importante entender desde ahora que el juego de la oferta y la demanda no impide en lo absoluto semejante posibilidad; a saber, una divergencia mayor y perdurable de la distribución de la riqueza, vinculada con los movimientos extremos de ciertos precios relativos. Éste es el mensaje principal del principio de escasez introducido por Ricardo. Nada nos obliga a dejarlo al azar.

[3] Desde luego, la otra posibilidad es incrementar la oferta, descubriendo nuevos yacimientos (o nuevas fuentes de energía, de ser posible más limpias), o mediante una densificación del hábitat urbano (por ejemplo, construyendo torres más altas), lo que plantea otras dificultades. En todo caso, esto también puede tomar decenios.

Marx: el principio de acumulación infinita

Cuando Marx publicó, en 1867, el primer tomo de *El capital,* es decir, exactamente medio siglo después de la publicación de los *Principios* de Ricardo, había ocurrido una profunda evolución de la realidad económica y social: ya no se trataba de saber si la agricultura podría alimentar a una población creciente o si el precio de la tierra subiría hasta las nubes, sino más bien de comprender la dinámica de un capitalismo en pleno desarrollo.

El suceso más destacado de la época era la miseria del proletariado industrial. A pesar del desarrollo —o tal vez en parte debido a él— y del enorme éxodo rural que había empezado a provocar el incremento de la población y de la productividad agrícola, los obreros se apiñaban en cuchitriles. Las jornadas de trabajo eran largas, con sueldos muy bajos. Se desarrollaba una nueva miseria urbana, más visible, más chocante y en ciertos aspectos aún más extrema que la miseria rural del Antiguo Régimen. *Germinal, Oliver Twist* o *Los miserables* no nacieron de la imaginación de los novelistas, ni tampoco las leyes que en 1841 prohibieron el trabajo de niños menores de ocho años en las manufacturas de Francia, o el de los menores de diez años en las minas del Reino Unido en 1842. El *Cuadro del estado físico y moral de los obreros empleados en las manufacturas,* publicado en Francia en 1840 por el doctor Villermé y que inspiró la tímida legislación de 1841, describía la misma realidad sórdida que *La situación de la clase obrera en Inglaterra,* publicado por Engels en 1845.[4]

De hecho, todos los datos históricos de los que disponemos en la actualidad indican que no fue sino hasta la segunda mitad —o más bien hasta el último tercio— del siglo XIX cuando ocurrió un incremento significativo del poder adquisitivo de los salarios. De la década de 1800-1810 a la de 1850-1860, los salarios de los obreros se estancaron en niveles muy bajos, cercanos a los del siglo XVIII y los siglos anteriores, e incluso inferiores en algunos casos. Esta larga fase de estancamiento salarial, que se observa tanto en el Reino Unido como en Francia, es particularmente impresionante debido a que el crecimiento económico se aceleró durante ese periodo. La participación del capital —beneficios industriales, renta del suelo, rentas urbanas— en el ingreso nacional, en la medida en que se lo puede estimar a partir de las fuentes imperfectas de las que disponemos hoy en día, se incrementó con fuerza en ambos países durante la primera mitad del siglo XIX,[5] y disminuyó ligera-

[4] Friedrich Engels (1820-1895), quien se volvería amigo y colaborador de Marx, tuvo una experiencia directa con su objeto de estudio, pues en 1842 se instaló en Manchester y dirigió una fábrica de su padre.

[5] Recientemente, el historiador Robert Allen propuso llamar "pausa de Engels" a ese largo estancamiento salarial. Véase R. Allen, "Engels' Pause: A Pessimist's Guide to the British Industrial Revolution", Oxford University, Nuffield College, Departamento de Economía, documento

mente en los últimos decenios de ese siglo, cuando los salarios se recuperaron parcialmente del retraso en su incremento. Sin embargo, los datos que reunimos indican que no hubo disminución estructural alguna de la desigualdad antes de la primera Guerra Mundial. En el transcurso de 1870-1914, en el mejor de los casos se presenció una estabilización de la desigualdad en un nivel muy elevado, y en ciertos aspectos una espiral inequitativa sin fin, en particular con una concentración cada vez mayor de la riqueza. Es muy difícil decir adónde habría conducido esta trayectoria sin los importantes choques económicos y políticos provocados por la deflagración de 1914-1918, que, a la luz del análisis histórico, y con la retrospectiva de la que disponemos hoy en día, se revelan como las únicas fuerzas que podían llevar a la reducción de las desigualdades desde la Revolución industrial.

Lo cierto es que la prosperidad del capital y de los beneficios industriales, en comparación con el estancamiento de los ingresos destinados al trabajo, era una realidad tan evidente en la década de 1840-1850 que todos eran perfectamente conscientes de ello, aun si en ese momento nadie disponía de estadísticas nacionales representativas. Es en este contexto donde se desarrollaron los primeros movimientos comunistas y socialistas. La pregunta central es simple: ¿para qué sirvió el desarrollo de la industria, para qué sirvieron todas esas innovaciones técnicas, ese trabajo, esos éxodos, si al cabo de medio siglo de desarrollo industrial la situación de las masas siguió siendo igual de miserable, sin más remedio que prohibir en las fábricas el trabajo de los niños menores de ocho años? Parecía evidente el fracaso del sistema económico y político imperante. La siguiente pregunta también era evidente: ¿qué se puede decir de la evolución que tendría semejante sistema a largo plazo?

Marx se consagró a esa tarea. En 1848, en vísperas de la "Primavera de los pueblos", ya había publicado el *Manifiesto comunista*,[6] texto corto y eficaz que comienza con el famoso "Un fantasma recorre Europa: el fantasma del comunismo"[7] y concluye con la no menos célebre predicción revolucionaria: "el desarrollo de la gran industria socava bajo los pies de la burguesía las bases sobre las que ésta produce y se apropia de lo producido. La burguesía produce, ante todo, sus propios sepultureros. Su hundimiento y la victoria del proletariado son igualmente inevitables".[8]

de trabajo núm. 315, 2007. Véase asimismo R. Allen: "Engels' Pause: Technical Change, Capital Accumulation, and Inequality in the British Industrial Revolution", *Explorations in Economic History*, vol. 46, núm. 4, octubre de 2009, pp. 418-435.

[6] K. Marx y F. Engels, *El manifiesto comunista,* trad., Jesús Izquierdo Martín, FCE, México, 2007, p. 155.

[7] Y la primera frase prosigue así: "Todas las fuerzas de la vieja Europa se han unido en santa cruzada para acosar a ese fantasma: el papa y el zar, Metternich y Guizot, los radicales franceses y los polizontes alemanes". *Ídem.* El talento literario y polémico de Karl Marx (1818-1883), filósofo y economista alemán, explica sin duda parte de su inmensa influencia.

[8] *Ibid.*, pp. 167-168.

En las dos décadas siguientes, Marx se dedicó a escribir el voluminoso tratado que justificaría esta conclusión, y a fundamentar el análisis del capitalismo y su desplome. Esta obra quedaría inconclusa: el primer tomo de *El capital* se publicó en 1867, pero Marx falleció en 1883, sin haber terminado los dos siguientes tomos, que publicaría después de su muerte su amigo Engels, a partir de los fragmentos de manuscritos —a menudo oscuros— que Marx dejó.

A semejanza de Ricardo, Marx basó su trabajo en el análisis de las contradicciones lógicas internas del sistema capitalista. De esta manera, buscó distinguirse tanto de los economistas burgueses (que concebían el mercado como un sistema autorregulado, es decir, capaz de equilibrarse solo, sin mayor divergencia, similar a la "mano invisible" de Smith y a la "ley de Say") como de los socialistas utópicos o proudhonianos, quienes, según él, se contentaban con denunciar la miseria obrera sin proponer un estudio verdaderamente científico de los procesos económicos operantes.[9] En resumen: Marx partió del modelo ricardiano del precio del capital y del principio de escasez, y ahondó en el análisis de la dinámica del capital, al considerar un mundo en el que el capital es ante todo industrial (máquinas, equipos, etc.) y no rural, y puede, entonces, acumularse potencialmente sin límite. De hecho, su principal conclusión es lo que se puede llamar el "principio de acumulación infinita", esto es, la inevitable tendencia del capital a acumularse y a concentrarse en proporciones infinitas, sin límite natural; de ahí el resultado apocalíptico previsto por Marx: ya sea que haya una baja tendencial de la tasa de rendimiento del capital (lo que destruye el motor de la acumulación y puede llevar a los capitalistas a desgarrarse entre sí), o bien que el porcentaje del capital en el ingreso nacional aumente indefinidamente (lo que, tarde o temprano, provoca que los trabajadores se unan y se rebelen), en todo caso no es posible ningún equilibrio socioeconómico o político estable.

Esta negra profecía de Marx no estuvo más cerca de ocurrir que aquella prevista por Ricardo. A partir del último tercio del siglo XIX, por fin los sueldos empezaron a subir: se generalizó la mejora del poder adquisitivo, lo que cambió radicalmente la situación, a pesar de que siguieron siendo muy importantes las desigualdades, y en algunos aspectos éstas no dejaron de crecer hasta la primera Guerra Mundial. En efecto, la revolución comunista tuvo lugar, pero en el país más atrasado de Europa, aquel en el que apenas se iniciaba la Revolución industrial (Rusia), mientras los países europeos más adelantados exploraban otras vías —socialdemócratas— para la fortuna de sus habitantes. Al igual que los autores anteriores, Marx pasó totalmente por alto la posibilidad de un progreso técnico duradero y de un crecimiento continuo de la productividad, una fuerza que, como veremos, permite equilibrar

[9] En 1847 Marx había publicado *La miseria de la filosofía*, libro en el que ridiculizó *La filosofía de la miseria*, publicada por Proudhon algunos años antes.

—en cierta medida— el proceso de acumulación y de creciente concentración del capital privado. Sin duda carecía de datos estadísticos para precisar sus predicciones. Sin duda también fue víctima del hecho de haber fijado sus conclusiones desde 1848, aun antes de iniciar las investigaciones que podrían justificarlas. Es por demás evidente que Marx escribía en un clima de gran exaltación política, lo que a veces conduce a atajos apresurados que es difícil evitar; de ahí la absoluta necesidad de vincular el discurso teórico con fuentes históricas tan completas como sea posible, a lo que en realidad Marx no se abocó.[10] A esto se suma que ni siquiera se cuestionó sobre cómo sería la organización política y económica de una sociedad en la que se hubiera abolido por completo la propiedad privada del capital —problema complejo, si lo hubiera, como lo demuestran las dramáticas improvisaciones totalitarias de los regímenes que intentaron llevarla a cabo.

Sin embargo, veremos que, a pesar de todas sus limitaciones, en muchos aspectos el análisis marxista conserva cierta pertinencia. Primero, Marx partió de una pregunta importante (relativa a una concentración inverosímil de la riqueza durante la Revolución industrial) e intentó darle respuesta con los medios de los que disponía: he aquí un proceder en el que los economistas actuales harían bien en inspirarse. Entonces, cabe destacar que el principio de acumulación infinita defendido por Marx contiene una intuición fundamental para el análisis tanto del siglo XXI como del XIX, y que es en cierta manera aún más inquietante que el principio de escasez tan apreciado por Ricardo. Ya que la tasa de incremento de la población y de la productividad permanece relativamente baja, las riquezas acumuladas en el pasado adquieren naturalmente una importancia considerable, potencialmente desmedida y desestabilizadora para las sociedades a las que atañen. Dicho de otra manera, un bajo crecimiento permite equilibrar tan sólo frágilmente el principio marxista de acumulación infinita: de ello resulta un equilibrio que no es tan apocalíptico como el previsto por Marx, pero que no deja de ser bastante perturbador. La acumulación se detiene en un punto finito, pero ese punto puede ser sumamente elevado y desestabilizador. Veremos que el enorme incremento del valor total de la riqueza privada —medido en años de ingreso nacional—, que se observa desde la década de 1970-1980 en el conjunto de los países ricos —en particular en Europa y en Japón—, obedece directamente a esta lógica.

[10] En el capítulo VI volveremos a las relaciones que Marx mantenía con las estadísticas. En resumen: a veces Marx intentó utilizar de la mejor manera posible el aparato estadístico de su época (que era mejor que el de la época de Malthus y Ricardo, aunque objetivamente seguía siendo bastante rudimentario), pero muy a menudo lo hizo de manera relativamente impresionista y sin establecer de manera muy clara el vínculo con sus desarrollos teóricos.

De Marx a Kuznets: del apocalipsis al cuento de hadas

Al pasar de los análisis de Ricardo y Marx en el siglo XIX a los de Simon Kuznets en el siglo XX, se puede decir que la investigación económica pasó de un gusto pronunciado —y sin duda excesivo— por las predicciones apocalípticas a una atracción no menos excesiva por los cuentos de hadas, o al menos por los finales felices. Según la teoría de Kuznets, en efecto, la desigualdad del ingreso se ve destinada a disminuir en las fases avanzadas del desarrollo capitalista, sin importar las políticas seguidas o las características del país, y luego tiende a estabilizarse en un nivel aceptable. Propuesta en 1955, se trata realmente de una teoría para el mundo encantado del periodo conocido como los "Treinta Gloriosos": para Kuznets basta con ser paciente y esperar un poco para que el desarrollo beneficie a todos.[11] Una expresión anglosajona resume fielmente la filosofía del momento: "Growth is a rising tide that lifts all boats" ("El crecimiento es una marea ascendente que levanta todos los barcos"). Es necesario relacionar también ese momento optimista con el análisis de Robert Solow de 1956 acerca de las condiciones de un "sendero de crecimiento equilibrado", es decir, una trayectoria de crecimiento en la que todas las magnitudes —producción, ingresos, beneficios, sueldos, capital, precios de los activos, etc.— progresan al mismo ritmo, de tal manera que cada grupo social saca provecho del crecimiento en las mismas proporciones, sin mayor divergencia.[12] Se trata de la visión diametralmente opuesta a la espiral desigualitaria ricardiana o marxista y de los análisis apocalípticos del siglo XIX.

Para entender bien la considerable influencia de la teoría de Kuznets, por lo menos hasta la década de 1980-1990, y en cierta medida hasta nuestros días, debemos insistir en el hecho de que se trataba de la primera teoría en este campo basada en un profundo trabajo estadístico. De hecho, habría que esperar hasta mediados del siglo XX para que por fin se establecieran las primeras series históricas sobre la distribución del ingreso, con la publicación en 1953 de la monumental obra de Kuznets *Shares of Upper Income Groups in Income and Savings* [La participación de los ingresos elevados en el ingreso y el ahorro]. Concretamente, las series de Kuznets sólo se refieren a un país (los Estados Unidos) y a un periodo de 35 años (1913-1948). Sin embargo, se trata de una importante contribución que se basa en dos fuentes de

[11] S. Kuznets, "Economic Growth and Income Inequality", *The American Economic Review*, American Economic Association, vol. 45, núm. 1, marzo de 1955, pp. 1-28. Los Treinta Gloriosos es el nombre dado a menudo —sobre todo en Europa continental— a las tres décadas posteriores a la segunda Guerra Mundial, caracterizadas por un crecimiento particularmente fuerte (volveremos a ello).

[12] R. Solow, "A Contribution to the Theory of Economic Growth", *The Quarterly Journal of Economics*, Oxford University Press, vol. 70, núm. 1, febrero de 1956, pp. 65-94.

datos totalmente inaccesibles para los autores del siglo XIX: por una parte, las declaraciones de ingresos tomadas del impuesto federal sobre el ingreso creado en los Estados Unidos en 1913; por la otra, las estimaciones del ingreso nacional de los Estados Unidos, establecidas por el propio Kuznets algunos años antes. Fue la primera vez que salió a la luz una tentativa tan ambiciosa de medición de la desigualdad de una sociedad.[13]

Es importante entender bien que sin estas dos fuentes indispensables y complementarias resulta simplemente imposible medir la desigualdad en la distribución del ingreso y su evolución. Las primeras tentativas de estimación del ingreso nacional datan desde luego de finales del siglo XVII y principios del XVIII, tanto en el Reino Unido como en Francia, y se multiplicaron a lo largo del XIX. Pero eran siempre estimaciones aisladas: habría que esperar al siglo XX y el periodo entre las dos guerras para que se desarrollaran, a iniciativa de investigadores como Kuznets y Kendrick en los Estados Unidos, Bowley y Clark en el Reino Unido, o Dugé de Bernonville en Francia, las primeras series anuales del ingreso nacional. Esta primera fuente permite medir el ingreso total del país. Para medir los ingresos altos y su participación en el ingreso nacional, también es necesario disponer de las declaraciones de ingresos: esta segunda fuente fue suministrada, en todos los países, por el impuesto progresivo sobre el ingreso, adoptado por varias naciones alrededor de la primera Guerra Mundial (1913 en los Estados Unidos, 1914 en Francia, 1909 en el Reino Unido, 1922 en la India, 1932 en Argentina).[14]

Es esencial darse cuenta de que, aun en ausencia de un impuesto sobre el ingreso, había todo tipo de estadísticas relativas a las bases tributarias vigentes en un momento dado (por ejemplo, sobre la distribución del número de puertas y ventanas por jurisdicción en la Francia del siglo XIX, lo que además no deja de ser interesante). Estos datos, sin embargo, no dicen nada sobre los ingresos. Por otra parte, a menudo las personas interesadas no conocen bien su ingreso mientras no tengan que declararlo. Lo mismo sucede con el impuesto sobre las empresas y sobre el patrimonio. El impuesto no sólo es una manera de hacer contribuir a unos y otros con el financiamiento de las cargas públicas y de los proyectos comunes, así como de distribuir esas contribuciones de la manera más aceptable posible; también es una manera de producir categorías, conocimiento y transparencia democrática.

[13] Véase S. Kuznets, *Shares of Upper Income Groups in Income and Savings*, NBER, Nueva York, 1953, 725 pp. Simon Kuznets fue un economista estadunidense nacido en Ucrania en 1901; se mudó a los Estados Unidos en 1922. Fue estudiante en Columbia, luego profesor en Harvard; falleció en 1985. Es autor tanto de las primeras cuentas nacionales estadunidenses como de las primeras series históricas sobre la desigualdad.

[14] Ya que a menudo las declaraciones de los ingresos sólo atañen a una parte de la población y de los ingresos, es esencial disponer también de las cuentas nacionales para calcular el total de los ingresos.

Lo cierto es que los datos que recolectó Kuznets le permitieron calcular la evolución de la participación en el ingreso nacional estadunidense de los diferentes deciles y percentiles superiores de la distribución del ingreso. Ahora bien, ¿qué encontró? Advirtió que entre 1913 y 1948 en los Estados Unidos se dio una fuerte reducción de las desigualdades en los ingresos. Concretamente, en la década de 1910-1920, el decil superior de la distribución, es decir, el 10% de los estadunidenses más ricos, recibía cada año hasta 45-50% del ingreso nacional. A fines de la década de 1940, la proporción de ese mismo decil superior pasó a aproximadamente 30-35% del ingreso nacional. La disminución —de más de 10 puntos del ingreso nacional— es considerable: equivale, por ejemplo, a la mitad de lo que recibe 50% de los estadunidenses más pobres.[15] La reducción de la desigualdad fue clara y contundente. Este resultado tuvo una importancia considerable y un enorme impacto en los debates económicos de la posguerra, tanto en las universidades como en las organizaciones internacionales.

Hacía décadas que Malthus, Ricardo, Marx y muchos otros hablaban de las desigualdades, pero sin aportar ni la más mínima fuente, el más mínimo método que permitiera comparar con precisión las diferentes épocas y, por consiguiente, clasificar las distintas hipótesis. Ahora, por primera vez se proponía una base objetiva, desde luego imperfecta, pero con el mérito de existir. Además, el trabajo realizado estaba sumamente bien documentado: el grueso volumen publicado por Kuznets en 1953 expuso de la manera más transparente posible todos los detalles sobre sus fuentes y sus métodos, de tal modo que pudiera reproducirse cada cálculo. Y, por añadidura, Kuznets presentó una buena nueva: la desigualdad disminuía.

La curva de Kuznets: una buena nueva en la época de la Guerra Fría

A decir verdad, el propio Kuznets era perfectamente consciente del carácter accidental de la compresión de los elevados ingresos estadunidenses entre 1913 y 1948, que debía mucho a los múltiples choques provocados por la crisis de la década de 1930 y la segunda Guerra Mundial, y que tenía poca relación con un proceso natural y espontáneo. En su grueso volumen publicado en 1953, Kuznets analizó sus series de manera detallada y advirtió al lector del riesgo de cualquier generalización apresurada. Pero en diciembre de 1954, en el marco de la conferencia que dictó como presidente de la American Economic Association, reunida en un congreso en Detroit, optó por

[15] Dicho de otra manera, las clases populares y medias —que pueden definirse como el 90% de los estadunidenses más pobres— vieron incrementarse claramente su participación en el ingreso nacional: de 50-55% en la década de 1910-1920 a 65-70% a finales de la década de 1940.

proponer a sus colegas una interpretación mucho más optimista de los resultados de su libro de 1953. Esta conferencia, publicada en 1955 bajo el título "Crecimiento económico y desigualdad de ingresos", dio origen a la teoría de la "curva de Kuznets".

Según esta teoría, la desigualdad en cualquier lugar estaría destinada a seguir una "curva en forma de campana" —es decir, primero crecería y luego decrecería— a lo largo del proceso de industrialización y de desarrollo económico. Según Kuznets, a una fase de crecimiento natural de la desigualdad característica de las primeras etapas de la industrialización —y que en los Estados Unidos correspondería *grosso modo* al siglo XIX—, seguiría una fase de fuerte disminución de la desigualdad —que en los Estados Unidos se habría iniciado durante la primera mitad del siglo XX—.

La lectura del texto de 1955 es esclarecedora. Tras haber recordado todas las razones para ser prudente, y la evidente importancia de los choques exógenos en la reciente disminución de la desigualdad estadunidense, Kuznets sugirió, de manera casi anodina, que la lógica interna del desarrollo económico, con independencia de toda intervención política y de todo choque exterior, podría llevar igualmente al mismo resultado. La idea sería que la desigualdad aumenta durante las primeras fases de la industrialización (sólo una minoría está en condiciones de sacar provecho de las nuevas riquezas producidas por la industrialización), antes de empezar a disminuir espontáneamente durante las fases avanzadas del desarrollo (cuando una fracción cada vez más importante de la población participa en los sectores más prometedores; de ahí una reducción espontánea de la desigualdad).[16]

Estas "fases avanzadas" se habrían iniciado a fines del siglo XIX o a principios del XX en los países industrializados, y la reducción de la desigualdad ocurrida en los Estados Unidos durante 1913-1948 sólo sería el testimonio de un fenómeno más general, que en principio todos los países, incluso los subdesarrollados sumergidos en ese entonces en la pobreza y la descolonización, deberían experimentar tarde o temprano. Los hechos puestos en evidencia por Kuznets en su libro de 1953 se volvieron súbitamente un arma política de gran poder.[17] Kuznets era perfectamente consciente del carácter

[16] Véase S. Kuznets, "Economic Growth and Income Inequality", *op. cit.*, pp. 12-18. Esta curva también es conocida como "curva en U invertida" ("inverted-U-curve"). El mecanismo específico descrito por Kuznets se basa en la idea de una transferencia progresiva de la población de un sector agrícola pobre hacia un sector industrial rico (al principio sólo una minoría goza de las riquezas del sector industrial, de ahí el incremento de la desigualdad; luego todo el mundo goza de ellas, por lo que se da una reducción de la desigualdad), pero es evidente que ese mecanismo muy estilizado puede adquirir una forma más general (por ejemplo, la forma de transferencias progresivas de mano de obra entre diferentes sectores industriales o entre diferentes empleos más o menos bien remunerados, etcétera).

[17] Es interesante señalar que Kuznets no tuvo ninguna serie que demostrara el incremento de la desigualdad en el siglo XIX, pero que ello le parecía evidente (como a la mayoría de los observadores de la época).

por demás especulativo de una teoría como ésta.[18] Sin embargo, al presentar una teoría tan optimista en el marco de su "Presidential address" a los economistas estadunidenses, que estaban muy dispuestos a creer y a difundir la buena nueva presentada por su prestigioso colega, Kuznets sabía que tendría una enorme influencia: había nacido la "curva de Kuznets". A fin de cerciorarse de que todo el mundo había entendido bien de qué se trataba, se esforzó además por precisar que el objetivo de sus predicciones optimistas era simplemente mantener a los países subdesarrollados en "la órbita del mundo libre".[19] En gran medida, la teoría de la "curva de Kuznets" es producto de la Guerra Fría.

Entiéndanme bien: el trabajo realizado por Kuznets para establecer las primeras cuentas nacionales estadunidenses y las primeras series históricas sobre la desigualdad es muy considerable, y es evidente al leer sus libros —tanto más que sus artículos— que tenía una verdadera ética de investigador. Por otro lado, el importante crecimiento de todos los países desarrollados en la posguerra es un acontecimiento fundamental, y el hecho de que todos los grupos sociales hayan sacado provecho de él lo es aún más. Resulta comprensible que haya prevalecido cierto optimismo durante los años conocidos como los Treinta Gloriosos y que hayan perdido popularidad las predicciones apocalípticas del siglo XIX sobre la dinámica de la distribución de la riqueza.

Sin embargo, la mágica teoría de la "curva de Kuznets" fue formulada en gran medida por malas razones, y su fundamento empírico es muy frágil. Veremos que la fuerte reducción de las desigualdades en los ingresos que se produce en casi todos los países ricos entre 1914 y 1945 es ante todo producto de las guerras mundiales y de los violentos choques económicos y políticos que éstas provocaron (sobre todo para los poseedores de fortunas importantes), y poco tiene que ver con el proceso apacible de movilidad intersectorial descrito por Kuznets.

Reubicar el tema de la distribución en el centro del análisis económico

El tema es importante, y no sólo por razones históricas. Desde la década de 1970 la desigualdad creció significativamente en los países ricos, sobre todo en los Estados Unidos, donde en la década de 2000-2010 la concentración de los ingresos recuperó —incluso rebasó ligeramente— el nivel récord de la

[18] Como lo precisa él mismo: "This is perhaps 5 per cent empirical information and 95 per cent speculation, some of it possibly tainted by wishful thinking" [Esto es tal vez un 5% de información empírica y un 95% de especulación, posiblemente parte de esto no sea más que una ilusión]. *Ibid.*, pp. 24-26.

[19] "The future prospect of underdevelopped countries within the orbit of the free world" [La perspectiva futura de los países subdesarrollados dentro de la órbita del mundo libre]. *Ibid.*, p. 26.

década de 1910-1920: es, pues, esencial comprender bien cómo y por qué la desigualdad disminuyó la primera vez. Desde luego, el fuerte desarrollo de los países pobres y emergentes —y sobre todo de China— potencialmente es una poderosa fuerza de reducción de la desigualdad en todo el mundo, a semejanza del crecimiento de los países ricos durante los Treinta Gloriosos. Sin embargo, este proceso genera fuertes inquietudes en el seno de los países emergentes, y más aún en el de los países ricos. Además, los impresionantes desequilibrios observados en las últimas décadas en los mercados financieros, petroleros e inmobiliarios, de manera bastante natural pueden suscitar dudas respecto del carácter ineluctable del "sendero de crecimiento equilibrado" descrito por Solow y Kuznets, y conforme al cual supuestamente todas las variables económicas clave crecen al mismo ritmo. ¿Acaso el mundo de 2050 o el de 2100 será poseído por los *traders*, los superejecutivos y poseedores de fortunas importantes, o bien por los países petroleros, o incluso por el Banco de China, o quizá por los paraísos fiscales que resguarden de una u otra manera al conjunto de esos actores? Sería absurdo no preguntárselo y suponer por principio que a largo plazo el desarrollo se "equilibra" naturalmente.

En cierta forma, en este inicio del siglo XXI nos hallamos en la misma situación que los observadores del siglo XIX: asistimos a transformaciones impresionantes, y es muy difícil saber hasta dónde pueden llegar y qué aspecto tendrá la distribución mundial de las riquezas, tanto entre los países como en el interior de ellos, en el horizonte de algunas décadas. Los economistas del siglo XIX tenían un inmenso mérito: situaban el tema de la distribución en el centro del análisis e intentaban estudiar las tendencias de largo alcance. Sus respuestas no siempre fueron satisfactorias, pero por lo menos se hacían las preguntas correctas. En el fondo no tenemos ninguna razón para creer en el carácter autoequilibrado del crecimiento. Ya es tiempo de reubicar el tema de la desigualdad en el centro del análisis económico y de replantear las cuestiones propuestas en el siglo XIX. Durante demasiado tiempo, el asunto de la distribución de la riqueza fue menospreciado por los economistas, en parte debido a las conclusiones optimistas de Kuznets, y en parte por un gusto excesivo de la profesión por los modelos matemáticos simplistas llamados "de agente representativo".[20] Y para reubicar el tema de la distribución en el centro del análisis se debe empezar por reunir un máximo de datos históricos que permita comprender mejor las evoluciones del pasado y las tendencias en curso, pues al establecer primero pacientemente

[20] En esos modelos, que se impusieron tanto en la investigación como en la enseñanza de la economía desde la década de 1960-1970, por regla general se supone que cada uno recibe el mismo salario, posee la misma riqueza y dispone de los mismos ingresos, de tal manera que por definición todos los grupos sociales gozan del crecimiento en las mismas proporciones. Semejante simplificación de la realidad puede justificarse para estudiar ciertos problemas muy específicos, pero desde luego limita drásticamente el conjunto de las cuestiones económicas que pueden plantearse.

los hechos y las regularidades, al cotejar las experiencias de los diferentes países, podemos tener la esperanza de circunscribir mejor los mecanismos en juego y darnos luz para el porvenir.

Fuentes utilizadas

Este libro se fundamenta en dos grandes tipos de fuentes que permiten estudiar la dinámica histórica de la distribución de la riqueza: unas atañen a los ingresos y a la desigualdad de su repartición; las otras, a los patrimonios, su distribución y la relación que mantienen con los ingresos.

Empecemos por los ingresos. En gran medida, mi trabajo consistió simplemente en extender a una escala espacial y temporal más amplia el trabajo innovador y pionero realizado por Kuznets para medir la evolución de la desigualdad en los ingresos en los Estados Unidos de 1913 a 1948. Esta extensión permite poner en mejor perspectiva los cambios observados por Kuznets (que son muy acertados) y lleva nuevamente a cuestionar de manera radical el vínculo optimista que él establece entre el desarrollo económico y la distribución de la riqueza. Es extraño que el trabajo de Kuznets nunca haya sido proseguido de manera sistemática, sin duda en parte porque el aprovechamiento histórico y estadístico de las fuentes fiscales cae en una especie de tierra de nadie académica, demasiado histórica para los economistas, demasiado económica para los historiadores. Es una lástima, pues sólo una perspectiva de largo plazo permite analizar correctamente la dinámica de las desigualdades en los ingresos, y las fuentes fiscales son las únicas que posibilitan adoptar esa perspectiva.[21]

Empecé por ampliar los métodos de Kuznets al caso de Francia, lo que dio lugar a la publicación de una primera obra en 2001.[22] Luego tuve la oportunidad de gozar del apoyo de muchos colegas —Anthony Atkinson y Emmanuel Saez fueron los primeros— que me permitieron extender este proyecto a una escala internacional mucho más amplia. Anthony Atkinson abordó el caso del Reino Unido y muchos otros países, y dirigimos juntos dos volúmenes publicados en 2007 y 2010 que reunían estudios similares relativos

[21] Las investigaciones sobre los ingresos y los gastos de los hogares realizadas por los institutos estadísticos nacionales rara vez se inician antes de la década de 1970-1980 y tienden a subestimar gravemente los ingresos elevados, lo que es problemático en la medida en que el decil superior a menudo posee hasta la mitad del ingreso nacional. A pesar de sus limitaciones, las fuentes fiscales ponen más de manifiesto los ingresos elevados y nos permiten contar con información de un siglo más.

[22] Véase T. Piketty, *Les Hauts Revenus en France au xxe siècle: Inégalités et redistributions, 1901-1998*, Grasset, París, 2001, 807 pp. Para una version resumida, véase asimismo "Income Inequality in France, 1901-1998", *Journal of Political Economy,* University of Chicago Press, vol. 111, núm. 5, octubre de 2003, pp. 1004-1042.

a más de 20 países, distribuidos en todos los continentes.[23] Con Emmanuel Saez ampliamos medio siglo las series de Kuznets para los Estados Unidos,[24] y él mismo abordó algunos otros países esenciales, como Canadá y Japón. Numerosos investigadores contribuyeron en este proyecto colectivo: Facundo Alvaredo analizó en particular los casos de Argentina, España y Portugal; Fabien Dell los de Alemania y Suiza; con Abhijit Banerjee estudié el caso de la India; gracias a Nancy Qian pude analizar el de China, y así sucesivamente.[25]

Respecto de cada país, intentamos utilizar las mismas fuentes, los mismos métodos y los mismos conceptos: los deciles y los percentiles de ingresos elevados se estiman a partir de los datos fiscales tomados de las declaraciones de ingresos (tras múltiples correcciones para garantizar la homogeneidad temporal y espacial de los datos y de los conceptos); el ingreso nacional y el ingreso promedio nos son dados por las cuentas nacionales, que a veces hubo que completar o prolongar. Las series suelen iniciarse en la fecha de la creación del impuesto sobre el ingreso (alrededor de 1910-1920 en muchos países, a veces en la década de 1880-1890, como en Japón o en Alemania, en otros más tarde), se actualizan en forma constante y actualmente llegan a principios de la década de 2010.

Al final, la World Top Incomes Database (WTID), resultado del trabajo combinado de unos 30 investigadores del mundo entero, constituye la base más amplia de datos históricos disponible hasta ahora sobre la evolución de las desigualdades en los ingresos, y corresponde al primer conjunto de fuentes utilizadas en este libro.[26]

El segundo bloque de fuentes, que en realidad utilizaré por primera vez en el marco de este libro, atañe a la riqueza, su distribución y la relación que mantiene con el ingreso. La riqueza ya desempeña un papel importante en el primer conjunto de fuentes, a través de los ingresos que genera. En efecto, recordemos que el ingreso incluye siempre dos componentes; por una parte, los ingresos por el trabajo (sueldos, salarios, primas, bonos, ingresos por trabajo

[23] Véase A. Atkinson y T. Piketty, *Top Incomes over the Twentieth Century: A Contrast between Continental-European and English-Speaking Countries,* Oxford University Press, Oxford, 2007, 604 pp.; *Top Incomes: A Global Perspective,* Oxford University Press, Oxford, 2010, 776 pp.

[24] Véase T. Piketty y E. Saez, "Income Inequality in the United States, 1913-1998", *The Quarterly Journal of Economics,* MIT Press, vol. 118, núm. 1, febrero de 2003, pp. 1-39.

[25] Las referencias bibliográficas completas están disponibles en línea en el anexo técnico. Véase asimismo el siguiente artículo de síntesis: A. Atkinson, T. Piketty y E. Saez, "Top Incomes in the Long Run of History", *Journal of Economic Literature,* American Economic Association, vol. 49, núm. 1, marzo de 2011, pp. 3-71.

[26] Es evidente que no podremos abordar de manera detallada el caso de cada país en el marco de este libro, que propone una síntesis de conjunto. Remitimos al lector interesado a las series completas disponibles en línea en el sitio de la WTID (véase topincomes.parisschoolofeconomics.eu) y en las obras y artículos técnicos antes indicados. Muchos textos y documentos también están disponibles en el anexo técnico del libro: véase piketty.pse.ens.fr/capital21c.

no asalariado, etc., y otros ingresos que remuneran el trabajo, sin importar su forma jurídica precisa), y por la otra, los ingresos del capital (rentas, dividendos, intereses, beneficios, plusvalías, regalías, etc., y otros ingresos obtenidos por el simple hecho de contar con un capital, ya sea en tierras, inmobiliario, financiero, industrial, etc., de nuevo sin importar su forma legal). Los datos procedentes de la WTID contienen mucha información sobre la evolución de los ingresos del capital durante el siglo XX. Sin embargo, es indispensable completarlos por medio de fuentes relativas directamente a la riqueza. Aquí se pueden distinguir tres subconjuntos de fuentes históricas y de enfoques metodológicos, del todo complementarios unos de otros.[27]

Primero, al igual que las declaraciones de impuestos sobre los ingresos permiten estudiar la evolución de la desigualdad en el ingreso, las declaraciones de impuestos sobre las sucesiones hacen posible el análisis de la evolución de la desigualdad de la riqueza.[28] Este enfoque fue introducido primero por Robert Lampman en 1962 para estudiar la evolución de las desigualdades patrimoniales en los Estados Unidos de 1922 a 1956, luego por Anthony Atkinson y Alan Harrison en 1978 para analizar el caso del Reino Unido de 1923 a 1972.[29] Estos trabajos fueron recientemente actualizados y ampliados a otros países, como Francia y Suecia. Por desgracia, disponemos de menos países que en el caso de las desigualdades en los ingresos. No obstante, en ciertos casos es posible retroceder muy lejos en el tiempo, a menudo hasta principios del siglo XIX, pues la fiscalidad sucesoria es mucho más antigua que la que atañe a los ingresos. En particular, al reunir los datos recolectados en diferentes épocas por la administración francesa, y al reunir con Gilles Postel-Vinay y Jean-Laurent Rosenthal un amplio conjunto de declaraciones individuales en los archivos sucesorios, pudimos establecer series homogéneas sobre la concentración de la riqueza en Francia desde la época de la Revolución.[30] Esto nos permitió reubicar los choques provocados por la primera Guerra Mundial desde una perspectiva histórica mucho más larga que las series que se refieren a la desigualdad en el ingreso (que muy lamentablemente a menudo se inician hacia 1910-1920). Los trabajos reali-

[27] La WTID está actualmente en vías de transformación hacia una "World Wealth and Income Database" (WWID), que integrará estos tres subconjuntos de datos complementarios. En este libro presentamos los elementos principales de los que se dispone en la actualidad.

[28] También se pueden utilizar las declaraciones patrimoniales de individuos vivos en aquellos países donde existe un impuesto a la riqueza, pero estos datos son más escasos que los sucesorios a largo plazo.

[29] Véanse las siguientes obras pioneras: R. J. Lampman, *The Share of Top Wealth-Holders in National Wealth, 1922-1956*, Princeton University Press, Princeton, 1962; A. B. Atkinson y A. J. Harrison, *Distribution of Personal Wealth in Britain, 1923-1972*, Cambridge University Press, Cambridge, 1978.

[30] Véase T. Piketty, G. Postel-Vinay y J.-L. Rosenthal, "Wealth Concentration in a Developing Economy: Paris and France, 1807-1994", *The American Economic Review*, American Economic Association, vol. 96, núm. 1, marzo de 2006, pp. 236-256.

zados por Jesper Roine y Daniel Waldenström a partir de las fuentes históricas suecas también proveen de valiosas enseñanzas.[31]

Las fuentes sucesorias y patrimoniales nos posibilitan asimismo estudiar la evolución de la importancia respectiva de la herencia y del ahorro en la constitución de los patrimonios y en la dinámica de la desigualdad de la riqueza. Llevamos a cabo este trabajo de manera relativamente completa respecto de Francia, cuyas riquísimas fuentes históricas brindan un punto de vista único sobre la evolución de las herencias a largo plazo.[32] Este trabajo se amplió parcialmente a otros países, en particular al Reino Unido, Alemania, Suecia y los Estados Unidos. Estos materiales desempeñan un papel esencial en nuestra investigación, pues las desigualdades patrimoniales no tienen el mismo sentido si resultan de la herencia legada por generaciones anteriores o del ahorro logrado a lo largo de una vida. En el marco de este libro nos interesamos no sólo en el nivel de desigualdad como tal, sino asimismo y sobre todo en la estructura de las desigualdades, es decir, en el origen de las disparidades en los ingresos y en los patrimonios entre grupos sociales, así como en los diferentes sistemas de justificaciones económicas, sociales, morales y políticas capaces de confirmarlas o condenarlas. La desigualdad no es necesariamente mala en sí: el tema central es saber si se justifica, si tiene razones de ser.

Finalmente, también utilizamos fuentes que permiten estudiar la evolución a muy largo plazo del valor total del acervo de la riqueza nacional (ya sea que se trate del capital en tierras, inmobiliario, industrial o financiero), medido en número de años de ingreso nacional del país considerado. El estudio de esa relación capital/producto o capital/ingreso de manera global es un ejercicio que tiene sus límites —siempre es preferible analizar también la desigualdad de la riqueza individual, así como la importancia relativa de la herencia y del ahorro en la constitución del capital—, pero que permite analizar de manera sintética la importancia del capital de una sociedad considerada en su conjunto. Además, veremos que, al reunir y comparar las estimaciones realizadas en las diferentes épocas, es posible retroceder en el caso de ciertos países —en particular el Reino Unido y Francia— hasta principios del siglo XVIII, lo que nos permitirá poner a la Revolución industrial en perspectiva desde la historia del capital. Aquí nos apoyaremos en los datos históricos que reunimos recientemente con Gabriel Zucman.[33] En gran medida, esta inves-

[31] Véase J. Roine y D. Waldenström, "Wealth Concentration over the Path of Development: Sweden, 1873-2006", *Scandinavian Journal of Economics,* Wiley Blackwell, vol. 111, núm. 1, marzo de 2009, pp. 151-187.

[32] Véase T. Piketty, "On the Long-Run Evolution of Inheritance: France, 1820-2050", École d'Économie de Paris, documento de trabajo de la EEP, 2010 (versión resumida publicada en *The Quarterly Journal of Economics,* Oxford University Press, vol. 126, núm. 3, 2011, pp. 1071-1131).

[33] Véase T. Piketty y G. Zucman, "Capital Is Back: Wealth-Income Ratios in Rich Countries, 1700-2010", École d'Économie de Paris, París, CEPR Discussion Papers 9588, 2013, 70 pp. (pu-

tigación consiste sencillamente en ampliar y generalizar el trabajo de recopilación de balances patrimoniales por país ("country balance sheets") realizado por Raymond Goldsmith en la década de 1970-1980.[34]

En comparación con los trabajos anteriores, la primera novedad del proceso aquí desarrollado es haber intentado reunir fuentes históricas tan completas y sistemáticas como fuera posible para estudiar la dinámica de la distribución de la riqueza. Debo subrayar que gocé para ello de una doble ventaja respecto de los autores anteriores: por definición, disponemos de una perspectiva histórica más importante (y veremos que ciertos cambios no se pusieron de manifiesto claramente sino hasta que se dispuso de datos respecto a la década de 2000-2010, en la medida en que ciertos choques causados por las guerras mundiales fueron de larga duración), y, merced a las nuevas posibilidades que ofrece la herramienta informática, pudimos reunir sin excesivo esfuerzo datos históricos a una escala mucho más amplia que nuestros predecesores.

Sin pretender que la tecnología desempeñe un papel exagerado en la historia de las ideas, me parece que estas cuestiones puramente técnicas no deben pasarse por alto. Desde un punto de vista objetivo, era mucho más difícil manejar importantes volúmenes de datos históricos en la época de Kuznets, y en gran medida hasta la década de 1980-1990, que hoy en día. Es importante advertir que cuando Alice Hanson Jones reunió, en la década de 1970, inventarios de las sucesiones estadunidenses en la época colonial,[35] o cuando Adeline Daumard hizo lo mismo con los expedientes sucesorios franceses del siglo XIX,[36] ese trabajo se realizó en gran medida a mano, con tarjetas. Cuando hoy en día se releen esos notables trabajos, o los consagrados por François Simiand a la evolución de los salarios en el siglo XIX, por Ernest Labrousse a la historia de los precios y de los ingresos en el siglo XVIII, o por Jean Bouvier y François Furet a la variabilidad de los beneficios en el siglo XIX, se pone claramente de manifiesto que esos autores enfrentaron importantes dificultades materiales para reunir y tratar sus datos.[37] A menudo esas complicaciones de orden técnico absorben buena parte de la energía, y a

blicado también en *The Quarterly Journal of Economics,* Oxford University Press, vol. 129, núm. 3, 2014, pp. 1255-1310).

[34] Véase en particular R. W. Goldsmith, *Comparative National Balance Sheets: A Study of Twenty Countries, 1688-1978,* University of Chicago Press, Chicago, 1985, 353 pp. Se dan referencias más completas en el anexo técnico.

[35] Véase A. H. Jones, *American Colonial Wealth: Documents and Methods,* Arno Press, Nueva York, 1977, 2216 pp.

[36] Véase A. Daumard, *Les Fortunes françaises au XIXe siècle. Enquête sur la répartition et la composition des capitaux privés à Paris, Lyon, Lille, Bordeaux et Toulouse d'après l'enregistrement des déclarations de successions,* Mouton, 1973, 603 pp.

[37] Véase en particular F. Simiand, *Le Salaire, l'évolution sociale et la monnaie,* Alcan, 1932; E. Labrousse, *Esquisse du mouvement des prix et des revenus en France au XVIIIe siècle,* Libraire Dalloz, París, 1933; J. Bouvier, F. Furet y M. Gilet, *Le Mouvement du profit en France au XIXe siècle. Matériaux et études,* Mouton, París, 1965, 456 pp.

veces parecen prevalecer sobre el análisis y la interpretación, tanto más porque limitan considerablemente las comparaciones internacionales y temporales concebibles. En gran medida, es mucho más fácil estudiar la historia de la distribución de la riqueza hoy en día que en el pasado. El presente libro refleja mucho esta evolución de las condiciones de trabajo del investigador.[38]

Los principales resultados obtenidos

¿Cuáles son los principales resultados a los que me llevaron estas fuentes históricas inéditas? La primera conclusión es que hay que desconfiar de todo determinismo económico en este asunto: la historia de la distribución de la riqueza es siempre profundamente política y no podría resumirse en mecanismos puramente económicos. En particular, la reducción de las desigualdades observada en los países desarrollados entre las décadas de 1900-1910 y 1950-1960 es ante todo producto de las guerras y de las políticas públicas instrumentadas después de esos choques. Del mismo modo, el incremento de las desigualdades desde la década de 1970-1980 obedece mucho a los cambios políticos de los últimos decenios, sobre todo en materia fiscal y financiera. La historia de las desigualdades depende de las representaciones que se hacen los actores económicos, políticos y sociales, de lo que es justo y de lo que no lo es, de las relaciones de fuerza entre esos actores y de las elecciones colectivas que resultan de ello; es el producto conjunto de todos los actores interesados.

La segunda conclusión, que constituye el quid de este libro, es que la dinámica de la distribución de la riqueza pone en juego poderosos mecanismos que empujan alternativamente en el sentido de la convergencia y de la divergencia, y que no existe ningún proceso natural y espontáneo que permita evitar que las tendencias desestabilizadoras y no igualitarias prevalezcan permanentemente.

Empecemos por los mecanismos que empujan hacia la convergencia, es decir, que van en el sentido de la reducción y de la compresión de las desigualdades. La principal fuerza de convergencia es el proceso de difusión de los conocimientos y de inversión en la capacitación y la formación de habilidades. El juego de la oferta y la demanda, así como la movilidad del capital y del trabajo —que constituye una variante del primero—, pueden operar asimismo en ese sentido, pero con menos fuerza, y a menudo de manera ambigua y contradictoria. El proceso de difusión de los conocimientos y de las competencias es el mecanismo central que permite al mismo tiempo el

[38] También existen razones propiamente intelectuales para explicar la decadencia de la historia económica y social consagrada a la evolución de los precios, de los ingresos y de los patrimonios (a veces llamada "historia serial"), decadencia a mi sentir lamentable y reversible, sobre la que volveremos.

aumento general de la productividad y la reducción de las desigualdades, tanto en el seno de los países como entre ellos, según lo ilustra el avance de buena parte de los países pobres y emergentes, empezando por China, con respecto a los países ricos. Al adoptar los modos de producción y al alcanzar los niveles de cualificación de los países ricos, los países menos desarrollados reducen su retraso en productividad y hacen progresar sus ingresos. Este proceso de convergencia tecnológica puede verse favorecido por la apertura comercial, pero se trata fundamentalmente de un proceso de difusión de los conocimientos y de compartir el saber —el bien público por excelencia—, y no de un mecanismo de mercado.

Desde un punto de vista meramente teórico, existen potencialmente otras fuerzas que van en el sentido de una mayor igualdad. Por ejemplo, se puede pensar que las técnicas de producción atribuyen una importancia creciente al trabajo humano y a las competencias a lo largo de la historia, de tal manera que la participación de los ingresos destinados al trabajo aumenta tendencialmente (y que la proporción que va al capital disminuye en igual medida), hipótesis a la que podríamos llamar "el ascenso del capital humano". Dicho de otra manera, el avance hacia la racionalidad técnica conduciría mecánicamente al triunfo del capital humano sobre el capital financiero e inmobiliario, de los ejecutivos merecedores sobre los accionistas barrigudos, de la competencia sobre el nepotismo. Así, las desigualdades se volverían naturalmente más meritocráticas y menos determinadas (si no es que de menor nivel) a lo largo de la historia: en cierta manera, la racionalidad económica resultaría mecánicamente en la racionalidad democrática.

Otra creencia optimista muy difundida en nuestras sociedades modernas es que la prolongación de la esperanza de vida conducirá mecánicamente a remplazar la "guerra de clases" por la "guerra de edades" (un tipo de conflicto que es, en resumidas cuentas, mucho menos divisivo para una sociedad, pues toda persona es joven y luego vieja). Dicho de otro modo, la acumulación y la distribución de la riqueza estarán dominadas hoy en día ya no por un implacable enfrentamiento entre las dinastías de herederos y las dinastías que no poseen más que su trabajo, sino más bien por una lógica de ahorro de ciclo de vida: cada individuo acumula un patrimonio para su vejez. Entonces, el adelanto médico y la mejoría de las condiciones de vida transformarían totalmente la naturaleza misma del capital.

Por desgracia, veremos que estas dos creencias optimistas ("el ascenso del capital humano" y el remplazo de la "guerra de clases" por la "guerra de edades") son en gran medida ilusiones. De manera más precisa, estas transformaciones —muy factibles desde un punto de vista estrictamente lógico— son parcialmente ciertas, pero en proporciones mucho menores de lo que a veces se piensa. No es seguro que la participación del trabajo en el ingreso nacional haya progresado de manera verdaderamente significativa durante un periodo muy largo: el capital (no humano) parece ser tan indispensable en el siglo XXI como lo era en el XVIII o en el XIX, y no se puede descartar que llegue a serlo aún más. Asimismo, hoy como ayer, las desigualdades patrimoniales se dan fundamentalmente en el seno de cada grupo de edad, y la herencia, según veremos, no dista de recuperar en este inicio del siglo XXI la importancia que tenía en la época de *El pobre Goriot*. A largo plazo, la fuerza principal que lleva verdaderamente hacia la igualación de las condiciones es la difusión de los conocimientos y las cualificaciones.

Fuerzas de convergencia, fuerzas de divergencia

Ahora bien, el hecho central es que esta fuerza igualadora, por importante que sea —sobre todo para permitir la convergencia entre países—, a veces puede ser contrabalanceada y dominada por poderosas fuerzas de sentido contrario: el de la divergencia, es decir, de ensanchamiento y amplificación de las desigualdades. De manera evidente, la falta de una inversión adecuada en la formación de habilidades puede impedir que grupos sociales completos gocen del desarrollo, o hasta puede llevarlos a ser desplazados por recién llegados, como a veces lo muestra el avance internacional operante hoy en día (los obreros chinos toman el lugar de los obreros estadunidenses y franceses, y así sucesivamente). En otras palabras, la principal fuerza de convergencia —la difusión de los conocimientos— sólo es parcialmente natural y espontánea: también depende mucho de las políticas seguidas en materia de educación, y de acceso a la formación y las cualificaciones apropiadas, así como de las instituciones creadas en ese campo.

En el marco de este libro, destacaremos fuerzas de divergencia aún más inquietantes, en la medida en que puedan producirse en un mundo en el que todas las inversiones adecuadas en competencias ya se hayan realizado, y en el que todas las condiciones de la eficacia de la economía de mercado —en el sentido de los economistas— aparentemente se hayan reunido. Estas fuerzas de divergencia son las siguientes: por una parte, las personas con remuneraciones más elevadas pueden separarse rápidamente del resto por un amplio margen, aunque este problema hasta ahora permanece muy localizado; por otra parte se trata, sobre todo, de un conjunto de fuerzas de divergencia vinculadas al proceso de acumulación y de concentración de la riqueza en un mundo caracterizado por un bajo crecimiento y un elevado rendimiento del capital. Este segundo proceso es potencialmente más desestabilizador que el primero, y sin duda constituye la principal amenaza para la dinámica de la distribución de la riqueza a muy largo plazo.

Entremos de inmediato en materia. En las gráficas 1 y 2 representamos dos evoluciones fundamentales que intentaremos comprender y que ilustran la potencial importancia de estos dos procesos de divergencia. Ambas evoluciones indicadas en las gráficas tienen forma de “curva en U”, es decir, primero son decrecientes y luego crecientes, y podría creerse que corresponden a realidades similares. Sin embargo, no es así: estas evoluciones remiten a fenómenos del todo diferentes, basados en mecanismos económicos, sociales y políticos muy distintos. Además, la primera evolución atañe ante todo a los Estados Unidos, y la segunda principalmente a Europa y Japón (aunque este país no se incluye en la gráfica). Desde luego, no se excluye que estas dos evoluciones y estas dos fuerzas de divergencia acaben por combinarse durante el siglo XXI —y de hecho veremos que hasta cierto punto eso ya sucede—, incluso a escala mundial, lo que podría llevar a niveles de desigualdad desconocidos en el pasado, y sobre todo a una estructura de desigualdades radicalmente nueva. No obstante, hoy en día estas dos evoluciones sobrecogedoras corresponden en lo esencial a dos fenómenos distintos.

La primera evolución, representada en la gráfica 1, indica la trayectoria seguida por la participación del decil superior de la jerarquía de los ingresos en el ingreso nacional estadunidense durante el periodo de 1910-2010. Se trata simplemente de la extensión de las series históricas establecidas por Kuznets en la década de 1950. Se observa de hecho la fuerte reducción de la desigualdad observada por él entre 1913 y 1948, con una baja de casi 15 puntos del ingreso nacional por parte del decil superior, que alcanzaba 45-50% del ingreso nacional en la década de 1910-1920, y que pasó a 30-35% a

GRÁFICA 1. *La desigualdad en los ingresos de los Estados Unidos, 1910-2010*

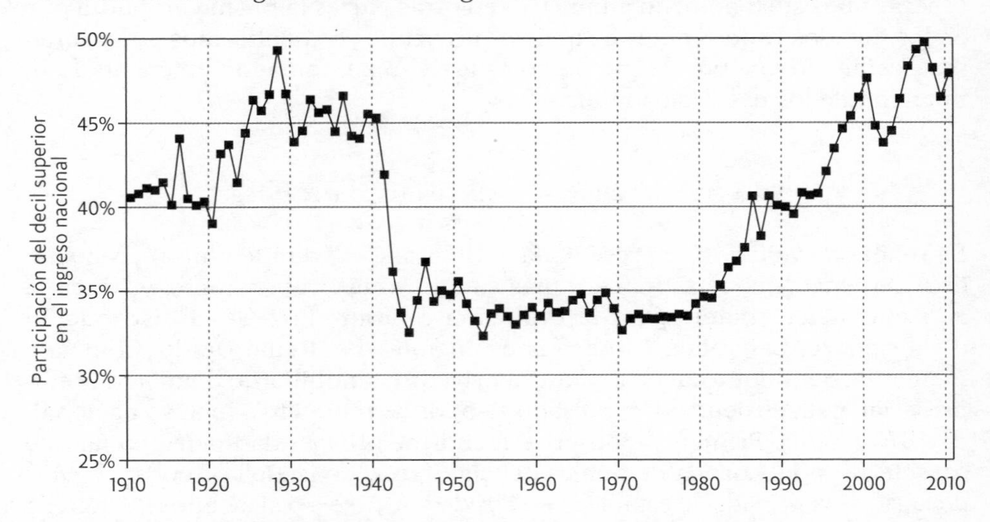

La participación del decil superior en el ingreso nacional estadunidense pasó de 45-50% en la década de 1910-1920 a menos de 35% en la década de 1950 (se trata de la pérdida documentada por Kuznets); luego volvió a subir de menos de 35% en la década de 1970 a 45-50% de 2000 a 2010.

FUENTES Y SERIES: véase piketty.pse.ens.fr/capital21c.

finales de la década de 1940. Después la desigualdad se estabilizó en ese nivel de 1950 a 1970. Luego, de 1970 a 1980 hubo un movimiento muy rápido en sentido inverso, hasta el punto de que en la década de 2000-2010 la participación del decil superior recuperó un nivel del orden de 45-50% del ingreso nacional. La amplitud del cambio es impresionante: resulta natural preguntarse hasta dónde puede llegar semejante tendencia.

Veremos que esta evolución espectacular corresponde en gran medida a la explosión sin precedentes de los muy elevados ingresos por trabajo, y que refleja ante todo un fenómeno de separación de los directivos de las grandes empresas. Una posible explicación es un súbito aumento del nivel de cualificaciones y productividad de esos superejecutivos con respecto a la masa de los demás asalariados. Otra explicación, que me parece más factible y que como veremos es claramente más coherente con los hechos observados, es que en gran medida esos directivos tienen la capacidad de fijar su propia remuneración, a veces sin ninguna moderación y sin una relación clara con su productividad individual, a fin de cuentas muy difícil de estimar en el seno de las grandes organizaciones. Esta evolución se observa sobre todo en los Estados Unidos, y en menor grado en el Reino Unido, lo que puede explicarse por la historia particular de las normas sociales y fiscales que caracterizó a esos dos países en el siglo pasado. Hoy en día, la tendencia es más limitada en los demás países ricos (Japón, Alemania, Francia y otros de la Europa continental), pero la tendencia va en la misma dirección. Sería muy riesgoso esperar que este fenómeno adquiriera en otras partes la misma amplitud que en los Estados Unidos antes de que nos preocupe y lo analicemos tanto como sea posible, lo que por desgracia no es tan simple, tomando en cuenta la limitación de los datos disponibles.

La fuerza de divergencia fundamental: $r > g$

La segunda evolución, representada en la gráfica 2, remite a un mecanismo de divergencia en cierta manera más simple y más transparente, y sin duda aún más determinante para la evolución a largo plazo de la distribución de la riqueza. La gráfica 2 indica la evolución en el Reino Unido, Francia y Alemania, del valor total de la riqueza privada (inmobiliaria, financiera y empresarial, neta de deudas), expresado en años de producto o ingreso nacional, de 1870 a 2010. Primero se observa la enorme prosperidad patrimonial que caracteriza a la Europa de finales del siglo XIX y de la Bella Época: el valor de la riqueza privada se establece en alrededor de seis o siete años de ingreso nacional, lo que es considerable. Se advierte después una fuerte caída posterior a los choques de 1914-1945: la relación capital/ingreso cae a sólo dos o tres años de ingreso nacional. Más adelante se nota un incremento continuo desde los años de 1950, hasta el punto de que la riqueza privada parece

Gráfica 2. *La relación capital/ingreso en Europa, 1870-2010*

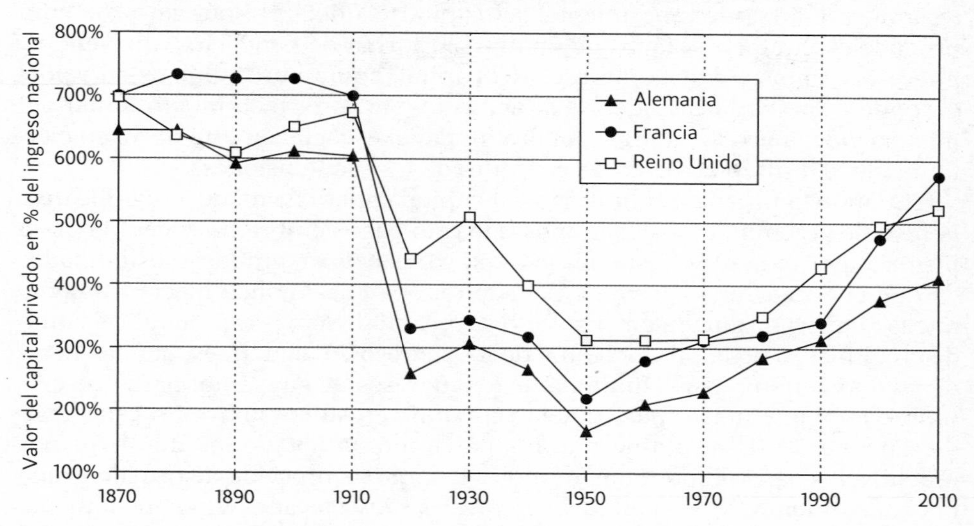

El total de la riqueza privada valía entre seis y siete años de ingreso nacional en Europa en 1910; entre dos y tres años en 1950, y entre cuatro y seis años en 2010.
Fuentes y series: véase piketty.pse.ens.fr/capital21c.

a punto de volver en este inicio del siglo xxi a las cimas observadas en vísperas de la primera Guerra Mundial: en la década de 2000-2010 la relación capital/ingreso se sitúa en torno a cinco o seis años de ingreso nacional tanto en el Reino Unido como en Francia (el nivel alcanzado es menor en Alemania, que ciertamente partía de niveles inferiores; pero la tendencia es igual de clara).

Esta "curva en U" de gran amplitud corresponde a una transformación absolutamente central, a la que tendremos muchas oportunidades de volver. En particular veremos que el regreso de relaciones elevadas entre el acervo de capital y el flujo de ingreso nacional a lo largo de los últimos decenios se explica en gran medida por la vuelta a un régimen de crecimiento relativamente lento. En las sociedades de bajo crecimiento, la riqueza originada en el pasado adquiere naturalmente una importancia desproporcionada, pues basta con un bajo flujo de ahorro nuevo para incrementar de manera continua y sustancial el acervo de la riqueza.

Si además la tasa de rendimiento del capital se establece fuerte y por encima de la tasa de crecimiento por un periodo prolongado (lo cual no es automático, pero es más probable cuando hay un bajo crecimiento), entonces existe un riesgo muy importante de divergencia caracterizada en la distribución de la riqueza.

Esta desigualdad fundamental, que expresaremos como $r>g$ —en la que r significa la tasa de rendimiento del capital (es decir, lo que en promedio produce el capital a lo largo de un año, en forma de beneficios, dividendos, intereses, rentas y demás ingresos del capital, como porcentaje de su valor) y donde g indica la tasa de crecimiento (es decir, el incremento anual del ingreso y de la producción)—, tendrá un papel esencial en este libro; en cierta manera, resume la lógica de conjunto de mis conclusiones.

Cuando la tasa de rendimiento del capital supera de manera significativa la tasa de crecimiento —y veremos que esto casi siempre ha sucedido en la historia, por lo menos hasta el siglo XIX, y que existen grandes posibilidades de que vuelva a ser la norma en el siglo XXI—, ello implica mecánicamente que la riqueza originada en el pasado se recapitaliza más rápido que el ritmo de crecimiento de la producción y de los ingresos. Basta, pues, que los herederos ahorren una parte limitada de los ingresos de su capital para que este último aumente más rápido que la economía en su conjunto. En estas condiciones, es casi inevitable que los patrimonios heredados dominen por mucho a los patrimonios constituidos a lo largo de una vida de trabajo, y que la concentración del capital alcance niveles muy elevados y potencialmente incompatibles con los valores meritocráticos y los principios de justicia social que son el cimiento de nuestras sociedades democráticas.

Esta fuerza de divergencia fundamental puede además verse reforzada por mecanismos adicionales; por ejemplo, porque la tasa de ahorro aumenta con el nivel de riqueza,[39] y más aún si la tasa de rendimiento promedio obtenida es más elevada conforme el capital inicial es más importante (lo que parece ser cada vez más común). El carácter imprevisible y arbitrario de los rendimientos del capital y de las formas de enriquecimiento que emanan de ellos constituye asimismo un reto al ideal meritocrático. Finalmente, todos estos efectos pueden verse agravados por un mecanismo de tipo ricardiano de divergencia estructural de los precios inmobiliarios o petroleros.

Resumamos. El proceso de acumulación y de distribución de la riqueza contiene en sí mismo poderosas fuerzas que empujan hacia la divergencia, o por lo menos hacia un nivel de desigualdad sumamente elevado. También existen fuerzas de convergencia, que pueden muy bien imponerse en ciertos países o en ciertas épocas, pero es posible que las fuerzas de divergencia sean en todo momento más fuertes, como parece suceder en este inicio del siglo XXI,

[39] Este evidente mecanismo desestabilizador (mientras más rico se es, hay mayor incremento del patrimonio) inquietaba mucho a Kuznets; de ahí el título dado a su libro de 1953: *Shares of Upper Income Groups in Income and Savings,* National Bureau of Economic Research. Sin embargo, hacía falta la perspectiva histórica para analizarlo plenamente. Esta fuerza de divergencia también está en el centro del clásico libro de J. Meade, *Efficiency, Equality, and the Ownership of Property*, Allen & Unwin, 1964, 96 pp., así como de la obra de A. Atkinson y de A. Harrison, *Distribution of Personal Wealth in Britain, 1923-1972, op. cit.*, que de cierta manera es el prolongamiento histórico del primero. Nuestros trabajos se sitúan directamente en las huellas de esos autores.

tal como permite presagiarlo la probable disminución del crecimiento demográfico y económico en las décadas por venir.

Mis conclusiones son menos apocalípticas que las implicadas por el principio de acumulación infinita y de divergencia perpetua expresado por Marx (cuya teoría se funda de modo implícito en un incremento rigurosamente nulo de la productividad a largo plazo). En el esquema propuesto, la divergencia no es perpetua, sólo es una de las probables trayectorias; no por ello mis conclusiones son muy alentadoras. En particular, es importante recalcar que la desigualdad fundamental $r>g$ —principal fuerza de divergencia en nuestro esquema explicativo— nada tiene que ver con una imperfección del mercado; muy por el contrario: mientras más "perfecto" sea el mercado del capital, en el sentido de los economistas, más posibilidades tiene de cumplirse la desigualdad. Es posible imaginar instituciones y políticas públicas que permitan contrarrestar los efectos de esta lógica implacable —como un impuesto mundial y progresivo sobre el capital—, pero su instrumentación plantea problemas considerables en términos de coordinación internacional. Por desgracia, es probable que las respuestas que se den en la práctica sean mucho más modestas e ineficaces, por ejemplo en forma de repliegues nacionalistas de diversa naturaleza.

El marco geográfico e histórico

¿Cuál será el marco espacial y temporal de esta investigación? En la medida de lo posible, intentaré analizar la dinámica de la distribución de las riquezas a escala mundial, tanto en el seno de los países como entre ellos, desde el siglo XVIII. Sin embargo, en la práctica las múltiples limitaciones de los datos disponibles me obligarán a menudo a constreñir considerablemente el campo estudiado. En lo que concierne a la distribución de la producción y del ingreso entre los países, que estudiaremos en la primera parte, es posible tener un punto de vista mundial desde 1700 (sobre todo gracias a las cuentas nacionales reunidas por Angus Maddison). Cuando analicemos, en la segunda parte, la dinámica de la relación capital/ingreso y del reparto capital-trabajo, estaremos obligados a limitarnos en lo esencial al caso de los países ricos, y a proceder por extrapolación en lo que se refiere a los países pobres y emergentes, a falta de datos históricos adecuados.

Cuando examinemos la evolución de las desigualdades en los ingresos y en la riqueza, en la tercera parte, también estaremos muy restringidos por las fuentes disponibles. Intentaremos tomar en cuenta el máximo número de países pobres y emergentes, principalmente gracias a los datos tomados de la WTID, que trata tanto como es posible de cubrir los cinco continentes. No obstante, es evidente que las evoluciones sobre un largo periodo claramente están mejor documentadas en los países ricos. De manera concreta, este libro se basa ante todo en el análisis de la experiencia histórica de los principales países desarrollados: los Estados Unidos, Japón, Alemania, Francia y el Reino Unido.

Los casos del Reino Unido y de Francia serán particularmente significativos, pues se trata de los dos países cuyas fuentes históricas son las más completas a lo largo de un extenso periodo. En particular, tanto para el Reino Unido como para Francia existen múltiples estimaciones del patrimonio nacional y de su estructura, lo que permite remontarse hasta principios del siglo XVIII. Además, estos dos países constituyen las dos principales potencias coloniales y financieras del siglo XIX y de principios del XX. Su estudio detallado reviste por ello una importancia evidente para el análisis de la dinámica del reparto mundial de las riquezas desde la Revolución industrial. En particular, son un punto de entrada inevitable para el estudio de lo que a menudo se llama la "primera" mundialización financiera y comercial —la de los años de 1870-1914—, periodo que tiene profundas semejanzas con la "segunda" mundialización, en curso desde los años 1970-1980. Se trata de un periodo al mismo tiempo fascinante y prodigiosamente desigualitario. Es la época en que se inventan el foco eléctrico y los enlaces trasatlánticos (el *Titanic* zarpa en 1912), el cine y la radio, el automóvil y las inversiones financieras internacionales. Recordemos, por ejemplo, que hubo que esperar a la década de 2000-2010 para que los países ricos volvieran a los niveles de capitalización bursátil —en proporción de la producción interna o del ingreso nacional— alcanzados en París y Londres en la década de 1900-1910. Veremos que esta comparación es rica en enseñanzas para la comprensión del mundo actual.

Sin duda, algunos lectores se sorprenderán por la particular importancia que atribuyo al estudio del caso francés y sospecharán que soy nacionalista. Voy, pues, a justificarme. Se trata primero de un asunto de fuentes. Desde luego, la Revolución francesa no creó una sociedad justa e ideal, pero al menos tuvo el mérito de elaborar un incomparable observatorio de las fortunas: el sistema de registro de los patrimonios en tierras, inmobiliarios y financieros instituido en la década de 1790-1800 es sorprendentemente moderno e integral para su época, y explica por qué las fuentes sucesorias francesas son tal vez las más ricas del mundo para un periodo largo.

La segunda razón es que, al ser el país que tuvo la transición demográfica más precoz, Francia constituye en cierta manera un buen observatorio de lo que le espera al conjunto del planeta. Desde luego, la población francesa creció a lo largo de los dos últimos siglos, pero a un ritmo relativamente lento. Francia contaba con casi 30 millones de habitantes en el momento de la Revolución, y tiene apenas más de 60 millones a principios de la década de 2010. Se trata del mismo país, de los mismos órdenes de magnitud. En comparación, los Estados Unidos de América contaban con apenas tres millones de habitantes en el momento de la Declaración de Independencia; alcanzaban los 100 millones hacia 1900-1910, y a principios de la década de

2010 superan los 300 millones. Es muy evidente que, cuando un país pasa de 3 a 300 millones de habitantes (sin hablar del cambio radical de la escala territorial por la expansión hacia el oeste en el siglo XIX), ya no se trata realmente del mismo país.

Veremos que la dinámica y la estructura de las desigualdades se presentan de manera muy diferente en un país cuya población se multiplicó por 100 que en uno en el que apenas se duplicó. En particular, el peso de la herencia es naturalmente mucho menor en el primero que en el segundo. El fortísimo crecimiento demográfico del Nuevo Mundo ha hecho que el peso de la riqueza originada en el pasado siempre haya sido menor en los Estados Unidos que en Europa, y explica por qué la estructura de la desigualdad estadunidense —y de las representaciones estadunidenses de la desigualdad y de las clases sociales— es tan particular. Pero esto significa asimismo que el caso estadunidense en cierta manera no es trasladable (es poco probable que la población mundial se multiplique por 100 durante los dos próximos siglos), y que el caso francés sea más representativo y pertinente para el análisis del porvenir. Estoy convencido de que el análisis detallado del caso de Francia, y de manera más general de las diferentes trayectorias históricas observadas en los países hoy desarrollados —en Europa, Japón, América del Norte y Oceanía—, es rico en enseñanzas para las dinámicas mundiales por venir, incluso en los países hoy emergentes —China, Brasil o la India—, que sin duda acabarán por enfrentar también una desaceleración del crecimiento demográfico y económico, lo que ya ha empezado a ocurrir.

Finalmente, lo interesante del caso de Francia es que la Revolución francesa —la revolución "burguesa" por excelencia— introduce muy pronto un ideal de igualdad jurídica frente al mercado, cuyas consecuencias en la dinámica de la distribución de la riqueza vale la pena estudiar. Desde luego, la Revolución inglesa de 1688 introdujo el parlamentarismo moderno pero dejó tras ella una dinastía real, la primogenitura terrateniente hasta la década de 1920 y privilegios políticos para la nobleza hereditaria hasta nuestros días (el proceso de redefinición del título de par y de la Cámara de los Lores sigue vigente en la década de 2010, lo que objetivamente es un exceso). Por supuesto, la Revolución estadunidense de 1776 dio origen al principio republicano, pero permitió que la esclavitud prosperara un siglo más, y que la discriminación racial fuera legal durante casi dos siglos; hoy en día, el tema racial sigue repercutiendo mucho en asuntos sociales en los Estados Unidos. La Revolución francesa de 1789 es, en cierta medida, más ambiciosa: abolió todos los privilegios legales y pretendió crear un orden político y social fundamentado por completo en la igualdad de los derechos y las oportunidades. El Código Civil garantiza la igualdad absoluta frente al derecho de propiedad y al de contratar libremente (por lo menos para los hombres). A fines del siglo XIX y en la Bella Época, a menudo los economistas conservadores franceses —como Paul Leroy-Beaulieu— utilizaban ese argumento para explicar que, contrariamente al Reino Unido monárquico y aristocrático, la Francia republicana, país de "pequeños propietarios", vuelto igualitario gracias a la Revolución, no necesitaba para nada un impuesto progresivo y expoliador sobre el ingreso o sobre las sucesiones. Ahora bien, nuestros datos demuestran que la concentración de la riqueza era en esa época casi tan extrema en Francia como en el Reino Unido, lo que ilustra con bastante claridad que la igualdad de los derechos frente al mercado no basta para asegurar la igualdad de los derechos a secas. Una vez más, esta experiencia es muy pertinente para el análisis del mundo actual, en el que muchos observadores siguen imaginando, a semejanza de Leroy-Beaulieu hace poco más de un siglo, que basta con instituir derechos de propiedad cada vez mejor garantizados, mercados siempre más libres y una competencia cada vez más "pura y perfecta", para llegar a una sociedad justa, próspera y armoniosa. Por desgracia, la tarea es más compleja.

El marco teórico y conceptual

Antes de avanzar más en este libro, tal vez sea útil ahondar un poco más en el marco teórico y conceptual en el que se sitúa esta investigación, así como en el itinerario intelectual que me llevó a esta obra.

Precisemos primero que pertenezco a una generación que cumplió 18 años en 1989, año del bicentenario de la Revolución francesa, desde luego, pero sobre todo año de la caída del Muro de Berlín. Formo parte de esa generación que se volvió adulta escuchando en la radio el desmoronamiento de las dictaduras comunistas, y que jamás sintió la más mínima ternura o nostalgia por esos regímenes o por la Unión Soviética. Estoy vacunado de por vida contra los convencionales y perezosos discursos anticapitalistas, que a veces parecen ignorar ese fracaso histórico fundamental y que muy a menudo niegan procurarse los medios intelectuales para superarlo. No me interesa denunciar las desigualdades o el capitalismo como tal, sobre todo porque las desigualdades sociales no plantean problemas en sí —aunque no estén muy justificadas—, esto es, si están "fundadas en la utilidad común", como lo proclama el artículo primero de la Declaración de los Derechos del Hombre y del Ciudadano de 1789 (esta definición de la justicia social es imprecisa pero seductora, y está anclada en la historia: adoptémosla por el momento; volveremos a ella). Lo que me interesa es tratar de contribuir, modestamente, a determinar los modos de organización social, las instituciones y las políticas públicas más apropiadas que permitan instaurar real y eficazmente una sociedad justa, todo ello en el marco de un Estado de derecho, cuyas reglas se conocen por adelantado y se aplican a todos, y que pueden ser democráticamente debatidas.

Tal vez sea apropiado indicar también que experimenté el sueño americano a los 22 años, al ser contratado por una universidad cercana a Boston, en cuanto obtuve mi doctorado. Esa experiencia fue determinante por más de una razón. Era la primera vez que ponía los pies en los Estados Unidos, y ese reconocimiento precoz no es desagradable. ¡He aquí un país que sabe ingeniárselas con los migrantes a los que desea atraer! Y al mismo tiempo supe de inmediato que deseaba volver a Francia y a Europa, lo que hice en cuanto cumplí 25 años. Desde entonces no he salido de París, salvo por algunas breves estancias. Una de las razones importantes que subyace a esta elección es directamente pertinente aquí: no me convencieron mucho los economistas estadunidenses. Desde luego, todo el mundo era muy inteligente —y conservo muchos amigos en el seno de ese universo—, pero había algo extraño: estaba bien calificado para saber que no conocía nada de los problemas económicos del mundo (mi tesis constaba de algunos teoremas matemáticos relativamente abstractos), y sin embargo la profesión me quería. Pronto me di cuenta de que no se había iniciado ningún trabajo de recopilación de datos históricos sobre la dinámica de la desigualdad desde la época de Kuznets (a lo que me dediqué desde mi regreso a Francia), y, no obstante, la profesión seguía produciendo resultados puramente teóricos, sin saber siquiera cuáles hechos necesitaban ser explicados, y esperaba que yo hiciera lo mismo.

Digámoslo muy claro: la disciplina económica aún no ha abandonado su pasión infantil por las matemáticas y las especulaciones puramente teóricas, y a menudo muy ideológicas, en detrimento de la investigación histórica y de la reconciliación con las demás ciencias sociales. Con mucha frecuencia, los economistas se preocupan ante todo por pequeños problemas matemáticos que sólo les interesan a ellos, lo que les permite darse, sin mucha dificultad, apariencias de cientificidad y les evita tener que contestar las preguntas mucho más complicadas que les hace la gente que los rodea. Ser economista universitario en Francia tiene una gran ventaja: los economistas son poco considerados en el seno del mundo intelectual y universitario, al igual que entre las élites políticas y financieras. Eso los obliga a descartar su desprecio hacia las otras disciplinas, y su absurda pretensión de poseer una cientificidad superior, cuando en realidad no saben casi nada sobre ningún tema. De hecho, ése es el encanto de la disciplina, y de las ciencias sociales en general: se parte de abajo, a veces de muy abajo, y entonces se puede esperar hacer progresos importantes. Creo que en Francia los economistas están un poco más motivados que en los Estados Unidos para intentar convencer a sus colegas historiadores y sociólogos, y de manera más general al mundo exterior, sobre el interés de lo que hacen (lo cual no han logrado hacer). En este caso, mi sueño cuando daba clases en Boston era ingresar a la École des Hautes Études en Sciences Sociales, una institución con grandes nombres como Lucien Febvre, Fernand Braudel, Claude Lévi-Strauss, Pierre Bourdieu, Françoise Héritier, Maurice Godelier y otros tantos más. ¿Debo confesarlo bajo el riesgo de parecer patriotero en mi visión de las ciencias sociales?

Sin duda siento más admiración por esos estudiosos que por Robert Solow, o incluso Simon Kuznets, aun cuando lamento que una gran parte de las ciencias sociales haya dejado de interesarse en gran medida en la distribución de la riqueza y en las clases sociales, siendo que los temas de los ingresos, los salarios, los precios y las fortunas se encontraban en un buen lugar en los programas de investigación de la historia y de la sociología hasta la década de 1970-1980. En verdad me gustaría que tanto los especialistas como los aficionados de todas las ciencias sociales encontraran algún interés en las investigaciones expuestas en este libro, empezando por todos aquellos que dicen que "no saben nada de economía", pero que a menudo tienen opiniones muy fuertes sobre la desigualdad de los ingresos y de las fortunas, lo que es muy natural.

En realidad, la economía jamás tendría que haber intentado separarse de las demás disciplinas de las ciencias sociales, y no puede desarrollarse más que en conjunto con ellas. Se sabe muy poco en las ciencias sociales como para dividirse absurdamente. Para progresar en temas como la dinámica histórica del reparto de las riquezas y la estructura de las clases sociales, es evidente que se debe proceder con pragmatismo y emplear métodos y enfoques utilizados tanto por los historiadores, los sociólogos y los politólogos, como por los economistas. Es conveniente partir de cuestiones de fondo e intentar dar respuesta a ellas: las disputas disciplinarias y territoriales son secundarias. Este libro, creo, es tanto de historia como de economía.

Como expliqué antes, mi trabajo consistió primero en reunir fuentes y establecer hechos y series históricas sobre la distribución del ingreso y la riqueza. Conforme se avanza en este libro, recurro a veces a la teoría, a los modelos y a los conceptos abstractos, pero intento hacerlo con parsimonia, es decir, únicamente en la medida en que la teoría permite una mejor comprensión de las evoluciones estudiadas. Por ejemplo, las nociones de ingreso y capital, tasas de crecimiento y tasas de rendimiento son conceptos abstractos, construcciones teóricas, y no certezas matemáticas. Sin embargo, intentaré mostrar que ellas permiten analizar de modo más eficaz las realidades históricas, siempre que se adopte una mirada crítica y lúcida sobre la precisión —por naturaleza aproximada— con la que es posible medirlas. Utilizaré asimismo algunas ecuaciones, como la ley $\alpha = r \times \beta$ (según la cual la participación del capital en el ingreso nacional es igual al producto de la tasa de rendimiento del capital y la relación capital/ingreso) o también la ley $\beta = s/g$ (conforme a la cual a largo plazo la relación capital/ingreso es igual al cociente de la tasa de ahorro y la tasa de crecimiento). Ruego al lector poco apasionado por las matemáticas que no cierre de inmediato este libro: se trata de ecuaciones elementales que pueden explicarse de manera simple e intuitiva, y cuya buena comprensión no requiere ningún bagaje técnico particular. Sobre todo, intentaré mostrar que este marco teórico mínimo permite a toda persona comprender mejor las evoluciones históricas importantes.

La estructura del libro

Este libro está compuesto por cuatro partes y 16 capítulos. La primera parte, intitulada "Ingreso y capital", constituida por dos capítulos, introduce las nociones fundamentales que se utilizarán abundantemente en la obra. En particular, el capítulo I presenta los conceptos de *ingreso nacional,* de *capital* y de *relación capital/ingreso;* luego describe las grandes líneas de evolución de la distribución mundial del ingreso y de la producción. El capítulo II analiza después con más precisión la evolución de las tasas de crecimiento de la población y de la producción después de la Revolución industrial. No se presenta ningún hecho verdaderamente nuevo en esta primera parte, y el lector familiarizado con esas nociones y con la historia general del crecimiento mundial desde el siglo XVIII puede elegir pasar directamente a la segunda parte.

La segunda parte, intitulada "La dinámica de la relación capital/ingreso", está constituida por cuatro capítulos. El objetivo de esta sección es analizar la manera en que se presenta, en este inicio del siglo XXI, el tema de la evolución a largo plazo de la relación capital/ingreso y del reparto global del ingreso nacional, entre ingresos por trabajo e ingresos del capital. El capítulo III presenta primero las metamorfosis del capital desde el siglo XVIII, empezando por los casos del Reino Unido y Francia, los más conocidos a lo largo de un extenso periodo. El capítulo IV ofrece una introducción de los casos de Alemania y de los Estados Unidos. Los capítulos V y VI amplían ese análisis geográficamente a todo el planeta, tanto como lo permiten las fuentes, y sobre todo intentan aprender de esas experiencias históricas para analizar la posible evolución de la relación capital/ingreso y del reparto capital-trabajo en las décadas por venir.

La tercera parte, intitulada "La estructura de las desigualdades", consta de seis capítulos. El capítulo VII empieza por familiarizar al lector con los órdenes de magnitud alcanzados en la práctica por la desigualdad en el reparto de los ingresos por trabajo por una parte, y por la otra en la propiedad del capital y de los ingresos que produce. Luego, el capítulo VIII analiza la dinámica histórica de esas desigualdades, comenzando por contrastar el caso de Francia con el de los Estados Unidos. Al examinar por separado las desigualdades relacionadas con el trabajo y el capital, respectivamente, los capítulos IX y X amplían este análisis al conjunto de países de los cuales disponemos de datos históricos (en particular en el marco de la WTID). El capítulo XI estudia la evolución de la importancia de la herencia en el largo plazo. Por último, el capítulo XII analiza las perspectivas de la evolución de la distribución mundial de la riqueza durante las dos primeras décadas del siglo XXI.

Finalmente, la cuarta parte, intitulada "Regular el capital en el siglo XXI", está compuesta por cuatro capítulos. Su objetivo es derivar lecciones políticas y normativas de las secciones anteriores, cuyo objetivo es ante todo establecer los hechos y comprender las razones de los cambios observados. El capítulo XIII intenta esbozar los contornos de lo que podría ser un Estado social adaptado al siglo que comienza. El capítulo XIV propone replantear, a la luz de las experiencias del pasado y de las recientes tendencias, el impuesto progresivo sobre el capital. El capítulo XV describe lo que podría ser un impuesto progresivo sobre el capital adaptado al capitalismo patrimonial del siglo XXI, y compara esta herramienta ideal con los demás modos de regulación susceptibles de emerger, del impuesto europeo sobre las fortunas al control de los capitales en China, pasando por la inmigración al estilo estadunidense o bien la vuelta generalizada al proteccionismo. El capítulo XVI plantea el doloroso problema de la deuda pública y, asunto asociado, el de la acumulación óptima del capital público, en un contexto de posible deterioro del capital natural.

Un último comentario: hubiera sido muy riesgoso publicar en 1913 un libro intitulado *El capital en el siglo XX*. Que el lector me perdone entonces por publicar en 2013 un libro intitulado *El capital en el siglo XXI*. Soy muy consciente de mi total incapacidad para predecir la forma que adquirirá el capital en 2063 o en 2113. Como ya lo señalé, y como tendremos amplia oportunidad de verlo, la historia de los ingresos y de la riqueza siempre es profundamente política, caótica e imprevisible. Depende de las representaciones que se hacen las diferentes sociedades de las desigualdades, y de las políticas e instituciones que se atribuyen para modelarlas y transformarlas, en uno u otro sentido. Nadie puede saber qué forma adquirirán esos cambios en las décadas por venir. Sin embargo, las lecciones de la historia son útiles para intentar aprehender de manera un poco más clara lo que serán las decisiones y las dinámicas operantes en el siglo que se inicia. Éste es, en el fondo, el único objetivo de este libro, que lógicamente tendría que haberse intitulado *El capital a principios del siglo XXI:* tratar de sacar de la experiencia de los siglos pasados algunas modestas claves para el porvenir, sin una ilusión excesiva sobre su utilidad real, pues la historia siempre inventa sus propios caminos.

Primera Parte

INGRESO Y CAPITAL

I. INGRESO Y PRODUCCIÓN

El 16 de agosto de 2012 la policía sudafricana intervino en el conflicto que opuso a los obreros de la mina de platino de Marikana, cercana a Johannesburgo, con los dueños de la explotación, los accionistas de la compañía Lonmin, con base en Londres. Las fuerzas del orden dispararon contra los huelguistas. Saldo: 34 mineros muertos.[1] Como sucede a menudo en semejantes casos, el conflicto social se centraba en la cuestión salarial: los mineros exigían que su salario pasara de 500 a 1 000 euros por mes. Después del drama, la compañía propuso finalmente un incremento de 75 euros por mes.[2]

Este episodio reciente nos recuerda, si ello fuera necesario, que la distribución de la producción entre los salarios y los beneficios, entre los ingresos por trabajo y los del capital, siempre ha constituido la primera dimensión del conflicto distributivo. Ya en las sociedades tradicionales, la oposición entre el propietario de bienes inmuebles y el campesino, entre quien posee la tierra y quien le aporta su trabajo, quien recibe la renta de los bienes raíces y quien la paga, era el fundamento de la desigualdad social y de todas las rebeliones. La Revolución industrial parece haber exacerbado el conflicto capital-trabajo, tal vez porque aparecieron formas de producción más intensivas en capital (máquinas, recursos naturales, etc.) que en el pasado, o bien quizá porque también se frustraron las esperanzas de una distribución más justa y un orden social más democrático —volveremos a ello—.

En todo caso, los trágicos acontecimientos de Marikana nos remiten inevitablemente a actos de violencia más antiguos: en Haymarket Square, en Chicago, el 1° de mayo de 1886; luego de nuevo en Fourmies, en el norte de Francia, el 1° de mayo de 1891, las fuerzas del orden dispararon mortalmente contra obreros en huelga que pedían aumentos de salario. ¿Pertenece al pasado el enfrentamiento capital-trabajo, o será una de las constantes del siglo XXI?

En las dos primeras partes de este libro nos enfocaremos en el tema de la distribución global del ingreso nacional entre trabajo y capital, y en sus transformaciones desde el siglo XVIII. Olvidaremos temporalmente el asunto

[1] Véase "South African Police Open Fire on Striking Miners", *The New York Times*, Nueva York, 17 de agosto de 2012.

[2] Véase el comunicado oficial de la compañía: "Lonmin Seeks Sustainable Peace at Marikana", 25 de agosto de 2012, www.lonmin.com. Según ese documento, el sueldo base de los mineros antes del conflicto era de 5 405 rands por mes, y el aumento otorgado fue de 750 rands por mes (1 rand sudafricano = alrededor de 0.1 euro). Estas cifras parecen coherentes con las referidas por los huelguistas y retomadas en la prensa.

de las desigualdades en los ingresos por trabajo (por ejemplo, entre el obrero, el ingeniero y el director de la fábrica), o en los ingresos del capital (por ejemplo, entre pequeños, medianos y grandes accionistas o dueños), a cuyo examen volveremos en la tercera parte. Desde luego, cada una de estas dimensiones de la distribución de la riqueza —tanto el reparto llamado "factorial", que opone a los dos "factores" de la producción: el capital y el trabajo, considerados artificialmente bloques homogéneos, como la distribución llamada "individual", que atañe a la desigualdad en los ingresos por trabajo y del capital en el nivel de los individuos— en la práctica tiene un papel fundamental, y es imposible lograr una comprensión satisfactoria del problema de la distribución sin analizarlas conjuntamente.[3]

En realidad, en agosto de 2012 los mineros de Marikana no sólo estaban en huelga contra los beneficios considerados excesivos del grupo Lonmin, sino también por la desigualdad en los sueldos entre obreros e ingenieros, y por el sueldo al parecer extraordinario del director de la mina.[4] De hecho, si la propiedad del capital se distribuyera de manera rigurosamente igualitaria y si cada asalariado recibiera la misma participación de los beneficios como complemento de su sueldo, la distribución beneficios/sueldos no interesaría a (casi) nadie. Si el reparto capital-trabajo suscita tantos conflictos, se debe primero y ante todo a la extrema concentración de la propiedad del capital. De hecho, en todos los países, la desigualdad en la riqueza —y en los ingresos del capital que se derivan de ella— es siempre mayor que la desigualdad en los salarios y en los ingresos por trabajo. Analizaremos este fenómeno y sus causas en la tercera parte. En un primer momento, tomaremos como dada la desigualdad en los ingresos por trabajo y de capital, y concentraremos nuestra atención en el reparto global del ingreso nacional entre capital y trabajo.

Que quede claro: mi propósito aquí no es abrir un proceso de los trabajadores en contra de los propietarios, sino más bien ayudar a cada uno a tener una mejor perspectiva. Desde luego, la desigualdad capital-trabajo es sumamente violenta desde el punto de vista simbólico. Choca de lleno contra las concepciones más comunes de lo que es justo y de lo que no lo es, y no sorprende que, a veces, eso resulte en violencia física. Para quienes no poseen más que su trabajo, y que a menudo viven en condiciones modestas (o incluso muy modestas, tanto en el caso de los campesinos del siglo XVIII como en

[3] A la distribución "factorial" a menudo se le llama "funcional" o "macroeconómica", y a la distribución "individual" se le dice "personal" o "microeconómica". En realidad, las dos dimensiones de la distribución ponen en juego, al mismo tiempo, mecanismos microeconómicos (es decir que deben ser analizados en el nivel de las empresas o de los agentes individuales), y macroeconómicos (es decir que sólo pueden ser comprendidos en el nivel de la economía nacional, o incluso mundial).

[4] Un millón de euros por año, según los huelguistas (es decir, el equivalente del sueldo de casi 200 mineros). Por desgracia no se dispone de ninguna información a ese respecto en la página web de la compañía.

el de los mineros de Marikana), es difícil aceptar que los poseedores del capital —quienes lo son a veces por herencia, por lo menos en parte— puedan apropiarse, sin trabajar, de una parte significativa de las riquezas producidas. Ahora bien, la participación del capital puede alcanzar niveles considerables, a menudo entre la cuarta parte y la mitad de la producción, a veces más de la mitad en sectores intensivos en capital, como la extracción minera e incluso más cuando los monopolios locales permiten a los dueños apropiarse de una proporción aún más elevada.

Al mismo tiempo, cualquiera puede comprender que si el total de la producción se destinara a los salarios, y no se dedicara nada a los beneficios, resultaría, sin duda, difícil atraer capitales que permitieran financiar nuevas inversiones, por lo menos en el actual modo de organización económica (desde luego, uno puede imaginar otros modos), sin olvidar que no necesariamente está justificado suprimir toda remuneración a quienes eligen ahorrar más que otros —suponiendo, desde luego, que el ahorro es una importante fuente de la desigualdad en la riqueza, cuestión que también examinaremos—. Tampoco hay que olvidar que una parte de aquello que se llama "ingresos del capital" a veces corresponde a una remuneración del trabajo "empresarial", por lo menos en parte, y que sin duda debería ser tratada como las demás formas de trabajo. Este argumento clásico también tendrá que ser estudiado en detalle. Tomando en cuenta todos esos elementos, ¿cuál es una distribución "adecuada" entre capital y trabajo? ¿Estamos seguros de que el "libre" funcionamiento de una economía de mercado y de propiedad privada conducirá siempre y en todo lugar a ese nivel óptimo, como por arte de magia? ¿Cómo debería organizarse la distribución capital-trabajo en una sociedad ideal, y cómo realizarla?

El reparto capital-trabajo en el largo plazo: no tan estable

A fin de avanzar —modestamente— en esta reflexión, e intentar por lo menos precisar los términos de un debate al parecer sin salida, es útil empezar por establecer los hechos con tanta precisión y minuciosidad como sea posible. ¿Qué se sabe exactamente de la evolución de la distribución capital-trabajo desde el siglo XVIII? Durante mucho tiempo, la tesis más difundida entre los economistas, propagada de manera muy apresurada en los libros de texto, fue la de una enorme estabilidad de la distribución del ingreso nacional entre trabajo y capital, en general en torno a dos tercios/un tercio.[5] Merced a la perspectiva histórica y a los nuevos datos de los que disponemos, vamos a demostrar que la realidad es claramente más compleja.

[5] Alrededor de 65-70% para los sueldos y otros ingresos por trabajo, y 30-35% para los beneficios, rentas y demás ingresos del capital.

Por una parte, a lo largo del siglo pasado, el reparto capital-trabajo enfrentó cambios de gran magnitud, a la medida de la caótica historia política y económica del siglo XX. En comparación con esto, los movimientos del siglo XIX —ya evocados en la introducción (alza de la participación del capital en la primera mitad del siglo, ligera baja y estabilización después)— parecen muy apacibles. En resumen, los choques de la primera parte del siglo XX (1914-1945) —a saber, la primera Guerra Mundial, la Revolución bolchevique de 1917, la crisis de 1929, la segunda Guerra Mundial, y las nuevas políticas de regulación, tributación y control público del capital resultantes de esos trastornos— llevaron a los capitales privados a niveles históricamente bajos en la década de 1950-1960. Muy rápido, se inició el movimiento de reconstitución de los capitales, luego se aceleró con la revolución conservadora anglosajona de 1979-1980, el desplome del bloque soviético en 1989-1990, la globalización financiera y la desregulación de la década de 1990-2000. Estos acontecimientos marcaron un hito político en sentido inverso al anterior, y permitieron que los capitales privados, a pesar de la crisis de 2007-2008, recuperaran a principios de los años de 2010 una prosperidad no vista desde 1913. No todo fue negativo en esa evolución y en ese proceso de reconstitución de los patrimonios —en parte natural y deseable—. Pero ello cambia singularmente la perspectiva que se puede tener sobre la distribución capital-trabajo en este inicio del siglo XXI, y sobre su posible evolución en los decenios por venir.

Por otra parte, más allá de este doble cambio del siglo XX, si ahora se adopta una perspectiva a muy largo plazo, entonces la tesis de una completa estabilidad del reparto capital-trabajo choca con el hecho de que la naturaleza misma del capital se transformó radicalmente (del capital de tenencia de la tierra del siglo XVIII al capital inmobiliario, industrial y financiero del siglo XXI) y, sobre todo, con la idea según la cual el crecimiento moderno se caracterizaría por un aumento del "capital humano", tesis muy difundida entre los economistas y que, de entrada, parece suponer un incremento tendencial de la participación del trabajo en el ingreso nacional. Veremos que, a muy largo plazo, semejante tendencia tal vez opera en la actualidad, pero en proporciones relativamente modestas: la participación del capital (no humano) en este inicio del siglo XXI parece ser apenas más pequeña de lo que era a principios del siglo XIX. Los niveles muy elevados de capitalización patrimonial observados en la actualidad en los países ricos parecen explicarse ante todo por el regreso a un régimen de bajo crecimiento de la población y de la productividad —aunados al retorno a un régimen político objetivamente muy favorable para los capitales privados—.

Para comprender bien estas transformaciones, veremos que el enfoque más fecundo consiste en analizar la evolución de la relación capital/ingreso (es decir, la relación entre el *stock* o acervo total de capital y el flujo anual de ingreso o producto), y no sólo la distribución capital-trabajo (es decir, el reparto del flujo del ingreso y de la producción entre los ingresos del capital y por trabajo). Esta última ha sido más clásicamente estudiada en el pasado, en gran parte debido a la falta de datos adecuados.

Pero, antes de presentar todos esos resultados de manera detallada, vamos a proceder por etapas. El objetivo de la primera parte de este libro es introducir las nociones fundamentales. En la continuación de este capítulo I, comenzaremos por presentar los conceptos de producción interna y de ingreso nacional, ingresos del capital y por trabajo, así como de la relación capital/ingreso. Luego examinaremos las transformaciones en la distribución mundial de la producción y del ingreso desde la Revolución industrial. En el capítulo II analizaremos la evolución general de las tasas de crecimiento a lo largo de la historia, evolución que desempeñará un papel central para el resto del análisis.

Una vez planteados esos requisitos, en la segunda parte de este libro podremos estudiar la dinámica de la relación capital/ingreso y del reparto capital-trabajo, procediendo de nuevo por etapas. En el capítulo III examinaremos las transformaciones en la composición del capital y de la relación capital/ingreso desde el siglo XVIII, empezando por los casos del Reino Unido y de Francia, para los cuales tenemos los mejores datos de largo plazo. El capítulo IV introducirá después el caso de Alemania, y sobre todo el de los Estados Unidos, que complementa de modo útil el prisma europeo. Por último, los capítulos V y VI intentarán ampliar esos análisis al conjunto de los países ricos y, en la medida de lo posible, al conjunto del planeta, y sacar de ellos lecciones para la dinámica de la relación capital/ingreso y del reparto capital-trabajo en el ámbito mundial en este inicio del siglo XXI.

La noción de ingreso nacional

Vale la pena empezar por presentar la noción de "ingreso nacional", a la que recurriremos a menudo en este libro. Por definición, el ingreso nacional mide el conjunto de ingresos de los que disponen los residentes de un país a lo largo de un año, sin importar la forma jurídica de dichos ingresos.

El ingreso nacional se vincula estrechamente con la noción de "producto interno bruto" (PIB), a menudo utilizado en el debate público, aunque hay dos diferencias importantes. El PIB mide el conjunto de bienes y servicios producidos a lo largo de un año en el territorio de un país dado. Para calcular el ingreso nacional, hay que empezar por sustraer del PIB la depreciación del capital que permitió llevar a cabo esa producción, es decir, el desgaste de los edificios, equipos, máquinas, vehículos, computadoras, etc., utilizados a lo largo de un año. Esta considerable cantidad, que equivale en la actualidad a aproximadamente el 10% del PIB en la mayoría de los países, en realidad no constituye un ingreso para nadie: antes de distribuir sueldos a los trabajadores, dividendos a los accionistas o de llevar a cabo inversiones verdaderamente nuevas, es imperativo empezar por remplazar o reparar el capital desgastado. Y si no se hace, entonces equivale a una pérdida de patrimonio, y posteriormente a un ingreso negativo para los dueños. Una vez deducida la depreciación del capital del producto interno bruto, se obtiene el "producto interno neto", al que llamaremos simplemente "producción interna" o "producción doméstica", y que suele ser igual al 90% del PIB.

Luego hay que añadir los ingresos netos recibidos del extranjero (o sustraer los ingresos netos pagados en el extranjero, según la situación del país). Por ejemplo, es probable que un país cuyo conjunto de empresas y del capital pertenezca a dueños extranjeros tenga una producción interna muy elevada pero un ingreso nacional mucho menor, una vez que se han deducido los beneficios y las rentas que se envían al extranjero. Por el contrario, un país que posee una buena parte del capital de otros países puede disponer de un ingreso nacional muy superior a su producción interna.

Volveremos más adelante a ejemplos de estos dos tipos de situaciones, tomados de la historia del capitalismo y del mundo actual. Precisemos de entrada que este tipo de desigualdades internacionales puede ser generador de altas tensiones políticas. No es anodino que un país trabaje para otro y le pague durante mucho tiempo una proporción significativa de su producción en forma de dividendos o de rentas. Para que semejante sistema pueda sostenerse —hasta cierto punto—, a menudo debe acompañarse de relaciones de dominación política, como sucedió en la época del colonialismo, cuando Europa en realidad poseía una buena parte del resto del mundo. Uno de los temas centrales de nuestra investigación es saber en qué medida y bajo qué condiciones es susceptible de reproducirse este tipo de situación a lo largo del siglo XXI, eventualmente bajo otras configuraciones geográficas; por ejemplo, con Europa en el papel del poseído, más que del poseedor (temor muy difundido en la actualidad en el Viejo Continente —tal vez demasiado, según veremos—).

En esta etapa nos contentaremos con señalar que, en la actualidad, la mayoría de los países ricos o emergentes se encuentran en situaciones mucho más equilibradas de lo que uno a veces puede imaginarse. Hoy en día, en Francia como en los Estados Unidos, en Alemania como en el Reino Unido, en China como en Brasil, en Japón como en Italia, el ingreso nacional no difiere en más de 1 o 2% de la producción interna. Dicho de otra manera, los flujos de beneficios, de intereses, de dividendos, de rentas, etc., que entran en esos países más o menos se equilibran con los flujos que salen. En países ricos, los ingresos netos recibidos del extranjero son, en general, ligeramente positivos. En una primera aproximación, los residentes de esos diferentes países poseen, gracias a sus inversiones inmobiliarias y financieras, más o menos tanta riqueza en el resto del mundo como la que posee el resto del mundo en sus países. Contrario a una leyenda tenaz, Francia no pertenece a los fondos de pensiones californianos ni al Banco de China, no más de lo que los Estados Unidos son propiedad de los inversionistas japoneses o alemanes. El temor ante semejantes situaciones es tan fuerte que a menudo en ese aspecto los fantasmas se anticipan a la realidad. Hoy en día, la realidad es que la desigualdad del capital es mucho más doméstica que internacional: enfrenta más a los ricos y a los pobres en el seno de cada país que a los países entre sí. Pero no siempre sucedió así a lo largo de la historia, y es perfectamente legítimo preguntarse bajo qué condiciones podría evolucionar esta situación durante el siglo XXI, tanto más porque algunos países —Japón, Alemania, los Estados petroleros y, en menor grado, China— acumularon recientemente créditos nada despreciables (aunque hasta ahora muy inferiores a los créditos récord de la era colonial) en comparación con el resto del mundo. Veremos, asimismo, que un incremento muy fuerte en las participaciones cruzadas entre países (en las que cada uno es poseído en gran proporción por los demás) puede incrementar legítimamente la sensación de desposesión, incluso si las posiciones netas son cercanas a cero.

En resumen, en el nivel de cada país, el ingreso nacional puede ser superior o inferior a la producción interna, dependiendo de si los ingresos netos recibidos del extranjero son positivos o negativos:

ingreso nacional = producción interna + ingresos netos recibidos del extranjero.[6]

En el ámbito mundial, los ingresos recibidos y pagados del y al extranjero se equilibran, de tal manera que el ingreso es por definición igual a la producción:

ingreso mundial = producción mundial.[7]

Esta igualdad entre los flujos anuales de ingreso y de producción es una evidencia conceptual y contable, pero refleja una importante realidad. A lo largo de un año específico, es imposible distribuir ingresos por encima de la nueva riqueza que ha sido producida (salvo si hay un endeudamiento con otro país, lo que no es posible en el nivel mundial). Por el contrario, toda la producción debe ser distribuida en forma de ingresos —de una u otra mane-

[6] Al ingreso nacional se le llama también "producto nacional neto" (por oposición al "producto nacional bruto", PNB, que incluye la depreciación del capital). Utilizaremos la expresión "ingreso nacional", más simple y más intuitiva. Los ingresos netos procedentes del extranjero se definen como la diferencia entre los ingresos recibidos del extranjero y aquellos pagados al extranjero. Esos flujos cruzados se refieren sobre todo a los ingresos del capital, pero incluyen también los ingresos por trabajo y las transferencias unilaterales (por ejemplo, las remesas de los migrantes hacia sus países de origen). Véase el anexo técnico.

[7] Naturalmente, el ingreso mundial se define como la suma del ingreso nacional de los diferentes países, y la producción mundial como la suma de la producción interna de los diferentes países.

ra: es decir, en forma de sueldos, remuneraciones, honorarios, primas, etc., pagados a los asalariados y a las personas que aportaron el trabajo utilizado en la producción (ingresos por trabajo); o en forma de beneficios, dividendos, intereses, rentas, regalías, etc., correspondientes a los dueños del capital empleado en la producción (ingresos del capital)—.

¿Qué es el capital?

Recapitulemos. En el ámbito de las cuentas de una empresa, de un país o de la economía mundial en su conjunto, la producción y los ingresos resultantes pueden descomponerse en la suma de los ingresos del capital y los ingresos por trabajo:

ingreso nacional = ingresos del capital + ingresos por trabajo.

Pero ¿qué es el capital? ¿Cuáles son exactamente sus límites y sus formas, y cómo se transformó su composición a lo largo del tiempo? Esta pregunta, central para nuestra investigación, será examinada de manera más detallada en los siguientes capítulos. Sin embargo, vale la pena precisar desde ahora algunos puntos.

Primero, a lo largo de este libro, cuando hablemos de "capital", sin más precisión, excluiremos siempre lo que a menudo los economistas llaman —en nuestro sentir, de modo bastante inapropiado— el "capital humano", es decir, la fuerza de trabajo, las calificaciones, la capacitación y las habilidades individuales. En el marco de este libro, el capital se define como el conjunto de los activos no humanos que pueden ser poseídos e intercambiados en un mercado. El capital incluye sobre todo el conjunto del capital inmobiliario (inmuebles, casas) utilizado como vivienda, y el capital financiero y profesional (edificios, equipos, máquinas, patentes, etc.) utilizado por las empresas y las agencias gubernamentales.

Existen numerosas razones para excluir al capital humano de nuestra definición del capital. La más evidente es que este capital no puede ser poseído por otra persona ni intercambiado en un mercado, o por lo menos no de modo permanente. Esto constituye una diferencia esencial respecto de las demás formas de capital. Desde luego, es posible rentar los servicios de su trabajo, en el marco de un contrato laboral. Pero, en todos los sistemas legales modernos, esto sólo puede hacerse sobre una base temporal y limitada en el tiempo y en el uso, exceptuando, desde luego, las sociedades esclavistas, en las que es posible poseer de manera plena y completa el capital humano de otra persona, incluso de sus eventuales descendientes. En semejantes sociedades es posible vender a los esclavos en un mercado y transmitirlos por sucesión, y es frecuente sumar el valor de los esclavos a los otros elementos del patrimonio de los propietarios. Veremos esto al estudiar la composición del capital privado en el sur de los Estados Unidos antes de 1865. Pero fuera de esos casos muy particulares, y *a priori* superados, no tiene mucho sentido pretender sumar el valor del capital humano al del capital no humano. A lo largo de la historia estas dos formas de riqueza desempeñaron papeles fundamentales y complementarios en el proceso de crecimiento y desarrollo económico, y sucederá lo mismo en el siglo XXI. Mas, para entender bien este proceso y la estructura de las desigualdades que engendra, es importante distinguirlas y abordarlas por separado.

El capital no humano, al que llamaremos simplemente "capital" en el marco de este libro, reúne pues todas las formas de riqueza que, *a priori,* pueden ser poseídas por individuos (o grupos de individuos) y transmitidas o intercambiadas en un mercado de modo permanente. En la práctica, el capital puede pertenecer ya sea a individuos privados (se habla entonces de capital privado), o bien al Estado o a la administración pública (capital público). También existen formas intermedias de propiedad colectiva por parte de personas morales que persiguen objetivos específicos (fundaciones, iglesias, etc.), a las cuales volveremos. Es evidente que la frontera entre lo que puede ser poseído por individuos privados y lo que no puede serlo evoluciona mucho en el tiempo y en el espacio —como lo ilustra en forma extrema el caso de la esclavitud—. Sucede lo mismo con el aire, el mar, las montañas, los monumentos históricos y los conocimientos. Algunos intereses privados desearían poder poseerlos, haciendo a veces hincapié en factores de eficiencia, y no sólo de su propio interés. Pero no es nada seguro que este interés coincida con el interés general. El capital no es un concepto inmutable: refleja el estado del desarrollo y las relaciones sociales que rigen a una sociedad dada.

Capital y riqueza

A fin de simplificar la exposición, utilizaremos las palabras "capital" y "riqueza" (o "patrimonio") de manera intercambiable, a manera de sinónimos perfectos. Según algunas definiciones, habría que reservar el uso de la palabra "capital" para las formas de riqueza acumuladas por el ser humano (edificios, máquinas, equipos, etc.), excluyendo pues la tierra o los recursos naturales, que la especie humana heredó sin haber tenido que acumularlos. La tierra sería entonces un componente de la riqueza y no del capital. Lo difícil es que no siempre resulta evidente separar el valor de los edificios del de los terrenos sobre los que están construidos. Aún más grave, veremos que es muy difícil separar el valor de las tierras "vírgenes" (como las descubiertas por el ser humano hace siglos o milenios) del de las múltiples mejoras —drenaje, irrigación, barbecho, etc.— aportadas por el ser humano a las tierras agrícolas. Se plantean los mismos problemas respecto de los recursos naturales —petróleo, gas, "tierras raras", etc.—, cuyo valor puro resulta a menudo complejo distinguir del de las inversiones que permitieron descubrir los yacimientos y explotarlos. Incluiremos entonces todas esas formas de riqueza en el capital, lo que desde luego no nos dispensará de interesarnos de manera minuciosa en el origen de la riqueza y, en particular, en la frontera entre lo que proviene de la acumulación o de la apropiación.

Según otras definiciones, habría que reservar la palabra "capital" para los elementos de la riqueza directamente utilizados en el proceso de producción. Por ejemplo, habría que considerar el oro como un elemento de la riqueza o del patrimonio, pero no como un elemento del capital, pues no sirve más que como simple reserva de valor. Una vez más, semejante exclusión no nos parece ni practicable —el oro es a veces utilizado como factor de producción, tanto en la joyería como en la electrónica o en las nanotecnologías— ni deseable. Todas las formas de capital siempre han desempeñado un doble papel: por una parte, como reserva de valor y, por la otra, como factor de producción. Por ello nos pareció más simple no imponer una distinción rígida entre el concepto de riqueza y el de capital.

Asimismo, estimamos poco pertinente excluir los bienes inmuebles destinados a vivienda de la definición del "capital", aduciendo que esos bienes serían "no productivos", a diferencia del capital "productivo" utilizado por las empresas y por el gobierno: plantas industriales, edificios de oficinas, máquinas, equipos, etc. En realidad, todas estas formas de patrimonio son útiles y productivas y corresponden a las dos grandes funciones económicas del capital. Si se olvida por un momento su función como reserva de valor, el capital inmobiliario es útil por una parte para alojarse (es decir, para producir "servicios de alojamiento", cuyo valor se mide por el valor de arrendamiento de las habitaciones) y, por la otra, como factor de producción para las empresas públicas y privadas que producen otros bienes y servicios (y que requieren edificios, oficinas, máquinas, equipos, etc., para llevar a cabo esa producción). Más adelante veremos que esas dos grandes funciones representan, cada una, alrededor de la mitad del acervo de capital de los países desarrollados en este inicio del siglo XXI.

En resumen, definiremos el "patrimonio nacional", la "riqueza nacional" o el "capital nacional" como el valor total, estimado a los precios de mercado, de todo lo que poseen los residentes y el gobierno de un país dado en un momento determinado, siempre y cuando pueda ser intercambiado en un mercado.[8] Se trata de la suma de los activos no financieros (viviendas, terre-

[8] En términos anglosajones se habla de *national wealth* o *national capital.* Evitaremos utilizar la frase "riqueza nacional", ya que en francés la palabra *richesse* frecuentemente se utiliza de manera ambigua —aún más que la palabra en inglés *wealth*—, algunas veces para designar un flujo (las riquezas producidas en el transcurso del año) y otras veces para designar un acervo (la riqueza como patrimonio total que se posee en un determinado tiempo). En los siglos XVIII y XIX era frecuente que los autores franceses hablaran de *fortune nationale,* y los autores ingleses de

nos, negocios, edificios, máquinas, equipos, patentes y demás activos profesionales en propiedad directa) y los activos financieros (cuentas bancarias, planes de ahorro, obligaciones, acciones y demás participaciones en sociedades, inversiones financieras de todo tipo, contratos de seguro de vida, fondos de pensión, etc.), menos los pasivos financieros (es decir, todas las deudas).[9] Si nos limitamos a los activos y pasivos propiedad de individuos privados, se obtiene la riqueza privada o capital privado. Si se consideran los activos y pasivos propiedad del Estado y la administración pública (organismos públicos de orden local, administraciones del seguro social, etc.), se obtiene la riqueza pública o capital público. Por definición, la riqueza nacional es la suma de estos dos conceptos:

riqueza nacional = riqueza privada + riqueza pública.

En la actualidad, la riqueza pública es muy baja en la mayoría de los países desarrollados (o incluso negativa, cuando las deudas públicas superan a los activos públicos), y veremos que, en muchas partes, la riqueza privada representa casi la totalidad de la riqueza nacional. Pero esto no siempre fue así, por lo que es importante distinguir las dos nociones de riqueza.

Precisemos que si bien el concepto de capital que utilizamos excluye desde luego al capital humano (que no puede ser intercambiado en un mercado, por lo menos en las sociedades no esclavistas), no por ello se limita al capital "físico" (terrenos, edificios, equipos y demás bienes con una existencia material). En nuestra definición incluimos también el capital "inmaterial", por ejemplo, en forma de patentes y demás derechos de la propiedad intelectual, que se cuentan ya sea como activos no financieros (si los individuos poseen directamente las patentes), o como activos financieros (cuando las personas son dueñas de acciones en sociedades poseedoras de patentes, lo que es más común). De manera más general, se toman en cuenta numerosas formas de capital inmaterial mediante la capitalización bursátil de las corporaciones. Por ejemplo, a menudo, el valor de mercado de una compañía depende de su reputación y de la de sus marcas, de sus sistemas de información y de sus modos de organización, de las inversiones materiales e inmateriales realizadas para incrementar la visibilidad y el atractivo de sus productos y de sus servicios, de sus gastos en investigación y en desarrollo, etc.

national estate (recordemos que, en inglés, la palabra *estate* designa el total del patrimonio, ya sea que se trate de los bienes inmobiliarios —*real estate*— o de los otros bienes —*personal estate*—). Siempre se trata del mismo concepto. [En la traducción al español se ha usado casi siempre el término "riqueza" para referirse a *patrimoine,* aunque en algunas ocasiones se optó por dejar "patrimonio". N. del t.].

[9] Se usan esencialmente las mismas definiciones y categorías de activos y obligaciones fijadas por las normas internacionales vigentes de contabilidad nacional, aunque con ligeras diferencias que se precisan y discuten en el anexo técnico.

Todo eso se toma en cuenta en el precio de las acciones y de otros activos financieros y, por consiguiente, en el valor del patrimonio nacional.

Desde luego, hay un lado muy arbitrario e incierto en el precio que los mercados financieros atribuyen en un momento dado al capital inmaterial de una compañía particular o hasta de todo un sector, como lo atestiguan el estallido de la burbuja de internet de 2000, la crisis financiera en curso desde 2007-2008 y, de modo más general, la enorme volatilidad bursátil. Pero es importante percatarse desde ahora de que se trata de una característica común a todas las formas de capital y no sólo del capital inmaterial. Sin importar si se trata de un inmueble o de una empresa, de una compañía industrial o de servicios, siempre es muy difícil poner un precio al capital. Y, sin embargo, veremos que el nivel de la riqueza nacional, en el ámbito de un país tomado en su conjunto, y no de tal o cual activo en particular, sigue cierto número de leyes y regularidades.

Precisemos por último que, en el nivel de cada país, la riqueza nacional puede dividirse en capital interno y capital extranjero:

riqueza nacional = capital nacional = capital interno + capital extranjero neto.

El capital interno mide el valor del acervo de capital (inmobiliario, empresas, etc.) localizado en el territorio del país considerado. El capital extranjero neto —o activos extranjeros netos— mide la posición patrimonial del país respecto del resto del mundo, es decir, la diferencia entre los activos en el resto del mundo que son propiedad de los residentes del país y los activos pertenecientes al resto del mundo en el país en cuestión. En vísperas de la primera Guerra Mundial, el Reino Unido y Francia poseían activos extranjeros netos considerables en el resto del mundo. Veremos que una de las características de la mundialización financiera operante desde la década de 1980-1990 es que muchos países pueden tener posiciones patrimoniales netas bastante cercanas al equilibrio, pero posiciones brutas sumamente elevadas. Dicho de otro modo, los juegos de participaciones financieras cruzadas entre compañías hacen que cada país posea una proporción importante del capital doméstico de otros países, sin que por ello las posiciones netas de los países sean muy importantes. Es evidente que, en el ámbito mundial, todas las posiciones netas se equilibran, de tal manera que la riqueza mundial se reduce al capital interno de todo el planeta.

La relación capital/ingreso

Ahora que hemos definido los conceptos de ingreso y de capital, podemos presentar la primera ley elemental que vincula esas dos nociones. Empecemos por precisar lo que es la relación capital/ingreso.

El ingreso es un flujo. Corresponde a la cantidad de riqueza producida y distribuida a lo largo de un periodo dado (se suele escoger un año como periodo de referencia).

El capital es un acervo o *stock*. Corresponde a la cantidad total de riquezas poseídas en un punto dado en el tiempo. Ese acervo resulta de las riquezas apropiadas o acumuladas a lo largo de todos los años previos.

La manera más natural y útil de medir la importancia del capital en una sociedad dada consiste en dividir el acervo de capital entre el flujo anual del ingreso. Esta razón o relación capital/ingreso será denotada por β.

Por ejemplo, si el valor total del capital de un país representa el equivalente de seis años de producto o ingreso nacional, entonces se escribe $\beta = 6$ (o $\beta = 600\%$).

Hoy en día, en los países desarrollados la relación capital/ingreso suele situarse entre cinco y seis, y el acervo de capital consiste casi exclusivamente en el capital privado. Así, tanto en Francia como en el Reino Unido, en Alemania como en Italia, en los Estados Unidos como en Japón, el ingreso nacional llega a ser de alrededor de 30 000-35 000 euros por habitante a principios de la década de 2010, cuando el total de la riqueza privada (neta de deudas) solía ser del orden de 150 000-200 000 euros por habitante, es decir, entre cinco y seis años del ingreso nacional por habitante. Existen interesantes variaciones entre los países, dentro y fuera de Europa: la relación β es superior a seis en Japón y en Italia, e inferior a cinco en los Estados Unidos y en Alemania. La riqueza pública es apenas positiva en algunos países y ligeramente negativa en otros, y así sucesivamente. Lo estudiaremos de manera detallada en los próximos capítulos. En esta fase, basta con tener en mente estos órdenes de magnitud, que permiten fijar las ideas de manera útil.[10]

Desde luego, el hecho de que el ingreso nacional en los países ricos de la década de 2010 sea del orden de 30 000 euros por habitante al año (2 500 euros por mes) no significa que cada uno dispone de esa suma. Como todos los promedios, este ingreso medio esconde enormes disparidades: en la práctica, muchas personas tienen un ingreso muy inferior a 2 500 euros por mes, mientras otras tienen ingresos por varias decenas de veces esa cantidad. Las disparidades en el ingreso resultan, por una parte, de la desigualdad en los ingresos por trabajo y, por la otra, de la aún mayor desigualdad en los ingresos del capital, que se origina a su vez en la enorme concentración de la riqueza. Este ingreso nacional promedio significa simplemente que si se pudiera distribuir a cada uno el mismo ingreso, sin modificar el nivel total de

[10] Todas las cifras detalladas por país pueden consultarse en los cuadros disponibles en línea en el anexo técnico.

la producción y del ingreso nacional, entonces ese ingreso sería del orden de 2 500 euros por mes.[11]

Asimismo, una riqueza privada del orden de 180 000 euros por habitante, es decir, seis años de ingreso promedio, no implica que cada uno disponga de semejante capital. Muchos tienen menos que eso, pero algunos otros poseen varios millones o decenas de millones de euros de capital. Para buena parte de la población, a menudo la riqueza se reduce a muy poca cosa, mucho menos que un año de ingreso: por ejemplo, algunos miles de euros en una cuenta bancaria, lo que equivale a algunas semanas o meses de sueldo. Algunos incluso tienen un patrimonio negativo, cuando el valor de los bienes que poseen es inferior a sus deudas. A la inversa, otros disponen de patrimonios o riquezas considerables, que representan el equivalente de 10 o 20 años de su ingreso, e incluso más. La relación capital/ingreso medida en el nivel de un país en su conjunto no nos habla de las desigualdades en el seno de ese país. Pero esa relación β mide la importançia global del capital en una sociedad, y su análisis constituye entonces una condición previa indispensable para el estudio de las desigualdades. El objetivo central de la segunda parte de este libro es justamente entender por qué y cómo varía la relación capital/ingreso entre países y cómo evoluciona en la historia.

Con la finalidad de ayudar a visualizar la forma concreta que adquiere la riqueza en el mundo actual, es útil precisar que el acervo de capital en los países desarrollados se divide hoy en día en dos partes aproximadamente iguales: capital inmobiliario, por un lado, y capital productivo utilizado por las empresas y el gobierno, por el otro. Para simplificar, en los países ricos de los años de 2010, cada habitante gana en promedio 30 000 euros de ingreso anual y posee alrededor de 180 000 euros de patrimonio, de los cuales 90 000 son en forma de capital inmobiliario y 90 000 en acciones, obligaciones y demás participaciones, planes de ahorro o inversiones financieras.[12] Hay variaciones

[11] En la práctica, el ingreso mediano (es decir, el ingreso por debajo del cual se encuentra la mitad de la población) suele ser del orden de 20-30% más bajo que el ingreso promedio. Esto se debe al hecho de que la parte alta de la distribución es mucho más alargada que el resto de la distribución, lo que aumenta la media (pero no la mediana). Precisemos asimismo que el ingreso nacional por habitante corresponde a un concepto de ingreso medio antes de impuestos y transferencias. En la práctica, los habitantes de los países ricos han elegido dedicar entre una tercera parte y la mitad de su ingreso nacional a los diversos impuestos, contribuciones y tarifas que permiten financiar los servicios públicos, la infraestructura, la protección social, buena parte de sus gastos en salud y educación, etc. El tema de los impuestos y los gastos públicos será analizado sobre todo en la cuarta parte del libro.

[12] Comparada con esas magnitudes, la tenencia de billetes y monedas (incluidos en los activos financieros) representa cantidades minúsculas: unos cientos de euros por habitante, y algunos miles si se incluye el oro, la plata y los objetos de valor; es decir, en total 1-2% de la riqueza. Véase el anexo técnico. Además, los activos públicos son similares a las deudas públicas, por lo que no es absurdo considerar que los hogares poseen esos activos a través de sus activos financieros.

interesantes entre países, que analizaremos en el próximo capítulo; pero, en un primer análisis, la idea de la división del capital en dos partes con un valor comparable constituye un punto de referencia útil.

La primera ley fundamental del capitalismo: $\alpha = r \times \beta$

Ahora podemos presentar la primera ley fundamental del capitalismo, que permite asociar el acervo de capital con el flujo de los ingresos del capital. En efecto, la relación capital/ingreso β se vincula de manera simple con la participación de los ingresos del capital en el ingreso nacional, la cual se denota como α, por medio de la siguiente fórmula:

$$\alpha = r \times \beta,$$

en donde r es la tasa de rendimiento promedio del capital.

Por ejemplo, si $\beta = 6$ (es decir, 600%) y $r = 5\%$, entonces $\alpha = r \times \beta = 30\%$.[13]

Dicho de otra manera, si el patrimonio o capital representa el equivalente a seis años de ingreso nacional en una sociedad dada, y si la tasa de rendimiento promedio del capital es de 5% por año, entonces la participación del capital en el ingreso nacional es de 30%.

La fórmula $\alpha = r \times \beta$ es una simple igualdad contable. Por definición, se aplica en todas las sociedades y en todas las épocas. Aunque tautológica, debe ser, sin embargo, considerada como la primera ley fundamental del capitalismo, pues permite vincular de manera simple y transparente los tres conceptos más importantes para el análisis del sistema capitalista: la relación capital/ingreso, la participación del capital en el ingreso y la tasa de rendimiento del capital.

La tasa de rendimiento del capital es un concepto central en múltiples teorías económicas, en particular en el análisis marxista, con la tesis de la tendencia decreciente de la tasa de ganancia —predicción histórica que, como veremos, se reveló errónea, aun si da origen a una intuición interesante—. Este concepto tiene asimismo un papel central en todas las demás teorías. En todos los casos, la tasa de rendimiento del capital mide lo que produce un capital a lo largo de un año, sin importar la forma jurídica de esos ingresos (beneficios, rentas, dividendos, intereses, regalías, plusvalías, etc.), y se expresa como porcentaje del valor del capital invertido. Se trata pues de una

[13] La fórmula $\alpha = r \times \beta$ se lee "α es igual a r por β". Además, "$\beta = 600\%$" es equivalente a "$\beta = 6$", así como "$\alpha = 30\%$" es equivalente a "$\alpha = 0.30$" y "$r = 5\%$" es equivalente a "$r = 0.05$".

noción más amplia que la de "tasa de beneficio o de ganancia"[14] y mucho más amplia que la de "tasa de interés",[15] aunque abarca ambas.

Desde luego, la tasa de rendimiento puede variar mucho en función de los tipos de inversiones. Algunas empresas pueden generar tasas de rendimiento superiores al 10% anual, mientras que otras pueden incluso tener pérdidas (una tasa de rendimiento negativo). La tasa de rendimiento promedio de largo plazo de las acciones llega a 7-8% en muchos países. A menudo, las inversiones inmobiliarias y en bonos no superan el 3-4%, y a veces la tasa de interés real sobre la deuda pública es aún más baja. La fórmula $\alpha = r \times \beta$ no nos informa sobre esas sutilezas, pero nos indica la manera en que esas tres nociones se vinculan entre sí, lo que permite acotar de modo útil la discusión.

Por ejemplo, en los países ricos de la década de 2010, se observa que los ingresos del capital (beneficios, intereses, dividendos, rentas, etc.) suelen gravitar en torno al 30% del ingreso nacional. Con una relación capital/ingreso del orden de 600%, esto significa que la tasa de rendimiento promedio del capital es de aproximadamente 5%.

Concretamente, hoy en día en los países ricos el ingreso nacional de alrededor de 30 000 euros por habitante se divide aproximadamente en 21 000 euros de ingreso por trabajo (70%) y 9 000 euros de ingreso del capital (30%). Cada habitante posee un patrimonio promedio de 180 000 euros, y el ingreso del capital de 9 000 euros por año que recibe cada uno de ellos corresponde a un rendimiento promedio de 5% anual.

Una vez más, se trata de promedios: algunas personas obtienen ingresos del capital muy superiores a 9 000 euros por año, mientras que otras no reciben nada y se contentan con pagar rentas al dueño o intereses a sus acreedores. Además, existen variaciones nada despreciables entre países, sin contar que la medición de la participación de los ingresos del capital plantea importantes dificultades prácticas y conceptuales, pues existen categorías de ingresos —en particular los ingresos por actividades no asalariadas, o el ingreso "empresarial"— que a menudo es difícil dividir con precisión entre

[14] Preferimos hablar de "tasa de rendimiento del capital" más que de "tasa de beneficio", por una parte porque el beneficio no es más que una de las formas jurídicas que adquieren los ingresos del capital, y por la otra porque la expresión "tasa de beneficio" se utilizó a menudo de manera ambigua, a veces para designar en efecto la tasa de rendimiento, y otras —sin razón— para el porcentaje de los beneficios en el ingreso o la producción (es decir, para indicar lo que aquí se denota por α y no r, que es muy diferente). Algunas veces se utiliza la expresión "tasa marginal" para indicar la participación de los beneficios α.

[15] Los intereses representan una forma muy particular de ingresos del capital, y ésta es mucho menos representativa, por ejemplo, que los beneficios, las rentas o los dividendos (que constituyen montos mucho más importantes que los intereses, si tomamos en cuenta la composición promedio del capital). La "tasa de interés" (que además varía enormemente conforme a la identidad del prestatario) no es pues representativa de la tasa promedio de rendimiento del capital, y a menudo es netamente inferior a ella: esta noción nos será útil sobre todo para analizar la deuda pública.

trabajo y capital. A veces esto puede distorsionar las comparaciones. En estas condiciones, el método menos imperfecto para calcular la participación del capital en el ingreso puede ser la aplicación de una tasa de rendimiento promedio factible a la relación capital/ingreso. Más adelante volveremos a estos temas delicados y esenciales de manera detallada. En esta fase, los órdenes de magnitud dados anteriormente ($\beta = 6$ o 600%, $\alpha = 30\%$, $r = 5\%$) pueden ser considerados puntos de referencia útiles.

Para fijar las ideas, también se puede señalar que la tasa de rendimiento promedio de la tierra en las sociedades rurales suele ser del orden de 4-5%. En las novelas de Jane Austen y de Balzac, el hecho de que la renta anual aportada por un capital rural —o también por títulos de deuda pública— fuera igual a aproximadamente 5% del valor de ese capital, o bien que el valor de un capital correspondiera aproximadamente a 20 años de renta anual, era tan evidente que a menudo omitían precisarlo de manera explícita. Cada lector sabía bien que se requería un capital del orden de un millón de francos para producir una renta anual de 50 000 francos. Tanto para los novelistas del siglo XIX como para sus lectores, la equivalencia entre patrimonio y renta anual era evidente, y se pasaba constantemente de una escala de medida a otra, sin más ni menos, como si fueran sinónimos perfectos o dos lenguas paralelas conocidas por todos.

Se observa ese mismo tipo de rendimiento —alrededor de 4-5%— en lo tocante a los bienes inmuebles en este inicio del siglo XXI, a veces un poco menos, en particular cuando los precios han subido demasiado sin que las rentas los hayan seguido por completo. Por ejemplo, a principios de la década de 2010, un departamento grande en París con un valor de un millón de euros se renta a menudo por apenas 2 500 euros por mes, es decir, 30 000 euros por año, lo que corresponde a un rendimiento anual de sólo 3% desde el punto de vista del dueño. Sin embargo, este monto representa un desembolso considerable para el arrendatario, si no dispone más que del ingreso de su trabajo (se le desea que tenga un sueldo elevado), y un ingreso apreciable para el arrendador. La mala noticia —o la buena, según se mire— es que esto siempre ha sido así, e incluso ese tipo de renta tiende a aumentar para aproximarse a un rendimiento arrendatario del orden de 4% por año (lo que corresponde, en el ejemplo elegido aquí, a más o menos 3 000-3 500 euros de renta mensual, es decir, 40 000 euros de renta anual). Es, pues, probable que la renta de ese inquilino aumente en lo sucesivo. Además, una eventual plusvalía a largo plazo puede completar para el dueño ese rendimiento arrendatario anual. Se observa ese mismo tipo de rendimiento, a veces un poco más elevado, con departamentos más pequeños. Uno que valga 100 000 euros puede rentarse en 400 euros por mes, es decir, casi 5 000 euros por año (5%). Poseer semejante bien y elegir habitarlo permite asimismo ahorrar una renta equivalente y destinar esa suma a otros usos, lo que equivale a un rendimiento similar.

En cuanto al capital invertido en empresas —por naturaleza más riesgoso—, a menudo el rendimiento promedio es más elevado. La capitalización bursátil de las empresas cotizadas en los diferentes países suele representar entre 12 y 15 años de beneficio anual, lo que corresponde a una tasa de rendimiento anual —en general antes de impuestos— de entre 6 y 8%.

La fórmula $\alpha = r \times \beta$ permite analizar la importancia del capital en el nivel de un país en su conjunto o hasta de la totalidad del planeta. Pero también puede ser utilizada para estudiar las cuentas de una empresa en particular. Por ejemplo, consideremos una empresa que utiliza un capital (oficinas, equipos, máquinas) con un valor de cinco millones de euros y realiza una producción anual de un millón de euros, que se divide entre 600 000 euros de masa salarial y 400 000 euros de beneficios.[16] La relación capital/producto de esta sociedad es $\beta = 5$ (su capital representa el equivalente de cinco años de producción). La participación del capital en su producción es $\alpha = 40\%$ y la tasa de rendimiento de su capital es $r = 8\%$.

Imaginemos otra compañía que emplea menos capital (tres millones de euros), pero realiza la misma producción (un millón de euros), con más personal (700 000 euros en sueldos y 300 000 de beneficios). Para esta sociedad, tenemos entonces: $\beta = 3$, $\alpha = 30\%$, $r = 10\%$. La segunda sociedad es menos intensiva en capital que la primera, pero es más rentable (la tasa de rendimiento de su capital es sensiblemente superior).

En todos los países, las magnitudes β, α y r varían mucho según las empresas. Algunos sectores son más intensivos en capital que otros —el metalúrgico y el energético son más intensivos en capital que el textil o el agroalimentario, y la industria es más intensiva en capital que los servicios—. También se dan variaciones significativas entre las empresas de un mismo sector, según las elecciones de técnicas de producción y de posicionamiento en el mercado. Los niveles alcanzados por β, α y r en tal o cual país dependen también de la importancia relativa de los bienes inmobiliarios usados como vivienda, por una parte, y los recursos naturales, por la otra.

Conviene insistir en el hecho de que la ley $\alpha = r \times \beta$ no nos indica cómo se determinan estas tres magnitudes y, en particular, no nos dice cómo se establece la relación capital/ingreso en un país, relación que mide en cierta manera la intensidad capitalística de una sociedad dada. A fin de avanzar en

[16] La producción anual a la que nos referimos aquí corresponde a lo que a veces se denomina el "valor agregado" de la empresa, es decir, la diferencia entre el producto de sus ventas de bienes y servicios (el "volumen de negocios") y el costo de sus compras de bienes y servicios a las demás empresas (el "consumo intermedio"). El valor agregado mide la contribución de la empresa a la producción interna del país. Por definición, calcula también las sumas de las que dispone la empresa para remunerar el trabajo y el capital utilizados para esa producción. Aquí nos referimos al valor agregado neto de la depreciación del capital (es decir, después de haber descontado los costos vinculados con el desgaste del capital y de los equipos) y a los beneficios netos de depreciación.

esta dirección, habremos de introducir otros mecanismos y otras nociones, en particular la tasa de ahorro y de inversión, así como la tasa de crecimiento. Esto nos conducirá a la segunda ley fundamental del capitalismo, conforme a la cual la relación β de una sociedad es tanto más elevada cuanto su tasa de ahorro es importante y su tasa de crecimiento es baja. Lo veremos en los próximos capítulos. En esta fase, la ley $\alpha = r \times \beta$ nos indica simplemente que cualesquiera que sean las fuerzas económicas, sociales y políticas que determinan los niveles alcanzados por la relación capital/ingreso β, por la participación del capital α y por la tasa de rendimiento r, estas tres magnitudes no pueden fijarse independientemente unas de otras. Desde un punto de vista conceptual, existen dos grados de libertad, pero no tres.

La contabilidad nacional, una construcción social en proceso de formación

Una vez que hemos establecido los conceptos esenciales de producción e ingreso, capital y riqueza, relación capital/ingreso y tasa de rendimiento del capital, ha llegado el momento de empezar a examinar con más detalle la manera en que pueden medirse esas nociones abstractas, y lo que esas mediciones nos enseñan sobre la evolución histórica de la distribución de la riqueza en las diferentes sociedades. Vamos a resumir brevemente las principales etapas de la historia de la contabilidad nacional, luego presentaremos las principales líneas de transformación del reparto mundial de la producción y el ingreso, así como la evolución de las tasas de crecimiento demográfico y económico desde el siglo XVIII. Esta evolución desempeñará un papel esencial en el análisis.

Como ya lo señalamos en la introducción, las primeras tentativas de medición del producto y del capital nacional datan de finales del siglo XVII y principios del XVIII. Alrededor de 1700 salieron a la luz varias estimaciones aisladas, al parecer de forma independiente, en el Reino Unido y en Francia. Se trató sobre todo de los trabajos de William Petty (1664) y Gregory King (1696) acerca de Inglaterra, y de Boisguillebert (1695) y Vauban (1707) sobre Francia. Estas estimaciones se refieren tanto al acervo de capital nacional como al flujo anual de ingreso nacional. En particular, uno de los objetivos principales de esos trabajos era calcular el valor total de las tierras, que por mucho fue la fuente más importante de riquezas en las sociedades agrarias de la época, al mismo tiempo que vinculan ese patrimonio en tierras con el nivel de la producción agrícola y la renta de la tierra.

Es interesante señalar que a menudo esos autores persiguieron un objetivo político muy preciso, en general disfrazado de proyecto de modernización fiscal. Al calcular el ingreso nacional y el patrimonio nacional del reino, pretendieron demostrar a su soberano que era posible obtener ingresos considerables con tasas relativamente moderadas, siempre y cuando se incluyera al conjunto de las propiedades y de las riquezas producidas, y se aplicaran esos impuestos a todos, en particular a los terratenientes, fueran o no aristócratas. Este objetivo se evidenció en el *Projet de dîme royale* [Proyecto de diezmo real] publicado por Vauban, pero también quedó claro en los textos de Boisguillebert y de Gregory King (es menos nítido en William Petty).

A finales del siglo XVIII, se realizaron nuevas tentativas de ese tipo de medición, en particular en tiempos de la Revolución francesa, especialmente a partir de las estimaciones de la *Richesse territoriale du royaume de France* [Riqueza territorial del reino de Francia] publicadas por Lavoisier en 1791 y que se refieren al año de 1789. De hecho, el sistema fiscal que se instauró en ese momento se basó sobre todo en la supresión de los privilegios de la nobleza y en un impuesto territorial relativo al conjunto de las propiedades; además se inspiró mucho en esos trabajos, que ahora son muy utilizados para estimar los ingresos de los nuevos impuestos.

Pero fue sobre todo en el siglo XIX cuando se multiplicaron las estimaciones del patrimonio nacional. Desde la década de 1870 y hasta 1900, Robert Giffen actualizó regularmente sus cálculos sobre el acervo del capital nacional del Reino Unido, que comparó con las estimaciones realizadas por otros autores en el transcurso de 1800-1810, en particular por Colquhoun. A Giffen le maravilló el considerable nivel alcanzado tanto por el capital industrial británico como por los activos extranjeros adquiridos desde las guerras napoleónicas, incomparablemente superiores a todas las deudas públicas legadas por esas mismas guerras.[17] Las estimaciones de la "fortuna nacional" y de la "fortuna privada" publicadas en Francia en la misma época por Alfred de Foville, y luego por Clément Colson, participaron de la misma admiración frente a la considerable acumulación del capital privado en el siglo XIX. La prosperidad de los patrimonios privados en los años de 1870 a 1914 fue evidente para todos. Para los economistas de esa época, el reto era medir, calibrar y, desde luego, comparar la riqueza de los países (la rivalidad franco-inglesa siempre estuvo presente). De hecho, hasta la primera Guerra Mundial, las estimaciones del acervo de riqueza llamaron mucho más la atención que las del flujo de ingreso o de producción, y en realidad fueron más numerosas en el Reino Unido y en Francia, así como en Alemania, los Estados Unidos y las demás potencias industriales. En esa época, ser economista significaba ante todo ser capaz de estimar el capital nacional de su país: se trataba casi de un rito iniciático.

Sin embargo, hubo que esperar el periodo de entreguerras para que las cuentas nacionales se establecieran sobre una base anual. Antes siempre se

[17] Véase en particular Robert Giffen, *The Growth of Capital* [El crecimiento del capital], G. Bell, Londres, 1889, 169 pp. Para referencias bibliográficas más detalladas, véase el anexo técnico.

trataba de estimaciones en años aislados, a menudo con intervalos de por lo menos unos 10 años, como los cálculos de Giffen sobre el capital nacional del Reino Unido en el siglo XIX. En la década de 1930-1940, gracias al mejoramiento de las fuentes estadísticas primarias, surgieron las primeras series anuales de ingreso nacional, que solían remontarse hasta principios del siglo XX o a los últimos decenios del XIX. Kuznets y Kendrick establecieron las de los Estados Unidos; Bowley y Clark, las del Reino Unido, y Dugé de Bernonville, las de Francia. Posteriormente, tras la segunda Guerra Mundial, las oficinas públicas de economía y estadística tomaron el relevo de los investigadores y empezaron a consagrarse a la confección y publicación de series oficiales anuales del producto interno bruto y del ingreso nacional. Esas series oficiales se prolongan hasta nuestros días.

En comparación con el periodo previo a la primera Guerra Mundial, las preocupaciones cambiaron por completo. A partir de las décadas de 1940-1950, se trató de responder ante todo a los traumas de la Gran Depresión de la década de 1930, durante la cual los gobiernos no disponían de una estimación anual confiable del nivel de producción. Hubo que implementar herramientas estadísticas y políticas que permitieran supervisar muy de cerca la actividad económica, y evitar que se reprodujera la catástrofe —de ahí la insistencia en series anuales, incluso trimestrales, respecto de los flujos de producción e ingreso—. Las estimaciones del acervo de la riqueza nacional, tan apreciadas hasta 1914, pasaron a un segundo plano, y esto tanto más porque el caos económico y político de los años de 1915-1945 complicó su sentido. En particular, los precios de los activos inmobiliarios y financieros cayeron a niveles sumamente bajos, hasta el punto de que parecía que hubiera desaparecido el capital privado. En las décadas de 1950-1970, periodo de reconstrucción, se intentó sobre todo medir el formidable crecimiento de la producción en las diferentes ramas industriales.

A partir de la década de 1990-2000, la cuantificación de la riqueza volvió a un primer plano. Cualquiera percibe claramente que no se puede analizar el capitalismo patrimonial de principios del siglo XXI con las herramientas de 1950-1970. Los institutos estadísticos de los diferentes países desarrollados, en colaboración con los bancos centrales, se dedicaron entonces a establecer y publicar series anuales coherentes relativas a los acervos de activos y pasivos propiedad de unos y otros, y ya no sólo de los flujos de ingreso y producción. Esas cuentas patrimoniales siguen siendo muy imperfectas (por ejemplo, no miden bien el capital natural ni los daños causados al medio ambiente), pero se trata de un verdadero progreso respecto a las cuentas de la posguerra, cuando lo único que importaba era medir la producción y su incremento ilimitado.[18] Éstas son las series oficiales que utilizamos en este libro para

[18] La ventaja de las nociones de riqueza e ingreso nacional es que dan una visión más equilibrada del enriquecimiento de un país que el concepto de producto interno bruto, el cual en

analizar la riqueza promedio por habitante y la relación capital/ingreso vigente hoy en día en los países ricos.

De esta breve historia de la contabilidad nacional se deduce una conclusión clara. Las cuentas nacionales son una construcción social, en perpetua evolución, y reflejan siempre las preocupaciones de una época.[19] Los números que arrojan no deben ser manejados como fetiches. Cuando se dice que el ingreso nacional de un país dado es de 31 000 euros por habitante, es evidente que semejante cifra, al igual que todas las estadísticas económicas y sociales, debe ser considerada una estimación, una construcción, y no una certeza matemática. Sencillamente, se trata de la mejor estimación de la que disponemos. Las cuentas nacionales constituyen la única tentativa sistemática y coherente de análisis de la actividad económica de un país. Deben ser consideradas una herramienta de análisis, limitada e imperfecta, una manera de reunir y ordenar datos muy inconexos. Hoy en día, en todos los países desarrollados, quienes establecen las cuentas nacionales son las oficinas estadísticas gubernamentales y los bancos centrales, que reúnen y confrontan el conjunto de los balances y de las cuentas detalladas de las compañías financieras y no financieras, así como muchas otras fuentes y expedientes estadísticos. No tenemos ninguna razón *a priori* para pensar que los funcionarios interesados no se esfuerzan por descubrir las incoherencias entre las diferentes fuentes y llegar a las mejores estimaciones posibles. A condición de utilizarlas con precaución y pensamiento crítico, y de completarlas cuando sean erróneas o incompletas (por ejemplo, respecto a los paraísos fiscales), las cuentas nacionales constituyen una herramienta indispensable para estimar los ingresos y la riqueza totales.

En particular, en la segunda parte de este libro veremos que, al reunir y comparar minuciosamente las estimaciones de la riqueza nacional realizadas por muchos autores desde el siglo XVIII hasta inicios del XX, y al vincularlas

ciertos aspectos es demasiado "productivista". Por ejemplo, en el caso de una fuerte destrucción vinculada con una catástrofe natural, tomar en cuenta la depreciación del capital puede llevar a una reducción del ingreso nacional, aun cuando el PIB aumentaría por las obras de reconstrucción.

[19] Para una historia de los sistemas oficiales de cuentas nacionales desde la segunda Guerra Mundial, escrita por uno de los principales artesanos del nuevo sistema adoptado por Naciones Unidas en 1993 (sistema llamado SNA 1993, que es el primero en proponer definiciones armonizadas para las cuentas de capital), véase A. Vanoli, *Une histoire de la comptabilité nationale* [Una historia de la contabilidad nacional], La Découverte, París, 2002, 656 pp. Véanse asimismo los instructivos testimonios de R. Stone, "The Accounts of Society" (Nobel Memorial Lecture, 1984, publicada en el *Journal of Applied Econometrics,* John Wiley & Sons, vol. 1, núm. 1, enero de 1986, pp. 5-28; Stone es uno de los pioneros de las cuentas británicas y de la ONU de la posguerra), y de F. Fourquet, *Les Comptes de la puissance. Histoire de la comptabilité nationale et du plan* [Las cuentas de la potencia. Historia de la contabilidad nacional y del plan], Recherches, París, 1980, 384 pp. (recopilación de testimonios de los actores de las cuentas nacionales francesas de los Treinta Gloriosos, 1945-1975).

con las cuentas oficiales de la riqueza de fines del siglo XX y principios del XXI, es posible llegar a un análisis coherente de la evolución histórica de la relación capital/ingreso. Además de esta falta de perspectiva histórica, el otro gran límite de las cuentas nacionales oficiales es que, desde luego, sólo se interesan en totales y promedios, y no en la distribución ni en la desigualdad. Deben utilizarse otras fuentes para medir la distribución de los ingresos y la riqueza y estudiar las desigualdades (éste será el objeto de la tercera parte). Al complementarse de esta manera, en el sentido histórico de la riqueza y de las desigualdades, las cuentas nacionales constituyen un elemento esencial de los análisis presentados en este libro.

La distribución mundial de la producción

Empecemos por examinar la evolución de la distribución mundial de la producción, que se conoce relativamente bien, por lo menos a partir de inicios del siglo XIX. En cuanto a los periodos más antiguos, las estimaciones son más aproximadas, pero es posible trazar sus grandes líneas, sobre todo merced a los trabajos históricos de Maddison, especialmente porque la evolución de conjunto es relativamente simple.[20]

Entre 1900 y 1980, Europa y América concentraron entre 70 y 80% de la producción mundial de bienes y servicios, indicio de un dominio económico indiscutible sobre el resto del mundo. Este porcentaje ha disminuido con regularidad desde la década de 1970-1980 y llegó a poco más de 50% a principios de la década de 2010 (alrededor de un cuarto para cada continente), es decir, aproximadamente al nivel de 1860. Con toda probabilidad, este porcentaje debería seguir bajando y llegar, durante el siglo XXI, a un nivel del orden de 20-30%. Este nivel era el que tenían hasta principios del siglo XIX, y correspondería a lo que siempre fue el peso de Europa y América en la población mundial (véanse gráficas I.1 y I.2).

Dicho de otra manera, el adelanto logrado por Europa y los Estados Unidos durante la Revolución industrial les permitió durante mucho tiempo pesar en la producción de dos a tres veces más que su peso en la población, simplemente porque su producción por habitante era de dos a tres veces superior al promedio mundial.[21] Todo permite pensar que ya terminó esta

[20] Angus Maddison (1926-2010) fue un economista británico especializado en la reconstitución de cuentas nacionales a nivel mundial en periodos muy largos. Debe señalarse que las series históricas de Maddison se refieren únicamente al flujo de producción (PIB, población y PIB por habitante) y no dicen nada sobre el ingreso nacional, el reparto capital-trabajo o el acervo de capital. Sobre la distribución mundial de la producción y del ingreso, véanse también los trabajos pioneros de François Bourguignon y Branko Milanovic. Véase anexo técnico.

[21] Presentamos aquí las series que se inician en 1700, pero las estimaciones de Maddison se remontan hasta la Antigüedad. Los resultados obtenidos sugieren que Europa empezó a despe-

GRÁFICA I.1. *La distribución de la producción mundial, 1700-2012*

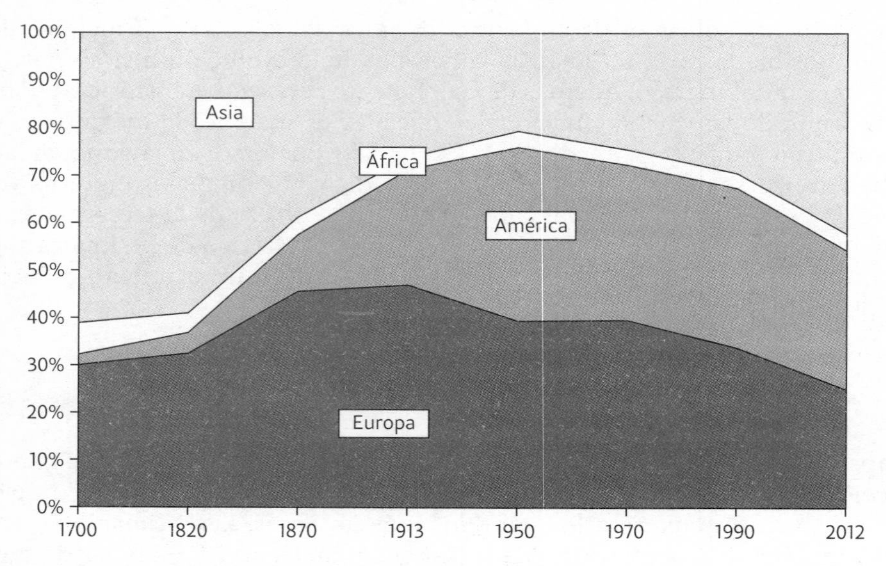

El PIB europeo representaba 47% del PIB mundial en 1913, bajó a 25% en 2012.
FUENTES Y SERIES: véase piketty.pse.ens.fr/capital21c.

GRÁFICA I.2. *La distribución de la población mundial, 1700-2012*

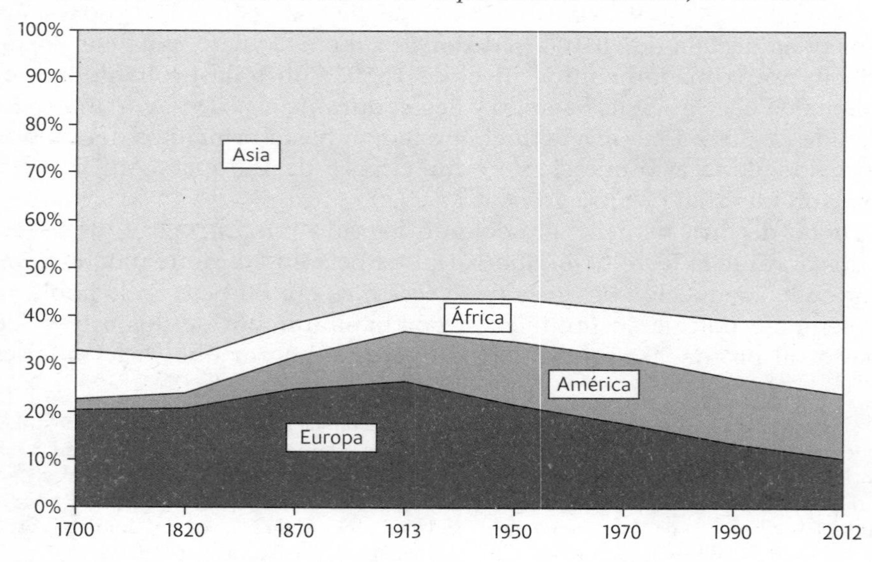

Europa reunía 26% de la población mundial en 1913, frente a 10% en 2012.
FUENTES Y SERIES: véase piketty.pse.ens.fr/capital21c.

GRÁFICA I.3. *La desigualdad mundial, 1700-2012: ¿divergencia luego convergencia?*

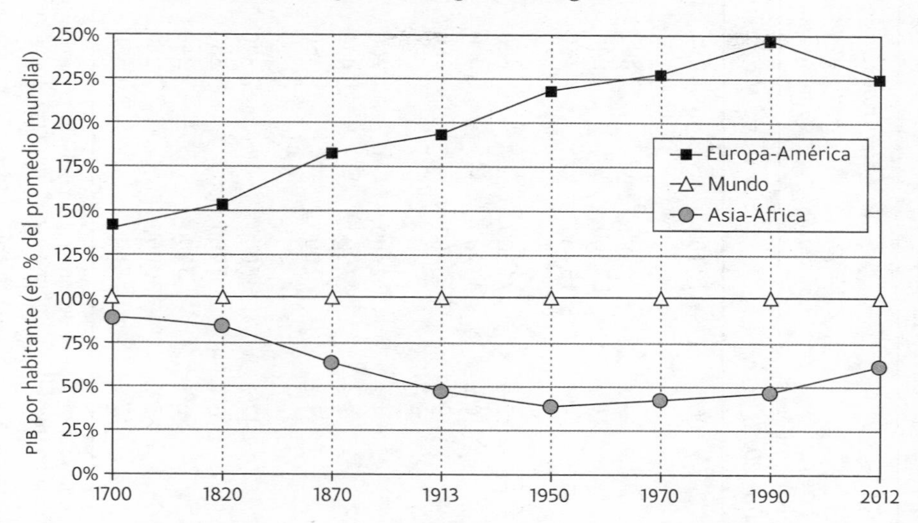

El PIB por habitante en Asia-África pasó de 37% del promedio mundial en 1950 a 61% en 2012.
FUENTES Y SERIES: véase piketty.pse.ens.fr/capital21c.

fase de divergencia de la producción por habitante en el nivel mundial, y que hemos entrado en una fase de convergencia. Sin embargo, este fenómeno de alcance dista mucho de haber terminado (véase gráfica I.3). Sería muy prematuro anunciar su fin con precisión, en especial porque, evidentemente, la posibilidad de una reversión económica o política en China, o en otra parte, no puede ser descartada.

DE LOS BLOQUES CONTINENTALES A LOS BLOQUES REGIONALES

Este esquema general es muy conocido, pero merece ser precisado y afinado en varios puntos. Primero, el reagrupamiento de Europa y América en un solo "bloque occidental" tiene el mérito de simplificar las representaciones, pero es muy artificial. En particular, el peso económico de Europa llegó a su apogeo en vísperas de la primera Guerra Mundial (cerca de 50% del PIB mundial) y desde entonces no dejó de declinar, mientras que el peso económico

garse del resto del mundo hacia 1500. En contraste, alrededor del año 1000 la comparación favorecía ligeramente a Asia y África (en particular al mundo árabe). Véanse las gráficas suplementarias S1.1, S1.2 y S1.3 (disponibles en línea).

CUADRO I.1. *La distribución del PIB mundial en 2012*

Región	*Población (en millones de habitantes)*		*PIB (en miles de millones de euros 2012)*		*PIB por habitante*	*Equivalente ingreso mensual por habitante*
					En euros 2012	
Mundo	7 050	100%	71 200	100%	10 100	760
Europa	740	10%	17 800	25%	24 000	1 800
Unión Europea	540	8%	14 700	21%	27 300	2 040
Rusia/Ucrania	200	3%	3 100	4%	15 400	1 150
América	950	13%	20 600	29%	21 500	1 620
Estados Unidos/Canadá	350	5%	14 300	20%	40 700	3 050
América Latina	600	9%	6 300	9%	10 400	780
África	1 070	15%	2 800	4%	2 600	200
África del Norte	170	2%	1 000	1%	5 700	430
África Subsahariana	900	13%	1 800	3%	2 000	150
Asia	4 290	61%	30 000	42%	7 000	520
China	1 350	19%	10 400	15%	7 700	580
India	1 260	18%	4 000	6%	3 200	240
Japón	130	2%	3 800	5%	30 000	2 250
Resto del mundo	1 550	22%	11 800	17%	7 600	570

Nota: el PIB mundial, estimado en paridad de poder adquisitivo, en 2012 era de 71.20 billones de euros. La población mundial era de 7 050 millones de habitantes, de ahí un PIB por habitante de 10 100€ (equivalente a un ingreso per cápita de 760€ por mes). Todas las cifras fueron redondeadas a la decena o centena más cercana.

FUENTES: véase piketty.pse.ens.fr/capital21c.

de América alcanzó su cima en la década de 1950-1960 (casi 40% del PIB mundial).

Además, cada uno de los dos continentes puede dividirse en dos subconjuntos muy desiguales: un centro hiperdesarrollado y una periferia medianamente desarrollada. De manera general, se justifica más analizar la desigualdad mundial en términos de bloques regionales que continentales; esto se pone de manifiesto claramente al consultar el cuadro I.1, en el que se indica la distribución del PIB mundial en 2012. Desde luego, recordar todas esas cifras no tendría ningún interés, pero no es inútil familiarizarse con los principales órdenes de magnitud.

En el ámbito mundial, la población es casi de 7 000 millones de habitantes en 2012, y el PIB supera ligeramente los 70 billones de euros por año; de ahí un PIB por habitante casi exactamente igual a 10 000 euros. Si se resta 10% por concepto de la depreciación del capital y si se divide entre 12, se advierte que esa cifra es equivalente a un ingreso mensual promedio de 760 euros por habitante, lo que es tal vez más comprensible. Dicho de otro modo, si la producción mundial y los ingresos que origina se repartieran de manera perfectamente igualitaria, cada habitante del planeta dispondría de un ingreso del orden de 760 euros por mes.

Europa tiene una población de 740 millones de habitantes, de los cuales alrededor de 540 millones viven en la Unión Europea, cuyo PIB por habitante supera los 27 000 euros por año. Otros 200 millones habitan en el bloque Rusia/Ucrania, cuyo PIB por habitante es de más o menos 15 000 euros por año, apenas 50% por encima del promedio mundial.[22] La propia Unión Europea es relativamente heterogénea, ya que consta, por una parte, de 410 millones de habitantes en la antigua Europa Occidental (de los cuales las tres cuartas partes viven en los países más poblados: Alemania, Francia, Reino Unido, Italia, España), con un PIB promedio que alcanza los 31 000 euros, y por la otra 130 millones de habitantes en la antigua Europa del Este, con un PIB promedio del orden de 16 000 euros, no muy diferente del bloque Rusia/Ucrania.[23]

América también está dividida en dos conjuntos muy distintos y todavía más desiguales que el centro y la periferia europeos: el bloque Estados Unidos/Canadá, con 350 millones de habitantes y un PIB por habitante de 40 000 euros, y América Latina, con 600 millones de habitantes y un PIB por habitante de 10 000 euros, es decir, exactamente el promedio mundial.

[22] A fin de simplificar la exposición, incluimos en la Unión Europea a los pequeños países europeos —Suiza, Noruega, Serbia, etc.—, los cuales están rodeados por la UE pero aún no son miembros (*stricto sensu,* la población de la UE en 2012 era de 510 millones y no de 540 millones). Asimismo, Bielorrusia y Moldavia fueron incluidas en el bloque Rusia/Ucrania. Turquía, el Cáucaso y Asia Central se incluyen en Asia. Las cifras detalladas país por país se encuentran disponibles en línea.

[23] Véase el cuadro suplementario S1.1 (disponible en línea).

El África Subsahariana, con 900 millones de habitantes y un PIB de sólo 1.8 billones de euros (inferior al PIB francés: dos billones), es la zona económica más pobre del mundo, con 2000 euros de PIB por habitante. La India está apenas por encima de eso, África del Norte bastante más y China aún más: con un PIB por habitante de casi 8000 euros, la China de 2012 no dista mucho del promedio mundial. Japón tiene un PIB por habitante equivalente al de los países europeos más ricos (alrededor de 30000 euros), pero su población es tan minoritaria en Asia que casi no influye en el promedio del continente, que es muy cercano al de China.[24]

La desigualdad mundial: de 150 euros por mes a 3000 euros por mes

En resumen: la desigualdad en el nivel mundial va de países cuyo ingreso promedio por habitante es del orden de 150-250 euros por mes (el África Subsahariana, la India), hasta otros donde el ingreso per cápita alcanza 2500-3000 euros por mes (Europa Occidental, América del Norte, Japón), es decir, entre 10 y 20 veces más. El promedio mundial, que corresponde aproximadamente al nivel de China, se sitúa en alrededor de 600-800 euros por mes.

Estos órdenes de magnitud son significativos y merecen recordarse. Pero hay que precisar que incluyen un margen de error no despreciable: siempre es mucho más difícil medir las desigualdades entre países (o de hecho entre diferentes épocas) que en el interior de una sociedad dada.

Por ejemplo, la desigualdad mundial sería sensiblemente mayor si se utilizaran tasas de cambio corrientes y no las paridades de poder adquisitivo, como lo hemos hecho hasta aquí. Para presentar estas dos nociones, consideremos primero el caso de la tasa de cambio euro/dólar. En 2012, un euro valía en promedio 1.30 dólares en el mercado cambiario. Un europeo que dispone de un ingreso de 1000 euros puede ir a su banco y obtener 1300 dólares. En efecto, si gastara ese dinero en los Estados Unidos su poder adquisitivo sería de 1300 dólares. Pero según las encuestas oficiales del Programa de Comparación Internacional (o ICP, por sus siglas en inlgés), los precios en la zona euro son en promedio 10% más elevados que en los Estados Unidos, de tal manera que el poder adquisitivo de ese europeo —si gastara su dinero en Europa— sería más parecido a un ingreso estadunidense de 1200 dólares. Se diría entonces que la "paridad del poder adquisitivo" es de 1.20 dólares por euro. Ésta es la paridad que utilizamos para convertir el PIB estadunidense en euros en el cuadro I.1; hicimos lo mismo para los demás países. De esta manera se comparan los PIB de los diferentes países sobre la

[24] Sucede lo mismo con Australia y Nueva Zelanda (con apenas 30 millones de habitantes, es decir, menos del 0.5% de la población mundial, pero con un PIB por habitante de 30000 euros), que para simplificar incluimos en Asia. Véase el cuadro suplementario S1.1 (disponible en línea).

base del poder adquisitivo que en la realidad pueden tener sus habitantes —quienes suelen gastar su ingreso en su país y no en el extranjero—.[25]

La otra ventaja de utilizar las paridades del poder adquisitivo es que, en principio, son más estables que las tasas de cambio corrientes. En efecto, estas últimas reflejan no sólo el estado de la oferta y la demanda de los bienes y servicios intercambiados por los diferentes países, sino también los sobresaltos de las estrategias de inversión internacionales, las cambiantes anticipaciones de la estabilidad política y financiera de tal o cual país, por no hablar de la a veces caótica evolución de la política monetaria aplicada en diversos lugares. Por consiguiente, las tasas de cambio normales pueden ser sumamente volátiles, como lo ilustran las enormes fluctuaciones del dólar a lo largo de los últimos decenios: la tasa de cambio pasó de más de 1.30 dólares por euro en los años de 1990 a menos de 0.90 de dólar en 2001, antes de volver a subir rápidamente y acercarse a 1.50 dólares en 2008, y luego bajar de nuevo hacia 1.30 dólares en 2012. Durante ese tiempo, la paridad del poder adquisitivo aumentó tranquilamente, de alrededor de un dólar por euro a inicios de los años 1990, a aproximadamente 1.20 dólares por euro a principios de los años 2010 (véase la gráfica I.4).[26]

Sin embargo, cualesquiera que sean los esfuerzos de las organizaciones internacionales involucradas en las investigaciones del ICP, se debe reconocer que esas paridades del poder adquisitivo siguen siendo relativamente inciertas, con márgenes de error sin duda de un 10%, o hasta un poco más, incluso entre países con niveles de desarrollo comparables. Por ejemplo, en la última encuesta disponible se observa que, en efecto, ciertos precios son más elevados en Europa (como la energía, la vivienda, los hoteles y los restaurantes), pero otros son netamente inferiores (como la salud y la educación).[27] En principio, las estimaciones oficiales ponderan esos diferentes precios en función del peso de los diversos bienes y servicios dentro del presupuesto promedio de cada país, pero es evidente que semejantes cálculos no pueden

[25] Si se hubiera utilizado la tasa de cambio normal de 1.30 dólares para convertir el PIB estadunidense, los Estados Unidos aparecerían casi 10% más pobres, y su PIB por habitante pasaría de 40 000 euros a cerca de 35 000 (lo que en realidad sería una mejor medida del poder adquisitivo del turista procedente de Europa). Véase el cuadro suplementario S1.1 (disponible en línea). Las estimaciones oficiales de las paridades del poder adquisitivo, tomadas de las investigaciones del ICP (International Comparison Programme), son realizadas por un consorcio de organizaciones internacionales (Banco Mundial, Eurostat, etc.) y abordan a cada país por separado. Existen variaciones en la zona euro (la paridad euro/dólar de 1.20 indicada aquí es una paridad promedio). Véase el anexo técnico.

[26] La baja tendencial del poder adquisitivo del dólar respecto del euro, desde 1990, corresponde simplemente al hecho de que la inflación ha sido ligeramente más elevada en los Estados Unidos (en 0.8% por año, es decir, casi 20% a lo largo de un periodo de 20 años). Las tasas de cambio corrientes que se muestran en la gráfica I.4 son promedios anuales y, por consiguiente, suprimen la enorme volatilidad de muy corto plazo.

[27] Véase el anexo técnico.

GRÁFICA I.4. *Tasa de cambio y paridad de poder adquisitivo: euro/dólar*

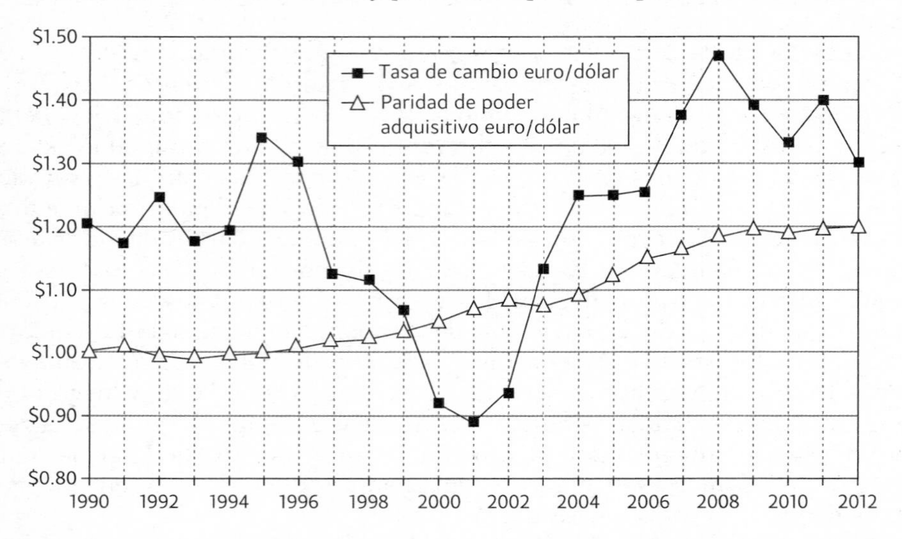

En 2012, el euro valía 1.30 dólares según la tasa cambiaria normal, pero 1.20 dólares en paridad de poder adquisitivo.

FUENTES Y SERIES: véase piketty.pse.ens.fr/capital21c.

ser totalmente precisos, sobre todo porque es muy difícil medir las diferencias de calidad en lo que se refiere a muchos servicios. De todas formas, es importante subrayar que cada uno de estos índices de precio mide distintos aspectos de la realidad social. El precio de la energía calcula el poder adquisitivo para la energía (superior en los Estados Unidos), y el precio de la salud, el poder adquisitivo de ésta (más elevado en Europa). La realidad de la desigualdad entre países es multidimensional, y sería ilusorio pretender que todo se resuma a un indicador monetario único, que permitiera llegar a una clasificación unívoca, sobre todo entre países con ingresos promedio relativamente similares.

En los países más pobres son enormes las correcciones introducidas por las paridades del poder adquisitivo: tanto en África como en Asia, el orden de precios es dos veces inferior al de los países ricos, de tal manera que el PIB es aproximadamente dos veces superior cuando se pasa de la tasa de cambio normal a la paridad del poder adquisitivo. Esto se debe principalmente al hecho de que los precios de los servicios y de los bienes no intercambiables en el ámbito internacional son inferiores —más fáciles de producir en los países pobres, pues son relativamente más intensivos en mano de obra poco calificada (un factor bastante más abundante en los países menos desarrollados)—, y menos intensivos en trabajo calificado y en capital (factores relativamente

GRÁFICA I.5. *Tasa de cambio y paridad de poder adquisitivo: euro/yuan*

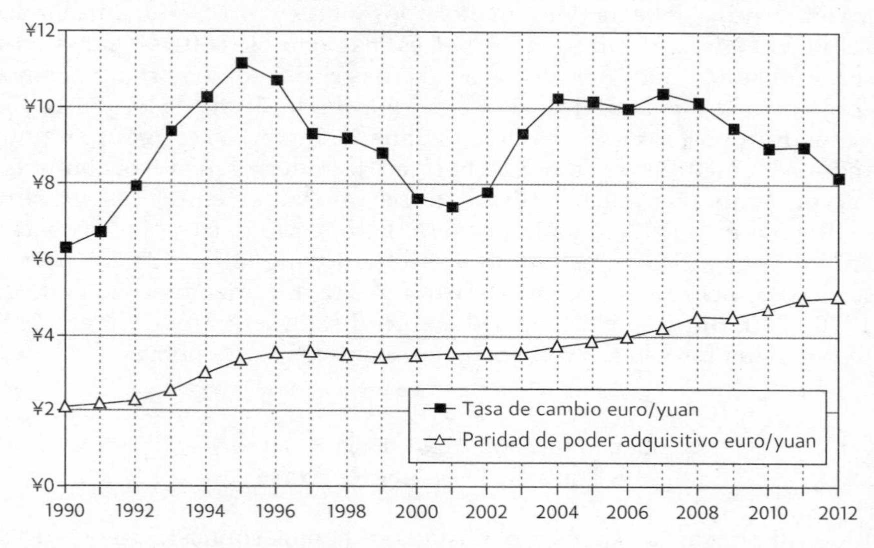

En 2012, el euro valía alrededor de ocho yuanes según la tasa cambiaria normal, pero cinco yuanes en paridad de poder adquisitivo.

FUENTES Y SERIES: véase piketty.pse.ens.fr/capital21c.

menos abundantes).[28] La corrección suele ser tanto más elevada cuanto más pobre es el país: en 2012, el coeficiente corrector fue de 1.6 en China y de 2.5 en la India.[29] Al escribirse este libro, el euro valía ocho yuanes chinos, tomando como referencia la tasa de cambio normal, y cinco yuanes según la paridad del poder adquisitivo. La diferencia disminuyó a medida que China se desarrolló y revaluó el yuan (véase la gráfica I.5). Sin embargo, algunos autores, entre ellos Maddison, consideran que la diferencia ha disminuido menos de lo que parece, y que las estadísticas oficiales subestiman el PIB chino.[30]

[28] Ésta es la explicación habitual (del modelo llamado de Balassa-Samuelson), que parece explicar bastante bien por qué la corrección PPA (paridad del poder adquisitivo) es superior a uno para los países pobres en comparación con los ricos. Sin embargo, dentro de los países ricos, las cosas son menos claras: el país más rico (Estados Unidos) tenía una corrección PPA superior a uno hasta los años de 1970, pero se volvió inferior a uno desde la década de 1980-1990. Excluyendo errores de medición, una posible explicación sería la mayor desigualdad de los salarios en los Estados Unidos en el periodo reciente, lo que induciría precios inferiores en los servicios intensivos en trabajo poco calificado y en los bienes no intercambiables en el ámbito internacional (de la misma manera que les sucede a los países pobres).

[29] Véase el cuadro suplementario S1.2 (disponible en línea).

[30] Elegimos retomar las estimaciones oficiales para el periodo reciente, pero es muy posible que los próximos estudios de ICP lleven a reevaluar el PIB chino. Acerca de esta controversia Maddison/ICP, véase el anexo técnico.

La incertidumbre respecto de las tasas de cambio y de las paridades del poder adquisitivo debe incitar a manejar los ingresos promedio antes indicados (150-250 euros por mes en los países más pobres, 600-800 euros en los países promedio, 2 500-3 000 euros en los más ricos) como aproximaciones y no como certezas matemáticas. Por ejemplo, el porcentaje de los países ricos (la Unión Europea, los Estados Unidos/Canadá, Japón) en el ingreso mundial alcanza 46% en 2012 si se coloca en paridad de poder adquisitivo, contra 57% en tasa de cambio normal.[31] La "verdad" se sitúa tal vez entre esas dos cifras, y es sin duda más parecida a la primera. Pero, en todo caso, los órdenes de magnitud se mantienen, así como el hecho de que la participación de los países ricos en el ingreso mundial disminuye regularmente desde la década de 1970-1980. Sin importar la medición utilizada, el mundo parece haber entrado en una fase de convergencia entre países ricos y pobres.

La distribución mundial del ingreso: más desigual que la producción

A fin de simplificar la exposición, hasta aquí hemos supuesto que el ingreso nacional y la producción interna coinciden en el seno de cada bloque continental o regional: los ingresos mensuales indicados en el cuadro I.1 se obtuvieron simplemente disminuyendo los PIB en 10% —para tomar en cuenta la depreciación del capital— y dividiéndolos entre 12.

En realidad, esta igualdad entre ingreso y producción sólo es válida en el ámbito mundial, no así en el ámbito nacional o continental. A grandes rasgos, la distribución mundial del ingreso es más desigual que la de la producción, pues los países con mayor producción por habitante tienden a poseer, asimismo, un porcentaje del capital de los demás países y, por consiguiente, a recibir un flujo positivo de ingresos del capital procedente de los países cuya producción por habitante es más baja. Dicho de otro modo, los países ricos lo son doblemente, tanto en producción interna como en capital invertido en el exterior, lo que les permite disponer de un ingreso nacional superior a su producción —lo contrario ocurre para los países pobres—.

Por ejemplo, hoy en día, los principales países desarrollados (los Estados Unidos, Japón, Alemania, Francia, el Reino Unido) tienen un ingreso nacional ligeramente superior a su producción interna. Como ya habíamos señalado, los ingresos netos procedentes del extranjero son apenas positivos y no modifican radicalmente el nivel de vida de esos países: representan entre 1 y 2% de la producción interna en los Estados Unidos, Francia y el Reino Unido, y entre 2 y 3% en Japón y Alemania. Se trata, a pesar de todo, de un

[31] Véase el cuadro suplementario S1.2 (disponible en línea). El porcentaje de la UE pasa de 21 a 25%; el del bloque de los Estados Unidos/Canadá, de 20 a 24%, y el de Japón, de 5 a 8%.

complemento del ingreso no despreciable, sobre todo para estos dos últimos países, que, gracias a sus excedentes comerciales, acumularon reservas importantes en comparación con el resto del mundo a lo largo de los últimos decenios, lo que en la actualidad les produce un rendimiento considerable.

Si ahora nos alejamos de los países más ricos para examinar los bloques continentales considerados en su conjunto, se observan situaciones muy cercanas al equilibrio. Tanto en Europa como en América y Asia, los países más ricos —en general del norte del continente— reciben un flujo positivo de ingreso del capital, anulado en parte por el flujo pagado por los demás países —en general, más al sur o al este—, de tal manera que, a nivel continental, el ingreso y la producción interna son casi exactamente iguales, con una diferencia en general de menos del 0.5%.[32]

El único continente en situación de desequilibrio es África, donde una parte sustancial de su capital es propiedad de extranjeros. Concretamente, según las balanzas de pagos a nivel mundial establecidas cada año desde 1970 por Naciones Unidas y otras organizaciones internacionales (Banco Mundial, Fondo Monetario Internacional), el ingreso nacional del que disponen los habitantes del continente africano es sistemáticamente inferior en alrededor de un 5% a su producción interna (la diferencia supera el 10% en algunos países).[33] Con un porcentaje de capital en la producción del orden de 30%, eso significa que, hoy en día, cerca de 20% del capital africano pertenece a extranjeros, como los accionistas londinenses de la mina de platino de Marikana de la que hablamos al principio de este capítulo.

Es importante entender lo que significa en la práctica dicha cifra. Considerando que ciertos elementos de la riqueza (por ejemplo, los bienes inmobiliarios para la vivienda o el capital agrícola) son en contadas ocasiones propiedad de inversionistas extranjeros, el porcentaje del capital en manos de extranjeros puede superar el 40-50% en la industria manufacturera, incluso más en ciertos sectores. Aun si las balanzas de pagos oficiales tienen muchas imperfecciones —volveremos a ello—, no hay ninguna duda de que se trata de una realidad importante del África actual.

Si retrocedemos en el tiempo, es posible observar desequilibrios internacionales aún más marcados. En vísperas de la primera Guerra Mundial, el ingreso nacional del Reino Unido, primer inversionista mundial, era del orden de un 10% superior a su producción interna. La diferencia superaba el 5% en Francia, segunda potencia colonial e inversionista mundial, y era casi igual en Alemania, cuyo imperio colonial era insignificante, pero cuyo desarrollo

[32] Desde luego, esto no significa que cada continente funcione de forma aislada: los flujos netos ocultan importantes participaciones cruzadas entre todos los continentes.

[33] Esta cifra promedio de 5% para el continente africano se observó relativamente estable a lo largo del periodo 1970-2012. Es interesante señalar que este flujo saliente de ingresos del capital es tres veces superior al flujo entrante de ayuda internacional (cuyo cálculo se presta además a discusión). Sobre el conjunto de estas estimaciones, véase el anexo técnico.

industrial le permitía una fuerte acumulación de créditos sobre el resto del mundo. Una parte de esas inversiones británicas, francesas y alemanas se realizaba en los demás países europeos o en América, y otra parte en Asia y África. En resumidas cuentas, se puede estimar que en 1913 las potencias europeas poseían entre la tercera parte y la mitad del capital doméstico asiático y africano, y más de tres cuartas partes de su capital industrial.[34]

¿Qué fuerzas permiten la convergencia entre países?

En principio, este mecanismo, mediante el cual los países ricos poseen una parte de los países pobres, puede tener efectos virtuosos en términos de convergencia. Si los países ricos rebosan de ahorro y capital, hasta el punto de que ya no sirve de gran cosa construir un edificio más o instalar otra máquina en sus fábricas (se dice entonces que la "productividad marginal" del capital —es decir, la producción suplementaria aportada por una nueva unidad de capital, "en el margen"— es muy baja), entonces puede ser colectivamente eficiente que inviertan una parte de su ahorro en los países pobres. De esta manera, los países ricos —o por lo menos sus habitantes que poseen capital— obtendrán una mejor tasa de rendimiento por su inversión, y los países pobres podrán reducir su rezago en la producción. Según la teoría económica clásica, se supone que este mecanismo, basado en la libre circulación de los capitales y en la igualación de la productividad marginal del capital a nivel mundial, es el fundamento del proceso de la convergencia entre países y de la reducción tendencial de las desigualdades a lo largo de la historia, gracias a las fuerzas del mercado y de la competencia.

Sin embargo, esta teoría optimista tiene dos importantes defectos. En primer lugar, desde un punto de vista estrictamente lógico, dicho mecanismo no garantiza para nada la convergencia de los ingresos por habitante a nivel mundial. En el mejor de los casos, podría llevar a la convergencia de la producción por habitante, a condición, sin embargo, de suponer una perfecta movilidad del capital y, sobre todo, una igualación completa de los niveles de calificación de la mano de obra y del capital humano entre los países —lo que no es nada fácil de cumplir—. Pero, en todo caso, esta eventual convergencia de la producción de ninguna manera implica la de los ingresos. Una vez realizadas las inversiones, es muy posible que los países ricos sigan poseyendo a los países pobres de manera permanente, y eventualmente en proporciones mayores, de tal manera que el ingreso nacional de los primeros sea siempre más elevado que el de los segundos, quienes seguirán pagando,

[34] Dicho de otro modo: la participación de Asia y África en la producción mundial era inferior a 30% en 1913, y su participación en el ingreso mundial era más cercana a 25%. Véase el anexo técnico.

permanentemente, una proporción importante de lo que producen a sus poseedores (como lo hace África desde hace decenios). Para determinar con qué amplitud es susceptible de producirse este tipo de situación, veremos que es necesario comparar sobre todo la tasa de rendimiento del capital que los países pobres deben reembolsar a los ricos con las tasas de crecimiento de unos y otros. Para avanzar en esta senda, primero habremos de entender la dinámica de la relación capital/ingreso al nivel de un país específico.

Luego, desde un punto de vista histórico, este mecanismo de la movilidad del capital no parece ser el factor que permitió la convergencia entre países, o por lo menos no el factor principal. Ninguno de los países asiáticos que se han acercado a los países más desarrollados, ya sea Japón, Corea o Taiwán, o más recientemente, China, gozó de inversiones extranjeras masivas. En lo esencial, todos esos países financiaron por sí mismos la inversión en capital físico que requerían y, sobre todo, la inversión en capital humano —la elevación general del nivel educativo y de formación—, que son las que explican lo sustancial del crecimiento económico a largo plazo, como lo han demostrado las investigaciones contemporáneas.[35] A la inversa, los países poseídos por otros, sin importar si se considera el caso de la época colonial o del África actual, tuvieron menos éxito, en particular debido a que se especializaron en áreas sin muchas perspectivas y a una inestabilidad política crónica.

Nada impide pensar que, en parte, esta inestabilidad se explica por la siguiente razón: cuando un país está en gran parte en manos de propietarios extranjeros, la demanda social de expropiación es recurrente y casi irreprimible. Otros actores de la escena política responden que sólo la protección incondicional de los derechos de propiedad iniciales permite la inversión y el desarrollo. El país se encuentra entonces atrapado en una interminable alternancia de gobiernos revolucionarios (con un éxito a menudo limitado en lo que concierne a la mejora real de las condiciones de vida de su población) y de gobiernos que protegen a los dueños en funciones y preparan la siguiente revolución o golpe de Estado. Si la desigualdad de la propiedad del capital es ya algo difícil de aceptar y de organizar de manera apacible en el marco de una comunidad nacional, a escala internacional es algo imposible (salvo si se considera una relación de dominio político de tipo colonial).

[35] Desde la década de 1950-1960 es bien conocido el hecho de que la acumulación de capital físico no explica sino una pequeña parte del crecimiento de la productividad a largo plazo, y que lo esencial resulta de la acumulación de capital humano y nuevos conocimientos. Véase en particular R. Solow, "A Contribution to the Theory of Economic Growth", *op. cit.* Los recientes artículos de C. Jones y P. Romer ("The New Kaldor Facts: Ideas, Institutions, Population and Human Capital", *American Economic Journal: Macroeconomics,* American Economic Association, vol. 2, núm. 1, enero de 2010, pp. 224-245) y de R. Gordon ("Is U.S. Economic Growth Over? Faltering Innovation Confronts the Six Headwinds", NBER Working Paper, National Bureau of Economic Research, agosto de 2012) constituyen útiles puntos de entrada a la voluminosa literatura económica contemporánea dedicada a los determinantes del crecimiento a largo plazo.

Desde luego, la inserción internacional en sí misma no tiene nada negativo: la autarquía jamás ha sido fuente de prosperidad. No hay duda de que, para lograr su avance, los países asiáticos se beneficiaron de la apertura internacional, pero sobre todo contaron con la apertura de los mercados de bienes y servicios y con una excelente inserción en el comercio internacional, y mucho menos con la libre circulación de los capitales. China, por ejemplo, sigue practicando el control de capitales: los extranjeros no pueden invertir libremente, pero eso de ninguna manera obstaculiza la acumulación de capital, pues el ahorro interno es más que suficiente. Tanto Japón como Corea o Taiwán financiaron su inversión con su propio ahorro. Los estudios disponibles muestran también que la inmensa mayoría de las ganancias producidas por la apertura comercial resulta de la difusión de los conocimientos y de las ganancias dinámicas de productividad permitidas por la apertura, y no de las ganancias estáticas vinculadas con la especialización, que parecen ser bastante modestas.[36]

En resumen, la experiencia histórica sugiere que el principal mecanismo que permite la convergencia entre países es la difusión de los conocimientos, tanto en el ámbito internacional como en el nacional. Dicho de otra manera, los países más pobres alcanzan a los más ricos en la medida en que logran llegar al mismo nivel de conocimiento tecnológico, de calificaciones, de educación, en lugar de volverse propiedad de los más ricos. Este proceso de difusión de los conocimientos no cae del cielo: a menudo se ve acelerado por la apertura internacional y comercial (la autarquía no facilita la transferencia tecnológica), y depende sobre todo de la capacidad de los países para movilizar el financiamiento y las instituciones que permiten invertir masivamente en la formación de su población, al tiempo que se garantiza un marco legal previsible para los diferentes actores. Por consiguiente, el proceso de difusión está íntimamente vinculado con el proceso de construcción de un poder público legítimo y eficiente. Rápidamente resumidas, éstas son las principales enseñanzas derivadas del examen de la evolución histórica del crecimiento mundial y de las desigualdades entre países.

[36] Según un estudio reciente, las ganancias estáticas de la apertura de China y la India al comercio mundial no serían más que de 0.4% del PIB mundial, 3.5% del PIB para China, y 1.6% del PIB para la India. Tomando en cuenta los enormes efectos redistributivos entre sectores y países (con muy importantes grupos de perdedores en todas las naciones), parece difícil justificar la apertura comercial (de la que, sin embargo, los países parecen partidarios) únicamente con semejantes ganancias. Véase el anexo técnico.

II. EL CRECIMIENTO: ILUSIONES Y REALIDADES

Hoy en día, parece cierto que se ha puesto en marcha un proceso de convergencia a escala mundial en el que los países emergentes están "alcanzando" a los países desarrollados. Esto ha ocurrido aun cuando las desigualdades entre países ricos y pobres siguen siendo enormes. Además, nada indica que este proceso se deba principalmente a las inversiones de los primeros en los segundos; muy por el contrario: la inversión de los segundos en sus propios países parece más prometedora, a juzgar por experiencias pasadas. Sin embargo, más allá de la cuestión central de la convergencia, ahora debemos insistir en el hecho de que lo que se juega en el siglo XXI es un posible retorno a un régimen histórico de bajo crecimiento. Más precisamente, veremos que el crecimiento, fuera de periodos excepcionales o de fenómenos de convergencia, siempre ha sido bastante bajo, y todo indica que sin duda será aún más débil en el futuro, por lo menos en lo que se refiere a su componente demográfico.

Para comprender a fondo esta cuestión, y la manera en que se articula con el proceso de convergencia y con la dinámica de las desigualdades, es importante dividir el crecimiento de la producción en dos aspectos: por una parte, el crecimiento de la población y, por otra, el incremento de la producción por habitante. Dicho de otro modo, el crecimiento siempre consta de un componente puramente demográfico y uno propiamente económico, el cual permite la mejora de las condiciones de vida. Se olvida con frecuencia esta división en el debate público, en el que a veces se supone que la población ha dejado de aumentar por completo —lo que todavía no sucede (estamos lejos de eso, aun si todo indica que vamos lentamente hacia allá—). Por ejemplo, en 2013-2014, la tasa de crecimiento de la economía mundial será sin duda superior a 3%, merced al muy rápido crecimiento observado en los países emergentes. Sin embargo, hoy en día, el incremento de la población mundial es todavía cercano a 1% por año, de tal manera que la tasa de crecimiento de la producción mundial por habitante (o del ingreso mundial por habitante) será en realidad apenas superior a 2%.

El crecimiento en un periodo muy largo

Antes de abordar las tendencias actuales, remontémonos en el tiempo e intentemos familiarizarnos con las etapas y los órdenes de magnitud del crecimiento mundial desde la Revolución industrial. Primero, examinemos las

CUADRO II.1. *El crecimiento mundial desde la Revolución industrial*[a]

Años	*Producción mundial (%)*	*Población mundial (%)*	*Producción por habitante (%)*
0-1700	0.1	0.1	0.0
1700-2012	1.6	0.8	0.8
1700-1820	0.5	0.4	0.1
1820-1913	1.5	0.6	0.9
1913-2012	3.0	1.4	1.6

[a] Tasa de crecimiento promedio anual.

Nota: entre 1913 y 2012, la tasa de crecimiento del PIB mundial fue en promedio de 3.0% anual. Esta tasa se divide en 1.4% para la población mundial y 1.6% para el PIB por habitante.

FUENTES: véase piketty.pse.ens.fr/capital21c.

tasas de crecimiento en un periodo muy largo indicadas en el cuadro II.1, de donde se desprenden varios hechos relevantes.

Se observa, en primer lugar, que el vertiginoso incremento del crecimiento a partir del siglo XVIII fue un fenómeno que implicó tasas de crecimiento anuales relativamente moderadas, y, en segundo lugar, que se trató de un fenómeno cuyos componentes demográficos y económicos tenían más o menos la misma magnitud. Según las mejores estimaciones disponibles, la tasa de crecimiento del PIB mundial entre 1700 y 2012 fue en promedio de 1.6% anual, de la cual 0.8% se debió al incremento de la población y 0.8% al concepto de aumento de la producción por habitante.

Semejantes niveles pueden parecer bajos en relación con los debates actuales, en los que a menudo se consideran insignificantes las tasas de crecimiento inferiores a 1% anual, y en los que a veces se imagina que un crecimiento digno de ese nombre debe ser de por lo menos 3 o 4% anual, o incluso mayor, como sucedió en Europa durante los 30 años posteriores a la segunda Guerra Mundial, o en la China actual.

Sin embargo, cuando se sostiene durante un periodo muy largo, un ritmo de crecimiento del orden de casi 1% anual, tanto en la población como en la producción por habitante —como el que se observó desde 1700—, ha de considerarse como sumamente rápido y sin comparación con los crecimientos casi nulos observados a lo largo de los siglos anteriores a la Revolución industrial.

De hecho, según los cálculos de Maddison, las tasas de crecimiento demográfica y económica eran inferiores a 0.1% anual entre el año 0 y el año 1700 (más exactamente: de 0.06% por año en la población y de 0.02% en la producción por habitante).[1]

[1] Véase el cuadro complementario S2.1 (disponible en línea) para los resultados detallados por subperiodo.

Desde luego, la precisión de semejantes estimaciones es ilusoria: los conocimientos de los que disponemos acerca de la evolución de la población mundial entre el año 0 y 1700 son muy limitados —y los que atañen a la producción por habitante, casi nulos—. Sin embargo, sin importar cuánta incertidumbre exista respecto del número exacto (que de hecho no tiene gran importancia), no hay ninguna duda de que los ritmos de crecimiento fueron muy bajos desde la Antigüedad hasta la Revolución industrial, y en todo caso inferiores a 0.1-0.2% por año, por una simple razón: ritmos de crecimiento superiores supondrían una población microscópica —y poco probable— a principios de nuestra era, o bien niveles de vida muy inferiores a los umbrales de subsistencia comúnmente aceptados. Sin duda, el crecimiento de los siglos venideros, por la misma razón, está destinado a volver a niveles muy bajos, por lo menos en lo relativo al componente demográfico.

La ley del crecimiento acumulado

Con el objetivo de entender claramente este razonamiento, vale la pena hacer un breve rodeo por lo que podemos llamar la ley del "crecimiento acumulado", esto es, el hecho de que un bajo crecimiento anual acumulado durante un periodo muy largo lleva a un incremento considerable.

Concretamente, en promedio, entre 1700 y 2012 la población mundial creció en apenas un 0.8% anual, pero ese crecimiento, acumulado en tres siglos, permitió que la población se multiplicara por más de 10 veces. Dicho de otro modo, el planeta contaba con alrededor de 600 millones de habitantes hacia 1700, y más de 7 000 millones en 2012 (véase la gráfica II.1). Si este ritmo se mantuviera en los próximos tres siglos, la población mundial rebasaría los 70 000 millones hacia 2300.

Para que todos puedan familiarizarse con los efectos explosivos de la ley del crecimiento acumulado, en el cuadro II.2 indicamos la correspondencia entre las tasas de crecimiento calculadas para un año (el modo de presentación común) y los crecimientos obtenidos para periodos más largos. Por ejemplo, una tasa de crecimiento de 1% anual corresponde a un incremento de 35% al cabo de 30 años, una multiplicación por casi tres al cabo de 100 años, por 20 al cabo de 300 años, y por más de 20 000 al cabo de 1 000 años. La conclusión simple, resultante de este cuadro, es que las tasas de crecimiento superiores a 1-1.5% anual no son sostenibles eternamente, salvo si se consideran incrementos vertiginosos.

Con lo analizado, vemos hasta qué punto diferentes temporalidades pueden llevar a percepciones contradictorias del proceso de crecimiento. Durante un periodo de un año, un crecimiento de 1% parece poca cosa, casi imperceptible, y de hecho las personas involucradas pueden no percatarse de ello a simple vista y tener la impresión de un completo estancamiento, de que un

GRÁFICA II.1. *El crecimiento de la población mundial, 1700-2012*

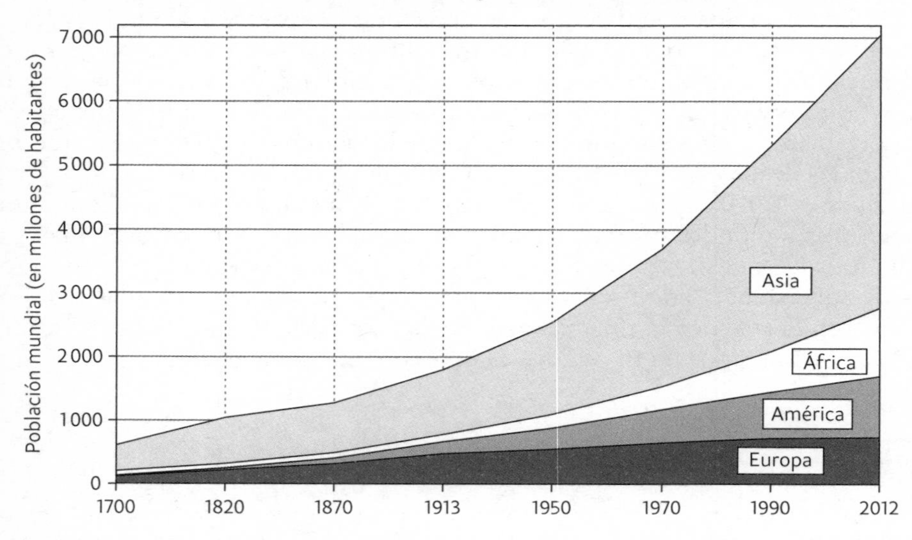

La población mundial pasó de 600 millones de habitantes en 1700 a 7000 millones en 2012.
FUENTES Y SERIES: véase piketty.pse.ens.fr/capital21c.

año es una reproducción casi idéntica del anterior. El crecimiento, en este caso, parece ser una noción relativamente abstracta, una simple construcción matemática y estadística. Sin embargo, en el horizonte de una generación, es decir, aproximadamente 30 años —escala de tiempo, en nuestra opinión, más significativa para evaluar los cambios que operan en una sociedad determinada—, este mismo crecimiento corresponde a un incremento de más de un tercio, lo que representa una transformación sustancial. Es menos espectacular que si hubiera sido de 2-2.5% anual, lo que llevaría a una duplicación en cada generación, pero es suficiente para renovar profunda y regularmente una sociedad, y para transformarla de manera radical a muy largo plazo.

La ley del "crecimiento acumulado" es idéntica en principio a la ley de los "rendimientos acumulados", conforme a la cual una tasa de rendimiento anual de algunos puntos porcentuales, acumulada sobre varias décadas, lleva mecánicamente a un muy significativo incremento del capital inicial —bajo la condición de que el rendimiento sea constantemente reinvertido, o por lo menos que la parte consumida por el poseedor del capital no sea demasiado elevada, sobre todo en comparación con la tasa de crecimiento de la sociedad considerada—.

La tesis central de este libro es justamente que una diferencia aparentemente limitada entre la tasa de rendimiento del capital y la tasa de crecimien-

Cuadro II.2. *La ley del crecimiento acumulado*

Una tasa de crecimiento anual igual a...	*... equivale a una tasa de crecimiento generacional (30 años) de...*	*... es decir, una multiplicación al cabo de 30 años por un coeficiente de...*	*... una multiplicación al cabo de 100 años por un coeficiente de...*	*... y una multiplicación al cabo de 1 000 años por un coeficiente de...*
0.1%	3%	1.03	1.11	2.72
0.2%	6%	1.06	1.22	7.37
0.5%	16%	1.16	1.65	147
1.0%	35%	1.35	2.70	20959
1.5%	56%	1.56	4.43	2924437
2.0%	81%	1.81	7.24	398264652
2.5%	110%	2.10	11.8	52949930179
3.5%	181%	2.81	31.2	...
5.0%	332%	4.32	131.5	...

Nota: una tasa de crecimiento de 1% anual equivale a un crecimiento acumulado de 35% por generación (30 años), una multiplicación por 2.7 cada 100 años, y por más de 20000 cada 1 000 años.

to puede producir a largo plazo efectos muy potentes y desestabilizadores en la estructura y la dinámica de las desigualdades en una sociedad determinada. En cierta manera, esta situación sería el resultado de la ley del crecimiento y del rendimiento acumulados, por lo que vale la pena familiarizarse desde ahora con estas nociones.

Las etapas del crecimiento demográfico

Reanudemos el examen de las etapas del crecimiento de la población mundial.

Si el ritmo del crecimiento demográfico observado entre 1700 y 2012 —es decir, de 0.8% anual en promedio— se hubiera dado desde la Antigüedad, la población mundial se habría multiplicado por casi 100000 entre el año 0 y el año 1700. Al considerar que se estima que la población de 1700 comprendía aproximadamente 600 millones de habitantes, para ser coherentes habría que suponer una población ridículamente escasa en la época de Cristo (menos de 10000 habitantes para el conjunto del planeta). Incluso una tasa de 0.2%, acumulada en 1 700 años, supondría una población mundial de apenas 20 millones de habitantes a principios de nuestra era, mientras que la mejor información disponible sugiere que entonces había una población superior a 200 millones, de los cuales unos 50 millones vivían en el Imperio romano.

Dejando a un lado las imperfecciones de las fuentes históricas y de las estimaciones de la población mundial en esas dos fechas, no hay duda alguna de que el incremento demográfico promedio entre el año 0 y 1700 fue claramente inferior a 0.2% anual, y casi con certeza inferior a 0.1%.

En contra de una idea extendida, ese régimen malthusiano de muy bajo crecimiento no correspondía a una situación de total estancamiento demográfico. Desde luego, el ritmo de crecimiento era muy lento, y el crecimiento acumulado a lo largo de varias generaciones a menudo se anulaba en algunos años, debido a una crisis sanitaria o alimentaria.[2] La población, en cambio, parece haber aumentado en una cuarta parte entre 0 y 1000, luego en un 50% entre 1000 y 1500, y de nuevo en un 50% entre 1500 y 1700, periodo durante el cual el incremento de la población se acercó al 0.2% anual. Es sumamente probable que la aceleración del crecimiento demográfico sea un proceso muy gradual, a medida que progresan los conocimientos médicos y las condiciones sanitarias, es decir, con gran lentitud.

A partir de 1700 se aceleró ostensiblemente el incremento demográfico, con tasas de crecimiento del orden de 0.4% anual en promedio en el siglo XVIII, y más tarde de 0.6% en el XIX. Europa, que junto con su extensión en el continente americano vivió el mayor incremento demográfico entre 1700 y 1913, vio invertirse el proceso en el siglo XX: la tasa de crecimiento de la población europea cayó a la mitad, con 0.4% por año entre 1913 y 2012, frente a 0.8% entre 1820 y 1913. Se trató del conocido fenómeno de la transición demográfica: ya no bastó con la incesante prolongación de la esperanza de vida para compensar la caída de la natalidad, y el ritmo de crecimiento de la población volvió lentamente a niveles bajos.

En Asia y en África, en cambio, la natalidad siguió siendo elevada mucho más tiempo que en Europa, de tal manera que, en el siglo XX, el crecimiento demográfico llegó a niveles vertiginosos: 1.5-2% anual, lo que multiplicó la población por cinco veces en el curso de un siglo, y en algunos casos incluso más. Egipto tenía apenas más de 10 millones de habitantes a principios del siglo XX; hoy en día, su población es de 80 millones. Nigeria o Pakistán rebasaban por poco los 20 millones de habitantes; hoy, cada uno cuenta con más de 160 millones.

Es interesante señalar que los ritmos de crecimiento demográfico alcanzados por Asia y África en el siglo XX —es decir, de 1.5-2% anual— son aproximadamente los mismos que los observados en los Estados Unidos en los siglos XIX y XX (véase el cuadro II.3), los cuales pasaron de menos de tres millones de habitantes en 1780 a 100 millones en 1910 y a más de 300 millones en 2010, es decir, una multiplicación por más de 100 en algo más de dos siglos. Desde luego, la diferencia crucial es que el crecimiento demográfico

[2] El ejemplo emblemático es la Peste Negra de 1347, que habría ultimado a un tercio de la población europea, anulando así varios siglos de lento crecimiento demográfico.

Cuadro II.3. *El crecimiento demográfico desde la Revolución industrial*[a]

Años	*Población mundial (%)*	*Europa (%)*	*América (%)*	*África (%)*	*Asia (%)*
0-1700	0.1	0.1	0.0	0.1	0.1
1700-2012	0.8	0.6	1.4	0.9	0.8
1700-1820	0.4	0.5	0.7	0.2	0.5
1820-1913	0.6	0.8	1.9	0.6	0.4
1913-2012	1.4	0.4	1.7	2.2	1.5
Previsiones 2012-2050	*0.7*	*−0.1*	*0.6*	*1.9*	*0.5*
Previsiones 2050-2100	*0.2*	*−0.1*	*0.0*	*1.0*	*−0.2*

[a] Tasa de crecimiento promedio anual.

Nota: entre 1913 y 2012, la tasa de crecimiento de la población mundial fue de 1.4% anual; por continentes: 0.4% en Europa, 1.7% en América, etcétera.

Fuentes: véase piketty.pse.ens.fr/capital21c. Las previsiones indicadas para el periodo 2012-2100 corresponden al escenario central de la ONU.

en el Nuevo Mundo se explica en gran medida por las migraciones procedentes de los demás continentes, en particular de Europa, mientras que el incremento demográfico anual de 1.5-2% alcanzado por Asia y África en el siglo XX es totalmente imputable al crecimiento natural (un excedente de nacimientos con respecto a los fallecimientos).

Como consecuencia de este desbocamiento demográfico, en el siglo XX la tasa de crecimiento de la población mundial alcanzó la cifra récord de 1.4% anual, cuando no había sido más que de 0.4-0.6% en los siglos XVIII y XIX (véase el cuadro II.3).

Es importante notar que apenas estamos saliendo de ese proceso de aceleración indefinida del ritmo de crecimiento demográfico. Entre 1970 y 1990, la población mundial creció en más de 1.8% anual, es decir, casi tanto como el récord histórico absoluto observado entre 1950 y 1970 (1.9%). Entre 1990 y 2012, el ritmo siguió siendo de 1.3% anual, lo que es sumamente rápido.[3]

Conforme a las previsiones oficiales, la transición demográfica mundial (es decir, la estabilización de la población del planeta) debería ahora acelerarse. Según el escenario central de las Naciones Unidas, la tasa de creci-

[3] Teniendo en cuenta el envejecimiento, el ritmo de crecimiento de la población adulta mundial fue aún más elevado: 1.9% por año en promedio de 1990 a 2012 (el porcentaje de adultos en la población mundial pasó de 57 a 65% durante ese periodo; en 2012 alcanzó aproximadamente 80% en Europa y en Japón, y 75% en América del Norte). Véase el anexo técnico.

GRÁFICA II.2. *La tasa de crecimiento de la población mundial desde la Antigüedad hasta 2100*

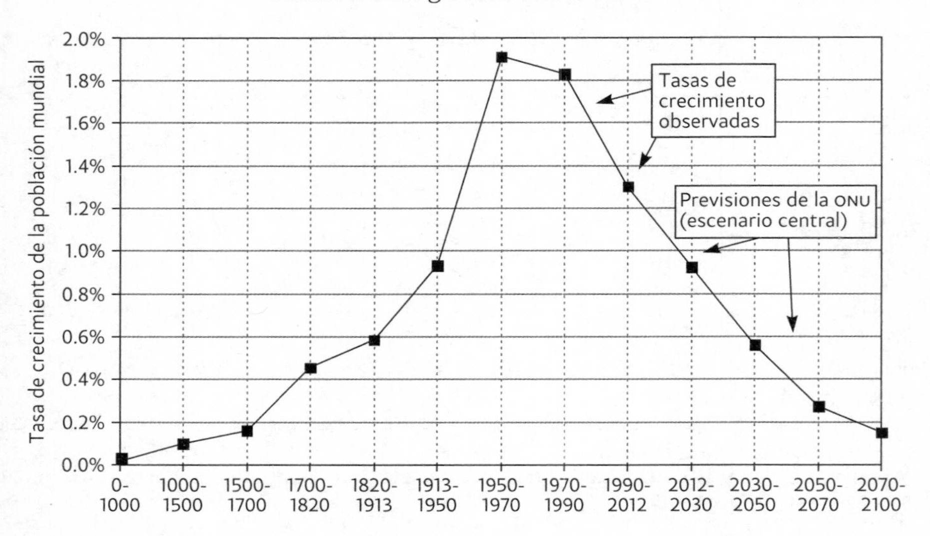

La tasa de crecimiento de la población mundial superó el 1% anual de 1950 a 2012 y debería volver a 0% hacia finales del siglo XXI.

FUENTES Y SERIES: véase piketty.pse.ens.fr/capital21c.

miento de la población podría caer al 0.4% anual desde nuestro presente a 2030-2040 y quedarse en alrededor de 0.1% a partir de 2070-2080. Si se realizan estas previsiones, se trataría de un retorno al muy bajo régimen de crecimiento demográfico que prevalecía antes de 1700. La tasa de crecimiento demográfico del planeta habría formado entonces una gigantesca curva en forma de campana durante el periodo 1700-2100, con una cima espectacular cercana al 2% anual entre 1950 y 1990 (véase la gráfica II.2).

Además, hay que precisar que el incremento demográfico previsto para la segunda mitad del siglo (0.2% entre 2050 y 2100) se debe por completo al continente africano (con un crecimiento de 1% anual). En los otros tres continentes, la población debería o estancarse (0.0% en América) o disminuir (−0.1% en Europa y −0.2% en Asia). Semejante situación de crecimiento negativo prolongado, en tiempos de paz, constituiría una experiencia hasta ahora desconocida en la historia (véase el cuadro II.3).

¿UN CRECIMIENTO DEMOGRÁFICO NEGATIVO?

Es evidente que estas previsiones son relativamente inciertas. Dependen, por un lado, de la esperanza de vida (y en parte, por consiguiente, de los descubrimientos científicos en el ámbito médico) y, por el otro, de las elecciones de las futuras generaciones respecto de su fecundidad. Para una esperanza de vida dada, el crecimiento demográfico resulta mecánicamente de la fecundidad. Hay que ser conscientes del siguiente aspecto central: pequeñas variaciones en el número de hijos que unos y otros deciden tener pueden provocar efectos considerables en toda una sociedad.[4]

Ahora bien, toda la historia demográfica demuestra que las elecciones de fecundidad son en gran medida imprevisibles; dependen de consideraciones tanto culturales como económicas, psicológicas e íntimas, vinculadas con los objetivos de vida que cada individuo se fija. También pueden depender de las condiciones materiales que los diferentes países deciden instaurar —o no— para conciliar vida familiar y profesional (escuelas, guarderías, igualdad entre los sexos, etc.), tema que, sin lugar a dudas, estará cada vez más presente en los debates y las políticas públicas en el siglo XXI. Más allá de la trama general antes descrita, en la historia de las poblaciones se observa todo tipo de especificidades regionales y de cambios espectaculares, a menudo vinculados con las particularidades de cada historia nacional.[5]

El cambio más espectacular atañe sin duda alguna a Europa y a Norteamérica (Estados Unidos y Canadá). En 1780, cuando los países de Europa Occidental reunían ya más de 100 millones de habitantes, y Norteamérica apenas tenía tres millones, nadie habría podido imaginar que el equilibrio se trastocaría tanto. A principios de la década iniciada en 2010, Europa Occidental superó por poco los 410 millones, frente a 350 millones en América del Norte. Según las previsiones de Naciones Unidas, el proceso de alcance concluirá hacia 2050, cuando Europa Occidental llegue a duras penas a los 430 millones de habitantes, frente a más de 450 millones en América del Norte. Es interesante señalar que este cambio se explica no sólo por los flujos migratorios, sino también por una fecundidad sensiblemente más elevada en

[4] Si la fecundidad es de 1.8 hijos (vivos) por mujer, es decir, 0.9 hijos por adulto, entonces la población disminuye mecánicamente en 10% por generación, es decir, −0.3% por año. A la inversa, una fecundidad de 2.2 hijos por mujer, es decir, 1.1 por adulto, conlleva una tasa de crecimiento generacional de 10% (es decir, +0.3% anual). Con 1.5 hijos por mujer, la tasa de crecimiento es de −1.0% anual; con 2.5 hijos es de +0.7%.

[5] En el marco de este libro, es imposible tratar como se merecen los innumerables trabajos históricos, sociológicos y antropológicos que analizan la evolución y las variaciones de los comportamientos demográficos (en un sentido amplio: fecundidad, nupcialidad, estructuras familiares, etc.) por países y regiones. Citemos simplemente los trabajos de Emmanuel Todd y Hervé Le Bras sobre el mapeo de los sistemas familiares en Francia, Europa y el mundo, desde *L'Invention de la France* [La invención de Francia], Le Livre de Poche, París, 1981, reedición de Gallimard, París, 2012, 528 pp., hasta *L'Origine des systèmes familiaux* [El origen de los sistemas familiares], Gallimard, París, 2011, 768 pp. Desde un aspecto muy diferente, mencionemos los trabajos de Gosta Esping Andersen sobre los diferentes tipos de Estado de bienestar y la creciente importancia de las políticas que apuntan a favorecer la conciliación entre la vida familiar y la profesional (véase por ejemplo *Trois Leçons sur l'État providence* [Tres lecciones sobre el Estado-providencia], Seuil, París, 2008, 134 pp.).

el Nuevo Mundo que en la vieja Europa, diferencia que, de hecho, se prolonga hasta nuestros días, incluso entre las poblaciones de origen europeo y que, en gran medida, es un misterio para los demógrafos. En realidad, es un hecho que la mayor fecundidad estadunidense no se explica por políticas familiares más generosas: estas últimas son casi inexistentes en ese lado del Atlántico.

¿Debe verse en ello una fe ciega en el porvenir, un optimismo propio del Nuevo Mundo, una mayor propensión a proyectarse, a uno mismo y a sus descendientes, en un mundo en perpetuo crecimiento? Tratándose de elecciones tan complejas como las decisiones de fecundidad, no puede excluirse *a priori* ninguna explicación psicológica o cultural; el futuro no está escrito: el incremento demográfico estadunidense ha empezado a disminuir, y todo podría cambiar si los flujos migratorios en dirección a la Unión Europea siguen aumentando, si la fecundidad progresa o si la esperanza de vida europea se diferencia mucho de la estadunidense. Las previsiones de la ONU no son certezas.

Se observan también cambios demográficos espectaculares en el seno mismo de cada continente. En Europa, Francia fue el país más poblado en el siglo XVIII (como ya señalamos, Young y Malthus vieron en ello el origen de la miseria de la campiña francesa, incluso el origen de la Revolución francesa); se caracterizó también por una transición demográfica inusualmente precoz, con una disminución abrupta de los nacimientos y casi un estancamiento de la población a partir del siglo XIX (fenómeno que suele atribuirse a una descristianización también muy precoz) y, por último, por un rebote igual de inusual de la natalidad en el siglo XX (rebote asociado a menudo con la política familiar instaurada tras los conflictos militares y el trauma de la derrota de los años cuarenta). De hecho, esta apuesta está a punto de lograrse, ya que, según las previsiones de Naciones Unidas, la población francesa debería superar a la de Alemania en 2050, sin que se puedan discernir fácilmente las razones —económicas, políticas, culturales, psicológicas— de esta reversión.[6]

A una mayor escala, todos conocemos las consecuencias de la política china del hijo único (instaurada en la década de 1970, en un momento en que el país temía no lograr salir del subdesarrollo, y actualmente en vías de flexibilizarse). La población china está hoy en día a punto de ser superada por la de la India, cuando era 50% más elevada antes de que se adoptara esa política radical. Según la ONU, la población india debería ser la más numerosa del mundo de 2020 a 2100, pero, una vez más, nada es definitivo: la historia de la población conjugará siempre elecciones individuales, estrategias de desarrollo y psicologías nacionales, motivaciones íntimas y voluntades de poder. Nadie en su sano juicio puede prever lo que serán los vuelcos demográficos del siglo XXI.

[6] Véase el anexo técnico para las series detalladas por país.

Por ello, sería muy presuntuoso considerar las previsiones oficiales de Naciones Unidas como algo más que un "escenario central". De hecho, la ONU también establece otros dos conjuntos de previsiones, y las diferencias entre las distintas proyecciones para 2100 son, no sorprendentemente, muy importantes.[7]

Sin embargo, el escenario central es, por mucho, la previsión más factible en el estado actual de nuestros conocimientos. Entre 1990 y 2012, el conjunto de la población europea ya se hallaba en un estancamiento casi completo, y disminuía en varios países. La fecundidad alemana, italiana, española y polaca era inferior a 1.5 hijos por mujer en la primera década del siglo XXI, y sólo la prolongación de la esperanza de vida, aunada a fuertes flujos migratorios, permite evitar una rápida caída de la población. En estas condiciones, prever, como lo hace la ONU, un crecimiento demográfico nulo en Europa hasta 2030, con tasas ligeramente negativas desde 2030, no tiene nada de excesivo y, en efecto, parece ser la previsión más razonable. Sucede lo mismo con las evoluciones previstas en Asia y en otras partes del mundo: las generaciones que nacen actualmente en Japón o en China son un tercio menos numerosas que las que vinieron al mundo en 1990. En gran medida, la transición demográfica ya ha ocurrido. Los cambios en las alternativas individuales y en las políticas seguidas pueden, sin ninguna duda, modificar marginalmente esas evoluciones —por ejemplo, las tasas apenas negativas (como en Japón o en Alemania) pueden convertirse en ligeramente positivas (como en Francia o en los países escandinavos), lo que ya constituye una diferencia importante—, pero no ir más allá, por lo menos en unas cuantas décadas.

En lo tocante al muy largo plazo, desde luego todo es mucho más incierto. Sin embargo, se puede recordar que si durante los siglos venideros se mantuviera el mismo ritmo de crecimiento demográfico que el observado entre 1700 y 2012 —es decir, de 0.8% anual—, se llegaría a una población mundial del orden de 70 000 millones de habitantes en 2300. Desde luego, nada puede excluirse, ni en el ámbito de los comportamientos de fecundidad ni en el de los avances tecnológicos (que tal vez permitirán un día un crecimiento mucho menos contaminante del que podemos imaginar en la actualidad, con nuevos bienes y servicios casi totalmente desmaterializados, producidos con fuentes de energía renovables y carentes de toda traza de carbono). En este momento, sin embargo, no es exagerado decir que una población mundial de 70 000 millones de habitantes no parece ni especialmente factible ni muy deseable. La hipótesis más probable es que la tasa de crecimiento de la población mundial en los próximos siglos será claramente inferior a 0.8%.

[7] La tasa de crecimiento prevista de la población mundial entre 2070 y 2100 es de 0.1%, según el escenario central; de −1.0%, según el escenario bajo, y de +1.2%, según el escenario alto. Véase el anexo técnico.

A priori, la previsión oficial a muy largo plazo, con un crecimiento demográfico positivo pero bajo —de 0.1-0.2% anual—, parece bastante razonable.

El crecimiento, fuente de igualación de los destinos

De todas formas, el objetivo de este libro no es hacer previsiones demográficas, sino más bien tomar nota de estas diferentes posibilidades y analizar sus implicaciones en la evolución de la distribución de la riqueza. El crecimiento demográfico en este caso no sólo tiene consecuencias en el desarrollo y la potencia comparada de las naciones: también repercute en la estructura de las desigualdades. En efecto, siempre y cuando la coyuntura no varíe, un fuerte incremento demográfico tiende a desempeñar un papel igualador, puesto que disminuye la importancia de la riqueza originada en el pasado y, por consiguiente, de las herencias: de cierta manera, cada generación debe construirse a sí misma.

Tomemos un ejemplo extremo: en un mundo en el que cada uno tuviera 10 hijos, sería evidente que más valdría —como regla general— no contar mucho con la herencia, pues en cada generación la riqueza familiar se dividiría entre 10. En semejante sociedad, el peso global de la herencia se encontraría muy reducido y, en la mayoría de los casos, sería más realista poner las esperanzas en el propio trabajo o en el propio ahorro.

Sucede lo mismo cuando la población se ve constantemente renovada debido a las migraciones, como en los Estados Unidos. En la medida en que la mayoría de los migrantes llega sin un patrimonio importante, el monto de la riqueza proveniente del pasado es, desde luego, relativamente limitado en estas sociedades, en comparación con el monto de la nueva riqueza acumulada mediante el ahorro. Sin embargo, el incremento demográfico debido a la migración conlleva otras consecuencias —sobre todo en términos de desigualdades entre los migrantes y los autóctonos, y en el seno de esos dos grupos— y, por consiguiente, no puede compararse totalmente con la situación de una sociedad en la que el dinamismo de la población resulta sobre todo del aumento natural (es decir, por natalidad).

Veremos que, en cierta medida, la intuición acerca de los efectos de un fuerte incremento de la población puede generalizarse a sociedades con un muy rápido crecimiento económico —y no sólo demográfico—. Por ejemplo, en un mundo en el que la producción por habitante se multiplicara por 10 en cada generación, más valdría contar con el ingreso y el ahorro como resultado del trabajo propio: los ingresos de las generaciones anteriores son tan bajos en comparación con los actuales que los patrimonios acumulados por los padres o los abuelos no representan gran cosa.

A la inversa, el estancamiento de la población —y, más aún, su disminución— incrementa el peso del capital acumulado por las generaciones anteriores. Sucede lo mismo con el estancamiento económico. Además, con un crecimiento bajo, es bastante posible en apariencia que la tasa de rendimiento del capital supere con claridad la tasa de crecimiento, condición que —como señalamos en la introducción— es la principal fuerza que impulsa hacia una gran desigualdad en la distribución de la riqueza a largo plazo. Veremos que las sociedades patrimoniales del pasado —muy estructuradas por la riqueza y la herencia, independientemente de que sean sociedades rurales tradicionales o las sociedades europeas del siglo XIX— sólo pueden surgir y perdurar en mundos de bajo crecimiento. Examinaremos en qué medida el probable retorno a un bajo crecimiento, si se realizara, tendría consecuencias importantes en la dinámica de la acumulación del capital y en la estructura de las desigualdades. Esto atañe sobre todo al posible regreso de la herencia, fenómeno de largo plazo cuyos efectos ya se hacen sentir en Europa y que, llegado el caso, podría extenderse a otros países del mundo. He aquí por qué es tan importante, en el marco de nuestra investigación, familiarizarnos desde ahora con la historia del crecimiento demográfico y económico.

Mencionemos asimismo otro mecanismo —potencialmente complementario, aun cuando es menos importante y más ambiguo que el primero— por medio del cual el crecimiento puede ir en el sentido de la reducción de las desigualdades, o por lo menos de una rápida renovación de las élites. Cuando el crecimiento es nulo o muy bajo, las distintas funciones económicas y sociales, los diferentes tipos de actividades profesionales se reproducen de manera casi idéntica de una generación a otra. Por el contrario, un crecimiento continuo, aunque sea únicamente de 0.5, 1.0 o 1.5% anual, significa que constantemente se crean nuevas funciones, se requieren nuevas competencias en cada generación. En la medida en que los gustos y las capacidades humanas no se transmiten más que de forma muy parcial a lo largo de las generaciones —o por lo menos de modo mucho menos automático y mecánico de lo que se puede transmitir mediante herencia el capital rural, inmobiliario o financiero—, el crecimiento puede entonces llevar a facilitar la ascensión social de personas cuyos padres no formaban parte de la élite. Este posible aumento de la movilidad social no implica necesariamente una disminución de la desigualdad en los ingresos, sino que, en principio, limita la reproducción y la amplificación en el tiempo de la desigualdad de la riqueza, y por consiguiente, en cierta medida, la extensión a largo plazo de la desigualdad en los ingresos.

Sin embargo, hay que desconfiar de la idea un poco convencional según la cual el desarrollo moderno actuaría como un incomparable revelador de los talentos y las aptitudes individuales. Este argumento tiene su parte de verdad, pero desde principios del siglo XIX fue utilizado muy a menudo para justificar todas las desigualdades, sin importar su amplitud y su verdadero origen, y para ensalzar con todas las virtudes a los ganadores del nuevo régimen industrial. En 1845, Charles Dunoyer, economista liberal y prefecto durante el periodo conocido como la Monarquía de Julio (1830-1845), escribió de este modo en su libro titulado *De la liberté du travail* [De la libertad del trabajo] (en el que, naturalmente, se oponía a toda legislación social restrictiva): "El efecto del régimen industrial es destruir las desigualdades artificiales; pero para que resalten mejor las naturales". Para Dunoyer, estas desigualdades naturales incluyen las diferencias en las capacidades físicas, intelectuales y morales, y se encuentran en el corazón de la nueva economía de desarrollo y de innovación que el autor atisba por doquier a su alrededor, provocando que rechace toda intervención del Estado: "Las superioridades son la fuente de todo lo que es grande y útil. Reducid todo a la igualdad y habréis reducido todo a la inacción".[8] En los años 2000-2010, se pretendió en ocasiones considerar esta misma idea, conforme a la cual la nueva economía de la información permitiría a los más talentosos multiplicar su productividad. Cabe señalar que este argumento se utiliza a menudo para justificar las desigualdades extremas y defender la situación de los ganadores, sin gran consideración hacia los perdedores, mucho menos por los hechos mismos, y sin intentar verdaderamente comprobar si este principio tan cómodo permite o no explicar las evoluciones observadas. Volveremos a ello más adelante.

Las etapas del crecimiento económico

Abordemos ahora el incremento de la producción por habitante. Como ya señalamos anteriormente, el crecimiento durante todo el periodo de 1700-2012 fue exactamente del mismo orden que el de la población: de 0.8% anual en promedio, es decir, una multiplicación por más de 10 en tres siglos. En la actualidad, el ingreso promedio por habitante a nivel mundial es de alrededor de 760 euros por mes; en 1700, era inferior a 70 euros por mes, esto es, aproximadamente el mismo nivel que en los países más pobres del África Subsahariana de 2012.[9]

Esta comparación es sugerente, pero no debe exagerarse su alcance. Cuando se intenta establecer un paralelo entre sociedades y épocas tan diferentes, es ilusorio pretender que todo pueda resumirse a una cifra única, del tipo: "el nivel de vida en tal sociedad es 10 veces superior al de tal otra". Cuando se llega a semejantes proporciones, el incremento de la producción por habitante es una noción mucho más abstracta que el de la población,

[8] Véase P. Rosanvallon, *La Société des égaux*, Seuil, París, 2011, pp. 131-132. [*La sociedad de iguales*, trad. Víctor Goldstein, Manantial, Buenos Aires, 2012.]

[9] El PIB promedio en el África Subsahariana fue, en 2012, aproximadamente de 2000 euros por habitante, es decir, un ingreso promedio de 150 euros por mes (capítulo I, cuadro I.1). Sin embargo, los países más pobres (por ejemplo, Congo-Kinshasa, Níger, Chad, Etiopía) se encuentran en niveles dos o tres veces más bajos, y los más ricos (por ejemplo Sudáfrica), en niveles dos o tres veces más elevados (cercanos a los de África del Norte). Véase el anexo técnico.

puesto que esta última, al menos, corresponde a una realidad más tangible (es más fácil contar a los habitantes que los bienes y servicios). La historia del crecimiento económico es ante todo la de la diversificación de los modos de vida y de los tipos de bienes y servicios producidos y consumidos. Se trata, pues, de un proceso multidimensional, que por su naturaleza no puede resumirse correctamente mediante un único indicador monetario.

Tomemos el ejemplo de los países más ricos. En Europa Occidental, en América del Norte o en Japón, el ingreso promedio pasó de apenas más de 100 euros por mes y por habitante en 1700 a más de 2 500 euros por mes en 2012, es decir, se multiplicó más de 20 veces.[10] En realidad, el crecimiento de la productividad, es decir, de la producción por hora trabajada, fue aún más elevado, puesto que la duración promedio del trabajo por habitante disminuyó mucho: todas las sociedades desarrolladas, a medida que se enriquecían, eligieron trabajar menos horas, con el objetivo de disponer de más tiempo libre (jornadas laborales más cortas, vacaciones más largas, etcétera).[11]

Este crecimiento espectacular debe mucho al siglo XX. A nivel mundial, el incremento promedio de 0.8% anual en la producción por habitante entre 1700 y 2012 se dividía en apenas 0.1% en el siglo XVIII, 0.9% en el XIX y 1.6% en el XX (véase el cuadro II.1). En Europa Occidental, el crecimiento promedio de 1.0% entre 1700 y 2012 se dividía en 0.2% en el siglo XVIII, 1.1% en el XIX y 1.9% en el XX.[12] El poder adquisitivo promedio en el Viejo Continente apenas creció entre 1700 y 1820, luego se multiplicó por más de dos entre 1820 y 1913, y por más de seis entre 1913 y 2012. En el fondo, el siglo XVIII se caracterizó por el mismo estancamiento económico que los siglos anteriores. El siglo XIX conoció por primera vez un crecimiento sostenido de la producción por habitante, pero no lo aprovecharon amplios segmentos de la población, por lo menos hasta el último tercio del siglo. Habría que esperar al siglo XX para que el desarrollo económico se volviera en verdad una realidad tangible y espectacular para muchos. En la Bella Época, hacia 1900-1910, el ingreso promedio de los europeos era de apenas 400 euros por mes, frente a 2 500 euros por mes a principios de la década de 2010.

Ahora bien, ¿qué significa un poder adquisitivo multiplicado por 20, por 10 o incluso por 6? Desde luego no supondría que los europeos de 2012 producían y consumían cantidades seis veces más importantes de todos los

[10] Las estimaciones de Maddison —frágiles para ese periodo— sugieren que el punto de partida de Norteamérica y Japón en 1700 fue más bajo (más cercano al promedio mundial que al de Europa Occidental), de tal manera que el crecimiento total de su ingreso promedio entre 1700 y 2012 habría sido más cercano a 30 veces que a 20.

[11] En un periodo amplio, el número promedio de horas trabajadas por habitante se dividió aproximadamente entre dos (con variaciones significativas entre países), de tal manera que el incremento de la productividad resultó dos veces más elevado que el de la producción por habitante.

[12] Véase el cuadro complementario S2.2 (disponible en línea).

bienes y servicios que las que producían y consumían en 1913. Por ejemplo, es evidente que los consumos promedio de productos alimenticios no se han multiplicado por seis. Además, eso no habría tenido ningún interés, ya que hace mucho tiempo se habrían satisfecho las necesidades alimentarias. En Europa, al igual que en todos los países, el incremento del poder adquisitivo y del nivel de vida a largo plazo se basa ante todo en la transformación de las estructuras de consumo: el consumo constituido mayoritariamente por productos alimenticios fue poco a poco sustituido por uno mucho más diversificado, rico en productos industriales y en servicios.

Además, aun cuando los europeos de 2012 desearan multiplicar por seis —con respecto a 1913— su consumo de bienes y servicios, no podrían hacerlo: en efecto, algunos precios aumentaron más rápido que el "promedio" de los precios, mientras otros lo hicieron menos, de suerte que el poder adquisitivo no se multiplicó por seis en todos los tipos de bienes y servicios. En un periodo breve, se pueden pasar por alto esos problemas de "precios relativos", y se puede considerar que los índices de precios "promedio" establecidos por los institutos de estadísticas económicas permiten medir correctamente el crecimiento del poder adquisitivo. A largo plazo, en cambio, cuando la estructura de los consumos y de los precios relativos se modifica radicalmente —sobre todo debido a la aparición de nuevos bienes y servicios—, los índices de precios promedio no permiten evaluar correctamente la naturaleza de las transformaciones operadas. Por ello, en estos casos poco importa la sofisticación de las técnicas utilizadas por los especialistas en estadísticas para tratar los miles de interpretaciones de precios a su disposición y el cuidado que ponen en la valoración de las mejoras en la calidad de los productos.

¿Qué significa un poder adquisitivo multiplicado por diez?

En realidad, la única manera concreta de valorar el espectacular crecimiento que han experimentado los niveles y los modos de vida desde la Revolución industrial consiste en referirse a los niveles de ingreso expresados en moneda normal, comparándolos con los niveles de precios de los diferentes bienes y servicios vigentes en distintas épocas. Contentémonos con resumir aquí las principales enseñanzas de semejante ejercicio.[13]

Se suele distinguir entre tres tipos de bienes: los bienes industriales, para

[13] El lector interesado encontrará en el anexo técnico series históricas de ingreso promedio expresadas en moneda corriente para un gran número de países desde principios del siglo XVIII. Si se desea obtener ejemplos detallados de los precios alimentarios, industriales y de servicios en Francia en los siglos XIX y XX (tomados de diversas fuentes históricas, en particular de los índices oficiales y de los libros de precios publicados por Jean Fourastié), o realizar un análisis de las ganancias del poder adquisitivo correspondientes, véase T. Piketty, *Les Hauts Revenus en France au XXe siècle: Inégalités et redistributions 1901-1998,* Grasset, París, 2001, pp. 80-92.

los cuales el desarrollo de la productividad fue mucho más rápido que el promedio de la economía, aunque sus precios disminuyeran con respecto al promedio de los precios; los bienes alimenticios, para los cuales el crecimiento de la productividad fue continuo y determinante a muy largo plazo (lo que permitió sobre todo alimentar a una población con un fuerte crecimiento, al tiempo que se liberaba para otras tareas a una proporción creciente para las funciones de mano de obra agrícola), pero mucho menos rápido que el de los bienes industriales, razón por la cual sus precios evolucionaron más o menos dentro del promedio de los precios, y, por último, los servicios, para los cuales el incremento de la productividad fue en general relativamente bajo (incluso nulo en ciertos casos, lo que de hecho explica por qué este sector tiende a absorber una proporción siempre creciente de mano de obra), y cuyos precios aumentaron más rápido que el promedio.

Este esquema general es bien conocido. Globalmente, es cierto en sus grandes líneas, pero merece ser afinado y precisado. En efecto, hay una gran diversidad de situaciones en el seno de cada sector. En lo que se refiere a muchos productos alimenticios, los precios aumentaron tanto como el promedio. Por ejemplo, en Francia, el precio de un kilo de zanahorias aumentó a la misma tasa que el índice general de precios entre 1900-1910 y 2000-2010, de tal manera que el poder adquisitivo expresado en zanahorias evolucionó como el poder adquisitivo promedio (es decir, más o menos una multiplicación por seis). El asalariado medio podía comprar apenas 10 kilos de zanahorias por día a principios del siglo XX, y en este inicio del siglo XXI puede adquirir casi 60 kilos.[14] Respecto de otros productos, como la leche, la mantequilla, el huevo, los lácteos, que gozaron de progresos técnicos importantes en el campo de la ordeña, la fabricación, la conservación, etc., se observan relativas bajas de precio y, por consiguiente, incrementos del poder adquisitivo superiores a seis. Sucedió lo mismo con los productos que gozaron de una disminución considerable en los costos del transporte: en un siglo, el poder adquisitivo francés en términos de naranjas se multiplicó por 10, y el de los plátanos por 20. Por el contrario, el poder adquisitivo medido en kilos de pan o carne se multiplicó por menos de cuatro, aunque, es cierto, con un fuerte aumento en la calidad y la variedad de los productos ofrecidos.

La diversidad de las situaciones es aún mayor entre los bienes industriales, sobre todo debido a la aparición de productos radicalmente nuevos y al espectacular perfeccionamiento de sus cualidades técnicas. El ejemplo típico para el periodo reciente es la electrónica y la informática. Los progresos realizados por las computadoras y los teléfonos celulares en la década de 1990-2000, después por las tabletas y los teléfonos inteligentes *(smartphones)*

[14] Desde luego, todo depende del lugar en el que compra sus zanahorias (hablamos aquí del índice promedio).

en la década de 2000-2010, a veces corresponden a multiplicaciones por 10 del poder adquisitivo en unos pocos años: el precio de un producto cae a la mitad, aun cuando sus cualidades técnicas se multiplican por cinco.

Debemos ser conscientes de que es fácil detectar ejemplos igual de espectaculares a lo largo de toda la historia del desarrollo industrial. Tomemos el caso de la bicicleta. En la década de 1880-1890, el modelo menos caro disponible en los catálogos de venta y los documentos comerciales costaba en Francia el equivalente a seis meses de un sueldo promedio. Además, se trataba de una bicicleta relativamente rudimentaria, "cuyas llantas no están revestidas más que por una banda de caucho compacto, tiene un solo freno y acción directa sobre la llanta delantera". El progreso técnico permitió la caída del precio a menos de un mes de sueldo promedio en la década de 1910-1920. Los progresos continuaron y, en los catálogos de la década de 1960-1970, se podían adquirir bicicletas de calidad (con "rueda libre, dos frenos, cubrecadena y guardabarros, portaequipajes, luces, reflector") por menos de una semana de salario. En resumidas cuentas, sin siquiera considerar el vertiginoso crecimiento de la calidad y la seguridad del producto, el poder adquisitivo en términos de bicicletas se multiplicó por 40 entre 1890 y 1970.[15]

Se podrían multiplicar los ejemplos al examinar la evolución de los precios de los focos eléctricos, los equipos electrodomésticos, las sábanas y los platos, las prendas de vestir y los automóviles, tanto en los países desarrollados como en los emergentes, comparándolos con los sueldos vigentes.

Asimismo, todos estos ejemplos muestran hasta qué punto es vano y reductivo pretender que se puede resumir el conjunto de las transformaciones mediante un solo indicador del tipo: "el nivel de vida entre tal y cual época se multiplicó por 10". Cuando tanto los modos de vida como la estructura de los presupuestos de los hogares se modifican tan radicalmente y el crecimiento del poder adquisitivo varía tanto en función de los bienes considerados, la cuestión de la cifra promedio no tiene mucho sentido, puesto que el resultado exacto se ve determinado de forma concreta por las ponderaciones elegidas y las medidas de calidad consideradas —que son, tanto unas como otras, bastante inciertas, sobre todo cuando se trata de establecer comparaciones entre varios siglos—.

Desde luego, esta reflexión así planteada no pone en duda la realidad del crecimiento, más bien al contrario: es evidente que las condiciones materiales de existencia mejoraron de manera espectacular desde la Revolución industrial, lo que permitió a los habitantes del planeta una mejor alimentación, ropa, transporte, acceso a la información, atención médica, y así sucesivamente. Por otra parte, tampoco se cuestiona el interés del cálculo de las tasas de crecimiento relativas a periodos más breves; por ejemplo, a escala de una o dos generaciones. En un periodo de 30 o 60 años, tiene sentido saber si la

[15] Véase T. Piketty, *Les Hauts Revenus en France au XXe siècle*, *op. cit.*, pp. 83-85.

tasa de crecimiento fue de 0.1% anual (3% por generación), de 1% anual (35% por generación) o de 3% anual (143% por generación). Sólo cuando se presentan acumuladas en periodos muy amplios y se llega a multiplicaciones espectaculares, las tasas de crecimiento pierden parte de su sentido y se convierten en cantidades relativamente abstractas y arbitrarias.

El crecimiento: una diversificación de los modos de vida

Para terminar, examinemos el caso de los servicios, donde la diversidad de las situaciones es sin duda la más extrema. En principio, las cosas se presentan con relativa claridad: la productividad se desarrolló con menos fuerza en este sector, por lo que el poder adquisitivo expresado en servicios aumentó menos. Se supone que el caso típico del servicio "puro" que no ha tenido ninguna innovación técnica notoria a lo largo de los siglos es el de los peluqueros: un corte de cabello sigue requiriendo el mismo tiempo de trabajo que a principios del siglo, de tal suerte que el costo de un peluquero se multiplicó por el mismo coeficiente que su incremento de sueldo, que aumentó a su vez al mismo ritmo que el sueldo promedio y el ingreso promedio (en una primera aproximación). Dicho de otro modo, al trabajar una hora, el asalariado medio de principios del siglo XXI puede pagar aproximadamente el mismo número de cortes de cabello que el de principios del siglo XX: de hecho, se observa que el poder adquisitivo expresado en términos de cortes de cabello no aumentó, e incluso disminuyó un poco.[16]

En realidad, la diversidad de los casos es tan extrema que la misma noción de sector de servicios no tiene mucho sentido. La división en tres sectores de actividad —primario, secundario, terciario— fue concebida a mediados del siglo XX en sociedades en que cada uno reunía proporciones similares —o por lo menos comparables— de la actividad económica y la fuerza laboral (véase el cuadro II.4). Sin embargo, a partir del momento en que los servicios requieren un 70-80% de la mano de obra en todos los países desarrollados, esta categoría estadística ya no es realmente pertinente: proporciona poca información sobre la naturaleza de los oficios y los servicios producidos en la sociedad considerada.

Para orientarse en medio de este enorme agregado de actividades, cuyo desarrollo ha representado gran parte de la mejora de las condiciones de vida desde el siglo XIX, vale la pena distinguir varios bloques. Primero se pueden considerar los servicios de salud y educación, que reúnen por sí solos a más del 20% del total del empleo en los países más adelantados (es decir, tanto como el conjunto de los sectores industriales reunidos). Todo permite pensar que esa proporción seguirá aumentando, si se consideran los progresos mé-

[16] *Ibid.*, pp. 86-87.

CUADRO II.4. *El empleo por sector de actividad en Francia y los Estados Unidos, 1800-2012 (en porcentaje del empleo total)*

	Francia			*Estados Unidos*		
Año	*Agricultura*	*Industria*	*Servicios*	*Agricultura*	*Industria*	*Servicios*
1800	64	22	14	68	18	13
1900	43	29	28	41	28	31
1950	32	33	35	14	33	50
2012	3	21	76	2	18	80

Nota: en 2012 la agricultura representaba 3% del empleo total en Francia, frente 21% para la industria y 76% para los servicios. La construcción, 7% del empleo en Francia en 2012, como en los Estados Unidos, se incluyó en la industria.

FUENTES: véase piketty.pse.ens.fr/capital21c.

dicos y el continuo desarrollo de la enseñanza superior. Los empleos del comercio, los hoteles, cafés y restaurantes, la cultura y las actividades recreativas —también en fuerte crecimiento— suelen representar más de 20% del empleo total (incluso más de 25% en algunos países). Los servicios a las empresas (asesoría, contabilidad, diseño, informática, etc.), combinados con los servicios inmobiliarios y financieros (agencias inmobiliarias, bancos, seguros, etc.) y de transporte, también rayan el 20% del empleo total. Si se añaden los servicios estatales y de seguridad (administración general, justicia, policía, fuerzas armadas, etc.), que se acercan al 10% del empleo total en la mayoría de los países, se llega aproximadamente al 70-80% indicado en las estadísticas oficiales.[17]

Precisemos que un porcentaje importante de esos servicios, en particular los de salud y educación, suele ser financiado a través de impuestos y suministrado gratuitamente a la población. Las modalidades de financiación varían según los países, así como el nivel exacto del porcentaje financiado mediante impuestos (por ejemplo, es más elevado en Europa que en los Estados Unidos y Japón), siendo, en cualquier caso, muy significativo en todos los países desarrollados, donde, en general, supone por lo menos la mitad del

[17] Para obtener un análisis histórico de la constitución de estos diferentes estratos de servicios, de finales del siglo XIX a finales del XX, a partir del ejemplo de Francia y de los Estados Unidos, véase T. Piketty, "Les créations d'emploi en France et aux États-Unis. 'Services de proximité' contre 'petits boulots'?", *Les Notes de la Fondation Saint-Simon,* núm. 93, 1997, 55 pp. Véase asimismo "L'emploi dans les services en France et aux États-Unis: une analyse structurelle sur longue période", *Économie et Statistique,* Institut National de la Statistique et des Études Économiques, París, núm. 318, 1998, pp. 73-99. Debe señalarse que en las estadísticas oficiales, la industria farmacéutica se incluye en la industria y no en los servicios de salud, así como la industria automotriz y aeronáutica se cuenta en la industria y no en los servicios de transporte, etc. Sin duda, sería más pertinente reunir las actividades en función de su finalidad (salud, transporte, vivienda, etc.) y abandonar totalmente la distinción agricultura/industria/servicios.

costo total de los servicios de salud y de educación, y más de tres cuartas partes en muchos países europeos. Esto introduce potencialmente nuevas dificultades e incertidumbres acerca de la medición y las comparaciones del incremento del nivel de vida en un amplio periodo y entre diferentes países. El tema dista de ser anecdótico: además de que estos dos sectores representan más de 20% del PIB y del empleo en los países más desarrollados, y que sin duda crecerán en un futuro, la salud y la educación representan tal vez las mejoras más reales y notorias de las condiciones de vida a lo largo de los últimos siglos. Las sociedades cuya esperanza de vida era de apenas 40 años y en las que casi toda la población era analfabeta fueron sustituidas por sociedades en las que suele vivirse más de 80 años y donde todos disponen de un acceso mínimo a la cultura.

En las cuentas nacionales siempre se estima el valor de los servicios públicos gratuitos a partir de los costos de producción pagados por las administraciones públicas —y, al final, por los contribuyentes—. Esos costos incluyen en particular la masa salarial pagada al personal de la salud y a los docentes que laboran en hospitales, escuelas y universidades públicas. Este método tiene sus defectos, pero lógicamente es coherente, y en todo caso es más satisfactorio que el que excluye lisa y llanamente los servicios públicos gratuitos del cálculo del PIB y se concentra sólo en la producción mercantil. Semejante exclusión sería económicamente absurda, pues llevaría a subestimar de modo totalmente artificial el nivel de producción interna y de ingreso nacional de un país que escoja un sistema público de salud y de educación en lugar de un sistema privado, incluso si los servicios disponibles son rigurosamente los mismos en ambos casos.

El método empleado por las cuentas nacionales permite al menos corregir ese sesgo. Sin embargo, no es perfecto: en particular, no se fundamenta, por el momento, en ninguna medición objetiva de la calidad de los servicios prestados (se prevén mejoras en esa dirección). Por ejemplo, si un sistema de seguro de gastos médicos privado cuesta más que un sistema público, sin aportar una mejora efectiva en la calidad —como permite pensarlo la comparación entre los Estados Unidos y Europa—, se sobrevalorará artificialmente el PIB en los países que descansan más en un sistema privado. Asimismo, hay que señalar que las cuentas nacionales eligen por convención no contabilizar ninguna remuneración por el capital público, como el de las construcciones y equipos de hospitales públicos o de escuelas y universidades.[18] La consecuencia es que un país que privatizara sus servicios de salud y de educación vería aumentar artificialmente su PIB, incluso si los servicios producidos y los sueldos pagados a los empleados que los prestan se mantuvieran

[18] Sólo se toma en cuenta la depreciación del capital (la reposición de los edificios y equipos usados) en los costos de producción. Sin embargo, la remuneración del capital público —neta, libre de la depreciación— se fija convencionalmente en cero.

idénticos.[19] También se puede considerar que este método de valoración por medio de los costos lleva a subestimar el "valor" fundamental de la educación y la salud, y por consiguiente el desarrollo alcanzado durante los periodos de amplia expansión educativa y sanitaria.[20]

Por consiguiente, no hay ninguna duda de que el crecimiento económico permitió una considerable mejora de las condiciones de vida a largo plazo y, según las mejores estimaciones disponibles, una multiplicación por más de 10 del ingreso promedio a nivel mundial entre 1700 y 2012 (de 70 a 760 euros por mes), y por más de 20 en los países más ricos (de 100 a 2 500 euros por mes). Teniendo en cuenta las dificultades vinculadas con la medición de transformaciones tan radicales, sobre todo si se intenta resumirlas a base de un solo indicador, estas cifras no deben ser fetichizadas sino más bien consideradas como simples órdenes de magnitud.

¿El final del crecimiento?

Abordemos ahora la cuestión del porvenir: ¿en el siglo XXI está destinado a desacelerarse inexorablemente el espectacular incremento de la producción por habitante, cuya realidad acabamos de recordar? ¿Nos dirigimos hacia el final del crecimiento por razones tecnológicas, ecológicas, o por ambas al mismo tiempo?

Antes de intentar responder a esta pregunta, es esencial empezar por recordar que el crecimiento del pasado, por espectacular que sea, se hizo casi siempre a ritmos anuales relativamente lentos (en general no más de 1-1.5% anual). Los únicos ejemplos históricos de un desarrollo sensiblemente más rápido —por ejemplo, de 3 o 4% anual, o a veces más— atañen a los países que convergieron de manera acelerada con otros, proceso que por definición concluye cuando ha terminado el alcance y, por consiguiente, sólo puede ser transitorio y limitado en el tiempo. En consecuencia, es imposible aplicar semejante proceso de alcance al planeta en su conjunto.

A nivel planetario, la tasa de incremento de la producción por habitante fue en promedio de 0.8% anual entre 1700 y 2012, del cual 0.1% entre 1700 y 1820, 0.9% entre 1820 y 1913, y 1.6% entre 1913 y 2012. Como indicamos en el cuadro II.1, se observa esa misma tasa de incremento promedio de 0.8% anual entre 1700 y 2012 en la población mundial.

En el cuadro II.5 indicamos las tasas de crecimiento económico por separado para cada siglo y cada continente. En Europa, el incremento de la

[19] Véase el anexo técnico.

[20] Hervé Le Bras y Emmanuel Todd no dicen otra cosa cuando hablan de los "Treinta Gloriosos culturales" al describir el periodo de 1980-2010 en Francia —caracterizado por una fuerte expansión educativa—, en oposición a los "Treinta Gloriosos económicos" de los años 1950-1980. Véase *Le Mystère français*, Seuil, París, 2013, 154 pp.

CUADRO II.5. *El crecimiento de la producción por habitante desde la Revolución industrial*[a]

Años	*Producción mundial por habitante (%)*	*Europa (%)*	*América (%)*	*África (%)*	*Asia (%)*
0-1700	0.0	0.0	0.0	0.0	0.0
1700-2012	0.8	1.0	1.1	0.5	0.7
1700-1820	0.1	0.1	0.4	0.0	0.0
1820-1913	0.9	1.0	1.5	0.4	0.2
1913-2012	1.6	1.9	1.5	1.1	2.0
1913-1950	0.9	0.9	1.4	0.9	0.2
1950-1970	2.8	3.8	1.9	2.1	3.5
1970-1990	1.3	1.9	1.6	0.3	2.1
1990-2012	2.1	1.9	1.5	1.4	3.8
1950-1980	2.5	3.4	2.0	1.8	3.2
1980-2012	1.7	1.8	1.3	0.8	3.1

[a] Tasa de crecimiento promedio anual.

Nota: entre 1913 y 2012, la tasa de crecimiento del PIB por habitante fue de 1.6% anual en promedio a nivel mundial; por continentes: 1.9% para Europa, 1.5% para América, etcétera.

FUENTES: véase piketty.pse.ens.fr/capital21c.

producción por habitante fue de 1.0% entre 1820 y 1913, luego de 1.9% entre 1913 y 2012. En los Estados Unidos alcanzó 1.5% entre 1820 y 1913, y de nuevo 1.5% entre 1913 y 2012.

Poco importa el detalle de esas cifras: el punto relevante es que, en la historia, no existe ningún ejemplo de un país que se encuentre en la frontera tecnológica mundial y cuyo incremento de la producción por habitante sea constantemente superior a 1.5%. Si se examinan las últimas décadas, se observan ritmos aún más bajos en los países más ricos: entre 1990 y 2012, el incremento de la producción por habitante es de 1.6% en Europa Occidental, de 1.4% en América del Norte y de 0.7% en Japón.[21] Es importante empezar por recordar esa realidad, pues en gran medida seguimos impregnados de la idea según la cual el crecimiento debe ser de al menos 3 o 4% anual. Ahora bien, esto es una ilusión desde la perspectiva de la historia y de la lógica.

[21] Sin duda, el crecimiento fue casi nulo a lo largo de los años de 2007 a 2012, debido a la recesión de 2008-2009. Véase el cuadro suplementario S2.2 disponible en línea para las cifras detalladas de Europa Occidental y América del Norte (apenas diferentes de las cifras indicadas para Europa y los Estados Unidos en su conjunto), y de cada país por separado.

Tras haber presentado las bases de nuestro planteamiento, ¿qué podemos decir de las tasas de desarrollo del futuro? Para algunos economistas, por ejemplo Robert Gordon, el ritmo de incremento de la producción por habitante está destinado a aminorarse en los países más adelantados, empezando por los Estados Unidos, y podría ser inferior a 0.5% anual en el horizonte de 2050-2100.[22] El análisis de Gordon se basa en la comparación de las diferentes oleadas de innovaciones que se sucedieron desde la máquina de vapor y la electricidad, y en la comprobación de que las olas más recientes —en particular las tecnologías de la información— tienen un potencial de crecimiento sensiblemente inferior: trastocan menos radicalmente los modos de producción y mejoran con menor intensidad la productividad de conjunto de la economía.

Al igual que en el caso del crecimiento demográfico, no me compete predecir aquí lo que será el desarrollo en el siglo XXI, sino más bien extraer las consecuencias de las diferentes proyecciones posibles respecto de la dinámica de la distribución de la riqueza. El ritmo de las innovaciones futuras es igual de difícil de prever que el de la fecundidad. Sobre la base de la experiencia histórica de los últimos siglos, me parece bastante poco probable que, a largo plazo, el incremento de la producción por habitante en los países más adelantados pueda ser superior a 1.5% anual. A pesar de esta afirmación, soy incapaz de decir si será de 0.5, de 1.0 o de 1.5%. La previsión media, presentada más adelante, se basa en un crecimiento a largo plazo de la producción por habitante de 1.2% anual en los países ricos, lo que es bastante optimista comparado con las predicciones de Gordon —que me parecen un tanto sombrías, incluso demasiado—. Este escenario no podrá alcanzarse a menos de que nuevas fuentes de energía permitan sustituir los hidrocarburos, en vías de agotamiento. Sólo se trata, en cualquier caso, de una previsión entre otras posibles.

Con el 1% de crecimiento anual, una sociedad se renueva profundamente

El aspecto que me parece más importante, por ser más significativo que el detalle de la predicción del crecimiento —como se vio antes, resumir el crecimiento a largo plazo de una sociedad mediante un número único es, en gran medida, una ilusión estadística—, y sobre el cual ahora debemos insistir, es que un ritmo de crecimiento de la producción por habitante del orden de 1% anual resulta, en realidad, sumamente rápido, mucho más de lo que a menudo se piensa.

[22] Véase R. Gordon, "Is U.S. Economic Growth Over? Faltering Innovation Confronts the Six Headwinds", NBER Working Paper, núm. 18315, National Bureau of Economic Research, Cambridge, agosto de 2012.

La manera correcta de considerar el problema es, de nuevo, situarse a nivel generacional. En 30 años, un crecimiento de 1% anual corresponde a un incremento acumulado de más de 35%; en cambio, un crecimiento de 1.5% por año corresponde a más de 50% acumulado. En la práctica, eso implica transformaciones considerables de los modos de vida y de los empleos. Concretamente, el incremento de la producción por habitante fue de apenas 1-1.5% anual a lo largo de los últimos 30 años en Europa, América del Norte y Japón. Ahora bien, nuestras vidas se transformaron mucho: a principios de la década de 1980, no existían ni internet ni los celulares, los transportes aéreos eran inaccesibles para muchísimas personas, la mayoría de las tecnologías médicas de punta disponibles hoy en día no existían, y sólo una minoría de la población podía realizar estudios universitarios. En el campo de las comunicaciones, los transportes, la salud y la educación, los cambios fueron profundos. Estas transformaciones también afectaron mucho a la estructura de los empleos: cuando la producción por habitante aumenta en promedio 35-50% en un lapso de 30 años, eso significa que una fracción importante de la producción realizada en la actualidad —entre la cuarta parte y un tercio— no existía hace 30 años y, por consiguiente, que entre la cuarta parte y un tercio de los empleos, y de las tareas realizadas hoy en día, tampoco existían hace 30 años.

Se trata de una diferencia considerable respecto de las sociedades del pasado, en las que el desarrollo era casi nulo, o bien de apenas un 0.1% anual, como en el siglo XVIII. Una sociedad en la que el crecimiento es de 0.1 o 0.2% por año se reproduce de manera casi idéntica de una generación a la siguiente: la estructura de los oficios es la misma, así como la de la propiedad. Una sociedad cuyo desarrollo es de 1% anual, como sucede en los países más adelantados desde principios del siglo XIX, es una sociedad que se renueva profundamente y de manera constante. Veremos que esto conlleva consecuencias importantes en la estructura de las desigualdades sociales y de la dinámica de la distribución de la riqueza. El crecimiento puede dar origen a nuevas formas de desigualdad —por ejemplo, se pueden amasar fortunas muy rápidamente en los nuevos sectores de actividad—, y al mismo tiempo provoca que la desigualdad de los patrimonios originados en el pasado sea menos importante y que las herencias sean menos determinantes. Desde luego, las transformaciones ocasionadas por un incremento de 1% anual son mucho menos considerables que las que supone un crecimiento de 3 o de 4% anual; por ello existe un gran riesgo de desilusión, comparable con la esperanza puesta en un orden social más justo, particularmente grande desde el Siglo de las Luces. Sin duda, el crecimiento económico es por sí mismo incapaz de satisfacer esa esperanza democrática y meritocrática, que debe fundarse en instituciones específicas para ese propósito y no sólo en las fuerzas del progreso técnico y del mercado.

La posteridad de los Treinta Gloriosos: destinos cruzados trasatlánticos

La Europa continental —y en particular Francia— vive en gran medida con la nostalgia de los Treinta Gloriosos, ese periodo de 30 años, del final de la década de los cuarenta a los últimos años de los setenta, en los que el crecimiento fue excepcionalmente elevado. Todavía no se comprende qué genio malévolo nos impuso un desarrollo tan bajo desde finales de los años setenta y principios de los ochenta. Todavía hoy día imaginamos a menudo que el mal paréntesis de los "Treinta Penosos" (que pronto serán, en realidad, 35 o 40) se cerrará pronto, y que esa pesadilla terminará, volviendo todo a ser como antes.

En realidad, si se plantean las cosas desde una perspectiva histórica, se manifiesta con claridad lo excepcional del periodo de los Treinta Gloriosos, simplemente porque entre 1914 y 1945 Europa había acumulado un enorme rezago en su crecimiento respecto de los Estados Unidos, el cual fue subsanado a gran velocidad durante los Treinta Gloriosos. Concluido ese alcance, Europa y los Estados Unidos se encontraron juntos en la frontera mundial, y crecieron al mismo lento ritmo que es, estructuralmente, el de la frontera mundial.

La evolución comparada de las tasas de crecimiento europea y estadunidense representada en la gráfica II.3 demuestra el planteamiento de manera evidente. En América del Norte no existe la nostalgia de los Treinta Gloriosos, simplemente porque jamás existieron: la producción por habitante creció aproximadamente a un mismo ritmo a lo largo del periodo comprendido entre 1820 y 2012, aproximadamente 1.5-2% anual. Desde luego, el ritmo disminuye ligeramente durante 1913-1950, a no más de 1.5%; luego se sitúa por encima de 2% en 1950-1970, y cae por debajo de 1.5% durante el periodo de 1990-2012. En Europa Occidental, mucho más duramente dañada por las dos guerras mundiales, las variaciones son incomparablemente más grandes: la producción por habitante se estanca de 1913 a 1950 (con un crecimiento de apenas más de 0.5% por año), luego salta de 1950 a 1970 a más de 4% de crecimiento anual, antes de caer brutalmente y situarse con precisión en los niveles estadunidenses —apenas por encima— durante los años 1970-1990 (un poco más de 2%) y entre 1990 y 2012 (apenas 1.5%). Europa Occidental tuvo una edad de oro del crecimiento entre 1950 y 1970, luego una caída a la mitad —o hasta de un tercio— durante las siguientes décadas. Sin embargo, es necesario precisar que la gráfica II.3 subestima esta ruptura, puesto que incluimos —como se debe— al Reino Unido en Europa Occidental, cuando la experiencia británica en materia de crecimiento en el siglo XX es en realidad mucho más semejante a la casi estabilidad norteamericana. Si nos concentráramos en la Europa continental, se observaría un crecimiento promedio

GRÁFICA II.3. *La tasa de crecimiento de la producción por habitante desde la Revolución industrial*

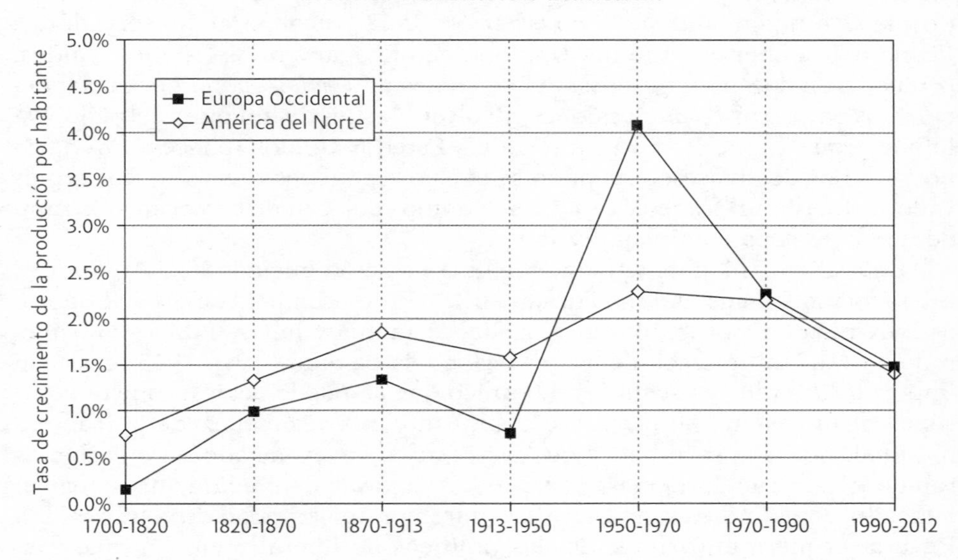

La tasa de crecimiento de la producción por habitante superó el 4% anual en Europa de 1950 a 1970, antes de regresar a los niveles estadunidenses.

FUENTES Y SERIES: véase piketty.pse.ens.fr/capital21c.

de la producción por habitante superior a 5% anual entre 1950 y 1970, totalmente ajena a cualquier experiencia conocida en los países ricos a lo largo de los últimos siglos.

Esas experiencias colectivas tan diferentes del crecimiento durante el siglo XX explican en gran medida la razón por la que, hoy, las opiniones de los diversos países son tan diferentes ante la globalización comercial y financiera, incluso ante el capitalismo en general. En la Europa continental, y sobre todo en Francia, es muy natural que se sigan viendo las primeras décadas de la posguerra, marcadas por un muy fuerte intervencionismo estatal, como un periodo bendito del crecimiento, y a menudo se considera que el movimiento de liberalización económica iniciado hacia 1980 es responsable de su disminución.

En el Reino Unido y en los Estados Unidos, la interpretación de la historia de la posguerra se hizo de manera muy diferente. En el periodo de 1950-1970, los países anglosajones fueron rápidamente alcanzados por los que habían perdido la guerra. A fines de los años de 1970, en los Estados Unidos se multiplican las primeras planas de las revistas que denuncian la decadencia estadunidense y los éxitos de las industrias alemanas y japonesas. En el Reino Unido, el PIB por habitante cae por debajo de los niveles de Alemania,

Francia y Japón, e incluso Italia es superada. Nada impide pensar que ese sentimiento de alcance —hasta de rebasamiento, en el caso británico— tuvo un papel fundamental en la emergencia de la "revolución conservadora". Primero Thatcher en el Reino Unido, luego Reagan en los Estados Unidos, prometieron cuestionar ese Estado de bienestar *(welfare state)* que reblandeció a los empresarios anglosajones, y volver al capitalismo puro del siglo XIX, lo que permitiría al Reino Unido y a los Estados Unidos rehacerse. Todavía hoy, en esos dos países, a menudo se considera que las revoluciones conservadoras fueron un franco éxito, ya que ambos dejaron de crecer menos rápido que la Europa continental y Japón.

En realidad, ni el movimiento de liberalización iniciado hacia 1980 ni el intervencionismo estatal instaurado en 1945 merecen ese exceso de honor o de indignidad. Es probable que Francia, Alemania y Japón hubieran recuperado su retraso de crecimiento posterior a la caída de 1914-1945 (casi) sin importar las políticas seguidas. Lo único que se puede decir es que el intervencionismo estatal no perjudicó. Asimismo, una vez alcanzada la frontera mundial, no debe sorprender que esos países hayan dejado de crecer más rápido que los anglosajones, y que todas las tasas de crecimiento se hayan alineado, como indica la gráfica II.3 (tendremos oportunidad de volver a ella). En una primera aproximación, las políticas de liberalización no parecen haber afectado esta simple realidad, ni al alza ni a la baja.

La doble curva en forma de campana del crecimiento mundial

Recapitulemos. A lo largo de los últimos tres siglos, el crecimiento mundial habrá trazado una curva en forma de campana de gran amplitud. Sin importar si se trata del incremento de la población o del de la producción por habitante, el ritmo de crecimiento se aceleró progresivamente a lo largo de los siglos XVIII, XIX y sobre todo del XX, y es muy probable que se prepare a volver a niveles mucho más bajos durante el siglo XXI.

Sin embargo, las dos curvas en forma de campana presentan diferencias bastante claras. En lo que se refiere al incremento de la población, el alza se inició mucho antes, a partir del siglo XVIII, y la disminución también empezó claramente antes. Es el fenómeno de la transición demográfica, que en gran medida ya ha ocurrido. El ritmo de crecimiento de la población mundial alcanzó su cenit en 1950-1970, con casi 2% anual, y desde entonces no ha dejado de disminuir. Incluso si no se puede estar seguro de nada en ese ámbito, es probable que este proceso continúe, y que la tasa de crecimiento demográfico a nivel mundial vuelva a niveles casi nulos en la segunda mitad del siglo XXI. La curva en forma de campana es clara y nítida (véase la gráfica II.2).

En lo que se refiere al incremento de la producción por habitante, las cosas son más complejas. Este crecimiento propiamente "económico" tardó más en despegar: se mantuvo casi nulo en el siglo XVIII, alcanzó un nivel más significativo en el XIX y sólo en el siglo XX se volvió verdaderamente una realidad compartida. El crecimiento de la producción mundial por habitante superó incluso el 2% anual entre 1950 y 1990, principalmente gracias al alcance de Europa, y de nuevo entre 1990 y 2012 gracias al alcance de Asia, y sobre todo de China (donde el crecimiento rebasó el 9% anual entre 1990 y 2012 según las estadísticas oficiales, un nivel jamás observado en la historia).[23]

¿Qué sucederá después de 2012? En la gráfica II.4 mostramos una previsión de crecimiento "mediano" pero que, en realidad, es relativamente optimista, ya que supusimos un incremento de 1.2% anual para los países más ricos —Europa Occidental, América del Norte y Japón— de 2012 a 2100 (es decir, un nivel sensiblemente más elevado que el previsto por numerosos economistas). Para los países pobres y emergentes supusimos que continuaría ininterrumpidamente el proceso de convergencia, con un crecimiento de 5% anual de 2012 a 2030 y de 4% de 2030 a 2050. Si estas previsiones se concretaran, el nivel de producción por habitante, a partir de 2050, habría alcanzado en casi todas partes el de los países más ricos, tanto en China como en Europa del Este, en Sudamérica, África del Norte y Oriente Medio.[24] A partir de esa fecha, la distribución de la producción mundial descrita en el primer capítulo se acercaría entonces a la de la población.[25]

En esta proyección mediano-optimista, el crecimiento mundial de la producción por habitante rebasaría ligeramente el 2.5% anual entre 2012 y 2030, luego de nuevo entre 2030 y 2050, antes de caer a una tasa inferior a 1.5% a partir de 2050, y de dirigirse hacia un 1.2% en el último tercio del siglo. En comparación con la curva en forma de campana seguida por la tasa de crecimiento demográfico (véase la gráfica II.2), esta segunda curva en forma de campana tendría la doble particularidad de alcanzar su cima mucho más tarde que la primera (casi un siglo después: a mediados del siglo XXI y no del XX), y de decrecer no hacia un crecimiento nulo o casi nulo, sino a un nivel ligeramente superior al 1% anual, es decir, un nivel claramente más elevado que el de las sociedades tradicionales (véase la gráfica II.4).

Si se agregan estas dos curvas, se obtiene la evolución de la tasa de crecimiento de la producción mundial total (véase la gráfica II.5). Hasta 1950, ésta siempre había sido inferior a 2% anual, antes de brincar a 4% entre 1950

[23] Es necesario subrayar que la tasa de crecimiento de la producción mundial por habitante, estimada en 2.1% anual entre 1990 y 2012, cae a 1.5% si en vez de esa variable se examina el incremento de la producción por habitante adulto. Esto resulta mecánicamente del hecho de que el crecimiento demográfico pasa de 1.3 a 1.9% anual en ese periodo, según se considere a la población en su conjunto o a la población adulta. Con estos datos, se observa la importancia de la cuestión demográfica para dividir un mismo crecimiento global del PIB mundial de 3.4% anual. Véase el anexo técnico.

[24] Sólo el África Subsahariana y la India permanecerían rezagadas. Véase el anexo técnico.

[25] Véase el capítulo I, gráficas I.1 y I.2.

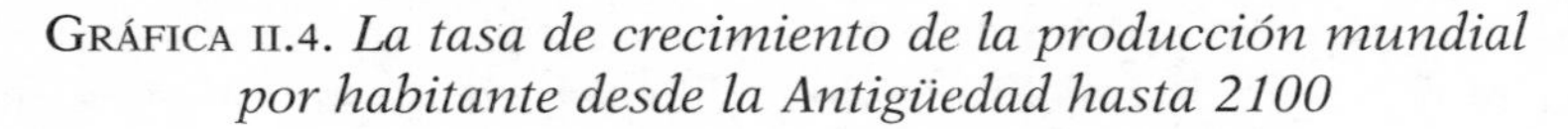

GRÁFICA II.4. *La tasa de crecimiento de la producción mundial por habitante desde la Antigüedad hasta 2100*

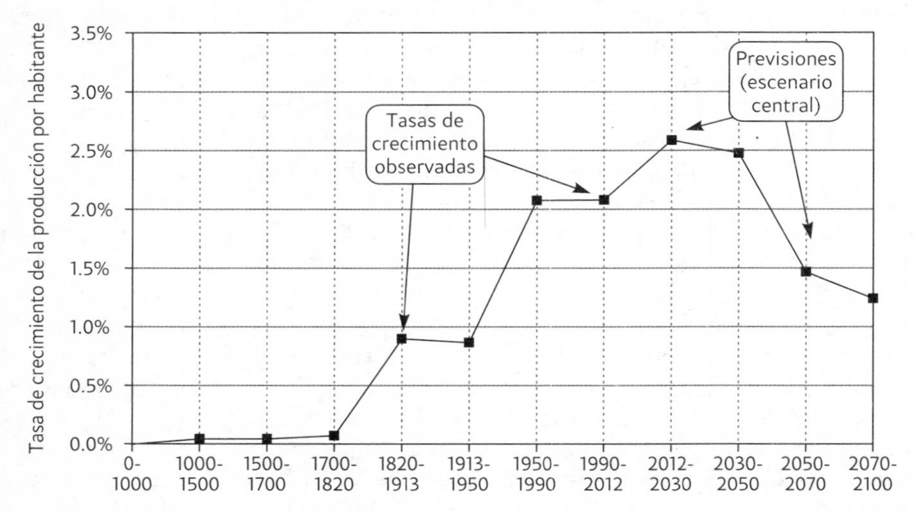

La tasa de crecimiento de la producción por habitante superó el 2% de 1950 a 2012. Si el proceso de convergencia se mantiene, rebasará el 2.5% de 2012 a 2050, luego caerá por debajo de 1.5%.

FUENTES Y SERIES: véase piketty.pse.ens.fr/capital21c.

y 1990, nivel excepcional de la coyuntura con mayor crecimiento demográfico de la historia y con el más significativo crecimiento histórico de la producción por habitante. Entre 1990 y 2012, el ritmo de incremento de la producción mundial empezó a disminuir y estaba ligeramente por debajo de 3.5%, a pesar del muy fuerte crecimiento de los países emergentes, y sobre todo de China. Según nuestro escenario mediano, este ritmo debería mantenerse entre 2012 y 2030, para luego pasar a 3% entre 2030 y 2050, antes de descender aproximadamente a 1.5% durante la segunda mitad del siglo XXI.

Ya indicamos en qué medida estas previsiones "medianas" son hipotéticas. El aspecto esencial es que, sin importar los "detalles" del calendario y de las tasas de crecimiento —desde luego esos detalles son muy importantes—, en gran medida la doble curva en forma de campana del crecimiento mundial ya está determinada. La previsión mediana representada en las gráficas II.2-II.5 es optimista por dos razones: por una parte, porque supone un incremento sostenido de la productividad en más de 1% anual en los países ricos (lo que sugiere considerables progresos tecnológicos, sobre todo en materia de energías limpias) y, por la otra, quizá más importante, porque supone que los países emergentes continuarán el proceso de convergencia hacia los países ricos sin tropiezos políticos o militares. Este proceso concluiría hacia 2050,

GRÁFICA II.5. *La tasa de crecimiento de la producción mundial total desde la Antigüedad hasta 2100*

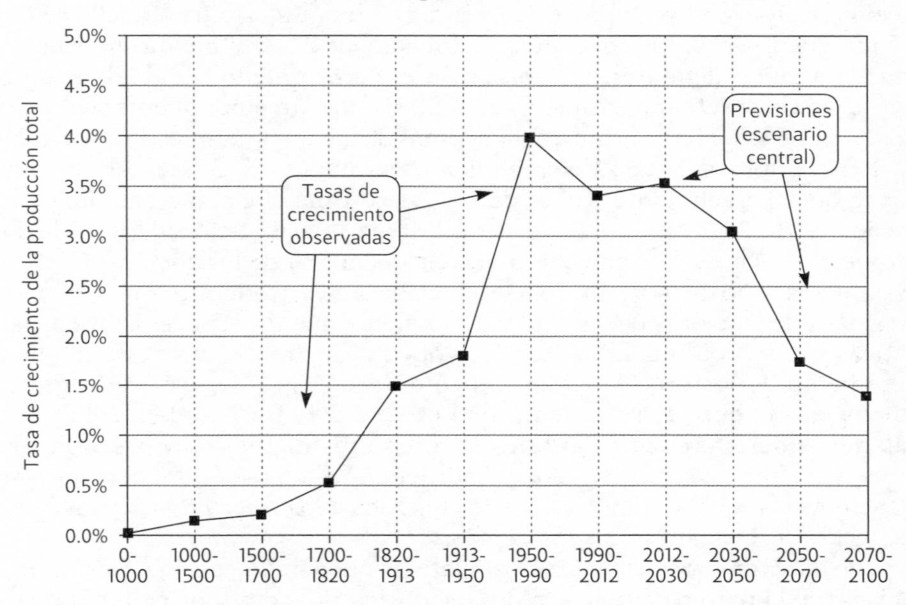

La tasa de crecimiento de la producción mundial total superó el 4% de 1950 a 1990. Si el proceso de convergencia se mantiene, caerá por debajo de 2% de aquí a 2050.

FUENTES Y SERIES: véase piketty.pse.ens.fr/capital21c.

lo que resulta sumamente rápido. Es fácil imaginar escenarios menos optimistas, en cuyo caso la curva en forma de campana del crecimiento mundial podría caer más rápidamente y hacia niveles más bajos que los indicados en las gráficas.

LA CUESTIÓN DE LA INFLACIÓN

Este panorama del crecimiento desde la Revolución industrial estaría muy incompleto si no evocáramos la cuestión de la inflación. Se podría pensar que esta última es un fenómeno simplemente monetario, del que no habría que preocuparse. De hecho, todas las tasas de crecimiento que hemos mencionado hasta aquí corresponden a las llamadas tasas "reales", es decir, las que se obtienen después de haber deducido del crecimiento "nominal" de las variables (en precios al consumidor) la tasa de inflación (el incremento del índice promedio de los precios al consumidor).

En realidad, la inflación desempeña un papel central en nuestra investigación. Ya señalamos que la noción misma de índice "promedio" de los precios planteaba problemas, puesto que el crecimiento se caracteriza siempre por la aparición de nuevos bienes y servicios, y por enormes movimientos en los precios relativos, muy difíciles de resumir en una única cifra. De ello se desprende que los propios conceptos de inflación y de crecimiento no siempre están muy bien definidos: la separación del crecimiento nominal (el único que se puede observar a simple vista, o casi) entre un componente real y uno inflacionario es en parte arbitraria, y además da lugar a múltiples controversias.

Por ejemplo, si la tasa de crecimiento nominal es de 3% anual, se considerará que el crecimiento real es de 1% si se estima que el incremento de los precios es de 2%. Pero, si se revisa a la baja la estimación de la inflación porque, por ejemplo, se considera que el precio real de los *smartphones* y de las tabletas bajó más de lo que se pensaba antes (tomando en cuenta las considerables mejoras en calidad y desempeño, que los especialistas en estadísticas miden con mucho cuidado, lo que no es simple), y se estima que el incremento de los precios es únicamente de 1.5%, se llegará entonces a la conclusión de que el crecimiento real es de 1.5%. En realidad, sobre todo tratándose de diferencias tan leves, es difícil distinguir con certeza las dos cifras, y de hecho cada una tiene su parte de verdad: sin duda, el crecimiento fue más cercano a 1.5% para los aficionados a los *smartphones* y las tabletas, y casi de 1% para todos los demás.

Los movimientos de los precios relativos pueden tener un papel aún más decisivo en el marco de la teoría de David Ricardo y de su principio de escasez: si algunos precios, como el de la tierra, los bienes inmuebles o incluso el petróleo, adquieren valores extremos durante periodos prolongados, pueden afectar de manera duradera la distribución de la riqueza en beneficio de los poseedores iniciales de esos recursos escasos.

Más allá de estas cuestiones de precios relativos, veremos que la inflación propiamente dicha, es decir, el alza generalizada de todos los precios, también puede desempeñar un papel fundamental en la dinámica de la distribución de la riqueza. En particular, es la inflación la que, en lo esencial, permitió a los países ricos liberarse de su deuda pública después de la segunda Guerra Mundial. La inflación engendró todo tipo de redistribuciones entre los grupos sociales a lo largo del siglo XX, de manera a menudo caótica y descontrolada. Por el contrario, la sociedad patrimonial que floreció en los siglos XVIII y XIX es indisociable de la enorme estabilidad monetaria que caracterizó a ese periodo tan amplio.

La gran estabilidad monetaria de los siglos XVIII y XIX

Retrocedamos en el tiempo: el primer hecho central que conviene tener en mente es que, en gran medida, la inflación fue un invento del siglo XX. A lo largo de los siglos anteriores, y hasta la primera Guerra Mundial, la inflación era nula o casi nula. En ocasiones, los precios podían subir o bajar mucho durante algunos años, incluso durante unas cuantas décadas, pero esos movimientos al alza o a la baja solían acabar por compensarse. Así sucedió en todos los países para los cuales disponemos de series de precios para un periodo largo.

En particular, si se hace el promedio del alza de los precios en los periodos de 1700-1820 por una parte, y 1820-1913 por la otra, se observa una inflación insignificante tanto en Francia y el Reino Unido como en los Estados Unidos y Alemania: a lo sumo un 0.2-0.3% anual. A veces hasta se advierten niveles ligeramente negativos, como en el Reino Unido y en los Estados Unidos en el siglo XIX (−0.2% por año en promedio en ambos casos entre 1820 y 1913).

Desde luego, hubo algunas excepciones a esta gran estabilidad monetaria, pero en cada ocasión fueron de corta duración y muy rápidamente se regresó a la normalidad, como si no hubiera otra opción. Un caso particularmente emblemático fue el de la Revolución francesa. Desde finales de 1789, los gobiernos revolucionarios emitieron los famosos "asignados", que se convertirían en una verdadera moneda de circulación e intercambio a partir de 1790-1791 (una de las primeras monedas en papel de la historia) y que generarían una fuerte inflación —medida en asignados— hasta 1794-1795. Sin embargo, el aspecto importante fue el regreso a la moneda metálica: al crearse el "franco germinal" se hizo con la misma paridad que la moneda del Antiguo Régimen. La ley del 18 germinal año III (7 de abril de 1795) rebautizó la antigua libra tornesa —que recordaba demasiado a la realeza— y la sustituyó por el franco, que, en lo sucesivo, sería la nueva unidad monetaria oficial del país, pero con la misma composición en metal que la anterior. La moneda de un franco debía contener exactamente 4.5 gramos de plata fina (al igual que la libra tornesa desde 1726), lo que confirmó la ley de 1796, luego la de 1803, que instituyó definitivamente el bimetalismo plata-oro.[26]

Al final, los precios calculados en francos en 1800-1810 se situarían aproximadamente en el mismo nivel que los expresados en libras tornesas en los años 1770-1780, de suerte que, con este cambio de unidad, la Revolución no modificó en absoluto el poder adquisitivo de la moneda. De hecho, los novelistas de principios del siglo XIX, empezando por Balzac, pasaban continuamente de una unidad a otra para describir los ingresos y las fortunas: para todos los lectores de la época, el franco germinal (o "franco-oro") y la libra tornesa constituían una sola y misma moneda. Para el pobre Goriot, es perfectamente equivalente poseer "mil doscientas libras" de renta o bien "mil doscientos francos", lo que volvía superfluo precisarlo.

El valor en oro del franco fijado en 1803 fue modificado oficialmente por

[26] La ley del 25 germinal año IV (14 de abril de 1796) confirmó la paridad de la plata con el franco, y la ley del 17 germinal año XI (7 de abril de 1803) fijó una doble paridad: el franco valía 4.5 gramos de plata fina y 0.29 gramos de oro (es decir, una relación oro/plata de 1/15.5). La ley de 1803, promulgada algunos años después de la creación del Banco de Francia (1800), dio lugar a la apelación "franco germinal". Véase el anexo técnico.

la ley monetaria del 25 de junio de 1928. En realidad, el Banco de Francia no estaba obligado, desde agosto de 1914, a devolver sus billetes en oro o plata, y de hecho el "franco-oro" ya se había vuelto un "franco-papel" entre 1914 y la estabilización monetaria de 1926-1928. De todas maneras, la misma paridad metálica se aplicó de 1726 a 1914, lo que dista de ser despreciable.

Se observa la misma estabilidad monetaria en el Reino Unido con la libra esterlina. A pesar de leves ajustes, la tasa de conversión entre las monedas de Francia y el Reino Unido fue muy estable durante dos siglos: la libra esterlina seguía valiendo alrededor de 20-25 libras tornesas o francos germinal en el siglo XVIII como en el XIX, y hasta 1914.[27] Para los novelistas británicos de la época, la libra esterlina y sus extrañas subdivisiones en chelines y guineas parecían tan sólidas como una roca, al igual que la libra tornesa y el franco-oro para los novelistas franceses.[28] Al parecer, todas esas unidades medían magnitudes invariables en el tiempo, puntos de referencia que permitían dar un sentido eterno a las magnitudes monetarias y a los diferentes estatus sociales.

Sucedía lo mismo en los demás países: las únicas modificaciones importantes estaban relacionadas con la definición de las nuevas unidades o la creación de nuevas monedas, como el dólar estadunidense en 1775 y el marco-oro en 1873. Sin embargo, una vez fijadas las paridades metálicas, ya nada varió: en el siglo XIX y a principios del XX se sabía que una libra esterlina valía alrededor de 5 dólares, 20 marcos y 25 francos. El valor de las monedas no cambió en décadas, y no había ninguna razón para pensar que sucediera algo diferente en el futuro.

El sentido del dinero en la novela clásica

En efecto, en las novelas de los siglos XVIII y XIX, el dinero estaba por todas partes, no sólo como fuerza abstracta, sino también y sobre todo como mag-

[27] En el marco del patrón oro vigente de 1816 a 1914, la libra esterlina valía 7.3 gramos de oro fino, es decir, exactamente 25.2 veces la paridad del oro con el franco. Existen algunas complicaciones vinculadas con el bimetalismo plata-oro y con su evolución, que aquí pasaremos por alto.

[28] Hasta 1971, la libra esterlina se subdividió en 20 chelines, que valían cada uno 12 peniques (es decir, 240 peniques por libra). La guinea valía 21 chelines, es decir, 1.05 de libra. A veces se utilizaba para fijar ciertos precios o tarifas de servicios profesionales y en los almacenes de lujo. En Francia, la libra tornesa también se subdividía en 20 denarios y 240 centavos hasta la reforma decimal de 1795. Desde esa fecha, el franco se subdividió en 100 céntimos, a veces llamados "centavos" en el siglo XIX. En el siglo XVIII, el luis de oro era una moneda que valía 20 libras tornesas, es decir, aproximadamente una libra esterlina. Se utilizaba asimismo el escudo, que valía 3 libras tornesas hasta 1795, y que luego designó a una moneda de plata que valía 5 francos de 1795 a 1878. Si se juzga por la manera en que los novelistas pasan de una unidad a otra, parecería que sus contemporáneos dominaban perfectamente esas sutilezas.

nitud palpable y concreta: los novelistas siempre indicaban los montos en francos o libras de los niveles de ingresos y fortunas de los diferentes personajes, no para aturdirnos con cifras, sino porque esas cantidades permitían fijar en la mente del lector estatus sociales muy determinados, niveles de vida por todos conocidos.

Estas referencias monetarias parecen ser algo más estables cuando el desarrollo es relativamente lento, de suerte que los montos en cuestión se modificaban de manera muy gradual a lo largo de las décadas. En el siglo XVIII, el incremento de la producción y del ingreso per cápita era muy bajo. En el Reino Unido, el ingreso promedio era del orden de 30 libras por año hacia 1800-1810, cuando Jane Austen escribía sus novelas.[29] Este ingreso casi no había cambiado respecto del de 1720 o 1770: se trataba, pues, de puntos de referencia muy estables, con los cuales la novelista creció. Ella sabía que, para vivir cómodamente y con elegancia, para poder transportarse y vestirse, alimentarse y divertirse, con un mínimo de ayuda doméstica, era necesario disponer —según sus criterios— de por lo menos 20 o 30 veces más: sólo a partir de un ingreso anual de 500 o 1 000 libras, los personajes de sus novelas consideraban ya no tener carencias.

Volveremos a tratar ampliamente la estructura de las desigualdades y de los niveles de vida que sirven de base a esas realidades y a esas percepciones, en particular a la estructura de la distribución de la riqueza y de los ingresos que resultan de ellos. En este momento, el aspecto importante es que, a falta de inflación, y tomando en cuenta el muy bajo crecimiento, esos montos remiten a realidades muy concretas y muy estables. De hecho, medio siglo después, en los años de 1850-1860, el ingreso promedio alcanzaba a duras penas 40-50 libras por año: los lectores quizá encontraban los montos mencionados por Jane Austen ligeramente bajos, pero no les parecían tan extraños. En la Bella Época, hacia 1900-1910, el ingreso promedio alcanzaba 80-90 libras en el Reino Unido: el crecimiento era notable, pero los ingresos anuales de 1 000 libras —o a menudo de mucho más— de los que habla la novelista siempre representaban un punto de referencia significativo.

Se observa la misma estabilidad de las referencias monetarias en la novela francesa. En Francia, el ingreso promedio era del orden de 400-500 francos anuales hacia 1810-1820, la época del pobre Goriot (Balzac). Expresado en libras tornesas, el ingreso promedio era apenas más bajo durante el Antiguo Régimen. Balzac, al igual que Austen, describió un mundo en el que se necesitaba por lo menos 20 o 30 veces esa suma para vivir decentemente: por debajo de 10 000 o 20 000 francos de ingreso anual, el héroe de Balzac se sentía miserable. Una vez más, esos órdenes de magnitud sólo cambiaron

[29] Las estimaciones a las que nos referimos atañen al ingreso nacional promedio por adulto, que nos parece más significativo que el ingreso nacional promedio por habitante. Véase el anexo técnico.

muy gradualmente a lo largo del siglo XIX y hasta la Bella Época: durante mucho tiempo, los lectores se familiarizaron con ellos.[30] De este modo, esos montos permitían en pocas palabras esbozar con agudeza un entorno, modos de vida, rivalidades, una civilización.

Podrían multiplicarse los ejemplos en la novela estadunidense, alemana, italiana, y en todos los países que conocieron esa gran estabilidad monetaria. Hasta la primera Guerra Mundial, el dinero tenía un sentido, y los novelistas lo explotaron, lo exploraron e hicieron de él un tema literario.

El final de las referencias monetarias en el siglo XX

Ese mundo se desplomó definitivamente con la primera Guerra Mundial. Para financiar los combates, de una violencia y una intensidad inusitadas, y para pagar a los soldados y el armamento utilizado, cada vez más costoso y sofisticado, los gobiernos se endeudaron en extremo. A partir de agosto de 1914, las principales partes en conflicto pusieron fin a la convertibilidad de su moneda en oro. Después de la guerra, todos los países recurrirían, en diferentes grados, a la emisión de billetes con el objetivo de reducir el enorme endeudamiento público. Las tentativas de reintroducción del patrón oro en los años de 1920 no sobrevivieron a la crisis de los años treinta (el Reino Unido abandonó el patrón oro en 1931; los Estados Unidos, en 1933; Francia, en 1936). El patrón dólar-oro de la posguerra sería apenas más duradero: instaurado en 1946, desapareció en 1971, con el final de la convertibilidad del dólar a oro.

Entre 1913 y 1950, la inflación superó el 13% anual en Francia (es decir, los precios se multiplicaron por un factor de 100), y alcanzó el 17% por año en Alemania (es decir, una multiplicación de los precios por más de 300). En el Reino Unido y en los Estados Unidos, menos gravemente afectados por las guerras, y menos desestabilizados desde el punto de vista político, la tasa de inflación era mucho más baja: apenas 3% anual entre 1913 y 1950. Esta situación suponía, sin embargo, una multiplicación por tres, cuando los precios no se habían movido durante los dos siglos anteriores.

En todos los países, los choques bélicos del periodo 1914-1945 enturbiaron profundamente las referencias monetarias que prevalecían en el mundo de la preguerra, tanto más porque desde entonces el proceso inflacionario nunca ha cesado realmente.

Esto aparece muy claramente en la gráfica II.6, que representa la evolución de la inflación en subperiodos para los cuatro países, de 1700 a 2012. Se observará que la inflación se situaba entre 2 y 6% anual en promedio entre

[30] El ingreso promedio alcanzó 700-800 francos anuales en Francia en la década de 1850-1860, y 1300-1400 anuales entre 1900 y 1910. Véase el anexo técnico.

GRÁFICA II.6. *La inflación desde la Revolución industrial*

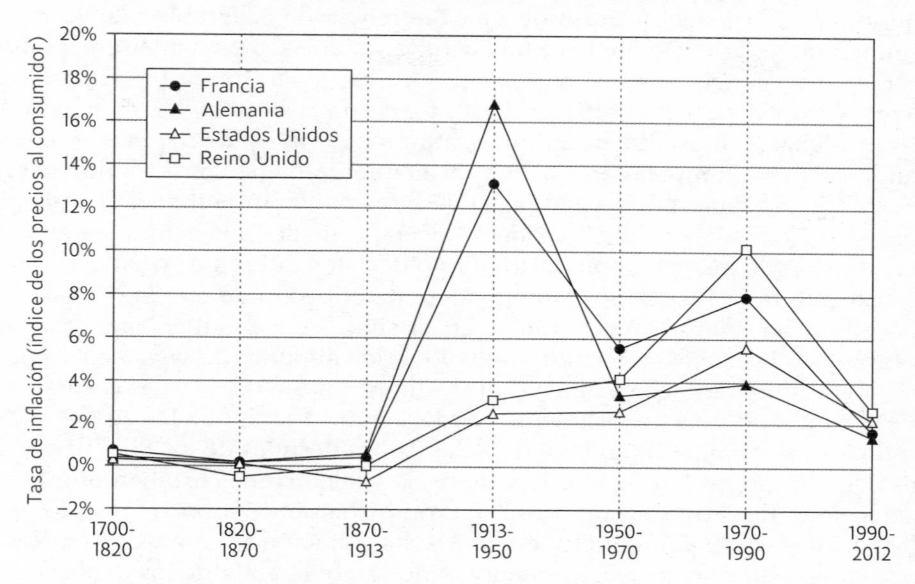

La inflación en los países ricos era nula en los siglos XVIII y XIX, elevada en el siglo XX y desde 1990 ha sido del orden de 2% anual.

FUENTES Y SERIES: véase piketty.pse.ens.fr/capital21c.

1950 y 1970, luego empezó de nuevo con una fuerte alza en las décadas posteriores a 1970, hasta tal punto que su promedio alcanzó 10% en el Reino Unido y 8% en Francia entre 1970 y 1990, a pesar del fuerte movimiento de desinflación, prácticamente generalizado a nivel mundial, iniciado a partir de los años ochenta. En comparación con las décadas anteriores, sería tentador considerar que el periodo de 1990-2012, con una inflación promedio alrededor de 2% anual en los cuatro países (un poco menos en Alemania y Francia, un poco más en el Reino Unido y en los Estados Unidos), se caracterizó por un movimiento de regreso a la inflación cero anterior a la primera Guerra Mundial.

Sin embargo, expuesto así, nuestro razonamiento equivaldría a olvidar que una inflación de 2% anual es muy diferente de una de 0%. Si se añade a la inflación anual de 2% un crecimiento real de 1-2% por año, eso significaría que todos los montos —producciones, ingresos, salarios— tienden a progresar en un 3-4% anual, de tal manera que al cabo de 10 o 20 años todos los montos en cuestión ya nada tendrían que ver entre sí. ¿Quién se acuerda de los sueldos vigentes a finales de los años de 1980 o principios de los de 1990? Además, es muy posible que esta inflación de 2% anual tienda a elevarse un poco en los próximos años, tomando en cuenta la evolución de las políticas monetarias desde 2007-2008, en particular en el Reino Unido y los Estados Unidos. Una vez más, trátase de una diferencia considerable respecto del régimen monetario vigente hace un siglo. También es interesante señalar que Alemania y Francia, los dos países que más recurrieron a la inflación en el siglo XX, sobre todo entre 1913 y 1950, parecen ser hoy en día los más reticentes a ella. Ambos edificaron una zona monetaria —la zona euro— construida casi por completo en torno al principio de lucha contra la inflación.

Volveremos más adelante al papel desempeñado por la inflación en la dinámica de la distribución de la riqueza, y en particular a la acumulación y la distribución de los patrimonios a lo largo de estos diferentes periodos.

En esta fase, insistamos simplemente en el hecho de que la pérdida de las referencias monetarias estables en el siglo XX constituyó una ruptura notable con los siglos anteriores, no sólo desde el punto de vista económico y político, sino también social, cultural y literario. Sin duda no es casualidad que el dinero, o más precisamente la evocación concreta de las sumas y los montos, casi haya desaparecido de la literatura después de los choques bélicos del periodo de 1914-1945. Los ingresos y las fortunas estaban omnipresentes en la literatura hasta 1914, salieron de ella poco a poco entre 1914 y 1945, y jamás reaparecieron totalmente. Esta situación se comprueba no sólo en la novela europea o estadunidense, sino también en la de los demás continentes. Las novelas de Naguib Mahfouz, o por lo menos las que se desarrollan en El Cairo del periodo de entreguerras, donde los precios aún no se habían desfigurado debido a la inflación, daban espacio a los ingresos y al dinero para ilustrar las situaciones y angustias de los personajes. No estábamos lejos del mundo de Balzac o de Austen: desde luego sus estructuras sociales no tienen mucha relación, pero es posible anclar las percepciones, las expectativas y las jerarquías en puntos de referencia monetarios. Las novelas de Orhan Pamuk, que se desarrollan en el Estambul de los años de 1970-1980, en un momento en el que la inflación había anulado desde hacía mucho tiempo todo el sentido del dinero, no mencionan ningún monto. En *Nieve,* Pamuk puso en boca del personaje principal, escritor como él, que definitivamente no había nada más tedioso para un novelista que hablar de dinero y de los precios e ingresos vigentes el año pasado. Decididamente, el mundo ha cambiado mucho desde el siglo XIX.

Segunda Parte

LA DINÁMICA DE LA RELACIÓN CAPITAL/INGRESO

III. LAS METAMORFOSIS DEL CAPITAL

En la primera parte introdujimos los conceptos fundamentales de ingreso y de capital, y presentamos las grandes etapas del incremento de la producción y del ingreso desde la Revolución industrial.

Ahora, en esta segunda parte, nos concentraremos en la evolución del acervo de capital, tanto desde el punto de vista de su tamaño —medido de acuerdo con la relación capital/ingreso— como de su composición entre diferentes tipos de activos, cuya naturaleza se ha modificado profundamente desde el siglo XVIII. Estudiaremos las diferentes formas de riqueza (tierras, bienes inmuebles, máquinas, empresas, acciones, obligaciones, patentes, ganado, oro, recursos naturales, etc.) y examinaremos su desarrollo en la historia, empezando por los casos del Reino Unido y de Francia, para los que hay mejor información de largo plazo. Detengámonos primero en la literatura, que en esos dos países ofrece una excelente introducción al tema de la riqueza.

La naturaleza de la riqueza: de la literatura a la realidad

Cuando Balzac o Jane Austen escribieron sus novelas, a principios del siglo XIX, la naturaleza de la riqueza era *a priori* relativamente clara para todo el mundo. La riqueza parecía estar ahí para producir rentas, es decir, ingresos seguros y regulares para su poseedor, y para ello adquiría sobre todo la forma de propiedades rurales y títulos de deuda pública. El pobre Goriot poseía este tipo de títulos, mientras que el pequeño patrimonio de los Rastignac estaba constituido por tierras agrícolas. Sucedía lo mismo con la inmensa explotación de Norland que heredó John Dashwood en *Sentido y sensibilidad,* de la cual no tardaría en expulsar a sus medias hermanas, Elinor y Marianne, quienes debieron contentarse con los intereses producidos por el pequeño capital dejado por su padre en forma de bonos del gobierno. En la novela clásica del siglo XIX, la riqueza se encontraba en todas partes y, sin importar su tamaño ni su poseedor, con mucha frecuencia adquiría estas dos formas: tierras o deuda pública.

Vistas desde el siglo XXI, estas formas de riqueza pueden parecer arcaicas, y es tentador remitirlas a un pasado lejano y al parecer superado, sin relación con la realidad económica y social de nuestro tiempo, en el que el capital sería por naturaleza más "dinámico". En efecto, los personajes de las novelas del siglo XIX se revelaban a menudo como los arquetipos del rentista, figura deshonrada en nuestra modernidad democrática y meritocrática. Sin embargo, nada más natural que pedir de un capital que produzca un ingreso seguro y regular: de hecho, es el objetivo mismo de un mercado de capital "perfecto" en el sentido que le dan los economistas. Estaríamos muy errados si pensáramos que el estudio de la riqueza del siglo XIX carece de enseñanzas para el mundo de hoy.

Si se observa la situación con mayor atención, las diferencias respecto del mundo del siglo XXI son, además, menos evidentes de lo que parece. En primer lugar, estas dos formas de patrimonio —tierras y deuda pública— plantean cuestiones muy diferentes, y sin duda no deberían sumarse tan simplemente como hacen los novelistas del siglo XIX, por conveniencia narrativa. Finalmente, la deuda pública no constituye más que un crédito de una parte del país (los que cobran los intereses) sobre otra (los que pagan los impuestos): es necesario excluirla del patrimonio nacional e incluirla sólo en el patrimonio privado. El complejo tema del endeudamiento de los Estados y de la naturaleza del patrimonio es tan importante hoy como lo era en 1800, y el estudio del pasado puede instruirnos sobre esta realidad tan importante en el mundo actual. Por ello, incluso si en este inicio del siglo XXI la deuda pública dista de haber recuperado el nivel astronómico que tenía a principios del siglo XIX, al menos en el Reino Unido, en Francia y en muchos otros países se sitúa muy cerca de sus récords históricos, suscitando, sin duda, aún más confusión en el mundo actual que en la época napoleónica. En efecto, el proceso de intermediación financiera (se deposita el dinero en un banco, que a su vez lo invierte en otra parte) se ha vuelto tan complejo que a menudo se olvida quién posee qué. Estamos endeudados, cierto —¿cómo olvidarlo?, los medios de comunicación nos lo recuerdan todos los días—, pero ¿con quién exactamente? En el siglo XIX, se identificaba claramente a los rentistas de la deuda pública; ¿quiénes son hoy en día? Habrá que aclarar este misterio; el estudio del pasado puede ayudarnos a hacerlo.

Hay otra complicación aún más importante: muchas otras formas de capital, a menudo muy "dinámicas", desempeñaban un papel esencial en la novela clásica y en el mundo de 1800. Tras haberse iniciado como obrero en una fábrica de fideos, el pobre Goriot hizo fortuna como fabricante de pastas y comerciante en granos. Durante las guerras revolucionarias y napoleónicas, supo mejor que nadie cómo dar con las mejores harinas, perfeccionar las técnicas de fabricación de las pastas, organizar las redes de distribución y los almacenes, de tal manera que los buenos productos fueran entregados en el lugar correcto y en el momento adecuado. Sólo después de haber hecho fortuna como empresario vendió sus participaciones en sus negocios, a la manera de un fundador de una *start-up* del siglo XXI, ejerciendo sus *stock-options* y embolsándose su plusvalía, y colocó todo el capital en inversiones más seguras, en este caso en títulos públicos de renta perpetua (ese capital le permitió casar a sus hijas en la mejor sociedad parisina de su época). En su lecho de muerte, en 1821, abandonado por Delphine y Anastasie,

Goriot seguía soñando con jugosas inversiones en el comercio de las pastas en Odesa.

César Birotteau, por su parte, hizo fortuna en la perfumería. Era el genial inventor de productos de belleza (la doble pasta de las sultanas, el agua carminativa, etc.) que, según Balzac, hacían furor en Francia a finales del Imperio y durante la Restauración. Sin embargo, eso no le bastaba: en el momento de retirarse, deseaba triplicar su inversión con una audaz operación de especulación inmobiliaria en el barrio de la Madeleine, en pleno desarrollo del París de los años 1820-1830. Rechazó los sabios consejos de su esposa, quien deseaba invertir los fondos de la perfumería en buenas tierras cerca de Chinon y en algunas rentas públicas. César acabó arruinado.

Por su parte, los protagonistas de Jane Austen, grandes terratenientes por excelencia, más rurales que los de Balzac, sólo aparentaban ser más sabios. En *Mansfield Park,* el tío de Fanny, sir Thomas, debía irse más de un año a las Antillas con su hijo mayor para poner en orden sus negocios e inversiones. Volvió a Mansfield, pero muy pronto debió regresar durante largos meses a las islas: en las décadas de 1800-1810, no era simple administrar plantaciones a varios miles de kilómetros de distancia. Todavía estábamos muy lejos de la apacible renta de los bienes raíces o de los títulos de deuda pública.

Entonces, ¿capital apacible o inversiones riesgosas? ¿Debe concluirse que nada ha cambiado desde aquella época? ¿Cuáles son, en el fondo, las verdaderas transformaciones en la estructura del capital desde el siglo XVIII? Más allá de los cambios evidentes en sus formas concretas —de las pastas del pobre Goriot a las tabletas de Steve Jobs, de las inversiones antillanas de 1800 a las inversiones chinas o sudafricanas del siglo XXI—, ¿no seguirían siendo iguales las estructuras profundas del capital? Éste jamás es apacible: siempre es arriesgado y empresarial, por lo menos en sus inicios, y al mismo tiempo siempre tiende a transformarse en renta conforme se acumula sin límite; es su vocación, su destino lógico. ¿De dónde viene entonces esa impresión difusa de que las desigualdades sociales en nuestras sociedades modernas son, a pesar de todo, muy diferentes de las que caracterizaban a la época de Balzac y de Jane Austen? ¿No se trataría, en realidad, más que de un simple discurso, sin ningún contacto con la realidad? ¿Pueden identificarse acaso factores objetivos que expliquen de qué manera el crecimiento moderno habría transformado el capital en un valor estructuralmente menos "rentista" y más "dinámico"?

Las metamorfosis del capital en el Reino Unido y Francia

Con el objetivo de avanzar en este razonamiento, empecemos por estudiar las transformaciones en la estructura del capital en el Reino Unido y Francia desde el siglo XVIII. Se trata de los dos países para los cuales disponemos de fuentes

GRÁFICA III.1. *El capital en el Reino Unido, 1700-2010*

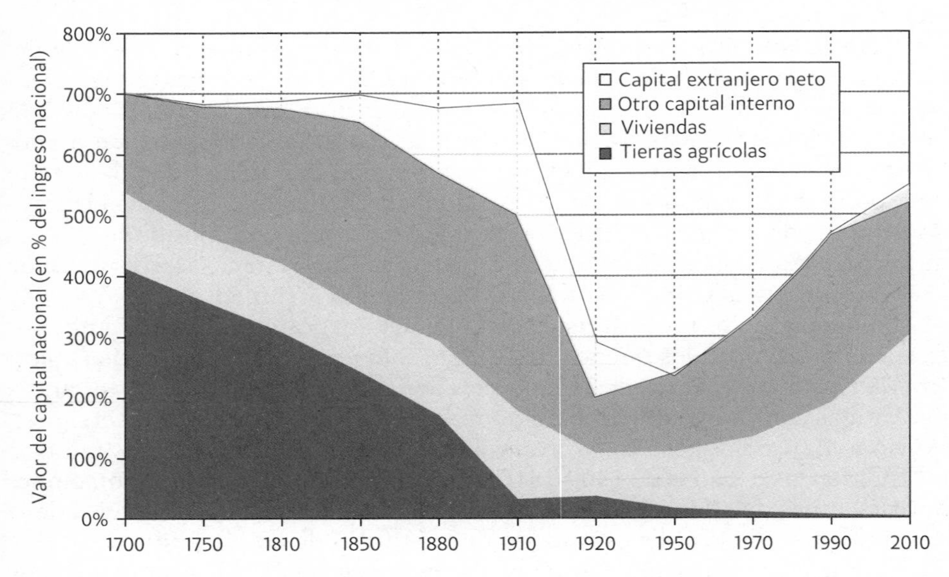

El capital nacional equivalía aproximadamente a siete años del ingreso nacional en el Reino Unido en 1700 (de los cuales cuatro eran en tierras agrícolas).

FUENTES Y SERIES: véase piketty.pse.ens.fr/capital21c.

históricas más abundantes, y respecto de los cuales pudieron reconstituirse las estimaciones más completas y homogéneas en un amplio periodo. Los principales resultados obtenidos se muestran en las gráficas III.1 y III.2, donde intentamos presentar de manera sintética varios aspectos esenciales de tres siglos de historia del capitalismo. Se observan claramente dos conclusiones.

En primer lugar, se advierte que la relación capital/ingreso siguió una evolución muy parecida en los dos países: con una relativa estabilidad en los siglos XVIII y XIX, más adelante un enorme choque en el siglo XX, para finalmente encontrarse en este inicio del siglo XXI en niveles cercanos a los observados en vísperas de las guerras del siglo XX. Tanto en el Reino Unido como en Francia, el valor total del capital nacional se situaba en torno a seis o siete años de ingreso nacional a lo largo de los siglos XVIII y XIX, y hasta 1914. Luego se desplomó brutalmente la relación capital/ingreso tras la primera Guerra Mundial, las crisis del periodo de entreguerras y la segunda Guerra Mundial, hasta el punto de que el capital nacional ya no valía más que dos o tres años de ingreso nacional en la década de los cincuenta. Pasado este momento, la relación capital/ingreso volvió al alza y no dejó de aumentar. En los dos países, el valor total del capital nacional se situaba a principios de la década de 2010 en aproximadamente cinco a seis años de ingreso nacional,

GRÁFICA III.2. *El capital en Francia, 1700-2010*

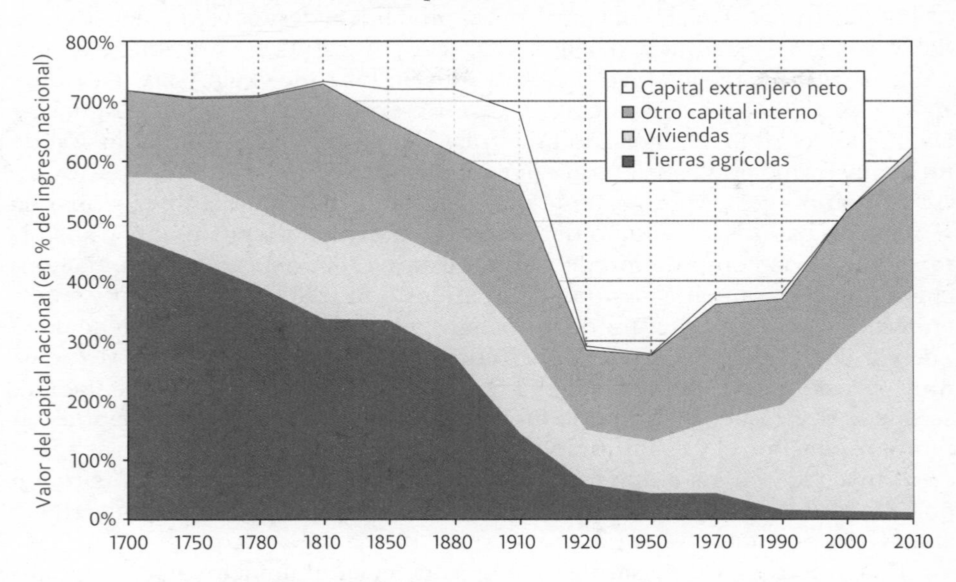

El capital nacional equivalía aproximadamente a siete años del ingreso nacional en Francia en 1910 (de los cuales uno era invertido en el extranjero).

FUENTES Y SERIES: véase piketty.pse.ens.fr/capital21c.

incluso un poco más de seis en Francia, frente a menos de cuatro en los años ochenta, y apenas más de dos en 1950. La precisión de la medición no debe confundirnos, sino mostrarnos que la evolución general es perfectamente clara.

El siglo pasado se caracterizó, pues, por una espectacular curva en U. La relación capital/ingreso se dividió casi entre tres a lo largo del periodo de 1914-1945, antes de multiplicarse por más de dos en el periodo de 1945-2012.

Se trata de variaciones de amplitud muy grande, a la medida de los violentos conflictos militares, políticos y económicos que marcaron el siglo XX, sobre todo en torno a la cuestión del capital, la propiedad privada y la distribución mundial de la riqueza. Si comparamos esta situación con los siglos XVIII y XIX, estos últimos parecen momentos sumamente apacibles.

Al final, a principios de la década de 2010 la relación capital/ingreso recuperó prácticamente su nivel de antes de la primera Guerra Mundial, o incluso lo rebasó, si se divide el acervo de capital entre el ingreso disponible de los hogares, y no entre el ingreso nacional, elección metodológica que nada tiene de evidente, como veremos más adelante. En todo caso, sin importar las imperfecciones y las incertidumbres de las mediciones disponibles, no hay ninguna duda de que en los años 1990-2000, al término de un proceso iniciado en 1950, se recuperó una prosperidad patrimonial desconocida desde la Bella Época. Una buena parte del capital había desaparecido a mediados del siglo XX; en este inicio del siglo XXI, según nuestras estimaciones, parece a punto de recobrar los niveles observados en los siglos XVIII y XIX. La riqueza volvió a los niveles que siempre tuvo. En gran medida fueron las guerras las que, en el siglo XX, hicieron tabla rasa del pasado y crearon la ilusión de una transformación estructural del capitalismo.

Sin embargo, por importante que sea, esta evolución del nivel global de la relación capital/ingreso no debe hacernos olvidar las profundas transformaciones de la composición del capital desde 1700. Ésta es la segunda conclusión que claramente se pone de manifiesto al leer las gráficas III.1 y III.2: en términos de la estructura de los activos, el capital del siglo XXI tiene poco que ver con el del siglo XVIII. Las evoluciones observadas son, una vez más, muy parecidas en el Reino Unido y Francia. Si simplificamos la presentación, se puede decir que, en un periodo muy amplio, las tierras agrícolas fueron remplazadas por el capital inmobiliario y por el capital profesional y financiero invertido en las empresas y los organismos gubernamentales (sin que por ello el valor global del capital, medido en años de ingreso nacional, haya cambiado verdaderamente).

De manera más precisa, recordemos que el capital nacional, cuya evolución describimos en las gráficas III.1 y III.2, se define como la suma del capital privado y del capital público. La deuda pública, contabilizada como activo por el sector privado y como pasivo por el sector público, por lo tanto se anula (al menos si cada país posee su propia deuda pública). Volveremos a introducirla un poco más adelante en el análisis. Como señalamos en el capítulo I, el capital nacional, definido de esta manera, puede dividirse en capital interno y capital extranjero neto. El capital interno mide el valor del acervo de capital (inmobiliario, empresas, etc.) localizado en el territorio del país considerado. El capital extranjero neto —o activos extranjeros netos— calcula la posición patrimonial del país respecto del resto del mundo, es decir, es la diferencia entre los activos propiedad de los residentes del país en el resto del mundo y los activos propiedad del resto del mundo en el país en cuestión (incluso, llegado el caso, en forma de títulos de deuda pública).

En un primer análisis, el capital interno puede a su vez dividirse en tres categorías: tierras agrícolas, viviendas (casas e inmuebles de vivienda, incluso el valor de los terrenos fincados) y demás capital interno, categoría que incluye sobre todo los capitales utilizados por las empresas y los organismos gubernamentales (inmuebles y construcciones de uso profesional —aun los terrenos correspondientes—, equipos, máquinas, computadoras, patentes, etc.). Estos activos se evalúan como todos los demás según el valor de mercado; por ejemplo, el valor de las acciones en el caso de una compañía. Se obtiene, en consecuencia, la siguiente división del capital nacional, que utilizamos para crear las gráficas III.1 y III.2:

capital nacional = tierras agrícolas + viviendas +
otro capital interno + capital extranjero neto.

Se advierte que el valor total de las tierras agrícolas representaba, a principios del siglo XVIII, entre cuatro y cinco años de ingreso nacional, es decir, casi dos tercios del capital nacional. Tres siglos después, las tierras agrícolas valen menos de 10% del ingreso nacional tanto en Francia como en el Reino Unido y representan menos de 2% del patrimonio total. Esta espectacular evolución no es sorprendente: en el siglo XVIII, la agricultura representaba casi las tres cuartas partes de la actividad económica y del empleo, frente a algunos puntos porcentuales en la actualidad. Es lógico, por tanto, que el peso del capital correspondiente haya seguido una evolución comparable.

El desplome del valor de las tierras agrícolas —en proporción del ingreso y del capital nacionales— se compensó, por una parte, gracias al alza del valor de las viviendas (que pasó de apenas un año de ingreso nacional en el siglo XVIII a más de tres hoy en día) y, por otra, debido al crecimiento del valor de los demás capitales internos, que aumentaron en proporción similar (ligeramente menos: un año y medio de ingreso nacional en el siglo XVIII, un poco menos de tres en la actualidad).[1] Esta transformación estructural a muy largo plazo refleja, por un lado, la creciente importancia del sector inmobiliario para vivienda —tanto en superficie como en calidad y valor— durante el proceso de desarrollo económico[2] y, por el otro, la acumulación, también muy fuerte, desde la Revolución industrial, de edificios profesionales, equipos, máquinas, depósitos, oficinas, herramientas, capitales materiales e inmateriales, utilizados por las empresas y las organizaciones gubernamentales para producir todo tipo de bienes y servicios no agrícolas.[3] El capital cambió de naturaleza —era en tierras, se volvió inmobiliario, industrial y financiero—, pero no perdió su importancia.

Grandeza y desplome de los capitales extranjeros

Respecto de los capitales extranjeros, se advierte que siguieron una evolución muy singular en el Reino Unido y en Francia, a la medida de la agitada historia del colonialismo y de las dos principales potencias coloniales del pla-

[1] Según las estimaciones disponibles (en particular las de King y Petty en el Reino Unido, Vauban y Boisguillebert en Francia), los edificios agrícolas y el ganado representaban en el siglo XVIII casi la mitad de lo que clasificamos como "otro capital interno". Si se sustrajeran esos elementos, con el objetivo de concentrarnos en la industria y los servicios, el crecimiento de los demás capitales internos no agrícolas sería, por tanto, tan importante como el de las viviendas (incluso un poco más elevado).

[2] La operación inmobiliaria de Birotteau en el barrio de la Madeleine es un buen ejemplo.

[3] Piénsese en las fábricas de pastas del pobre Goriot, o en la perfumería de Birotteau.

neta durante los tres últimos siglos. Los activos netos en el resto del mundo propiedad de estos dos países no dejaron de crecer en los siglos XVIII y XIX, para alcanzar niveles sumamente elevados en vísperas de la primera Guerra Mundial, antes de desplomarse literalmente entre 1914 y 1945, y de estabilizarse en niveles relativamente bajos desde entonces, como vimos en las gráficas III.1 y III.2.

Las posesiones extranjeras empezaron a adquirir importancia en el periodo de 1750-1800, como lo ilustran las inversiones antillanas de sir Thomas de las que habla Jane Austen en *Mansfield Park*, aunque seguían siendo modestas: en el momento en que la novelista escribió su relato, 1812, el acervo de activos extranjeros no representaba, según las fuentes a nuestra disposición, sino 10% del ingreso nacional del Reino Unido, es decir, 30 veces menos que el valor de las tierras agrícolas (más de tres años de ingreso nacional). No era, pues, sorprendente que los personajes de Jane Austen vivieran sobre todo de sus tierras rurales.

La acumulación de los activos británicos en el resto del mundo se produjo en el siglo XIX y adquirió proporciones considerables, desconocidas en la historia y jamás superadas hasta ahora. En vísperas del primer conflicto mundial, el Reino Unido se encontraba a la cabeza del primer imperio colonial del mundo y poseía en activos extranjeros el equivalente de casi dos años de ingreso nacional, es decir, seis veces más que el valor total de las tierras agrícolas del reino (que en ese momento ya no era más que del orden de 30% del ingreso nacional).[4] Vemos hasta qué punto la estructura de la riqueza se transformó por completo desde *Mansfield Park* y esperamos que los personajes de Jane Austen y sus descendientes hayan sabido reconvertirse a tiempo para seguir las huellas de sir Thomas, reinvirtiendo en transacciones internacionales una parte de la renta de su tierra. En la Bella Época, el capital invertido en el extranjero produjo beneficios, dividendos, intereses y rentas, con un rendimiento promedio del orden de 5% anual, de tal manera que el ingreso nacional del que disponían los británicos era cada año 10% más elevado que su producción interna, lo que alimentaba un grupo social muy significativo.

Francia, a la cabeza del segundo imperio colonial mundial, se encontraba en una posición apenas menos envidiable: en el resto del mundo acumuló activos extranjeros equivalentes a más de un año de su ingreso nacional, de suerte que, cada año, este último era un 5% más elevado que su producción interna en las dos primeras décadas del siglo XX. Estos activos representaban el equivalente de la totalidad de la producción industrial de las provincias del norte y del este del país, que Francia recibía del resto del mundo en forma de dividendos, intereses, regalías, rentas y demás ingresos del capital, pagados en contrapartida de sus posesiones en el exterior.[5]

[4] Todas las series detalladas están disponibles en línea.
[5] Véase el anexo técnico.

Es importante comprender correctamente que esos activos extranjeros netos tan importantes permitieron al Reino Unido y Francia estar en situación de déficit comercial estructural a fines del siglo XIX y principios del XX. Entre 1800 y 1914, esos dos países recibían del resto del mundo bienes y servicios por un valor netamente superior a lo que exportaban ellos mismos (su déficit comercial se situaba en promedio entre uno y dos puntos del ingreso nacional durante este periodo). Esto no les ocasionaba problemas, ya que los ingresos del capital extranjero que recibían del resto del mundo rebasaban los cinco puntos del ingreso nacional. Su balanza de pagos tenía, de esta forma, un enorme excedente, lo que les permitía incrementar su posición patrimonial exterior cada año.[6] En otras palabras, el resto del mundo trabajaba para incrementar el consumo de las potencias coloniales y, al hacerlo, se endeudaba cada vez más con esas mismas potencias coloniales. Puede parecer grotesco, pero es esencial comprender que el objetivo mismo de la acumulación de activos extranjeros, por medio de los excedentes comerciales o de las apropiaciones coloniales, es justamente poder tener después déficits comerciales. No sería de ninguna utilidad tener eternamente excedentes comerciales. La ventaja de ser propietario es justamente poder seguir consumiendo y acumulando sin tener que trabajar, o por lo menos poder consumir y acumular más que el simple producto del propio trabajo. Sucedía lo mismo a escala internacional en la época del colonialismo.

Como consecuencia de los choques acumulados de las dos guerras mundiales, de la Gran Depresión de los años treinta y de las descolonizaciones, esos enormes acervos de inversiones extranjeras desaparecieron por completo. En los años cincuenta, tanto Francia como el Reino Unido se encontraban con posiciones patrimoniales netas bastante cercanas a cero respecto del resto del mundo, lo que quiere decir que los activos poseídos en el extranjero apenas bastaban para compensar los activos propiedad de los demás países en las dos antiguas potencias coloniales. A primera vista, esta situación casi no ha evolucionado desde hace medio siglo: entre 1950 y 2010, los activos extranjeros netos propiedad de Francia y del Reino Unido fueron a veces ligeramente positivos, otras apenas negativos, pero en todo caso muy cercanos a cero, por lo menos en comparación con los niveles antes observados.[7]

Para acabar, si se compara la estructura del capital nacional en el siglo XVIII y en este inicio del XXI, se advierte que los activos extranjeros netos desempeñan un papel menospreciable en ambos casos, y que la verdadera transformación estructural de largo plazo atañe a la sustitución progresiva

[6] Las series anuales detalladas de las balanzas comerciales y de pagos del Reino Unido y Francia están disponibles en línea en el anexo técnico.

[7] Las posiciones netas externas de ambos países casi siempre se encontraron entre −10 y +10% del ingreso nacional desde 1950, es decir, en niveles de una décima o vigésima parte de los de la Bella Época. Las dificultades vinculadas con la medición de las posiciones externas netas en el mundo actual (a las cuales volveremos más adelante) no cuestionan esta realidad.

de las tierras agrícolas por el capital inmobiliario y profesional, mientras que el valor total del acervo de capital se mantiene aproximadamente inalterado, en relación con el ingreso nacional.

Ingresos y riqueza: algunos órdenes de magnitud

Para resumir esas transformaciones, se pueden utilizar los órdenes de magnitud del mundo actual. Hoy en día, el ingreso nacional es del orden de 30 000 euros anuales por habitante, tanto en Francia como en el Reino Unido, y el capital nacional se establece en ambos casos en alrededor de seis años de ingreso, es decir, 180 000 euros por habitante. En ambos países, las tierras agrícolas ya casi no valen nada (a lo sumo unos cuantos miles de euros por habitante) y el capital nacional se divide *grosso modo* en dos partes casi perfectamente iguales: en promedio, cada habitante posee alrededor de 90 000 euros de capital vivienda (que utiliza para su propio uso o renta a otros) y más o menos 90 000 euros en otros capitales internos (sobre todo capitales invertidos en las empresas, por medio de inversiones financieras).

Supongamos que retrocedemos tres siglos y que aplicamos la estructura del capital nacional vigente hacia 1700, pero conservando ficticiamente los mismos montos promedio —30 000 euros de ingreso y 180 000 euros de patrimonio o riqueza— que están vigentes hoy en día. Nuestro francés o británico representativo poseería entonces aproximadamente 120 000 euros en tierras agrícolas, 30 000 euros en capital de vivienda y 30 000 euros en otros capitales internos.[8] Desde luego, algunos franceses o británicos, por ejemplo los protagonistas de las novelas de Jane Austen —John Dashwood con la explotación de Norland, Charles Darcy con la de Pemberley—, poseían cientos de hectáreas de tierras, el equivalente a decenas o cientos de millones de euros de patrimonio, mientras que muchos otros no tenían estrictamente nada. Sin embargo, estos promedios permiten al menos hacerse una idea un poco más concreta de la manera en que se transformó por completo la estructura del capital nacional desde el siglo XVIII, al tiempo que conserva aproximadamente el mismo nivel respecto del flujo anual del ingreso.

Imaginemos ahora a nuestro británico o francés promedio en la Bella Época, hacia 1900-1910, con el mismo ingreso promedio de 30 000 euros y un patrimonio promedio de 180 000 euros. En el Reino Unido, las tierras agrícolas ya no representaban gran cosa: menos de 10 000 euros por británico, frente a 50 000 euros en vivienda, 60 000 euros en otros capitales internos

[8] En concreto, para un ingreso promedio de 30 000 euros, la riqueza promedio de 1700 habría sido más bien del orden de 210 000 euros (alrededor de siete años de ingreso, y no seis), de los cuales 150 000 serían en tierras agrícolas (aproximadamente cinco años de ingreso, incluyendo las construcciones de granjas y el ganado), 30 000 en vivienda y 30 000 en otros capitales internos.

y casi 60 000 euros en inversiones extranjeras. En Francia, el equilibrio era comparable, salvo porque las tierras agrícolas representaban entre 30 000 y 40 000 euros por habitante, casi tanto como las inversiones extranjeras.[9] En ambos países, los activos extranjeros adquirieron una importancia considerable. De nuevo, es evidente que no todo el mundo poseía acciones del Canal de Suez o bonos rusos. Sin embargo, estos promedios, calculados sobre el conjunto de la población, mezclando pues a muchas personas que no poseían ningún activo extranjero y una minoría poseedora de carteras importantes, permiten de modo preciso tomar la medida de la enorme masa de riquezas acumuladas en el resto del mundo que representaban entonces los capitales extranjeros propiedad de Francia y del Reino Unido.

Riqueza pública, riqueza privada

Antes de estudiar con más precisión la naturaleza de los choques experimentados por el capital durante el siglo xx y las razones de la recuperación desde la segunda Guerra Mundial, merece la pena introducir ahora en el análisis la cuestión de la deuda pública y, de modo más general, la de la división del capital nacional entre capital público y capital privado, pues muy a menudo se olvida en este inicio del siglo xxi —cuando los Estados de los países ricos tienen sobre todo tendencia a acumular deudas— que el balance del sector público también puede incluir activos.

Por definición, la división entre capital público y privado no cambia ni el nivel global ni la composición del capital nacional, cuya evolución acabamos de describir. Sin embargo, esta división de los derechos de propiedad entre el poder público y los individuos privados tiene una considerable importancia política, económica y social.

Empecemos entonces por recordar las definiciones introducidas en el capítulo i. El capital nacional, o patrimonio nacional, es la suma de los capitales público y privado. El capital público se define como la diferencia entre los activos y los pasivos del gobierno y de las diferentes organizaciones gubernamentales, así como el capital privado es la diferencia entre los activos y los pasivos de los individuos privados. Tanto para el sector público como para el privado, siempre se define el capital como un patrimonio neto, es decir, la diferencia entre el valor de mercado de lo que se posee (los activos) y de lo que se debe (los pasivos, o sea las deudas).

En concreto, los activos públicos adquieren dos formas: pueden ser no

[9] Una vez más, con un ingreso promedio de 30 000 euros, el patrimonio promedio de 1910 habría sido más bien del orden de 210 000 euros (siete años de ingreso), con otros capitales internos más cercanos a 90 000 euros (tres años de ingreso) que a 60 000 euros (dos años). Todas las cantidades indicadas se han simplificado y redondeado a propósito. Véase el anexo técnico en línea para los montos detallados.

financieros (sobre todo edificios públicos, utilizados para la administración y los servicios públicos, principalmente relacionados con la educación y la salud: escuelas, colegios, universidades, hospitales, etc.) o financieros. En este último caso, el gobierno posee participaciones financieras en empresas, sin importar si son mayoritarias o minoritarias, o si son sociedades localizadas en el país del que se trata o en el extranjero (es el caso, por ejemplo, de los "fondos soberanos", como se llama desde hace unos años a los fondos que administran las carteras financieras propiedad de los Estados que disponen de los medios para tenerlos).

La frontera entre los activos no financieros y los financieros, en la práctica, puede ser movediza. Por ejemplo, cuando el Estado francés transformó la empresa France Telecom, y más tarde el Servicio de Correos, en sociedades por acciones, su participación en las nuevas sociedades empezó a contabilizarse como activos financieros, mientras que el valor de los edificios y de los equipos utilizados por la administración de correos y de las telecomunicaciones se contabilizaba antes como un activo no financiero.

A principios de la década de 2010, el valor de la totalidad de los activos públicos (financieros y no financieros) se estimaba en casi un año de ingreso nacional en el Reino Unido, y un poco menos de un año y medio en Francia. Tomando en cuenta el hecho de que las deudas públicas representaban alrededor de un año de ingreso nacional en ambos países, eso significaba que el patrimonio público neto, o capital público, era muy cercano a cero en ambos países. Según las últimas estimaciones oficiales, realizadas por los institutos de estadística y los bancos centrales de cada país, el capital público neto es casi exactamente nulo en el Reino Unido y de apenas 30% del ingreso nacional en Francia (es decir, un vigésimo del acervo de capital nacional; véase el cuadro III.1).[10]

Dicho de otro modo, si el poder público en esos dos países decidiera sacar a la venta todos sus bienes para pagar de inmediato todas sus deudas, no le quedaría nada al Reino Unido y muy poco a Francia.

Una vez más, la precisión de semejantes estimaciones no debe confundirnos. Incluso si cada país se esfuerza en aplicar los conceptos y los métodos estandarizados establecidos bajo la égida de las organizaciones internacionales y de Naciones Unidas, la contabilidad nacional no es —y jamás será— una ciencia exacta. La estimación de las deudas públicas o de los activos financieros públicos no es un problema importante. En cambio, no es fácil determinar de manera perfectamente precisa el valor de mercado de los edificios públicos (escuelas, hospitales…) o de las infraestructuras de transporte (sobre todo

[10] En concreto: 93% del ingreso nacional en activos públicos en el Reino Unido, y 92% en relación con las deudas públicas, esto es, una riqueza pública neta de +1%: 145% de activos públicos en Francia y 114% en deudas, es decir, un patrimonio público neto de +31%. Véase el anexo técnico para las series anuales detalladas de ambos países.

CUADRO III.1. *Riqueza pública y riqueza privada en Francia en 2012*

	Valor del capital en % del ingreso nacional		*Valor del capital en % del capital nacional*	
Capital nacional (capital público + capital privado)	605		100	
Capital público (patrimonio público neto: diferencia entre activos y deudas en manos del gobierno y de las otras organizaciones públicas)	31		5	
	Activos	Deudas	Activos	Deudas
	145%	114%	24%	19%
Capital privado (patrimonio privado neto: diferencia entre activos y deudas en manos de individuos privados [hogares])	574		95	
	Activos	Deudas	Activos	Deudas
	646%	72%	107%	12%

Nota: en 2012, el valor total del capital nacional en Francia era igual a 605% del ingreso nacional (6.05 años de ingreso nacional), del cual 31% para el capital público (5% del total) y 574% para el capital privado (95% del total).

Recordatorio: el ingreso nacional es igual al producto interno bruto (PIB), menos la depreciación del capital y más los ingresos netos recibidos del extranjero; al final, el ingreso nacional era igual a aproximadamente 90% del PIB en Francia en 2012; véanse el capítulo I y el anexo técnico.

redes ferroviarias o carreteras) que no se venden regularmente. En principio, los cálculos establecidos deben basarse en los precios observados para ventas similares realizadas en un pasado reciente, pero semejantes puntos de referencia no siempre son fiables, sobre todo porque los precios de mercado son a menudo muy volátiles y febriles. Estas estimaciones deben ser consideradas como órdenes de magnitud, y no como certezas matemáticas.

En todo caso, no hay duda de que el capital público neto se sitúa hoy en día en niveles bajos en ambos países (y en particular no representa nada significativo respecto del total del capital privado). Finalmente, tiene una importancia limitada para nuestro propósito el que el capital público neto represente menos de 1% del capital nacional, como sucede en el Reino Unido, o aproximadamente 5%, como en Francia, o hasta 10% en casos de una subestimación considerable de los activos públicos. Cualesquiera que sean las imperfecciones de la medición, el hecho central que nos interesa en este análisis es que a principios de la década de 2010 la riqueza privada constituye la casi totalidad de la riqueza nacional en ambos países: más de 99% en el Reino Unido, y alrededor de 95% en Francia, según las últimas estimaciones disponibles, y en todo caso, claramente más de 90%.

La riqueza pública en la historia

Si examinamos ahora la historia de la riqueza pública en el Reino Unido y Francia desde el siglo XVIII, así como la evolución de la división del capital nacional en capital público y privado, se observa que la descripción previa no cambia demasiado (véanse las gráficas III.3 y III.6). En una primera aproximación, los activos y los pasivos públicos, y *a fortiori* la diferencia entre ambos, representaron en general montos relativamente limitados en comparación con la enorme masa de las fortunas privadas. En ambos países, el patrimonio público neto a veces fue positivo y otras negativo, a lo largo de los últimos tres siglos. Sin embargo, esas oscilaciones, comprendidas *grosso modo* entre +100% y −100% del ingreso nacional (y en general entre +50% y −50%), son, en resumidas cuentas, de una amplitud limitada respecto de los considerables niveles alcanzados por la riqueza privada (hasta 700-800% del ingreso nacional).

Dicho de otro modo, la historia de la relación entre capital nacional e ingreso nacional en Francia y el Reino Unido desde el siglo XVIII, cuyas grandes líneas resumimos antes, ha sido, en primer lugar, la historia de la relación entre el capital privado y el ingreso nacional (véanse las gráficas III.5 y III.6).

En efecto, se trata de un hecho central y relativamente bien conocido: tanto Francia como el Reino Unido siempre fueron países basados en la propiedad privada, y jamás experimentaron el comunismo de tipo soviético, caracterizado por el control estatal de la parte esencial del capital nacional. Por consiguiente, no sorprenderá que la masa de la riqueza privada siempre haya dominado sobre la de la riqueza pública. A la inversa, jamás ninguno de los dos países acumuló deudas públicas lo bastante importantes para modificar de manera radical la magnitud alcanzada por la riqueza privada.

Habiendo planteado este hecho central, conviene adentrarnos más en el análisis, puesto que incluso si las políticas públicas seguidas en ambos países en materia patrimonial jamás alcanzaron esas proporciones extremas, en varias ocasiones tuvieron un impacto no despreciable en la acumulación de la riqueza privada (y en distintas direcciones).

En ocasiones, el poder público tendió a incrementar la importancia de la riqueza privada (sobre todo en el Reino Unido, por medio de la acumulación de deudas públicas muy elevadas en los siglos XVIII y XIX, o bien en Francia durante el Antiguo Régimen o en la Bella Época) y, en otros momentos, por el contrario, trató de reducir su peso (en particular en Francia, mediante la anulación de las deudas públicas y la constitución de un importante sector público durante los años posteriores a la segunda Guerra Mundial, y en menor grado en el Reino Unido durante el mismo periodo). En este inicio del siglo XXI, ambos países —como de hecho el conjunto de los países ricos— se encuentran muy claramente en una orientación del primer tipo. Sin embargo,

Gráfica III.3. *La riqueza pública en el Reino Unido, 1700-2010*

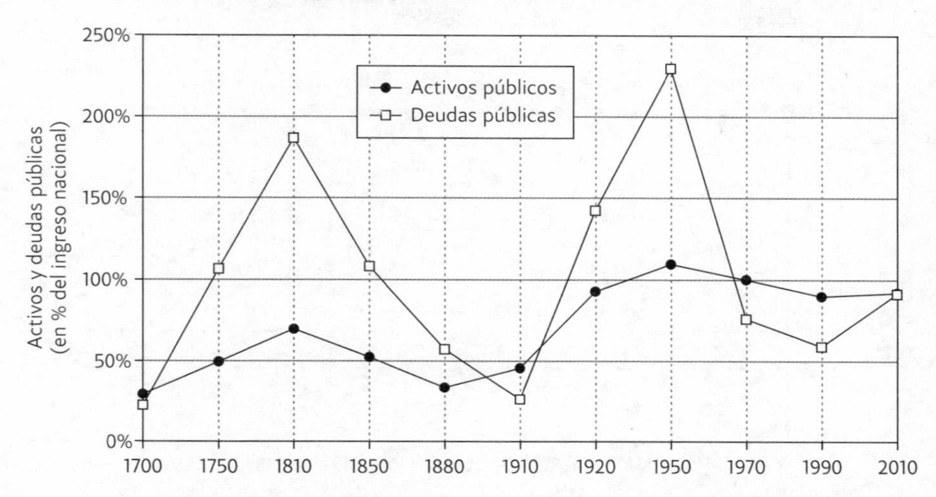

La deuda pública sobrepasaba dos años de ingreso nacional en el Reino Unido en 1950 (frente a uno de los activos públicos).

Fuentes y series: véase piketty.pse.ens.fr/capital21c.

Gráfica III.4. *La riqueza pública en Francia, 1700-2010*

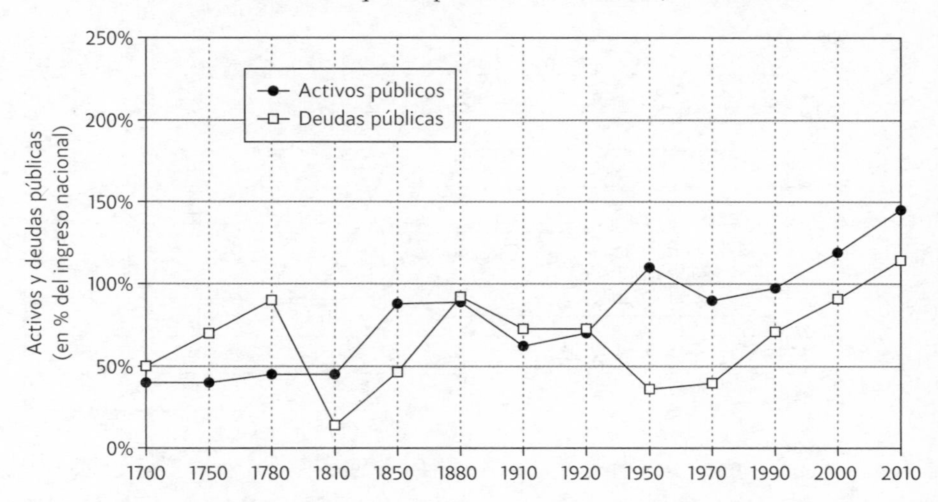

La deuda pública era aproximadamente de un año del ingreso nacional en Francia tanto en 1780 como en 1880 y en 2000-2010.

Fuentes y series: véase piketty.pse.ens.fr/capital21c.

GRÁFICA III.5. *Capital privado y público en el Reino Unido, 1700-2010*

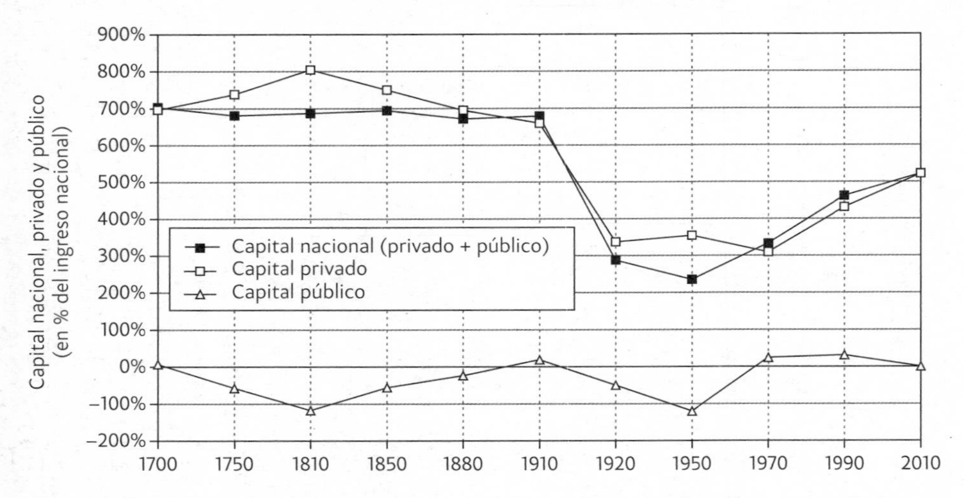

En 1810 el capital privado equivalía a ocho años del ingreso nacional en el Reino Unido (contra siete para el capital nacional).

FUENTES Y SERIES: véase piketty.pse.ens.fr/capital21c.

GRÁFICA III.6. *Capital privado y público en Francia, 1700-2010*

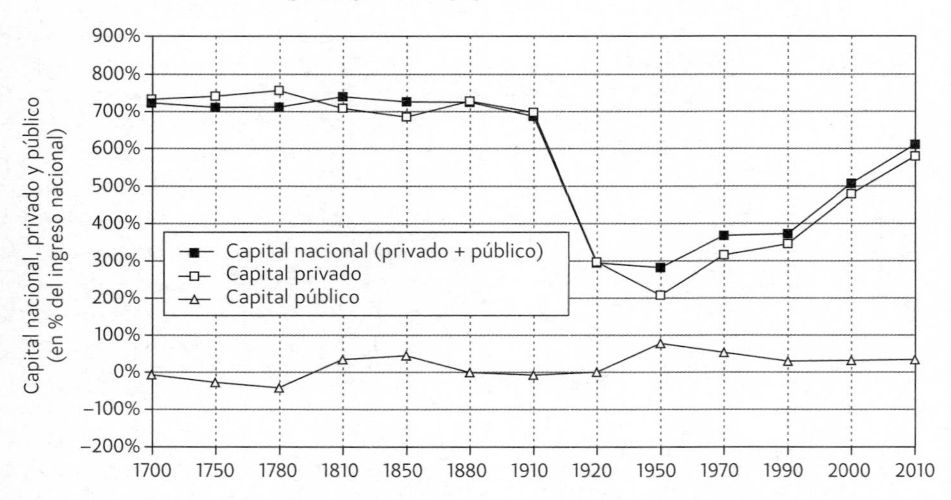

En 1950 el capital público equivalía a casi un año del ingreso nacional, frente a dos para el capital privado.

FUENTES Y SERIES: véase piketty.pse.ens.fr/capital21c.

la experiencia histórica demuestra que todo eso puede cambiar con bastante rapidez. Por consiguiente, con el objetivo de prepararse para tal eventualidad, merece la pena estudiar los cambios del pasado, en particular en el Reino Unido y Francia, ya que cada uno tiene una historia rica y agitada a ese respecto.

El Reino Unido: deuda pública y fortalecimiento del capital privado

Empecemos por el caso del Reino Unido. En dos ocasiones, al final de las guerras napoleónicas, y de nuevo al terminar la segunda Guerra Mundial, la deuda pública británica alcanzó niveles sumamente elevados, de alrededor de 200% del PIB, e incluso ligeramente superiores. Nos parece también interesante señalar que el Reino Unido es al mismo tiempo el país que tuvo durante largos periodos los más altos niveles de deuda pública y el país que siempre terminó pagando. En consecuencia, estas causas pueden explicarse por sus efectos: puesto que si un país no incurre en situación de impago *(default)* de una u otra manera, ya sea directamente por desdén simple y llano, o indirectamente mediante una inflación masiva, entonces puede requerir mucho tiempo reembolsar una deuda pública tan importante.

Desde este punto de vista, la deuda pública británica del siglo XIX fue un caso de libro de texto. Retrocedamos un poco en el tiempo: aun antes de la guerra de independencia estadunidense, el Reino Unido había acumulado deudas públicas importantes a lo largo del siglo XVIII, de hecho al igual que el reino de Francia. A menudo ambas monarquías combatían, entre ellas y con los demás países europeos, y no obtenían suficientes ingresos fiscales para financiar sus gastos, de tal manera que su deuda pública seguía una fuerte pendiente ascendente. En ambos países, la deuda era entonces del orden de 50% del ingreso nacional hacia 1700-1720, y de alrededor de 100% en los años de 1760-1770.

Es bien conocida la incapacidad de la monarquía francesa para modernizar sus impuestos y poner fin a los privilegios fiscales de la nobleza, así como tampoco es ningún secreto que la salida revolucionaria final —con la convocatoria en 1789 de los Estados Generales— desembocó en la instauración de un nuevo sistema fiscal a partir de 1790 y 1791 (con un impuesto territorial que afectó, en esencia, al conjunto de los terratenientes y derechos sucesorios, gravando la totalidad de los patrimonios heredados) y en la "bancarrota de los dos tercios" en 1797 (lo que constituyó, en realidad, una suspensión de pagos aún más masiva, si tenemos en cuenta el episodio de los asignados y de la inflación resultante); todo ello permitió saldar las cuentas del Antiguo Régimen.[11] De este modo, a principios del siglo XIX la deuda

[11] Véase F. Crouzet, *La Grande inflation. La monnaie en France de Louis XVI à Napoléon*, Fayard, París, 1993, 608 pp.

pública francesa se vio súbitamente reducida a niveles muy bajos (a menos de 20% del ingreso nacional en 1815).

La trayectoria británica es completamente diferente. Para financiar la guerra de independencia estadunidense, y sobre todo las múltiples guerras contra Francia durante el periodo revolucionario y napoleónico, la monarquía británica eligió pedir prestado sin límite. La deuda pública pasó entonces de alrededor de 100% del ingreso nacional, a principios de la década de 1770, a casi 200% hacia 1810, es decir, seis veces más que la de Francia en la misma época. Se necesitaría un siglo de presupuestos superavitarios en el Reino Unido para reducir progresivamente este endeudamiento a menos de 30% del ingreso nacional a principios de la década de 1910 (véase la gráfica III.3).

¿Qué debemos aprender de esta experiencia histórica? En primer lugar, no hay duda de que este enorme endeudamiento público fortaleció el peso de la riqueza privada en la sociedad británica. Los ingleses que disponían de los medios prestaron al Estado los montos solicitados, sin que eso disminuyera sensiblemente la inversión privada: la enorme alza del endeudamiento público entre 1770 y 1810 fue financiada en su mayoría por un aumento correspondiente del ahorro privado (sin duda, prueba de la prosperidad de la clase pudiente británica de la época y del atractivo de los rendimientos ofrecidos), de tal manera que el capital nacional se mantuvo globalmente estable en torno a siete años de ingreso nacional durante ese periodo, mientras que la riqueza privada subía a más de ocho años de ingreso nacional en la década de 1810, a medida que la riqueza pública disminuía a niveles cada vez más negativos (véase la gráfica III.5).

No sorprenderá entonces que la riqueza también estuviera omnipresente en las novelas de Jane Austen: a los habituales terratenientes se añadieron con una sorprendente abundancia los poseedores de títulos de deuda pública (en gran parte las mismas personas, si tomamos los textos literarios como fuentes históricas), para llegar a un nivel excepcionalmente elevado de la riqueza privada considerada en su conjunto. Las rentas de los bonos del Estado se añadían a las rentas del suelo para llegar a una cima sin duda jamás alcanzada en la historia.

En segundo lugar, parece también evidente que ese tan elevado endeudamiento público favoreció, en buena medida y de forma global, los intereses de los prestamistas y de sus descendientes, al menos si comparamos esta situación con la de una monarquía británica que habría financiado sus gastos por medio del cobro de impuestos. Desde el punto de vista de quienes dispusieron de los medios, fue, claro está, mucho más interesante prestar una suma determinada al Estado (y esperar a recibir los intereses durante décadas), que pagarla en forma de impuestos (sin contrapartida). Además, el hecho de que el Estado contribuía a incrementar por medio de sus déficits la demanda total de capital sólo impulsaba al alza el rendimiento de éste, lo que una vez más era interesante para quienes garantizaban la oferta de capital y cuya prosperidad dependería de ese rendimiento.

El hecho central —y la diferencia esencial con respecto al siglo XX— fue que la deuda pública se pagaba a un buen precio en el siglo XIX: la inflación fue casi nula de 1815 a 1914, y la tasa de interés pagada por los títulos de renta de Estado era muy sustancial (en general en torno a 4-5%) y, en particular, ciertamente superior a la tasa de crecimiento. En semejantes condiciones, la deuda pública podía ser un excelente negocio para los poseedores de riquezas y sus herederos.

En concreto, imaginemos un gobierno que acumulara déficits del orden de 5% del PIB cada año durante 20 años (para pagar, por ejemplo, una masa salarial militar importante entre 1795 y 1815), sin por ello tener que incrementar los impuestos. Al cabo de 20 años, la deuda pública suplementaria acumulada de esta manera equivaldría a 100% del PIB. Supongamos que el gobierno no intentara pagar el principal, y se contentara con abonar cada año los intereses. Si la tasa de interés fuera de 5%, cada año, el gobierno tendría que pagar 5% del PIB a los poseedores de esa deuda pública suplementaria, y de este modo hasta el fin de los tiempos.

Así sucedió, *grosso modo,* en el Reino Unido en el siglo XIX. Durante un siglo, de 1815 a 1914, el presupuesto británico se encontró sistemáticamente con un superávit primario muy importante, es decir, los impuestos recaudados rebasaban siempre los gastos, con un excedente de varios puntos del PIB, superior, por ejemplo, a los gastos totales en educación a lo largo de todo ese periodo. Ese excedente permitió financiar los intereses pagados a los poseedores de obligaciones públicas, sin que ello implicara devolver el principal: la deuda pública británica permaneció estable en alrededor de 1 000 millones de libras esterlinas durante todo el periodo. Únicamente el incremento de la producción interna y del ingreso nacional británico (de casi 2.5% anual entre 1815 y 1914) permitió por fin —tras un siglo de penitencias— reducir fuertemente el endeudamiento público expresado en porcentaje del ingreso nacional.[12]

¿A QUIÉN BENEFICIA LA DEUDA PÚBLICA?

Esta experiencia histórica es fundamental por varias razones. En primer lugar, nos permite comprender por qué los socialistas del siglo XIX, empezando por Karl Marx, desconfiaban mayoritariamente de la deuda pública, que

[12] Sobre el conjunto del periodo de 1815-1914, el superávit presupuestario de tipo primario en el Reino Unido se situaba en promedio entre 2 y 3 puntos del PIB, y financiaba intereses de la deuda por un mismo monto (el presupuesto total en educación era inferior a 2 puntos del PIB en esa época). Para obtener series anuales detalladas sobre los déficits públicos primarios y secundarios y sobre la evolución del rendimiento de la deuda pública a lo largo de ese periodo, véase el anexo técnico.

percibían —no sin cierta clarividencia— como un instrumento al servicio de la acumulación del capital privado. Esta percepción es tanto más real cuando observamos que, en aquella época, la deuda pública se pagaba a un buen precio no sólo en el Reino Unido, sino también en los demás países y, en particular, en Francia. El episodio de la bancarrota revolucionaria de 1797 jamás se repitió, y los rentistas de las novelas de Balzac no parecen preocuparse más por sus títulos de deuda pública que los rentistas de los relatos de Jane Austen. En efecto, la inflación sería igual de baja en Francia que del otro lado del Canal de la Mancha entre 1815 y 1914, y los intereses de la deuda pública siempre se pagarían hasta el último céntimo. La renta de los bonos del Estado fue una inversión muy segura durante todo el siglo XIX francés, y contribuyó a fortalecer la importancia y la prosperidad de los patrimonios privados, al igual que en el Reino Unido. El acervo de la deuda pública francesa, muy limitado en 1815, no tardó en incrementarse a lo largo de las siguientes décadas, en particular durante el periodo de las monarquías censitarias (1815-1848).*

El Estado francés se endeudó mucho a partir de 1815-1816 para financiar la indemnización pagada a los ejércitos de ocupación; luego de nuevo en 1825 para costear los famosos "mil millones de los emigrados" pagados a los aristócratas exiliados durante la Revolución francesa (como compensación por las —limitadas— redistribuciones de tierras llevadas a cabo durante su ausencia). En resumen, la deuda pública se incrementó en un equivalente de más de 30% del ingreso nacional. Durante el Segundo Imperio, los intereses financieros fueron bien pagados. En los feroces artículos que en 1849-1850 Marx consagraba a *La lucha de clases en Francia,* se veía ofuscado ante la manera en que el nuevo ministro de Finanzas de Luis Napoleón Bonaparte, Achille Fould, representante de los banqueros y los financieros, decidía sin alborotos aumentar los impuestos sobre las bebidas para pagar a los rentistas. Después, tras la guerra franco-prusiana de 1870-1871, de nuevo el Estado francés debió endeudarse ante su población para pagar una transferencia a Alemania equivalente a alrededor de 30% de su ingreso nacional.[13] Al final, a lo largo del periodo de 1880-1914, la deuda pública se encontró en un nivel más elevado en Francia que en el Reino Unido: alrededor de 70-80% del ingreso nacional, frente a menos de 50%. En la novela francesa de la Bella Época, la renta del Estado se hallaba muy representada. El Estado distribuía cada año, a manera de intereses, el equivalente de aproximadamente 2-3% del ingreso nacional (es decir, más que el presupuesto de la educación na-

* El sufragio censitario fue un sistema electoral en que solamente se permitía votar a quienes poseían como mínimo cierta cantidad de bienes o percibían ciertas rentas. Este tipo de sufragio se mantuvo vigente en Europa entre fines del siglo XVIII y el XIX. La Restauración y la Monarquía de Julio mantuvieron este sistema. [N. del e.]

[13] Estas dos series de transferencias explicaban lo esencial del incremento de la deuda pública en Francia en el siglo XIX. Sobre los montos y las fuentes utilizadas, véase el anexo técnico.

cional de la época), y esos intereses permitían vivir a un grupo social muy sustancial.[14]

En el siglo XX, se desarrolló una visión totalmente diferente de la deuda pública, basada en la convicción de que, por el contrario, el endeudamiento podía ser un instrumento al servicio de una política de gastos públicos y de redistribución social en favor de los más humildes. La diferencia entre las dos visiones es bastante simple: en el siglo XIX, la deuda se pagaba a un precio alto, lo que beneficiaba a los prestamistas y participaba en el fortalecimiento de los capitales privados; en el siglo XX, la deuda se diluyó con la inflación y se pagó con promesas vanas, y permitió, *de facto,* financiar los déficits por medio de quienes prestaron su patrimonio al Estado, sin tener que incrementar los impuestos por el mismo monto. Esta visión "progresista" de la deuda pública sigue impregnando muchas mentes en este inicio del siglo XXI, cuando sabemos que, desde hace tiempo, la inflación ha vuelto a descender a niveles similares a los del siglo XIX y que sus efectos distributivos son relativamente oscuros.

Es interesante advertir que esta redistribución por medio de la inflación fue mucho más fuerte en Francia que en el Reino Unido. Como vimos en el capítulo anterior, entre 1913 y 1950 Francia tuvo una tasa de inflación promedio de más de 13% anual, es decir, una multiplicación de los precios por 100. Cuando Proust publicó *Por el camino de Swann,* en 1913, las obligaciones del Estado parecían tan indestructibles como el Grand Hôtel de Cabourg en el que el novelista pasaba sus veranos. En 1950, el poder adquisitivo de esas obligaciones se había dividido entre 100, de tal manera que los rentistas de 1913 y sus descendientes ya casi no poseían nada.

La consecuencia para el Estado fue que, a pesar de tener una elevada deuda pública inicial (casi de 80% del ingreso nacional en 1913) y de déficits muy grandes durante el periodo de 1913-1950, en particular durante los años de guerra, la deuda pública francesa se encontró en 1950 en un nivel relativamente bajo (alrededor de 30% del ingreso nacional), al igual que en 1815. En particular, los enormes déficits de la Liberación se anularon casi de inmediato debido a una inflación superior a 50% anual durante cuatro años consecutivos, de 1945 a 1948, en medio de una atmósfera política de tensión. En cierta forma, era el equivalente de la bancarrota de los dos tercios de 1797: las cuentas del pasado se borraron para poder reconstruir el país con un bajo nivel de deuda pública (véase la gráfica III.4).

En el Reino Unido, las cosas se hicieron de manera diferente y con menos ímpetu. Entre 1913 y 1950, la tasa de inflación media fue apenas superior a 3% anual, es decir, una multiplicación de los precios por tres (menos de una

[14] Entre 1880 y 1914, los intereses de la deuda rebasaban en Francia los niveles británicos. Para encontrar series anuales detalladas sobre los déficits públicos en ambos países, véase el anexo técnico.

trigésima parte que en Francia). Esta situación representaba una expoliación no despreciable para los rentistas británicos, inimaginable en el siglo XIX y hasta la primera Guerra Mundial. Sin embargo, tal contexto no bastaría para evitar la enorme acumulación de los déficits públicos durante los dos conflictos mundiales: la totalidad del Reino Unido se movilizó para financiar el esfuerzo de la guerra, al tiempo que se negó a recurrir en exceso a la emisión de moneda, de tal manera que el país se encontró en 1950 con una deuda pública colosal, superior a 200% del PIB, incluso más elevada que en 1815. Habría que esperar a la inflación de los años 1950-1960 (más de 4% anual), y sobre todo a la de los años setenta (casi 15% anual), para que la deuda británica volviera a un nivel del orden de 50% del PIB (véase la gráfica III.3).

Este mecanismo de redistribución por medio de la inflación es muy poderoso y desempeñó un papel histórico esencial en ambos países a lo largo del siglo XX. Sin embargo, plantea dos problemas importantes. Por una parte, el objetivo era relativamente burdo: entre los poseedores de capital se escogió a los que tenían —directa o indirectamente, por medio de sus depósitos bancarios— títulos de deuda pública, quienes no siempre eran los más ricos, más bien, en ocasiones, al contrario. Por otra parte, este mecanismo no podía funcionar de forma duradera: desde el momento en que la inflación se volvió permanente, los prestamistas exigieron una tasa de interés nominal más elevada, y el alza de los precios ya no tenía los efectos contemplados, sin contar que una inflación elevada tiende a acelerarse sin cesar (una vez iniciado el proceso, a menudo es difícil detenerlo) y puede producir efectos difíciles de controlar (algunos grupos sociales ven muy revalorizados sus ingresos; otros, menos). Al concluir la década de 1970 —marcada en los países ricos por una mezcla de inflación elevada, incremento del desempleo y relativo estancamiento económico (la “estanflación”)— nacía un nuevo consenso dominante a favor de una baja inflación.

Los riesgos de la equivalencia ricardiana

Esta larga y tumultuosa historia de la deuda pública, de los tranquilos rentistas de los siglos XVIII y XIX a la expropiación debido a la inflación del siglo XX, marcó profundamente la memoria colectiva y sus representaciones. Esas experiencias históricas también impresionaron a los economistas. Por ejemplo, cuando David Ricardo formuló, en 1817, la hipótesis hoy conocida con el nombre de “equivalencia ricardiana”, según la cual, bajo ciertas circunstancias, el endeudamiento público no tendría ninguna incidencia en la acumulación del capital nacional, es evidente que influía sobremanera en él lo que veía a su alrededor. En el momento mismo en el que escribía, la deuda pública británica se acercaba a 200% del PIB y, sin embargo, eso no parecía haber agotado la inversión privada y la acumulación de capital. El tan temido fenómeno del "efecto desplazamiento" *(crowding out)* no se produjo, y el incremento del endeudamiento público parecía haberse financiado por medio de un aumento del ahorro privado. Desde luego, eso no significa que se trate de una ley universal, válida en todo momento y en todo lugar: sin duda, todo depende de la prosperidad del grupo social implicado (en este caso, una minoría de británicos disponía de los medios suficientes para generar el ahorro complementario requerido), de la tasa de interés ofrecida y, por supuesto, de la confianza en el gobierno. Sin embargo, merece la pena señalar el hecho de que Ricardo, que no disponía de series históricas o de medidas como las indicadas en la gráfica III.3, pero que conocía íntimamente el capitalismo británico de su época, percibía de forma bastante clara que la gigantesca deuda pública del momento podía no tener ningún impacto en el patrimonio nacional y sólo constituía una deuda de una parte del país respecto de otra.[15]

Asimismo, cuando Keynes en 1936 escribió sobre la "eutanasia de los rentistas", lo que observaba en su entorno lo marcó profundamente: el mundo de los rentistas de antes de la primera Guerra Mundial estaba desplomándose y, en realidad, no existía ninguna otra solución políticamente aceptable que permitiera superar la crisis económica y presupuestaria en curso. En particular, Keynes percibía que la inflación, aceptada sólo a regañadientes por el Reino Unido, debido al fuerte apego de los medios conservadores al patrón oro anterior a 1914, era la manera más simple —aunque no necesariamente la más justa— para reducir el peso del endeudamiento público y de la riqueza originada en el pasado.

Desde los años 1970-1980, los análisis de la deuda pública han sufrido las consecuencias de que el razonamiento de los economistas se basara, sin duda en exceso, en los modelos llamados "con agente representativo", es decir, modelos en los que se parte de la suposición de que cada agente dispone del mismo ingreso y de la misma riqueza (y por consiguiente, en concreto, de la misma cantidad de deuda pública). En ocasiones, semejante simplificación del mundo real puede ser útil para aislar relaciones lógicas difíciles de analizar en modelos más complejos. Sin embargo, al soslayar por completo la cuestión de la desigualdad en la distribución de los ingresos y de los patrimonios, muy a menudo esos modelos llegan a conclusiones extremas y poco realistas, y son más fuente de confusión que de claridad. En el caso de la deuda pública, los modelos con agente representativo pueden llevar a la conclusión de una completa neutralidad de la deuda pública en lo que se refiere al nivel global del capital nacional, pero también en lo tocante a la distribución de la carga fiscal. Esta reinterpretación radical de la equivalen-

[15] Los pasajes consagrados por Ricardo a este tema en sus *Principios de economía política y tributación* (FCE, México, 1959, 332 pp.), en cambio, no son totalmente diáfanos. Sobre este episodio, véase asimismo el interesante análisis retrospectivo de G. Clark, "Debt, Deficits, and Crowding Out: England, 1727-1840", *European Review of Economic History,* Cambridge University Press, 2001, pp. 403-436.

cia ricardiana, propuesta por el economista estadunidense Robert Barro,[16] no tiene en cuenta el hecho de que en la práctica una gran parte de la deuda pública está en manos de una minoría de la población —por ejemplo, en el Reino Unido en el siglo XIX, pero no solamente—, de tal manera que, en realidad, la deuda provoca importantes redistribuciones en el interior del país, tanto en los casos en los que se paga como también en el caso contrario. Tomando en cuenta la enorme concentración que siempre caracterizó la distribución de la riqueza, y cuya evolución analizaremos en la tercera parte de este libro, estudiar estas cuestiones ignorando las desigualdades entre los grupos sociales equivale *de facto* a pasar por alto una buena parte del objeto de estudio y de las realidades en juego.

Francia: un capitalismo sin capitalistas en la posguerra

Retomemos el hilo de la historia de la riqueza pública e interesémonos por los activos propiedad del poder público. Comparados con las deudas, los activos tienen una historia al parecer menos tumultuosa.

A modo de simplificación: puede decirse que el valor total de los activos públicos creció, tanto en Francia como en el Reino Unido, pasando en ambos países de apenas 50% del ingreso nacional en los siglos XVIII y XIX a aproximadamente 100% a finales del siglo XX y principios del XXI (véanse las gráficas III.3 y III.4).

En una primera aproximación, este crecimiento corresponde a la constante expansión del papel económico del Estado a lo largo de la historia, sobre todo con el desarrollo en el siglo XX de servicios públicos cada vez más extendidos en los campos de la educación y la salud (que requieren importantes edificios y equipamientos públicos) y de infraestructuras públicas o semipúblicas en los transportes y las comunicaciones. Dichos servicios públicos e infraestructuras son más extensos en Francia que en el Reino Unido, lo que al parecer se traduce en el hecho de que el valor total de los activos públicos a principios de los años 2010 se aproximaba a 150% del ingreso nacional en Francia, frente a apenas 100% del otro lado del Canal de la Mancha.

Sin embargo, esta visión simplificada y apacible de la acumulación de activos públicos a largo plazo omite una parte importante de la historia del siglo recién transcurrido, a saber, la constitución de activos públicos significativos en los ámbitos industriales y financieros entre los años cincuenta y setenta, seguida por importantes oleadas de privatización de esos mismos activos a partir de 1980-1990. Se observa este mismo cambio total, con am-

[16] Véase R. Barro, "Are Government Bonds Net Wealth?", *Journal of Political Economy,* University of Chicago Press, vol. 82, núm. 6, noviembre-diciembre de 1974, pp. 1095-1117; así como "Government Spending, Interest Rates, Prices, and Budget Deficits in the United Kingdom, 1701-1918", *Journal of Monetary Economics,* Elsevier, vol. 20, núm. 2, septiembre de 1987, pp. 221-248.

plitudes variables, en la mayoría de los países desarrollados, en particular en Europa, así como en un gran número de países en vías de desarrollo.

El caso de Francia es emblemático; para entenderlo, retrocedamos unos años. En Francia, como en todos los países, la crisis económica de 1930 y los cataclismos resultantes sacudieron violentamente la fe puesta en el capitalismo privado. La Gran Depresión, desencadenada en octubre de 1929 por el colapso bursátil de Wall Street, golpeó a los países ricos con una brutalidad inigualada hasta ese momento: a partir de 1932, el desempleo afectó a la cuarta parte de la población activa tanto en los Estados Unidos como en Alemania, el Reino Unido y Francia. La doctrina tradicional de "dejar hacer" *(laissez faire)* y de no intervención del poder público en la vida económica, que prevalecía en todos los países en el siglo XIX y en gran medida hasta principios de los años de 1930, quedó desacreditada por mucho tiempo. Casi por todas partes se produjo un cambio hacia un mayor intervencionismo. Fue moneda corriente que los gobiernos y las opiniones públicas pidieran cuentas a las élites financieras y económicas que se habían enriquecido al tiempo que llevaban al mundo al borde del abismo. Se idearon diversas formas de economía "mixta", que ponían en juego diferentes grados de propiedad pública de las empresas junto a formas tradicionales de la propiedad privada, o por lo menos una regulación y una supervisión pública del sistema financiero y del capitalismo privado en su conjunto.

La victoria de la Unión Soviética al lado de los aliados en 1945 fortaleció además el prestigio del sistema económico estatal implantado por los bolcheviques. ¿No permitió ese sistema industrializar a marchas forzadas a un país notablemente retrasado, que en 1917 salía apenas de la esclavitud? En 1942, Joseph Schumpeter consideró inevitable el triunfo del socialismo sobre el capitalismo. En 1970, en la octava edición de su famoso libro de texto, Paul Samuelson seguía prediciendo una posible superación del PIB estadunidense por el PIB soviético entre 1990 y 2000.[17]

En Francia el clima general de desconfianza hacia el capitalismo privado se vio, además, fuertemente fortalecido en 1945 debido a la sospecha de que buena parte de las élites económicas colaboraron con la ocupación alemana y se enriquecieron de manera indecente entre 1940 y 1944. En esta atmósfera eléctrica se lanzaron las grandes oleadas de nacionalización de la Liberación, que atañían sobre todo al sector bancario, las minas de carbón y la industria automotriz, en particular con la famosa nacionalización sancionadora de las fábricas Renault: en septiembre de 1944 el empresario Louis Renault fue detenido por colaborar con el nazismo; en enero de 1945 el gobierno provisional embargó y nacionalizó sus fábricas.[18]

[17] Véase P. Samuelson, *Economics,* 8ª ed., McGraw-Hill, Nueva York, 1970, p. 831.

[18] Véanse C. Andrieu, L. Le Van y A. Prost, *Les Nationalisations de la Libération: de l'utopie au compromis,* FNSP, París, 1987, 392 pp., y T. Piketty, *Les Hauts Revenus en France au XXe siècle: Inégalités et redistributions, 1901-1998,* Grasset, París, 2001, pp. 137-138.

En 1950, según las estimaciones disponibles, el valor total de los activos públicos rebasaba un año de ingreso nacional en Francia. Tomando en cuenta el hecho de que el valor de las deudas públicas se redujo mucho debido a la inflación, el patrimonio público neto no distaba de alcanzar un año de ingreso nacional, en una época en que el total de los patrimonios privados era de apenas dos años del ingreso nacional (véase la gráfica III.6). Una vez más, la precisión de las estimaciones no debería confundirnos: es difícil evaluar el valor del capital para este periodo en el que los precios de los activos eran históricamente bajos, y es posible que los activos públicos estuvieran un poco infravalorados con respecto a los activos privados. Se pueden considerar, en cambio, los órdenes de magnitud como significativos: en 1950 el poder público poseía en Francia entre 25 y 30% del patrimonio nacional, tal vez un poco más.

Se trata de una proporción considerable, sobre todo si consideramos que la propiedad pública casi no tocó a las pequeñas y medianas empresas o a la agricultura, y siempre permaneció netamente minoritaria (menos de 20%) en lo relativo al sector inmobiliario de la vivienda. En los sectores industriales y financieros, afectados de manera más directa por las nacionalizaciones, la participación del Estado en el patrimonio nacional rebasó el 50% entre 1950 y 1970.

Esta experiencia histórica, incluso cuando fuera relativamente breve, es importante para comprender la compleja relación que todavía hoy en día mantiene la opinión pública francesa con el capitalismo privado. Durante todo el periodo de los Treinta Gloriosos, a lo largo del cual el país, en plena reconstrucción, tuvo un muy fuerte crecimiento económico (el más grande en la historia nacional), Francia vivió en un sistema de economía mixta, en cierta manera un capitalismo sin capitalistas, o por lo menos un capitalismo de Estado en el que los propietarios privados habían dejado de controlar las empresas más grandes.

Desde luego, hubo oleadas de nacionalizaciones en el mismo periodo en muchos otros países, incluso en el Reino Unido, donde el valor de los activos públicos rebasaba también un año de ingreso nacional en 1950, es decir, el mismo nivel que en Francia. La diferencia era que la deuda pública británica rebasaba entonces dos años de ingreso nacional, de tal manera que el patrimonio público neto era muy negativo en 1950 y el patrimonio privado era bastante más elevado. El patrimonio público se volvería finalmente positivo en el Reino Unido entre 1960-1970, sin por ello rebasar 20% del patrimonio nacional (lo que era ya sustancial).[19]

[19] Es esclarecedor releer las estimaciones del capital nacional realizadas en el Reino Unido a lo largo del siglo XX, a medida que se transformaban por completo la forma y la magnitud de los activos y pasivos públicos. Véase en particular H. Campion, *Public and Private Property in Great Britain*, Oxford University Press, Londres, 1939; J. Revell, *The Wealth of the Nation. The National Balance Sheet of the United Kingdom, 1957-1961*, Cambridge University Press, Nueva

La particularidad de la trayectoria francesa era que, tras haber conocido horas fastuosas en los años 1950-1970, la propiedad pública recayó en periodos de sequía a partir de 1980-1990, cuando los patrimonios privados, inmobiliarios y financieros alcanzaban niveles aún más altos que en el Reino Unido: casi seis años de ingreso nacional a principios de la década de 2010, es decir, 20 veces más que el patrimonio público. Tras haber sido el país del capitalismo de Estado en la década de los cincuenta, Francia se convirtió en la tierra prometida del nuevo capitalismo patrimonial privado en el siglo XXI.

El cambio fue aún más sorprendente porque nunca se asumió como tal. El movimiento de privatización, liberalización de la economía y desregulación de los mercados financieros y de los flujos de capitales, que afectaba al conjunto del planeta desde 1980, tenía orígenes múltiples y complejos. El recuerdo de la depresión de los años treinta y de sus catastróficas consecuencias se fue difuminando. La "estanflación" (mezcla de estancamiento e inflación) de los setenta mostró los límites del consenso keynesiano de la posguerra. Con el final de la reconstrucción y del elevado crecimiento de los Treinta Gloriosos, el proceso de expansión indefinida del papel del Estado y de los gravámenes obligatorios que operaba en los años 1950-1970 es naturalmente cuestionado. El movimiento de desregulación se inició en 1979-1980 con las "revoluciones conservadoras" en los Estados Unidos y en el Reino Unido, donde se soportaba menos haber sido alcanzados por los demás países (incluso cuando ese proceso de alcance fuera muy mecánico, como vimos en el capítulo II). Al mismo tiempo, el fracaso cada vez más evidente de los modelos estatales soviéticos y chinos en los años setenta conducía a los dos gigantes comunistas a aplicar a principios de los ochenta una liberalización gradual de su sistema económico, con la introducción de nuevas formas de propiedad privada de las empresas.

En este paisaje internacional convergente, en 1981 los electores franceses tomaron decisiones a contracorriente de la historia (es cierto que cada país tiene su propia historia, su propio calendario político), ya que llevaron al poder a una nueva mayoría social-comunista, cuyo programa consistía sobre todo en amplificar el proceso de nacionalización de los sectores bancarios e industriales iniciado en 1945. Sin embargo, este intermedio sería de corta duración ya que, a partir de 1986, una mayoría liberal lanzó un movimiento muy importante de privatización en todos los sectores, retomado y amplificado entre 1988-1993 por una nueva mayoría socialista. La corporación pública Renault se convirtió en una sociedad por acciones en 1990, al igual

York, 1967. La cuestión no se planteaba en la época de Giffen, por lo evidente que era la supremacía del capital privado. Se advertía la misma evolución en Francia, por ejemplo con la obra publicada en 1956 por Divisia, Dupin y Roy, titulada muy acertadamente *À la recherche du franc perdu* [En busca del franco perdido], y cuyo volumen 3, consagrado a *La Fortune de la France* [La riqueza de Francia], intentaba con muchas dificultades retomar el hilo de las estimaciones realizadas por Colson en la Bella Época.

que la administración de las telecomunicaciones, transformada en France Telecom, cuyo capital se abrió en 1997-1998. En un contexto de menor crecimiento, desempleo elevado y fuertes déficits presupuestarios, la venta progresiva de las participaciones públicas durante los años 1990-2000 permitió obtener algunos ingresos suplementarios para los gobiernos sucesivos, sin por ello impedir el aumento regular de la deuda pública. El patrimonio público neto cayó a niveles muy bajos y, durante ese tiempo, los patrimonios privados recobraron progresivamente los niveles que tenían antes de los choques del siglo XX. Así es como el país, sin realmente haber comprendido las causas, transformó completamente en dos ocasiones, y en direcciones opuestas, la estructura de su patrimonio nacional a lo largo del siglo pasado.

IV. DE LA VIEJA EUROPA AL NUEVO MUNDO

ACABAMOS de estudiar las metamorfosis del capital en el Reino Unido y Francia desde el siglo XVIII. Las enseñanzas son convergentes y complementarias. La naturaleza del capital se transformó totalmente, pero su importancia global no cambió. Ahora, para comprender mejor la diversidad de las lógicas y de los procesos históricos en juego, tenemos que ampliar el análisis a otros países. Empezaremos por examinar la experiencia de Alemania, que completa y enriquece el panorama europeo. Después estudiaremos el tema del capital en Norteamérica (Estados Unidos y Canadá): advertiremos que, en el Nuevo Mundo, el capital adquiere formas muy particulares y específicas, primero porque la tierra es tan abundante que no es cara; luego, debido a la importancia que tuvo el sistema esclavista, y, por último, porque ese mundo en perpetuo crecimiento demográfico tiende a acumular estructuralmente menos capital —en relación con el flujo anual del ingreso y de la producción— que la vieja Europa. Este estudio nos llevará a plantear la cuestión de los determinantes fundamentales de la relación capital/ingreso a largo plazo, que se examinará en el próximo capítulo, ampliando el análisis al conjunto de los países ricos, más adelante al planeta en su totalidad, en la medida en que las fuentes lo permitan.

ALEMANIA: CAPITALISMO RENANO Y PROPIEDAD SOCIAL

Empecemos por el caso de Alemania: es interesante comparar las trayectorias británica y francesa con la evolución alemana, en particular sobre el tema de la economía mixta, cuya importancia para el periodo de la posguerra acabamos de ver. Por desgracia, los datos históricos alemanes son más inconexos, debido sobre todo a la tardía unificación del país y a los múltiples cambios territoriales, y no permiten remontarse a antes de 1870 de manera satisfactoria. Sin embargo, las estimaciones que tenemos para el periodo posterior a 1870 permiten mostrar claramente las similitudes con el Reino Unido y Francia, así como cierto número de diferencias.

Se advierte primero que la evolución de conjunto es similar: por una parte, a largo plazo, las tierras agrícolas fueron sustituidas por el capital inmobiliario, industrial y financiero; por otra, la relación capital/ingreso no dejó de aumentar desde la segunda Guerra Mundial y parecía estar en vías de recobrar su nivel previo a los choques de los años de 1914-1915 (véase la gráfica IV.1).

GRÁFICA IV.1. *El capital en Alemania, 1870-2010*

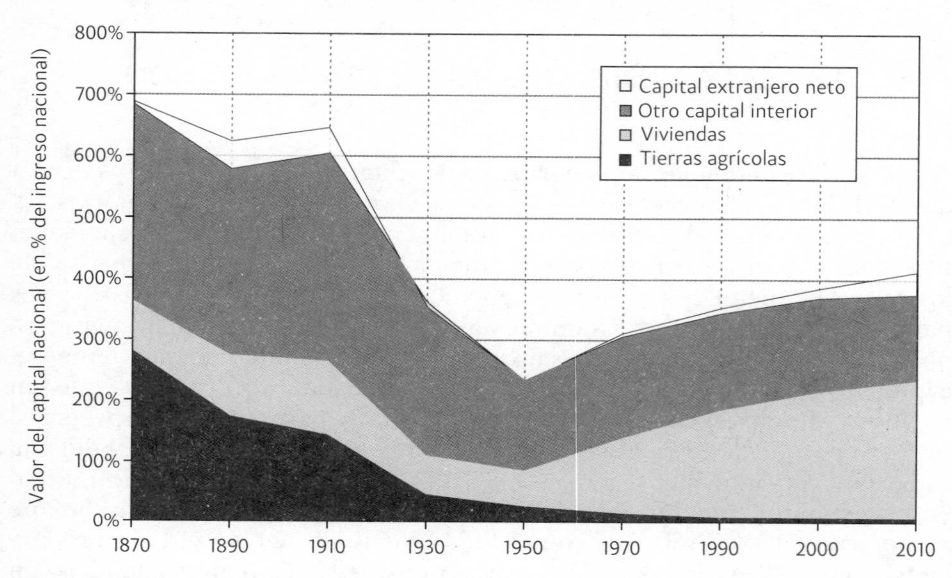

El capital nacional equivalía a 6.5 años de ingreso nacional en Alemania en 1910 (de los cuales alrededor de 0.5 años eran invertidos en el extranjero).

FUENTES Y SERIES: véase piketty.pse.ens.fr/capital21c.

Se observará que la importancia de las tierras agrícolas en Alemania en la Bella Época se parecía más al caso francés que al británico (la agricultura aún no había desaparecido al otro lado del Rin), y que el capital industrial alemán era más elevado que en los otros dos países. En cambio, los activos extranjeros eran, en vísperas de la primera Guerra Mundial, menos de la mitad en Alemania que en Francia (aproximadamente 50% del ingreso nacional frente a más de un año) y una cuarta parte de los del Reino Unido (en donde son casi dos años del ingreso nacional). En gran medida, esto refleja el hecho de que Alemania no tiene imperio colonial, lo que genera además muy fuertes tensiones políticas y militares (piénsese sobre todo en las crisis marroquíes de 1905 y 1911, durante las cuales el káiser pretendía impugnar la supremacía francesa en Marruecos). Esta exacerbada competencia entre potencias europeas por los activos coloniales contribuyó evidentemente al clima que condujo a la declaración de guerra del verano de 1914: no es necesario suscribir todos los análisis de Lenin (*El imperialismo, fase superior del capitalismo* fue escrito en 1916) para compartir esta conclusión.

Se señalará asimismo que Alemania acumuló, gracias a sus excedentes comerciales, importantes activos extranjeros a lo largo de las últimas décadas. A principios de la década de 2010, la posición exterior de Alemania se aproximaba al 50% de su ingreso nacional (más de la mitad acumulado desde el año 2000), es decir, casi el mismo nivel que en 1913. Esta posición, comparada con los activos extranjeros franceses y británicos de la Bella Época, sigue siendo baja, pero resulta considerable con respecto a la posición actual de las dos antiguas potencias coloniales, que es casi nula. La comparación de la gráfica IV.1 con las gráficas III.1 y III.2 muestra hasta qué punto Alemania, Francia y el Reino Unido tuvieron trayectorias históricas muy diferentes —y en cierta medida invirtieron sus respectivas posiciones— desde el siglo XIX. Partiendo de los enormes excedentes comerciales alemanes actuales, no es imposible que esta divergencia se amplifique en el porvenir. Volveremos a ello.

En lo tocante a la deuda pública y a la división entre capital público y privado, la trayectoria alemana era bastante parecida a la francesa. Con una inflación promedio de casi 17% anual entre 1913 y 1950, es decir, precios multiplicados por más de 300 entre esas dos fechas (frente a apenas 100 en Francia), Alemania era el país por excelencia que diluyó su deuda pública en la inflación del siglo XX. A pesar de tener fuertes déficits durante cada una de las dos guerras mundiales (el endeudamiento público rebasaba ligeramente el 100% del PIB en 1918-1920, y el 150% del PIB en 1943-1944), en ambas ocasiones la inflación permitiría regresar rápidamente la deuda a niveles muy bajos: apenas 20% del PIB, tanto en 1930 como en 1950 (véase la gráfica IV.2).[1] El recurso de la inflación fue tan extremo, y desestabilizó tan violentamente a la economía y la sociedad alemanas, sobre todo durante la hiperinflación de los años veinte, que la opinión pública alemana emergió de esos episodios muy antiinflacionista.[2] Por ello, hoy en día nos encontramos en la siguiente situación paradójica: el país que utilizó de manera más masiva la inflación para hacer desaparecer sus deudas en el siglo XX —Alemania— no quiere oír hablar de un alza de precios superior al 2% anual, y el país que siempre devolvió sus deudas públicas —el Reino Unido— tiene una actitud más flexible y no ve ningún daño en que su Banco Central adquiera buena parte de su deuda pública y deje aumentar ligeramente la inflación.

En lo tocante a la acumulación de activos públicos, el caso alemán se asemeja también al francés, con importantes participaciones públicas en el sector bancario e industrial entre 1950 y 1970, que fueron parcialmente vendidas desde la década 1980-1990, pero que distan de haber desaparecido por completo. Por ejemplo, el estado regional de Baja Sajonia posee en la actualidad casi 15% de las acciones —y 20% de los derechos de voto, garantizados por la ley, lo que de hecho la Unión Europea pretende impugnar— de Volkswa-

[1] Con el objetivo de concentrarnos en los cambios de largo plazo, las gráficas presentadas aquí indican únicamente valores decenales e ignoran, por tanto, los puntos extremos que no duran más que unos años. Para las series anuales completas, véase el anexo técnico.

[2] El monto de inflación promedio de 17% anual entre 1913 y 1950 no tenía en cuenta el año 1923 (cuando los precios se multiplicaron por 100 millones entre el inicio y el final del año).

GRÁFICA IV.2. *La riqueza pública en Alemania, 1870-2010*

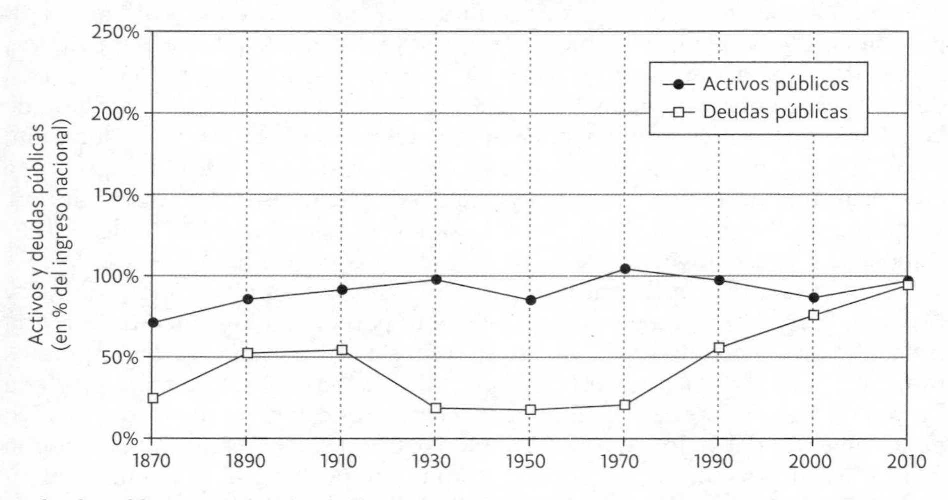

La deuda pública equivalía a casi un año de ingreso nacional en Alemania en 2010 (al igual que los activos).

FUENTES Y SERIES: véase piketty.pse.ens.fr/capital21c.

gen, primer constructor automotriz europeo y mundial.[3] Entre 1950 y 1970, considerando una deuda pública casi nula, el patrimonio público neto en Alemania era cercano a un año del ingreso nacional, frente a apenas dos años del patrimonio privado, que se encontraba entonces en un nivel muy bajo (véase la gráfica IV.3). Al igual que en Francia, durante las décadas que sirvieron a la reconstrucción y el milagro económico alemán, el gobierno poseía entre 25 y 30% del capital nacional. De la misma manera, a semejanza de Francia, la desaceleración del crecimiento a partir de los años setenta y ochenta y la acumulación de deudas públicas (iniciada mucho antes de la reunificación y que prosigue desde entonces) llevaron a una completa inversión de tendencia a lo largo de las últimas décadas. El patrimonio público neto era casi exactamente nulo a principios de la década de 2010, y los patrimonios privados, que no han dejado de crecer desde 1950, representaban poco menos de la totalidad del patrimonio nacional.

Sin embargo, existe una diferencia significativa de nivel entre el valor del capital privado en Alemania respecto del de Francia y el Reino Unido. Los patrimonios privados alemanes crecieron mucho desde la posguerra: eran excepcionalmente bajos en 1950, apenas más de un año y medio del ingreso

[3] Casi en igualdad con General Motors, Toyota y Renault-Nissan (alrededor de ocho millones de vehículos vendidos por cada uno en 2011). El Estado francés posee aún 15% del capital de Renault (tercer constructor europeo detrás de Volkswagen y Peugeot).

GRÁFICA IV.3. *Capital privado y público en Alemania, 1870-2010*

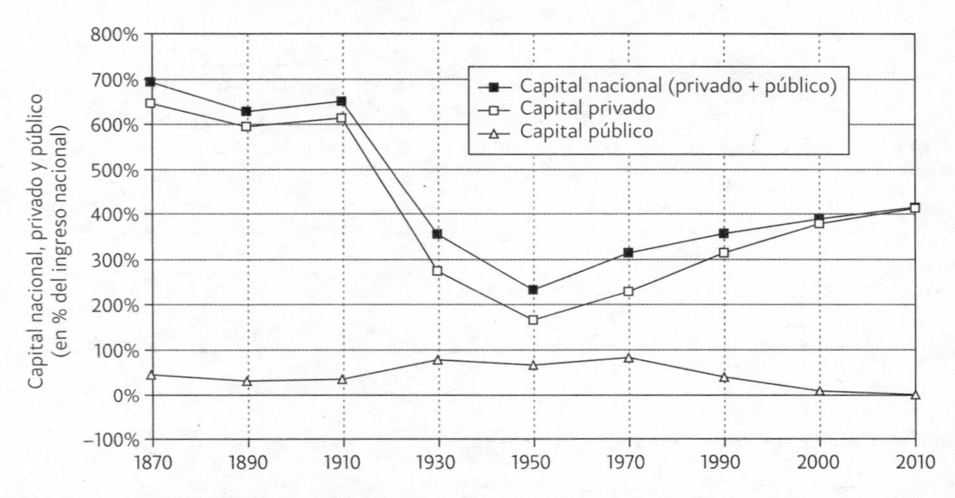

En 1970, el capital público equivalía a casi un año de ingreso nacional, frente a apenas más de dos años del capital privado.

FUENTES Y SERIES: véase piketty.pse.ens.fr/capital21c.

nacional, y hoy en día alcanzan más de cuatro años. El fenómeno de reconstitución de la riqueza privada a nivel europeo es indudable, como lo ilustra de manera espectacular la gráfica IV.4. En cambio, el nivel de los patrimonios privados alemanes se encontró, a principios de la década de 2010, muy sensiblemente por debajo de los niveles británicos y franceses: apenas más de cuatro años de ingreso nacional en Alemania, frente a cinco o seis años en Francia y el Reino Unido, y más de seis años en Italia y España, como veremos en el próximo capítulo. Considerando el elevado nivel del ahorro alemán, este bajo nivel de los patrimonios alemanes comparado con los demás países europeos constituye en cierta medida una paradoja, tal vez parcialmente transitoria, y que puede explicarse de la siguiente manera.[4]

El primer factor considerado es el bajo nivel de los precios inmobiliarios en Alemania en comparación con los demás países europeos, lo que en parte puede explicarse por el hecho de que las fuertes alzas en los precios de los años 1990-2000 fueron contenidas al otro lado del Rin por la reunificación alemana, que puso en el mercado un gran número de viviendas a bajo precio. Para justificar una posible diferencia a largo plazo, sin embargo, se requerirían factores más duraderos, tales como un mayor control de las rentas al otro lado del Rin.

[4] Tomando en cuenta las limitaciones de las fuentes disponibles, también es posible que esta diferencia se explique, en parte, por diversos sesgos estadísticos. Véase el anexo técnico.

GRÁFICA IV.4. *Capital privado y público en Europa, 1870-2010*

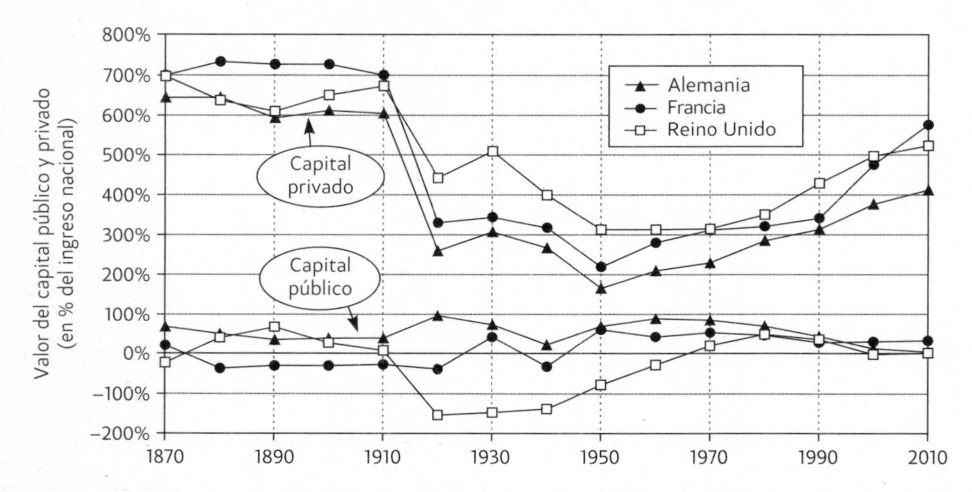

Las fluctuaciones del capital nacional en Europa a largo plazo se explican ante todo por los cambios del capital privado.

FUENTES Y SERIES: véase piketty.pse.ens.fr/capital21c.

En todo caso, la mayor parte de la diferencia respecto de Francia y el Reino Unido no procede tanto de la disparidad en el valor del acervo de las viviendas, sino más bien de la diferencia relativa del valor de los demás capitales internos, es decir, sobre todo del capital de las empresas (véase la gráfica IV.1). Dicho de otro modo, la diferencia no se debe tanto a la menor capitalización inmobiliaria alemana como a la menor capitalización bursátil de las empresas. Si para medir el conjunto de los capitales privados no se utilizara el valor de mercado de las sociedades y de los activos financieros correspondientes, sino su valor de balance (es decir, el valor contable obtenido al acumular las inversiones inscritas en su balance y al sustraer las deudas), entonces desaparecería la paradoja alemana: los capitales privados de ese país pasarían de inmediato a los niveles franceses y británicos (entre cinco y seis años de ingreso nacional, en lugar de cuatro). Volveremos en el próximo capítulo a estas complicaciones que aparentan ser puramente contables, pero que son en realidad de carácter político.

En esta etapa, contentémonos con señalar que los valores de mercado inferiores de las empresas alemanas parecen corresponder a lo que a veces se llama el modelo de "capitalismo renano" o *stakeholder model,* un modelo económico en el que la propiedad de las empresas no pertenece sólo a los accionistas, sino también a cierto número de actores interesados en participar en las decisiones —los *stakeholders*—, empezando por los representantes de los trabajadores (que disponen en los consejos de administración alemanes de voces deliberativas, y no sólo consultativas, sin que sea necesario poseer acciones), así como en ciertos casos los representantes del estado regional, de las asociaciones de consumidores, de defensa del medio ambiente, etc. No se trata de idealizar este modelo de propiedad social compartida de las empresas, que tiene sus límites, sino simplemente de comprobar que puede ser por lo menos tan eficaz económicamente como el modelo del capitalismo de mercado anglosajón, o *stockholder model* (en el que todo el poder, en teoría, descansa en los accionistas; en la práctica, la situación es siempre más compleja), y sobre todo que implica mecánicamente una valoración de mercado más baja para las compañías (sin que el verdadero valor social sea necesariamente inferior). Este debate entre las diferentes formas de capitalismo había empezado a desarrollarse a principios de los años noventa, tras la caída de la Unión Soviética;[5] luego perdió intensidad, sin duda debido, en parte, a que el modelo económico alemán parecía perder velocidad en los años posteriores a la reunificación (entre 1998-2002, a menudo se describía a Alemania como el hombre enfermo de Europa). Tomando en cuenta la relativa buena salud alemana frente a la crisis financiera mundial de 2007-2012, no es imposible que este debate vuelva al frente de la escena en los próximos años.[6]

Los choques padecidos por el capital en el siglo xx

Habiendo planteado ya la evolución general de la relación capital/ingreso y de la división público-privado a largo plazo, ahora tenemos que retomar el hilo de la cronología y, en particular, comprender las razones del desplome de la relación capital/ingreso durante el siglo xx —y luego las de su espectacular recuperación—.

Para entrar en materia, precisemos que se trata de un fenómeno que atañe al conjunto de los países europeos. Las fuentes a nuestra disposición nos indican que las evoluciones observadas en el Reino Unido, Francia y Alemania son representativas del conjunto del continente (representan entre los tres, tanto en 1910 como en 2010, más de las dos terceras partes del PIB de Europa occidental, y más de la mitad del PIB europeo), desde luego con interesantes variaciones entre países, pero con un mismo esquema general. En particular, se observa en Italia y España un enorme ascenso de la relación capital/ingreso desde 1970, aún más marcada que en el Reino Unido y Francia. Los datos históricos disponibles, en estos casos, sugieren que la relación era, en la Bella Época, del orden de seis a siete años de ingreso nacional. Las

[5] Véase por ejemplo M. Albert, *Capitalisme contre capitalisme,* Seuil, París, 1991, 315 pp. [*Capitalismo contra capitalismo,* trad. José Federico Delos, Paidós, Buenos Aires, 1993, 253 pp.]
[6] Véase por ejemplo G. Duval, *Made in Germany,* Seuil, París, 2013, 230 pp.

GRÁFICA IV.5. *El capital nacional en Europa, 1870-2010*

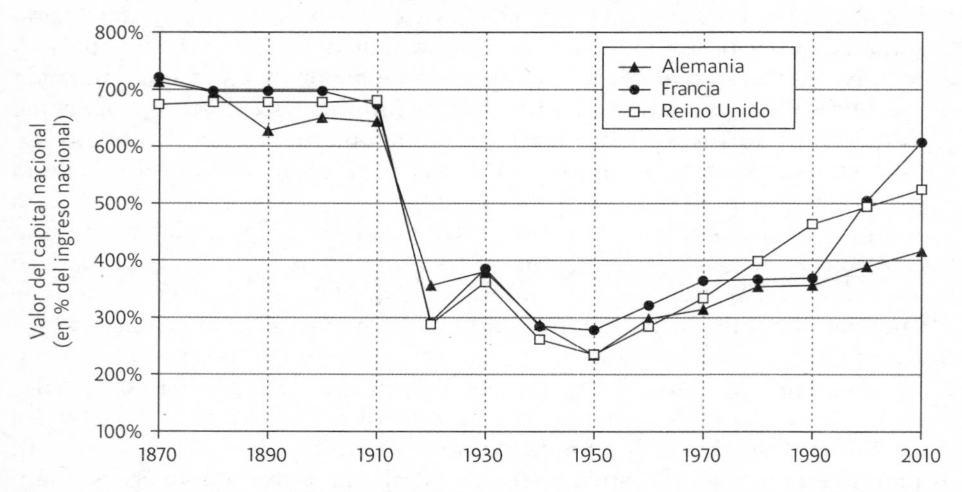

El capital nacional (suma del capital público y privado) equivalía a entre dos y tres años de ingreso nacional en Europa en 1950.
FUENTES Y SERIES: véase piketty.pse.ens.fr/capital21c.

estimaciones disponibles para los casos de Bélgica, Holanda y Austria van en el mismo sentido.[7]

Además, hay que insistir en el hecho de que la caída observada durante el periodo 1914-1945 se explica apenas muy parcialmente por la destrucción física de capital (inmuebles, fábricas, equipos, etc.) provocada por las guerras. Tanto en el Reino Unido como en Francia y Alemania, el valor del capital nacional se situaba entre seis años y medio y siete años del ingreso nacional en 1913, y pasó a alrededor de dos años y medio en 1950, constituyendo una espectacular caída de más de cuatro años de ingreso nacional (véanse las gráficas IV.4 y IV.5). La destrucción física del capital fue, desde luego, sustancial, en particular en Francia durante la primera Guerra Mundial (las zonas del frente bélico en el nordeste del país fueron duramente puestas a prueba), y tanto en Francia como en Alemania durante la segunda Guerra Mundial, cuando tuvieron lugar los bombardeos masivos de 1944-1945 (los combates fueron más cortos que en 1914-1918, pero la tecnología era mucho más destructiva). En resumen, la destrucción acumulada se evalúa en casi un año de ingreso nacional en Francia (es decir, entre una quinta y una cuarta parte de la baja total de la relación capital/ingreso), y un año y medio en Alemania (esto es, aproximadamente una tercera parte de la baja total). Aunque muy significativa, la destrucción no explica más que una parte claramente mino-

[7] Véase el anexo técnico.

ritaria de la caída, incluso en los dos países más dañados por los conflictos. En el Reino Unido, la destrucción física fue en comparación más limitada —nula durante la primera Guerra Mundial, y menos de 10% del ingreso nacional debido a los bombardeos alemanes durante el segundo conflicto mundial—, pero eso no impidió que el capital nacional se desplomara en cuatro años del ingreso nacional (más de 40 veces la destrucción física), tanto como en Francia y Alemania.

En realidad, los choques presupuestarios y políticos provocados por las guerras tuvieron un efecto aún más destructivo para el capital que los propios combates. Aparte de la destrucción física, los principales factores que explican la vertiginosa caída de la relación capital/ingreso entre 1913 y 1950 fueron, por una parte, el desplome de las carteras extranjeras y el muy bajo ahorro que caracterizaron al periodo (sumados a la destrucción, estos factores acumulados explican entre las dos terceras y las tres cuartas partes de la baja) y, por otra parte, los bajos niveles de los precios de los activos vigentes en el nuevo contexto político de propiedad mixta y regulada de la posguerra (entre una cuarta y una tercera parte de la baja).

Ya evocamos anteriormente la importancia de las pérdidas de activos extranjeros, sobre todo en el Reino Unido, donde el capital extranjero neto pasó de casi dos años de ingreso nacional en vísperas de la primera Guerra Mundial a una posición ligeramente negativa en los años cincuenta. La pérdida padecida en las carteras internacionales del Reino Unido fue pues un poco más fuerte que las destrucciones físicas de capital interno francés o alemán, y esto compensó sobradamente la poca destrucción en suelo británico.

La caída de los capitales extranjeros se explica, por una parte, en virtud de las expropiaciones originadas por las revoluciones y los procesos de descolonización (piénsese, por ejemplo, en los empréstitos rusos, abundantemente suscritos por los ahorradores franceses de la Bella Época y repudiados en 1917 por los bolcheviques, y en la nacionalización del Canal de Suez por Nasser en 1956, para desesperación de los accionistas británicos y franceses, que poseían el canal y cobraban dividendos y regalías desde 1869) y, por la otra, principalmente por el muy bajo nivel de ahorro nacional vigente en los diferentes países europeos entre 1914 y 1945, que condujo a los ahorradores británicos y franceses (y en menor grado a los alemanes) a desprenderse de forma progresiva de sus activos extranjeros. Teniendo en cuenta el bajo crecimiento y las repetidas recesiones, el periodo de 1914-1945 fue sombrío para todos los europeos, en particular para los poseedores de riquezas, cuyos ingresos fueron mucho menos florecientes que durante la Bella Época. Las tasas de ahorro privado fueron, en consecuencia, relativamente bajas (sobre todo si se sustraen las reparaciones y reposiciones de los daños de guerra), y para mantener su nivel de vida algunos prefirieron vender progresivamente una parte de sus activos. Las quiebras por la crisis de los años treinta arruinaron también a numerosos accionistas y poseedores de obligaciones.

El escaso ahorro privado fue además absorbido por los enormes déficits públicos, sobre todo durante las guerras: el ahorro nacional, la suma del ahorro privado y del público, fue sumamente bajo tanto en el Reino Unido como en Francia y Alemania entre 1914 y 1945. Los ahorradores prestaron masivamente a sus gobiernos, a veces vendiendo sus activos extranjeros, sólo para ser en última instancia expropiados por la inflación, muy rápido en Francia y Alemania, más lentamente en el Reino Unido, lo que daba a los patrimonios privados británicos la ilusión de estar mejor que sus equivalentes continentales: en realidad, el patrimonio nacional estaba igual de dañado en ambos casos (véanse las gráficas IV.4 y IV.5). A veces los gobiernos pidieron prestado directamente al extranjero: a eso se debe que los Estados Unidos pasaran de una posición negativa en vísperas de la primera Guerra Mundial a una positiva en los años cincuenta. El efecto en el patrimonio nacional del Reino Unido y de Francia fue el mismo.[8]

Al final, la caída de la relación capital/ingreso entre 1913 y 1950 era la historia del suicidio de Europa y, extrañamente, la eutanasia de los capitalistas europeos.

Sin embargo, esta historia política, militar y presupuestaria estaría muy incompleta si no insistiéramos en el hecho de que el bajo nivel de la relación capital/ingreso en la posguerra europea fue en parte una elección positiva, en el sentido de que esta realidad refleja, por un lado, la elección de políticas públicas que apuntaban a reducir —de manera más o menos consciente, y con mayor o menor eficacia— el valor de mercado de los activos y el poder económico de su poseedor. En concreto, los precios tanto del sector inmobiliario como de las empresas se situaron en niveles históricamente bajos entre los años 1950-1960 respecto de los precios de los bienes y servicios, y eso explica parcialmente los bajos niveles de la relación capital/ingreso. En efecto, recordemos que todas las formas de patrimonio se evalúan siempre con respecto a los precios de mercado vigentes en las diferentes épocas. De este modo se introduce una proporción arbitraria —a menudo los mercados son caprichosos—, pero éste es el único método disponible para calcular el acervo de capital nacional: de otro modo, ¿cómo sumar las hectáreas de tierras agrícolas con los metros cuadrados de los edificios y los altos hornos?

Ahora bien, en la posguerra, los precios de las viviendas fueron históricamente bajos, debido sobre todo a las políticas de control de rentas instauradas prácticamente en todas partes durante los periodos de fuerte inflación, a principios de la década de 1920, y más aún en los años cuarenta. Las rentas

[8] La diferencia con la época de Ricardo consistía en que los pudientes británicos de 1800-1810 eran lo bastante prósperos como para generar el ahorro privado suplementario que permitía absorber los déficits públicos sin afectar al capital nacional. Por el contrario, los déficits europeos de los años 1914-1945 se produjeron en un contexto en el que los patrimonios y el ahorro privado estaban ya fuertemente afectados por numerosos choques negativos, por lo que el endeudamiento público agravó la caída del capital nacional.

crecieron menos rápidamente que los demás precios: pasó a ser menos costoso alojarse para los inquilinos y, a la inversa, las rentas produjeron menos para los dueños, de tal manera que los precios de los bienes inmobiliarios bajaron. Asimismo, los precios de las empresas, es decir, el valor de las acciones y de las participaciones de las sociedades cotizadas y no cotizadas, se situaron en niveles relativamente bajos entre 1950 y 1960. Además de que la crisis de los años treinta y las nacionalizaciones de la posguerra debilitaron considerablemente la confianza en los mercados bursátiles, se implantaron nuevas políticas de regulación financiera y de tributación de los beneficios y los dividendos, que contribuyeron a reducir el poder de los accionistas y el valor de sus activos.

Las estimaciones detalladas que hicimos respecto del Reino Unido, Francia y Alemania demuestran que este bajo nivel de los precios de los activos inmobiliarios y bursátiles durante la posguerra explica una parte no despreciable —aunque minoritaria— de la caída de la relación capital nacional/ingreso nacional entre 1913 y 1950: entre una cuarta y una tercera parte de la baja, en función de los países; mientras que los efectos de volumen (bajo ahorro nacional, pérdidas de activos extranjeros, destrucción) representaban entre las dos terceras y las tres cuartas partes de la caída.[9] Asimismo, en el próximo capítulo veremos que el enorme aumento de los precios inmobiliarios y bursátiles desde la década de 1970-1980, sobre todo entre los años de 1990-2000, explica una parte significativa del ascenso en la relación capital/ingreso, aunque, una vez más, menos importante que los efectos de volumen, vinculados en este caso con la reducción estructural de la tasa de crecimiento.

El capital en los Estados Unidos: más estable que en Europa

Antes de estudiar en mayor detalle la fase del aumento de la relación capital/ingreso en la segunda mitad del siglo xx y de analizar las perspectivas para el siglo xxi —lo que haremos en el próximo capítulo—, llega el momento de dejar atrás el marco europeo y examinar las formas y los niveles adoptados por el capital en la historia de los Estados Unidos.

Varios hechos sobresalen con claridad. En primer lugar, los Estados Unidos aparecen como el Nuevo Mundo donde el capital cuenta menos que en el Viejo Mundo, a saber, la vieja Europa. Más exactamente, el valor del acervo de capital nacional, según múltiples estimaciones realizadas en esa época que reunimos y confrontamos entre sí, al igual que respecto de los demás países, era de apenas más de tres años de ingreso nacional en el momento de la independencia de los Estados Unidos, en torno a 1770-1810. El valor de las tierras agrícolas se situaba entre un año y un año y medio del ingreso

[9] Véase el anexo técnico.

GRÁFICA IV.6. *El capital en los Estados Unidos, 1770-2010*

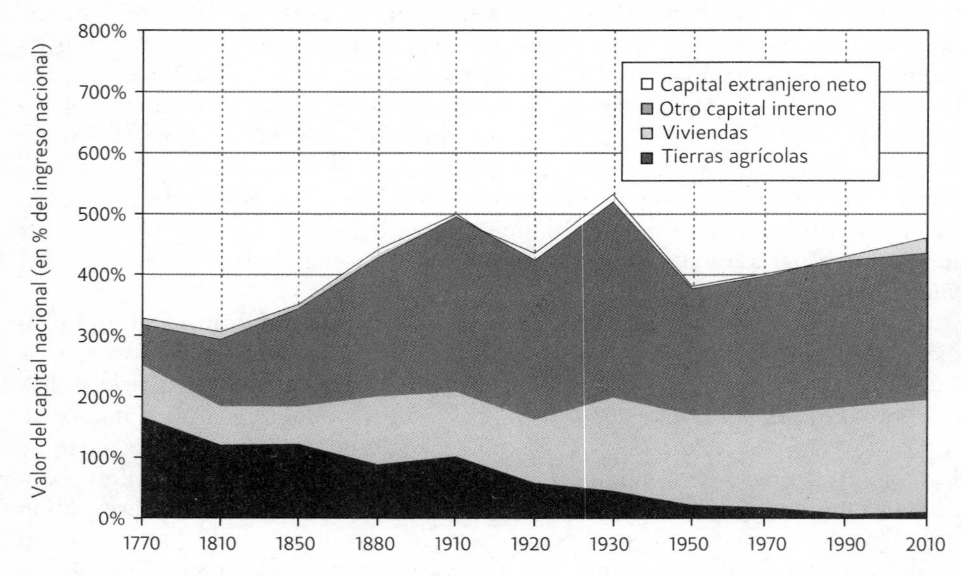

El capital nacional equivalía a tres años de ingreso nacional en los Estados Unidos en 1770 (con un 1.5 dedicado a tierras agrícolas).

FUENTES Y SERIES: véase piketty.pse.ens.fr/capital21c.

nacional (véase la gráfica IV.6). Sin importar la incertidumbre, no hay ninguna duda de que la proporción capital/ingreso era entonces mucho más baja en las colonias americanas que en el Reino Unido y el reino de Francia, donde el capital nacional valía unos siete años de ingreso nacional, de los cuales casi cuatro correspondían a las tierras agrícolas (véanse las gráficas III.1 y III.2).

El aspecto esencial es que América del Norte abarcaba desde luego muchas más hectáreas de tierra por habitante que la vieja Europa; en volumen, contaba entonces con mucho más capital por habitante. Sin embargo, tenía tanta tierra que su valor comercial se redujo a niveles muy bajos: cualquiera podía poseer enormes cantidades, por lo cual la tierra no valía gran cosa. Dicho de otra manera, el efecto del precio contrarrestaba considerablemente el efecto del volumen. En el momento en que el volumen de capital de un tipo específico rebasa ciertos umbrales, es inevitable que su precio caiga a niveles tan bajos que el producto de ambos, es decir, el valor del capital, es más bajo que cuando se tiene un volumen más moderado.

La considerable diferencia entre el precio de la tierra en el Nuevo Mundo y en Europa a finales del siglo XVIII y principios del XIX se confirma además en todas las fuentes históricas disponibles sobre transacciones y transmisiones de tierras agrícolas (por ejemplo, los inventarios de bienes en el momento del fallecimiento y las actas de sucesión).

El hecho de que los demás tipos de capitales —viviendas y otros capitales internos— se situaran asimismo en niveles bastante bajos en los Estados Unidos en la época colonial y en el momento del nacimiento de la república estadunidense obedecía a otra lógica, sin duda no tan sorprendente. Los recién llegados, que representaban una porción muy importante de la población, no cruzaron el Atlántico con su capital vivienda o con sus máquinas, y se requería tiempo para acumular el equivalente de varios años de ingreso nacional en bienes inmobiliarios y equipos profesionales.

No nos equivoquemos: la debilidad de la relación capital/ingreso en los Estados Unidos refleja una diferencia fundamental en la estructura de las desigualdades sociales respecto de Europa. El hecho de que la totalidad de los patrimonios representara apenas tres años de ingreso nacional en los Estados Unidos, frente a más de siete en Europa, significa muy concretamente que el peso de los propietarios y de las posiciones adquiridas en el pasado tenía menos importancia en el Nuevo Mundo. Era posible, con algunos años de trabajo y producción, cerrar las diferencias iniciales en los patrimonios entre grupos sociales, o al menos cerrarlas más rápido que en Europa.

En 1840, Tocqueville señaló muy acertadamente que "el número de grandes fortunas en Estados Unidos es muy pequeño, y el capital es aún escaso", viendo en ello uno de los orígenes más evidentes del espíritu democrático que —en su opinión— reinaba en los Estados Unidos. Añadía que todo resultaba —según sus observaciones— del bajo precio de las tierras agrícolas: "En América, la tierra cuesta poco, y cualquiera puede volverse propietario".[10] He aquí el ideal de Jefferson de una sociedad de pequeños terratenientes libres e iguales.

Durante el siglo XIX, esta situación evolucionó: la participación de la agricultura en la producción disminuyó de forma progresiva y el valor de las tierras agrícolas retrocedió paulatinamente, como en Europa. Sin embargo, los Estados Unidos acumulaban un acervo considerable de capital inmobiliario e industrial, de tal manera que el capital nacional se aproximaba a cinco años de ingreso nacional en 1910, frente a tres años en 1810. La diferencia con la vieja Europa seguía presente, pero considerablemente disminuida: se redujo a la mitad en un siglo (véase la gráfica IV.6). Los Estados Unidos se volvieron capitalistas, pero el patrimonio seguía pesando menos que en la Europa de la Bella Época (por lo menos si se consideraba el inmenso territorio estadunidense en su conjunto). Si nos limitáramos a la costa este, advertiríamos una diferencia aún más reducida. En su película *Titanic*, James Cameron puso en escena la estructura social de 1912. Eligió mostrar

[10] Véase A. de Tocqueville, *De la démocratie en Amérique*, t. 2 (1840), parte 2, cap. 19, y parte 3, cap. 6. [*La democracia en América*, 2ª ed., trad. Luis R. Cuéllar, FCE, México, 2005.]

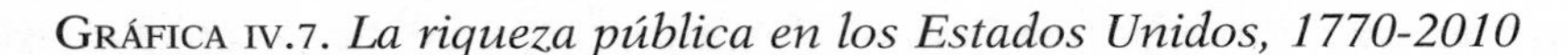

GRÁFICA IV.7. *La riqueza pública en los Estados Unidos, 1770-2010*

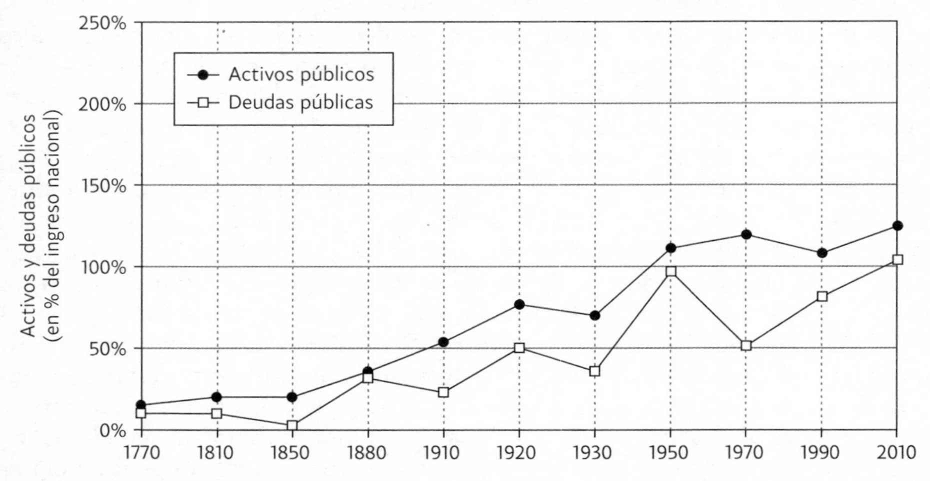

La deuda pública equivalía a un año de ingreso nacional en los Estados Unidos en 1950 (casi tanto como los activos).

FUENTES Y SERIES: véase piketty.pse.ens.fr/capital21c.

a los ricos estadunidenses, cuya prosperidad —y también la arrogancia y el desprecio de clase— parecía haber alcanzado la de los dueños europeos, como muestra la imagen del detestable personaje Hockley, que pretendía devolver a la joven Rose a Filadelfia para desposarla (heroica, ella se niega a ser tratada como una propiedad, convirtiéndose en Rose Dawson). Las novelas de Henry James, que transcurrían en las ciudades de Boston y Nueva York del periodo 1880-1910, mostraban también sociedades en las que el patrimonio inmobiliario, industrial y financiero contaba casi tanto como en las novelas europeas: los tiempos habían cambiado mucho desde que los Estados Unidos fueran un territorio sin capitales en la época de la Independencia.

Los choques del siglo XX afectaron a los Estados Unidos con mucha menor violencia que a Europa, de tal manera que la relación entre el capital nacional y el ingreso nacional parecía ser mucho más estable en los Estados Unidos: osciló entre cuatro y cinco años de 1910 a 2010 (véase la gráfica IV.6), mientras que en Europa pasó de más de siete años a menos de tres, antes de volver a subir a cinco-seis (véanse las gráficas III.1 y III.2).

Desde luego, los capitales estadunidenses padecieron también los contragolpes de las crisis del periodo de 1914-1945: el endeudamiento creció ostensiblemente en los Estados Unidos debido a las guerras —sobre todo durante la segunda Guerra Mundial—, lo que afectó al ahorro nacional, todo ello en un contexto económico inestable. A la euforia de los años veinte sucedió la crisis de los treinta (según Cameron, el odioso Hockley se suicidó en octubre

GRÁFICA IV.8. *Capital privado y público en los Estados Unidos, 1770-2010*

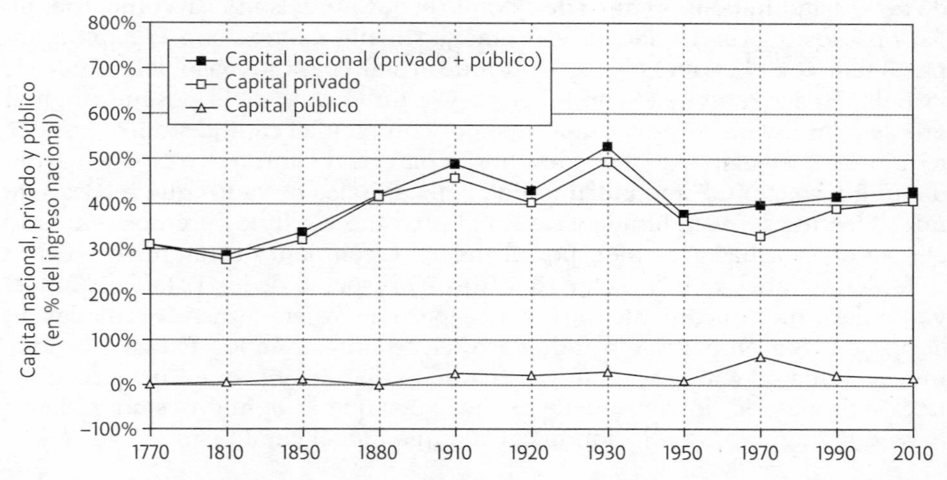

En 2010, el capital público equivalía a 20% del ingreso nacional, frente a más de 400% con respecto al capital privado.

FUENTES Y SERIES: véase piketty.pse.ens.fr/capital21c.

de 1929). Además, los Estados Unidos pusieron en práctica, durante la presidencia de Roosevelt, el mismo tipo de políticas públicas que en Europa (como la regulación de las rentas) para reducir el peso del capital privado. Al final de la segunda Guerra Mundial, tanto la capitalización inmobiliaria como la bursátil se encontraron en niveles históricamente bajos. Con respecto a la tributación progresiva, los Estados Unidos fueron más allá que Europa, prueba sin duda de que les preocupaba más reducir las desigualdades que erradicar la propiedad privada (volveremos a ello posteriormente). No se estableció ninguna política masiva de nacionalización. Sin embargo, se pusieron en marcha importantes inversiones públicas a partir de la década de 1930-1940, sobre todo en infraestructura. La inflación y el crecimiento acabaron por devolver la deuda pública a un nivel modesto entre los años 1950-1960, de suerte que el patrimonio público era claramente positivo en 1970 (véase la gráfica IV.7). Al final, los capitales privados estadunidenses pasaron de casi cinco años de ingreso nacional en 1930 a menos de tres años y medio en 1970, lo que constituye, sin embargo, una disminución considerable (véase la gráfica IV.8).

No obstante, la curva en U seguida por la relación capital/ingreso en el siglo XX tuvo una amplitud claramente menos marcada en los Estados Unidos que en Europa. Expresado en años de ingreso o de producción, el capital parecía haber alcanzado una cuasi-estabilidad en los Estados Unidos desde principios del siglo XX, a tal punto que se consideraba la estabilidad de la relación capital/ingreso o capital/producto como una ley universal en los libros de texto estadunidenses (valga de ejemplo el de Samuelson). En comparación, Europa sostuvo una relación espectacularmente caótica con el capital, en particular con el capital privado, durante el siglo pasado: pasó del mundo de la Bella Época, en que el capital era rey, a un mundo de la posguerra en el que se pensaba haber erradicado casi por completo el capitalismo, y después a un inicio del siglo XXI en el que Europa parece encontrarse a la vanguardia de un nuevo capitalismo patrimonial, con capitales privados que rebasan de nuevo los niveles estadunidenses. En el próximo capítulo veremos que todo ello se explica bastante bien por el menor crecimiento económico y sobre todo demográfico que caracterizó a Europa respecto de los Estados Unidos, y que llevó mecánicamente a un mayor peso de las riquezas acumuladas en el pasado. Sin embargo, en todo caso, el hecho es que los Estados Unidos tuvieron una relación capital/ingreso mucho más estable que Europa durante el siglo pasado, lo cual puede explicar por qué la opinión estadunidense parece mantener una relación más tranquila con el capitalismo.

El Nuevo Mundo y los capitales extranjeros

Otra diferencia esencial entre la historia del capital en los Estados Unidos y en Europa es que en aquéllos los capitales extranjeros tuvieron siempre una importancia relativamente limitada. Esto refleja el hecho de que los Estados Unidos, primera colonia en haber obtenido su independencia, jamás fueron una potencia colonial.

A lo largo del siglo XIX, los Estados Unidos tuvieron una posición patrimonial ligeramente negativa respecto del resto del mundo: lo que los residentes estadunidenses poseían en el resto del mundo era inferior a lo que los residentes del resto del mundo —sobre todo británicos— poseían en los Estados Unidos. Sin embargo, la diferencia era baja, ya que representaba a lo sumo 10-20% del ingreso nacional estadunidense, y generalmente menos de 10% entre 1770 y 1910.

Por ejemplo, en vísperas de la primera Guerra Mundial, el capital interior de los Estados Unidos —tierras agrícolas, viviendas, otros capitales internos— se valuaba en 500% de su ingreso nacional. De este total, los activos propiedad de inversionistas extranjeros (restados de los activos extranjeros propiedad de inversionistas estadunidenses) representaban el equivalente a 10% del ingreso nacional. El capital nacional, o patrimonio nacional neto, era pues igual a aproximadamente 490% del ingreso nacional. Dicho de otro modo, el país era propiedad en un 98% de los estadunidenses y en un 2%, de extranjeros. Se estaba, en consecuencia, muy cerca de una situación de equilibrio, sobre todo en comparación con los enormes activos extranjeros propiedad de los europeos: entre uno y dos años de ingreso nacional en Francia y el Reino

Unido, y medio año en Alemania. Puesto que el PIB estadunidense suponía apenas poco más de la mitad del PIB de Europa occidental en 1913, los europeos de entonces poseían sólo una pequeña parte de sus activos extranjeros en los Estados Unidos (menos de 5% de su cartera). En resumen, en el mundo de 1913 Europa poseía buena parte de África, Asia y Latinoamérica, y los Estados Unidos se poseían a sí mismos.

Con las guerras mundiales, la posición patrimonial estadunidense se invirtió: de negativa en 1913, pasó a ser ligeramente positiva a partir de 1920 y permaneció así hasta 1970-1980. Los Estados Unidos financiaron a las partes en conflicto y de esta manera se convirtieron en acreedores de los países europeos, tras haber sido sus deudores. Sin embargo, hay que insistir en el hecho de que los activos extranjeros netos propiedad de los estadunidenses permanecieron siempre relativamente modestos: apenas 10% del ingreso nacional (véase la gráfica IV.6).

En particular, en los años cincuenta y sesenta el capital extranjero neto propiedad de los Estados Unidos seguía siendo bastante limitado (apenas 5% del ingreso nacional, cuando el capital nacional se aproximaba a 400%, es decir, 80 veces más). Las inversiones de las sociedades multinacionales estadunidenses en Europa y en el resto del mundo alcanzaban niveles que entonces parecían considerables, en especial para los europeos, acostumbrados a poseer el mundo y a quienes les sentaba bastante mal deber en parte su reconstrucción al Tío Sam y al Plan Marshall. En realidad, más allá de los traumas nacionales, estas inversiones conservarán siempre una amplitud limitada en comparación con las inversiones que las antiguas potencias coloniales tenían en todo el planeta unos cuantos decenios antes. Además, las inversiones estadunidenses en Europa y en otras partes se veían compensadas por el mantenimiento de fuertes participaciones extranjeras en los Estados Unidos, sobre todo procedentes del Reino Unido. En la serie *Mad Men*, cuya acción se desarrolla a principios de los años sesenta, la agencia neoyorquina Sterling Cooper es comprada por distinguidos accionistas británicos, lo que provoca un choque cultural en el pequeño mundo de la publicidad de Madison Avenue: nunca es fácil ser propiedad del extranjero.

La posición patrimonial de los Estados Unidos se volvió ligeramente negativa durante los años ochenta, y después, entre 1990 y 2000, cada vez más negativa a medida que se acumulaban los déficits comerciales. Sin embargo, las inversiones estadunidenses en el extranjero seguían produciendo un rendimiento mucho más elevado de lo que costaban las deudas estadunidenses —es el privilegio originado en la confianza en el dólar—, lo que permitió limitar la degradación de la posición negativa estadunidense, que era aproximadamente de 10% del ingreso nacional en la década de 1990 y rebasaba ligeramente el 20% a principios de la década de 2010 (volveremos a esta dinámica de la tasa de rendimiento). Al final, la situación actual es, pues, bastante parecida a la que prevalecía en vísperas de la primera Guerra Mundial. El capital interno de los Estados Unidos se valúa en torno a 450% de su ingreso nacional. De ese total, los activos propiedad de los inversionistas extranjeros (restando los activos extranjeros propiedad de estadunidenses) representan el equivalente a 20% del ingreso nacional. El patrimonio nacional neto de los Estados Unidos es, según estas estimaciones, igual a aproximadamente 430% del ingreso nacional. Dicho de otro modo, los Estados Unidos son propiedad en más de 95% de sus residentes y en menos de 5% de extranjeros.

En resumen: a lo largo de su historia, los Estados Unidos tuvieron en ocasiones una posición patrimonial ligeramente negativa respecto del resto del mundo y, en otros momentos, una posición un poco positiva, pero tales posiciones siempre tuvieron una importancia relativamente pequeña respecto de la masa de los capitales propiedad de los estadunidenses (siempre menos de 5%, y en general menos de 2%).

Canadá: propiedad duradera de la Corona

Es interesante señalar que sucede algo totalmente diferente con Canadá, cuyo capital interno en gran parte —hasta un cuarto a finales del siglo XIX y principios del XX— era propiedad de los inversionistas extranjeros, principalmente británicos, en particular en el sector de los recursos naturales (minas de cobre, cinc, aluminio, así como en los hidrocarburos). En 1910 el capital interno de Canadá se estimaba en torno a 530% de su ingreso nacional. De ese total, los activos propiedad de inversionistas extranjeros (restando los activos extranjeros propiedad de inversionistas canadienses) representaban el equivalente de 120% del ingreso nacional, es decir, entre una quinta y una cuarta parte del total. El patrimonio nacional neto de Canadá era entonces igual a aproximadamente 410% del ingreso nacional (véase la gráfica IV.9).[11]

Esta situación evolucionó mucho, sobre todo después de las guerras mundiales, que llevaron a los europeos a desprenderse de buena parte de sus haberes extranjeros. Sin embargo, eso requirió tiempo: de los años cincuenta a los ochenta, la deuda extranjera neta de Canadá representaba 10% de su capital interno, en un contexto de creciente endeudamiento público a finales del periodo, que se consolidaría entre los años 1990-2000.[12] A principios de la década de 2010, la situación canadiense era bastante parecida a la de los Estados Unidos. El capital interno se estimaba en alrededor de 410% del

[11] En las gráficas III.1, III.2, IV.1, IV.6 y IV.9 indicamos en tono claro las posiciones positivas respecto del resto del mundo (periodos de capital extranjero positivo) y en tonos oscuros las posiciones negativas (periodos de deuda extranjera neta positiva). Las series completas utilizadas para establecer el conjunto de estas gráficas se encuentran en el anexo técnico, disponible en línea.

[12] Véanse las gráficas suplementarias S4.1 y S4.2 (disponibles en línea).

GRÁFICA IV.9. *El capital en Canadá, 1860-2010*

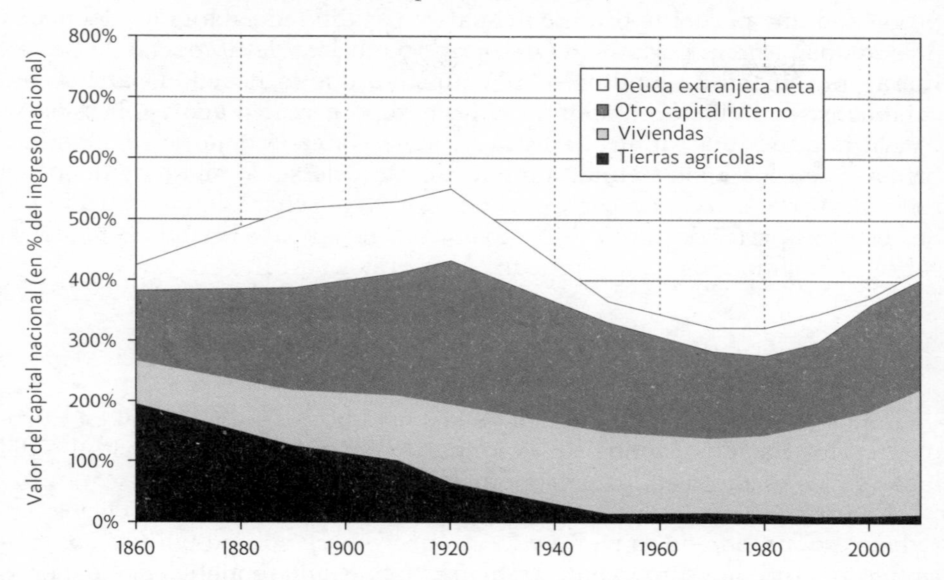

En Canadá, una parte sustancial del capital interno siempre fue de propiedad extranjera, y el capital nacional siempre fue inferior al capital interno.

FUENTES Y SERIES: véase piketty.pse.ens.fr/capital21c.

ingreso nacional. De ese total, los activos propiedad de inversionistas extranjeros (restando los activos extranjeros propiedad de inversionistas canadienses) representaban menos de 10% del ingreso nacional. En términos de posición patrimonial neta, Canadá era entonces propiedad en más de 98% de sus residentes y en menos de 2% de extranjeros.[13]

Esta comparación entre los Estados Unidos y Canadá es interesante, pues resulta difícil encontrar razones puramente económicas para explicar trayectorias tan enteramente diferentes en el seno de América del Norte. Es evidente que los factores políticos desempeñaron un papel central. A pesar de que Estados Unidos siempre dio muestras de una gran apertura frente a las inversiones extranjeras, es difícil imaginar a su opinión pública aceptando, en el siglo XIX, que una cuarta parte del país fuera propiedad del antiguo colonizador.[14] Esta situación planteaba menos problemas en Canadá, que enton-

[13] Sin embargo, hay que subrayar que este punto de vista acerca del capital extranjero neto oculta la importancia de las participaciones cruzadas entre países, a las cuales volveremos en el próximo capítulo.

[14] Respecto de las reacciones suscitadas por los inversionistas europeos en los Estados Unidos en el siglo XIX, véase por ejemplo M. Wilkins, *The History of Foreign Investment in the United States to 1914*, Harvard University Press, Cambridge, 1989, cap. 16.

ces era una colonia británica: el hecho de que el Reino Unido tuviera en propiedad una parte importante del país no se diferenciaba tanto del hecho de que una parte importante de las tierras o fábricas de Escocia o de Sussex fueran propiedad de londinenses. Asimismo, que la posición patrimonial canadiense se hubiera mantenido tanto tiempo negativa debía relacionarse con la falta de una ruptura política violenta (Canadá dejó de ser dominio británico en los años treinta, aunque su jefe de Estado siguiera siendo la reina de Inglaterra) y, en consecuencia, con la ausencia de expropiaciones, que en otras partes del mundo acompañaron en general a las independencias, sobre todo en lo tocante a los recursos naturales.

El Nuevo Mundo y el Viejo Mundo: el peso de la esclavitud

Es imposible concluir este examen de las metamorfosis del capital en Europa y en los Estados Unidos sin examinar la cuestión de la esclavitud y del lugar de los esclavos en los patrimonios estadunidenses.

Thomas Jefferson no sólo poseía tierras: tenía también 600 esclavos, heredados sobre todo de su padre y de su suegro, y su actitud política sobre el asunto siempre fue sumamente ambigua. Su ideal de república de pequeños propietarios, con derechos iguales, no incluía a la gente de color, sobre la cual descansaba en gran medida la economía de su Virginia natal. Sin embargo, en cuanto fue presidente de los Estados Unidos, en 1801, gracias a los votos de los estados del sur, firmó una ley que ponía fin a la importación de nuevos esclavos a suelo estadunidense a partir de 1808. Eso no impidió un fuerte crecimiento del número de esclavos (el incremento natural era menos costoso que la compra), multiplicado por dos y medio entre el periodo de la Declaración de Independencia, en la década de 1770 (alrededor de 400 000 esclavos), y el censo de 1800 (un millón de esclavos), luego de nuevo por más de cuatro entre 1800 y el censo de 1860 (más de cuatro millones de esclavos), es decir, en total una multiplicación por 10 en menos de un siglo. La economía esclavista se hallaba en pleno crecimiento cuando estalló la Guerra de Secesión, en 1861, conflicto que terminó en la abolición de la esclavitud en 1865.

Hacia 1800, los esclavos representaban casi 20% de la población de los Estados Unidos: alrededor de un millón de una población total de cinco millones de habitantes. En los estados del sur, donde se concentraba la casi totalidad de los esclavos,[15] la proporción alcanzaba 40%: un millón de esclavos, un millón y medio de blancos, para una población de 2.5 millones de habitantes. No todos los blancos poseían esclavos, y sólo una ínfima minoría tenía tantos como Jefferson: la riqueza basada en la esclavitud era una de las más concentradas que existían, como veremos en la tercera parte de este libro.

[15] Sólo había unas cuantas decenas de miles de esclavos en el norte. Véase el anexo técnico.

Hacia 1860, la proporción de esclavos en el conjunto de los Estados Unidos cayó a aproximadamente 15% (unos 4 millones para una población total de 30 millones), si tenemos en cuenta el fuerte incremento de la población de los estados del norte y del oeste. Sin embargo, en los estados del sur la proporción se mantuvo en 40%: 4 millones de esclavos, 6 millones de blancos, para una población total de 10 millones.

Hay numerosas fuentes históricas que permiten conocer los precios de los esclavos en los Estados Unidos entre 1770 y 1860: los inventarios de bienes en el momento del fallecimiento *(probate records)* reunidos por Alice Hanson Jones, los datos fiscales y los censos utilizados por Raymond Goldsmith, o los datos de las transacciones y de los mercados de esclavos reunidos sobre todo por Robert Fogel. Al confrontar estas diferentes fuentes, con un elevado grado de coherencia en conjunto, llegamos a las estimaciones promedio indicadas en las gráficas IV.10 y IV.11.

Se advierte que el valor total de los esclavos era de casi un año y medio de ingreso nacional en los Estados Unidos a finales del siglo XVIII y durante la primera mitad del XIX, es decir, casi tanto como el valor de las tierras agrícolas. Si se incluye a los esclavos con los demás elementos del patrimonio, se observa que el total de los patrimonios estadunidenses era finalmente bastante estable desde la época colonial hasta nuestros días, en torno a cuatro años y medio o cinco años de ingreso nacional (véase la gráfica IV.10). Desde luego, semejante suma es más que discutible: es el sello distintivo de una civilización que trató a ciertos individuos como objetos para ser poseídos, y no como sujetos dotados de derechos, incluyendo, en particular, el derecho de propiedad.[16] Sin embargo, esto permite medir la importancia del patrimonio esclavo para los propietarios.

Esto se pone de manifiesto de manera más clara si se distingue a los estados del sur de los del norte, y si se compara la estructura del capital (incluyendo a los esclavos) en las dos partes de los Estados Unidos hacia 1770-1810 con la que estaba vigente en el Reino Unido y Francia en la misma época (véase la gráfica IV.11). En el sur de los Estados Unidos, el valor total de los esclavos se situaba entre dos y medio y tres años del ingreso nacional, de tal manera que el valor combinado de las tierras agrícolas y de los esclavos rebasaba los cuatro años de ingreso nacional. Al final, los dueños de esclavos del Nuevo Mundo controlaban más riquezas que los terratenientes de la vieja Europa. Sus tierras agrícolas no valían gran cosa, pero, como tuvieron la buena idea de poseer también la fuerza de trabajo dedicada a esas tierras, su patrimonio total era aún más elevado.

[16] Si cada individuo es tratado como sujeto, la esclavitud (que puede ser vista como una forma extrema de deuda de un individuo respecto de otro) no incrementa el patrimonio nacional, al igual que ocurre con el conjunto de las deudas privadas o públicas (las deudas son pasivos para algunos individuos y activos para otros y, por consiguiente, se anulan a nivel global).

GRÁFICA IV.10. *Capital y esclavitud en los Estados Unidos*

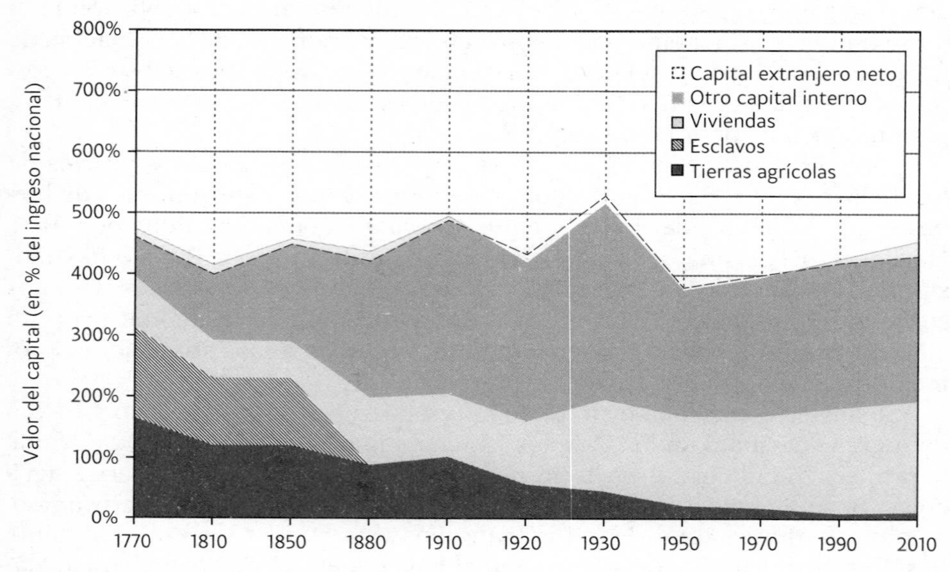

El valor de mercado de los esclavos alcanzó 1.5 años de ingreso nacional en los Estados Unidos en 1770 (tanto como las tierras).

FUENTES Y SERIES: véase piketty.pse.ens.fr/capital21c.

Al sumar el valor mercantil de los esclavos a los demás elementos del patrimonio, se rebasaban los seis años de ingreso nacional en los estados del sur, es decir, casi tanto como el valor total del capital en el Reino Unido y Francia. A la inversa, en los estados del norte, donde casi no había esclavos, el total de los patrimonios era efectivamente muy bajo: apenas tres años de ingreso nacional, esto es, dos veces menos que en el sur y que en Europa.

Se advierte que los Estados Unidos de antes de la Guerra de Secesión distan mucho de ser el mundo sin capital que evocamos antes. En realidad, el Nuevo Mundo combinaba dos realidades totalmente opuestas: por un lado, en el norte, un mundo relativamente igualitario en el que, en efecto, el capital no valía gran cosa, pues las tierras eran tan abundantes que cualquiera podía ser dueño a un bajo precio, y también porque los nuevos migrantes todavía no habían tenido tiempo de acumular mucho capital; por el otro, en el sur, un mundo en el que las desigualdades en torno a la propiedad adquirían, por el contrario, la forma más extrema y violenta posible, ya que una mitad de la población poseía a la otra mitad, y el capital esclavo en gran medida sustituyó y superó al capital en tierras.

Esta relación compleja y contradictoria de los Estados Unidos con la desigualdad se observa en gran medida hasta nuestros días: por una parte, una

GRÁFICA IV.11. *Capital hacia 1770-1810: Viejo y Nuevo Mundo*

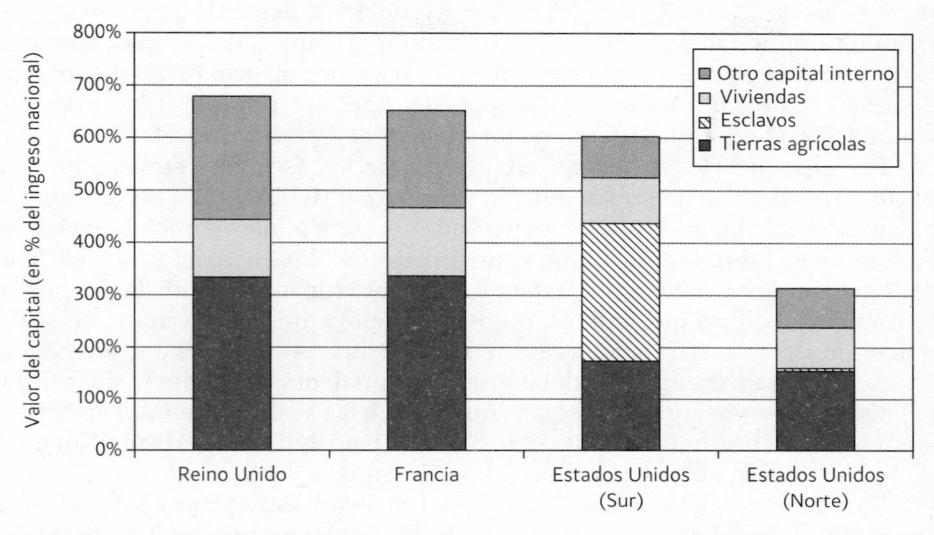

El valor combinado de las tierras agrícolas y de los esclavos en estados del sur de los Estados Unidos rebasaba los cuatro años de ingreso nacional hacia el periodo 1770-1810.

FUENTES Y SERIES: véase piketty.pse.ens.fr/capital21c.

promesa igualitaria y una considerable esperanza en la tierra de oportunidades que representan los Estados Unidos para millones de emigrantes de origen humilde; por la otra, una forma sumamente brutal de desigualdad, sobre todo en torno a la cuestión racial, muy presente hoy en día (los negros del sur de los Estados Unidos se vieron privados de derechos cívicos y fueron objeto de un régimen de segregación legal hasta la década de 1960, régimen jurídico que no carecía de relación con el sistema del *apartheid* que en Sudáfrica se prolongó hasta los años ochenta), y que sin duda explica muchos aspectos del desarrollo —o más bien del no desarrollo— del Estado social estadunidense.

CAPITAL ESCLAVO Y CAPITAL HUMANO

No intentamos estimar el valor del capital esclavo en otras sociedades esclavistas. En el Reino Unido, donde se abolió la esclavitud en 1833-1838, o en Francia, donde la abolición se hizo en dos etapas (la primera en 1792, seguida del restablecimiento de la esclavitud por Napoleón en 1803, y luego la abolición definitiva en 1848), una parte del capital extranjero en el siglo XVIII y principios del XIX adquirió la forma de plantaciones en las Antillas (a imagen de sir Thomas en *Mansfield Park*) o en las islas esclavistas del océano

Índico (isla de Bourbon e isla de Francia, transformadas en la isla de la Reunión y la isla Mauricio después de la Revolución francesa). Los activos, pues, incluían implícitamente esclavos, que no intentamos calcular por separado. El total de los activos extranjeros, sin embargo, no rebasaba 10% del ingreso nacional en esos dos países a principios del siglo XIX, por lo que la importancia de los esclavos era mucho menor que en los Estados Unidos.[17]

Por el contrario, en las sociedades donde los esclavos representan una parte importante de la población, el valor mercantil del capital esclavo puede alcanzar desde luego niveles muy elevados, potencialmente incluso más elevados que en los Estados Unidos y superiores a cualquier otra forma de riqueza. Consideremos un caso extremo en el que prácticamente toda la población fuera propiedad de una ínfima minoría. Supongamos, de forma ilustrativa, que el producto del trabajo (es decir, lo que rinde el trabajo a los dueños de los esclavos) representa 60% del ingreso nacional, que el producto del capital (es decir, las rentas, beneficios, etc., que rinden las tierras y demás capitales a sus dueños) representa 40% del ingreso nacional y que la tasa de rendimiento de todas las formas de capital no humano sea de 5% anual.

Por definición, el valor del capital nacional (sin considerar a los esclavos) es igual a ocho años de ingreso nacional (es la primera ley fundamental del capitalismo, $\beta = \alpha / r$, introducida en el capítulo I).

En una sociedad esclavista se puede aplicar la misma ley para el capital esclavo: si los esclavos rinden el equivalente a 60% del ingreso nacional y si la tasa de rendimiento anual en todas las formas de capital es de 5%, entonces el valor mercantil del acervo total de esclavos es igual a 12 años de ingreso nacional (es decir, un 50% más que el capital nacional, simplemente porque los esclavos producen 50% más que el capital). Si se añade el valor de los esclavos al del capital, entonces se obtienen naturalmente 20 años de ingreso nacional, ya que la totalidad del flujo anual de ingreso y de producción se capitaliza a una tasa de 5%.

En el caso de los Estados Unidos en el periodo de 1770-1810, el valor del capital esclavo era del orden de un año y medio del ingreso nacional (y no de 12 años), porque, por una parte, la proporción de esclavos en la población era de 20% (y no de 100%) y, por la otra, debido a que la productividad promedio de los esclavos se hallaba ligeramente por debajo de la productividad promedio del trabajo, y porque la tasa de rendimiento del capital esclavo

[17] El número de esclavos emancipados en 1848 en las colonias francesas se calcula en 250 000 (es decir, menos de 10% del número de esclavos en los Estados Unidos). Sin embargo, al igual que en los Estados Unidos, se prolongaron formas de desigualdad jurídica mucho después de la emancipación formal: por ejemplo, en la isla de la Reunión, después de 1848 se exigió a los antiguos esclavos que presentaran un contrato de trabajo como empleados domésticos u obreros en una plantación, sin el cual podrían ser detenidos y encarcelados por indigencia. La diferencia respecto del régimen legal anterior, en el que los esclavos en fuga eran perseguidos y devueltos a su dueño, fue real, pero equivalía más a una variación que a una ruptura real.

suele ser más cercana a 7-8% —incluso superior— que a 5%, razón por la cual se daba una capitalización más baja. En la práctica, en los Estados Unidos, antes de la Guerra de Secesión, el precio de mercado de un esclavo solía equivaler a 10 o 12 años del sueldo de un trabajador libre (y no a 20 años, como lo habrían exigido una productividad equivalente y un rendimiento de 5%). Hacia 1860, el precio promedio de un esclavo hombre, joven y en buenas condiciones físicas era de alrededor de 2000 dólares, mientras que el salario anual de un trabajador agrícola libre era del orden de 200 dólares.[18] Sin embargo, se debe precisar que los precios variaban mucho conforme a las características del esclavo y la manera en que su dueño lo evaluaba: en *Django Unchained,* Quentin Tarantino presenta al rico hacendado dispuesto a deshacerse de la bella Brunilda por sólo 700 dólares, pero al mismo tiempo exigía 12000 dólares por sus mejores esclavos de combate.

En todo caso, se advierte que este tipo de cálculo sólo tiene sentido en las sociedades esclavistas, en las que en realidad el capital humano puede venderse en un mercado sobre una base permanente e irrevocable. Algunos economistas, en particular en una serie de informes recientes del Banco Mundial consagrados a la "riqueza de las naciones", eligen calcular el valor total del "capital humano" capitalizando el valor del flujo de ingreso del trabajo a partir de una tasa de rendimiento anual más o menos arbitraria (del tipo de 4 o 5%). Estos informes concluyen con admiración que el capital humano representa la primera forma de capital en el mundo encantado del siglo XXI. En realidad, esta conclusión es perfectamente evidente, y se habría obtenido también en el mundo del siglo XVIII: a partir del momento en que más de la mitad del ingreso nacional se destina al trabajo y se elige capitalizar el flujo del producto del trabajo a la misma tasa —o a una tasa semejante— que el del producto del capital, entonces, por definición, el valor del capital humano rebasa el de las demás formas de capital. Para llegar a esta comprobación no es necesario maravillarse ni es requisito indispensable pasar por una operación ficticia de capitalización; basta con comparar los flujos.[19] La atribución de un valor monetario al acervo de capital humano sólo tiene sentido en sociedades en las que efectivamente es posible poseer de manera plena y definitiva a otros individuos, sociedades que *a priori* dejaron definitivamente de existir.

[18] Véase el anexo técnico.

[19] Por ejemplo, si el ingreso nacional se divide en 70% de producto del trabajo y 30% de ingresos del capital, y si se capitaliza el conjunto de esos ingresos al 5%, entonces el valor total del acervo de capital humano será igual a 14 años de ingreso nacional, el del acervo de capital no humano a seis años de ingreso nacional y el conjunto se establecerá, en consecuencia, en 20 años. Con una distribución de 60-40% del ingreso nacional, tal vez más próxima a la realidad vigente en el siglo XVIII (por lo menos en el Viejo Continente), se obtienen 12 y 8 años, siempre para un total de 20 años.

V. LA RELACIÓN CAPITAL/INGRESO A LARGO PLAZO

ACABAMOS de estudiar las metamorfosis del capital en Europa y los Estados Unidos desde el siglo XVIII. A largo plazo, la naturaleza de la riqueza se transformó por completo: el capital rural fue sustituido progresivamente por el capital inmobiliario, industrial y financiero. Sin embargo, el hecho más sorprendente es sin duda que, a pesar de todas estas transformaciones, el valor total del acervo de capital, calculado en años de ingreso nacional —relación que mide la importancia global del capital en la economía y la sociedad—, no parece haber cambiado realmente en el muy largo plazo. Tanto en el Reino Unido como en Francia, países para los cuales disponemos de los datos históricos más completos, el capital nacional representa alrededor de cinco o seis años de ingreso nacional a principios de la década de 2010, es decir, un nivel apenas inferior al observado en los siglos XVIII y XIX, e incluso hasta la primera Guerra Mundial (entre seis o siete años de ingreso nacional). Además, tomando en cuenta el crecimiento fuerte y estable de la relación capital/ingreso observada desde los años cincuenta, es natural preguntarse si este crecimiento proseguirá en las próximas décadas, y si la relación capital/ingreso durante el siglo XXI recuperará —o incluso sobrepasará— sus niveles de los siglos anteriores.

El segundo hecho destacado atañe a la comparación entre Europa y los Estados Unidos. No ha de sorprender que los choques del periodo 1914-1945 afectaran de modo más fuerte y duradero al Viejo Continente; de ahí que haya una relación capital/ingreso más baja en Europa durante buena parte del siglo XX (entre 1920 y 1980). Sin embargo, excepto por este largo periodo de guerras y de la posguerra, se advierte que la relación capital/ingreso siempre ha tendido a ser más elevada en Europa. Esto vale tanto para el siglo XIX y principios del XX (con una relación capital/ingreso del orden de seis-siete en Europa, frente a cuatro-cinco en los Estados Unidos) como para fines del siglo XX y principios del XXI: los capitales privados europeos rebasaron de nuevo los niveles estadunidenses a principios de la década de 1990 y se acercaron a los seis años de ingreso nacional en la década de 2010, frente a apenas más de cuatro años en los Estados Unidos (véanse las gráficas V.1 y V.2).[1]

[1] La relación capital/ingreso europea indicada en las gráficas V.1 y V.2 se estimó calculando el promedio de las series disponibles para las cuatro principales economías del continente (Alemania, Francia, Reino Unido e Italia), ponderadas por el ingreso nacional de cada país. En conjunto, esos cuatro países representan más de las tres cuartas partes del PIB de Europa Occidental, y casi las dos terceras partes del PIB europeo. Tomar en cuenta los demás países (en

GRÁFICA V.1. *El capital privado y público: Europa y los Estados Unidos, 1870-2010*

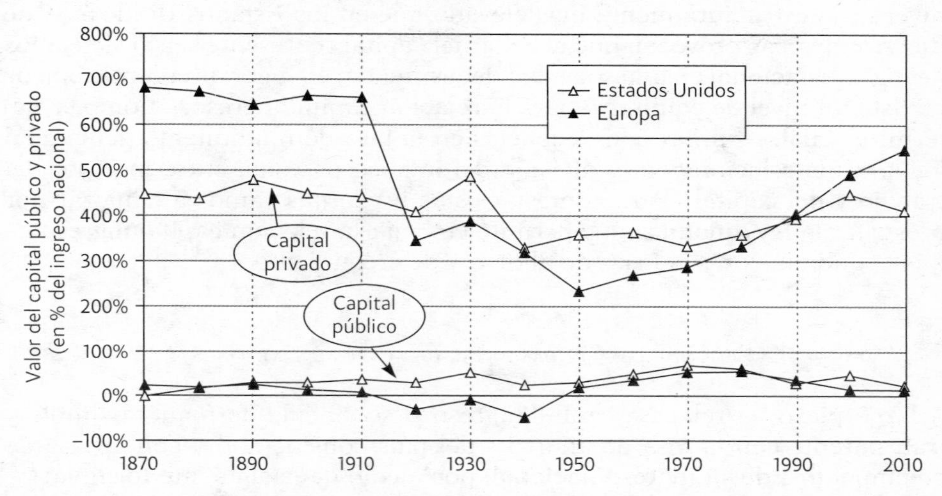

Las fluctuaciones del capital nacional, tanto en Europa como en los Estados Unidos, corresponden ante todo a las fluctuaciones del capital privado.

FUENTES Y SERIES: véase piketty.pse.ens.fr/capital21c.

GRÁFICA V.2. *El capital nacional en Europa y los Estados Unidos, 1870-2010*

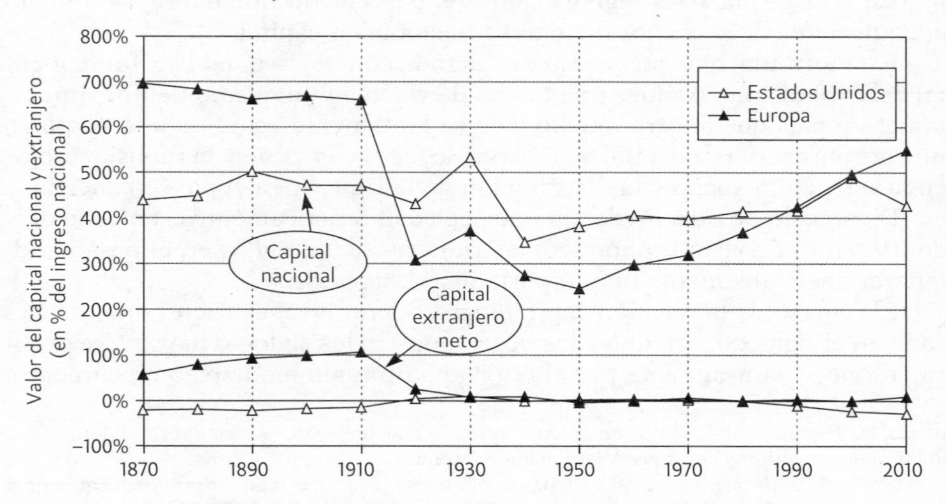

En 1910 el capital nacional (público y privado) equivalía a 6.5 años de ingreso nacional en Europa, frente a 4.5 años en los Estados Unidos.

FUENTES Y SERIES: véase piketty.pse.ens.fr/capital21c.

Ahora debemos explicar estos hechos: ¿por qué la relación capital/ingreso parece volver a sus niveles históricos más altos en Europa y por qué este nivel sería estructuralmente más elevado que en los Estados Unidos? ¿Qué fuerzas mágicas provocan que el valor del capital represente seis o siete años de ingreso nacional en una sociedad determinada, en lugar de cuatro o cinco? ¿Existe un nivel de equilibrio para la relación capital/ingreso? ¿Cómo se determina, cuáles son las consecuencias en la tasa de rendimiento del capital y cuál es la relación con la división del ingreso nacional entre ingresos del trabajo y del capital? Para contestar estas preguntas vamos a empezar por presentar la ley dinámica que permite vincular la relación capital/ingreso de una economía con sus tasas de ahorro y de crecimiento.

La segunda ley fundamental del capitalismo: $\beta = s/g$

A largo plazo, la relación capital/ingreso β se vincula de manera simple y transparente con la tasa de ahorro s del país considerado y con la tasa de crecimiento g de su ingreso nacional, por medio de la siguiente fórmula:

$$\beta = s/g.$$

Por ejemplo, si $s = 12\%$ y $g = 2\%$, entonces $\beta = s/g = 600\%$.[2]

En otras palabras, si un país ahorra cada año 12% de su ingreso nacional y si la tasa de crecimiento de este último es de 2% anual, la relación capital/ingreso a largo plazo será igual a 600%: el país en cuestión habrá acumulado el equivalente de seis años de ingreso nacional en capital.

Esta fórmula, que puede ser considerada como la segunda ley fundamental del capitalismo, traduce una realidad evidente y, al mismo tiempo, importante: un país que ahorra mucho y crece lentamente acumula a largo plazo un enorme acervo de capital, lo que puede tener consecuencias considerables en la estructura social y la distribución de la riqueza en el país en cuestión.

Digámoslo de otro modo: en una sociedad prácticamente estancada desde un punto de vista económico, las riquezas acumuladas en el pasado adquieren inevitablemente una importancia desmedida.

El regreso de la relación capital/ingreso a un nivel estructuralmente elevado en el siglo XXI, cercano a los observados en los siglos XVIII y XIX, se explica entonces naturalmente por el retorno a un régimen de bajo crecimiento.

particular España) conduciría a un crecimiento aún más fuerte de la relación capital/ingreso a lo largo de los últimos decenios. Véase el anexo técnico.

[2] La fórmula $\beta = s/g$ se lee "β es igual a s entre g". Por otro lado, "$\beta = 600\%$" equivale a "$\beta = 6$", así como "$s = 12\%$" equivale a "$s = 0.12$" y "$g = 2\%$" equivale a "$g = 0.02$". La tasa de ahorro s representa el ahorro verdaderamente nuevo —es decir, neto tras la depreciación del capital— dividido entre el ingreso nacional. Volveremos a este punto más adelante.

Es la disminución del crecimiento —sobre todo demográfico— lo que conduce al regreso del capital.

El punto fundamental es que pequeñas variaciones en la tasa de crecimiento pueden tener efectos muy importantes en la relación capital/ingreso a largo plazo.

Por ejemplo, para una misma tasa de ahorro de 12%, si la tasa de crecimiento cayera a 1.5% anual (en lugar de 2%), la relación capital/ingreso a largo plazo $\beta = s/g$ aumentaría a ocho años de ingreso nacional (en lugar de seis años). Si la tasa de crecimiento cayera a 1% anual, la relación $\beta = s/g$ pasaría a 12 años, es decir, sería una sociedad dos veces más intensiva en capital que con una tasa de crecimiento de 2%. Por un lado, esto es una buena noticia: el capital es potencialmente útil para todo el mundo y, si nos organizamos correctamente, cualquiera podría beneficiarse de él. Sin embargo, por otro lado, esta situación significa que los poseedores del capital —para una distribución dada— controlan en realidad una parte más importante de la riqueza, calculada, por ejemplo, en años de ingreso promedio del trabajo. En todo caso, las repercusiones económicas, sociales y políticas de semejante transformación son considerables.

A la inversa, si el crecimiento aumentara a 3%, $\beta = s/g$ caería a sólo cuatro años del ingreso nacional. Si al mismo tiempo la tasa de ahorro disminuyera ligeramente a $s = 9\%$, entonces la relación capital/ingreso a largo plazo se reduciría a tres años.

Estos efectos son aún más significativos porque la tasa de crecimiento que ha de tomarse en cuenta en la ley $\beta = s/g$ es la tasa global de crecimiento del ingreso nacional, es decir, la suma de la tasa de crecimiento del ingreso nacional por habitante y la tasa de aumento de la población.[3] Dicho de otro modo, para unas mismas tasas de ahorro del orden de 10-12% y de crecimiento del ingreso por habitante del orden de 1.5-2% anual, se ve de inmediato cómo los países prácticamente estancados en su demografía —y por consiguiente con una tasa de crecimiento global apenas superior a 1.5-2% anual, como en Europa— pueden acumular entre seis y ocho años de ingreso nacional en acervo de capital, cuando otros países con un aumento demográfico del orden de 1% anual —y por tanto una tasa de crecimiento total del orden de 2.5-3% anual, como en los Estados Unidos— no acumulan más que tres o cuatro años de ingreso nacional en forma de capital. Y si además los segundos tienden a ahorrar un poco menos que los primeros, lo que podría explicarse por el envejecimiento más lento de su población, entonces este mecanismo se reforzaría. En otras palabras, los países con niveles de desarro-

[3] A veces se usa g para denotar la tasa de crecimiento del ingreso nacional por habitante y n para la tasa de crecimiento de la población, en cuyo caso la fórmula se escribe $\beta = s/(g+n)$. Para no complicar la notación, elegimos usar g como la tasa de crecimiento global de la economía y mantener la fórmula $\beta = s/g$.

llo y crecimiento del ingreso por habitante comparables pueden encontrarse con relaciones capital/ingreso muy diferentes, simplemente porque no presentan el mismo crecimiento demográfico.

Veremos que esta ley permite, en efecto, dar buena cuenta de la evolución histórica en la relación capital/ingreso. En particular, permite explicar por qué la relación capital/ingreso parece volver hoy en día hacia niveles muy elevados, tras los choques del periodo 1914-1945 y después de la fase de crecimiento excepcionalmente rápido de la segunda mitad del siglo XX. La ley permite asimismo comprender por qué Europa tiende a acumular estructuralmente más capital que los Estados Unidos (por lo menos mientras el crecimiento demográfico sea más elevado al otro lado del Atlántico, lo que sin duda no será eterno). Sin embargo, antes de iniciar esta explicación, es necesario precisar varios puntos conceptuales y teóricos.

Una ley a largo plazo

Primero, es importante precisar que la segunda ley fundamental del capitalismo, $\beta = s/g$, sólo se aplica si se satisfacen varios supuestos fundamentales. En primer lugar, se trata de una ley asintótica, es decir, es válida únicamente a largo plazo: si un país ahorra una proporción s de su producto indefinidamente y si la tasa de crecimiento de su ingreso nacional es igual a g de manera permanente, entonces su relación capital/ingreso tiende a acercarse progresivamente a $\beta = s/g$, y luego se estabiliza en ese nivel. Sin embargo, la aparición de ese fenómeno no se conseguirá en un día: si un país ahorra una proporción s de su ingreso sólo durante algunos años, no le bastará para alcanzar una relación capital/ingreso igual a $\beta = s/g$.

Por ejemplo, si partimos de un capital nulo y se ahorra 12% del ingreso nacional durante un año, eso no permitirá evidentemente acumular seis años de ingreso en capital. Con una tasa de ahorro de 12% anual, y partiendo de un capital nulo, se necesitan 50 años para ahorrar el equivalente de seis años de ingreso, y de todas maneras la relación capital/ingreso no será igual a seis, pues el ingreso nacional habrá crecido notablemente al cabo de medio siglo, salvo si se supone un crecimiento totalmente nulo.

El primer principio que se debe tener en cuenta es, en este caso, que la acumulación de capital toma cierto tiempo: se necesitan varias décadas para que se verifique la ley $\beta = s/g$. Eso permite comprender mejor por qué se necesitó tanto tiempo para que se atenuaran en Europa los choques de 1914-1945 y por qué es tan importante adoptar una perspectiva histórica a muy largo plazo para estudiar estas cuestiones. A nivel individual, a veces se crean fortunas muy rápidamente; pero, a nivel nacional, los movimientos de la relación capital/ingreso descritos por la ley $\beta = s/g$ son de largo plazo.

Se trata de una diferencia esencial respecto de la ley $\alpha = r \times \beta$, a la que bautizamos como primera ley fundamental del capitalismo en el primer capítulo. Según ésta, la participación de los ingresos del capital en el ingreso nacional α es igual a la tasa de rendimiento promedio del capital r multiplicada por la relación capital/ingreso β. Es importante advertir que, por definición, la ley $\alpha = r \times \beta$ es en realidad una simple igualdad contable, válida en todo momento y en todo lugar. Además, se puede considerar esta fórmula como una definición de la participación del capital en el ingreso nacional (o bien de la tasa de rendimiento promedio del capital, de acuerdo con lo que sea más fácil calcular) más que como una ley. Por el contrario, la ley $\beta = s/g$ es el resultado de un proceso dinámico: representa un estado de equilibrio hacia el que tiende una economía que ahorra a una tasa s y que crece a una tasa g, aunque en la práctica este estado de equilibrio jamás se alcanza perfectamente.

En segundo lugar, la ley $\beta = s/g$ es válida sólo si nos concentramos en las formas de capital acumulables por el ser humano. Si los recursos naturales puros —es decir, la parte de los recursos naturales cuyo valor es independiente de toda mejora añadida por el ser humano y de toda inversión realizada en el pasado— representan una proporción significativa del capital nacional, es evidente que la relación β puede elevarse sin que se aporte el más mínimo ahorro. Volveremos más adelante a la importancia que adquiere en la práctica el capital no acumulable.

En último lugar, la ley $\beta = s/g$ es válida sólo si el precio de los activos evoluciona en promedio de la misma manera que los precios al consumidor. Si el precio de los bienes inmuebles o de las acciones aumenta de manera mucho más acusada que los demás precios, la relación β entre el valor de mercado del capital nacional y el flujo anual de ingreso nacional puede, una vez más, ser elevada sin que se haya aportado el más mínimo ahorro complementario. A corto plazo, estas variaciones del precio relativo de los activos —es decir, del precio de los activos respecto de los precios al consumidor— son a menudo, sin importar si toman la forma de plusvalías o de minusvalías, mucho más importantes que los efectos de volumen, esto es, los efectos vinculados con la acumulación de nuevo ahorro. Sin embargo, bajo la hipótesis de que las variaciones de precios se compensan a largo plazo, la ley $\beta = s/g$ es necesariamente válida a largo plazo, y esto sin importar las razones por las cuales el país considerado elige ahorrar un porcentaje s de su ingreso nacional.

Insistamos en este aspecto: la ley $\beta = s/g$ es totalmente independiente de las razones que hacen que los habitantes de un país en concreto —y a veces también su gobierno— acumulen capitales. En la práctica se acumula capital por todo tipo de razones; citemos varios ejemplos: para incrementar el consumo futuro (o para evitar que disminuya, sobre todo en el momento de la jubilación), para preservar o constituir un patrimonio para la siguiente generación o también para adquirir el poder, la seguridad o el prestigio que a menudo confiere la riqueza. En general, todas estas motivaciones están presentes al mismo tiempo, en proporciones variables según los individuos, los países y las épocas. Muy a menudo, incluso están presentes en el fuero interno de cada individuo, que no siempre sabe discernirlas de manera perfectamente clara. En la tercera parte volveremos a la importancia de estas diferentes motivaciones y mecanismos de acumulación. Allí veremos cómo esta cuestión tiene consecuencias considerables en la distribución desigual de la riqueza, en el papel de la herencia en la estructura de las desigualdades y, de modo más general, en la justificación social, moral y política de las disparidades patrimoniales. En esta etapa sólo intentamos comprender la dinámica de la relación capital/ingreso (cuestión que, en cierta medida y en un primer momento, puede ser estudiada con independencia de la dinámica de la distribución de la riqueza), insistiendo en que la ley $\beta = s/g$ se aplica en todos los casos, sin importar los orígenes exactos de la tasa de ahorro del país considerado.

Esto resulta simplemente del hecho de que la relación $\beta = s/g$ es la única relación estable capital/ingreso en un país que cada año ahorra una fracción s de sus ingresos y cuyo ingreso nacional crece a la tasa g.

El razonamiento es elemental; ilustrémoslo con un ejemplo: concretamente, si un país ahorra cada año 12% de sus ingresos —si su ingreso crece en 2% por año— y si el acervo de capital inicial es igual a seis años de ingreso, entonces el acervo de capital aumentará en un 2% anual,[4] es decir, exactamente al mismo ritmo que crece el ingreso nacional; de ahí una relación capital/ingreso estable.

En cambio, si el acervo de capital es inferior a seis años de ingreso, un ahorro igual a 12% del ingreso conducirá a que el acervo de capital aumente más de 2% anual (es decir, más rápido que el ingreso), de tal manera que la relación capital/ingreso se incrementará hasta alcanzar su nivel de equilibrio.

A la inversa, si el acervo de capital es superior a seis años de ingreso, una tasa de ahorro de 12% implica que el capital aumentará menos de 2% anual, de tal suerte que la relación capital/ingreso no puede mantenerse en ese nivel y empezará a disminuir en dirección a su punto de equilibrio.

En todos los casos, la relación capital/ingreso se dirige a largo plazo hacia el nivel de equilibrio $\beta = s/g$ (eventualmente aumentado por los recursos naturales puros), a condición, sin embargo, de que a largo plazo los precios de los activos evolucionen en promedio de la misma forma que los precios al consumidor.[5]

En resumen: la ley $\beta = s/g$ no explica los choques a corto plazo experi-

[4] Una tasa de ahorro de 12% del ingreso genera 12/6 = 2% del capital. De manera más general, una tasa de ahorro igual a s y una relación capital/ingreso igual a β implican que el acervo de capital aumenta a una tasa igual a s/β.

[5] La ecuación matemática elemental que describe la dinámica de la relación capital/ingreso β y la convergencia hacia $\beta = s/g$ se ofrece en el anexo técnico.

mentados por la relación capital/ingreso —como tampoco explica la existencia de las guerras mundiales o la crisis de 1929, acontecimientos que pueden considerarse choques de una amplitud extrema—, pero permite comprender hacia qué nivel de equilibrio potencial tiende a dirigirse la relación capital/ingreso a largo plazo, más allá de los choques y de las crisis.

El regreso del capital en los países ricos desde los años setenta

A fin de ilustrar la diferencia entre los movimientos a corto y a largo plazo de la relación capital/ingreso, merece la pena examinar la evolución anual observada en los principales países ricos de 1970 a 2010, periodo para el cual se dispone de datos homogéneos y fiables de muchos países. Empecemos por la relación entre capital privado e ingreso nacional, cuya evolución mostramos en la gráfica V.3 para los ocho principales países ricos del planeta, en orden decreciente de PIB: Estados Unidos, Japón, Alemania, Francia, Reino Unido, Italia, Canadá y Australia.

En comparación con las gráficas V.1 y V.2 y con las de los capítulos anteriores, presentadas según series decenales —a fin de prestar atención a las tendencias de largo plazo—, en la gráfica V.3 se advierte de inmediato que la relación capital/ingreso tuvo, en todos los países, incesantes variaciones a muy corto plazo. Estas evoluciones erráticas se deben al hecho de que los precios de los activos, ya inmobiliarios (viviendas e inmobiliario profesional), ya financieros (en particular de acciones), son notoriamente volátiles. Siempre es muy difícil dar un precio al capital, por una parte porque es objetivamente muy complejo prever la demanda futura de los bienes y servicios generados por una empresa o por un activo inmobiliario determinado y, en consecuencia, prever los flujos futuros de beneficios, dividendos, regalías, rentas, etc., que van a producir los activos, y por la otra porque el valor presente de un inmueble o de una sociedad depende no sólo de esos elementos fundamentales, sino también del precio al que se puede esperar revender esos bienes en caso de necesidad, es decir, de la anticipación de una plusvalía o de una minusvalía.

Ahora bien, las anticipaciones de precios futuros dependen a su vez del entusiasmo general por este tipo de activos, lo que naturalmente puede engendrar fenómenos de creencias llamadas "autocumplidas": mientras se espere revender el bien más caro de lo que se compró, puede ser individualmente racional pagar mucho más que el valor fundamental del activo en cuestión (sobre todo porque el valor fundamental es en sí mismo muy incierto) y someterse al entusiasmo colectivo, por excesivo que sea. Por ello, las burbujas especulativas en los precios del capital inmobiliario y bursátil son tan antiguas como el capital mismo, y son consustanciales a su historia.

En este caso, la burbuja más espectacular del periodo 1970-2010 es sin ninguna duda la japonesa de 1990 (véase la gráfica v.3): durante los años ochenta, el valor de los capitales privados registró un alza espectacular en Japón, pasando de apenas más de cuatro años de ingreso nacional a principios de la década a más de siete años a finales de la misma. Es evidente que ese desmedido y sumamente rápido aumento era en parte artificial: el valor del capital privado cayó en picada a principios de los noventa, para luego estabilizarse en torno a seis años de ingreso nacional desde mediados de la década de 1990.

No vamos a relatar aquí el historial de las múltiples burbujas inmobiliarias y bursátiles que se formaron y desinflaron en los países ricos desde 1970, y menos aún a correr el riesgo de prever futuras burbujas, de lo cual nos sentimos completamente incapaces. Se advertirán, sin embargo, los fuertes ajustes inmobiliarios en Italia en 1994-1995, y el estallido de la burbuja de internet en 2000-2001, que condujo a una baja particularmente marcada de la relación capital/ingreso en los Estados Unidos y el Reino Unido (aunque mucho menos fuerte que en Japón diez años antes). Se observará también que el *boom* inmobiliario y bursátil estadunidense de los primeros años del siglo XXI continuó hasta 2007; después le siguió una fuerte caída en el momento de la recesión de 2008-2009. En dos años, los patrimonios privados estadunidenses pasaron de cinco a cuatro años de ingreso nacional, es decir, una baja del mismo orden que el ajuste japonés de 1991-1992. En los demás países, en particular los de Europa, el ajuste fue mucho menos fuerte, incluso inexistente: en el Reino Unido, Francia e Italia, los precios de los activos, sobre todo inmobiliarios, tuvieron una corta pausa en 2008 y volvieron a aumentar a partir de 2009-2010, de tal manera que los capitales privados se situaban a principios de la década iniciada en 2010 al mismo nivel que en 2007, o incluso ligeramente por encima.

El aspecto importante en el que deseamos insistir es que, más allá de estas variaciones erráticas e imprevisibles de los precios de los activos a corto plazo —variaciones cuya amplitud parece haberse incrementado a lo largo de los últimos decenios (veremos además su posible vinculación con el alza de la relación capital/ingreso potencial)—, existe efectivamente una tendencia a largo plazo que operó en el conjunto de los países ricos durante el periodo de 1970-2010 (véase la gráfica v.3). A principios de los años setenta, el valor total de los capitales privados —netos de deudas— se situaba entre dos y tres años y medio de ingreso nacional en todos los países ricos, en todos los continentes;[6] 40 años después, a principios de la década de 2010, los capitales privados suponían entre cuatro y siete años de ingreso nacional, una vez más en todos los países estudiados.[7] La evolución general no plantea

[6] De 2.2 años en Alemania a 3.4 años en los Estados Unidos en 1970. Véase el cuadro S5.1 para las series completas, disponible en línea.

[7] De 4.1 años en Alemania y en los Estados Unidos a 6.1 años en Japón y a 6.8 años en Italia

GRÁFICA V.3. *El capital privado en los países ricos, 1970-2010*

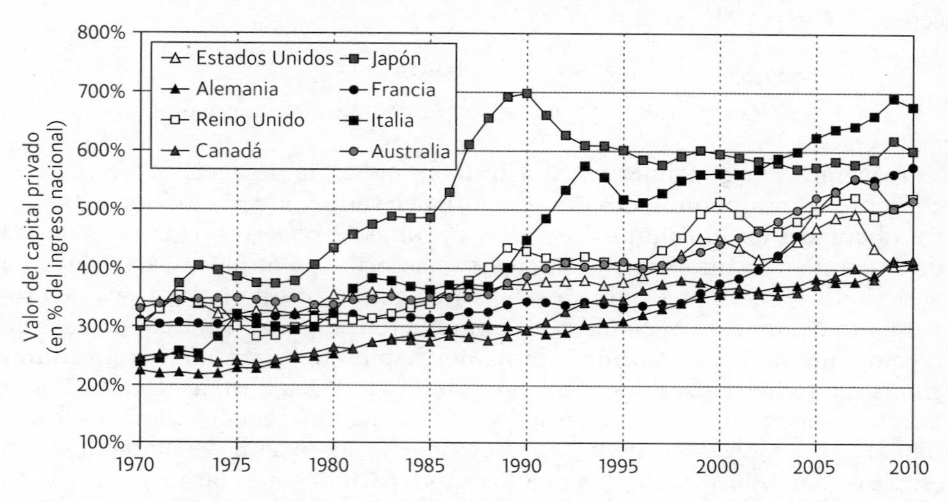

El capital privado representaba entre 2 y 3.5 años de ingreso nacional en los países ricos en 1970, y entre cuatro y siete años de ingreso nacional en 2010.
FUENTES Y SERIES: véase piketty.pse.ens.fr/capital21c.

dudas: más allá de las burbujas, asistimos, en efecto, a un gran retorno del capital privado en los países ricos desde 1970, o mejor dicho, a la emergencia de un nuevo capitalismo patrimonial.

Esta evolución estructural se explica por tres series de factores, que se refuerzan y complementan para dar a este fenómeno una enorme amplitud. El factor más importante a largo plazo es la desaceleración del crecimiento, sobre todo demográfico, el cual, con el mantenimiento de un ahorro elevado, conduce mecánicamente a un alza estructural y tendencial en la relación capital/ingreso, mediante la ley $\beta = s/g$. Este mecanismo constituye la fuerza dominante a muy largo plazo, pero no debe hacernos olvidar los dos factores que reforzaron sustancialmente sus efectos a lo largo de las últimas décadas: por una parte, un movimiento de privatización y transferencia gradual de la riqueza pública hacia la riqueza privada a partir de los años 1970-1980 y, por la otra, un fenómeno de recuperación de largo plazo de los precios de los activos inmobiliarios y bursátiles, que también se aceleró en los años 1980-1990, en un contexto político globalmente muy favorable para los capitales

en 2010. Los valores indicados para cada año son promedios anuales (por ejemplo, el valor indicado para 2010 es el promedio entre la riqueza estimada al 1° de enero de 2010 y al 1° de enero de 2011). Las primeras estimaciones disponibles para 2012-2013 no son muy diferentes. Véase el anexo técnico.

privados, en comparación con las décadas inmediatamente posteriores a la segunda Guerra Mundial.

Más allá de las burbujas: bajo crecimiento, elevado ahorro

Empecemos por el primer mecanismo, basado en la desaceleración del crecimiento, el mantenimiento de un ahorro elevado y la ley dinámica $\beta = s/g$. En el cuadro v.1 indicamos los valores promedio observados para las tasas de crecimiento y ahorro privado en los ocho principales países ricos durante el periodo 1970-2010. Como ya señalamos en el capítulo II, las tasas de crecimiento del ingreso nacional por habitante (o las —casi idénticas— tasas de crecimiento de la producción interna por habitante) fueron muy semejantes en los diferentes países desarrollados a lo largo de las últimas décadas. Si se hacen comparaciones sobre periodos cortos, las diferencias pueden ser significativas y aguzan a menudo las envidias y los orgullos nacionales. Sin embargo, cuando se sacan promedios sobre periodos más largos, se constata que todos los países ricos crecieron aproximadamente al mismo ritmo. Entre 1970 y 2010, la tasa de crecimiento anual promedio del ingreso nacional por habitante se situaba entre 1.6 y 2.0% en los ocho principales países desarrollados del mundo, y muy a menudo entre 1.7 y 1.9%. Teniendo en cuenta las imperfecciones de las mediciones estadísticas disponibles (en particular en lo tocante a los índices de precios), no es nada seguro que esas diferencias tan pequeñas sean estadísticamente significativas.[8]

De todas formas, tales diferencias son muy bajas comparadas con las relativas a las tasas del crecimiento demográfico. Entre 1970 y 2010, las tasas de crecimiento de la población eran inferiores a 0.5% anual en Europa y Japón (en el periodo de 1990-2010 se estaría más cerca de 0%, o incluso algo negativo en Japón), mientras que en los Estados Unidos, Canadá y Australia se situaban entre 1.0 y 1.5% anual (véase el cuadro v.1). Así, la tasa de crecimiento global en el periodo 1970-2010 se encontraba ligeramente más elevada en los Estados Unidos y en los demás países nuevos que en Europa y Japón: en torno a 3% anual en los primeros (o hasta un poco más) y apenas 2% anual en los segundos (hasta justo 1.5% en el periodo más reciente). Semejantes diferencias pueden parecer limitadas, pero, cuando se acumulan en el tiempo durante amplios periodos, en realidad resultan considerables, como vimos en el capítulo II. El aspecto novedoso, en el que insistimos aquí, es que tales diferencias de tasas de crecimiento tienen enormes efectos en la acumulación de capital a largo plazo y explican, en gran medida, por qué

[8] En particular, bastaría con cambiar de índice de precios (hay varios índices alternativos, pero ninguno es perfecto) para que la clasificación entre países se modifique. Véase el anexo técnico.

CUADRO V.1. *Tasas de crecimiento y ahorro en los países ricos, 1970-2010*

País	*Tasa de crecimiento del ingreso nacional (%)*	*Tasa de crecimiento de la población (%)*	*Tasa de crecimiento del ingreso nacional por habitante (%)*	*Ahorro privado (neto de la depreciación) (en % del ingreso nacional)*
Estados Unidos	2.8	1.0	1.8	7.7
Japón	2.5	0.5	2.0	14.6
Alemania	2.0	0.2	1.8	12.2
Francia	2.2	0.5	1.7	11.1
Reino Unido	2.2	0.3	1.9	7.3
Italia	1.9	0.3	1.6	15.0
Canadá	2.8	1.1	1.7	12.1
Australia	3.2	1.4	1.7	9.9

Nota: las tasas de ahorro y de crecimiento demográfico varían mucho entre los países ricos; las tasas de crecimiento del ingreso nacional por habitante varían mucho menos.

FUENTES: véase piketty.pse.ens.fr/capital21c.

la relación capital/ingreso era estructuralmente más elevada en Europa y Japón que en los Estados Unidos.

Si ahora examinamos las tasas de ahorro promedio en el periodo 1970-2010, se observan también variaciones importantes entre países: la tasa de ahorro privado solía situarse en torno a 10-12% del ingreso nacional, pero disminuía hasta 7-8% en los Estados Unidos y el Reino Unido y aumentaba hasta 14-15% en Japón e Italia (véase el cuadro V.1). Acumuladas sobre 40 años, se trata de diferencias considerables. Se advertirá también que los países que más ahorraban eran a menudo aquellos cuya población se hallaba más estancada y envejecida (lo que puede justificarse por un motivo de ahorro con vistas a la jubilación o a dejar un legado); pero la relación distaba de ser sistemática. Como señalamos antes, existen numerosas razones por las que se elige ahorrar con mayor o menor amplitud, y no sorprenderá que entren en juego múltiples factores y diferencias entre los países —vinculados con la cultura, las percepciones del porvenir y con cada historia nacional particular—, del mismo modo como ocurre con respecto a las elecciones de natalidad o de la política migratoria, elecciones que determinan *in fine* la tasa de crecimiento demográfico.

Si se combinan las variaciones en las tasas de crecimiento y de ahorro, puede explicarse con mayor facilidad por qué distintos países han acumulado cantidades muy diferentes de capital y también por qué la relación capital/ingreso ha crecido mucho desde 1970. Un caso particularmente claro es el de Japón: con una tasa de ahorro de casi 15% anual y una de crecimiento apenas superior a 2%, era lógico que acumulara a largo plazo un acervo de capital del orden de seis a siete años de ingreso nacional. Es la consecuencia mecánica de la ley dinámica de acumulación $\beta = s/g$. Asimismo, no es sorprendente que los Estados Unidos, que ahorraron mucho menos que Japón y crecieron más rápido, se encontraran con una relación capital/ingreso sensiblemente menos elevada.

De manera más general, si se comparan los niveles de los capitales privados en 2010, previstos por los flujos de ahorro observados entre 1970 y 2010 (en conjunto con los capitales iniciales de 1970), y los niveles efectivos de los capitales privados observados en 2010, se advertirá una gran cercanía entre ambas cifras respecto de la mayoría de los países.[9] La correspondencia no es perfecta, lo que demuestra que también otros factores desempeñan un papel significativo; por ejemplo, en el caso del Reino Unido, donde los flujos de ahorro parecen claramente insuficientes para explicar el muy fuerte incremento de los capitales privados durante el periodo.

Sin embargo, más allá de los casos particulares de tal o cual país, los resultados obtenidos son globalmente muy coherentes: es posible explicar lo esencial de la acumulación del capital privado en los países ricos entre 1970 y 2010 gracias a los volúmenes de ahorro —y de capital inicial— observados entre esas dos fechas, sin que se necesite suponer una fuerte alza estructural del precio relativo de los activos. Dicho de otro modo, los movimientos de los precios inmobiliarios y bursátiles, al alza o a la baja, siempre son dominantes a corto plazo, y a menudo a mediano plazo, pero tienden a compensarse en el largo plazo, cuando los efectos de volumen suelen pesar aparentemente más.

Una vez más, el caso de Japón es emblemático: si se intenta comprender el enorme incremento de la relación capital/ingreso durante los años ochenta y la fuerte baja de inicios de los noventa, es evidente que el fenómeno dominante era la burbuja inmobiliaria y bursátil que primero se forma y luego estalla. Sin embargo, si se quiere entender la evolución observada en el conjunto del periodo 1970-2010, queda claro que los efectos de volumen pesaban más que los precios: los flujos de ahorro predicen de manera casi perfecta el hecho de que los capitales privados japoneses pasaran de tres años de ingreso nacional en 1970 a seis años en 2010.[10]

[9] Véase la gráfica S5.1 (disponible en línea).

[10] Más exactamente: en las series observadas, la relación capital privado/ingreso nacional pasó de 299% en 1970 a 601% en 2010, cuando según los flujos de ahorro acumulados tendría que haber pasado de 299 a 616%. El error es pues de 15% del ingreso nacional sobre un alza del orden de 300%, es decir, de apenas 5%. Los flujos de ahorro explican 95% del alza de la relación capital privado/ingreso nacional en Japón entre 1970 y 2010. Los cálculos detallados para todos los países están disponibles en línea.

Dos componentes del ahorro privado

Para completar, es necesario precisar que el ahorro privado consta de dos componentes: por una parte, el ahorro realizado directamente por los individuos privados (es la parte del ingreso disponible de los hogares que no se consume de inmediato) y, por la otra, el ahorro realizado por las empresas por cuenta de los individuos privados que las poseen (directamente, en el caso de empresas individuales, o de manera indirecta, por medio de sus inversiones financieras). Este segundo componente corresponde a los beneficios reinvertidos por las empresas (también llamados "beneficios no distribuidos" o *retained earnings*) y puede representar hasta la mitad del ahorro privado total en ciertos países (véase el cuadro V.2).

Si se ignorara este segundo componente y se contabilizara únicamente el ahorro de los hogares en sentido estricto, se concluiría que en todos los países los flujos de ahorro son claramente insuficientes para dar cuenta del incremento de los capitales privados, teniendo este último su primera explicación en un alza estructural del precio relativo de los activos, principalmente del precio de las acciones. Semejante conclusión sería exacta desde un punto de vista contable, pero artificial desde una perspectiva económica: es exacto que el precio de las acciones tiende a crecer más rápido que los precios al consumidor a largo plazo, pero eso se explica en lo esencial por el hecho de que los beneficios reinvertidos permiten a las empresas en cuestión au-

Cuadro V.2. *El ahorro privado en los países ricos, 1970-2010*

País	*Ahorro privado (neto de la depreciación) (en % del ingreso nacional)*	*Ahorro neto de los hogares (%)*	*Ahorro neto de las empresas (beneficios reinvertidos netos) (%)*
Estados Unidos	7.7	4.6 (60%)	3.1 (40%)
Japón	14.6	6.8 (47%)	7.8 (53%)
Alemania	12.2	9.4 (77%)	2.8 (23%)
Francia	11.1	9.0 (81%)	2.1 (19%)
Reino Unido	7.4	2.8 (38%)	4.6 (62%)
Italia	15.0	14.6 (97%)	0.4 (3%)
Canadá	12.1	7.2 (60%)	4.9 (40%)
Australia	9.9	5.9 (60%)	3.9 (40%)

Nota: un porcentaje importante (y variable según los países) del ahorro privado resulta de los beneficios no distribuidos de las empresas.

Fuentes: véase piketty.pse.ens.fr/capital21c.

mentar su tamaño y su capital (se trata pues de un efecto volumen y no de un efecto precio). Siempre que los beneficios reinvertidos se reintegren al ahorro privado, desaparece en gran medida el efecto precio.

En la práctica, desde el punto de vista de los accionistas, los beneficios pagados inmediatamente en forma de dividendos a menudo son mucho más gravados que los beneficios reinvertidos; por consiguiente, puede ser interesante para los poseedores del capital no cobrar más que una parte limitada de los beneficios en forma de dividendos (en función de sus necesidades inmediatas de consumo) y dejar que el resto se acumule y se invierta en la empresa y sus filiales, con la posibilidad de revender más tarde una parte de las acciones y obtener plusvalías (en general menos gravadas que los dividendos).[11] Las variaciones entre países con respecto al peso de los beneficios reinvertidos en el ahorro privado total se explican además en gran parte por las desigualdades de los sistemas legales y fiscales, y dependen más de diferencias contables que de verdaderas discrepancias económicas. En estas condiciones, lo más apropiado es tratar los beneficios reinvertidos de las empresas como un ahorro realizado por cuenta de sus dueños y, por lo tanto, como un componente del ahorro privado.

Asimismo, hay que precisar que la noción de ahorro que se tiene en cuenta en la ley dinámica $\beta = s/g$ es el ahorro neto, una vez deducida la depreciación del capital, es decir, el ahorro verdaderamente nuevo, ya que se restó la parte del ahorro bruto que sirve para compensar el desgaste de los inmuebles o de los equipos (reparar un agujero en un techo o una tubería, remplazar materiales usados en automóviles, computadoras, máquinas, etc.). La diferencia es importante, pues en las economías desarrolladas la depreciación del capital alcanza cada año un monto de 10-15% del ingreso nacional y absorbe casi la mitad del ahorro bruto, que suele gravitar alrededor de un 25-30% del ingreso nacional; de ahí un ahorro neto también del orden de 10-15% del ingreso nacional (véase el cuadro v.3). En particular, el grueso de los beneficios brutos no distribuidos sirve a menudo para mantener en buen estado los inmuebles y equipos, y con frecuencia sucede que el monto restante para financiar la inversión neta sea muy bajo —algunos puntos del ingreso nacional, a lo sumo— o incluso negativo, si los beneficios brutos no distribuidos son inferiores a la depreciación del capital. Por definición, sólo el ahorro neto permite incrementar el acervo de capital: compensar la depreciación sólo hace posible evitar que el capital disminuya.[12]

[11] Cuando una empresa vuelve a comprar sus propias acciones, permite a sus accionistas obtener una plusvalía que, en general, pagará un impuesto menor que si la empresa hubiera utilizado la misma suma para distribuir dividendos. Es importante percatarse de que lo mismo sucede cuando cualquier empresa adquiere acciones de otras empresas, y que, en su conjunto, el sector de las empresas permite, gracias a sus adquisiciones de títulos financieros, la realización de plusvalías por parte del sector de las personas.

[12] Se puede asimismo elegir expresar la ley $\beta = s/g$ utilizando la notación s para la tasa de

CUADRO V.3. *Ahorro bruto y neto en los países ricos, 1970-2010*

País	*Ahorro privado bruto (% del ingreso nacional)*	*Menos: depreciación del capital (%)*	*Igual: ahorro privado neto (%)*
Estados Unidos	18.8	11.1	7.7
Japón	33.4	18.9	14.6
Alemania	28.5	16.2	12.2
Francia	22.0	10.9	11.1
Reino Unido	19.7	12.3	7.3
Italia	30.1	15.1	15.0
Canadá	24.5	12.4	12.1
Australia	25.1	15.2	9.9

Nota: un porcentaje importante del ahorro bruto (generalmente en torno a la mitad) corresponde a la depreciación del capital y sirve entonces simplemente para reparar o remplazar el capital usado.

FUENTES: véase piketty.pse.ens.fr/capital21c.

BIENES DURADEROS Y OBJETOS DE VALOR

Finalmente, precisemos que no incluimos en el ahorro privado —ni, por consiguiente, en la riqueza privada— las compras de los hogares correspondientes a los bienes duraderos: mobiliario, equipos domésticos, automóviles, etc. Para ello, seguimos las normas internacionales de contabilidad nacional, que manejan los bienes duraderos de los hogares como un consumo inmediato (en cambio, los mismos bienes adquiridos por las empresas son considerados inversiones, con una fuerte depreciación anual). Sin embargo, esto sólo tiene una importancia limitada para nuestro propósito, pues los bienes duraderos siempre han representado una masa relativamente baja en comparación con el total de la riqueza, masa que además ha variado poco con el tiempo: en todos los países ricos, las estimaciones disponibles indican que el valor total de los bienes duraderos de los hogares solía situarse entre 30 y 50% del ingreso nacional en el conjunto para el periodo de 1970-2010, sin una tendencia clara.

Dicho de otro modo, cada persona poseía en promedio entre una tercera parte y medio año de ingreso en muebles, refrigeradores, automóviles, etc., es decir, entre 10000 y 15000 euros por habitante para un ingreso nacional

ahorro bruto (y no neto): en ese caso la ley se vuelve $\beta = s/(g+\delta)$ (donde δ es la tasa de depreciación del capital, expresada como porcentaje del acervo de capital). Por ejemplo, si la tasa de ahorro bruta es igual a $s = 24\%$, y si la tasa de depreciación del capital es igual a $\delta = 2\%$ del acervo de capital, para una tasa de crecimiento $g = 2\%$, se obtiene una relación capital/ingreso $\beta = s/(g+\delta) = 600\%$. Véase el anexo técnico.

por habitante del orden de 30 000 euros a principios de la década que comenzó en 2010. Se trata de valores para nada desdeñables y que, como veremos en la tercera parte de este libro, constituyen lo esencial de la riqueza para una proporción importante de la población. Sin embargo, en comparación con los cinco o seis años de ingreso nacional que representaba la riqueza privada en su conjunto —sin incluir los bienes duraderos—, esto es, entre 150 000 y 200 000 euros por habitante, de los cuales aproximadamente una mitad estaba destinada al rubro inmobiliario y la otra a los bienes profesionales y activos financieros netos (depósitos bancarios, acciones, obligaciones, inversiones diversas, etc., netos de deudas), estos bienes duraderos no representaban sino un pequeño complemento. Concretamente, si se incluyeran los bienes duraderos en la riqueza privada, su único efecto sería incrementar en torno a 30-50% del ingreso nacional el nivel de las curvas presentadas en la gráfica V.3, sin afectar sensiblemente la evolución general.[13]

Señalemos de paso que, fuera de los bienes inmobiliarios y profesionales, los únicos activos no financieros considerados en las normas internacionales de contabilidad nacional —las cuales seguimos para garantizar la coherencia de las comparaciones de capital privado y nacional entre países— son los "bienes de valor", es decir, los objetos y metales preciosos (oro, plata, joyas, obras de arte, etc.), propiedad de los hogares como simple reserva de valor (o por su valor estético) y que, en principio, no se deterioran —o muy poco— a lo largo del tiempo. Sin embargo, estos bienes de valor se estiman en montos sensiblemente más bajos que los bienes duraderos (entre 5 y 10% del ingreso nacional actualmente según los países, es decir, entre 1 500 y 3 000 euros por habitante para un ingreso nacional promedio de 30 000 euros), y su impacto sobre el total de la riqueza privada es relativamente secundario, incluso después de las recientes alzas del precio del oro.[14]

Es interesante precisar que, según las estimaciones históricas de las que disponemos, estos órdenes de magnitud parecían no haber cambiado mucho en el largo plazo. Respecto de los bienes duraderos, las estimaciones

[13] Con un crecimiento de $g = 2\%$, se requiere un gasto neto en bienes duraderos igual a $s = 1\%$ del ingreso nacional por año para acumular un acervo de bienes duraderos equivalente a $\beta = s/g = 50\%$ del ingreso nacional. Sin embargo, los bienes duraderos deben ser remplazados a menudo, de tal manera que el gasto bruto debería ser muy superior. Por ejemplo, con una reposición en promedio cada cinco años, se necesita un gasto bruto en bienes duraderos de 10% del ingreso nacional por año simplemente para remplazar los bienes deteriorados, y de 11% anual para generar un gasto neto de 1% y un acervo de equilibrio de 50% del ingreso nacional (siempre suponiendo un crecimiento de $g = 2\%$). Véase el anexo técnico.

[14] El valor total del acervo de oro mundial ha bajado a largo plazo (era de 2-3% del total de los capitales privados en el siglo XIX y menos de 0.5% a finales del siglo XX), pero tendió a subir durante las crisis (el oro sirve de refugio de valor), y alcanza en la actualidad 1.5% del total de los capitales privados, del cual aproximadamente una quinta parte es propiedad de los bancos centrales. Se trata de variaciones espectaculares, aunque secundarias si las comparamos con el acervo de capital considerado en su conjunto. Véase el anexo técnico.

disponibles solían ser del orden de 30-50% del ingreso nacional, tanto para el siglo XIX como para el XX. Sucede lo mismo si se examina la estimación de la fortuna nacional del Reino Unido hacia 1700 realizada por Gregory King: el valor total de los muebles, platos, etc., era, según él, equivalente a aproximadamente 30% del ingreso nacional. En lo tocante a los bienes de valor y objetos preciosos, al parecer se observa una tendencia a la baja a largo plazo, de 10-15% del ingreso nacional a finales del siglo XIX y principios del XX a 5-10% hoy en día. Según Gregory King, su valor total —incluyendo la moneda metálica— alcanzaba 25-30% del ingreso nacional hacia 1700. En todo caso, se trataba de montos relativamente limitados en comparación con el total de los patrimonios acumulados en el reino —aproximadamente siete años de ingreso nacional, sobre todo en forma de tierras agrícolas, casas habitación y demás bienes capitales (almacenes, fábricas, depósitos, ganado, barcos, etc.)—, motivo por el cual King no dejaba de regocijarse y maravillarse.[15]

El capital privado expresado en años de ingreso disponible

También hay que subrayar que la relación capital/ingreso alcanzaría niveles aún más elevados —sin duda los más altos niveles históricos jamás observados— en los países ricos de los años 2000-2010, si el total de los capitales privados se expresara en años de ingreso disponible, y no de ingreso nacional, como hemos hecho hasta aquí. Esta cuestión aparentemente técnica merece algunas aclaraciones.

El ingreso disponible de los hogares o, de modo más simple, el "ingreso disponible", calcula, como lo indica su nombre, el ingreso monetario del que disponen directamente los hogares en un país determinado. Por definición, para pasar del ingreso nacional al ingreso disponible, hay que sustraer todos los impuestos, aranceles y deducciones, y añadir las transferencias monetarias (pensiones de jubilación, subsidios de desempleo, subsidios familiares, prestaciones sociales mínimas, etc.). Hasta principios del siglo XX, el Estado y las diferentes agencias gubernamentales desempeñaban un papel limitado en la vida económica y social (el total de los gravámenes era del orden de 10% del ingreso nacional, lo que financiaba sobre todo las grandes funciones soberanas: policía, ejército, justicia, carreteras, etc.), de tal manera que el ingreso disponible solía representar alrededor de 90% del ingreso nacional. Este papel aumentó considerablemente durante el siglo XX, de tal manera que el

[15] Aun cuando no supone una gran diferencia, por razones de coherencia, adoptamos las mismas convenciones para las series históricas presentadas en los capítulos III y IV que para las series presentadas aquí del periodo 1970-2010: los bienes duraderos fueron excluidos de la riqueza, mientras los bienes de valor se incluyeron en la categoría "otro capital interno".

GRÁFICA V.4. *El capital privado expresado en años de ingreso disponible*

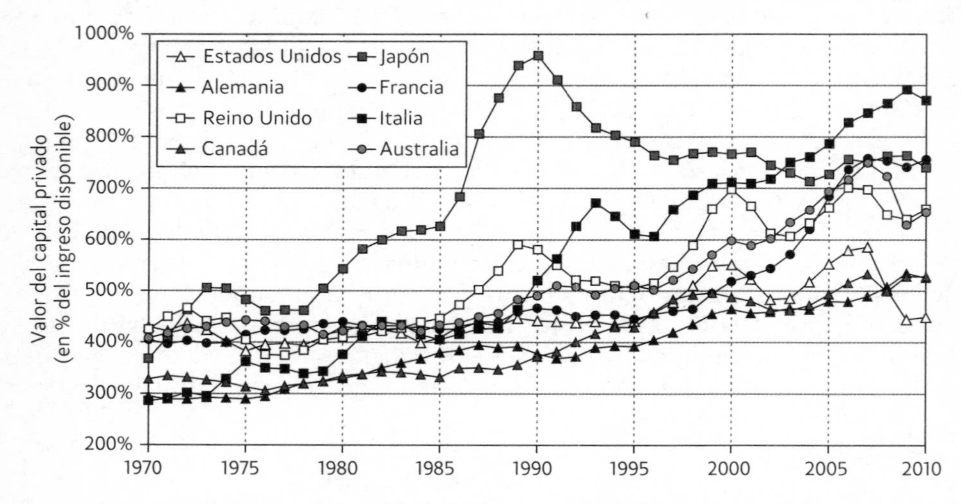

Expresado en años de ingreso disponible de los hogares (alrededor de 70-80% del ingreso nacional), la relación capital/ingreso es más elevada que si se expresara en años de ingreso nacional.
FUENTES Y SERIES: véase piketty.pse.ens.fr/capital21c.

ingreso disponible ya no representa hoy en día más que alrededor de 70-80% del ingreso nacional en los diferentes países ricos. La consecuencia mecánica es que si se expresara el total de los capitales privados en años de ingreso disponible (y no de ingreso nacional), como a veces se hace, entonces se obtendrían niveles claramente más elevados. Por ejemplo, entre los años 2000-2010, el capital privado representó aproximadamente entre cuatro y siete años de ingreso nacional en los países ricos, lo que correspondería a entre cinco y nueve años de ingreso disponible (véase la gráfica V.4).

Se pueden justificar las dos maneras de medir la relación entre capital e ingreso, según el punto de vista que se desee adoptar en este asunto. La relación expresada en años de ingreso disponible recalca una realidad estrictamente monetaria y muestra la amplitud alcanzada hoy por los capitales, en comparación con los ingresos anuales a disposición directa de los hogares (por ejemplo, para ahorrar). En cierta forma, esto corresponde a la realidad concreta que viven de manera directa los hogares en sus cuentas bancarias, y es importante tener presentes estos órdenes de magnitud. Sin embargo, es necesario subrayar que la diferencia entre ingreso disponible e ingreso nacional mide, por definición, el valor de los servicios públicos de los que disfrutan gratuitamente los hogares y, sobre todo, de los servicios de educación y salud financiados en forma directa por el gobierno. Ahora bien, esas "transferencias en especie" tienen tanto valor como las transferencias monetarias contabilizadas en el ingreso disponible: evitan a las personas tener que desembolsar sumas comparables —o a veces mucho más elevadas— para los productores privados de los servicios de educación y salud. Al ignorarlas, se correría el riesgo de distorsionar algunas evoluciones o comparaciones entre países. Por ello, nos parece preferible expresar los capitales en años de ingreso nacional: esto equivale a adoptar un punto de vista económico —y no estrictamente monetario— sobre la noción de ingreso. En el marco de este libro, cuando hacemos referencia a la relación capital/ingreso, sin más precisión, siempre nos referimos a la relación entre el acervo de capital y el flujo del ingreso nacional.[16]

La cuestión de las fundaciones y demás poseedores de capital

En aras de la exhaustividad, también es importante indicar que en los capitales privados incluimos no sólo los activos y pasivos propiedad de individuos privados (los "hogares" en la contabilidad nacional), sino también los que son propiedad de fundaciones y demás asociaciones sin fines de lucro (las "instituciones sin fines de lucro" en la contabilidad nacional). Precisemos que en esta categoría entran sólo las fundaciones y asociaciones financiadas sobre todo por las donaciones de los individuos privados o por los ingresos de sus propiedades: aquellas que viven principalmente de subvenciones públicas se clasifican en el sector de las organizaciones gubernamentales; las que dependen sobre todo del producto de sus ventas se encasillan en el sector de las compañías.

En la práctica, desde luego todas estas fronteras son movedizas y porosas, por lo que es algo arbitrario englobar el patrimonio de las fundaciones dentro de la riqueza privada, en lugar de incluirlo, por ejemplo, en la riqueza pública, o bien considerarlo como una categoría por separado. De hecho, se trata efectivamente de una forma original de propiedad, a medio camino entre la puramente privada y la únicamente pública. En la práctica, sin importar si se consideran los bienes propiedad de las iglesias a lo largo de los siglos, o bien los que pertenecen hoy en día a Médicos sin Fronteras, o también los de la Bill and Melinda Gates Foundation, es evidente que estamos ante una gran diversidad de personas morales que persiguen objetivos específicos.

Sin embargo, es necesario recalcar que su interés es relativamente limitado, puesto que lo poseído por esas personas morales suele ser bastante bajo en comparación con lo que las personas físicas conservan para sí mismas. Si se examinan las estimaciones a nuestra disposición para los diferentes países ricos a lo largo del periodo 1970-2010, se observa que la proporción de las

[16] En la cuarta parte de este libro volveremos a la cuestión de los impuestos, transferencias y redistribuciones operados por el gobierno, y en particular a la cuestión de su impacto tanto en la desigualdad como en la acumulación y distribución del capital.

fundaciones y demás asociaciones no lucrativas en el total de los capitales privados siempre es inferior a 10%, y, en general, inferior a 5%; sin embargo, se establecen variaciones interesantes entre países, sin ninguna tendencia aparente: apenas 1% en Francia, alrededor de 3-4% en Japón y hasta 6-7% del total de los capitales privados en los Estados Unidos. Las fuentes históricas a nuestra disposición indican que el valor total de los bienes de la iglesia en Francia en el siglo XVIII alcanzó en torno a 7-8% del total de los capitales privados, es decir, aproximadamente 50-60% del ingreso nacional de la época (esos bienes fueron, en parte, confiscados y vendidos durante la Revolución francesa para liquidar las deudas públicas legadas por el Antiguo Régimen).[17] Dicho de otro modo, durante el Antiguo Régimen, la iglesia poseía bienes aún más importantes —en relación con las magnitudes totales de su época— que las prósperas fundaciones estadunidenses de este inicio del siglo XXI. Sin embargo, es importante señalar que los dos niveles son relativamente semejantes.

Se trata de posiciones patrimoniales muy sustanciales, sobre todo si se las compara con los escasos patrimonios positivos —y a veces negativos— propiedad del poder público en las diferentes épocas. No obstante, en comparación con los capitales privados, la riqueza de las fundaciones sigue siendo relativamente modesta. El hecho concreto de incluir o no a las fundaciones con los hogares influye poco en la evolución general de la relación entre capital privado e ingreso nacional a largo plazo. Esta inclusión se justifica además por el hecho de que a menudo no es fácil trazar la frontera entre, por una parte, las diversas estructuras jurídicas —fundaciones, *trust funds*, etc.— utilizadas actualmente por las personas ricas para administrar sus activos y promover sus intereses privados (que, en principio, están directamente registrados como propiedad de las personas en las cuentas nacionales, suponiendo que se han identificado como tales), y, por la otra, las fundaciones y asociaciones consideradas como de interés público. Volveremos a esta delicada cuestión en la tercera parte del libro, cuando estudiemos la dinámica de la desigualdad mundial de la riqueza y, en particular, de la gran riqueza, en el siglo XXI.

La privatización del patrimonio en los países ricos

La gran alza de los capitales privados observada en los países ricos entre 1970 y 2010, sobre todo en Europa y Japón, se explica principalmente por la desaceleración del crecimiento y el mantenimiento de un ahorro elevado, si seguimos la ley $\beta = s/g$. Sin embargo, si este fenómeno de retorno del capital privado adquirió semejante amplitud, ello se debe a que tal mecanismo

[17] Véase el anexo técnico.

GRÁFICA V.5. *Capital privado y público en los países ricos, 1970-2010*

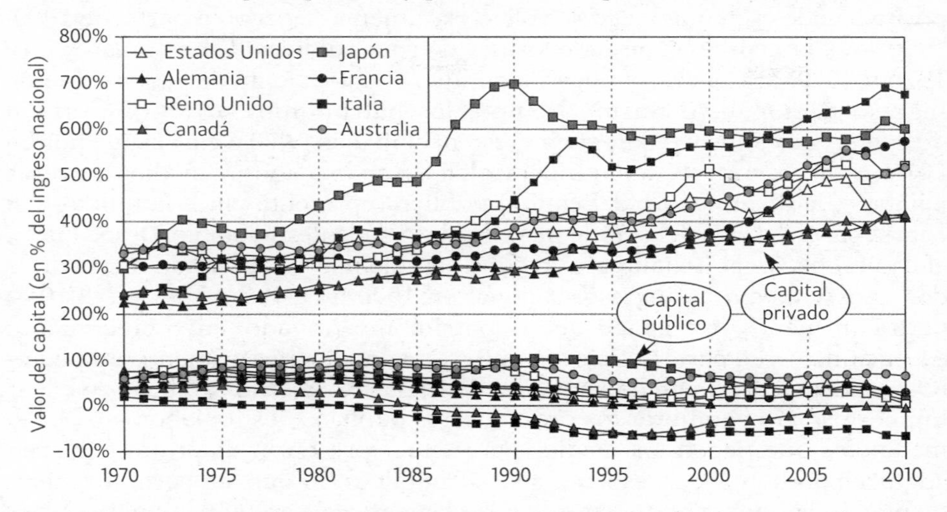

Entre 1970 y 2010, el capital privado en Italia pasó de 240 a 680% del ingreso nacional, mientras que el capital público cayó de 20 a −70%.

FUENTES Y SERIES: véase piketty.pse.ens.fr/capital21c.

principal se vio acrecentado por dos efectos complementarios: por una parte, un movimiento de privatización y transferencia gradual de la riqueza pública hacia la riqueza privada; y, por la otra, un fenómeno de recuperación de largo plazo del precio de los activos.

Empecemos por la privatización. En el capítulo anterior señalamos la fuerte caída del porcentaje del capital público en el capital nacional a lo largo de las últimas décadas, sobre todo en Francia y Alemania, donde el capital público neto representó hasta una cuarta parte —incluso una tercera— del capital nacional entre 1950 y 1970, y representa hoy en día apenas algunos puntos porcentuales (los activos públicos permiten difícilmente equilibrar las deudas). En realidad, se trata de una evolución muy general que atañe al conjunto de los países ricos: en las ocho principales economías desarrolladas del planeta, entre 1970 y 2010 se observa una disminución gradual de la relación entre capital público e ingreso nacional, paralela al alza de la relación entre capital privado e ingreso nacional (véase la gráfica V.5). Dicho de otra manera, el retorno de los capitales privados refleja, en parte, un movimiento de privatización del patrimonio nacional. Desde luego, el incremento del capital privado ha sido en todos los países superior a la disminución del capital público, de suerte que el capital nacional —calculado en años de ingreso nacional— aumentó realmente, pero con menos fuerza que el capital privado, si tenemos en cuenta este movimiento de privatización.

El caso de Italia es especialmente claro. El capital público neto era apenas positivo en los setenta; luego se volvió claramente negativo a partir de 1980-1990, tras la acumulación de enormes déficits públicos. En resumen, entre 1970 y 2010, la riqueza pública disminuyó el equivalente de casi un año de ingreso nacional. Al mismo tiempo, los patrimonios privados pasaron de apenas dos años y medio de ingreso nacional en 1970 a casi siete años en 2010, es decir, un crecimiento del orden de cuatro años y medio. En otras palabras, la disminución del capital público representa entre la quinta y la cuarta parte del alza del capital privado, dato nada despreciable. Desde luego, el capital nacional italiano creció considerablemente —pasando de cerca de dos años y medio de ingreso nacional en 1970 a casi seis años en 2010—, pero con menos intensidad que el patrimonio privado, cuyo crecimiento excepcional es en parte ficticio, ya que corresponde prácticamente a un cuarto de la deuda creciente de una parte de Italia con la otra. En lugar de pagar impuestos para equilibrar los presupuestos públicos, los italianos —o por lo menos los que tienen los medios para ello— prestaron dinero al gobierno adquiriendo bonos del tesoro o activos públicos, lo que les permitió incrementar su capital privado, sin por ello aumentar el capital nacional.

En efecto, se observa que, a pesar de un muy fuerte ahorro privado (en torno a 15% del ingreso nacional), el ahorro nacional fue inferior a 10% del ingreso nacional en Italia a lo largo del periodo 1970-2010. Dicho de otro modo, más de un tercio del ahorro privado fue absorbido por los déficits públicos. Se observa el mismo esquema en todos los países ricos, pero en general de manera menos extrema que en Italia: en la mayoría de ellos, el ahorro público fue negativo (lo que significa que la inversión pública fue inferior al déficit público, es decir, que el poder público invirtió menos de lo que pidió prestado, o también que sus préstamos financiaron el gasto corriente). En Francia, Reino Unido, Alemania y los Estados Unidos, los déficits públicos rebasaron la inversión pública por aproximadamente 2-3% del ingreso nacional en promedio en el periodo 1970-2010, y no por más de 6% como en Italia (véase el cuadro V.4).[18]

Al final, en todos los países ricos, el desahorro público y la resultante disminución de la riqueza pública representan una parte significativa del incremento de la riqueza privada (entre la décima y la cuarta parte según los países). No es la explicación principal, pero no por ello es despreciable.

Además, es posible que las estimaciones disponibles infravaloren en parte el valor de los activos públicos en los años setenta, sobre todo en el Reino

[18] La inversión pública neta suele ser bastante baja (en general alrededor de 0.5-1% del ingreso nacional, de los cuales 1.5-2% es para la inversión pública bruta y 0.5-1% para la depreciación del capital público), de tal manera que el ahorro público negativo a menudo no dista mucho del déficit público (con excepciones en algunos casos: la inversión pública es más elevada en Japón, de ahí un ahorro público ligeramente positivo, a pesar de tener déficits públicos significativos). Véase el anexo técnico.

CUADRO V.4. *Ahorro privado y público en los países ricos, 1970-2010*

País	*Ahorro nacional (privado + público) (neto de depreciación) (en % del ingreso nacional)*	*Ahorro privado (%)*	*Ahorro público (%)*
Estados Unidos	5.2	7.6	–2.4
Japón	14.6	14.5	0.1
Alemania	10.2	12.2	–2.0
Francia	9.2	11.1	–1.9
Reino Unido	5.3	7.3	–2.0
Italia	8.5	15.0	–6.5
Canadá	10.1	12.1	–2.0
Australia	8.9	9.8	–0.9

Nota: un porcentaje significativo (y variable según los países) del ahorro privado es absorbido por los déficits públicos; por tanto, el ahorro nacional (privado + público) es más bajo que el ahorro privado.

FUENTES: véase piketty.pse.ens.fr/capital21c.

Unido (tal vez también en Italia y Francia) y, por consiguiente, que nos lleven a subestimar la amplitud de las transferencias entre riqueza pública y privada.[19] Ello permitiría, en concreto, explicar por qué los patrimonios privados británicos aumentaron tanto a lo largo del periodo 1970-2010, a pesar de un ahorro privado claramente insuficiente, sobre todo durante las olas de privatización de empresas públicas entre 1980-1990, privatizaciones que a menudo se hicieron a precios notoriamente bajos, lo que además garantizaba la popularidad de la operación entre los compradores.

Es importante indicar que los movimientos de transferencia de riqueza del sector público al privado no sólo se dieron en los países ricos desde los años setenta; más bien fue una evolución general que se observa en todos los continentes. A escala mundial, la operación de privatización más extensa de las últimas décadas y, de hecho, de toda la historia del capital, atañe desde luego a los países del antiguo bloque soviético.

Las estimaciones a nuestro alcance, sumamente imperfectas, indican que la riqueza privada en Rusia y en los países de la antigua Europa del Este se situaba a finales de la década de 2000 y principios de la de 2010 en torno a cuatro años de ingreso nacional, siendo la riqueza pública neta muy baja, al igual que en los países ricos. Las estimaciones disponibles para el periodo de 1970-1980, antes de la caída del muro y del desplome de los regímenes co-

[19] Esta posible infravaloración se vincula con el bajo número de transacciones de activos públicos durante este periodo. Véase el anexo técnico.

munistas, son aún más imperfectas. Sin embargo, todo indica que la distribución era rigurosamente contraria: los capitales privados equivalían a muy poca cosa (algunas parcelas de tierra individuales, unas cuantas viviendas en los países comunistas menos cerrados a la propiedad privada, pero, en todo caso, menos de un año de ingreso nacional) y el capital público representaba la totalidad del capital industrial y la mayor parte del capital nacional, es decir, en total entre tres y cuatro años de ingreso nacional, en una primera aproximación. En otros términos, a primera vista el nivel del capital nacional no ha cambiado: simplemente se invirtió por completo su distribución entre capital público y privado.

Resumamos: desde luego, el considerable incremento de los capitales privados rusos y de Europa del Este entre finales de los años ochenta y la década de 1990-2000, que en ciertos casos individuales tomó la forma de enriquecimientos espectacularmente rápidos (piénsese sobre todo en los "oligarcas" rusos), nada tiene que ver con el ahorro y con la ley dinámica $\beta = s/g$. Se trata de una transferencia simple y llana de la propiedad del capital del poder público hacia los individuos privados. El movimiento de privatización del patrimonio nacional observado en los países desarrollados desde la década de 1970-1980 puede ser considerado una forma muy atenuada de este proceso extremo.

La histórica subida del precio de los activos

El último factor que explica el alza de la relación capital/ingreso a lo largo de las últimas décadas es la histórica subida del precio de los activos. Dicho de otro modo, el periodo de 1970-2010 no puede ser analizado correctamente si no se lo ubica en un contexto más amplio, el del periodo de 1910-2010. No disponemos de fuentes históricas completas para el conjunto de los países desarrollados, pero las series establecidas para el Reino Unido, Francia, Alemania y los Estados Unidos dan resultados muy convergentes, que resumimos a continuación.

Si se toma el conjunto del periodo 1910-2010, o bien 1870-2010, se observa que la ley dinámica $\beta = s/g$ explica muy bien la evolución global de la relación capital/ingreso. En particular, el hecho de que esta relación sea estructuralmente más elevada a largo plazo en Europa que en los Estados Unidos es perfectamente coherente con el diferencial de la tasa de ahorro y sobre todo de la tasa de crecimiento a lo largo del siglo pasado.[20] La caída

[20] Entre 1870 y 2010 la tasa promedio de incremento del ingreso nacional era aproximadamente de 2-2.2% en Europa (de los cuales 0.4-0.5% proviene del crecimiento de la población) y de 3.4% en los Estados Unidos (de los cuales 1.5% proviene del crecimiento de la población). Véase el anexo técnico.

del periodo 1910-1950 fue consecuente con el escaso ahorro nacional y la destrucción causada en esos años, y el hecho de que el alza de la relación capital/ingreso fuera más rápida en el periodo 1980-2010 que en los años 1950-1980 se explica adecuadamente gracias a la disminución de la tasa de crecimiento entre los dos subperiodos.

Sin embargo, el punto bajo de los años cincuenta fue más bajo de lo que anticiparía la simple lógica de la acumulación resumida en la ley $\beta = s/g$. Para entender la profundidad de la caída de mediados del siglo XX, es necesario añadir el hecho de que los precios de los activos inmobiliarios y bursátiles fueron históricamente bajos tras la segunda Guerra Mundial, por las múltiples razones explicadas en los dos capítulos anteriores (políticas de congelación de las rentas y de regulación financiera, y un clima político poco favorable para el capitalismo privado), aunque luego se recuperarían progresivamente desde los años cincuenta, con una aceleración a partir de 1980.

Según nuestras estimaciones, el proceso histórico de recuperación del precio de los activos parece hoy en día concluido: más allá de los sobresaltos y las evoluciones erráticas a corto plazo, el alza del periodo 1950-2010 parece haber compensado aproximadamente la baja de 1910-1950. Sin embargo, sería riesgoso concluir que la fase del alza estructural del precio relativo de los activos ha terminado de manera definitiva y que, en lo sucesivo, los precios de los activos crecerán exactamente al mismo ritmo que los precios al consumidor en las próximas décadas. Por una parte, las fuentes históricas son incompletas e imperfectas, y las comparaciones de precios sobre periodos tan amplios sólo pueden ser aproximadas. Por otra parte, existen múltiples razones teóricas por las que los precios de los activos pueden evolucionar de modo diferente que los demás precios a largo plazo; por ejemplo, porque ciertos tipos de activos —edificios, equipos— tienen ritmos de progreso técnico distintos del ritmo promedio de la economía, o bien debido a la importancia de ciertos recursos naturales no renovables (volveremos a ello).

En definitiva, tenemos que insistir de nuevo en el hecho de que el precio del capital, más allá de las burbujas a corto y mediano plazos —que lo han caracterizado— y de las eventuales divergencias estructurales a largo plazo, siempre es en parte una construcción social y política: refleja la noción de propiedad que prevalece en una sociedad determinada y depende de numerosas políticas e instituciones con la capacidad para regular las relaciones entre los diferentes grupos sociales implicados (y en particular entre los que poseen capital y los que no lo tienen). Por ejemplo, esta situación es evidente en el caso de los precios inmobiliarios, dependientes de las reglamentaciones vigentes que regulan las relaciones entre dueños e inquilinos y la actualización de los alquileres. La misma situación se produce en las cotizaciones bursátiles —como vimos en el capítulo anterior, cuando mencionamos el valor de mercado relativamente bajo que caracterizó a las empresas alemanas—.

GRÁFICA V.6. *Valor de mercado y valor contable de las sociedades*

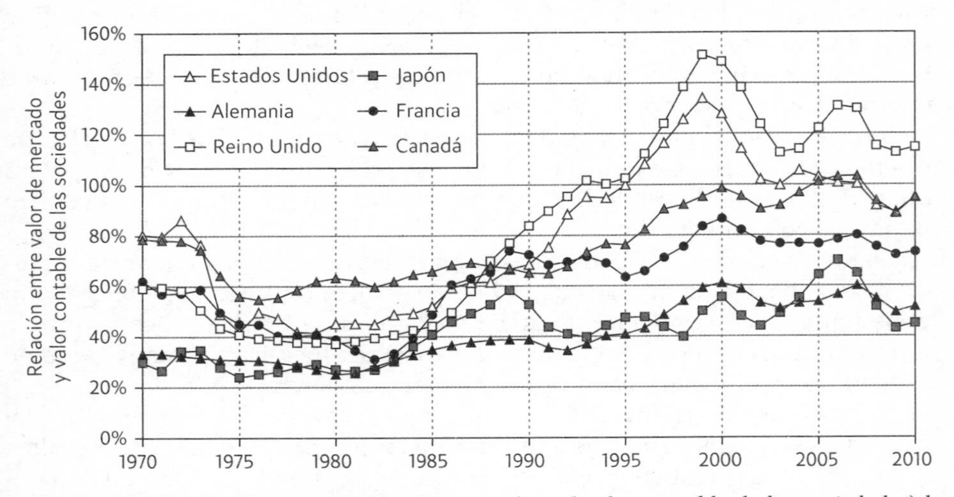

La "Q de Tobin" (relación entre el valor de mercado y el valor contable de las sociedades) ha tendido a crecer en promedio en los países ricos desde 1970-1980.

FUENTES Y SERIES: véase piketty.pse.ens.fr/capital21c.

Desde ese punto de vista, es interesante analizar, para los países de los cuales se dispone de semejantes datos, la evolución de la relación entre el valor de mercado y el valor contable de las empresas a lo largo del periodo 1970-2010 (véase la gráfica V.6). Los lectores que consideren estas cuestiones demasiado técnicas, pueden sin mayor problema pasar directamente a la siguiente sección.

El valor de mercado corresponde a la capitalización bursátil para las empresas que cotizan. Para las que no lo hacen, ya sea porque son demasiado pequeñas o porque eligen no recurrir a los mercados bursátiles (por ejemplo, para conservar su carácter familiar, lo que puede suceder incluso en empresas muy grandes), el valor de mercado se calcula en las cuentas nacionales a partir de la cotización bursátil observada para empresas que sí cotizan y que tienen, en la medida de lo posible, características similares (sector de actividad, tamaño, etc.) y teniendo en cuenta la "liquidez" del mercado en cuestión.[21] Son estos valores de mercado los que hemos utilizado hasta ahora para calcular los acervos de capital privado y de capital nacional. El valor contable, también llamado "valor de balance" *(book value)*, "activo

[21] Una sociedad que no cotiza y cuyas acciones son muy difíciles de vender, porque las transacciones son escasas —de modo que pasará mucho tiempo antes de comerciarla—, puede ver su precio valuado 10 o 20% más bajo que una sociedad similar que cotiza en la bolsa y para la cual siempre es posible encontrar durante el día un comprador o un vendedor interesado.

neto contable" o "valor en libros", es igual al valor acumulado de todos los activos —inmuebles, equipos, máquinas, patentes, participaciones mayoritarias o minoritarias en filiales y otras sociedades, tesorería, etc.— que aparecen en el balance de la empresa, menos todas las deudas.

En principio, en ausencia de incertidumbre, los valores de mercado y contables de las sociedades deberían ser los mismos, y la relación entre ambos tendría que ser entonces igual a 1 (o 100%). Normalmente es lo que sucede en el momento de la creación de una sociedad. Si los accionistas suscriben acciones por 100 millones de euros, utilizados por la empresa para adquirir oficinas y equipos por un valor de 100 millones de euros, entonces el valor de mercado y el contable serán iguales a 100 millones. Sucede lo mismo si la sociedad pide prestados 50 millones para la adquisición de máquinas nuevas por un valor de 50 millones: el activo neto contable siempre será igual a 100 millones (150 millones de activos, menos 50 millones de deudas), al igual que la capitalización bursátil. Sucederá lo mismo si la empresa logra 50 millones de beneficios y decide ponerlos en reserva para financiar nuevas inversiones por un valor de 50 millones: la cotización bursátil subirá por el mismo monto (puesto que se sabe que la empresa posee nuevos activos), de tal manera que tanto el valor del mercado como el valor contable pasarán a 150 millones.

La dificultad radica en el hecho de que la vida de una empresa se vuelve rápidamente mucho más compleja e incierta: por ejemplo, al cabo de cierto tiempo ya nadie sabe muy bien si las inversiones por 50 millones realizadas algunos años antes son realmente útiles para la actividad económica de la empresa. Entonces pueden discrepar el valor contable y el de mercado. La empresa sigue inscribiendo en su balance las inversiones realizadas a su valor de mercado —oficinas, máquinas, equipos, patentes, etc.—, de tal manera que el valor contable no se modifica.[22] El valor de mercado de la empresa, es decir, su capitalización bursátil, puede por su parte ser netamente inferior o muy superior, dependiendo de si los mercados financieros se volvieron de golpe pesimistas u optimistas con respecto a la capacidad de la empresa para generar actividad y beneficios con sus inversiones. Por ello, en la práctica siempre se observan enormes variaciones en la relación entre el valor de mercado y el contable en las sociedades consideradas individualmente.

[22] Las normas internacionales armonizadas, utilizadas para las cuentas nacionales —que empleamos aquí—, recomiendan que los activos —al igual que los pasivos— siempre se evalúen a su valor de mercado en la fecha del balance (es decir, el valor que se podría obtener si la empresa decidiera liquidar esos activos y venderlos; llegado el caso, este valor se estima utilizando transacciones recientes). Las normas contables privadas, en cambio, utilizadas por las empresas para publicar su balance, no son exactamente las mismas que las normas de las cuentas nacionales y varían según los países, lo que plantea múltiples problemas tanto para la regulación financiera y su correspondiente control preventivo de futuros riesgos como para la tributación. Volveremos a estas cuestiones en la cuarta parte de este libro.

Por ejemplo, esta relación, también llamada "Q de Tobin" (en honor del economista James Tobin, quien fue el primero en definirla), varía de apenas 20% a más de 340% si se examinan las sociedades francesas que cotizaban en el índice bursátil CAC 40 en 2012.[23]

Es más difícil entender por qué la Q de Tobin, calculada al nivel del conjunto de las sociedades de un país, debería ser sistemáticamente inferior o superior a 1. Suelen distinguirse dos explicaciones.

Si ciertas inversiones inmateriales (los gastos realizados para incrementar el valor de la marca o los gastos de investigación y desarrollo) no se toman en cuenta en el balance, es lógico que el valor de mercado sea en promedio estructuralmente superior al valor de balance. Esto puede explicar los coeficientes ligeramente superiores a 1 observados en los Estados Unidos (en torno a 100-120%), y sobre todo en el Reino Unido (en torno a 120-140%) a finales de los años noventa y durante la primera década del siglo XXI. Sin embargo, se observará que en ambos países estos coeficientes superiores a 1 reflejan también fenómenos de burbuja bursátil: los valores Q de Tobin volvieron rápidamente hacia 1 tanto en el momento del estallido de la burbuja de internet en 2001-2002 como en el de la crisis financiera de 2008-2009 (véase la gráfica V.6).

Por el contrario, si el hecho de poseer las acciones de una empresa no da todos los poderes —en particular porque los accionistas deben negociar con los demás interesados o *stakeholders* de la empresa (representantes de los asalariados, autoridades públicas locales o nacionales, asociaciones de consumidores, etc.), en el marco de una relación a largo plazo, como en el caso del "capitalismo renano" mencionado en el capítulo anterior—, es lógico que el valor de mercado sea en promedio estructuralmente inferior al valor de balance. Esto puede explicar los coeficientes inferiores a 1 observados en Francia (en torno a 80%) y sobre todo en Alemania y Japón (aproximadamente 50-70%) en los años 1990-2000, mientras que en los países anglosajones se acercaban o rebasaban el 100% (véase la gráfica V.6). También hay que señalar que la capitalización bursátil se calcula a partir de los precios de las acciones observados para las transacciones corrientes, que suelen corresponder a pequeñas adquisiciones de participaciones minoritarias, y no a tomas de control, para las cuales es habitual pagar un precio sensiblemente más elevado que el precio corriente, en general del orden de un 20% más elevado; esto puede entonces bastar para explicar una Q de Tobin del orden de 80%, incluso a falta de cualquier *stakeholder* ajeno a los accionistas minoritarios.

Más allá de estas variaciones interesantes entre países, que dan testimo-

[23] Véase por ejemplo "Profil financier du CAC 40" [Perfil financiero del CAC 40], informe del despacho de peritaje contable Ricol Lasteyrie, 26 de junio de 2012, disponible en línea en www.ricol-lasteyrie.fr/2012/Doc/Ricol%20Lasteyrie%20-%20Profil%20CAC%2040%202012.pdf. Se observa ese mismo tipo de variaciones extremas de las Q de Tobin en todos los países y en todos los mercados bursátiles.

nio de que el precio del capital depende siempre de las reglas y de las instituciones del país estudiado, se observa una tendencia general al alza de la Q de Tobin en los países ricos desde 1970, lo que refleja el fenómeno de la subida histórica del precio de los activos. En resumen, si se tiene en cuenta el alza de los precios tanto bursátiles como inmobiliarios, se puede considerar que la subida del precio de los activos explica en promedio entre una cuarta y una tercera parte del alza de la relación capital nacional/ingreso nacional en los países ricos entre 1970 y 2010 (con fuertes variaciones entre países).[24]

Capital nacional y activos extranjeros netos en los países ricos

Como señalamos en los capítulos anteriores, los enormes activos extranjeros propiedad de los países ricos en vísperas de la primera Guerra Mundial, en particular del Reino Unido y Francia, desaparecieron por completo después de los choques del periodo 1914-1945, y desde entonces jamás recuperaron sus niveles tan elevados. De hecho, si se examinan los niveles alcanzados por el capital nacional y el capital extranjero neto en los países ricos durante el periodo 1970-2010, es tentador concluir que los activos extranjeros tenían una importancia limitada: a veces son ligeramente positivos, otras un poco negativos, según los países y los años, pero en general suelen ser bastante bajos, en comparación con el capital nacional. Dicho de otro modo, la fuerte alza del capital nacional en los países ricos refleja ante todo el crecimiento del capital doméstico en los diferentes países, y a primera vista los activos extranjeros netos sólo desempeñarían un papel relativamente menor (véase la gráfica v.7).

No obstante, semejante conclusión sería exagerada. En efecto, se observa que Japón y Alemania acumularon activos extranjeros netos muy significativos a lo largo de las últimas décadas, y sobre todo durante los primeros 10 años del presente siglo (en gran parte, consecuencia mecánica de sus excedentes comerciales). A principios de la década de 2010, los activos extranjeros netos propiedad de Japón alcanzaron en torno a 70% del ingreso nacional nipón, y la posición neta exterior de Alemania rayaba en 50% del ingreso nacional alemán. Desde luego, esto sigue siendo sensiblemente más bajo que los activos extranjeros poseídos en vísperas de la primera Guerra Mundial por el Reino Unido (casi dos años de ingreso nacional) o por Francia (más de un año). Sin embargo, tomando en cuenta la rapidez de la trayectoria de acumulación, es natural preguntarse adónde llegaremos:[25] ¿en qué medida

[24] Véase el anexo técnico.

[25] El excedente comercial alcanzó 6% del PIB en Alemania a principios de la década de 2010, lo que permitió una rápida acumulación de los créditos sobre el resto del mundo. A título comparativo, el excedente chino representaba únicamente 2% del PIB chino (los dos excedentes son cercanos a 170-180 mil millones de euros anuales, pero el PIB chino era tres veces superior: más

GRÁFICA V.7. *El capital nacional en los países ricos, 1970-2010*

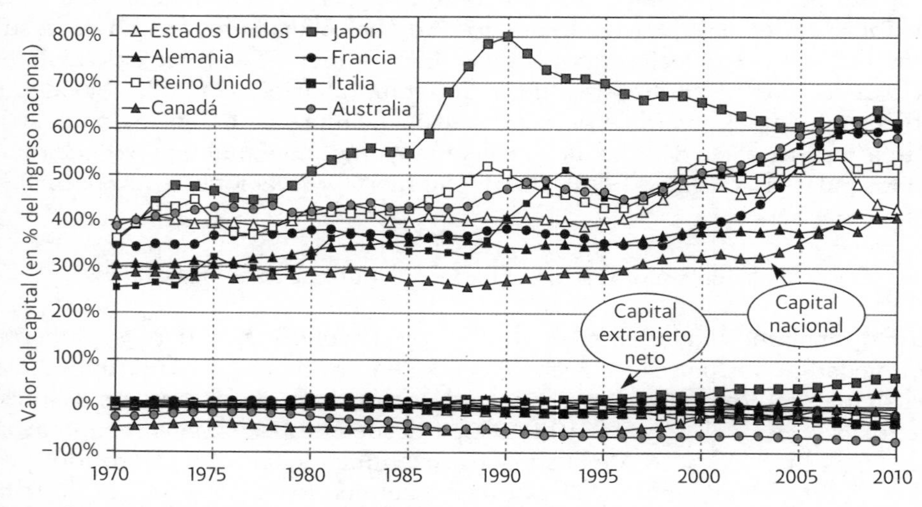

Los activos extranjeros netos propiedad de Japón y de Alemania se situaban entre 0.5 y 1 año de ingreso nacional en 2010.

FUENTES Y SERIES: véase piketty.pse.ens.fr/capital21c.

algunos países llegarán a ser propiedad de otros a lo largo del siglo XXI? ¿Se alcanzarán o rebasarán las considerables posiciones exteriores observadas durante el colonialismo?

Para abordar correctamente este tema, tendremos que introducir en el análisis a los países petroleros y a los emergentes (empezando por China), para los cuales disponemos de datos históricos muy reducidos —de ahí la limitada importancia que se les ha atribuido hasta ahora—, pero cuyas fuentes para el periodo actual son mucho más satisfactorias. Habrá que tener en cuenta también la desigualdad en la riqueza a nivel individual y dentro de los países, y no sólo entre países. Volveremos, pues, al tema de la dinámica de la distribución mundial del capital en la tercera parte de este libro.

En esta etapa, basta con señalar que la lógica de la ley $\beta = s/g$ puede

o menos 10 billones en lugar de 3 billones de euros). También se puede observar que cinco años de excedente alemán permiten adquirir toda la capitalización inmobiliaria parisina, y cinco años suplementarios pueden comprar todo el índice bursátil francés CAC 40 (alrededor de 800-900 mil millones por cada caso). Sin embargo, este enorme excedente parece obedecer más a los azares de la competitividad alemana que a un objetivo explícito de acumulación. Se puede entonces pensar que la demanda interna aumentará y que ese excedente se reducirá en los próximos años. En los países petroleros, que se encuentran explícitamente en una trayectoria de acumulación de activos exteriores, el excedente comercial rebasó 10% del PIB (en Arabia Saudita o Rusia), e incluso varias decenas de percentiles en los Estados petroleros más pequeños. Véanse el capítulo XII y el anexo técnico.

automáticamente llevar a muy fuertes desequilibrios internacionales en términos de posiciones patrimoniales, como queda ilustrado de manera muy clara en el caso japonés. Con un mismo nivel de desarrollo, pequeñas diferencias en las tasas de crecimiento (en particular demográfico) o de ahorro pueden provocar que algunos países se encuentren con una relación capital/ingreso potencial mucho más elevada que otros, en cuyo caso es natural esperar que los primeros inviertan masivamente en los segundos, lo que puede causar tensiones políticas importantes. El caso japonés ilustra asimismo un segundo tipo de riesgo que puede presentarse cuando la relación capital/ingreso de equilibrio $\beta = s/g$ alcanza un nivel muy elevado. Si los residentes del país en cuestión prefieren claramente los activos domésticos, por ejemplo en el sector inmobiliario, los precios de esos activos pueden llegar a niveles desconocidos hasta entonces. Desde ese punto de vista, es interesante señalar que el récord japonés de 1990 fue recientemente batido por España, donde el total de los capitales privados netos alcanzó ocho años de ingreso nacional en vísperas de la crisis de 2007-2008, es decir, un año más que Japón en 1990. La burbuja española empezó a desinflarse muy rápido a partir de los años 2010-2011, como ocurrió con la burbuja japonesa a principios de los noventa.[26] Es muy posible que se formen burbujas aún más espectaculares en el futuro, a medida que la relación capital/ingreso potencial $\beta = s/g$ alcance nuevas cúspides. De paso se observará la utilidad de representar de esta manera la evolución histórica de la relación capital/ingreso y de aprovechar así los flujos y acervos de las cuentas nacionales. Potencialmente, esto posibilita que de manera oportuna se detecten evidentes sobrevaluaciones y que se apliquen políticas preventivas y financieras adecuadas, lo que permitirá moderar el entusiasmo especulativo de las instituciones financieras del país implicado.[27]

También hay que observar que diversas posiciones netas reducidas pueden disimular enormes posiciones brutas. De hecho, una característica de la globalización financiera actual es que cada país está en gran parte poseído por los demás países, lo que lleva no sólo a oscurecer las percepciones sobre distribución mundial de las riquezas, sino también a una importante vulnerabilidad de los países pequeños, así como a una inestabilidad en la distribución mundial de las posiciones netas. De manera general, desde los años 1970-1980 se asiste a un poderoso movimiento de financiarización de la economía que afectó la estructura de la riqueza, en el sentido de que la masa

[26] Véase la gráfica suplementaria S5.2 (disponible en línea).

[27] En el caso de España, todo el mundo había observado el fortísimo crecimiento de los índices inmobiliarios y bursátiles en la primera década del siglo XXI. Sin embargo, si no se tiene un punto de referencia preciso, es muy difícil determinar en qué momento las valoraciones se volvieron realmente excesivas. La ventaja de la relación capital/ingreso es que ese indicador permite disponer de ese punto de referencia, lo que permite establecer comparaciones en el tiempo y el espacio.

de los activos y los pasivos financieros propiedad de los diferentes sectores (hogares, sociedades, administraciones) creció con mayor fuerza aún que el valor neto de la riqueza. En la mayoría de los países, el total de los activos y pasivos no rebasaba cuatro o cinco años de ingreso nacional a principios de los años setenta. A principios de la década de 2010, este monto se situaba muy a menudo entre 10 y 15 años del ingreso nacional (en particular en los Estados Unidos, Japón, Alemania y Francia), incluso hasta en más de 20 años en el Reino Unido, lo que constituía un récord histórico absoluto.[28] Esto refleja cómo se han desarrollado sin precedentes las participaciones cruzadas entre sociedades financieras y no financieras de un mismo país (y, en especial, cómo se han inflado los balances bancarios, sin relación con el incremento de los fondos propios de los bancos), así como de las participaciones cruzadas entre países.

Desde ese punto de vista, es importante señalar que el fenómeno de participaciones cruzadas internacionales es mucho más extenso en los países europeos, empezando por el Reino Unido, Alemania y Francia (donde los activos financieros propiedad de otros países representan entre un cuarto y la mitad del total de los activos financieros domésticos, magnitud nada desdeñable), que en las economías de mayor tamaño, como los Estados Unidos y Japón (donde esta proporción casi no rebasa una décima parte).[29] Esta situación incrementa la sensación de estar desposeído, sobre todo en Europa, en parte por buenas razones, pero a veces de manera excesiva (se olvida rápidamente que si las sociedades nacionales y la deuda pública son en gran medida propiedad del resto del mundo, los residentes poseen activos equivalentes en el extranjero por medio de contratos de seguros de vida y de múl-

[28] Véanse las gráficas S5.3-S5.4 (disponibles en línea). Hay que señalar, por otra parte, que los balances elaborados por los bancos centrales y las agencias estadísticas gubernamentales se refieren únicamente a los activos financieros primarios (créditos, acciones, obligaciones y títulos diversos) y no a los productos derivados (que son como contratos de seguro indexados a esos activos primarios, o bien como apuestas, según se vea el problema), que harían subir el total a niveles aún más elevados (entre 20 y 30 años de ingreso nacional, en función de las definiciones adoptadas). Sin embargo, es importante advertir que estas masas de activos y pasivos financieros, que hoy en día son mucho más elevadas que todos los niveles observados en el pasado (en el siglo XIX y hasta la primera Guerra Mundial, el total de los activos y pasivos financieros no rebasaba los cuatro o cinco años de ingreso nacional), no tienen por definición ningún impacto en los niveles de riqueza neta (no más de lo que el monto de las apuestas realizadas en el momento de un acontecimiento deportivo influye en el nivel de riqueza nacional). Véase el anexo técnico.

[29] Por ejemplo, los activos financieros en Francia propiedad del resto del mundo representaban 310% del ingreso nacional en 2010, y los activos financieros propiedad de los residentes franceses en el resto del mundo representaban 300% del ingreso nacional, de ahí que hubiera una posición negativa de −10%. En los Estados Unidos, la posición negativa igual a −20% del ingreso nacional corresponde a activos financieros del orden de 120% propiedad del resto del mundo en los Estados Unidos y de 100% propiedad de los residentes estadunidenses en el extranjero. Véanse las gráficas S5.5-S5.11 (disponibles en línea) para encontrar series detalladas por país.

tiples productos financieros). De hecho, las hojas de balance estructuradas de esta manera introducen una vulnerabilidad importante en los países pequeños, principalmente europeos, en el sentido de que los pequeños "errores" de valuación de los activos o pasivos financieros, propiedad de unos y otros, pueden inducir enormes variaciones en la posición patrimonial neta.[30] Se advierte además que la evolución de la posición patrimonial neta de los diferentes países está determinada no sólo por la acumulación de los excedentes (o de los déficits) de la balanza comercial, sino también por las enormes variaciones en el rendimiento obtenido sobre los activos y pasivos financieros del país en cuestión.[31] Precisemos asimismo que una parte importante de esas posiciones internacionales refleja flujos financieros ficticios vinculados con estrategias de optimización fiscal o regulatoria (por medio de sociedades fantasma establecidas en los países que ofrecen la estructura fiscal o regulatoria más atractiva) antes que con las necesidades de la economía real.[32] Volveremos a estos asuntos en la tercera parte del libro, cuando examinemos la importancia adquirida por los paraísos fiscales en la dinámica mundial de la distribución de la riqueza.

¿En qué nivel se situará la relación capital/ingreso en el siglo xxi?

La ley dinámica $\beta = s/g$ permite también reflexionar sobre los niveles futuros de la relación capital/ingreso a nivel mundial en el siglo xxi.

[30] Se advertirá a este respecto que una diferencia central entre las burbujas japonesa y española es que España se encuentra actualmente con una posición patrimonial negativa del orden de un año de ingreso nacional (lo que complica seriamente la situación del país), mientras que Japón tiene una posición positiva del mismo orden. Véase el anexo técnico.

[31] En particular, tomando en cuenta los muy elevados déficits comerciales estadunidenses, la posición neta de los Estados Unidos debería ser mucho más negativa de lo que es realmente. Esta diferencia se explica al mismo tiempo por el muy elevado rendimiento obtenido sobre los activos estadunidenses en el extranjero (principalmente en acciones) y el bajo rendimiento pagado sobre los pasivos (sobre todo títulos de deuda estadunidense); véanse a este respecto los trabajos de P. O. Gourinchas y H. Rey citados en el anexo. A la inversa, la posición neta alemana debería ser más elevada, y esto se explica por los bajos rendimientos obtenidos por los activos colocados en el extranjero (lo que tal vez puede explicar en parte la actual desconfianza alemana). Para encontrar una descomposición global de la acumulación de los activos extranjeros por los diferentes países ricos en el periodo de 1970-2010, separando los efectos de balanza comercial de los efectos de rendimiento de las carteras extranjeras, véase el anexo técnico (en particular el cuadro s5.13).

[32] Por ejemplo, es probable que una porción significativa del déficit comercial estadunidense corresponda simplemente a transferencias ficticias a filiales de sus empresas localizadas en territorios fiscalmente más clementes, que son después repatriados en forma de beneficios realizados en el extranjero (lo que restablece el nivel de la balanza de pagos). Se observa así hasta qué punto estos simples juegos contables pueden distorsionar el análisis de los fenómenos económicos más elementales.

Veamos primero lo que se puede decir acerca del pasado. En lo que se refiere a Europa (o por lo menos a las principales economías de Europa Occidental) y a América del Norte, tenemos estimaciones fiables de todo el periodo 1870-2010. En lo tocante a Japón, no disponemos de una valoración completa del total de los capitales privados o del capital nacional antes de los años de 1960-1970. Sin embargo, los datos parciales que poseemos, en particular los datos sucesorios japoneses iniciados en 1905, sugieren de manera muy clara que los capitales siguieron en Japón el mismo tipo de curva en U que la observada en Europa, situando la relación capital/ingreso en niveles muy elevados: en 1910-1930, del orden de 600-700%, antes de caer a 200-300% en 1950-1960 y de iniciar después la espectacular subida hacia niveles cercanos a 600-700% en 1990-2000, como estudiamos anteriormente.

En lo tocante a los demás países y continentes, Asia (excluyendo Japón), África y Sudamérica, hay estimaciones relativamente completas a partir de 1990-2000, con una relación capital/ingreso promedio del orden de cuatro años. Con respecto al periodo 1870-1990, no existe ninguna estimación completa verdaderamente fiable; por ello sólo supusimos que se tenía el mismo nivel global. En todo caso, tomando en cuenta el hecho de que esos países representaban en total apenas más de un quinto del PIB mundial a lo largo de ese periodo, el impacto sobre la relación capital/ingreso a nivel mundial era relativamente limitado.

Los resultados obtenidos se indican en la gráfica V.8. Considerando el peso de los países ricos en el total, no sorprende advertir que la relación capital/ingreso a nivel mundial ha seguido el mismo tipo de curva en U: en la actualidad esta relación a nivel mundial parece acercarse a 500%, es decir, aproximadamente el nivel alcanzado en vísperas de la primera Guerra Mundial.

El aspecto más interesante atañe a la continuidad en la evolución. Aquí utilizamos las previsiones de crecimiento demográfico y económico presentadas en el capítulo II, conforme a las cuales la tasa de crecimiento de la producción mundial podría pasar progresivamente de más de 3% anual en la actualidad a sólo 1.5% en la segunda mitad del siglo XXI. Supusimos asimismo una tasa de ahorro que se estabilizaría en torno a 10% a largo plazo. Bajo estos supuestos, la aplicación de la ley dinámica $\beta = s/g$ implica que la relación capital/ingreso a nivel mundial debería muy lógicamente seguir creciendo y que podría acercarse a 700% durante el siglo XXI, es decir, en torno al nivel observado en Europa en la Bella Época y en los siglos XVIII y XIX. Dicho de otro modo, todo el planeta podría parecerse, de aquí a 2100, a la Europa de la Bella Época (al menos desde el punto de vista de la intensidad patrimonial). Es evidente que se trata simplemente de una posibilidad entre otras muchas: vimos que las previsiones de crecimiento eran sumamente inciertas, y las de la tasa de ahorro lo son aún más. Estas simulaciones no resultan por ello menos factibles, puesto que tienen el mérito de ilustrar el

GRÁFICA V.8. *La relación capital/ingreso en el mundo, 1870-2100*

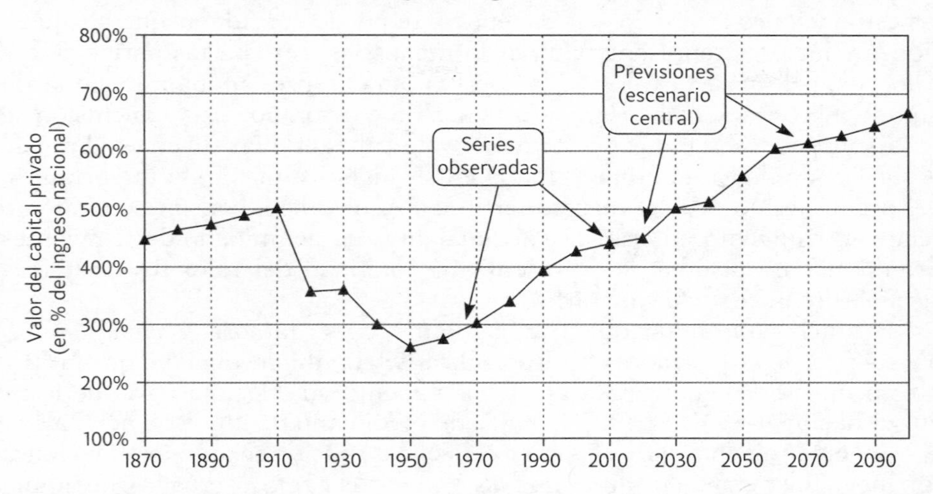

Según las estimaciones del escenario central, la relación capital/ingreso a nivel mundial podría aproximarse a 700% hacia finales del siglo XXI.

FUENTES Y SERIES: véase piketty.pse.ens.fr/capital21c.

papel central de la desaceleración del crecimiento en la acumulación del capital.

EL MISTERIO DEL VALOR DE LAS TIERRAS

Por definición, la ley $\beta = s/g$ no atañe más que a las formas de capital acumulable, y no tiene en cuenta el valor de los recursos naturales puros, en concreto, el de las tierras puras, es decir, antes de cualquier mejora realizada por el ser humano. El hecho de que la ley $\beta = s/g$ permita dar cuenta de la casi totalidad de los acervos de capital observados en 2010 (entre 80 y 100%, dependiendo del país) hace pensar que las tierras puras no representaban más que una pequeña parte del capital nacional. Sin embargo, ¿cuál es exactamente ese valor? Los datos disponibles no permiten contestar de manera perfectamente precisa.

Consideremos primero el caso de las tierras agrícolas en las sociedades rurales tradicionales. Es muy difícil determinar con precisión qué porcentaje de este valor corresponde a las múltiples inversiones y mejoras hechas a lo largo de los siglos —sobre todo en formas de roturación, drenajes, cercas y acondicionamientos diversos—, y cuánto al valor puro de las tierras, tal como existían antes de su explotación por el ser humano. Parece seguro, sin embargo, que las inversiones y mejoras constituyen la mayor parte. En el siglo XVIII, el valor de las tierras agrícolas alcanzaba el equivalente de cuatro años de ingreso nacional, tanto en Francia como en el Reino Unido.[33] Según las estimaciones realizadas en esa época, se puede considerar que las inversiones y mejoras representaban por lo menos las tres cuartas partes de ese valor, y quizá más. El valor de las tierras puras representaba a lo sumo un año de ingreso nacional, y tal vez menos de medio año. Esta conclusión se basa sobre todo en el hecho de que el valor anual de las diversas obras de desbroce, drenaje, etc., representaba en sí mismo sumas muy importantes, del orden de 3 o 4% del ingreso nacional. Ahora bien, con un crecimiento relativamente lento, inferior al 1% anual, el valor acumulado de semejantes inversiones no distaba de representar la totalidad del valor de las tierras agrícolas (e incluso de superarlo).[34]

Es interesante notar que Thomas Paine, en su famosa *Justicia agraria,* propuesta a los legisladores franceses en 1795, también concluyó que la "tierra no mejorada" equivalía a aproximadamente una décima parte de la riqueza nacional, es decir, un poco más de medio año de ingreso nacional.

Sin embargo, hay que insistir en el hecho de que semejantes estimaciones son inevitablemente muy aproximadas. Cuando el ritmo de crecimiento anual es bajo, ligeras variaciones en la tasa de inversión producen enormes diferencias en el valor a largo plazo de la relación capital/ingreso $\beta = s/g$. El aspecto importante que se debe recordar es que la mayor parte del capital nacional en las sociedades tradicionales ya se basaba en la acumulación y la inversión: nada ha cambiado verdaderamente, salvo tal vez el hecho de que la depreciación del capital en tierras era muy reducida en comparación con el capital inmobiliario y profesional moderno, que debe ser sustituido y reparado mucho más a menudo, lo que tal vez contribuye a dar la impresión de un capital más "dinámico". Sin embargo, tomando en cuenta los datos muy limitados e imprecisos de los que disponemos acerca de la inversión en las sociedades rurales tradicionales, es difícil ir mucho más allá.

En particular, parece imposible establecer una comparación precisa con el valor de las tierras puras a finales del siglo XX y principios del XXI. Hoy en día el principal interés reside en las tierras urbanas: las tierras agrícolas valen menos de 10% del ingreso nacional, tanto en Francia como en el Reino Unido. El problema consiste en que en la actualidad es igual de difícil identificar

[33] Es difícil establecer comparaciones con las sociedades antiguas, pero las raras estimaciones disponibles sugieren que el valor de las tierras a veces podía subir a niveles aún más elevados; por ejemplo, seis años de ingreso nacional en la Roma antigua, según R. Goldsmith, *Pre-modern Financial Systems. A Historical Comparative Study,* Cambridge University Press, Cambridge, 1987, p. 58. Las estimaciones de la movilidad intergeneracional patrimonial en las pequeñas sociedades primitivas (M. Borgerhoff y S. Bowles, "Intergenerational Wealth Transmission and the Dynamics of Inequality in Small-Scale Societies", *Science,* AAAS, vol. 396, núm. 5953, octubre de 2009, pp. 682-688) sugieren que la importancia del patrimonio transmisible variaba ostensiblemente en función de la actividad económica practicada (cazadores, pastores, agricultores...).

[34] Véase el anexo técnico.

el valor de las tierras urbanas puras, independientemente no sólo de los edificios y de las construcciones, sino también de las infraestructuras y acondicionamientos que las hacen atractivas, del de las tierras agrícolas puras en el siglo XVIII. Según nuestras estimaciones, los flujos anuales de inversión de las últimas décadas permiten explicar correctamente la casi totalidad del valor de los capitales —en particular inmobiliarios— de 2010. Dicho de otra manera, el alza de la relación capital/ingreso no se explica principalmente por el aumento en el valor de las tierras urbanas puras, que a primera vista parece relativamente comparable con el de las tierras agrícolas puras en el siglo XVIII: entre medio año y un año de ingreso nacional. Sin embargo, los márgenes de incertidumbre son sustanciales.

Además, deben añadirse dos características: por una parte, el hecho de que el valor total de la capitalización patrimonial —en particular inmobiliaria— en los países ricos se explique bastante bien por la acumulación de los flujos de ahorro e inversión no impide, desde luego, la existencia de plusvalías locales muy fuertes vinculadas con poderosos efectos de aglomeración en ciertas localizaciones concretas, sobre todo en las grandes capitales. No tendría mucho sentido pretender explicar el aumento del valor de los inmuebles en los Campos Elíseos, o de manera más general en París, sólo con la suma de los flujos de inversión. Nuestras estimaciones sugieren simplemente que esas muy fuertes plusvalías inmobiliarias locales en ciertas localizaciones fueron, en gran medida, compensadas por minusvalías inmobiliarias en otros lugares que se volvieron menos atractivos, por ejemplo en las ciudades de tamaño medio o en cierto número de barrios abandonados.

Por otra parte, el hecho de que el aumento en el valor de las tierras puras no parezca explicar una parte esencial de la subida histórica de la relación capital/ingreso en los países ricos no implica de forma absoluta que sucederá lo mismo en el futuro. Desde un punto de vista teórico, no hay ninguna fuerza que garantice una estabilidad a largo plazo del valor de las tierras, y aún menos de los recursos naturales en su conjunto. Volveremos al examen de este tema cuando analicemos la dinámica de la riqueza y de los activos extranjeros propiedad de los países petroleros.[35]

[35] Véase el anexo técnico.

VI. EL REPARTO CAPITAL/TRABAJO EN EL SIGLO XXI

Ahora comprendemos bastante bien la dinámica de la relación capital/ingreso —como la describe la ley $\beta = s/g$—, que a largo plazo depende principalmente de la tasa de ahorro s y la tasa de crecimiento g. Estos dos parámetros macrosociales obedecen asimismo a millones de decisiones individuales en las que influyen múltiples consideraciones sociales, económicas, culturales, psicológicas y demográficas, pudiendo variar mucho en el tiempo y entre países. Además, ambos parámetros son independientes el uno del otro. Todo eso permite entender mejor las fuertes variaciones históricas y espaciales de la relación capital/ingreso, sin ni siquiera tener en cuenta el hecho de que el precio relativo del capital, así como el de los recursos naturales, puede también variar notablemente, tanto en el corto como en el largo plazo.

De la relación capital/ingreso al reparto capital-trabajo

Ahora tenemos que pasar del análisis de la relación capital/ingreso a la del reparto del ingreso nacional entre el trabajo y el capital. La fórmula $\alpha = r \times \beta$, bautizada como la primera ley fundamental del capitalismo en el capítulo I, permite pasar de manera transparente de una a otra. Por ejemplo, si el valor del acervo de capital es igual a seis años de ingreso nacional ($\beta = 6$) y si la tasa de rendimiento promedio del capital es de 5% anual ($r = 5\%$), entonces el porcentaje de los ingresos del capital α en el ingreso nacional es igual a 30% (y el de los ingresos del trabajo es por lo tanto igual a 70%). La cuestión central es entonces la siguiente: ¿cómo se determina la tasa de rendimiento del capital? Empecemos por examinar brevemente las evoluciones observadas en un periodo muy amplio, antes de analizar los mecanismos teóricos y las fuerzas económicas y sociales en juego.

Los dos países para los que disponemos de datos históricos más completos desde el siglo XVIII son de nuevo el Reino Unido y Francia.

Se observa la misma evolución general en forma de U para el porcentaje del capital α y para la relación capital/ingreso β, pero de manera menos marcada. Dicho de otro modo, el rendimiento del capital r parece haber atenuado la evolución de la cantidad de capital β: el rendimiento r es más elevado en los periodos en los que la cantidad β es más baja, y viceversa, situación aparentemente natural.

Gráfica vi.1. *El reparto capital-trabajo en el Reino Unido, 1770-2010*

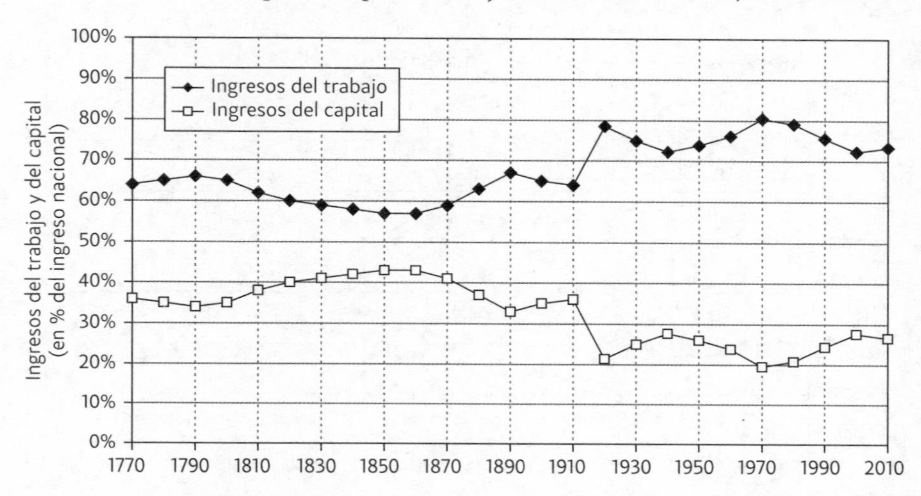

En el siglo xix, los ingresos del capital (rentas, beneficios, dividendos, intereses) representaban aproximadamente 40% del ingreso nacional, frente a 60% de los ingresos del trabajo (asalariado y no asalariado).

Fuentes y series: véase piketty.pse.ens.fr/capital21c.

Gráfica vi.2. *El reparto capital-trabajo en Francia, 1820-2010*

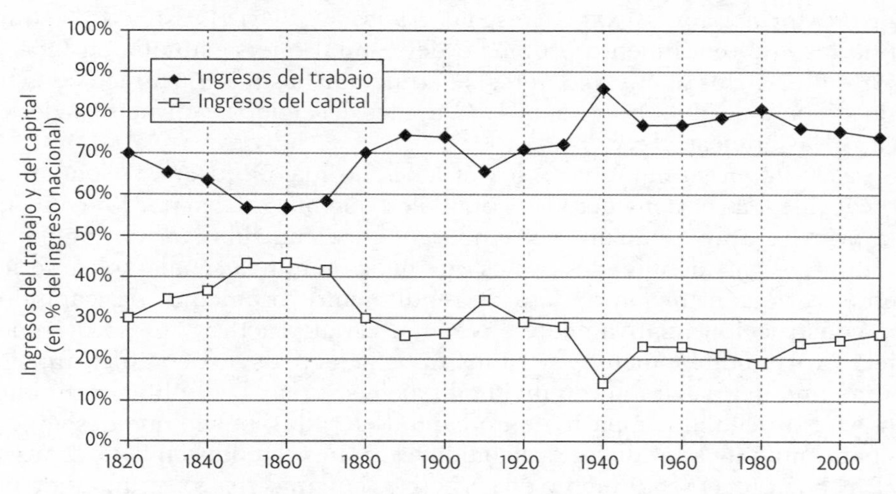

En el siglo xxi, los ingresos del capital (rentas, beneficios, dividendos, intereses) representan aproximadamente 30% del ingreso nacional, frente a 70% de los ingresos del trabajo (asalariado y no asalariado).

Fuentes y series: véase piketty.pse.ens.fr/capital21c.

GRÁFICA VI.3. *El rendimiento puro del capital en el Reino Unido, 1770-2010*

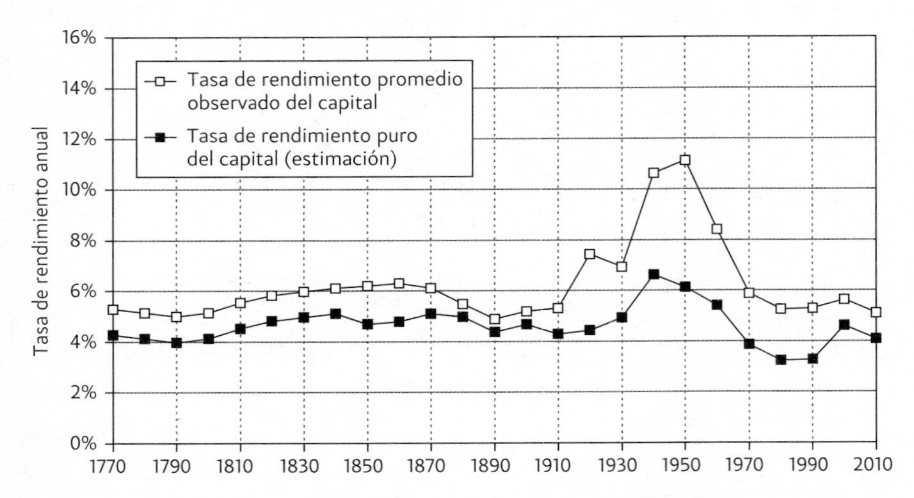

La tasa de rendimiento puro del capital es relativamente estable en torno a 4-5% a largo plazo.
FUENTES Y SERIES: véase piketty.pse.ens.fr/capital21c.

Más precisamente: tanto en el Reino Unido como en Francia se advierte que el porcentaje del capital en el ingreso nacional era del orden de 35-40% a finales del siglo XVIII y en el XIX, antes de caer a aproximadamente 20-25% a mediados del siglo XX, para luego volver a subir hacia 25-30% a finales del siglo XX y principios del XXI (véanse las gráficas VI.1 y VI.2). Esto corresponde a una tasa de rendimiento promedio del capital que se situaba en torno a 5-6% en los siglos XVIII y XIX, antes de aumentar hasta 7-8% a mediados del siglo XX, para después caer hacia 4-5% a fines del siglo XX y principios del XXI (véanse las gráficas VI.3 y VI.4).

La curva en su conjunto y los órdenes de magnitud que acabamos de indicar pueden ser considerados confiables y significativos, por lo menos en una primera aproximación. Sin embargo, conviene subrayar de inmediato sus límites y sus debilidades. Antes que nada, como ya señalamos anteriormente, la noción misma de tasa de rendimiento "promedio" del capital es una construcción relativamente abstracta. En la práctica, la tasa de rendimiento varía notablemente según los tipos de activos, así como en función del tamaño del patrimonio individual (suele ser más fácil obtener un buen rendimiento cuando se parte de un capital elevado), por lo que desempeña un papel amplificador de las desigualdades, como veremos en la tercera parte. En concreto, el rendimiento de los activos con más riesgo, empezando por el capital industrial, sin importar si adquiere la forma de participaciones nominativas en fábricas familiares en el siglo XIX o de acciones anónimas en sociedades que cotizan en el siglo XX, rebasaba a menudo el 7-8%, mientras

GRÁFICA VI.4. *El rendimiento puro del capital en Francia, 1820-2010*

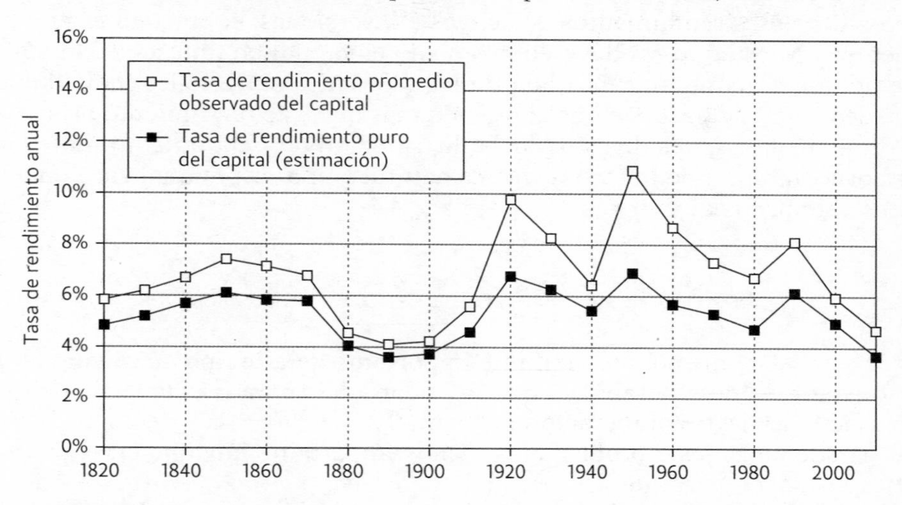

El rendimiento promedio observado tuvo variaciones más fuertes que el rendimiento puro del capital en el siglo XX.

FUENTES Y SERIES: véase piketty.pse.ens.fr/capital21c.

que el de los activos con menos riesgo era sensiblemente más bajo, por ejemplo del orden de 4-5% para las tierras agrícolas en los siglos XVIII y XIX, incluso hasta 3-4% en el ramo inmobiliario en este inicio del siglo XXI. Para los patrimonios muy pequeños depositados en cuentas de cheques o de ahorro poco remuneradoras, la tasa de rendimiento real era a menudo más cercana a 1-2%, e incluso negativa, cuando la inflación era superior a la baja tasa de interés nominal pagada. Trátase de una cuestión crucial, a la que volveremos ampliamente más adelante.

En esta fase, es importante precisar que los porcentajes del capital y las tasas de rendimiento promedio indicadas en las gráficas VI.1-VI.4 fueron calculados sumando el conjunto de los ingresos del capital catalogados en las cuentas nacionales (sin importar su título jurídico: rentas, beneficios, dividendos, intereses, regalías, etc., con excepción de los intereses de la deuda pública, y antes de cualquier forma de imposición), dividiendo luego este agregado entre el ingreso nacional (se obtiene entonces el porcentaje del capital en el ingreso nacional, representado por α) y el capital nacional (se obtiene así la tasa de rendimiento promedio del capital, representado por r).[1]

[1] Los intereses de la deuda pública, que no forman parte del ingreso nacional (se trata de una simple transferencia) y que remuneran un capital que no forma parte del capital nacional (ya que la deuda pública es un activo para los poseedores privados y un pasivo para el Estado), no fueron tomados en cuenta en las gráficas VI.1-VI.4. Si fueran incluidos, la participación del capital sería un poco más elevada, en general del orden de 1-2 puntos (y hasta de 4-5 puntos en los

Por lógica, esta tasa de rendimiento promedio agrega, en consecuencia, los muy diferentes rendimientos de activos e inversiones: el objetivo es precisamente saber cuánto produce en promedio el capital en una sociedad considerada en su conjunto, más allá de las diferentes situaciones individuales. Desde luego, algunas personas obtienen más que este rendimiento promedio y otras menos. Antes de estudiar la distribución del rendimiento individual en torno al rendimiento promedio, es natural empezar por analizar dónde se sitúa este promedio.

Los flujos: más difíciles de estimar que los acervos

Precisemos asimismo que un límite importante de este tipo de cálculo atañe a los ingresos de los trabajadores no asalariados, para los cuales a menudo es difícil aislar la remuneración del capital.

Desde luego, este problema es menos importante hoy que en el pasado, pues la mayor parte de la actividad económica privada se organiza ahora en el marco de las sociedades anónimas, o más generalmente de las sociedades de capitales, es decir, sociedades en las que se separan claramente las cuentas de la empresa y las de las personas que aportaron los capitales (quienes, además, están únicamente comprometidas en función del capital aportado, y no en función de sus fortunas personales: es la revolución de la "sociedad de responsabilidad limitada", adoptada en casi todas partes a finales del siglo XIX). En estas sociedades se distingue con claridad la remuneración del trabajo (salarios, primas y demás pagos abonados a todos aquellos que aportaron su trabajo, incluso los ejecutivos) y la remuneración del capital (dividendos, intereses, beneficios reinvertidos para incrementar el valor del capital, etcétera).

Es diferente de lo que sucede en las sociedades de personas y, en particular, en las empresas individuales, donde las cuentas de la sociedad con frecuencia se confunden con las cuentas personales del jefe de empresa, quien a menudo es al mismo tiempo el propietario y el gerente. En la actualidad, los trabajadores no asalariados de empresas individuales realizan alrededor de 10% de la producción interna en los países ricos, cifra que se corresponde aproximadamente con el porcentaje de los no asalariados en la población activa. Los trabajadores no asalariados están agrupados mayoritariamente en pequeñas empresas de servicios (comerciantes, artesanos, restauranteros, etc.) y dentro de las profesiones liberales (médicos, abogados, etc.). Durante mucho tiempo, esta categoría incluía asimismo a un gran número de agricultores, quienes en la actualidad han desaparecido en su mayoría. En las cuentas de estas empresas individuales suele ser imposible aislar la remune-

periodos en que la deuda pública es particularmente elevada). Para series completas, véase el anexo técnico.

ración del capital: por ejemplo, los beneficios de un radiólogo remuneran al mismo tiempo su trabajo y los equipos a veces muy costosos que tuvo que adquirir. Sucede lo mismo con el hotelero o el agricultor. Por eso se habla de "ingresos mixtos": los ingresos de los trabajadores no asalariados son al mismo tiempo ingresos por trabajo e ingresos del capital. Se podría hablar también de "ingreso empresarial".

Con el objetivo de separar los ingresos mixtos entre capital y trabajo, utilizamos el mismo reparto promedio capital-trabajo que para el resto de la economía. Es la solución menos arbitraria y parece dar resultados parecidos a los obtenidos con los otros dos métodos generalmente empleados.[2] Sin embargo, sigue siendo una aproximación, ya que la noción misma de frontera entre ingresos del capital y del trabajo no está bien definida en el seno de los ingresos mixtos. Para el periodo actual no plantea una gran diferencia: teniendo en cuenta el poco peso de los ingresos mixtos, la incertidumbre acerca de la verdadera participación del capital se refiere a lo sumo al 1 o 2% del ingreso nacional. Respecto de los periodos más antiguos, y directamente en lo relativo a los siglos XVIII y XIX, cuando los ingresos mixtos podían representar más de la mitad del ingreso nacional, la incertidumbre es potencialmente mucho más importante.[3] Por ello, las estimaciones de la participación del capital disponibles para los siglos XVIII y XIX sólo pueden ser consideradas como aproximaciones.[4]

No obstante, esta aproximación no parece cuestionar el muy alto nivel de los ingresos del capital estimados en este periodo (por lo menos 40% del ingreso nacional): tanto en el Reino Unido como en Francia, la renta de bienes raíces pagada a los terratenientes representaba por sí sola un monto del orden de 20% del ingreso nacional en el siglo XVIII y a principios del XIX, y todo permite pensar que el rendimiento de las tierras agrícolas (alrededor de la mitad del capital nacional) era ligeramente inferior al rendimiento promedio del capital, y muy inferior al del capital industrial, si se ve el muy elevado nivel de los beneficios industriales, en particular durante la primera mitad del siglo XIX. Sin embargo, las imperfecciones de los datos disponibles hacen

[2] Se puede atribuir a los trabajadores no asalariados el mismo ingreso laboral promedio que a los asalariados, o bien se puede aplicar el rendimiento promedio de las otras formas de capital al capital profesional utilizado por los trabajadores no asalariados. Véase el anexo técnico.

[3] En los diferentes países ricos, la participación de las empresas individuales pasó de aproximadamente 30-40% de la producción interna en los años 1950-1960 (en el siglo XIX y a principios del XX pudo rebasar 50%) a alrededor de 10% en los años 1980-1990 (lo que refleja principalmente la caída de la participación de la agricultura), luego se estabilizó en torno a ese nivel desde entonces, a veces con una ligera subida alrededor de 12-15%, siguiendo sobre todo los azares de las ventajas y desventajas fiscales vigentes. Véase el anexo técnico.

[4] Las series representadas en las gráficas VI.1-VI.2 se establecieron a partir de los trabajos históricos de Robert Allen para el Reino Unido y de mis propios trabajos sobre Francia. Todos los detalles sobre las fuentes y los métodos están disponibles en línea en el anexo técnico.

que sea preferible dar un intervalo —entre 35 y 45%— más que una sola estimación.

Con respecto a los siglos XVIII y XIX, las estimaciones del valor del acervo de capital eran tal vez más precisas que las relativas a los flujos de ingresos del trabajo y del capital. En gran medida, sucede lo mismo hoy en día. Por ello, en el marco de nuestra investigación elegimos subrayar la evolución de la relación capital/ingreso, y no el reparto capital-trabajo, como se ha hecho de manera más clásica en la investigación económica.

La noción de rendimiento puro del capital

Otra fuente importante de incertidumbre —que nos lleva a pensar que las tasas de rendimiento promedio indicadas en las gráficas VI.3 y VI.4 están un poco sobrestimadas, y a indicar también lo que se puede llamar las tasas de rendimiento "puro" del capital— resulta del hecho de que las cuentas nacionales no reconocen la siguiente realidad: la inversión de un capital suele requerir un mínimo de trabajo, o por lo menos de atención, por parte de su propietario. Desde luego, los costos de gestión y de intermediación financiera "formal" (es decir, los servicios de asesoría y manejo de la cartera proporcionados por un banco o una institución financiera oficial, o bien por una agencia inmobiliaria o un socio copropietario) se tienen en cuenta y siempre se deducen de los cálculos de los ingresos del capital y de la tasa de rendimiento promedio (como los presentados aquí). Sin embargo, no sucede lo mismo con la intermediación financiera "informal", es decir, el hecho de que cada uno invierte tiempo —a veces mucho— en la gestión de su propia cartera y de sus propios negocios, y en determinar cuáles son las inversiones más provechosas. En ciertos casos, esto puede asemejarse a un verdadero trabajo empresarial, o incluso el trabajo de una "persona de negocios".

Desde luego que es muy difícil —y en parte arbitrario— calcular con precisión el valor de este trabajo informal, lo que explica esta omisión de las cuentas nacionales. En principio, habría que medir el tiempo invertido y atribuirle un valor por hora, por ejemplo, basándose en la remuneración de un trabajo equivalente en el sector financiero o inmobiliario formal. Se puede también imaginar que esos costos informales son más importantes en periodos de muy fuerte crecimiento económico (o de elevada inflación), puesto que esos periodos exigen sin duda más frecuentes reasignaciones de la cartera y más tiempo dedicado a buscar mejores oportunidades de inversión que en una economía prácticamente estancada. Por ejemplo, es difícil considerar los rendimientos promedio del orden de 10% observados en Francia —y en un grado ligeramente menor en el Reino Unido— durante los periodos de reconstrucción posteriores a cada una de las dos guerras mundiales (niveles semejantes a los observados asimismo en países emergentes con un crecimiento muy elevado, como en China actualmente) como un rendimiento puro del capital. Es probable que tales rendimientos incluyan una parte no despreciable de remuneración de un trabajo informal de tipo empresarial.

A título ilustrativo, en las gráficas VI.3 y VI.4 se indican estimaciones para el Reino Unido y Francia del rendimiento puro del capital en las diferentes épocas, obtenidas sustrayendo del rendimiento promedio observado una estimación factible —aunque tal vez algo elevada— de los costos informales de gestión (es decir, del valor del tiempo de trabajo invertido para gestionar su patrimonio). Las tasas de rendimiento puro obtenidas de esta manera suelen ser del orden de uno o dos puntos más bajas que las tasas promedio observadas, y sin duda deben ser consideradas valores mínimos.[5] En concreto, los datos disponibles para las tasas de rendimiento, obtenidas por tamaño de fortuna —que serán examinadas en la tercera parte—, sugieren que existen importantes economías de escala en la gestión de la riqueza y que el rendimiento puro obtenido por los patrimonios más significativos es sensiblemente más elevado que los niveles indicados aquí.[6]

El rendimiento del capital en la historia

La principal conclusión de nuestras estimaciones es la siguiente: del siglo XVIII al XIX, tanto en Francia como en el Reino Unido, el rendimiento puro del capital osciló en torno a un valor central del orden de 4-5% anual, o, de manera más general, en un intervalo comprendido entre 3 y 6% por año. No existe una tendencia pronunciada a largo plazo, ni al alza ni a la baja. El rendimiento puro rebasó claramente el 6% después de la fuerte destrucción y de los múltiples choques sufridos por el capital a lo largo de las guerras del siglo XX, pero volvió con bastante rapidez hacia los niveles más bajos observados en el pasado. Es posible que el rendimiento puro del capital haya, sin embargo, bajado ligeramente a muy largo plazo: superaba a menudo 4-5% en los siglos XVIII y XIX, mientras que en este inicio del siglo XXI parece aproximarse a 3-4%, a medida que la relación capital/ingreso recobraba sus niveles observados en el pasado.

Sin embargo, carecemos de perspectiva para valorar plenamente este último aspecto. No se puede excluir que en las próximas décadas el rendimiento puro del capital recupere niveles más elevados, teniendo en cuenta sobre todo la creciente competencia entre países para atraer los capitales y

[5] Véanse asimismo las gráficas suplementarias S6.1 y S6.2 disponibles en línea, en las que indicamos los límites inferiores y superiores para la participación del capital en el Reino Unido y en Francia.

[6] Véase en particular la tercera parte, capítulo XII.

la sofisticación, también en aumento, de los mercados y de las instituciones financieras para generar rendimientos elevados a partir de carteras complejas y diversificadas.

En todo caso, la casi estabilidad del rendimiento puro del capital a muy largo plazo —o más probablemente esta ligera baja, de aproximadamente un cuarto o un quinto, de 4-5% en los siglos XVIII y XIX a 3-4% hoy en día— constituye un hecho importante para nuestra investigación, al que volveremos con frecuencia.

Con el objetivo de poner estos números en perspectiva, recordemos primero que la tasa de conversión tradicional entre capital y renta en los siglos XVIII y XIX, para las formas de capital más difundidas y menos riesgosas (típicamente tierras o deuda pública), solía ser del orden de 5% anual: el valor de un capital se estimaba en aproximadamente 20 años de ingreso anual producido por ese capital. Este valor de referencia se estimaba a veces en 25 años (lo que corresponde entonces a un rendimiento de 4% anual).[7]

En la novela clásica de principios del siglo XIX, principalmente en Balzac o Jane Austen, esta equivalencia entre capital y renta anual, por la mediación de una tasa de rendimiento de 5% (o más raramente de 4%), era de una obviedad absoluta. Además, sucedía a menudo que los novelistas omitían señalar la naturaleza del capital y, en particular, la importancia adquirida por dos conceptos bastante diferentes, la tierra y la deuda pública, consideradas a veces como sustitutos casi perfectos, contentándose con indicar el monto de la renta anual producida. Por ejemplo, se nos informaba de que tal gran personaje disponía de 50 000 francos o de 2 000 libras esterlinas de renta, sin precisar si se trataba de renta de la tierra o de renta sobre los bonos del gobierno. No importaba, puesto que el ingreso era seguro y regular en ambos casos, permitiendo con ello financiar de manera duradera un tren de vida muy preciso y reproducir en el tiempo un estatus social perfectamente catalogado.

Asimismo, tanto Austen como Balzac a menudo consideraban inútil precisar la tasa de rendimiento que permitía transformar un capital en renta anual: el lector sabía sobradamente que se requería un capital del orden de un millón de francos para producir una renta anual de 50 000 francos (o un

[7] La tasa de interés aplicada sobre la deuda pública en el Reino Unido y Francia en los siglos XVIII y XIX solía ser del orden de 4-5%. A veces disminuyó a aproximadamente 3% (como durante la desaceleración económica de finales del siglo XIX). A la inversa, alcanzó 5-6%, e incluso más, durante periodos de fuertes tensiones políticas, cuando la credibilidad presupuestal del régimen era cuestionada, por ejemplo durante las décadas previas a la Revolución francesa o durante el periodo revolucionario. Véase F. Velde y D. Weir, "The Financial Market and Government Debt Policy in France, 1746-1793", *Journal of Economic History*, Cambridge University Press, vol. 52, núm. 1, marzo de 1992, pp. 1-39. Véase también K. Béguin, *Financer la guerre au XVIIIe siècle. La dette publique et les rentiers de l'absolutisme*, Champ Vallon, Seyssel, 2012, 390 pp. En el anexo técnico se presentan series históricas detalladas.

capital de 40 000 libras para producir una renta anual de 2 000 libras), sin importar si la inversión se hacía en títulos de deuda pública, tierras agrícolas o de algún otro modo. Tanto para los novelistas del siglo XIX como para sus lectores, la equivalencia entre patrimonio y renta anual era obvia, por lo que se pasaba constantemente de una escala de medición a otra, sin ningún procedimiento intermedio, como si se emplearan registros de sinónimos perfectos o dos lenguas paralelas conocidas por todos.

En estas novelas también era evidente que existían inversiones, para las que se requería un compromiso personal más importante, independientemente de si se trataba de las fábricas de pastas del pobre Goriot o de las inversiones antillanas de sir Thomas en *Mansfield Park*, que producían naturalmente rendimientos más elevados. Semejantes inversiones solían permitir la obtención de rendimientos de 7-8%, e incluso más, cuando se hacían muy buenos negocios, como lo deseaba César Birotteau con su jugosa operación inmobiliaria del barrio de la Madeleine, tras sus primeros éxitos obtenidos en la perfumería. Sin embargo, también era perfectamente claro para todos que, una vez sustraídos el tiempo y la energía invertidos en organizar esos negocios (sir Thomas pasa largos meses en las islas), el rendimiento puro finalmente obtenido no siempre era mucho más ventajoso que el 4-5% obtenido en las inversiones en tierra y deuda pública. Dicho de otro modo, el rendimiento suplementario correspondía en gran parte a la remuneración del trabajo invertido en el negocio, y el rendimiento puro del capital —aun incluyendo la prima de riesgo— no solía rebasar el 4-5% (lo que, por otra parte, no era tan malo).

El rendimiento del capital a principios del siglo XXI

¿Cómo se determina el rendimiento puro del capital (es decir, lo que produce anualmente el capital después de deducir todos los gastos de gestión y de tiempo invertido en administrar su cartera, en cualquiera de sus formas) y por qué habría bajado levemente a muy largo plazo, pasando de cerca de 4-5% en la época de Balzac y Jane Austen a alrededor de 3-4% hoy en día?

Antes de intentar responder a esta pregunta, debe hacerse una aclaración. Tal vez algunos lectores encuentran que este rendimiento promedio de 3-4%, vigente a principios de la década de 2010, es muy optimista, en comparación con el triste rendimiento obtenido por ellos mismos a partir de sus escasos ahorros. Sin embargo, es necesario precisar varios aspectos sobre este asunto.

En primer lugar, los niveles indicados en las gráficas VI.3 y VI.4 corresponden a rendimientos anteriores a cualquier forma de imposición. Dicho de otro modo, se trata de los rendimientos que obtendrían los propietarios del capital si no existiera ninguna forma de imposición sobre el capital y sus ingresos (para una cantidad determinada de capital). En la última parte de este libro nos ocuparemos de manera detallada del papel de estos impuestos en el pasado, y el que pueden desempeñar en el porvenir en el marco de la exacerbada competencia fiscal entre Estados. En esta etapa, contentémonos con señalar que la presión fiscal en general era casi insignificante en los siglos XVIII y XIX, pero netamente más elevada en el siglo XX y en este inicio del XXI, de tal manera que el rendimiento promedio después de impuestos bajó mucho más a largo plazo que el rendimiento promedio antes de impuestos. En la actualidad, el nivel de los impuestos sobre el capital y sus ingresos puede, desde luego, ser bastante bajo cuando se practica una buena estrategia de optimización fiscal (algunos inversionistas particularmente persuasivos incluso logran obtener subvenciones), aunque es muy sustancial en la mayoría de los casos. En particular, es importante ser conscientes de la existencia de muchos otros impuestos sobre el ingreso que deben tenerse en cuenta: por ejemplo, el impuesto predial reduce sensiblemente el rendimiento del capital inmobiliario, y el impuesto sobre las sociedades hace lo mismo respecto de los ingresos del capital financiero invertido en las empresas. Sólo si se suprimiera el conjunto de esos impuestos —lo que puede suceder algún día, aunque aún estamos muy lejos de ello—, los rendimientos del capital percibidos realmente por los dueños alcanzarían los niveles indicados en las gráficas VI.3 y VI.4. Cuando se combinan todos los impuestos, la tasa promedio de imposición que pesa sobre los ingresos del capital es hoy en día del orden de 30% en la mayoría de los países ricos. He aquí la primera razón que introduce una diferencia importante entre el rendimiento económico puro del capital y el rendimiento percibido efectivamente por los propietarios.

El segundo aspecto que debemos recordar consiste en que ese rendimiento puro, del orden de 3-4%, es un promedio que disimula enormes disparidades. Para las personas cuyo único capital es un poco de dinero en su cuenta de cheques, el rendimiento es negativo, ya que las sumas en cuestión no reciben ningún interés, sino que disminuyen cada año debido a la inflación. Las libretas y cuentas de ahorro a menudo producen apenas más que la inflación.[8] Sin embargo, el hecho notorio es que aun si esas personas son importantes en número, lo que poseen en conjunto es relativamente reducido. Recordemos que el patrimonio en los países ricos se divide en la actualidad en dos mitades aproximadamente iguales (o comparables): el sector inmobiliario y los activos financieros. Dentro de los activos financieros, las acciones, obligaciones e inversiones, planes de ahorro y contratos financieros a largo plazo (por ejemplo, de tipo seguro de vida o fondo de pensión) representan prácticamente todos los montos en juego. Las sumas depositadas en las cuentas de cheques no remuneradas suelen representar el equivalente a apenas 10-20% del ingreso nacional, es decir, a lo sumo 3-4% del total de la ri-

[8] La libreta de ahorros A en Francia produjo una tasa de interés nominal de apenas 2% en 2013, es decir, un rendimiento real cercano a 0%.

queza (la cual, recordémoslo, representa entre 500 y 600% del ingreso nacional). Si añadimos las cuentas de ahorro, se alcanza poco más de 30% del ingreso nacional, es decir, apenas más de 5% de la totalidad de la riqueza.[9] El hecho de que las cuentas de cheques y las de ahorro produzcan muy bajos intereses no es desde luego un detalle menor para las personas involucradas. Sin embargo, este hecho sólo tiene, en resumidas cuentas, una importancia limitada desde el punto de vista del rendimiento promedio del capital.

Desde la perspectiva del rendimiento promedio, es mucho más importante señalar que el valor del arrendamiento anual de los bienes inmuebles utilizados como vivienda —la mitad de la riqueza— suele ser del orden de 3-4% del precio de los bienes. Un departamento de 500 000 euros produce, por ejemplo, una renta o alquiler del orden de 15 000-20 000 euros anuales (alrededor de 1 500 euros por mes), o permite ahorrar dicho monto a quienes eligen habitarlo ellos mismos, lo que es equivalente. Esto también es cierto para los patrimonios inmobiliarios más modestos: un departamento de 100 000 euros produce —o evita que se tenga que pagar— una renta de alrededor de 3 000 o 4 000 euros anuales, incluso más (como ya señalamos, el rendimiento por alquiler alcanza a veces 5% en las pequeñas propiedades). Los rendimientos obtenidos en las inversiones financieras, predominantes en el seno de las fortunas más importantes, son aún más elevados. El conjunto de esas inversiones, inmobiliarias y financieras, representa la mayor parte de la riqueza privada, lo que incrementa el rendimiento promedio.

Activos reales y activos nominales

El tercer aspecto que merece ser precisado es que las tasas de rendimiento indicadas en las gráficas VI.3 y VI.4 deben ser consideradas absolutamente como rendimientos reales. Dicho de otro modo, sería un gran error pretender deducir la tasa de inflación —hoy en día en general de 1-2% anual en los países ricos— de esos rendimientos.

La razón es simple y acaba de ser mencionada: en su inmensa mayoría, los elementos de riqueza que poseen los hogares son activos "reales" (esto es, activos que se relacionan con una actividad económica real, como los bienes inmuebles para vivienda o las acciones, y cuyo precio evoluciona consecuentemente en función del desarrollo de esa actividad), y no activos "nominales" (esto es, aquellos cuyo valor se fija en función del valor nominal inicial, como el dinero invertido en una cuenta de cheques, una cuenta de ahorro o un bono del tesoro no indexado a la inflación).

Los activos nominales se caracterizan por estar sometidos a un fuerte

[9] Véase el anexo técnico. Las sumas invertidas en cuentas de cheques dan lugar a una remuneración en la mayoría de los países (aunque eso está prohibido en Francia).

riesgo inflacionario: cuando se invierten 10000 euros en una cuenta de cheques, de ahorro o una obligación pública o privada no indexada, esa inversión sigue valiendo 10000 euros 10 años después, incluso si entre tanto los precios al consumidor se duplicaron. En ese caso, se dice que el valor real de la inversión se dividió por dos: sólo se puede comprar dos veces menos bienes y servicios que con la suma invertida inicialmente. Esto corresponde a un rendimiento negativo de −50% sobre 10 años, lo que puede o no ser compensado por los intereses obtenidos a lo largo de ese periodo. En general, en periodos de fuerte alza de los precios, la tasa de interés "nominal" —es decir, la tasa de interés previa a la deducción de la inflación— alcanza niveles elevados y, muy a menudo, superiores a la inflación. Sin embargo, todo depende de la fecha en la que se realizó la inversión, de las expectativas de inflación que se tenían en ese momento, etc.: según sea el caso, la tasa de interés "real" (es decir, el rendimiento obtenido en realidad, después de haber deducido la tasa de inflación) puede ser muy negativa o muy positiva.[10] De cualquier modo, es necesario deducir la inflación de los intereses para conocer el rendimiento real de un activo nominal.

Sucede algo muy diferente con los activos reales. El precio de los bienes inmuebles, así como el precio de las acciones, de las participaciones de una empresa o de las múltiples inversiones financieras y fondos comunes de inversión colocados en los mercados bursátiles, suelen crecer, por lo menos, tan rápido como el índice de precios al consumidor. Dicho de otro modo, no sólo no hay que deducir la inflación de las rentas o de los dividendos percibidos cada año, sino que a menudo hay que añadir a ese rendimiento anual una plusvalía en el momento de la reventa del activo (o a veces deducir una minusvalía). Ahora bien, el hecho esencial es que esos activos reales son mucho más representativos que los activos nominales: suelen representar más de las tres cuartas partes de los activos totales que poseen los hogares, y a veces hasta nueve décimas partes.[11]

Cuando estudiamos la acumulación del capital, en el capítulo anterior, concluimos que los diferentes efectos tendían a compensarse en el largo plazo. En concreto, si se tiene en cuenta el conjunto de los activos en el periodo 1910-2010, el precio de los activos parece haber crecido, en promedio, al mismo ritmo que el índice de los precios al consumidor, al menos en una primera aproximación. Desde luego, las plusvalías y las minusvalías pueden ser elevadas para tal o cual categoría de activos (principalmente, los activos nominales generan minusvalías estructurales que se compensan por las plus-

[10] Por ejemplo, una tasa de interés nominal de 5% con una inflación de 10% corresponde a una tasa de interés real de −5%, mientras que una tasa de interés nominal de 15% con una inflación de 5% corresponde a una tasa de interés real de +10%.

[11] Los activos inmobiliarios representan por sí solos la mitad de los activos totales y, dentro de los activos financieros, los activos reales suelen representar más de la mitad del total y a menudo más de las tres cuartas partes. Véase el anexo técnico.

valías de los activos reales), y varían de forma considerable conforme a los periodos: el precio relativo del capital bajó mucho a lo largo del periodo 1910-1950, antes de volver a subir durante 1950-2010. En esas condiciones, el enfoque más razonable consiste en considerar que los rendimientos promedio del capital indicados en las gráficas VI.3 y VI.4, obtenidos —recordémoslo— dividiendo el flujo anual de los ingresos del capital (rentas, dividendos, intereses, beneficios, etc.) entre el acervo de capital (y, por consiguiente, sin tener en cuenta las plusvalías ni las minusvalías), constituyen una buena estimación del rendimiento promedio del capital a largo plazo.[12] Desde luego, al estudiar el rendimiento de un activo concreto, debemos añadir la plusvalía o deducir la minusvalía (por ejemplo, restar la inflación en el caso de un activo nominal). Sin embargo, no tendría mucho sentido deducir la inflación del conjunto de los rendimientos del capital, sin añadir las plusvalías, que en promedio equilibran ampliamente los efectos de la inflación.

Entendámonos bien: no se trata, en ningún caso, de negar ahora que ocasionalmente la inflación pueda tener efectos reales sobre la riqueza, su rendimiento y su distribución. Simplemente se trata más de efectos de redistribución en el seno de los patrimonios que de efectos estructurales a largo plazo. Por ejemplo, vimos que la inflación desempeñó un papel central para reducir a poca cosa el valor de las deudas públicas en los países ricos después de las guerras del siglo XX. Sin embargo, cuando la inflación se prolonga demasiado tiempo en niveles elevados, todo el mundo intenta protegerse invirtiendo en activos reales. Ahora bien, todo permite pensar que los patrimonios más importantes son a menudo los mejor indexados y los más diversificados a largo plazo, siendo los patrimonios modestos —en general las cuentas de cheques y de ahorros— los más duramente afectados por la inflación.

Desde luego, se podría sostener la idea de que el paso de una inflación casi nula, en el siglo XIX y hasta principios del XX, a una de 2%, a finales del siglo XX y principios del XXI, condujo a una ligera baja del rendimiento puro del capital, en el sentido de que es más fácil ser rentista en un régimen de inflación nula (la riqueza originada en el pasado no corre ningún riesgo de ser disminuida por la inflación), mientras que ahora es necesario invertir más tiempo en reasignar el patrimonio entre diferentes activos o, por lo menos, en reflexionar en una buena estrategia de inversión. Sin embargo, de nuevo, no es nada seguro que los patrimonios más elevados sean los más duramente afectados, ni tampoco que este mecanismo sea el más apropiado para alcanzar ese objetivo. Volveremos a esta cuestión esencial en la próxima parte, al estudiar la manera en que los rendimientos obtenidos realmente varían

[12] Como explicamos en el capítulo anterior, este enfoque equivale, en determinadas ocasiones, a integrar en la tasa de rendimiento la plusvalía estructural correspondiente a la capitalización de los beneficios no distribuidos en el valor de las acciones, elemento importante del rendimiento de las acciones a largo plazo.

conforme al nivel de la riqueza y, en la siguiente parte, cuando examinemos y comparemos las diferentes instituciones y políticas públicas susceptibles de influir en la distribución de la riqueza, entre las cuales se encuentran el impuesto y la inflación en primera fila. En esta etapa señalemos simplemente que la inflación desempeña ante todo un papel de redistribución en los propietarios de riquezas —un papel a veces deseable, otras no– y que, en cualquier caso, el eventual impacto de la inflación en el rendimiento promedio del capital sólo puede ser relativamente limitado y muy inferior al efecto nominal aparente.[13]

¿Para qué sirve el capital?

Acabamos de ver la manera en que el rendimiento del capital evolucionó a lo largo de la historia, según los mejores datos a nuestro alcance. Ahora consideremos los mecanismos explicativos: ¿cómo se determina la tasa de rendimiento del capital vigente en una sociedad determinada? ¿Cuáles son las principales fuerzas económicas y sociales en acción, cómo explicar las evoluciones históricas observadas y, sobre todo, qué puede decirse acerca de la evolución previsible de la tasa de rendimiento del capital en el siglo XXI?

Según los modelos económicos más simples, y en el supuesto de una competencia "pura y perfecta" tanto en el mercado del capital como en el del trabajo, la tasa de rendimiento del capital debería ser exactamente igual a la "productividad marginal" del capital (es decir, igual a la contribución de una unidad de capital suplementaria en el proceso de producción considerado). En los modelos más complejos y realistas, la tasa de rendimiento del capital depende también del poder de negociación y de las relaciones de fuerza de los grupos involucrados, por lo que puede ser más elevada o más baja, en función de las situaciones y los sectores, que la productividad marginal del capital (sobre todo porque esta última no siempre puede calcularse con precisión).

En todo caso, la tasa de rendimiento del capital se determina principalmente por dos fuerzas: la tecnología (¿para qué sirve el capital?) y la abundancia del acervo de capital (demasiado capital mata el rendimiento del capital).

Naturalmente, la tecnología desempeña el papel central: si el capital no sirviera para nada como factor de producción, su productividad marginal, por definición, sería nula. De forma abstracta, se puede muy bien imaginar una sociedad en la que el capital no tenga ninguna utilidad en el proceso de

[13] En otras palabras, el hecho de que la inflación pase de 0% a 2%, en un mundo en el que el rendimiento del capital era inicialmente de 4%, no equivale, desde luego, a una tasa impositiva de 50% sobre el rendimiento del capital por la simple y llana razón de que el precio de los activos inmobiliarios y bursátiles también podrá aumentar en un 2% anual, y que sólo una parte muy pequeña de los activos de los hogares —en líneas generales, depósitos en efectivo y una parte de los activos nominales— pagará el impuesto inflacionario. Volveremos a este tema en la tercera parte, capítulo XII.

producción, en la que ninguna inversión permita mejorar la productividad de las tierras agrícolas, en la que ninguna herramienta o equipo genere una producción superior y en la que el hecho de disponer de un techo para dormir no aporte ningún bienestar complementario frente al hecho de dormir a la intemperie. Tal vez el capital, a pesar de todo, aún podría desempeñar en semejante sociedad un papel importante como simple reserva de valor: por ejemplo, cualquiera podría elegir acumular pilas de alimento (suponiendo que las condiciones de conservación lo permitan) en previsión de una eventual hambruna futura o bien por razones puramente estéticas (añadiendo quizás en ese caso, pilas de joyas y diversos ornamentos). Nada impide imaginar, en teoría, una sociedad en la que la relación capital/ingreso β fuera muy elevada, pero el rendimiento del capital r fuera rigurosamente nulo. En ese caso, la participación del capital en el ingreso nacional $\alpha = r \times \beta$ sería también estrictamente nula. En semejante sociedad, la totalidad del ingreso nacional y de la producción iría al trabajo.

Nada impide imaginarlo, pero en todas las sociedades humanas conocidas, incluso en las más arcaicas, las cosas suceden de manera diferente. En todas las civilizaciones el capital cumple dos grandes funciones económicas: sirve, por una parte, para alojarse (es decir, para producir “servicios de vivienda”, cuyo valor calculado a partir del arrendamiento de las habitaciones consiste en el bienestar de dormir y vivir bajo un techo en lugar de a la intemperie) y, por la otra, como factor de producción para elaborar otros bienes y servicios (cuyo proceso de producción puede requerir tierras agrícolas, herramientas, edificios, oficinas, máquinas, equipos, patentes, etc.). Históricamente, las primeras formas de acumulación capitalista parecen referirse tanto a las herramientas (pedernal, etc.) como a los acondicionamientos agrícolas (cercas, irrigación, drenaje, etc.) y a los alojamientos rudimentarios (grutas, tiendas, cabañas, etc.), antes de pasar a formas cada vez más sofisticadas de capital industrial y profesional, y a locales de vivienda siempre más elaborados.

La noción de productividad marginal del capital

En concreto, la productividad marginal del capital se define por el valor de la producción adicional que aporta una unidad de capital suplementaria. Supongamos, por ejemplo, que en una sociedad agrícola el hecho de disponer del equivalente a 100 euros de tierras suplementarias, o bien a 100 euros de herramientas suplementarias (teniendo en cuenta los precios vigentes de la tierra y las herramientas), permita aumentar la producción de alimentos en un equivalente de 5 euros anuales (manteniendo todo lo demás igual; en particular, manteniendo constante la cantidad de trabajo utilizada). Se dice entonces que la productividad marginal del capital es de 5 euros por 100 euros invertidos o, dicho de otro modo, de 5% anual. En condiciones de competencia pura y perfecta, se trata de la tasa de rendimiento anual que el poseedor del capital —el terrateniente o el dueño de las herramientas— debería obtener del trabajador agrícola. Si pretende obtener más de 5%, el trabajador le rentará su tierra y sus herramientas a otro capitalista. Y si es el trabajador quien quiere pagar menos de 5%, las tierras y las herramientas irán a dar con otro trabajador. Desde luego, puede producirse para el dueño una situación de monopolio a la hora de rentar su tierra y sus herramientas al trabajador, o bien al comprarle su trabajo (se habla entonces de monopsonio), en cuyo caso el dueño puede imponer una tasa de rendimiento superior a esta productividad marginal.

En una economía más compleja, en la que los usos del capital son múltiples y diversificados —se pueden invertir 100 euros en una explotación agrícola, pero también en el sector inmobiliario de vivienda, en una empresa industrial o en una de servicios—, puede complicarse conocer la productividad marginal del capital. En principio, la función del sistema de intermediación financiera (los bancos y los mercados financieros, sobre todo) es encontrar los mejores usos posibles del capital, de manera que cada unidad de capital disponible se invierta donde es más productiva —si es necesario en el otro extremo del mundo— y produzca a su poseedor el mejor rendimiento posible. Se afirma que un mercado del capital es "perfecto" cuando permite que cada unidad de capital se invierta en el mejor uso posible y obtenga la máxima productividad marginal disponible en la economía, si es posible en el marco de una cartera de inversiones perfectamente diversificada (con el objetivo de que obtenga sin ningún riesgo el rendimiento promedio de la economía), y todo ello, por supuesto, con costos de intermediación mínimos.

En la práctica, las instituciones financieras y los mercados bursátiles suelen estar muy lejos de este ideal de perfección, y a menudo se caracterizan por una inestabilidad crónica, por olas especulativas y burbujas recurrentes. Hay que decir que no es simple descubrir en todo un planeta, o incluso en todo un país, el mejor uso posible para una unidad de capital, sin contar con que el "cortoplacismo" y la disimulación contable son a veces el camino más corto hacia el máximo rendimiento privado inmediato. Sin embargo, los sistemas de intermediación financiera, sin importar la imperfección de las instituciones existentes, desempeñaron un papel central e irremplazable en la historia del desarrollo económico en todos los casos. Este proceso siempre implicó a numerosos actores, no sólo los bancos y los mercados financieros formales: por ejemplo, en los siglos XVIII y XIX, los notarios desempeñaban un papel central al poner en contacto a las personas que disponían de fondos para invertir con aquellas que tenían proyectos de inversión, como le sucedía al pobre Goriot y sus fábricas de pastas o a César Birotteau y sus proyectos inmobiliarios.[14]

[14] Véase P. Hoffman, G. Postel-Vinay y J.-L. Rosenthal, *Priceless Markets. The Political Economy of Credit in Paris, 1660-1870*, University of Chicago Press, Chicago, 2000, 350 pp.

Es importante precisar que la noción de productividad marginal del capital se define independientemente de las instituciones y las reglas —o de la falta de ellas— que caracterizan el reparto capital-trabajo en una sociedad determinada. Por ejemplo, si el poseedor de la tierra y las herramientas explota él mismo su capital, entonces sin duda no contabiliza por separado el rendimiento del capital que se paga a sí mismo. Sin embargo, el capital no es menos útil, siendo su productividad marginal la misma que si el rendimiento se pagara a otro propietario. Sucede lo mismo si el sistema económico vigente elige colectivizar la totalidad o una parte del acervo de capital o, en el caso extremo —por ejemplo en la Unión Soviética—, suprimir todo rendimiento privado del capital. En ese caso, el rendimiento privado es inferior al rendimiento "social" del capital, pero este último siempre se define como la productividad marginal de una unidad suplementaria de capital. La cuestión sobre si se justifica y es útil para la sociedad que los poseedores del capital reciban esta productividad marginal, como remuneración de su título de propiedad (y de su ahorro pasado, o bien del de sus antepasados) sin que se aporte ningún nuevo trabajo, es desde luego una cuestión central, a la que tendremos la oportunidad de volver detenidamente.

Demasiado capital mata al rendimiento del capital

Demasiado capital mata al rendimiento del capital: cualesquiera que sean las instituciones y las reglas que organizan el reparto capital-trabajo, es natural esperar que la productividad marginal del capital disminuya a medida que el acervo de capital aumenta. Por ejemplo, si cada trabajador agrícola dispone ya de miles de hectáreas para su explotación, es probable que el rendimiento suplementario aportado por una hectárea adicional sea limitado. Asimismo, si un país ya construyó inmuebles de vivienda en una cantidad fenomenal, de tal manera que cada habitante dispone de cientos de metros cuadrados para vivir, entonces el aumento de bienestar aportado por un inmueble suplementario —calculado con base en la renta adicional que las personas implicadas estarían dispuestas a pagar para ocuparlo— sería sin duda muy reducido. Sucede lo mismo con las máquinas y los equipos de todo tipo: la productividad marginal es decreciente, por lo menos más allá de cierto umbral (es posible que se necesite una cantidad mínima de herramientas para empezar a producir, pero eso acaba forzosamente por revertirse). Por el contrario, en un país en el que una población gigantesca tuviera que repartirse mediocres tierras cultivables, muy escasas viviendas y algunas herramientas, la productividad marginal de toda unidad de capital suplementaria sería naturalmente muy elevada, y los dichosos dueños del capital no evitarían sacarle provecho.

La cuestión que interesa no es, pues, saber si la productividad marginal del capital es decreciente cuando el acervo de capital aumenta (esto es obvio), sino más bien a qué ritmo disminuye. La cuestión central consiste particularmente en determinar con qué amplitud el rendimiento promedio del capital r —suponiendo que sea igual a la productividad marginal del capital— se reduce cuando la relación capital/ingreso β aumenta. Se pueden dar dos casos. Primer caso: si el rendimiento del capital r desciende por encima de lo proporcionalmente esperable, cuando la relación capital/ingreso β aumenta (por ejemplo, si el rendimiento se divide entre más de dos cuando la relación se multiplica por dos), significa que la participación de los ingresos del capital en el ingreso nacional $\alpha = r \times \beta$ disminuye cuando β aumenta. Dicho de otro modo, la disminución del rendimiento del capital provoca más que una simple compensación del aumento de la relación capital/ingreso. Segundo caso: a la inversa, si el rendimiento r disminuye por debajo de lo esperable proporcionalmente, cuando la relación aumenta (por ejemplo, si el rendimiento se divide entre menos de dos cuando la relación se multiplica por dos), significa que la participación del capital $\alpha = r \times \beta$ aumenta cuando β aumenta. En este último caso, el movimiento del rendimiento tiene como efecto simplemente amortiguar y moderar la evolución de la participación del capital en comparación con la de la relación capital/ingreso.

Según las evoluciones históricas observadas en el Reino Unido y Francia, este segundo caso parece ser el más pertinente a largo plazo: la participación del capital α siguió la misma evolución general en forma de U que la relación capital/ingreso β (con un nivel elevado en los siglos XVIII y XIX, una caída a mediados del XX y una subida a finales del siglo XX y principios del XXI). La evolución de la tasa de rendimiento promedio del capital r, en consecuencia, condujo a reducir fuertemente la amplitud de esta curva en U: el rendimiento era muy elevado justo después de la segunda Guerra Mundial, cuando el capital era poco abundante, conforme al principio de productividad marginal decreciente. Sin embargo, este efecto no fue lo suficientemente fuerte para invertir el sentido de la curva en U, observada para la relación capital/ingreso β, y transformarla en una curva en U invertida en lo relativo a la participación del capital α.

No obstante, es importante insistir en el hecho de que los dos casos son posibles desde un punto de vista teórico. Todo depende de los caprichos de la tecnología o, más precisamente, de la diversidad de las técnicas disponibles que permitan combinar capital y trabajo para producir los diferentes tipos de bienes y servicios consumidos en la sociedad considerada. Para reflexionar sobre esas cuestiones, los economistas utilizan a menudo la noción de "función de producción", formulación matemática que permite resumir de manera sintética el estado de las tecnologías posibles en una sociedad determinada. Una función de producción se caracteriza sobre todo por una elasticidad de sustitución entre capital y trabajo, concepto que mide la facilidad con la que es posible sustituir —es decir, remplazar— trabajo por capital, o capital por trabajo, para producir los bienes y servicios solicitados.

Por ejemplo, una elasticidad de sustitución nula corresponde a una función de producción con coeficientes totalmente fijos: se requiere exactamente una hectárea y una herramienta por cada trabajador agrícola (o bien, basta con una máquina por cada obrero industrial), ni más ni menos. Si cada trabajador dispusiera de algo que no necesita, como una centésima parte suplementaria de una hectárea o una herramienta adicional, no le sería útil, siendo rigurosamente nula la productividad marginal de esta unidad suplementaria de capital. Asimismo, si existiera un trabajador de más con respecto al acervo de capital disponible, sería imposible hacerlo trabajar de una manera productiva.

A la inversa, una elasticidad de sustitución infinita significa que la productividad marginal del capital y del trabajo es totalmente independiente de la cantidad de capital y trabajo disponible. En concreto, el rendimiento del capital sería fijo y no dependería de la cantidad del capital: siempre sería posible acumular más capital y aumentar la producción en un porcentaje fijo, por ejemplo en un 5 o 10% al año por unidad de capital suplementaria. Se podría pensar en una economía totalmente robotizada en la que se aumentaría la producción de forma indefinida con un capital que trabaja solo.

Ninguno de estos dos casos extremos es realmente pertinente: el primero peca por falta de imaginación y el segundo por un exceso de optimismo tecnológico (o de pesimismo hacia la especie humana, según el punto de vista que se adopte). La cuestión pertinente es saber si la elasticidad de sustitución entre trabajo y capital es inferior o superior a 1. Si la elasticidad se sitúa entre 0 y 1, entonces un aumento de la relación capital/ingreso β conduce a una baja tan fuerte de la productividad marginal del capital que la participación del capital $\alpha = r \times \beta$ disminuye (suponiendo que el rendimiento del capital esté determinado por su productividad marginal).[15] Si la elasticidad es superior a 1, entonces un aumento de la relación capital/ingreso β lleva, por el contrario, a una baja limitada de la productividad marginal del capital, de tal manera que la participación del capital $\alpha = r \times \beta$ aumenta (suponiendo siempre una igualdad entre el rendimiento del capital y la productividad marginal).[16] En el caso de una elasticidad exactamente igual a 1, los dos efectos se compensan de manera perfecta: el rendimiento del capital r baja en la misma proporción en que aumenta la relación capital/ingreso β, de tal manera que el producto $\alpha = r \times \beta$ permanece inalterado.

[15] En el caso extremo de una elasticidad nula, el rendimiento y, por consiguiente, la participación del capital descienden a 0 desde el momento en que hay un ligero exceso de capital.

[16] En el caso extremo de una elasticidad infinita, el rendimiento no cambia, de tal manera que la participación del capital aumenta en la misma proporción que la relación capital/ingreso.

MÁS ALLÁ DE COBB-DOUGLAS: LA CUESTIÓN DE LA ESTABILIDAD DEL REPARTO CAPITAL-TRABAJO

Este caso intermedio de una elasticidad de sustitución exactamente igual a 1 corresponde a la función de producción llamada "Cobb-Douglas", en referencia a los economistas Cobb y Douglas, quienes la propusieron por primera vez en 1928. La función de producción Cobb-Douglas se caracteriza por el hecho de que, sin importar lo que suceda y, en particular, cualesquiera que sean las cantidades de capital y trabajo disponibles, la participación del capital siempre es igual a un coeficiente fijo α, que puede ser considerado como un parámetro simplemente tecnológico.[17]

Por ejemplo, si $\alpha = 30\%$, cualquiera que sea la relación capital/ingreso, los ingresos del capital representarán 30% del ingreso nacional (y los ingresos del trabajo representarán 70% de él). Si las tasas de ahorro y crecimiento del país considerado son tales que la relación capital/ingreso a largo plazo $\beta = s/g$ corresponde a seis años de ingreso nacional, la tasa de rendimiento del capital será de 5%, de tal suerte que la participación del capital sea de 30%. Si el acervo de capital a largo plazo es de sólo tres años de ingreso nacional, el rendimiento del capital subirá 10%. Y si las tasas de ahorro y crecimiento son de tal dimensión que el acervo de capital representa 10 años de ingreso nacional, el rendimiento caerá a 3%. En todos los casos, la participación del capital será siempre de 30%.

La función Cobb-Douglas se hizo muy popular en los libros de texto de economía tras la segunda Guerra Mundial (sobre todo en el de Samuelson), en parte por buenas razones, pero en parte también por malas razones, a saber: por su gran simplicidad (a los economistas les gustan las historias simples, aun cuando no sean más que aproximadamente correctas), y sobre todo porque la estabilidad del reparto capital-trabajo da una visión bastante tranquilizadora y armoniosa del orden social. En realidad, esta estabilidad de la participación del capital —suponiendo que se demostrara— no garantiza de ningún modo la armonía, ya que puede perfectamente conjugarse con una desigualdad extrema e insostenible de la propiedad del capital y de la distribución de los ingresos. Además, contrariamente a una idea muy difundida, la estabilidad de la participación del capital en el ingreso nacional no

[17] Se puede mostrar que la función de producción Cobb-Douglas tiene la siguiente forma matemática: $Y = F(K,L) = K^{\alpha}L^{1-\alpha}$, donde Y es la producción, K el capital y L el trabajo. Existen otras formas matemáticas que permiten representar el caso en el que la elasticidad de sustitución es superior o inferior a 1. El caso de la elasticidad infinita corresponde a una función de producción lineal: la producción está dada por $Y = F(K,L) = rK + vL$. Dicho de otra manera, el rendimiento del capital r no depende, en ningún modo, de las cantidades de capital y trabajo involucradas, como tampoco le ocurre, por otra parte, al rendimiento del trabajo v, que no es más que la tasa salarial, y que también es fija en este caso. Véase el anexo técnico.

supone para nada la de la relación capital/ingreso, la cual puede muy bien adquirir valores bastante diferentes en el tiempo y entre países, implicando, por ejemplo, fuertes desequilibrios internacionales en la propiedad del capital.

No obstante, el aspecto en el que tenemos que insistir ahora es que la realidad histórica supone una mayor complejidad de lo que permite pensar la idea de una completa estabilidad del reparto capital-trabajo. La hipótesis de Cobb-Douglas es a veces una buena aproximación para ciertos subperiodos o sectores y constituye, en todo caso, un punto de partida útil para la reflexión. No permite, en cambio, dar cuenta de manera satisfactoria de la diversidad de las evoluciones históricas observadas, tanto a largo como a corto y mediano plazo, según demuestran los datos que hemos reunido.

De hecho, esta conclusión no tiene nada de realmente sorprendente, en la medida en que se disponía de muy pocos datos y de escasa perspectiva histórica cuando se propuso esa hipótesis. En su artículo original, publicado en 1928, los economistas estadunidenses Cobb y Douglas utilizaron datos referentes a la industria manufacturera de su país de 1899 a 1922, los cuales demostraban, en efecto, cierta estabilidad en la participación de los beneficios.[18] Al parecer esta tesis había sido introducida por primera vez por el economista británico Arthur Bowley, quien en 1920 publicó un importante trabajo dedicado a la distribución del ingreso nacional en el Reino Unido de 1880 a 1913 y cuya principal conclusión era una relativa estabilidad del reparto capital-trabajo durante ese periodo.[19] Sin embargo, se observa que los periodos analizados por esos autores son relativamente cortos: en concreto, esos estudios no intentan comparar los resultados obtenidos con estimaciones referentes a inicios del siglo XIX (y menos aún con las del siglo XVIII).

Además, hay que recordar, como ya señalamos en la introducción, que estas cuestiones ponían en juego muy fuertes tensiones políticas a finales del siglo XIX y principios del XX, incluso también durante todo el periodo de la Guerra Fría, lo que no siempre facilita el examen sereno de los hechos. Los economistas conservadores o liberales se obstinaban en mostrar que el crecimiento beneficiaba a todos: estaban, pues, muy apegados a la tesis de una completa estabilidad del reparto capital-trabajo, aunque a veces pasaban por alto los datos o los periodos que indicaban un alza de la participación del capital. Por el contrario, los economistas marxistas tendían a demostrar a toda costa que la participación del capital crecía constantemente mientras que los salarios se estancaban, aunque a veces falseaban un poco los datos.

[18] Véase C. Cobb y P. Douglas, "A Theory of Production", *The American Economic Review*, American Economic Association, vol. 18, núm. 1, marzo de 1928, pp. 139-165.

[19] Según los cálculos de Bowley, los ingresos del capital representan a lo largo de todo el periodo aproximadamente 37% del ingreso nacional, frente a los ingresos del trabajo, que suponen aproximadamente 63%. Véase A. Bowley, *The Change in the Distribution of National Income, 1880-1913*, Clarendon Press, Oxford, 1920, 27 pp. Estas estimaciones son coherentes con las que reservamos para este subperiodo. Véase el anexo técnico.

En 1899, Eduard Bernstein, quien tuvo la desgracia de asegurar que los salarios crecían y que la clase obrera tenía mucho que ganar si colaboraba con el régimen en funciones (incluso estaba dispuesto a ser vicepresidente del Reichstag), fue rotundamente vencido en una votación en el congreso del Partido Social Demócrata reunido en Hannover. En 1937, el joven historiador y economista alemán Jürgen Kuczynski, quien en los años 1950-1960 fue un prestigioso profesor de historia económica en la Universidad Humboldt de Berlín Oriental y entre 1960 y 1972 publicó una monumental historia universal de los salarios en 38 volúmenes, atacó a Bowley y a otros economistas burgueses. Kuczynski defendía la tesis de un deterioro continuo de la participación del trabajo en el ingreso nacional desde los inicios del capitalismo industrial hasta los años treinta, lo que era cierto para la primera mitad del siglo XIX —incluso para los dos primeros tercios—, pero excesivo si se consideraba el periodo en su conjunto.[20] En los siguientes años, la controversia causó furor en las revistas académicas: en 1939, en la *Economic History Review*, acostumbrada a debates más suaves, Frederick Brown tomó partido abiertamente por Bowley, a quien calificó de "gran sabio" y de "estadístico serio", mientras que Kuczynski no sería más que un "manipulador", lo que también es exagerado.[21] El mismo año, Keynes se colocaba claramente del lado de los economistas burgueses, calificando la estabilidad del reparto capital-trabajo como "la regularidad mejor establecida de toda la ciencia económica". La afirmación era como mínimo apresurada, ya que Keynes se basaba esencialmente en algunos datos relativos a la industria manufacturera británica de los años 1920-1930, lo que no bastaba para establecer una regularidad universal.[22]

En los libros de texto de los años 1950-1970, y, a decir verdad, hasta los años 1980-1990, la tesis de una completa estabilidad del reparto capital-trabajo solía presentarse como una certeza, por desgracia sin que el periodo de

[20] Véase J. Kuczynski, *Labour Conditions in Western Europe, 1820 to 1935,* Lawrence & Wishart, Londres, 1937, 118 pp. El mismo año, Bowley actualizó y amplió su trabajo de 1920: véase A. Bowley, *Wages and Income in the United Kingdom since 1860,* Cambridge University Press, Cambridge, 1937, 176 pp. Véase asimismo J. Kuczynski, *Gesichte der Lage der Arbeiter unter dem Kapitalismus,* 38 volúmenes, Berlín, 1960-1972. Los volúmenes 32, 33 y 34 están dedicados a Francia. Para un análisis crítico de las series de Kuczynski, que todavía hoy constituyen una fuente histórica ineludible a pesar de sus lagunas, véase T. Piketty, *Les Hauts Revenus en France au XXe siècle: Inégalités et redistributions, 1901-1998,* Grasset, París, 2001, pp. 677-681. Véase el anexo técnico para referencias complementarias.

[21] Véase F. Brown, "Labour and Wages", *Economic History Review,* Wiley, vol. 9, núm. 2, mayo de 1939, pp. 215-217.

[22] Véase J. M. Keynes, "Relative Movement of Wages and Output", *Economic Journal,* Royal Economic Society, vol. 49, 1939, p. 48. Es interesante señalar que en esa época los partidarios de la tesis de la estabilidad del reparto capital-trabajo dudaban todavía del nivel —supuestamente estable— de ese reparto. En este caso, Keynes insistía en que la participación de los ingresos que iban al "trabajo manual" (categoría difícil de definir de manera rigurosa en un amplio periodo) le parecía estable, en torno a 40% del ingreso nacional en los años 1920-1930.

aplicación de esa supuesta ley se precisara siempre de manera muy clara. Los autores se contentaban, en general, con tomar datos que se iniciaban en los años cincuenta y sesenta, sin establecer una comparación con el periodo de entreguerras o principios del siglo XX, y aún menos con los siglos XVIII y XIX. Sin embargo, a partir de los años 1990-2000, numerosos estudios sacaron a la luz el alza significativa de la participación de los beneficios y del capital en el ingreso nacional de los países ricos desde los años 1970-1980 y, correlativamente, la importante disminución del porcentaje destinado a los salarios y al trabajo. La tesis de la estabilidad universal se cuestionó, ya en la primera década del siglo XXI, con varios informes oficiales publicados por la OCDE y el FMI, incluso alertan sobre el fenómeno (prueba de que el cuestionamiento es en serio).[23]

La novedad del trabajo propuesto aquí es que se trata, a nuestro entender, de la primera tentativa de volver a situar en un contexto histórico más amplio la cuestión del reparto capital-trabajo y la reciente alza de la participación del capital, subrayando la evolución de la relación capital/ingreso desde el siglo XVIII hasta principios del XXI. Desde luego, el ejercicio tiene sus límites, teniendo en cuenta las imperfecciones de las fuentes históricas disponibles, pero permite, en nuestra opinión, delimitar mejor la situación y renovar el estudio sobre el tema.

La sustitución capital-trabajo en el siglo XXI: una elasticidad superior a 1

Empecemos por examinar las insuficiencias del modelo Cobb-Douglas en lo relativo a las evoluciones a muy largo plazo. En un periodo muy amplio, la elasticidad de sustitución entre trabajo y capital parece superior a 1: aparentemente un alza de la relación capital/ingreso β lleva a una ligera subida de la participación del capital α en el ingreso nacional, y viceversa. Intuitivamente, eso corresponde a una situación en la que existen muchos usos diferentes para el capital en el largo plazo. De hecho, las evoluciones históricas observadas sugieren que siempre es posible —por lo menos hasta cierto punto— encontrar cosas útiles y novedosas que hacer con el capital; por ejemplo, nuevas maneras de construir o equipar viviendas (se puede pensar en captadores solares o controles digitales en los muros o el tejado), equipos robóticos o electrónicos siempre más sofisticados o tecnologías médicas que utilizan cada vez más capital. Sin llegar a la situación de una economía totalmente robotizada en la que el capital se reproduce solo —lo que correspondería a una elasticidad de sustitución infinita—, esto es a lo que corresponde una economía avanzada y diversificada en sus usos del capital, caracterizada por una elasticidad de sustitución superior a 1.

[23] Véase el anexo técnico para una referencia bibliográfica completa.

Desde luego, es muy difícil prever hasta qué punto la elasticidad de sustitución capital-trabajo será superior a 1 a lo largo del siglo XXI. A partir de los datos históricos se puede estimar una elasticidad comprendida entre 1.3 y 1.6.[24] Sin embargo, además de que se trata de una estimación relativamente incierta e imprecisa, no hay razón para que las tecnologías del porvenir se caractericen por la misma elasticidad que las del pasado. Lo único que parece estar bien establecido es que el alza de la tendencia en la relación capital/ingreso β, observada en los países ricos a lo largo de las últimas décadas y extensible al conjunto del planeta durante el siglo XXI en caso de una disminución generalizada del crecimiento (en particular demográfico), puede muy bien acompañarse por un incremento duradero de la participación del capital α en el ingreso nacional. Es probable, en este caso, que el rendimiento del capital r se reduzca a medida que la relación capital/ingreso β aumente. Sin embargo, teniendo en cuenta la experiencia histórica, lo más probable es que el efecto volumen sea más fuerte que el efecto precio, esto es, que el efecto de acumulación supere a la baja del rendimiento.

En efecto, los datos disponibles indican que la participación del capital creció en la mayoría de los países ricos a lo largo del periodo 1970-2010, a medida que la relación capital/ingreso aumentaba (véase la gráfica VI.5). Sin embargo, es necesario subrayar que esta evolución al alza muestra su coherencia no sólo con una elasticidad de sustitución superior a 1, sino también con una mejora del poder de negociación del capital con respecto al trabajo a lo largo de las últimas décadas, en un contexto de creciente movilidad de los capitales y de mayor competencia entre los Estados para atraer inversiones. Es probable que los dos efectos se hayan reforzado mutuamente durante los últimos decenios, y posiblemente suceda lo mismo en el futuro. En todo caso, es importante insistir en el hecho de que ningún mecanismo económico autocorrector impide que un alza continua de la relación capital/ingreso β se acompañe de un crecimiento permanente de la participación del capital en el ingreso nacional α.

LAS SOCIEDADES AGRÍCOLAS TRADICIONALES: UNA ELASTICIDAD INFERIOR A 1

Acabamos de ver que las economías contemporáneas parecen caracterizarse por importantes posibilidades de sustitución capital-trabajo. Es interesante señalar que sucedía algo muy diferente en las economías tradicionales basadas en la agricultura, donde el capital adquiría principalmente la forma de tierras agrícolas. Los datos históricos a nuestro alcance sugieren, de manera muy clara, que la elasticidad de sustitución era claramente inferior a 1 en las sociedades agrícolas tradicionales. En concreto, ésta es la única manera de

[24] Véase el anexo técnico.

GRÁFICA VI.5. *La participación del capital en los países ricos, 1975-2010*

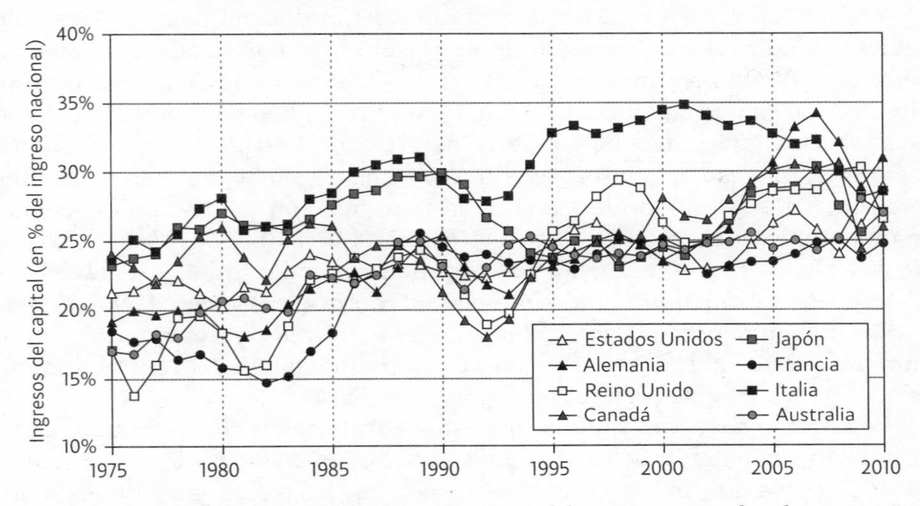

Los ingresos del capital representaban entre 15 y 25% del ingreso nacional en los países ricos en 1975, y entre 25 y 35% en 2000-2010.

FUENTES Y SERIES: véase piketty.pse.ens.fr/capital21c.

explicar por qué los Estados Unidos de América, a pesar de poseer un volumen de tierras muy superior al nivel observado en Europa, se caracterizaba en los siglos XVIII y XIX por un valor de las tierras muy inferior (medido por la relación capital/ingreso), así como por niveles de renta de la tierra —y de participación de capital en el ingreso nacional— mucho más bajos que en el Viejo Mundo.

De hecho, es la misma lógica: para que el capital llegue a ser un buen sustituto del trabajo es necesario que pueda adquirir diferentes formas. Para una forma determinada —en este caso las tierras agrícolas—, es inevitable que más allá de cierto momento el efecto precio supere al efecto volumen. Si algunos cientos de personas dispusieran de un continente completo para cultivar, lógicamente los precios de la tierra y de su renta caerían a niveles casi nulos. No existe mejor ilustración del principio "demasiado capital mata al rendimiento del capital" que la comparación de los valores de las tierras agrícolas y de su renta entre el Nuevo Mundo y la Vieja Europa.

¿ES UNA ILUSIÓN EL CAPITAL HUMANO?

Abordemos ahora una cuestión muy importante: ¿ha sido una ilusión el aumento del capital humano a lo largo de la historia? Más precisamente, según una visión relativamente extendida, el proceso de desarrollo y crecimiento económico se caracterizaría a lo largo del tiempo por el papel central que habrían adquirido en el proceso de producción las habilidades, los conocimientos y, de manera más general, el trabajo humano. Incluso cuando esta hipótesis no siempre se formule de manera muy explícita, una interpretación razonable es que la tecnología se transformó de tal manera que el factor trabajo ahora desempeña un papel más esencial.[25] De hecho, parece posible interpretar de este modo la caída de la participación del capital observada en un periodo muy amplio, de 35-40% hacia 1800-1810 a 25-30% hacia 2000-2010, y el alza correspondiente de la participación del trabajo, de 60-65% a 70-75%. Esta última aumentó simplemente porque el trabajo se volvió más importante en el proceso de producción. Es entonces el aumento del capital humano lo que habría permitido reducir la participación del capital inmobiliario, financiero y de la tierra en el ingreso nacional.

Si esta interpretación fuera correcta, se trataría en efecto de una transformación muy significativa. Sin embargo, hay que ser prudentes. Por una parte, como ya indicamos, carecemos de perspectiva para analizar plenamente la evolución de la participación del capital a muy largo plazo. Es muy posible que la participación del capital aumente en las décadas futuras hacia sus niveles de principios del siglo XIX. Esto puede producirse o bien porque la forma estructural de la tecnología —y la importancia relativa del trabajo y el capital— en realidad no ha cambiado (son más bien los poderes de negociación del trabajo y el capital los que evolucionaron), o bien porque la forma estructural se modificó ligeramente —lo que nos parece más factible—, aunque el alza de la relación capital/trabajo conduzca de manera natural a la participación del capital hacia sus cimas históricas, incluso a superarlas, teniendo en cuenta una elasticidad de sustitución capital-trabajo aparentemente superior a 1 en el largo plazo. Tal vez ésta es la enseñanza más importante de nuestra investigación en esta etapa: la tecnología moderna siempre utiliza mucho capital y, más importante todavía, la diversidad de los usos del capital hace que se pueda acumular muchísimo capital sin que su rendimiento se desplome totalmente. En esas condiciones, no existe ninguna razón natural para que la función del capital disminuya a muy largo plazo, incluso cuando la tecnología se transformó en un sentido más bien favorable al trabajo.

Por otra parte, hay que ser prudentes principalmente por la siguiente razón: esta eventual reducción a largo plazo de la participación del capital,

[25] Esto puede tomar la forma de un alza del exponente $1 - \alpha$ en la función de producción Cobb-Douglas (y una baja correspondiente en α), o de modificaciones similares en las funciones de producción más generales, correspondientes a elasticidades de sustitución superiores o inferiores a 1. Véase el anexo técnico.

de 35-40% a 25-30%, que nos parece en el fondo muy factible y que desde luego resulta muy significativa, no representa un cambio de civilización. Los niveles de calificación laboral, sin ninguna duda, progresaron claramente a lo largo de los dos últimos siglos, pero el acervo de capital inmobiliario, industrial y financiero también creció enormemente. A veces imaginamos que el capital ha desaparecido y que habríamos pasado como por arte de magia de una civilización basada en el capital, la herencia y la filiación a una fundada en el capital humano y el mérito. Los accionistas barrigudos habrían sido remplazados por ejecutivos talentosos, simplemente por la gracia del cambio tecnológico. Volveremos a esta cuestión en la próxima parte, cuando estudiemos las desigualdades en la distribución de los ingresos y de la riqueza a nivel individual: nos es imposible responder correctamente ahora. Sin embargo, ya sabemos lo suficiente para llamar la atención ante un optimismo tan plácido: el capital no ha desaparecido, y ello se debe simplemente a que sigue siendo útil, sin duda menos útil que en la época de Balzac y Austen, pero tal vez lo será aún más en el futuro.

Los movimientos del reparto capital-trabajo a mediano plazo

Acabamos de ver que la hipótesis Cobb-Douglas de una completa estabilidad del reparto capital-trabajo no permitía dar cuenta de manera totalmente satisfactoria de las evoluciones a largo plazo del reparto capital-trabajo. Sucede lo mismo, y tal vez aún más, en lo que se refiere a las evoluciones a corto y mediano plazo, que pueden a veces extenderse sobre periodos relativamente amplios, especialmente desde el punto de vista de los contemporáneos que las atestiguan.

El caso más importante, ya mencionado en la introducción, es sin duda el del alza de la participación del capital durante las primeras fases de la Revolución industrial, de 1800-1810 a 1850-1860. En el Reino Unido, cuyos datos son los más completos, los trabajos históricos disponibles, en particular los de Robert Allen (que bautizó como "pausa de Engels" a ese amplio periodo de estancamiento salarial), sugieren que la participación del capital aumentó en 10 puntos porcentuales del ingreso nacional, pasando de aproximadamente 35-40% entre finales del siglo XVIII y principios del XIX a 45-50% hasta mediados del XIX, momento en el que se redactaba el *Manifiesto comunista* y en el que Marx se dedicaba a la redacción de *El capital*. Según los datos de los que disponemos, parecería que esa subida fue aproximadamente compensada por una caída comparable de la participación del capital durante 1870-1900 y luego por una ligera alza en 1900-1910, de tal manera que al final la participación del capital no era sin duda más diferente en la Bella Época que durante el periodo revolucionario y napoleónico (véase la gráfica VI.1). Por consiguiente, se puede hablar de un movimiento a "mediano plazo", y no de uno duradero a largo plazo. Sin embargo, esta transferencia de 10 puntos de ingreso nacional a lo largo de la primera mitad del siglo XIX no es nada desdeñable: precisamente, la mayor parte del crecimiento del periodo se destinó a los beneficios, con un correspondiente estancamiento de los salarios (objetivamente miserables en esa época). Según Allen, esta evolución se explica ante todo por la afluencia de mano de obra procedente del éxodo rural, así como por las transformaciones tecnológicas que aumentaban estructuralmente la productividad del capital en la función de producción: por los caprichos de la tecnología, en resumidas cuentas.[26]

Los datos históricos disponibles para Francia sugieren una cronología similar. En concreto, todas las fuentes indican un gran estancamiento de los salarios obreros durante el periodo 1810-1850, al tiempo que el desarrollo industrial estaba en pleno apogeo. Los datos reunidos por Jean Bouvier y François Furet, a partir de las cuentas de grandes sociedades industriales francesas del siglo XIX, confirman también esta cronología: un incremento de la participación de los beneficios hasta 1850-1860, una caída entre 1870 y 1900 y nuevamente un incremento en 1900-1910.[27]

Los datos disponibles para el siglo XVIII y el periodo de la Revolución francesa sugieren también un alza de la participación de la renta de la tierra en los decenios anteriores a la Revolución (lo que parece coherente con las observaciones de Arthur Young sobre la miseria de los campesinos franceses)[28] y fuertes aumentos de salarios entre 1789 y 1815 (que parecen explicarse al mismo tiempo por la redistribución de la tierra y por la movilización de mano de obra vinculada con los conflictos militares).[29] Visto desde la Restauración y desde la Monarquía de Julio, el periodo revolucionario y napoleónico dejaría entonces un buen recuerdo a las clases populares.

Con el objetivo de tomar clara conciencia de que estos incesantes movimientos del reparto capital-trabajo, a corto y mediano plazos, se observan en todas las épocas, indicamos también en las gráficas VI.6 a VI.8 la evolución anual de este reparto en Francia de 1900 a 2010, separando, por una parte,

[26] Véase el anexo técnico.

[27] Véase J. Bouvier, F. Furet y M. Gilet, *Le Mouvement du profit en France au XIXe siècle. Matériaux et études,* Mouton, París, 1965, 456 pp.

[28] Véanse F. Simiand, *Le Salaire, l'évolution sociale et la monnaie,* Alcan, 1932; E. Labrousse, *Esquisse du mouvement des prix et des revenus en France au XVIIIe siècle,* Libraire Dalloz, París, 1933. Las series históricas reunidas por Jeffrey Williamson y sus colegas, sobre la evolución a muy largo plazo de la renta de la tierra y de los salarios, sugieren asimismo un alza de la participación de la renta de la tierra en el ingreso nacional en el siglo XVIII y hasta principios del XIX. Véase el anexo técnico.

[29] Véase A. Chabert, *Essai sur les mouvements des prix et des revenus en France de 1798 à 1820,* Librairie de Médicis, París, 1945-1949, 2 vols. Véase asimismo G. Postel-Vinay, "À la recherche de la révolution économique dans les campagnes (1789-1815)", *Revue économique,* Presses de Sciences Po, vol. 40, núm. 6, 1989, pp. 1015-1046.

GRÁFICA VI.6. *La participación de los beneficios en el valor agregado de las empresas en Francia, 1900-2010*

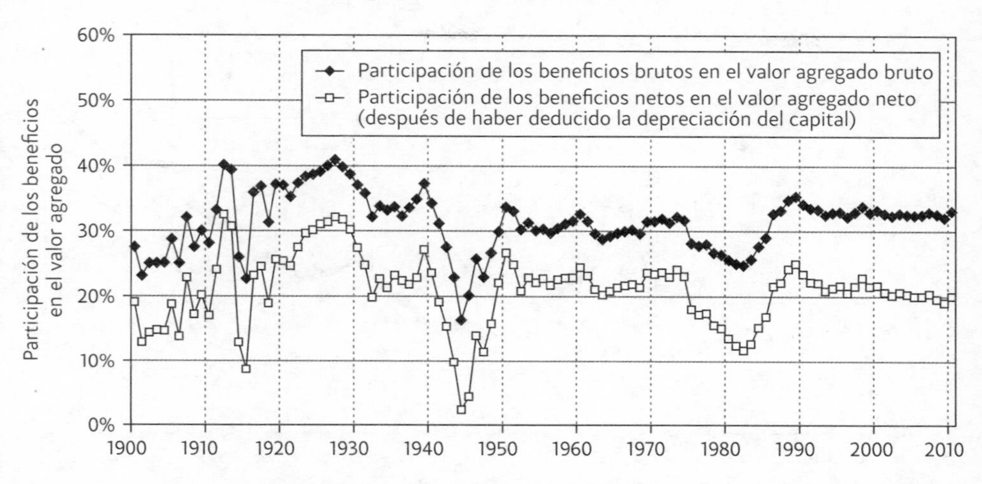

La participación de los beneficios brutos en el valor agregado bruto de las empresas pasó de 25% en 1982 a 33% en 2010; la participación de los beneficios netos en el valor agregado neto aumentó de 12 a 20%.

FUENTES Y SERIES: véase piketty.pse.ens.fr/capital21c.

la evolución del reparto beneficios-sueldos del valor agregado de las empresas[30] y, por otra, la evolución de la participación de las rentas de la vivienda en el ingreso nacional. Se observará en particular que el reparto beneficios-sueldos conoció tres fases muy distintas desde la segunda Guerra Mundial, con una fuerte alza de la participación de los beneficios de 1945 a 1968, luego una baja sumamente pronunciada de 1968 a 1983 y, por último, una subida muy rápida a partir de 1983 y una estabilización a partir de principios de los años noventa. En los próximos capítulos volveremos a esta muy política cronología, cuando estudiemos la dinámica de las desigualdades en los ingresos. Se observará el alza continua de la participación de las rentas desde 1945, lo que implica que la participación del capital, considerado en su conjunto, siguió creciendo durante el periodo 1990-2010, a pesar de la estabilización de la participación de los beneficios.

[30] El "valor agregado" de una empresa se define como la diferencia entre el valor de las ventas de bienes y servicios (monto llamado *chiffre d'affaires* en la contabilidad francesa y *sales revenue* en inglés) y lo que le cuestan sus compras a otras empresas (monto llamado "consumo intermedio"). Como su nombre indica, esta suma calcula el valor que la empresa añadió al proceso de producción. El valor agregado permite pagar la masa salarial y el resto constituye, por definición, los beneficios de la empresa. El estudio del reparto capital-trabajo se limita muy a menudo al del reparto beneficios-salarios, lo que equivale a dejar de lado las rentas.

GRÁFICA VI.7. *La participación de las rentas por vivienda en el ingreso nacional en Francia, 1900-2010*

La participación de las rentas (valor del alquiler de las viviendas) pasó de 2% del ingreso nacional en 1948 a 10% en 2010.

FUENTES Y SERIES: véase piketty.pse.ens.fr/capital21c.

GRÁFICA VI.8. *La participación del capital en el ingreso nacional en Francia, 1900-2010*

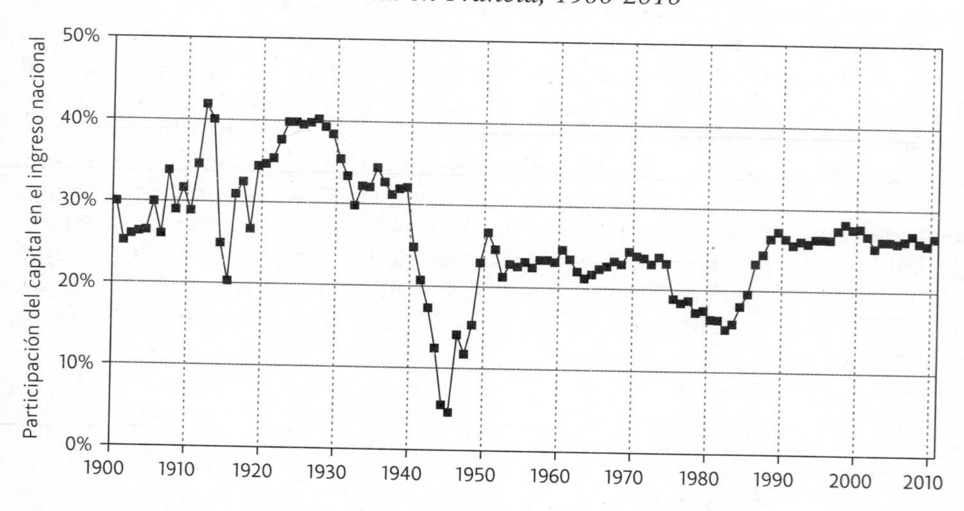

La participación del capital (beneficios y rentas netas) pasó de 15% del ingreso nacional en 1982 a 27% en 2010.

FUENTES Y SERIES: véase piketty.pse.ens.fr/capital21c.

De regreso a Marx y a la caída en la tendencia de la tasa de beneficio

Al final de esta investigación dedicada a la dinámica histórica de la relación capital/ingreso y del reparto capital-trabajo, no está de más precisar la relación entre las conclusiones que obtuvimos y las tesis marxistas.

Para Marx, el mecanismo central mediante el cual "la burguesía produce a sus propios sepultureros" corresponde a lo que llamamos en la introducción el "principio de acumulación infinita": los capitalistas acumulan cantidades de capital cada vez más importantes, lo que conduce finalmente a una inexorable caída en la tendencia de la tasa de ganancia (es decir, la tasa de rendimiento del capital), provocando su propia pérdida. Marx no utilizaba un modelo matemático, y su prosa no siempre era diáfana, de tal manera que es difícil saber con certeza lo que tenía en mente. Sin embargo, una manera lógicamente coherente de interpretar su propósito es considerar la ley dinámica $\beta = s/g$ en el caso particular de una nula tasa de crecimiento g, o al menos de una tasa muy próxima a 0.

En efecto, recordemos que g mide la tasa de crecimiento estructural a largo plazo, esto es, la suma de la tasa de crecimiento de la productividad y de la población. Ahora bien, en la mente de Marx, como de hecho en la de todos los economistas del siglo XIX y principios del XX y, en gran medida, hasta los trabajos de Solow en los años 1950-1960, la noción misma de crecimiento estructural, provocada por un crecimiento permanente y duradero de la productividad, no estaba formulada e identificada con claridad.[31] En esa época, la hipótesis implícita consistía en que el incremento de la producción, sobre todo manufacturera, se explicaba ante todo por la acumulación de capital industrial. Dicho de otro modo, se producía más únicamente porque cada trabajador disponía de más máquinas y equipos, y no debido a que su productividad como tal aumentara —para una cantidad dada de trabajo y de capital—. Hoy en día se sabe que sólo el crecimiento de la productividad permite un crecimiento estructural a largo plazo. Sin embargo, teniendo en cuenta la falta de perspectiva histórica y de datos disponibles, eso no era evidente en la época de Marx.

En el caso en el que no existiera ningún crecimiento estructural y que la tasa g fuera rigurosamente nula, se llegaría a una contradicción lógica muy cercana a la descrita por Marx. A partir del momento en el que la tasa de ahorro neta s fuera positiva, es decir, que los capitalistas se obstinaran en

[31] La noción de un crecimiento permanente y duradero de la población a largo plazo no era muy clara y, a decir verdad, sigue siendo igual de confusa y aterradora en nuestros días. De ahí la hipótesis admitida en general acerca de una estabilización de la población mundial. Véase el capítulo II.

acumular cada año más capital —por voluntad de poder y perpetuación, o bien sólo porque su nivel de vida ya es lo suficientemente elevado—, la relación capital/ingreso aumentaría de modo indefinido. De manera más general, si la tasa g fuera baja y se acercara a 0, la relación capital/ingreso a largo plazo $\beta = s/g$ tendería hacia el infinito. Y con una relación capital/ingreso β infinitamente elevada, el rendimiento del capital r necesitaría reducirse progresivamente y aproximarse a 0, porque de otra manera la participación del capital $\alpha = r \times \beta$ acabaría por devorar la totalidad del ingreso nacional.[32]

La contradicción dinámica señalada por Marx corresponde pues a una verdadera dificultad, cuya única salida lógica es el crecimiento estructural, que permite equilibrar —en cierta medida— el proceso de acumulación del capital. El crecimiento permanente de la productividad y la población es lo que permite el equilibrio de la suma permanente de nuevas unidades de capital, como lo expresa la ley $\beta = s/g$, a falta de lo cual, en efecto, los capitalistas cavarían su propia tumba: ya sea que se desgarren entre sí, en una tentativa desesperada por luchar contra la caída en la tendencia de la tasa de ganancia (por ejemplo, a través de la guerra para obtener las mejores inversiones coloniales, como en la crisis marroquí entre Francia y Alemania en 1905 y 1911), o bien que logren imponer al trabajo una participación cada vez más baja en el ingreso nacional, lo que acabaría por conducir a una revolución proletaria y a una expropiación general. En todo caso, el capitalismo está minado por sus contradicciones internas.

La idea conforme a la cual Marx tenía en mente precisamente un modelo de este tipo (fundado en la acumulación infinita del capital) se confirma por el hecho de que en varias ocasiones utilizó ejemplos de cuentas de empresas industriales caracterizadas por enormes cantidades de capital. En el primer tomo de *El capital* se destaca el ejemplo de las cuentas de una fábrica textil —que, según Marx, le fueron "transmitidas por su propietario"— donde se apreciaba aparentemente una relación muy elevada entre el valor total del capital fijo y variable, utilizado en el proceso de producción, y el valor de la producción anual, al parecer superior a 10. Este tipo de relación capital/ingreso tenía, en efecto, algo bastante aterrador: bastaba con que la tasa de rendimiento del capital fuera de 5% para que la participación de los beneficios superara la mitad de la producción. Es natural que Marx —y con él muchos otros observadores inquietos de la época— se haya preguntado hasta dónde podía llevar esta situación (principalmente porque los salarios estaban estancados desde principios del siglo XIX) y hacia qué tipo de equilibrio socioeconómico a largo plazo iba a conducir ese desarrollo hiperintensivo en capital.

[32] El único caso en el que el rendimiento no tiende hacia 0 es el de una economía infinitamente capitalista y "robotizada" a largo plazo (el caso de una elasticidad de sustitución infinita entre trabajo y capital, y que eventualmente sólo utiliza capital en la producción). Véase el anexo técnico.

Marx era asimismo un lector asiduo de los informes parlamentarios británicos de los años 1820-1860, que utilizaba para documentar la miseria de los salarios de los obreros, los accidentes de trabajo, las deplorables condiciones sanitarias y, de forma más general, la rapacidad de los poseedores del capital industrial. Utilizó también las estadísticas resultantes del impuesto sobre los beneficios, que mostraban un muy rápido incremento de los beneficios industriales en el Reino Unido en los años 1840-1850. Intentaba incluso emplear —sin duda, de manera bastante impresionista— algunas estadísticas sucesorias destinadas a mostrar el enorme crecimiento de las mayores fortunas británicas desde la época de las guerras napoleónicas.[33]

El problema, a pesar de todas estas importantes instituciones, es que Marx conservaba muy a menudo un enfoque relativamente anecdótico y poco sistemático de las estadísticas a su alcance. En particular, no buscaba saber si la fuerte concentración de capital, que creía descubrir en las cuentas de algunas fábricas, era representativa de la economía británica en su conjunto, o siquiera de un sector en particular, lo que podría haber logrado al reunir las cuentas de empresas, aunque no fueran más que algunas decenas. Lo más sorprendente, tratándose de un libro dedicado en gran medida a la acumulación del capital, es que Marx no hacía ninguna referencia a las tentativas de estimación del acervo de capital nacional que se multiplicaron en el Reino Unido desde principios del siglo XVIII y que tuvieron numerosos desarrollos a partir del inicio del siglo XIX (desde los trabajos de Colquhoun en los años 1800-1810 hasta los de Giffen en 1870-1880).[34] Marx parecía pasar por alto completamente la contabilidad nacional que se desarrollaba en su entorno, lo que es tanto más lamentable porque le habría permitido confirmar, en cierta medida, sus intuiciones sobre la enorme acumulación de capital privado característico de su época y, sobre todo, precisar su modelo explicativo.

Más allá de "La controversia de Cambridge"

Hay que subrayar, en cambio, que las cuentas nacionales y los diversos materiales estadísticos disponibles a finales del siglo XIX y principios del XX eran muy insuficientes para estudiar correctamente la dinámica de la relación capital/ingreso. En particular, las estimaciones del acervo de capital eran

[33] Los datos fiscales más interesantes se presentan en el anexo 10 del libro I de *El capital.* Véase el anexo técnico para un análisis de algunos de los cálculos de la participación de los beneficios y de las tasas de explotación a partir de las cuentas empresariales presentadas por Marx. En *Salario, precio y ganancia* (1865), Marx dio asimismo el ejemplo de las cuentas de una fábrica muy capitalista en la que los beneficios alcanzaban 50% del valor agregado (tanto como los salarios). Incluso si no se dice explícitamente, era el tipo de distribución global que parecía tener en mente para una economía industrial.

[34] Véase el capítulo I.

mucho más numerosas que las del ingreso nacional y de la producción interna. Luego se produjo una situación inversa a mediados del siglo xx, tras los choques de los años 1914-1945. Sin duda, eso explica en parte por qué la cuestión de la acumulación del capital y de una posible solución equilibrada a ese proceso dinámico siguió suscitando durante mucho tiempo numerosas controversias y a menudo mucha confusión, como lo atestigua la famosa "controversia de las dos Cambridge" de los años 1950-1960.

Recordemos rápidamente sus elementos. Cuando los economistas Harrod y Domar introdujeron explícitamente la fórmula $\beta = s/g$ por primera vez, a finales de los años treinta y durante los cuarenta, era habitual escribirla y leerla en sentido inverso, es decir: $g = s/\beta$. Harrod consideraba precisamente en 1939 que la relación capital/ingreso β era rigurosamente fija y estaba impuesta por la tecnología disponible (como en el caso de una función de producción con coeficientes fijos, con ninguna sustitución posible entre trabajo y capital), de tal manera que la tasa de crecimiento estaba totalmente determinada por la tasa de ahorro. Si esta última era de 10%, y la tecnología imponía una relación capital/ingreso igual a cinco (se necesitarían exactamente cinco unidades de capital para producir una unidad de producción, ni más ni menos), la tasa de crecimiento de la capacidad productiva de la economía era de 2% anual. Sin embargo, como la tasa de crecimiento debía además ser igual a la tasa de incremento de la población (y de la productividad, noción aún mal definida en esa época), se llegaba a la conclusión de que el crecimiento era un proceso intrínsecamente inestable, "al filo de la navaja". Siempre había demasiado o insuficiente capital, generando con ello capacidades excedentarias y burbujas especulativas, o bien desempleo, incluso ambos al mismo tiempo, según los sectores y los años.

No todo es falso en la intuición de Harrod, quien escribía en plena crisis de los años treinta y que claramente se hallaba muy marcado por la enorme inestabilidad macroeconómica de su época. De hecho, el mecanismo descrito por él contribuyó, sin ninguna duda, a explicar por qué el proceso de crecimiento siempre es profundamente volátil: el ajuste nacional entre las decisiones de ahorro e inversión, que suelen ser tomadas por personas diferentes y por razones distintas, es estructuralmente complejo y caótico, tanto más porque a menudo es difícil variar a corto plazo la concentración de capital y la organización de la producción.[35] Sin embargo, la relación capital/ingreso es relativamente flexible a largo plazo, como lo demuestran sin ambigüedad las muy fuertes variaciones históricas que analizamos, y que incluso parecen indicar una elasticidad de sustitución entre trabajo y capital superior a 1 en un amplio periodo.

A partir de 1948, Domar desarrolló una visión más optimista y flexible que Harrod de la ley $g = s/\beta$, insistiendo en el hecho de que la tasa de ahorro

[35] Algunos modelos teóricos recientes intentan aclarar esta intuición. Véase el anexo técnico.

y la relación capital/ingreso podían ajustarse en cierta medida. Sin embargo, fue sobre todo en 1956 cuando Solow introdujo la función de producción con factores sustituibles, que permitía invertir la fórmula y escribirla $\beta = s/g$: a largo plazo, la relación capital/ingreso se ajustaba a las tasas de ahorro y a las tasas de crecimiento estructural de la economía, y no a la inversa. Las controversias continuaron, a pesar de ello, en los años 1950-1960 entre economistas radicados principalmente en Cambridge (Massachusetts), en particular Solow y Samuelson, defensores de la función de producción con factores sustituibles, y economistas que trabajaban en Cambridge (Reino Unido), entre los que encontramos a Robinson, Kaldor y Pasinetti, quienes —a veces no sin cierta confusión— veían en el modelo de Solow la afirmación de que el crecimiento siempre estaba perfectamente equilibrado y la negación de la importancia de las fluctuaciones keynesianas a corto plazo. Sólo a partir de los años 1970-1980 se impuso definitivamente el modelo de crecimiento de Solow, conocido como modelo "neoclásico".

Si se vuelven a leer estas controversias desde la perspectiva actual, se pone de manifiesto que el debate, que por momentos tenía una dimensión poscolonial bastante marcada (los economistas estadunidenses intentaban emanciparse de la tutela histórica de los economistas británicos, que habían tenido la supremacía en la profesión desde Adam Smith, y los británicos trataban de defender la memoria, al parecer traicionada, de lord Keynes), contribuyó más a oscurecer la reflexión económica que a esclarecerla. Nada justificaba realmente las sospechas británicas. Tanto Solow como Samuelson estaban completamente convencidos de la inestabilidad a corto plazo del proceso de crecimiento y de la necesidad de proseguir políticas keynesianas de estabilización macroeconómica, considerando la ley $\beta = s/g$ sólo como un análisis a largo plazo. Sin embargo, los economistas estadunidenses, algunos de los cuales habían nacido en Europa (como Modigliani), tendían a veces a exagerar el alcance de su descubrimiento del "sendero de crecimiento equilibrado".[36] La ley $\beta = s/g$ describe claramente un sendero de crecimiento en el que todas las magnitudes macroeconómicas —acervo de capital, flujo de ingreso y de producción— crecen al mismo ritmo a largo plazo. Sin embargo, más allá de la cuestión de la volatilidad a corto plazo, este crecimiento equilibrado no garantiza ninguna armonía particular al nivel de la distribución de las riquezas y, en particular, de ninguna manera supone la desaparición, ni siquiera la disminución, de la desigualdad de la propiedad del capital. Y, contrariamente a una idea difundida hasta muy recientemente, la ley $\beta = s/g$ no impide, en ningún caso, muy fuertes variaciones de la relación capital/

[36] Sin contar con que ciertos estadunidenses (empezando por Modigliani) postulaban la idea de que el capital había cambiado totalmente de naturaleza (emanando en lo sucesivo de la acumulación a lo largo del ciclo de vida), mientras que los británicos (empezando por Kaldor) seguían considerando el capital a través del prisma sucesorio, lo que es claramente menos tranquilizador. En la próxima parte de este libro volveremos a esta cuestión central.

ingreso en el tiempo y entre países; más bien lo contrario. Me parece que la virulencia —y el carácter algo estéril— de esta controversia de las dos Cambridge se explica parcialmente por el hecho de que tanto unos como otros no disponían de datos históricos satisfactorios para precisar los términos del debate. Es sorprendente ver cuán poco recurren los participantes en esta controversia a las estimaciones del capital nacional anteriores a la primera Guerra Mundial, ya que sin duda les parecían demasiado incomparables con las realidades de los años 1950-1960. Las guerras crearon una discontinuidad tan fuerte en el análisis conceptual y en el marco estadístico que parecían impedir una perspectiva a largo plazo de esta cuestión durante un tiempo, principalmente desde el punto de vista europeo.

El regreso del capital en un régimen de crecimiento bajo

A decir verdad, sólo desde finales del siglo XX y muy al principio del XXI disponemos de los datos estadísticos y, en particular, de la perspectiva histórica indispensable para analizar correctamente la dinámica de la relación capital/ingreso y del reparto capital-trabajo para un amplio periodo. En concreto, los datos reunidos por nosotros y la perspectiva histórica de la que afortunadamente disponemos (perspectiva siempre insuficiente, desde luego, pero por definición superior a aquella de la que echaron mano los autores anteriores) nos conducen a las siguientes conclusiones.

En primer lugar, el regreso a un régimen histórico de crecimiento bajo y, en particular, de incremento demográfico nulo —incluso negativo— conduce lógicamente al retorno del capital. Esta tendencia a la reconstitución de acervos de capital muy elevados en sociedades de bajo crecimiento se expresa mediante la ley $\beta = s/g$ y puede resumirse así: en sociedades estancadas, los patrimonios provenientes del pasado adquieren naturalmente una importancia considerable.

En Europa, la relación capital/ingreso ya recuperó en este inicio del siglo XXI niveles del orden de cinco-seis años de ingreso nacional, apenas inferiores a los observados en los siglos XVIII y XIX, y hasta los años anteriores a la primera Guerra Mundial.

A nivel mundial, es muy posible que la relación capital/ingreso alcance o incluso supere este tipo de nivel a lo largo del siglo XXI. Si la tasa de ahorro se mantuviera alrededor de 10% y la de crecimiento se estabilizara en torno a 1.5% a muy largo plazo —contando con el estancamiento demográfico y la desaceleración del progreso técnico—, entonces el acervo mundial de capital alcanzaría lógicamente el equivalente de seis o siete años de ingreso, y si el crecimiento bajara a 1%, entonces el acervo de capital podría llegar al equivalente de diez años de ingreso.

En segundo lugar, en lo que se refiere a la participación de los ingresos del capital en el ingreso nacional y mundial, dato indicado por la ley $\alpha = r \times \beta$, la experiencia histórica sugiere que el alza previsible de la relación capital/ingreso no conducirá necesariamente a una caída sensible del rendimiento del capital. En efecto, existen múltiples usos del capital a muy largo plazo, lo que se puede resumir señalando que la elasticidad de sustitución entre capital y trabajo es sin duda superior a 1 en un periodo muy largo. Lo más probable es que la caída del ingreso sea menor que el alza de la relación capital/ingreso, de tal suerte que aumente la participación del capital. Con una relación capital/ingreso del orden de siete u ocho años y una tasa de rendimiento mundial del capital de alrededor de 4-5%, la participación del capital podría situarse en torno a 30-40% del producto mundial: en un nivel cercano al observado en los siglos XVIII y XIX, e incluso podría superarlo.

Como señalamos anteriormente, también es posible que las transformaciones tecnológicas a muy largo plazo favorezcan ligeramente el trabajo humano con respecto al capital, provocando así una caída del rendimiento y la participación de éste. Sin embargo, ese eventual efecto a largo plazo es, al parecer, de una amplitud limitada, y es posible que se vea más que compensado por otras fuerzas en sentido inverso, como la creciente sofisticación de los sistemas de intermediación financiera o la competencia internacional para atraer los capitales.

Los caprichos de la tecnología

Recapitulemos. La principal lección de esta segunda parte es sin duda que no existe ninguna fuerza natural que necesariamente reduzca la importancia del capital y de los ingresos resultantes de la propiedad del capital a lo largo de la historia. En las décadas de la posguerra pensamos que el triunfo del capital humano sobre el capital en el sentido tradicional (es decir, el capital en tierras, inmobiliario y financiero) era un proceso natural e irreversible, debido tal vez a la tecnología y a fuerzas puramente económicas. A decir verdad, algunos ya decían que las fuerzas propiamente políticas eran centrales. Nuestros resultados confirman del todo ese punto de vista. El avance hacia la racionalidad económica y tecnológica no implica forzosamente un progreso hacia la racionalidad democrática y meritocrática. La principal razón de ello es simple: la tecnología, así como el mercado, no conoce ni límite ni moral. Desde luego, la evolución tecnológica provocó necesidades cada vez más importantes de calificaciones y competencias humanas. Sin embargo, también incrementó la necesidad de edificios, viviendas, oficinas, equipos de todo tipo, patentes y, en definitiva, el valor total de todos esos elementos de capital no humano —inmobiliario, profesional, industrial, financiero— creció casi tan rápido como la producción y el ingreso nacional en el largo plazo. Del mismo modo, la masa de los ingresos remuneradores de esas diferentes formas de capital avanzó casi tan rápido como la de los ingresos del trabajo. Si verdaderamente se desea fundar un orden social más justo y racional, basado en la utilidad común, no basta con recurrir a los caprichos de la tecnología.

En resumen: el crecimiento moderno, basado en el incremento de la productividad y la difusión de los conocimientos, permitió evitar el apocalipsis marxista y equilibrar el proceso de acumulación del capital. Sin embargo, no modificó las estructuras profundas del capital, o al menos no redujo verdaderamente su importancia macroeconómica con respecto al trabajo. Ahora tenemos que estudiar si sucede lo mismo con la desigualdad en la distribución de los ingresos y de la riqueza: ¿en qué medida las estructuras de la desigualdad, con respecto al trabajo y al capital, se transformaron realmente desde el siglo XIX?

Tercera Parte

LA ESTRUCTURA DE LA DESIGUALDAD

VII. DESIGUALDAD Y CONCENTRACIÓN: PRIMERAS REFERENCIAS

En la segunda parte de este libro estudiamos la dinámica de la relación capital/ingreso, a nivel de países, y del reparto global del ingreso nacional entre ingresos del capital y del trabajo, sin interesarnos directamente por la desigualdad, en los ingresos y en la propiedad de la riqueza a nivel individual. Analizamos sobre todo la importancia de los choques del periodo 1914-1945 para comprender los movimientos de la relación capital/ingreso y del reparto capital-trabajo a lo largo del siglo xx, choques de los que Europa y el mundo acababan de recuperarse, de ahí la impresión de que el capitalismo patrimonial —tan próspero en este inicio del siglo xxi— era algo nuevo, cuando se trataba, en realidad, de una simple repetición del pasado, característica de un mundo con crecimiento lento, como el del siglo xix.

Ahora, en esta tercera parte, tenemos que introducir explícitamente el estudio de la desigualdad y la distribución a nivel individual. En los próximos capítulos veremos que las guerras mundiales y las políticas públicas resultantes también desempeñaron un papel central en el proceso de reducción de las diferencias en el siglo xx, que nada tuvo de natural y de espontáneo, en contraste con las predicciones optimistas de la teoría de Kuznets. Veremos asimismo que la desigualdad aumentó notablemente desde 1970-1980, pero con fuertes variaciones entre países, lo que una vez más sugiere el papel central de las diferencias institucionales y políticas. Analizaremos también la evolución de la importancia relativa de la herencia y el ingreso del trabajo a muy largo plazo, desde un punto de vista tanto histórico como teórico: ¿de dónde viene esa difundida creencia según la cual el crecimiento moderno favorecería naturalmente al trabajo frente a la herencia, a la competencia más que al nacimiento, y de la cual estamos tan seguros? En el último capítulo de esta tercera parte estudiaremos finalmente las perspectivas de evolución de la distribución de la riqueza a nivel mundial en las décadas futuras: ¿será aún menos igualitario el siglo xxi que el xix, si no es que ya lo es? ¿En qué se diferencia realmente la estructura de la desigualdad en el mundo actual de la que estaba vigente durante la Revolución industrial o en las sociedades rurales tradicionales? La segunda parte ya nos dio algunas pistas, pero sólo el análisis de la estructura de la desigualdad a nivel individual nos permitirá dar respuestas a estas preguntas centrales.

Antes de poder avanzar en esta vía, tenemos primero que familiarizarnos, en este capítulo, con las nociones y los órdenes de magnitud. Empecemos por señalar que la desigualdad en los ingresos puede dividirse en tres términos: la de los ingresos del trabajo; la de la propiedad del capital y de los ingresos que produce, y el vínculo entre esas dos dimensiones. El famoso discurso pronunciado por Vautrin ante Rastignac en *El pobre Goriot* constituye indudablemente la más clara introducción a esta problemática.

El discurso de Vautrin

Publicada en 1835, *El pobre Goriot* es una de las novelas más célebres de Balzac. Se trata, sin duda, de la expresión literaria más exitosa de la estructura de la desigualdad en la sociedad del siglo XIX, y del papel central desempeñado por la herencia y el patrimonio.

La trama de *El pobre Goriot* es diáfana: antiguo obrero en una fábrica de fideos, el pobre Goriot hizo fortuna con las pastas y los granos durante el periodo revolucionario y napoleónico. Tras enviudar, sacrificó todo para casar a sus hijas, Delphine y Anastasie, en la mejor sociedad parisina de los años 1810-1820. Conservó justo lo necesario para alojarse y alimentarse en una mugrienta pensión, en la que conoció a Eugène de Rastignac, joven noble sin dinero que llegaba de su provincia para estudiar derecho en París. Lleno de ambición, herido por su pobreza, Eugène intenta, gracias a una prima lejana, entrar en los salones encopetados en los que se codeaban la aristocracia, la gran burguesía y las altas finanzas de la Restauración. No tarda en enamorarse de Delphine, abandonada por su esposo, el barón de Nucingen, un banquero que había utilizado la dote de su esposa en múltiples especulaciones. Rastignac pierde pronto sus ilusiones al descubrir el cinismo de una sociedad totalmente corrompida por el dinero. Descubre con espanto la manera en que el pobre Goriot es abandonado por sus hijas, quienes se avergüenzan de él y ya casi no lo ven desde que cobraran su fortuna, muy preocupadas por su propio éxito en el mundo. El viejo muere en la miseria sórdida y en soledad. Sólo Rastignac va a su entierro. Sin embargo, al salir del cementerio de Père-Lachaise, subyugado por la visión de las riquezas de París expuestas a lo lejos y a lo largo del Sena, decide lanzarse a la conquista de la capital: "¡Ahora vamos a vernos las caras tú y yo!" Su educación sentimental y social había concluido; en lo sucesivo él también sería despiadado.

El momento más sombrío de la novela, aquel en el que las alternativas sociales y morales a las que se enfrenta Rastignac se expresan con más claridad y crudeza, es sin ninguna duda el discurso de Vautrin, situado hacia la mitad del relato.[1] Vautrin, también residente de la sórdida pensión Vauquer, es un ser turbio, buen conversador y seductor, que disimula su oscuro pasado de presidiario, al estilo de Edmond Dantès en *El conde de Montecristo* o

[1] Véase H. de Balzac, *El pobre Goriot,* trad. María Teresa Gallego Urrutia, Alba Editorial, Barcelona, 2011, pp. 80-97.

de un Jean Valjean en *Los miserables*. Sin embargo, contrariamente a esos dos personajes (a fin de cuentas positivos), Vautrin es profundamente malo y cínico. Intenta arrastrar a Rastignac al homicidio para apoderarse de una herencia. Antes de eso, pronuncia un discurso muy preciso y aterrador sobre los diferentes destinos, las distintas vidas a las que podía optar un joven como él en la sociedad francesa de la época.

En sustancia, Vautrin explica a Rastignac que el éxito social por medio de los estudios, el mérito y el trabajo es una ilusión. Le presenta una visión detallada de las diferentes carreras posibles si prosigue sus estudios, por ejemplo, en derecho o medicina, ámbitos por excelencia en los que reinaba en principio una lógica de competencia profesional y no una de fortuna heredada. En particular, Vautrin indica con mucha precisión a Rastignac los niveles de ingresos anuales a los que entonces podría acceder. La conclusión es definitiva: aun formando parte de los graduados en derecho con más méritos entre todos los jóvenes de París, aun logrando la más brillante y fulgurante de las carreras jurídicas, lo que le exigiría muchos compromisos, tendría que contentarse con ingresos mediocres y renunciar a la verdadera holgura:

> A eso de los treinta años, será juez y ganará mil doscientos francos anuales si aún no ha colgado la toga. Al llegar a los cuarenta, se casará con la hija de un molinero, que tendrá unos seis mil francos de renta. Gracias. Tenga padrinos y será procurador real a los treinta, con un sueldo de mil escudos, y se casará con la hija del alcalde. Si comete cualquiera de esas bajezas menudas de la política, [...] será a los cuarenta fiscal general y podrá llegar a diputado [...]. Tengo el honor de llamar su atención además sobre el hecho de que sólo hay veinte fiscales generales en Francia y son ustedes veinte mil aspirantes al cargo, entre los cuales hay, de propina, graciosos que venderían a su familia para adelantar una muesca más. Si ese oficio lo asquea, veamos otra cosa. ¿Quiere el barón de Rastignac ser abogado? ¡Ah, precioso! Hay que padecer diez años, gastar mil francos al mes, tener una biblioteca, un bufete, hacer vida social, besarle la toga a un procurador para tener pleitos, barrer con la lengua el Palacio de Justicia. Si ese oficio llevara a algo, no me parecería mal; pero encuéntreme en París cinco abogados que, a los cincuenta años, ganen más de cincuenta mil francos al año.[2]

En comparación, la estrategia de ascenso social que Vautrin propone a Rastignac es mucho más eficaz. Al desposar a la señorita Victorine, joven discre-

[2] *Ibid.*, pp. 87-88. Para calcular los ingresos y las fortunas, Balzac utilizaba muy a menudo el franco-oro o la libra tornesa (unidades equivalentes desde la instauración del franco "germinal"), a veces el escudo (moneda de plata que valía 5 francos en el siglo XIX) y en contadas ocasiones el luis de oro (moneda de 20 francos, que ya valía 20 libras en el Antiguo Régimen). Todas estas unidades eran tan estables en esa época sin inflación que el lector pasaba fácilmente de una a otra. Véase el capítulo II. Volveremos de manera detallada a los montos evocados por Balzac en el capítulo XI.

ta que vive en la pensión y que no tiene ojos más que para el bello Eugène, de inmediato se apoderaría de un patrimonio de un millón de francos. Esto le permitiría gozar, con apenas veinte años, de una renta anual de 50 000 francos (alrededor de 5% del capital) y alcanzar en el acto un nivel de holgura diez veces superior a lo que le produciría años más tarde el sueldo de un procurador del rey (y tan elevado como lo que ganaban a los 50 años los pocos abogados parisinos más prósperos de la época, tras años de esfuerzos y de intrigas).

La conclusión era evidente: habría que desposar, sin dudarlo, a Victorine y pasar por alto el hecho de que no era ni muy bella ni muy seductora. Eugène escucha con avidez hasta el golpe de gracia final: para que la joven, ilegítima, sea por fin reconocida por su rico progenitor y se convierta efectivamente en heredera del millón de francos del que habla Vautrin, antes hay que asesinar a su hermano, a lo cual el antiguo presidario está dispuesto a cambio de una comisión. Demasiado para Rastignac: es, desde luego, muy receptivo a los argumentos de Vautrin sobre los méritos de la herencia comparada con los estudios, pero no hasta el punto de cometer un asesinato.

La pregunta central: ¿trabajo o herencia?

Lo más espantoso, en el discurso de Vautrin, es la exactitud de las cifras y del marco social descrito. Como veremos más adelante, tomando en cuenta la estructura de los ingresos y la riqueza vigentes en la Francia decimonónica, los niveles de vida que era posible alcanzar accediendo a las cimas de la jerarquía de las riquezas heredadas son, en efecto, mucho más elevados que los ingresos correspondientes a las cimas de la jerarquía de los ingresos por trabajo. En esas condiciones, para qué trabajar y, además, simplemente para qué tener un comportamiento moral: ya que la desigualdad social en su conjunto es inmoral e injustificada, ¿por qué no llegar al extremo de la inmoralidad, apropiándose de un capital por cualquier medio?

¿Qué importancia puede tener el detalle de las cifras (que en este caso son muy realistas)? El hecho central es que en la Francia de principios del siglo XIX, como, por otra parte, en la de la Bella Época, el trabajo y los estudios no permitían alcanzar la misma holgura que la herencia y los ingresos de un patrimonio. Esta realidad es tan evidente, tan cautivadora para todos, que Balzac no necesitaba, para convencer a nadie, de estadísticas representativas de deciles o percentiles cuidadosamente definidos. También se advierte esta misma realidad en el Reino Unido de los siglos XVIII y XIX. Para los héroes de Jane Austen, la cuestión del trabajo ni siquiera se planteaba: sólo contaba el nivel del patrimonio del que se disponía, por herencia o por matrimonio. Sucedía lo mismo, de manera más general, en todas las sociedades hasta la primera Guerra Mundial, verdadero suicidio de las sociedades patrimoniales. Una de las raras excepciones es, sin duda, la de los Estados Unidos de América, o por lo menos la de las microsociedades "pioneras" de los estados del norte y del oeste, donde el capital heredado pesaba poco en los siglos XVIII y XIX, situación que no duró mucho. En los estados del sur, donde predominaba una mezcla de capital en forma de tierras y esclavos, la herencia tenía la misma importancia que en la vieja Europa. En *Lo que el viento se llevó*, los pretendientes de Scarlett O'Hara no contaban con sus estudios o su mérito —al menos no más que Rastignac— para garantizar su bienestar futuro: el tamaño de la plantación de su padre —o de su suegro— importaba mucho más. Para subrayar convenientemente la poca consideración hacia cualquier noción de moral, mérito o justicia social, Vautrin precisaba asimismo en el discurso dirigido al joven Eugène que consideraría con beneplácito acabar sus días como dueño de esclavos en el sur de los Estados Unidos y vivir en la opulencia con lo que ellos produjeran.[3] Evidentemente, no era la América de Tocqueville la que seducía al antiguo presidiario.

Desde luego, la desigualdad en los ingresos del trabajo distaba de ser siempre justa, y sería excesivo reducir la cuestión de la justicia social a la de la importancia relativa de los ingresos del trabajo frente a los ingresos heredados. Sin embargo, la creencia de que las desigualdades se basan más en el trabajo y el mérito individual, o por lo menos la esperanza de semejante transformación, es constitutiva de nuestra modernidad democrática. De hecho veremos que, en cierta medida, el discurso de Vautrin dejó de ser verdadero en las sociedades europeas a lo largo del siglo XX, por lo menos provisionalmente. Durante las décadas de la posguerra, la herencia se reducía a poca cosa en comparación con lo que ocurría en el pasado, y tal vez por primera vez en la historia el trabajo y los estudios se convertían en el camino más seguro hacia la cima. En este inicio del siglo XXI, aun cuando haya resurgido todo tipo de desigualdades y se hayan debilitado muchas certezas en materia de progreso social y democrático, la impresión difundida y dominante sigue siendo, sin embargo, que el mundo cambió radicalmente desde el discurso de Vautrin. ¿Quién aconsejaría hoy en día a un joven estudiante de derecho abandonar sus estudios y seguir la misma estrategia de ascenso social que la sugerida por el antiguo presidiario? Probablemente existan casos aislados en los que acceder a una herencia siga siendo la mejor estrategia;[4] sin embargo, ¿acaso no es más rentable, y no sólo más moral, apostar por los estudios, el trabajo y el éxito profesional en la inmensa mayoría de los casos?

Éstas son, pues, las dos preguntas a las que nos lleva el discurso de Vautrin y a las que intentaremos dar respuesta en los próximos capítulos con los datos —imperfectos— a nuestro alcance. Primeramente: ¿estamos seguros de que

[3] *Ibid.*, p. 90.

[4] Según la prensa, el hijo de un antiguo presidente de Francia, estudiante de la facultad de derecho en París, habría desposado recientemente a la heredera de los almacenes Darty: sin duda no la conoció en la pensión Vauquer.

la estructura de los ingresos del trabajo y de los ingresos heredados se transformó desde la época de Vautrin? ¿En qué proporción? En un segundo momento, y aún más importante, suponiendo que al menos parcialmente se haya dado semejante transformación: ¿por qué exactamente ocurrió ésta y acaso podría revertirse?

Desigualdad respecto al trabajo, desigualdad respecto al capital

Para poder dar respuesta a esas preguntas, primero debemos familiarizarnos con las nociones en juego y con las principales regularidades que caracterizan a las desigualdades en los ingresos del trabajo y del capital que han estado vigentes en diferentes sociedades y en diferentes épocas. En la primera parte vimos que el ingreso podía analizarse siempre como la suma de los ingresos del trabajo y del capital. Los ingresos del trabajo incluyen principalmente los sueldos y salarios. Con el objetivo de simplificar la exposición, hablaremos en ocasiones de la desigualdad en los salarios para indicar la de los ingresos del trabajo. En realidad, para ser totalmente exactos, los ingresos del trabajo incluyen también a los no asalariados, que durante mucho tiempo desempeñaron un papel esencial y que hoy en día siguen teniendo una función nada despreciable. Por su parte, los ingresos del capital toman varias formas: reúnen el conjunto de los ingresos recibidos a título de la propiedad del capital, independientemente de cualquier trabajo y cualquiera que sea su título jurídico formal (rentas, dividendos, intereses, regalías, beneficios, plusvalías, etcétera).

Por definición, en cualquier sociedad la desigualdad en los ingresos resulta de la suma de estos dos componentes: por una parte, la desigualdad en los ingresos del trabajo y, por otra, la desigualdad en los ingresos del capital. Cuanto más desigualmente están distribuidos estos componentes, mayor es la desigualdad total. En abstracto, sería muy posible imaginar sociedades en las que la desigualdad con respecto al trabajo fuera muy elevada mientras que la existente respecto al capital fuera mucho menor; otras sociedades en las que sucediera lo inverso, y, por último, sociedades en las que los dos componentes fueran muy desiguales o, por el contrario, muy igualitarios.

El tercer factor determinante es el vínculo entre esas dos dimensiones: ¿en qué medida las personas que disponen de un elevado ingreso del trabajo también son las que tienen un elevado ingreso del capital? Cuanto más grande es el vínculo —técnicamente: la correlación estadística—, más grande es la desigualdad total, manteniendo todo lo demás constante. En la práctica, a menudo la correlación entre las dos dimensiones es baja o negativa en las sociedades con una desigualdad elevada ante el capital, lo que permite a los dueños no trabajar (por ejemplo, los héroes de Jane Austen elegían muy a menudo no tener profesión). ¿Qué sucede hoy y qué sucederá en el siglo por venir?

También hay que señalar que la desigualdad en los ingresos del capital puede ser más fuerte que la del propio capital, si los poseedores de riquezas importantes logran obtener un rendimiento promedio más elevado que los que tienen patrimonios medios y modestos. Veremos que este mecanismo puede ser un poderoso amplificador de la desigualdad, en particular en el siglo que empieza. En el caso simple en el que la tasa de rendimiento promedio sea la misma para los patrimonios de distintos tamaños, entonces por definición las dos desigualdades coincidirán.

Cuando se analiza la desigualdad en la distribución de los ingresos, es indispensable distinguir cuidadosamente esas diferentes dimensiones y componentes, primero por razones normativas y morales (la cuestión de la justificación de la desigualdad se plantea de manera muy diferente con respecto a los ingresos del trabajo, la herencia y los rendimientos del capital), y luego porque los mecanismos económicos, sociales y políticos susceptibles de dar cuenta de las evoluciones observadas son totalmente distintos. En lo relativo a la desigualdad en los ingresos del trabajo, los mecanismos operantes incluyen sobre todo la oferta y la demanda de calificaciones, el estado del sistema educativo y las diferentes reglas e instituciones que afectan el funcionamiento del mercado laboral y la formación de los sueldos y salarios. En lo tocante a la desigualdad en los ingresos del capital, los procesos más importantes son los comportamientos del ahorro y la inversión, las reglas de transmisiones y sucesiones, y el funcionamiento de los mercados inmobiliarios y financieros. Muy a menudo, las mediciones estadísticas de la desigualdad en los ingresos, utilizadas por los economistas y en el debate público, son indicadores sintéticos —como el índice de Gini— que mezclan aspectos muy diferentes (tales como la desigualdad respecto al trabajo y al capital, de tal manera que es imposible separar claramente los diferentes mecanismos en acción y las múltiples dimensiones de las desigualdades. Por el contrario, aquí intentaremos distinguirlas con tanta precisión como sea posible.

El capital: siempre distribuido de manera más desigual que el trabajo

La primera regularidad que se observa, en la práctica, cuando se intenta medir la desigualdad en los ingresos, es que la desigualdad respecto al capital siempre es mucho mayor que aquella respecto al trabajo. La distribución de la propiedad del capital y de los ingresos resultantes es sistemáticamente mucho más concentrada que la de los ingresos del trabajo.

Dos aspectos merecen ser precisados de inmediato: primero, se observa esta regularidad en todos los países y en todas las épocas para los que disponemos de datos, sin ninguna excepción, y cada vez de manera más marcada. Para indicar un primer orden de magnitud, la participación de 10% de las personas que reciben el ingreso del trabajo más elevado suele ser del orden de 25-30% del total de los ingresos del trabajo, mientras la participación de 10% de las personas poseedoras del capital más elevado siempre es superior a 50% del total de los capitales, y a veces sube hasta 90% en ciertas sociedades. De manera tal vez más expresiva, 50% de las personas de menores ingresos laborales siempre recibe una parte nada desdeñable del total de estos ingresos (en general entre un cuarto y un tercio, casi tanto como 10% de las mejor pagadas), mientras 50% de las personas más pobres en capital no posee nada, o casi nada (siempre menos de 10% del capital total y, en general, menos de 5%, es decir, 10 veces menos que el 10% de los más ricos). Muy a menudo, la desigualdad respecto al trabajo se manifiesta como una desigualdad pacífica, moderada, casi razonable (tanto como puede serlo una desigualdad —veremos que este aspecto no debe ser exagerado—). En comparación, la desigualdad respecto al capital siempre es extrema.

En segundo lugar, hay que insistir desde ahora en el hecho de que esta regularidad no tiene nada de evidente, y que nos informa con bastante precisión sobre la naturaleza de los procesos económicos y sociales que operan en la dinámica de la acumulación y la distribución de los capitales.

En efecto, es fácil imaginar mecanismos que impliquen una distribución de los capitales más igualitaria que la de los ingresos del trabajo. Por ejemplo, supongamos que, en un momento determinado, los ingresos del trabajo reflejaran no sólo la desigualdad permanente en los salarios entre los diferentes grupos de trabajadores, principalmente en función del nivel de calificación y de la posición jerárquica de unos y otros, sino también los choques a corto plazo (por ejemplo, si los salarios o la duración del trabajo en los diferentes sectores de actividad fluctuaran claramente de un año a otro o a lo largo de las trayectorias laborales individuales). De ello resultaría entonces una muy fuerte desigualdad en los ingresos del trabajo, en parte ficticia porque disminuiría si se midieran las discrepancias en un periodo más amplio, por ejemplo de diez años y no sólo de uno (como suele hacerse, a falta de datos más largos), o incluso en el curso de toda la vida de los individuos, lo que sería ideal con el fin de estudiar la verdadera desigualdad de oportunidades y destinos de la que hablaba Vautrin, pero que, desgraciadamente, a menudo es muy difícil de medir.

En semejante mundo, la acumulación de capitales podría corresponder sobre todo a un motivo de precaución (se hacen reservas en previsión de un futuro choque negativo), en cuyo caso la desigualdad en los capitales sería más reducida que la de los ingresos del trabajo. Por ejemplo, la discrepancia en los capitales podría entonces tener el mismo orden de magnitud que la desigualdad de los ingresos del trabajo permanentes (es decir, los que se miden a lo largo de la carrera profesional), siendo pues claramente inferior a la desigualdad instantánea en los ingresos del trabajo (calculada en un momento determinado): todo esto es lógicamente posible, pero desde luego poco relevante, ya que la desigualdad en los capitales es, en cualquier lugar y siempre, mucho mayor que la de los ingresos del trabajo. Aunque la acumulación precautoria con vistas a enfrentar choques a corto plazo en efecto existe en el mundo real, claramente no se trata del principal mecanismo que permite explicar la realidad de la acumulación y la distribución de los capitales.

También es posible imaginar mecanismos que impliquen que la desigualdad en los capitales sea comparable por su amplitud a la de los ingresos del trabajo. En particular, si la acumulación patrimonial se determinara sobre todo por un motivo de ciclo de vida (es decir, si se acumula con vistas a la jubilación), como teorizó Modigliani, cada uno debería acumular un acervo de capital más o menos proporcional a su nivel de salario, a fin de mantener aproximadamente el mismo nivel de vida —o la misma proporción del nivel de vida— tras el cese de actividades. En ese caso, la desigualdad en los capitales sería una simple traslación en el tiempo de la de los ingresos del trabajo y sólo tendría una importancia limitada como tal, ya que la única verdadera fuente de la desigualdad social sería la que se da frente al trabajo.

Una vez más, semejante mecanismo teórico es lógicamente factible y desde luego desempeña un papel nada desdeñable en el mundo real (principalmente en sociedades envejecidas). Sin embargo, desde un punto de vista cuantitativo, no se trata del principal mecanismo en acción: el ahorro del ciclo de vida, tanto como el preventivo, no permite explicar la concentración excesiva de la propiedad del capital que se observa en la práctica. Desde luego, las personas de cierta edad son más ricas, en promedio, que los jóvenes. Sin embargo, en realidad, la concentración de los patrimonios es casi tan fuerte en el interior de cada grupo de edad como con respecto a la población considerada en su conjunto. Dicho de otro modo, contrariamente a una idea muy difundida, la lucha de edades no sustituyó a la lucha de clases. La excesiva concentración del capital se explica sobre todo por la importancia de la herencia y de sus efectos acumulativos (por ejemplo, es más fácil ahorrar cuando se heredó un departamento y no se tiene que pagar una renta). El hecho de que el rendimiento del patrimonio tome a veces valores extremos desempeña también un papel significativo en este proceso dinámico. Volveremos de modo detallado, en la continuación de esta tercera parte, a esos diferentes mecanismos y a la manera en que su importancia evolucionó en el tiempo y en el espacio. En esta etapa, retengamos simplemente que la amplitud de la desigualdad del capital —en términos absolutos y con respecto a la discrepancia de los ingresos del trabajo— apunta más hacia ciertos mecanismos que hacia otros.

Desigualdad y concentración: algunos órdenes de magnitud

Antes de analizar las evoluciones históricas observadas en los diferentes países, es útil describir de manera más precisa los órdenes de magnitud que suelen caracterizar a la desigualdad respecto al trabajo y al capital. El objetivo es permitir al lector familiarizarse con cifras y nociones —deciles, percentiles, etc.— algo técnicas en apariencia, incluso ingratas para algunos, pero que en realidad son muy útiles para analizar y comprender las transformaciones de la estructura de la desigualdad en las diferentes sociedades, siempre y cuando se las utilice correctamente.

Para ello, en los cuadros VII.1, VII.2 y VII.3 se muestran ejemplos de distribuciones observadas en diferentes países y distintas épocas. Las cifras indicadas fueron deliberadamente redondeadas y son aproximadas, pero permiten hacerse una primera idea de aquello a lo que corresponde una desigualdad baja, media o alta en el mundo que nos rodea y en la historia: por una parte, con respecto a los ingresos del trabajo; por otra, en relación con la propiedad del capital y, por último, en lo tocante a la desigualdad total en los ingresos cuando se suman los ingresos del trabajo y del capital.

Por ejemplo, en lo que se refiere a la desigualdad respecto al trabajo, se advierte que en las sociedades más igualitarias, como las de los países escandinavos en los años 1970-1980 (la desigualdad ha aumentado ligeramente en Europa del Norte desde entonces, pero esos países siguen siendo los más igualitarios), la distribución se presentaba aproximadamente de la siguiente manera: si se consideraba el conjunto de la población adulta, 10% de quienes recibían los ingresos del trabajo más elevados percibían apenas más de 20% de la masa total de los ingresos del trabajo (en la práctica se trataba básicamente de la masa de salarios), 50% de los peor pagados recibían alrededor de 35%, y 40% de la parte media cobraba un monto del orden de 45% del total (véase el cuadro VII.1).[5] Desde luego, no se trataba de una igualdad perfecta, puesto que en este caso cada grupo debería haber percibido el equivalente de su porcentaje en la población (el 10% de los mejor pagados, exactamente 10% de la masa de los ingresos en juego, y el 50% de los menos bien remunerados, 50%). Sin embargo, se trataba de una desigualdad no demasiado extrema, por lo menos comparada con lo que se observaba en otros países y otras épocas, y sobre todo con lo que se advertía en casi todas partes respecto de la propiedad del capital, incluso en los países escandinavos.

Para que todo el mundo pueda hacerse una idea de lo que significaban realmente semejantes cifras, es importante establecer el vínculo entre, por una parte, este tipo de distribución expresada en porcentaje del total que

[5] Definimos los deciles para la población adulta (los menores de edad suelen no tener ingresos) y, cuando es posible, a nivel individual. Las estimaciones indicadas en los cuadros VII.1 a VII.3 se apegan a esta definición. Para ciertos países —como Francia y los Estados Unidos—, los datos históricos sobre los ingresos están disponibles únicamente para los hogares (se suman entonces los ingresos de las parejas). Esto modifica ligeramente los porcentajes de los diferentes deciles, pero casi no afecta las evoluciones a largo plazo que nos interesan aquí. En lo relativo a los salarios, los datos históricos suelen estar disponibles a nivel individual. Véase el anexo técnico.

CUADRO VII.1. *La desigualdad total de los ingresos del trabajo en el tiempo y el espacio*

Porcentaje de los diferentes grupos en el total de los ingresos del trabajo	*Desigualdad baja (≈ países escandinavos, años 1970-1980)*	*Desigualdad promedio (≈ Europa 2010)*	*Desigualdad elevada (≈ Estados Unidos 2010)*	*Desigualdad muy elevada (≈¿Estados Unidos 2030?)*
El 10% de los más ricos "clase alta"	20%	25%	35%	45%
el 1% de los más ricos ("clase dominante")	5%	7%	12%	17%
el 9% siguiente ("clase acomodada")	15%	18%	23%	28%
El 40% del medio "clase media"	45%	45%	40%	35%
El 50% de los más pobres "clase popular"	35%	30%	25%	20%
Coeficiente de Gini correspondiente (indicador sintético de desigualdad)	0.19	0.26	0.36	0.46

Nota: en las sociedades en las que la desigualdad en los ingresos del trabajo es relativamente baja (como en los países escandinavos en los años de 1970-1980), el 10% de los mejor pagados recibe alrededor del 20% de los ingresos del trabajo; el 50% de los menos bien pagados recibe alrededor del 35%, y el 40% del medio recibe aproximadamente el 45%. El coeficiente de Gini correspondiente (indicador sintético de desigualdad que va de 0 a 1) es de 0.19. Véase el anexo técnico.

Cuadro vii.2. *La desigualdad de la propiedad del capital en el tiempo y el espacio*

Porcentaje de los diferentes grupos en el total de los ingresos del trabajo	*Desigualdad baja (jamás observada: ¿sociedad ideal?)*	*Desigualdad promedio (≈ países escandinavos, años 1970-1980)*	*Desigualdad promedio-elevada (≈ Europa 2010)*	*Desigualdad elevada (≈ Estados Unidos 2010)*	*Desigualdad muy elevada (≈¿Estados Unidos 2030?)*
El 10% de los más ricos "clase alta"	30%	50%	60%	70%	90%
el 1% de los más ricos ("clase dominante")	10%	20%	25%	35%	50%
el 9% siguiente ("clase acomodada")	20%	30%	35%	35%	40%
El 40% del medio "clase media"	45%	40%	35%	25%	5%
El 50% de los más pobres "clase popular"	25%	10%	5%	5%	5%
Coeficiente de Gini correspondiente (indicador sintético de desigualdad)	0.33	0.58	0.67	0.73	0.85

Nota: en las sociedades caracterizadas por una desigualdad "promedio" en la propiedad del capital (como los países escandinavos en los años de 1970-1980), el 10% de los más ricos en patrimonio posee alrededor del 50% de las riquezas; el 50% de los menos ricos alrededor del 10%, y el 40% del medio aproximadamente el 40%. El coeficiente de Gini correspondiente es de 0.58. Véase el anexo técnico.

CUADRO VII.3. *La desigualdad total en los ingresos (trabajo y capital) en el tiempo y el espacio*

Porcentaje de los diferentes grupos en el total de los ingresos del trabajo	*Desigualdad baja (≈ países escandinavos, años 1970-1980)*	*Desigualdad promedio (≈ Europa 2010)*	*Desigualdad elevada (≈ Estados Unidos 2010; Europa 1910)*	*Desigualdad muy elevada (≈¿Estados Unidos 2030?)*
El 10% de los más ricos "clase alta"	25%	35%	50%	60%
el 1% de los más ricos ("clase dominante")	7%	10%	20%	25%
el 9% siguiente ("clase acomodada")	18%	25%	30%	35%
El 40% del medio "clase media"	45%	40%	30%	25%
El 50% de los más pobres "clase popular"	30%	25%	20%	15%
Coeficiente de Gini correspondiente (indicador sintético de desigualdad)	0.26	0.36	0.49	0.58

Nota: en las sociedades en las que la desigualdad total en los ingresos del trabajo es relativamente baja (como en los países escandinavos en los años de 1970-1980), el 10% de los mejor pagados poseen alrededor del 20% del ingreso total, y el 50% de los más pobres alrededor del 30%. El coeficiente de Gini correspondiente es de 0.26. Véase el anexo técnico.

puede ser repartido y, por otra, los salarios contantes y sonantes que cobraban los trabajadores de carne y hueso que constituían esas distribuciones, así como con las riquezas inmobiliarias y financieras que poseían los propietarios que componían dichas jerarquías.

En concreto, si el 10% de los mejor pagados recibía 20% de la masa salarial, por definición eso significa que cada individuo de ese grupo ganaba en promedio dos veces el salario promedio vigente en el país considerado. Asimismo, si el 50% de los menos pagados recibía 35% de la masa salarial, eso implicaba mecánicamente que cada miembro de este grupo percibía en promedio un poco más de dos tercios (exactamente 70%) del salario promedio. Y si el 40% del medio ganaba 45% de la masa salarial, eso significaba que su salario promedio era apenas superior (45/40 [1.125 veces]) al salario promedio observado para el conjunto de la sociedad.

Por ejemplo, si el sueldo promedio en el país considerado es de 2 000 euros por mes, esta distribución suponía que el 10% de los mejor pagados ganaba en promedio 4 000 euros mensuales, el 50% peor pagado percibía 1 400 euros por mes y el 40% del medio cobraba en promedio 2 250 euros mensuales.[6] En este sentido, el grupo intermedio correspondía, en efecto, a una gran "clase media" cuyo nivel de vida era a menudo bastante parecido al del ingreso promedio de la sociedad en cuestión.

Clase popular, clase media, clase alta

Precisemos a este respecto que, desde luego, las denominaciones de "clase popular" (definida como el 50% más bajo), "clase media" (el 40% del "medio", es decir, el 40% situado entre el 50% más bajo y el 10% más alto) y "clase alta" (el 10% más alto) que utilizamos en los cuadros VII.1 al VII.3 son arbitrarias y discutibles. Las introdujimos de manera puramente ilustrativa y sugestiva, a fin de fijar las ideas, pero en realidad estos términos casi no desempeñan ningún papel en nuestro análisis, y hubiéramos asimismo podido llamar "clase A", "clase B" y "clase C" a los grupos sociales en cuestión. En el marco del debate público, estas cuestiones de terminología suelen no tener nada de anodino: la manera en que las resuelven unos y otros refleja, a menudo, posicionamientos implícitos o explícitos respecto tanto de la justificación como de la legitimidad de los niveles de ingresos y de riqueza poseídos por tal o cual grupo.

Por ejemplo, algunos utilizan la expresión "clase media" de manera muy extensiva, para designar incluso a personas que se sitúan claramente en el interior del decil superior de la jerarquía social (el 10% de mayores ingresos), e incluso muy cerca del percentil superior (el 1 % de ingresos más elevados).

[6] Véanse el anexo técnico y el cuadro S7.1 (disponibles en línea).

En general, el objetivo perseguido al hacer esto es insistir en el hecho de que esas personas, aunque disponen de recursos sensiblemente superiores al promedio vigente en la sociedad considerada, conservan, sin embargo, cierta semejanza con la media: se trata pues de indicar que no son pudientes y que merecen la clemencia de las autoridades públicas, principalmente del fisco.

Otros, a veces los mismos, rechazan cualquier noción de "clase media" y prefieren describir la estructura social como una oposición entre una inmensa mayoría de "clases populares y medias" (el pueblo) y una ínfima minoría de "clases altas" (las "élites"). Semejante descripción puede ser pertinente para describir ciertas sociedades, o tal vez más bien para analizar ciertos contextos políticos e históricos en algunas sociedades. Por ejemplo, en la Francia de 1789 se suele estimar que la aristocracia representaba entre el 1 y el 2% de la población, el clero menos del 1% y el "estado llano" —es decir, todo el pueblo, de los campesinos a la burguesía, en el marco del sistema político vigente durante el Antiguo Régimen— más del 97%.

Nuestro objetivo ahora no es establecer la policía encargada de los diccionarios y el lenguaje. Sobre las cuestiones de denominación de grupos sociales, al mismo tiempo cada quien acierta y se equivoca. Cada uno tiene buenas razones para utilizar los términos que emplea, y se equivoca al denigrar a los que eligen otros. La manera en que definimos a la "clase media" (el 40% del "medio") es muy discutible, ya que todas las personas a las que incluimos en este grupo en realidad tienen ingresos (o patrimonios) superiores a la mediana de la sociedad considerada.[7] Se podría asimismo elegir fragmentar a la sociedad en tres tercios, y llamar "clase media" al tercio realmente del medio. Sin embargo, nos parece que nuestra definición corresponde mejor al uso más difundido: la expresión "clase media" suele emplearse para designar a las personas que se las arreglan bastante mejor que la masa del pueblo, aunque permanezcan bastante lejos de las verdaderas élites. Todo esto es eminentemente discutible, y aquí no tenemos que tomar una posición respecto de esta delicada cuestión, que es al mismo tiempo lingüística y política.

En realidad, toda representación de la desigualdad basada en un pequeño número de categorías está destinada a ser esquemática y burda, ya que la realidad social subyacente tiene siempre una distribución continua. En todos los niveles de ingresos y de riqueza siempre existe cierto número de personas de carne y hueso cuyas características e importancia numérica varían lenta

[7] Como ya señalamos, la mediana indica el nivel por debajo del cual se encuentra la mitad de la población; en la práctica, siempre es más baja que el promedio o media, pues las distribuciones siempre se alargan bastante hacia arriba, lo que lleva a la media hacia arriba (y no así a la mediana). Con respecto a los ingresos del trabajo, la mediana suele ser del orden de 80% del promedio (por ejemplo, si el salario promedio es de 2 000 euros por mes, el salario mediano es de alrededor de 1 600 euros). En lo relativo a los patrimonios, la mediana puede ser sumamente baja: a menudo de apenas 50% del patrimonio promedio, e incluso prácticamente nula si la mitad más pobre de la población no posee casi nada.

y progresivamente en función de la forma de la distribución vigente en la sociedad considerada. Jamás existe una ruptura entre las diferentes clases sociales, entre el mundo del "pueblo" y el de las "élites". Por ello, nuestro análisis se basa por completo en conceptos estadísticos (el 10% de los más elevados, el 40% del medio, el 50% de abajo), que tienen el mérito de definirse exactamente de la misma manera en las diferentes sociedades y que, por consiguiente, permiten establecer comparaciones rigurosas y objetivas en el tiempo y el espacio, sin pretender negar la complejidad propia de cada sociedad y, en particular, el carácter fundamentalmente continuo de la desigualdad social.

¿Lucha de clases o lucha de percentiles?

En el fondo, éste es nuestro único objetivo: poder comparar la estructura de las desigualdades vigentes en sociedades muy distantes en el tiempo y el espacio, sociedades muy distintas *a priori* y especialmente sociedades que utilizan palabras y nociones totalmente diferentes para designar a los grupos sociales que las componen. Las nociones de deciles y percentiles son un poco abstractas y desde luego carecen de poesía. Espontáneamente, es más fácil identificarse con las categorías del propio tiempo: campesinos o nobles, proletarios o burgueses, empleados o ejecutivos, meseros o financieros. Sin embargo, la belleza de los deciles y los percentiles es precisamente poder contrastar desigualdades y épocas incomparables de otra manera, y permitir así un lenguaje común que, en principio, sea aceptable para todos.

Cuando sea necesario, fragmentaremos más minuciosamente los grupos considerados, mediante percentiles e incluso milésimos,* a fin de hacer justicia al carácter continuo de la desigualdad social. En particular, en cada sociedad, incluso en la más igualitaria, el decil superior es verdaderamente un mundo en sí mismo. Reúne a personas cuyo ingreso es apenas dos o tres veces superior al ingreso promedio, junto con otras cuyos recursos son varios cientos de veces superiores. En un primer momento, siempre es esclarecedor fragmentar el decil superior en dos subgrupos: por una parte, el percentil superior (al que se puede llamar la "clase dominante", de nuevo para fijar las ideas, y sin pretender que este término sea verdaderamente mejor que otro) y los nueve percentiles siguientes, por la otra (la "clase acomodada").

Por ejemplo, si se considera el caso de la desigualdad relativamente baja en los ingresos del trabajo —el caso escandinavo— mostrada en el cuadro VII.1 con el 20% de la masa salarial para el 10% de los trabajadores mejor pagados, se advierte que la proporción recibida por el 1% de los mejor pagados suele

* En español no existen equivalentes a los términos que en francés se usan para referirse a puntos que dividen una distribución en fragmentos menores a 1%; hemos usado "milésimo", "diezmilésimo", etc., confiando en que el lector sabrá interpretar el significado a partir del contexto. [N. del e.]

ser del orden de 5% de la masa salarial. Por definición, esto significa que el 1% de estos asalariados ganaba en promedio cinco veces el salario medio, es decir, 10 000 euros mensuales en una sociedad en la que el sueldo promedio era de 2 000 euros mensuales. Dicho de otro modo, el 10% de los mejor pagados percibía en promedio 4 000 euros, pero dentro de este grupo el 1% de los mucho mejor pagados recibían en promedio 10 000 euros mensuales (y el 9% restante en promedio aproximadamente 3 330 euros). Si se continuara con la descomposición y se examinara el milésimo superior (el 0.1% mejor pagado) dentro del percentil superior, se encontrarían personas que ganaban varias decenas de miles de euros por mes, e incluso algunas con unos cientos de miles de euros mensuales, también en los países escandinavos de los años 1970-1980. Por supuesto, esas personas serían poco numerosas, de tal manera que su peso en la masa de los ingresos del trabajo sería bastante limitado.

Para estimar la desigualdad de una sociedad no basta, pues, con advertir que algunos ingresos son muy elevados: decir por ejemplo que "la escala de los salarios va de 1 a 10", o bien "de 1 a 100", no nos informa en realidad de gran cosa; también hay que saber cuántas personas alcanzan esos niveles. Desde ese punto de vista, la proporción de los ingresos —o de la riqueza— propiedad del decil superior o del percentil superior constituye un indicador pertinente para valorar la desigualdad de una sociedad, ya que toma en cuenta no sólo la existencia de ingresos o patrimonios extremos, sino también el número de personas beneficiadas por esos valores tan elevados.

El percentil superior es un grupo particularmente interesante para el estudio en el marco de nuestra investigación histórica, pues representa una fracción desde luego muy minoritaria de la población (por definición), pero al mismo tiempo supone un grupo social mucho más amplio que las selectas élites de unas decenas o centenas de miembros que a veces llaman la atención (como la denominación francesa de "las doscientas familias" que, durante el periodo de entreguerras, aludía a los doscientos mayores accionistas del Banco de Francia, o las clasificaciones de fortunas publicadas en nuestros días en *Forbes* y revistas equivalentes, que suelen referirse a algunos cientos de personas). En un país de casi 65 millones de habitantes, como Francia en 2013, de los cuales 50 millones son mayores de edad, el percentil superior reúne alrededor de 500 000 personas adultas. En un país de 320 millones de habitantes, como los Estados Unidos (con 260 millones de adultos), el percentil superior consta de 2.6 millones de personas mayores de edad. Se trata, pues, de grupos sociales numéricamente muy importantes, y en los que es imposible no fijarse en un país, sobre todo cuando tienden a vivir en las mismas ciudades y hasta en los mismos barrios. En todos los países, el percentil superior ocupa espacio en el paisaje social, y no sólo dinero.

Al fin y al cabo, se puede considerar que en todas las sociedades, ya sea la de Francia en 1789 (cuando entre el 1 y el 2% pertenecía a la aristocracia) o la de los Estados Unidos a principios de la década de 2010 (donde el movimiento Occupy Wall Street apuntaba explícitamente al grupo del "1%" de los más ricos), el percentil superior representa una población lo bastante significativa numéricamente como para estructurar el paisaje social y el orden político-económico en su conjunto.

De paso advertimos lo interesante de estas nociones de deciles y percentiles: ¿mediante qué milagro podríamos esperar comparar las desigualdades en sociedades tan diferentes como la de Francia en 1789 o la de los Estados Unidos en 2013, si no fuera intentando minuciosamente definir los deciles y percentiles, y estimar las proporciones que estos grupos representan de la riqueza nacional, aquí y allá? Desde luego, semejante ejercicio no permite zanjar todos los problemas y dar respuesta a todas las preguntas, pero es mucho mejor que no poder decir absolutamente nada. Intentaremos, pues, determinar en qué medida el dominio del "1%", medido de esta manera, era más fuerte durante el reinado de Luis XVI o durante los gobiernos de George Bush y de Barack Obama.

El caso del movimiento Occupy muestra asimismo que este lenguaje común y, en particular, este concepto de "percentil superior", incluso cuando puede parecer un poco abstracto a primera vista, permiten evidenciar cambios espectaculares en la desigualdad y en la realidad y, por lo mismo, pueden constituir una guía de interpretación útil de la sociedad, en el marco de movilizaciones sociales y políticas de gran envergadura, basadas en eslóganes *a priori* inesperados ("We are the 99%" [Somos el 99%]), pero que finalmente no dejan de recordar —en su intención— el famoso panfleto *Qu'est-ce que le tiers état?* [¿Qué es el tercer Estado?], publicado en enero de 1789 por el abad Sieyès.[8]

Precisemos asimismo que las jerarquías operantes y, por consiguiente, las nociones de deciles y percentiles nunca son, desde luego, exactamente las mismas para los ingresos del trabajo que para la riqueza. Las personas que disponen del 10% de los ingresos del trabajo más elevados o del 50% de los más bajos no son las mismas que las que poseen el 10% de los patrimonios más elevados o el 50% de los más bajos: el "1%" que obtiene más ingresos del trabajo no es el "1%" que posee más capitales. Los deciles y percentiles se definen por separado respecto de los ingresos del trabajo, por una parte; de la propiedad del capital, por otra, y finalmente del ingreso total, resultante del trabajo y del capital, que sintetiza las dos dimensiones y define así una jerarquía social compuesta, derivada de las dos primeras. Es esencial siempre precisar correctamente a qué jerarquía se hace referencia. En las sociedades tradicionales, la correlación entre las dos dimensiones a menudo era negativa (los poseedores de patrimonios importantes no trabajaban y se situaban entonces hasta abajo en la jerarquía de los ingresos del trabajo). En las sociedades modernas, la

[8] "¿Qué es el tercer Estado? Todo. ¿Qué representa actualmente en el orden político? Nada. ¿Qué pide? Llegar a ser algo."

correlación suele ser positiva, pero nunca es perfecta (el coeficiente de correlación siempre es inferior a 1). Por ejemplo, siguen existiendo muchas personas que forman parte de la clase alta en términos de ingreso laboral, pero que pertenecen a la clase popular en cuanto a su patrimonio, y viceversa. La desigualdad social es multidimensional, al igual que el conflicto político.

Señalemos, para terminar, que las distribuciones de ingresos —y de patrimonios— descritas en los cuadros VII.1 al VII.3 y analizadas en este capítulo y los siguientes son siempre distribuciones llamadas "primarias", es decir, antes de tomar en cuenta los impuestos. Según la forma que adquiera la estructura de estos últimos —y los servicios públicos y transferencias que financian—, ya sea "progresiva" o "regresiva" (esto es, dependiendo de si grava más o menos a los diferentes grupos de ingresos y de riqueza a medida que se asciende en la jerarquía social), la distribución después de los impuestos puede ser más o menos igualitaria que la previa a los impuestos. Estudiaremos todo esto en la cuarta parte de este libro, así como el conjunto de las cuestiones vinculadas con la redistribución. En esta etapa sólo nos interesa la distribución previa a los impuestos.[9]

La desigualdad respecto al trabajo: ¿desigualdad moderada?

Volvamos al examen de los órdenes de magnitud de las desigualdades. ¿En qué medida la desigualdad en los ingresos del trabajo es una discrepancia moderada, razonable o incluso apacible? Desde luego, las desigualdades ante el trabajo siempre son mucho menores que las que se dan ante el capital. Sin embargo, sería erróneo despreciarlas porque, por una parte, los ingresos del trabajo suelen representar entre dos tercios y tres cuartos del ingreso nacional y, por otra, porque las diferencias en las distribuciones de los ingresos del trabajo en los diferentes países son muy sustanciales, lo que sugiere que las políticas públicas y las diferencias nacionales pueden tener grandes consecuencias sobre estas desigualdades y sobre las condiciones de vida de amplios grupos de la población.

En los países más igualitarios en materia de ingresos del trabajo, como los países escandinavos en los años 1970-1980, el 10% de los mejor pagados

[9] Según la costumbre, los ingresos de reposición financiados por deducciones salariales (conforme a una lógica contributiva), es decir, las pensiones de jubilación y los subsidios de desempleo destinados a compensar la pérdida de los ingresos del trabajo, fueron incluidos en los ingresos primarios del trabajo. De no haberlo hecho, la desigualdad en los ingresos del trabajo en la población adulta sería bastante —y en parte artificialmente— más elevada que los niveles indicados en los cuadros VII.1 y VII.3 (teniendo en cuenta el importante número de jubilados y desempleados que no disponen de ingresos del trabajo). En la cuarta parte volveremos a las redistribuciones operadas por esos sistemas de jubilación y desempleo que por el momento consideramos como simples elementos de "sueldo diferido".

recibían alrededor del 20% de la masa de los ingresos del trabajo, y el 50% de los peor pagados cobraban el 35%. En los países con situaciones medianamente desiguales, como la mayoría de los países europeos en la actualidad (por ejemplo, Francia o Alemania), el primer grupo recibe un 25-30% del total, y el segundo alrededor del 30%. Por último, en los países nada igualitarios, como los Estados Unidos a principios de la década de 2010 (sin duda con uno de los niveles más altos de desigualdad en los ingresos del trabajo jamás observados, como veremos más adelante), el decil superior alcanzaba el 35% del total, mientras que la mitad inferior recibía sólo el 25%. Dicho de otro modo, el equilibrio entre los dos grupos se invertía casi por completo. En los países más igualitarios, el 50% de los peor pagados recibía casi dos veces más de masa salarial que el 10% de los mejor pagados (lo que para algunos es en efecto muy poco, ya que son cinco veces más numerosos), mientras que en los países menos igualitarios recibe una tercera parte menos. Si prosiguiera la tendencia a la concentración creciente de los ingresos del trabajo observada en los Estados Unidos a lo largo de los últimos decenios, entonces hacia 2030 el 50% de los peor pagados podría recibir sólo la mitad de la masa salarial que recibe el 10% de los mejor pagados (véase el cuadro VII.1). Desde luego, nada indica que esta evolución proseguirá realmente, pero esto permite ilustrar el hecho de que las transformaciones en curso no tienen nada de anodino.

En concreto, para un mismo salario promedio de 2 000 euros por mes, la distribución escandinava, más igualitaria, correspondía a 4 000 euros mensuales para el 10% de los mejor pagados (de los cuales, el 1% de los mejor pagados recibía 10 000 euros al mes), 2 250 euros para el 40% del medio y 1 400 euros para el 50% de los peor pagados. En cambio, a la distribución estadunidense, la menos igualitaria observada hasta ahora, correspondía una jerarquía más marcada: 7 000 euros para el 10% de arriba (de los cuales, el 1% superior recibía 24 000 euros al mes), 2 000 euros para el 40% del medio y sólo 1 000 euros mensuales para el 50% de abajo.

Para la mitad menos favorecida de la población, las diferencias entre las diversas distribuciones distan pues de ser despreciables: cuando durante toda una vida se dispone de un 40% de ingreso suplementario —1 400 euros en lugar de 1 000, sin siquiera haber tomado en cuenta los efectos del sistema de impuestos y transferencias—, hay consecuencias considerables en las elecciones que se puede uno permitir: la capacidad de alojarse, de salir o no de vacaciones, los gastos que se pueden dedicar a proyectos, a los hijos, etc. También hay que subrayar que en la mayoría de los países las mujeres están, en la práctica, masivamente sobrerrepresentadas dentro del 50% de los salarios más bajos, de tal manera que estas fuertes diferencias nacionales, menores en Europa del Norte que en otras partes, reflejan de manera importante la distancia entre los salarios de hombres y mujeres.

Para los sectores más favorecidos de la población, las diferencias entre distribuciones también son muy significativas: cuando durante toda una vida se dispone de 7 000 euros mensuales en lugar de 4 000 (o mejor aún, de 24 000 euros en lugar de 10 000), no se hacen los mismos gastos y se dispone de mayor poder no sólo sobre las compras sino también sobre los demás (por ejemplo, para contratar el servicio de personas menos bien pagadas). Si la tendencia estadunidense prosiguiera, los ingresos mensuales en 2030 —siempre con un mismo salario promedio de 2 000 euros mensuales— podrían ser de 9 000 euros para el 10% superior (de los cuales, 34 000 euros serían para el 1% más alto), 1 750 euros para el 40% del medio y sólo 800 euros mensuales para el 50% inferior. Concretamente, consagrándole una pequeña parte de su ingreso, el 10% superior podría contratar como sirvientes a una buena parte del 50% de abajo.[10]

Vemos pues que, con un mismo sueldo promedio, diferentes distribuciones de los ingresos del trabajo pueden conducir a realidades sociales y económicas muy distintas para los grupos sociales implicados. Y, en ciertos casos, a desigualdades que no tienen nada de apacibles. Por todas estas razones, es esencial comprender las fuerzas económicas, sociales y políticas que determinan el grado de desigualdad en los ingresos del trabajo vigentes en las diferentes sociedades.

La desigualdad respecto al capital: desigualdad extrema

La desigualdad en los ingresos del trabajo a veces puede parecer —incorrectamente— moderada y apacible, pero esto es sobre todo en comparación con la distribución de la propiedad del capital, que es extremadamente desigual en todos los países (véase el cuadro VII.2).

En las sociedades más igualitarias en materia de riqueza, que de nuevo son los países escandinavos en los años 1970-1980, el 10% de los patrimonios más elevados representaba por sí solo alrededor de 50% de la riqueza nacional, incluso un poco más —entre 50 y 60%— si se tenían en cuenta correctamente las fortunas más importantes. Hoy en día, al principio de la década de 2010, la participación del 10% de los patrimonios más elevados se sitúa en torno al 60% de la riqueza nacional en la mayoría de los países europeos, y especialmente en Francia, Alemania, el Reino Unido e Italia.

Lo más sorprendente es sin duda que en todas esas sociedades la mitad más pobre de la población no posee casi nada: el 50% de los más pobres de capitales poseen siempre menos de 10% de la riqueza nacional y, en general, menos de 5%. En Francia, según los últimos datos a nuestro alcance, referidos a los años 2010-2011, la participación del 10% de los más ricos alcanzaba 62% del patrimonio total, y la del 50% de los más pobres era sólo de 4%.

[10] El conjunto de los cálculos —elementales— se detalla en el cuadro S7.1 (disponible en línea).

En los Estados Unidos, la investigación más reciente organizada por la Reserva Federal, para esos mismos años, indicaba que el decil superior poseía el 72% del patrimonio estadunidense, y la mitad inferior, apenas el 2%. Además, hay que precisar que esta fuente, como la mayoría de las investigaciones declarativas, subestima las fortunas más grandes.[11] Como ya señalamos, también es importante añadir que una concentración igual de fuerte de los capitales se observa dentro de cada grupo de edad.[12]

A la postre, las desigualdades patrimoniales en los países más igualitarios en este aspecto —por ejemplo, en los países escandinavos de los años setenta y ochenta— son claramente más fuertes que las desigualdades salariales en los países menos igualitarios en esta materia —por ejemplo, los Estados Unidos a principios de la década de 2010— (véanse los cuadros VII.1 y VII.2). Hasta donde sabemos, no existe ninguna sociedad, en ninguna época, en la que se observe una distribución de la propiedad del capital que pueda ser calificada razonablemente de "débilmente" desigualitaria, es decir, una distribución en la que la mitad más pobre de la sociedad poseyera una parte significativa —por ejemplo, un quinto o un cuarto— del patrimonio total.[13] Sin embargo, nada impide ser optimistas, y por ello indicamos, en el cuadro VII.2, un ejemplo virtual de una posible distribución del patrimonio en la que la desigualdad sería "baja", o por lo menos más baja que en las distribuciones escandinavas (desigualdad calificada de "promedio"), europeas ("promedio-elevada") y estadunidenses ("elevada"). Desde luego, las modalidades de instauración de semejante "sociedad ideal" —suponiendo que se trate realmente de un objetivo deseable— quedan por completo por determinar (en la cuarta parte volveremos a este tema central).[14]

Al igual que con respecto a la desigualdad en los salarios, es importante comprender correctamente a qué corresponden estas cifras. Imaginemos una sociedad en la que el patrimonio neto promedio fuera de 200 000 euros por adulto,[15] lo que aproximadamente sucede hoy en día en los países europeos más ricos.[16] Vimos también en la segunda parte que este patrimonio privado

[11] El porcentaje del decil superior estadunidense es sin duda más cercano al 75% del patrimonio total.

[12] Véase el anexo técnico.

[13] Es difícil decir si este criterio era respetado en la Unión Soviética y en el antiguo bloque comunista, debido a la falta de datos a nuestra disposición. En todo caso, el capital era principalmente propiedad del poder público, lo que limita mucho el interés del tema.

[14] Notemos que la desigualdad sigue siendo elevada en la "sociedad ideal" descrita en el cuadro VII.2 (el 10% de los más ricos poseen una masa de patrimonios más elevada que el 50% de los más pobres, aunque sean cinco veces menos numerosos; el patrimonio promedio del 1% de los más ricos es 20 veces más elevado que el del 50% de los más pobres). No está prohibido tener objetivos más ambiciosos.

[15] Es decir, 400 000 euros en promedio para dos adultos, por ejemplo una pareja.

[16] Véanse los capítulos III, IV y V. Las cifras exactas están disponibles en línea en el anexo técnico.

promedio se repartía, en una primera aproximación, en dos mitades de tamaño comparable: bienes inmobiliarios, por un lado, y activos financieros y profesionales (depósitos bancarios, planes de ahorro, carteras de acciones y obligaciones, contratos de seguro de vida, fondos de pensión, etc., netos de deudas), por el otro; todo esto, desde luego, con importantes variaciones entre países y enormes diferencias entre individuos.

Si el 50% de los más pobres posee el 5% del patrimonio total, por definición eso significa que en promedio dispone del equivalente del 10% del patrimonio promedio vigente en el conjunto de la sociedad. En el ejemplo elegido, el 50% de los más pobres posee en promedio un patrimonio neto de 20 000 euros, lo que, a pesar de no ser totalmente inútil, no representa gran cosa respecto de las riquezas poseídas por el resto del país.

Concretamente, en semejante sociedad, la mitad más pobre de la población suele constar de un gran número de patrimonios nulos o casi nulos (algunos miles de euros; es el caso, en general, de la cuarta parte de la población) y de un número nada despreciable de patrimonios ligeramente negativos (cuando las deudas superan los activos, a menudo de entre la vigésima y la décima parte de la población). Luego, los patrimonios se escalonarían hasta montos del orden de 60 000-70 000 euros, incluso un poco más. De esta diversidad de situaciones, y de la existencia de un gran número de personas muy cercanas al cero patrimonial absoluto, resulta un promedio general de alrededor de 20 000 euros dentro de la mitad más pobre de la población. En ciertos casos puede tratarse de personas en vías de acceso a la propiedad inmobiliaria, pero que aún se encuentran muy endeudadas, por lo que poseen un patrimonio neto muy bajo. Sin embargo, con frecuencia se trata de inquilinos cuyo patrimonio se limita a unos miles de euros de ahorros —a veces algunas decenas de miles de euros— en una cuenta de banco o en cuentas de ahorro. Si se incluyeran en el patrimonio los bienes duraderos —automóviles, muebles, equipos electrodomésticos, etc.— que poseen esas personas, el patrimonio promedio del 50% de los más pobres subiría a lo sumo a 30 000-40 000 euros.[17]

Para esta mitad de la población, la noción misma de patrimonio y capital es relativamente abstracta. Para millones de personas, su riqueza se reduce a unas semanas de sueldo por adelantado —o retrasado— en una cuenta de cheques, a una vieja cartilla de ahorros muy raquítica abierta por una tía, un automóvil y algunos muebles. Esta realidad profunda —la riqueza está tan concentrada que una buena parte de la sociedad ignora prácticamente su existencia e imagina, a veces, que es propiedad de seres irreales y entidades misteriosas— exige de forma indispensable el estudio metódico y sistemático del capital y su distribución.

En el otro extremo de la jerarquía, si el 10% de los más ricos posee el

[17] Para los bienes duraderos, véanse el capítulo v y el anexo técnico.

60% de la riqueza total, eso supone mecánicamente que en promedio tiene el equivalente de seis veces el patrimonio promedio del país en cuestión. En el ejemplo elegido, con una riqueza promedio de 200 000 euros por adulto, el 10% de los más ricos posee entonces en promedio una fortuna neta de 1.2 millones de euros por adulto.

El decil superior de la distribución de los capitales, aún más que el de los salarios, es en sí mismo sumamente desigual. Mientras que la proporción del decil superior es del orden de 60% de la riqueza total, como sucede hoy en día en la mayoría de los países europeos, la del percentil superior suele ser de aproximadamente el 25%, y la del 9% restante de más o menos 35%. Por consiguiente, los primeros tienen un patrimonio medio que es 25 veces más elevado que el promedio de la sociedad, mientras que los segundos poseen apenas cuatro veces más que el promedio. Concretamente, en el ejemplo elegido, el 10% de los más ricos posee en promedio una fortuna neta media de 1.2 millones de euros, con un promedio de cinco millones para el 1% de los más ricos y de poco menos de 800 000 en promedio para el 9% restante.[18]

La composición de la riqueza también varía mucho dentro de este grupo. En el decil superior, casi todo el mundo es dueño de su vivienda, pero la importancia del bien inmobiliario disminuye considerablemente a medida que se sube en la jerarquía de los patrimonios. En el grupo del "9%", con un capital próximo al millón de euros, los bienes inmobiliarios representan más de la mitad de la riqueza, y para ciertas personas más de los tres cuartos de ella. En el nivel del percentil superior, por el contrario, los activos financieros y profesionales predominan claramente sobre los bienes inmobiliarios. En particular, las acciones y las participaciones en sociedades componen casi la totalidad de las fortunas más grandes. Para capitales de entre dos y cinco millones de euros, la proporción del bien inmobiliario es inferior a una tercera parte: más allá de cinco millones de euros, cae por debajo del 20%; más allá de 20 millones de euros, es inferior al 10%, y las acciones y participaciones constituyen prácticamente todo el patrimonio. El cemento es la inversión favorita de la clase media y acomodada. Sin embargo, la verdadera fortuna siempre consiste principalmente en activos financieros y de negocios.

Entre el 50% de los más pobres (poseedores del 5% del patrimonio total, es decir, 20 000 euros de riqueza promedio en el ejemplo elegido) y el 10% de los más ricos (dueños del 60% del patrimonio total, es decir, 1.2 millones de euros de fortuna promedio) se encuentra el 40% del medio: esta "clase media patrimonial" posee el 35% de la riqueza total, lo que significa que su riqueza neta media es muy cercana al promedio del conjunto de la sociedad (en este caso, en el ejemplo elegido, es exactamente de 175 000 euros por adulto). Dentro de este amplio grupo, en el que los capitales se escalonan de

[18] Exactamente 35/9 de 200 000 euros, es decir, 777 778 euros. Véase el cuadro S7.2 (disponible en línea).

apenas 100 000 euros a más de 400 000, la propiedad de la residencia principal y las modalidades de su adquisición y de su pago desempeñan muy a menudo un papel central. Este capital principalmente inmobiliario a veces se complementa con un ahorro financiero nada despreciable. Por ejemplo, un patrimonio neto de 200 000 euros puede constar de una casa que vale 250 000 euros, de la que hay que sustraer un remanente de préstamo de 100 000 euros y a la que hay que añadir 50 000 euros invertidos en un contrato de seguro de vida o de ahorro para la jubilación. Cuando haya concluido el pago de la casa, el patrimonio neto alcanzará 300 000 euros, e incluso más si el ahorro financiero aumentó en el intervalo. He aquí una trayectoria típica para esta clase media de la jerarquía de la riqueza, más rica que el 50% de los más pobres (que no poseen casi nada), pero más pobre que el 10% de los más ricos (que son dueños de mucho más).

La mayor innovación del siglo XX: la clase media patrimonial

No nos equivoquemos: el desarrollo de una verdadera "clase media patrimonial" constituye la principal transformación estructural de la distribución de la riqueza en los países desarrollados en el siglo XX.

Volvamos un siglo atrás, a la Bella Época, hacia 1900-1910. En todos los países europeos la concentración del capital era mucho más extrema aún de lo que es hoy. Es importante tener en mente esos órdenes de magnitud, que indicamos en el cuadro VII.2. Hacia 1900-1910, tanto en Francia como en el Reino Unido o Suecia, así como en todos los países para los que disponemos de datos, el 10% de los más ricos poseía casi la totalidad del patrimonio nacional: la participación del decil superior alcanzaba el 90%. Por sí solos, el 1% de los más pudientes tenían más del 50% del total de la riqueza. La participación del percentil superior incluso rebasaba el 60% en ciertos países particularmente desiguales, como el Reino Unido. Por el contrario, el 40% del medio poseía apenas más del 5% de la riqueza nacional (entre el 5 y el 10%, según los países), es decir, apenas más que el 50% de los más pobres, que como hoy en día disponían de menos del 5%.

Dicho de otro modo, no existía una clase media, en el sentido preciso de que el 40% del medio era casi tan pobre en patrimonio como el 50% de los más pobres. La distribución del capital consistía en una inmensa mayoría de personas que no tenían casi nada y una minoría poseedora de prácticamente todos los activos. Desde luego, se trataba de una minoría importante (el decil superior representaba una élite mucho más amplia que el percentil superior, que por sí mismo constituía un grupo social numéricamente significativo), pero una minoría en cualquier caso. La curva de distribución era, en consecuencia, continua, como en todas las sociedades, pero su pendiente era sumamente pronunciada al aproximarse al decil superior y al percentil superior, de tal manera que se pasaba de manera casi inmediata del mundo del 90% de los más pobres (en el que cada uno poseía a lo sumo algunas decenas de miles de euros de patrimonio, si nos referimos a los montos actuales) al mundo del 10% de los más ricos, en el que cada uno era dueño del equivalente de varios millones de euros, incluso hasta de varias decenas de millones de euros.[19]

Sería erróneo subestimar la importante —aunque frágil— innovación histórica capital que constituyó la emergencia de una clase media patrimonial. Desde luego, existe la tentación de insistir en el hecho de que la concentración de las riquezas sigue siendo sumamente fuerte en la actualidad: la participación del decil superior alcanza el 60% en Europa en este inicio del siglo XXI y rebasa el 70% en los Estados Unidos.[20] En cuanto a la mitad inferior de la población, su patrimonio sigue siendo tan escaso hoy como ayer: apenas el 5% del total tanto en 2010 como en 1910. En el fondo, la clase media no obtuvo más que algunas migajas: apenas más de un tercio de la riqueza en Europa, un cuarto en los Estados Unidos. Este grupo central reúne a una población cuatro veces más numerosa que el decil superior y, sin embargo, la masa de las riquezas que posee es entre dos y tres veces inferior. Se podría estar tentado a concluir que en realidad nada ha cambiado: la desigualdad del capital sigue siendo extrema (véase el cuadro VII.2).

Todo esto no es falso y resulta esencial ser conscientes de esta realidad: la reducción histórica de las desigualdades patrimoniales es mucho menos fuerte de lo que a veces se piensa; además, nada garantiza que esta compresión limitada de la desigualdad sea irreversible. Sin embargo, se trata de migajas importantes, y sería erróneo subestimar el significado histórico de ese cambio. Cuando se tiene el equivalente de un patrimonio de 200 000 euros o de 300 000, tal vez no se es rico, pero se está muy lejos de ser totalmente pobre (además, a nadie le gusta ser tratado de pobre). El hecho de que decenas de millones de personas —el 40% de la población, porcentaje que representa un cuerpo social considerable, a medio camino entre pobres y ricos— dispongan individualmente de algunos cientos de miles de euros y posean colectivamente entre un cuarto y un tercio de la riqueza nacional es una transformación que nada tiene de anodino. Se trata de un cambio muy

[19] Para darse cuenta de ello, basta con prolongar el ejercicio aritmético antes descrito. Con un patrimonio promedio de 200 000 euros, la "muy fuerte" desigualdad del capital descrita en el cuadro VII.2 corresponde a un patrimonio promedio de 20 000 euros para el 50% de los más pobres, 25 000 euros para el siguiente 40% y 1.8 millones de euros para el 10% de los más ricos (de los cuales, 890 000 euros para el primer 9% y 10 millones para el 1% superior). Véanse el anexo técnico y los cuadros S7.1 al S7.3 (disponibles en línea).

[20] Si se restringe al capital financiero y profesional, es decir, al control de las empresas y de las herramientas de trabajo, entonces el porcentaje del decil superior rebasa el 70-80% del total. La propiedad de las empresas sigue siendo una noción relativamente abstracta para la inmensa mayoría de la población.

sustancial en términos históricos, que modificó profundamente el paisaje social y la estructura política de la sociedad, contribuyendo a redefinir los términos del conflicto distributivo. Es, por tanto, esencial comprender sus razones.

Al mismo tiempo, esta transformación se tradujo también en una importante disminución de los patrimonios más elevados: la participación del percentil superior se dividió por más de dos, pasando en Europa de más del 50% a principios del siglo XX a alrededor del 20-25% a fines del mismo siglo y principios del XXI. Veremos que esto contribuyó considerablemente a modificar los términos del discurso de Vautrin, en el sentido en que redujo fuerte y estructuralmente el número de fortunas lo bastante importantes para que se pudiera vivir cómodamente de las rentas anuales producidas por esos patrimonios, es decir, se redujo el número de casos en los que Rastignac podría vivir mejor al desposar a la señorita Victorine que prosiguiendo sus estudios de derecho. Desde un punto de vista histórico, este cambio es relativamente más importante en la medida en que el nivel extremo de concentración de las riquezas observado en la Europa de 1900-1910 se encontraba en gran medida a lo largo de todo el siglo XIX. Todas las fuentes a nuestro alcance indican que esos órdenes de magnitud —alrededor del 90% del patrimonio para el decil superior, y al menos el 50% para el percentil superior— parecen caracterizar también a las sociedades rurales tradicionales, ya sean las del Antiguo Régimen en Francia o del siglo XVIII inglés. Veremos que, en realidad, semejante concentración del capital es una condición indispensable para que puedan existir y prosperar sociedades patrimoniales como las descritas en las novelas de Balzac y Jane Austen, totalmente determinadas por la riqueza y la herencia. Por consiguiente, uno de nuestros principales objetivos en el marco de este libro es intentar comprender las condiciones del surgimiento, mantenimiento, desplome y posible retorno de semejantes niveles de concentración de las riquezas.

La desigualdad total de los ingresos: los dos mundos

Por último, examinemos los órdenes de magnitud alcanzados por la desigualdad total en los ingresos, es decir, la observada cuando se tienen en cuenta los ingresos del trabajo y los del capital (véase el cuadro VII.3). Sin ninguna sorpresa comprobamos que el nivel de desigualdad en el ingreso total está a medio camino de los ingresos del trabajo y de la propiedad del capital. Se observará asimismo que la desigualdad en el ingreso total es más parecida a la que se da respecto al trabajo que a la que se advierte respecto al capital, lo que no es muy sorprendente, ya que los ingresos del trabajo suelen representar entre dos tercios y tres cuartos del ingreso nacional total. En concreto, el decil superior de la jerarquía de los ingresos poseía en torno al 25% del ingreso nacional en las sociedades escandinavas más igualitarias de los años 1970-1980 (los niveles francés y alemán de la época eran del orden del 30%; hoy en día son más cercanos al 35%), y esta participación podía subir hasta el 50% del ingreso nacional en las sociedades con mayor desigualdad (con un 20% para el percentil superior), como el Antiguo Régimen o la Bella Época en Francia o el Reino Unido, o bien en los Estados Unidos de la década de 2010.

¿Es posible imaginar sociedades en las que la concentración de los ingresos fuera claramente más elevada que este nivel máximo? Sin ninguna duda, la respuesta es no. Si el decil superior se apropiara, por ejemplo, del 90% de los recursos producidos cada año (y el percentil superior por sí solo del 50%, como ocurre en los capitales), es probable que una revolución pondría fin bastante rápido a semejante situación, salvo si imaginamos un aparato represivo particularmente eficaz. Cuando se trata de la propiedad del capital, semejante nivel de concentración ya provoca fuertes tensiones políticas y a menudo se conjuga mal con el sufragio universal. Puede ser defendible, sólo en la medida en que los ingresos del capital representan una parte limitada del ingreso nacional: entre un cuarto y un tercio, a veces un poco más, como durante el Antiguo Régimen, lo que convierte esta concentración extrema en una situación particularmente inquietante. Sin embargo, si semejante nivel de desigualdad se aplicara a la totalidad del ingreso nacional, sería difícil pensar que fuera aceptado por mucho tiempo.

Habiendo dicho esto, nada nos permite afirmar que el límite superior del 50% del ingreso nacional para el decil superior sea infranqueable y que el mundo se derrumbaría si un país se aventurara a cruzar ese umbral simbólico. Cierto es que los datos históricos disponibles son bastante imperfectos, por lo que no queda excluido que ese límite simbólico ya haya sido rebasado. En particular, el porcentaje del decil superior posiblemente haya superado el 50%, acercándose al 60% del ingreso nacional —incluso ligeramente más— a lo largo del Antiguo Régimen y en vísperas de la Revolución francesa o, de manera más general, en las sociedades rurales tradicionales. En realidad, el carácter más o menos sostenible de desigualdad tan extrema depende no sólo de la eficacia del aparato represivo, sino también —y tal vez sobre todo— de la eficacia del aparato de justificación. Si se perciben las desigualdades como justificadas porque, por ejemplo, aparentemente son consecuencia del hecho de que los más ricos eligieron trabajar más —o más eficazmente— que los pobres, o bien porque impedirles ganar más perjudicaría inevitablemente a los más pobres, entonces es concebible que la concentración de los ingresos supere sus récords históricos. Por ello, en el cuadro VII.3 indicamos un posible nuevo récord alcanzado por los Estados Unidos hacia 2030, en el caso de que la desigualdad en los ingresos del trabajo —y en menor grado la de la propiedad del capital— mantuviera su tendencia de las últimas décadas. Se llegaría entonces a una participación de alrededor del 60% del ingreso nacional por parte del decil superior y a una de apenas el 15% para la mitad inferior de la población.

Insistamos de nuevo en este aspecto: la cuestión central atañe a la justificación de la desigualdad, mucho más que a su magnitud como tal. Por ello es esencial analizar la estructura de la desigualdad. Desde este punto de vista, la principal enseñanza de los cuadros VII.1 al VII.3 es, sin duda, la existencia de dos formas distintas para una sociedad de alcanzar una fuerte desigualdad en el ingreso total (con alrededor del 50% del ingreso total para el decil superior y del 20% para el percentil superior).

En primer lugar, y se trata de un esquema clásico, semejante desigualdad puede ser producto de una "sociedad hiperpatrimonial" (o "sociedad de rentistas"), así definida: aquella en la que los patrimonios en su conjunto son muy importantes y en la que la concentración de las riquezas alcanza niveles extremos (con típicamente el 90% de la riqueza total para el decil superior y con el 50% para el percentil superior en sí mismo). En esta situación, la jerarquía del ingreso total está dominada por ingresos muy elevados del capital y especialmente por los ingresos del capital heredado. Es el esquema observado tanto en las sociedades del Antiguo Régimen como en la Europa de la Bella Época, con algunas variaciones sumamente limitadas en los aspectos comunes. Tendremos que comprender las condiciones del surgimiento y de la persistencia de semejantes estructuras de propiedades y de desigualdad, y en qué medida pertenecen al pasado, o si, por el contrario, pueden incumbir también al siglo XXI.

En segundo lugar, existe un nuevo esquema, inventado en gran medida por los Estados Unidos a lo largo de estas últimas décadas, en el que una muy elevada desigualdad en el ingreso total puede ser producto de una "sociedad hipermeritocrática" (o, por lo menos, en la que las personas situadas en la cima de la jerarquía se autocomplacen en esta representación). También se puede hablar de una "sociedad de superestrellas" (o tal vez más bien de una "sociedad de superejecutivos", lo que es un poco diferente: veremos qué calificativo es el más apropiado), es decir, una sociedad muy desigual, pero en la que la cima de la jerarquía de los ingresos estaría dominada por los muy altos ingresos del trabajo y no por los heredados. Precisemos de entrada que no nos pronunciamos, en esta etapa, sobre el asunto de saber si semejante sociedad puede calificarse en realidad de "hipermeritocrática". No sorprenderá que a los ganadores de semejante sociedad les guste describir así la jerarquía social y que a veces logren convencer de ello a una parte de los perdedores. Sin embargo, para nosotros debe tratarse de una conclusión posible —tan posible *a priori* como la conclusión contraria— y no de una hipótesis. Veremos pues en qué medida el aumento de la desigualdad en los ingresos del trabajo en los Estados Unidos sigue una lógica "meritocrática" (y en qué medida es posible dar respuesta a una compleja pregunta normativa).

En el punto en el que nos encontramos, contentémonos con advertir que este contraste absoluto entre los dos tipos de sociedades excesivamente desigualitarias, entre una "sociedad de rentistas" y una "sociedad de superejecutivos", es ingenuo y excesivo. Los dos tipos de desigualdades pueden coexistir perfectamente: nada impide ser al mismo tiempo un superejecutivo y un rentista, más bien al contrario, como lo sugiere el hecho de que la concentración de los capitales es hoy sensiblemente más elevada en los Estados Unidos que en Europa. Y, desde luego, nada impide que los hijos de los superejecutivos se conviertan en rentistas. En la práctica, todas las sociedades mezclan siempre las dos lógicas. Sin embargo, hay varias maneras de alcanzar un mismo nivel de desigualdad, y los Estados Unidos de la década de 2010 se caracterizan ante todo por una desigualdad récord en los ingresos del trabajo (más elevada que en todas las sociedades observadas en la historia y en el espacio, incluso en las sociedades caracterizadas por enormes disparidades de calificaciones) y por una desigualdad patrimonial menos extrema que las advertidas en las sociedades tradicionales o en la Europa de 1900-1910. Por consiguiente, es esencial comprender las condiciones de desarrollo propias de esas dos lógicas, sin olvidar que muy bien podrían complementarse en el siglo XXI —y no sustituirse— y conducir entonces a un nuevo mundo de desigualdad, aún más extrema que la generada por una de las dos lógicas de forma independiente.[21]

Los problemas planteados por los indicadores sintéticos

Antes de pasar al estudio detallado de las evoluciones históricas observadas en los diferentes países y de intentar dar respuesta a estas cuestiones, tenemos que precisar varios aspectos metodológicos. En particular, en los cuadros VII.1 al VII.3 indicamos los coeficientes de Gini correspondientes a las diferentes distribuciones consideradas. El coeficiente de Gini —nombre del estadístico italiano Corrado Gini, cuya producción se sitúa a principios del siglo XX y en el periodo de entreguerras— es uno de los indicadores sintéticos de desigualdad más frecuentemente utilizados en los informes oficiales y en el debate público. Siempre se sitúa entre 0 y 1: es igual a 0 en caso de igualdad completa y a 1 en caso de desigualdad absoluta (es decir, si un grupo infinitamente pequeño posee la totalidad de los recursos disponibles).

En concreto, se advierte que el coeficiente de Gini varía aproximadamente entre 0.2 y 0.4 para las distribuciones de los ingresos del trabajo observadas en la práctica en las diferentes sociedades: entre 0.6 y 0.9 para las de la propiedad del capital y entre 0.3 y 0.5 para la desigualdad en el ingreso total.

[21] Esta creciente asociación entre las dos dimensiones de la desigualdad podría resultar, por ejemplo, del alza de la tendencia de la inscripción universitaria (volveremos a ello).

Con un coeficiente de Gini de 0.19, la distribución de los ingresos del trabajo percibida en los países escandinavos de los años 1970-1980 no distaba mucho de la igualdad absoluta. A la inversa, con un coeficiente de Gini de 0.85, el reparto de los capitales observado en Europa en la Bella Época no estaba lejos de la desigualdad absoluta.[22]

Estos coeficientes —existen otros, por ejemplo el índice de Theil— son a veces útiles, pero plantean múltiples problemas. Pretenden resumir en un único indicador numérico la desigualdad completa de la distribución —tanto la desigualdad que separa a la parte inferior de la parte media como la que divide a la media de la alta o a la alta de la parte muy alta de la pirámide—, lo que es muy simple y seductor a primera vista, pero inevitablemente un poco ilusorio. Sinceramente, es imposible resumir una realidad multidimensional mediante un indicador unidimensional, salvo si se simplifica en exceso esta realidad y se mezclan aspectos incomparables. La realidad social y el significado político-económico de la desigualdad son muy diferentes en función de los niveles de la distribución; por ello es importante analizarlos por separado. Sin contar con que los coeficientes de Gini y otros indicadores sintéticos también tienden a mezclar la desigualdad respecto al trabajo con la del capital, cuando los mecanismos económicos en acción son distintos en ambos casos, del mismo modo que los aparatos de justificación normativa de la desigualdad. Por todas estas razones, nos parece preferible analizar la desigualdad a partir de cuadros de distribución que indiquen los porcentajes de los diferentes deciles y percentiles en el ingreso total y el patrimonio total, antes que mediante el uso de indicadores sintéticos como el coeficiente de Gini.

Estos cuadros de distribución tienen además el mérito de obligarnos a valorar los niveles de ingresos y de riqueza de los diferentes grupos sociales que componen las jerarquías vigentes, expresados en moneda contante y sonante (o en porcentaje de los ingresos y riquezas promedio del país en cuestión), y no en una unidad estadística ficticia y difícil de descifrar. Los cuadros de distribución permiten tener un punto de vista más concreto y humano sobre la desigualdad social, así como ser conscientes de la realidad y los límites de los datos a nuestro alcance para estudiar esas cuestiones. Por el contrario, los indicadores estadísticos sintéticos, como el coeficiente de Gini, proporcionan una visión abstracta y esterilizada de la desigualdad, que no sólo no permite a cada uno de nosotros situarnos en la jerarquía del propio tiempo (ejercicio siempre útil, sobre todo cuando se forma parte de los percentiles superiores de la distribución y se tiende a olvidarlo, lo que suce-

[22] Los cálculos subestiman ligeramente los verdaderos coeficientes de Gini, puesto que se basan en la hipótesis de un número finito de grupos sociales (los indicados en los cuadros VII.1 a VII.3), cuando la realidad subyacente es la de una distribución continua. Véanse el anexo técnico y los cuadros S7.4 al S7.6 (disponibles en línea) para los resultados detallados obtenidos con diferentes números de grupos sociales.

de a menudo con los economistas), sino que a veces impide darse cuenta de que los datos subyacentes presentan anomalías o incoherencias, o por lo menos que no son plenamente comparables en el tiempo o entre países (por ejemplo, porque las partes altas de la distribución están truncadas, o bien porque los ingresos del capital se han omitido para ciertos países y no para otros). El hecho de mostrar los cuadros de distribución obliga a tener más coherencia y transparencia.

El recatado filtro de las publicaciones oficiales

Por las mismas razones, rechazamos asimismo el uso de indicadores como las relaciones interdeciles, utilizadas a menudo por la OCDE y los institutos estadísticos de los diferentes países en sus informes oficiales dedicados a la desigualdad. La relación interdecil empleada más a menudo es el coeficiente P90/P10, es decir, el cociente correspondiente al ingreso del percentil 90 de la distribución y al del percentil 10.[23] Por ejemplo, si hay que superar el umbral de 5 000 euros mensuales para ser parte del 10% de los más ricos, y estar por debajo del umbral de 1 000 euros mensuales para hallarse en el grupo del 10% de los más pobres, se dirá que la relación interdecil P90/P10 es igual a 5.

Dichos indicadores pueden ser útiles, ya que siempre es preferible tener más información sobre la forma completa de la distribución vigente. Sin embargo, se debe ser consciente de que esos indicadores olvidan por completo tener en cuenta la evolución de la distribución más allá del percentil 90. En concreto, para una misma relación interdecil P90/P10, es posible que la participación del decil superior en el total de los ingresos o de los capitales sea del 20% (como en el caso de los salarios escandinavos de los años de 1970-1980), o bien del 50% (como en el de los ingresos estadunidenses de la década de 2010), o también de 90% (como en los patrimonios europeos de la Bella Época). Tanto en un caso como en el otro, no sabríamos nada de esto al consultar las publicaciones de las organizaciones internacionales y de los institutos estadísticos oficiales, ya que, muy a menudo, éstas se concentran en indicadores que omiten voluntariamente la parte alta de la distribución y no dan ninguna indicación sobre los ingresos y los patrimonios medios más allá del percentil 90.

Lo anterior suele justificarse evocando las "imperfecciones" de los datos disponibles. Estas dificultades existen, pero pueden ser superadas, siempre y cuando se recurra a fuentes adecuadas, como lo muestran los datos históricos reunidos en la World Top Incomes Database (WTID), que, con medios limitados,

[23] Se utilizan también las relaciones P90/P50, P50/P10, P75/P25, etc. (donde P50 corresponde al percentil 50, es decir, a la mediana, P25 y P75 a los percentiles 25 y 75, respectivamente).

han empezado a modificar —lentamente— las maneras de afrontar estos análisis. En realidad, semejante elección metodológica por parte de las administraciones públicas nacionales e internacionales dista de ser neutra: esos informes oficiales contribuyen supuestamente a informar el debate público sobre la distribución de la riqueza y, en la práctica, a menudo presentan una visión artificialmente tranquilizadora de la desigualdad. Proporcionemos una comparación: es un poco como si un informe gubernamental oficial sobre la desigualdad en Francia en 1789 hubiera elegido ignorar por completo todo lo que sucedía más allá del percentil 90 (es decir, un grupo entre cinco y diez veces más amplio que el conjunto de toda la aristocracia de la época), alegando que decididamente era demasiado complejo hablar de ello. Es aún más lamentable porque un enfoque tan recatado sólo puede contribuir a alimentar los prejuicios más extremos y al descrédito general de las estadísticas y los estadísticos (del que adolecen tan a menudo), sin favorecer en ningún caso el apaciguamiento social.

En cambio, las relaciones interdeciles conducen frecuentemente a poner de manifiesto coeficientes enormes por razones en gran medida artificiales. Por ejemplo, tratándose de la distribución de la propiedad del capital, el 50% de los capitales más bajos en su conjunto suelen ser próximos a 0. Dependiendo de cómo se midan los pequeños patrimonios —por ejemplo, si se tienen en cuenta los bienes duraderos o las deudas—, podemos encontrarnos, para una misma realidad social subyacente, con evaluaciones aparentemente muy diferentes del nivel exacto del percentil 10 en la jerarquía de la riqueza: según sea el caso, podremos encontrar que ésta es de 100 euros, 1 000 euros o bien 10 000 euros, lo que en el fondo no es muy diferente, pero puede conducir a relaciones interdeciles muy distantes según los países y las épocas, mientras que la participación de la mitad inferior de los patrimonios es, en todo caso, inferior al 5% del patrimonio total. Sucede lo mismo, en un grado ligeramente menor, con la distribución de los ingresos del trabajo: en función de la manera elegida para tratar los ingresos de reposición y de la duración del trabajo (por ejemplo, según si se hace el promedio de los ingresos del trabajo obtenidos en una semana, un mes, un año o una década), se pueden encontrar umbrales P10 (y, por consiguiente, relaciones interdeciles) sumamente volátiles, aun cuando la participación del 50% de los ingresos más bajos del trabajo en el total fuera relativamente estable.[24]

Éste es tal vez uno de los principales elementos que explican por qué resulta preferible estudiar las distribuciones como las presentamos en los cuadros VII.1 a VII.3, es decir, insistiendo en los porcentajes poseídos por los di-

[24] Del mismo modo, la elección de medir la desigualdad a nivel individual o del hogar puede tener un impacto mucho mayor —y sobre todo más volátil— sobre las relaciones interdeciles del tipo P90/P10 (en particular, debido al número a veces elevado de mujeres amas de casa) que sobre el porcentaje de la mitad inferior en el total. Véase el anexo técnico.

ferentes grupos —en particular la mitad inferior y el decil superior de cada sociedad— en los totales de los ingresos y los patrimonios, más que fijándonos en los umbrales. Los porcentajes permiten percibir realidades mucho más estables que las relaciones entre umbrales.

Regreso a las "tablas sociales" y a la aritmética política

He aquí entonces las diferentes razones por las que los cuadros de distribución que examinamos en este capítulo constituyen para nosotros la herramienta más apropiada para estudiar la repartición de las riquezas, mucho más que los indicadores sintéticos y los coeficientes interdeciles.

Añadamos que nuestro procedimiento es más coherente con el de la contabilidad nacional. A partir del momento en que las cuentas nacionales permiten hoy en día, en la mayoría de los países, conocer cada año el ingreso nacional y el patrimonio nacional (y, por consiguiente, los promedios para el ingreso y el patrimonio, ya que las fuentes demográficas permiten conocer fácilmente la población total), la siguiente etapa es, en consecuencia, descomponer esas masas de ingresos y patrimonios entre los diferentes deciles y percentiles. Esta recomendación, formulada por muchos informes que apuntaban a mejorar y "humanizar" la contabilidad nacional, ha progresado poco hasta ahora.[25] Una división que permita distinguir el 50% de los más pobres, el 40% siguiente y el 10% de los más ricos puede ser legítimamente considerada una primera etapa útil para avanzar en esa dirección. En particular, dicho enfoque permite a cualquiera darse cuenta de hasta qué punto la tasa de crecimiento de la producción interna y del ingreso nacional se localiza —o no— en los ingresos realmente percibidos por los diferentes grupos sociales. Por ejemplo, sólo si conocemos el porcentaje del ingreso del decil superior podemos saber en qué medida una fracción desproporcionada del crecimiento fue captada o no por la parte alta de la distribución. La contemplación de un coeficiente de Gini o de un coeficiente interdecil no permite dar respuesta a esta pregunta de manera tan precisa y transparente.

Precisemos, por último, que los cuadros de distribución cuya utilización recomendamos son en cierta manera bastante parecidos a las "tablas sociales" *(social tables)* de moda en el siglo XVIII y principios del XIX. Diseñadas en el Reino Unido y Francia a finales del siglo XVII y durante el XVIII, esas tablas sociales fueron abundantemente utilizadas, refinadas y comentadas en Francia durante el Siglo de las Luces, como en el famoso artículo "aritmética política" de la *Enciclopedia* de Diderot. Desde las primeras versiones establecidas por Gregory King para el año de 1688 hasta los retratos más elaborados concebidos por Expilly o Isnard en vísperas de la Revolución francesa, o por

[25] Véase, por ejemplo, el dictamen Stiglitz-Sen-Fitoussi publicado en 2009.

Peuchet, Colquhoun o Blodget durante el periodo napoleónico, esas tablas siempre intentaban dar una visión de conjunto de la estructura social: indicaban el número de nobles, burgueses, hidalgos, artesanos, campesinos, etc., y el monto estimado de sus ingresos (y a veces de sus patrimonios), vinculados con las primeras estimaciones del ingreso nacional y de la fortuna nacional realizadas en la misma época por esos autores. Sin embargo, la diferencia esencial residía en que esas tablas utilizaban las categorías sociales de su tiempo y no intentaban distribuir las riquezas en términos de deciles o percentiles.[26]

Ciertamente esas tablas tienen una semejanza evidente con el enfoque que intentamos adoptar, por la dimensión humana de la desigualdad que pretenden transmitir y por su insistencia en los porcentajes de la riqueza nacional propiedad de los diferentes grupos sociales (particularmente los distintos estratos sociales). En cambio, en su intención, son relativamente distantes de las esterilizadas medidas estadísticas de la desigualdad, impuestas demasiado a menudo en el siglo XX y cuya tendencia fue la de neutralizar la cuestión de la distribución de las riquezas, concebida de modo atemporal y no conflictivo, a la manera de un Gini o de un Pareto. Jamás es neutra la manera en la que buscamos medir la desigualdad. Volveremos a estos análisis en los próximos capítulos, cuando evoquemos la cuestión de Pareto y sus famosos coeficientes.

[26] Estas "tablas" deben ser comparadas —por lo menos en sus intenciones— con el famoso *Cuadro económico* publicado por François Quesnay en 1758, que ofrecía la primera representación sintética del funcionamiento de la economía y de los intercambios entre grupos sociales. También se pueden encontrar "tablas sociales" mucho más antiguas en varios países desde la Antigüedad. Véanse las interesantes tablas reunidas por B. Milanovic, P. Limbert y J. Williamson, "Measuring Ancient Inequality", NBER Working Paper núm. 13550, octubre de 2007. Véase asimismo B. Milanovic, *The Haves and the Have-Nots: A Brief and Idiosyncratic History of Global Inequality,* Basic Books, Nueva York, 2010, 356 pp. Por desgracia, el grado de homogeneidad y de comparabilidad de estos materiales no es siempre satisfactorio. Véase el anexo técnico.

VIII. LOS DOS MUNDOS

Una vez definidos con precisión los conceptos y, sobre todo, tras habernos familiarizado con los órdenes de magnitud efectivamente alcanzados por la desigualdad respecto al trabajo y al capital en las diferentes sociedades, ya es hora de retomar el curso de la cronología y estudiar la evolución histórica de las desigualdades en los diferentes países. Preguntémonos ahora: ¿por qué y cómo se transformó la estructura de las desigualdades a partir del siglo xix? Veremos que los choques de los años 1914-1945 desempeñaron un papel esencial en la compresión de las desigualdades en el siglo xx, sin tener mucho que ver ese fenómeno con una evolución armoniosa y espontánea. Asimismo, veremos que el incremento de la desigualdad a partir de los años 1970-1980 revela enormes variaciones entre países, lo que de nuevo sugiere que los factores institucionales y políticos tuvieron un papel central.

Un caso simple: la reducción de la desigualdad en Francia en el siglo xx

Empezaremos por estudiar de manera bastante minuciosa el caso de Francia, cuyos méritos son los siguientes: estar bien documentado (gracias a la riqueza de las fuentes históricas disponibles), ser relativamente simple y lineal (tanto como puede serlo una historia de la desigualdad) y, sobre todo, tratarse de un caso representativo de la evolución general observada en varios países europeos, al menos en la Europa continental (desde ciertos ángulos, el Reino Unido está a medio camino entre el caso europeo y el estadunidense), así como, en gran medida, en Japón. Luego pasaremos al caso de los Estados Unidos y, finalmente, ampliaremos el análisis al conjunto de los países desarrollados y emergentes para los cuales existen datos históricos adecuados.

En la gráfica viii.1 representamos dos evoluciones: por un lado, la de la participación del decil superior de la jerarquía de los ingresos en el ingreso nacional, y, por otro, la de la participación del decil superior de la jerarquía de los salarios en la masa salarial. Resaltan claramente tres hechos.

El primero: las desigualdades en los ingresos disminuyeron mucho en Francia desde la Bella Época; la participación del decil superior pasó de aproximadamente el 45-50% del ingreso nacional en vísperas de la primera Guerra Mundial a 30-35% hoy en día.

Trátase de una disminución de casi 15 puntos porcentuales del ingreso nacional, lo que es considerable: eso equivalía a una reducción del orden de

GRÁFICA VIII.1. *La desigualdad en los ingresos en Francia, 1910-2010*

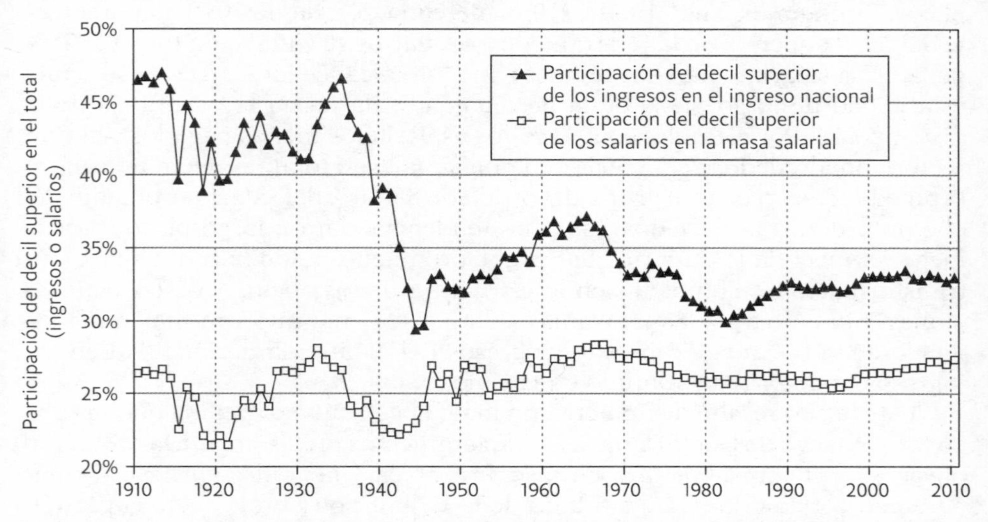

La desigualdad en el ingreso total (del capital y del trabajo) disminuyó en Francia en el siglo XX, mientras que la desigualdad en los salarios permaneció inalterada.

FUENTES Y SERIES: véase piketty.pse.ens.fr/capital21c.

un tercio del porcentaje de las riquezas producidas que recibía cada año el 10% de los más ricos y también a un aumento de aproximadamente un tercio del porcentaje recibido por el 90% restante. Asimismo se puede señalar que esto representaba, en una primera aproximación, el equivalente de tres cuartas partes de lo que recibía la mitad inferior de la población en la Bella Época y más de la mitad de lo que percibe hoy en día.[1] Recordemos también que en esta parte estudiamos la evolución de la desigualdad en los ingresos primarios (antes de tomar en cuenta los impuestos y transferencias). En la próxima parte veremos en qué medida los impuestos y transferencias permitieron una reducción de la desigualdad aún más importante. Precisemos asimismo que esta disminución de la desigualdad no significa que hoy vivamos en una sociedad igualitaria: refleja principalmente el hecho de que la sociedad de la Bella Época era sumamente desigual, una de las peores de la historia y que —al parecer—, tanto por sus formas como por su lógica, sería difícilmente aceptada en la actualidad.

El segundo hecho esencial que resalta claramente en la gráfica VIII.1 es que esta fuerte compresión de la desigualdad en los ingresos a lo largo del siglo pasado se debía por completo a la caída de los altos ingresos del capital. Si retiramos los ingresos del capital y nos concentramos en la desigualdad

[1] Véase el capítulo VII, cuadro VII.3.

en los salarios, observamos una enorme estabilidad en la distribución a largo plazo. Tanto en los años 1900-1910 como en la década de 2010, el porcentaje del decil superior de la jerarquía de los salarios se situaba en torno al 25% de la masa salarial total. Las fuentes a nuestro alcance indican asimismo una estabilidad de largo plazo de la desigualdad salarial en la parte baja de la distribución. Por ejemplo, el 50% de los asalariados menos pagados siempre recibieron alrededor de 25-30% de la masa salarial total (es decir, un salario promedio dentro de este grupo del orden de 50-60% del salario promedio del conjunto de los asalariados), sin una tendencia clara a largo plazo.[2] Desde luego, el nivel de los salarios ha cambiado mucho desde hace un siglo, con transformaciones completas en la estructura de los oficios y de las calificaciones. Sin embargo, las jerarquías salariales se mantuvieron más o menos iguales. Sin la caída de los altos ingresos del capital, la desigualdad en los ingresos no habría disminuido en el siglo XX.

Este hecho resalta de manera aún más espectacular a medida que se sube en los peldaños de la jerarquía social. Examinemos precisamente la evolución observada en el nivel del percentil superior (véase la gráfica VIII.2).[3] En comparación con la cima desigualitaria de la Bella Época, en Francia la participación del percentil superior de la jerarquía de los ingresos se desplomó literalmente a lo largo del siglo XX, pasando de más del 20% del ingreso nacional en los años 1900-1910 a alrededor del 8-9% en los años 2000-2010. Esto representa una división entre más de dos en un siglo, incluso una división entre casi tres, si se considera el punto bajo de apenas 7% del ingreso nacional alcanzado por la participación del percentil superior en Francia a principios de los años ochenta.

Ahora bien, ese desplome ocurrió únicamente debido a la caída de los muy altos ingresos del capital (simplificando, el desplome de los rentistas). Si nos concentramos en los salarios, observamos que el porcentaje del percentil superior era casi totalmente estable a largo plazo, en torno a 6-7% de la masa salarial. En vísperas de la primera Guerra Mundial, la desigualdad en los ingresos —calculada por el porcentaje que recibía el percentil superior— era más de tres veces superior a la de los salarios; hoy en día, esta desigualdad es más fuerte (apenas un tercio), confundiéndose en gran medida con la desigualdad en los salarios, hasta tal punto que podríamos imaginar —sin razón— que los ingresos del capital prácticamente desaparecieron (véase la gráfica VIII.2).

[2] Véanse el capítulo VII (cuadro VII.1) y el anexo técnico.

[3] Para obtener series completas sobre los diferentes percentiles, que pueden llegar incluso hasta el diezmilésimo superior, y un análisis detallado del conjunto de esas evoluciones, véase T. Piketty, *Les Hauts Revenus en France au XXe siècle: Inégalités et redistributions, 1901-1998*, Grasset, París, 2001, 807 pp. Aquí nos contentamos con resumir las grandes líneas de esta historia, teniendo en cuenta las investigaciones más recientes. Las series actualizadas están también disponibles en línea en la World Top Incomes Database.

GRÁFICA VIII.2. *El desplome de los rentistas en Francia, 1910-2010*

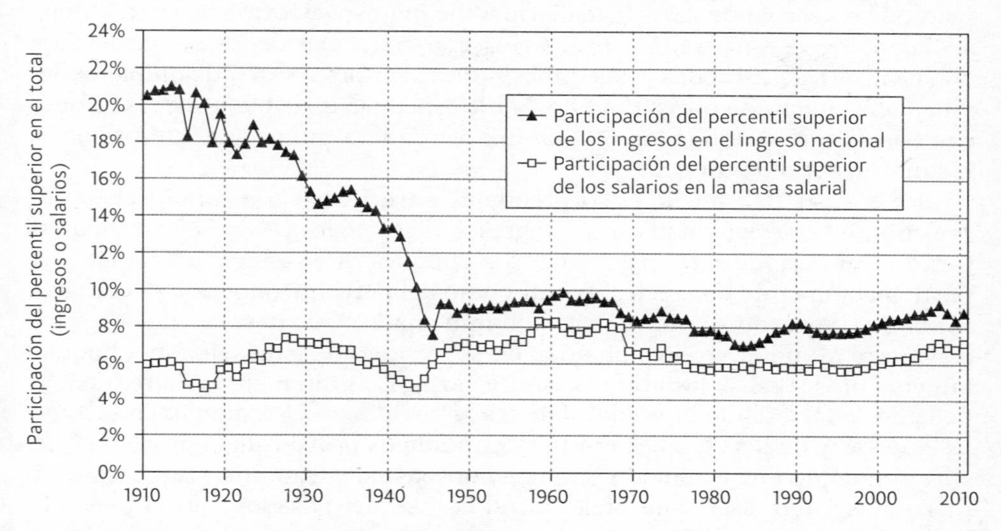

La disminución de la participación del percentil superior (el 1% de los ingresos más elevados) entre 1914 y 1945 se debió a la caída de los altos ingresos del capital.

FUENTES Y SERIES: véase piketty.pse.ens.fr/capital21c.

Recapitulemos: la reducción de la desigualdad en Francia en el siglo XX se debe, en gran medida, a la caída de los rentistas y al desplome de los muy elevados ingresos del capital. No parece haberse operado ningún proceso estructural de compresión generalizada de la desigualdad —en particular, de aquella ante el trabajo—, contrariamente a las predicciones optimistas de la teoría de Kuznets.

Ésta es una enseñanza fundamental respecto a la dinámica histórica de la distribución de la riqueza, sin duda la lección más importante del siglo XX, principalmente porque se advierten estos mismos hechos, con ligeras variaciones, en el conjunto de los países desarrollados.

LA HISTORIA DE LA DESIGUALDAD: UNA HISTORIA POLÍTICA Y CAÓTICA

El tercer hecho esencial, que sobresale en las gráficas VIII.1 y VIII.2, es que la historia de la desigualdad no es un largo y tranquilo río. Está hecha de incontables giros y, desde luego, no de una tendencia irreprimible y regular hacia un equilibrio "natural". En Francia, como de hecho en todos los países, la historia de la desigualdad siempre es política y caótica, y está marcada por los sobresaltos de la sociedad y por los múltiples movimientos sociales, políticos, militares y culturales —tanto como por los propiamente económicos—

que dan ritmo al país estudiado a lo largo del periodo considerado. La desigualdad socioeconómica y la disparidad de ingresos y fortunas entre grupos sociales son siempre tanto causas como consecuencias de los demás hechos en las otras esferas: todas estas dimensiones siempre están indisolublemente vinculadas unas con otras. Por ello, la historia de la distribución de las riquezas constituye en todas las épocas una verdadera guía para interpretar la historia general de un país.

En el caso de Francia, es sorprendente advertir hasta qué punto la compresión de la desigualdad en los ingresos en el siglo xx se concentraba en torno a un periodo muy particular: los choques de los años 1914-1945. La participación tanto del decil superior como del percentil superior en el ingreso total alcanzaron su punto más bajo inmediatamente después de la segunda Guerra Mundial, y parecían no haberse recuperado jamás de esos choques tan violentos (véanse las gráficas viii.1 y viii.2). En gran medida, la reducción de la desigualdad a lo largo del siglo transcurrido era el producto caótico de las guerras y de los choques político-económicos provocados por éstas, y no el resultado de una evolución gradual, consensual y tranquila. En el siglo xx fueron las guerras las que hicieron tabla rasa del pasado y no la apacible racionalidad democrática o económica.

Ya consideramos esos choques en la segunda parte: la destrucción vinculada con los dos conflictos mundiales, las quiebras resultado de la crisis de la década de 1930 y, sobre todo, las diversas políticas públicas instauradas durante ese periodo (desde la congelación de las rentas hasta las nacionalizaciones, pasando por la eutanasia por inflación de los rentistas de la deuda pública). Estos choques condujeron a una enorme caída de la relación capital/ingreso entre 1914 y 1945, y a una baja significativa de la participación de los ingresos del capital en el ingreso nacional. Ahora bien, el capital está mucho más concentrado que el trabajo, de tal manera que los ingresos del capital se hallan masivamente sobrerrepresentados dentro del decil superior de la jerarquía de los ingresos (y particularmente en el percentil superior). Por lo tanto, no es sorprendente que los choques sufridos por el capital —especialmente el capital privado— a lo largo del periodo 1914-1945 hayan llevado a la disminución de la participación del decil superior (y más aún del percentil superior) y, en última instancia, a una fuerte compresión en la desigualdad del ingreso.

Habiendo sido creado en Francia el impuesto sobre la renta apenas en 1914 (el Senado bloqueaba la reforma desde la década de 1890, y la ley fue finalmente adoptada el 15 de julio de 1914, a unas cuantas semanas de la declaración de guerra y en un clima de tensión extrema), por desgracia no existen datos anuales detallados acerca de la estructura de los ingresos antes de esa fecha. Las múltiples estimaciones de la distribución de los ingresos realizadas hacia 1900-1910, con vistas a la creación del impuesto general sobre la renta y para prever los ingresos que éste generaría, permiten conocer aproximadamente la muy intensa concentración de los ingresos vigentes en la Bella Época. Sin embargo, esto no basta para poner en perspectiva histórica el choque de la primera Guerra Mundial (para ello hubiera sido necesaria la creación del impuesto sobre la renta desde algunas décadas antes).[4] Veremos que los datos resultantes del impuesto sobre las sucesiones, instaurado desde 1791, afortunadamente permiten estudiar la evolución de la distribución de la riqueza a lo largo de los siglos XIX y XX, y llevan a confirmar el papel central desempeñado por los choques de los años de 1914-1945: en vísperas de la primera Guerra Mundial, nada permitía presagiar una baja espontánea de la concentración de la propiedad del capital, más bien al contrario. Esta fuente demuestra también que, en los años 1900-1910, los ingresos del capital representaban la amplia mayoría de los ingresos del percentil superior.

De la "sociedad de rentistas" a la "sociedad de ejecutivos"

En 1932, a pesar de la crisis económica, los ingresos del capital seguían representando la principal fuente de ganancias para el 0.5% de los ingresos más elevados (véase la gráfica VIII.3).[5] Si se intenta medir la composición de los ingresos altos de la misma manera en los años 2000-2010, se advierte que la realidad cambió profundamente. Desde luego, tanto hoy como ayer, los ingresos del trabajo desaparecen progresivamente a medida que se sube en la jerarquía de los ingresos, y los del capital se vuelven, poco a poco, predominantes en el seno de los percentiles y de los milésimos superiores de la distribución: esta realidad estructural ha permanecido inalterada. Sin embargo, la diferencia crucial es que hoy se necesita subir mucho más alto que ayer en la jerarquía social para que el capital domine al trabajo. Actualmen-

[4] Las estimaciones indicadas en las gráficas VIII.1 y VIII.2 se realizaron a partir de las declaraciones de ingresos y de salarios (en Francia se creó el impuesto general sobre la renta en 1914 y el impuesto *cedular* sobre los salarios en 1917, con lo que fue posible medir anualmente y por separado el nivel de los ingresos altos y de los salarios altos a partir de esas dos fechas) y de las cuentas nacionales (que facilitan conocer el ingreso nacional total, así como la masa de los salarios), según el método desarrollado inicialmente por Kuznets y descrito brevemente en la introducción. Los datos fiscales se inician sólo con los ingresos de 1915 (cuando se aplica por primera vez el nuevo impuesto) y los completamos para los años de 1910-1914 mediante estimaciones realizadas antes de la guerra por la administración fiscal y los economistas de la época. Véase el anexo técnico.

[5] Utilizamos en la gráfica VIII.3 (y en las siguientes gráficas del mismo tipo) la notación introducida en *Les Hauts Revenus en france au XXe siècle, op. cit.*, y en la World Top Incomes Database para designar a los diferentes "fractiles" de la jerarquía de los ingresos: "P90-95" reúne a las personas comprendidas entre el percentil 90 y el 95 (la mitad más pobre del 10% de los más ricos), "P95-99" a las comprendidas entre el percentil 95 y el 99 (el siguiente "4%"), "P99-99.5" el 0.5% siguiente (la mitad más pobre del "1%" de los más ricos), "P99.5-99.9" el 0.4% siguiente, "P99.9-99.99" el 0.09% siguiente y "P99.99-100" el 0.01% de los inmensamente ricos (el diezmilésimo superior).

GRÁFICA VIII.3. *La composición de los altos ingresos en Francia en 1932*

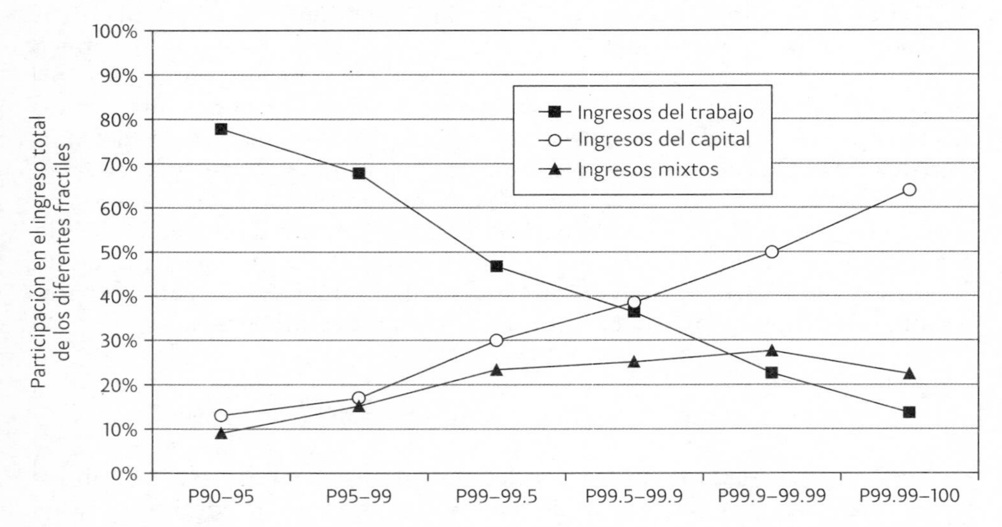

Los ingresos del trabajo se volvían minoritarios a medida que se ascendía en el decil superior de la jerarquía de los ingresos.

FUENTE: véase la gráfica VIII.1. *Notas:* (i) "P90-95" reúne a las personas que se encuentran entre los umbrales de los percentiles 90 a 95. "P95-99" al siguiente 4%, "P99-99.5" al siguiente 0.5%, etc. (ii) Ingresos del trabajo: sueldos, bonos, primas, pensiones de jubilación. Ingresos del capital: dividendos, intereses, rentas. Ingresos mixtos: ingresos de las profesiones no asalariadas y de los empresarios individuales.

FUENTES Y SERIES: véase piketty.pse.ens.fr/capital21c.

te los ingresos del capital sólo dominan a los del trabajo dentro de un grupo social relativamente estrecho: el 0.1% de los ingresos más elevados (véase la gráfica VIII.4). En 1932, este grupo social era cinco veces más numeroso; en la Bella Época, era 10 veces mayor.

No nos equivoquemos: se trata de un cambio considerable. El percentil superior ocupa un espacio prominente en una sociedad (estructura su paisaje económico y político); el milésimo superior, mucho menos.[6] Es una cuestión de grado, pero importante: hay momentos en que lo cuantitativo se vuelve cualitativo. Este cambio explica también por qué la participación del percentil superior de la jerarquía de los ingresos en el ingreso nacional es en la actualidad apenas más elevada que la participación del percentil superior de los salarios en la masa salarial: los ingresos del capital adquieren únicamente una importancia decisiva en el seno del milésimo superior, incluso en el del diezmilésimo superior, de tal manera que estos ingresos pesan poco en la participación del percentil superior considerada en su conjunto.

[6] Como recordatorio, el percentil superior reúne a 500 000 personas adultas de los 50 millones en Francia a principios de la década de 2010.

GRÁFICA VIII.4. *La composición de los altos ingresos en Francia en 2005*

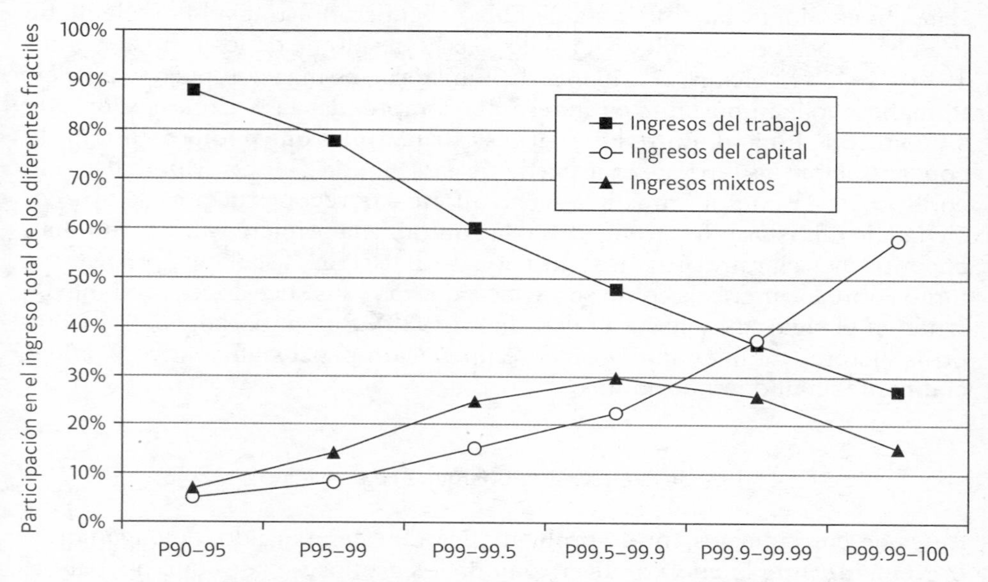

Los ingresos del capital eran predominantes dentro del 0.1% de los ingresos más elevados en Francia en 2005, y ya no en el 0.5% de los ingresos más elevados, como en 1932.
FUENTES Y SERIES: véase piketty.pse.ens.fr/capital21c.

En gran medida, pasamos de una sociedad de rentistas a una de ejecutivos, es decir, de una sociedad en la que el percentil superior estaba masivamente dominado por rentistas (personas que poseían un patrimonio lo bastante importante para vivir de las rentas anuales producidas por ese capital) a otra en la que la cima de la jerarquía de los ingresos —incluyendo el percentil superior— está compuesta mayoritariamente por asalariados con un sueldo elevado, esto es, por personas que viven de su trabajo. También se podría decir, más exactamente, o si se desea ser menos positivo, que pasamos de una sociedad de superrentistas a una de rentistas menos extrema que la del pasado, con un mayor equilibrio entre el éxito a través del trabajo y el éxito a través del capital. Es importante insistir en el hecho de que, en Francia, esta gran mutación no debe nada a una ampliación indiscriminada de la jerarquía salarial (que se mantuvo globalmente estable en un largo periodo: el grupo asalariado jamás fue ese bloque homogéneo que a veces imaginamos) y que se explica en su totalidad por la caída de los altos ingresos del capital.

Resumamos: en Francia, fueron los rentistas —o por lo menos las nueve décimas partes de ellos— quienes se rezagaron frente a los ejecutivos, y no fueron los ejecutivos los que pasaron por encima de los rentistas. Tendremos que comprender las razones de esta transformación a largo plazo, que *a priori* nada tiene de evidente, ya que, como vimos en la segunda parte, la relación capital/trabajo no dista de haber recuperado su nivel floreciente de la Bella Época en este inicio del siglo XXI. El desplome de los rentistas entre 1914 y 1945 era el suceso evidente de la historia; es más complejo, y en cierta manera más importante e interesante, comprender las razones exactas de su no reconstitución. Entre los factores estructurales que pudieron limitar la concentración de la riqueza a partir de la segunda Guerra Mundial y que contribuyeron pues a impedir —hasta ahora— la reconstrucción de una sociedad de rentistas tan extrema como la anterior a la primera Guerra Mundial, encontramos claramente la instauración de un sistema fiscal muy progresivo, tanto sobre los ingresos como sobre las riquezas y las sucesiones (casi inexistente en el siglo XIX y hasta la década de 1920). Sin embargo, veremos que otros factores también pudieron desempeñar un papel significativo y potencialmente igual de importante.

Los diferentes mundos del decil superior

Antes de enfrentarnos con la problemática de este apartado, detengámonos brevemente ante la enorme diversidad de los grupos sociales que pueblan el decil superior de la jerarquía de los ingresos. Con el objetivo de comprender mejor las evoluciones a menudo caóticas observadas a corto y mediano plazo, debemos aceptar que varios mundos coexisten dentro del decil superior, ya que las fronteras entre los diferentes subgrupos se desplazaron a lo largo del tiempo (los ingresos del capital dominaban antaño en el conjunto del percentil superior y hoy en día ya no predominan más que sobre el milésimo superior). De paso se observará la riqueza de la fuente histórica constituida por las declaraciones de ingresos y que, a pesar de todas sus imperfecciones (volveremos a ello), permite sacar a la luz y analizar con precisión esta diversidad. Es particularmente sorprendente comprobar que en todos los países para los que disponemos de este tipo de datos, y en todas las épocas, la composición de los ingresos elevados se caracterizaba por el mismo tipo de curvas cruzadas como las que en las gráficas VIII.3 y VIII.4 representan el caso de Francia en 1932 y 2005: la participación de los ingresos del trabajo siempre era claramente decreciente a medida que se asciende dentro del decil superior, mientras que la de los ingresos del capital era sistemática y fuertemente creciente.

Dentro de la mitad más pobre del decil superior, estamos realmente en el mundo de los ejecutivos: los sueldos suelen representar entre 80 y 90% del total de los ingresos.[7] En el siguiente 4%, el porcentaje de los salarios dismi-

[7] Como también ocurre para las nueve décimas partes de la población situadas debajo del percentil 90, pero que tienen salarios (o ingresos de reposición: jubilaciones, pensiones de desempleo) menos elevados.

nuye un poco, pero sigue siendo netamente dominante: entre 70 y 80% del total de los ingresos, tanto en el periodo entre las dos guerras mundiales como en la actualidad (véanse las gráficas VIII.3 y VIII.4). Entre este amplio grupo del "9%" (es decir, recordémoslo, el decil superior salvo el percentil superior), encontramos ante todo personas que viven principalmente de sus sueldos o salarios, ya sea por tratarse de ejecutivos e ingenieros de empresas privadas, o bien de ejecutivos y maestros del sector público. Muy a menudo son salarios del orden de dos a tres veces el salario promedio de la sociedad considerada, por ejemplo, de 4000 o 6000 euros mensuales si el salario promedio es de 2000 euros por mes.

Desde luego, los tipos de empleo y los niveles de calificación han cambiado mucho a lo largo del tiempo: en el periodo de entreguerras, los profesores de bachillerato, y hasta los maestros de escuela al final de su carrera, formaban parte del "9%"; hoy, vale más ser profesor universitario o investigador, o mejor aún, alto funcionario, para formar parte de ese grupo.[8] Antaño, un capataz o un técnico calificado no estaban lejos de pertenecer a ese grupo: ahora se necesita ser un ejecutivo de tiempo completo, ya no tanto medio sino alto, y egresado, si es posible, de una reconocida escuela de ingeniería o de negocios. Sucede lo mismo en la parte baja de la escala de los salarios: antaño, los asalariados menos bien pagados (que recibían, en general, alrededor de la mitad del sueldo promedio: 1000 euros mensuales si el promedio era de 2000) eran los obreros agrícolas y los sirvientes; luego fueron los obreros menos calificados y los obreros menos bien tratados de la industria, a menudo obreras (por ejemplo, en el ramo textil o agroalimentario); hoy, ese grupo dista de haber desaparecido, pero los sueldos más bajos reúnen sobre todo a los asalariados de los servicios, como los meseros de los restaurantes y los vendedores de los almacenes (que de nuevo suelen ser mujeres). En un siglo, los oficios se transformaron por completo, pero las realidades estructurales permanecieron inalteradas. La desigualdad salarial propia del mundo laboral, con el grupo del "9%" muy cerca de su cima y el del 50% de los asalariados peor pagados en su base, prácticamente no ha cambiado en el largo plazo.

En el seno del "9%" encontramos también médicos, abogados, comer-

[8] Las escalas salariales del sector público forman parte de las jerarquías salariales mejor conocidas a largo plazo. En Francia, de forma particular, dejaron una huella precisa, detallada y anual en los documentos presupuestales y parlamentarios desde principios del siglo XIX. No sucede lo mismo con los salarios del sector privado, que sólo se conocen bien gracias a las fuentes fiscales y que, por consiguiente, eran muy poco conocidos antes de la creación del impuesto sobre la renta en 1914-1917. Los datos a nuestro alcance sobre los salarios de los funcionarios sugieren que la jerarquía salarial vigente en el siglo XIX era en una primera aproximación bastante comparable a la observada en promedio a lo largo del periodo 1910-2010 (tanto en lo que se refiere a la participación del decil superior como a la de la mitad inferior; la del percentil superior era tal vez ligeramente más elevada; la ausencia de datos confiables respecto del sector privado no permite ser más preciso). Véase el anexo técnico.

ciantes, restauranteros y empresarios no asalariados (autoempleados). Este número crece a medida que nos aproximamos al grupo del "1%", como lo muestra la curva que indica el porcentaje de los "ingresos mixtos" (ingresos de los trabajadores no asalariados, remunerados tanto por su trabajo como por su capital profesional), reseñados por separado en las gráficas VIII.3 y VIII.4. Los ingresos mixtos representan hasta el 20-30% del total de los ingresos cercanos al umbral de entrada al percentil superior, luego disminuyen y quedan claramente dominados por los ingresos del capital puro (rentas, intereses y dividendos), a medida que se sube en el interior del percentil superior. Para dar una buena imagen dentro del "9%", o incluso para llegar a los estratos inferiores del "1%", sería un requisito, por ejemplo, alcanzar un ingreso del orden de cuatro o cinco veces por encima del promedio (pongamos, para lograr 8000 o 10000 euros mensuales, en una sociedad en la que el salario promedio fuese de 2000 euros); ser médico, abogado o restaurantero exitoso puede ser una buena estrategia, casi tan difundida como la que consiste en llegar a ser ejecutivo en una gran empresa (aunque dos veces menos común).[9] Sin embargo, para alcanzar la estratosfera del "1%" y disponer de ingresos varias decenas de veces superiores al promedio (pongamos, varios cientos de miles de euros anuales, o incluso varios millones de euros), esto puede no ser suficiente: para ello es preferible ser dueño de un patrimonio importante.[10]

Es interesante señalar que sólo en los periodos de posguerra inmediatos (en 1919-1920 en Francia, luego de nuevo en 1945-1946, en ambos casos de manera breve) esta jerarquía se invirtió y los ingresos mixtos superaban —brevemente— los ingresos del capital puro en las cimas del percentil superior. Al parecer, esto correspondió a fenómenos de muy rápida acumulación de nuevas fortunas vinculadas con la reconstrucción.[11]

Resumamos: el decil superior siempre involucra dos mundos muy diferentes: por un lado, el "9%", en el que siempre dominan claramente los ingresos del trabajo y, por el otro, el "1%", en el que los ingresos del capital predominan progresivamente (de manera más o menos rápida y masiva según

[9] En los años 2000-2010, el porcentaje de los salarios dentro de los fractiles P99-P99.5 y P99.5-99.9 (es decir, en total los primeros 9/10 del percentil superior) alcanzaba 50-60% de los ingresos, frente a 20-30% para los ingresos mixtos (véase la gráfica VIII.4). El dominio de los salarios altos sobre los ingresos mixtos altos era apenas menos fuerte en el periodo de entreguerras (véase la gráfica VIII.3).

[10] Al igual que en el capítulo anterior, los montos en euros mencionados aquí se redondearon deliberadamente y son aproximados (sólo se trata de dar órdenes de magnitud). Los umbrales exactos de los diferentes percentiles y milésimos, año por año, están disponibles en línea.

[11] Sin embargo, es necesario subrayar que las categorías de las que disponemos para establecer estas fronteras son imperfectas: como señalamos en el capítulo VI, algunos ingresos empresariales pueden ser disimulados en forma de dividendos y, por consiguiente, clasificados como ingresos del capital. Para un análisis detallado, año por año, de la evolución de la composición de los diferentes percentiles y milésimos de los ingresos altos en Francia desde 1914, véase T. Piketty, *Les Hauts Revenus en France au XXe siècle*, *op. cit.*, pp. 93-168.

las épocas). La transición entre estos grupos siempre se da de forma gradual y todas esas fronteras son porosas, pero las diferencias resultan claras y sistemáticas.

Por supuesto que los ingresos del capital no están ausentes de los del "9%", pero muy a menudo se trata de ingresos complementarios, y no principales. Por ejemplo, un ejecutivo que dispone de un sueldo de 4 000 euros mensuales puede asimismo poseer un departamento que renta en 1 000 euros por mes (o que ocupa él mismo, lo que le evita tener que pagar una renta de 1 000 euros mensuales: lo que es equivalente desde el punto de vista financiero). En ese caso, su ingreso total es de 5 000 euros mensuales y está compuesto en un 80% por el ingreso del trabajo y en un 20% por el del capital. En realidad, semejante reparto del tipo 80-20% entre trabajo y capital parece relativamente representativo de la estructura de los ingresos del grupo del "9%", tanto en el periodo entre las dos guerras mundiales como en este inicio del siglo XXI. Parte de esos ingresos del capital procede asimismo de las inversiones de ahorro, de contratos de seguros de vida y de inversiones financieras, pero en general predominan los bienes inmobiliarios.[12]

A la inversa, en el seno del "1%", los ingresos del trabajo se convierten poco a poco en complementarios, mientras que los del capital se transforman gradualmente en el ingreso principal. Otra regularidad interesante es que, si se dividen de manera más fina los ingresos del capital en ingresos inmobiliarios (rentas) y de capitales mobiliarios (dividendos e intereses), se observa que la enorme alza del porcentaje de los ingresos del capital en el seno del decil superior se debe esencialmente a los de los capitales mobiliarios (y sobre todo a los dividendos). Por ejemplo, en Francia, el porcentaje de los ingresos del capital pasó de apenas 20% para el grupo del "9%" a alrededor de 60% en el nivel del diezmilésimo superior (el "0.01%" de los ingresos más elevados), tanto en 1932 como en 2005. En ambos casos, esta fuerte alza se explica por completo gracias a los ingresos financieros (y casi totalmente a los dividendos): el porcentaje de los ingresos inmobiliarios se estancó en alrededor de 10% del ingreso total e incluso tendió a disminuir en el seno del percentil superior. Esta regularidad corresponde al hecho de que los patrimonios elevados eran principalmente financieros (sobre todo en forma de acciones y participaciones en sociedades).

[12] Los ingresos del capital parecen representar menos de 10% de los ingresos del "9%" en la gráfica VIII.4, pero esto resulta únicamente del hecho de que estas gráficas —así como las series sobre las participaciones del decil superior y del percentil superior— se basan sólo en los ingresos del capital que aparecen en las declaraciones de ingresos, excluyendo desde los años sesenta las rentas llamadas ficticias o imputadas (es decir, el valor del alquiler de las viviendas ocupadas por sus dueños, que anteriormente formaba parte del ingreso gravable). Si se incluyeran los ingresos del capital no gravables (incluso las rentas imputadas), el porcentaje de los ingresos del capital alcanzaría —y hasta rebasaría ligeramente— el 20% del total de los ingresos del "9%" en los años 2000-2010. Véase el anexo técnico.

Los límites de las declaraciones de ingresos

Sin embargo, más allá de todas estas interesantes regularidades, hay que subrayar los límites de la fuente fiscal utilizada aquí. Primero, en las gráficas VIII.3 y VIII.4 sólo tomamos en cuenta los ingresos del capital registrados en las declaraciones de ingresos, lo que nos lleva a subestimar su importancia, debido tanto a la evasión fiscal (es más fácil disimular un ingreso de inversión que un salario, por ejemplo, a través de cuentas bancarias en el extranjero, en países poco cooperativos con el de residencia del inversionista) como a la existencia de regímenes de excepción que permiten a ciertas categorías de ingresos del capital eludir con toda legalidad el impuesto general sobre la renta (cuyo principio general, en su origen, tanto en Francia como en todos los países, era sin embargo la tributación de todos los ingresos sin importar su forma). Teniendo en cuenta el hecho de que los ingresos del capital están representados en exceso en el seno del decil superior, esta subdeclaración de los ingresos del capital implica también que los porcentajes del decil superior y el percentil superior, indicados en las gráficas VIII.1 y VIII.2 basados únicamente en los ingresos declarados, están subestimados tanto en Francia como en los demás países de nuestro estudio. En todo caso, estos porcentajes son, desde luego, aproximados pero muy interesantes por los órdenes de magnitud que sugieren (al igual que todas las estadísticas socioeconómicas), por lo que deben ser considerados más bien como el límite inferior de la desigualdad en los ingresos realmente vigente.

En el caso de Francia, al cruzar las declaraciones de ingresos con las demás fuentes disponibles (en particular las cuentas nacionales y las fuentes referidas a la distribución de la riqueza), se puede estimar que la corrección vinculada con la subdeclaración de los ingresos del capital se refiere posiblemente a varios puntos porcentuales de ingreso nacional (tal vez hasta cinco puntos si se toma una estimación máxima de la evasión y, de manera más realista, en torno a dos-tres puntos), lo que no es despreciable. Dicho de otra manera, el porcentaje del decil superior de la jerarquía de los ingresos, que según la gráfica VIII.1 pasó de alrededor de 45-50% del ingreso nacional en 1900-1910 a más o menos 30-35% en 2000-2010, presentaba seguramente una realidad más cercana a 50% en la Bella Época (incluso un poco superior a 50%) y hoy en día es ligeramente superior a 35%.[13] Sin embargo, esto no parece afectar de modo significativo a la evolución de conjunto de la desigualdad en los ingresos, pues incluso cuando las posibilidades de evasión legal y extralegal tienden más bien a crecer en estas últimas décadas (en particular con el desarrollo de los paraísos fiscales, a los que volveremos), no hay que olvidar que los problemas vinculados con la subdeclaración de los ingresos

[13] Véase el anexo técnico.

de capitales mobiliarios ya eran muy importantes a principios del siglo xx y en el periodo entre las dos guerras mundiales (todo parece indicar que las "copias de cupones de intereses dividendos", inventadas por los gobiernos de la época, no eran más infalibles que las actuales convenciones bilaterales).

Dicho de otra manera, en una primera aproximación, se puede suponer que la consideración de la evasión —legal o no— conduciría a aumentar los niveles de desigualdad medidos a partir de las declaraciones de ingresos en proporciones comparables en las diferentes épocas y, por consiguiente, no modificaría sustancialmente las tendencias y evoluciones en el tiempo.

No obstante, hay que insistir en el hecho de que hasta ahora no se ha intentado hacer semejantes correcciones de manera sistemática y coherente en los diferentes países. Se trata de una importante limitación de la World Top Incomes Database, ya que implica principalmente que nuestras series sin duda subestiman ligeramente el alza de la desigualdad observada en la mayoría de los países desde los años 1970-1980 y, en particular, el papel desempeñado por los ingresos del capital. A decir verdad, las declaraciones de ingresos constituyen una fuente cada vez menos adecuada para estudiar los ingresos del capital, y es indispensable completarla con otras fuentes, trátese de fuentes macroeconómicas (como las utilizadas en la segunda parte para estudiar la dinámica de la relación capital/ingreso y el reparto capital-trabajo del ingreso nacional) o microeconómicas (como las que permiten estudiar directamente las distribuciones de las riquezas, que utilizaremos en los próximos capítulos).

Precisemos asimismo que las diferentes reglas fiscales para los ingresos del capital también pueden sesgar las comparaciones entre países. En general, las rentas, los intereses y los dividendos se tienen en cuenta de manera relativamente parecida en los diferentes países.[14] En cambio, existen variaciones importantes en cuanto a las plusvalías (es decir, las ganacias de capital): por ejemplo, no se tienen en cuenta de manera completa y homogénea en los datos fiscales franceses (por consiguiente, las excluimos simple y llanamente), mientras que siempre han estado relativamente bien asentadas en los datos fiscales estadunidenses. Esto puede constituir una diferencia importante, pues las plusvalías —y especialmente las ganancias obtenidas en el momento de la venta de acciones— constituyen una forma muy concentrada del ingreso del capital en el seno de los grupos de muy altos ingresos (a veces aún más que los dividendos). Por ejemplo, si se incluyeran las plusvalías en las gráficas VIII.3 y VIII.4, el porcentaje de los ingresos del capital al nivel del diezmilésimo superior sería no de 60%, sino más bien del orden de 70-80%

[14] En particular, para todos los países siempre tomamos en cuenta la totalidad de las rentas, intereses y dividendos que aparecen en las declaraciones, incluso cuando algunos de esos ingresos no están sometidos a los criterios del derecho común y son objeto de exoneraciones específicas o de tasas reducidas.

(según los años).[15] Con el fin de no sesgar las comparaciones, nos ocuparemos de presentar los resultados obtenidos para los Estados Unidos con y sin plusvalías.

La otra limitación importante en las declaraciones de ingresos es que, por definición, no incluyen ninguna información sobre el origen de los patrimonios. Se observan ingresos producidos por capitales propiedad de los contribuyentes en un momento dado, pero se ignora por completo si esos capitales resultan de una herencia o si fueron acumulados por la persona en cuestión a lo largo de su vida a partir de los ingresos de su trabajo (o bien a partir de ingresos originados por otros capitales propios). Dicho de otro modo, una misma desigualdad en el capital puede corresponder a situaciones en realidad muy diferentes, y jamás sabremos nada si nos limitamos a utilizar las declaraciones de ingresos. En general, en lo que se refiere a los muy elevados ingresos del capital, los patrimonios correspondientes parecen ser tan importantes que es difícil imaginar que resulten de un modesto ahorro salarial (ni siquiera del ahorro más considerable de un ejecutivo muy alto): entonces, todo nos hace pensar que el peso de la herencia es predominante. Sin embargo, en los próximos capítulos veremos que la importancia relativa de la herencia y el ahorro en la constitución de los patrimonios evolucionó mucho a lo largo de la historia, por lo que esta cuestión merece ser estudiada detenidamente. Una vez más, tendremos que recurrir a fuentes relacionadas directamente con los patrimonios y con las sucesiones.

El caos del periodo de entreguerras

Retomemos el curso de la cronología y de la evolución de la desigualdad en los ingresos en Francia a lo largo del siglo pasado. Entre 1914 y 1945, la participación del percentil superior de la jerarquía de los ingresos se desplomó de forma casi continua, pasando gradualmente de más de 20% en 1914 a apenas 7% en 1945 (véase la gráfica VIII.2). Esta caída continua reflejaba la larga serie —casi ininterrumpida— de los choques sufridos por el capital y por sus ingresos a lo largo de ese periodo. En cambio, la baja de la participación del decil superior de la jerarquía de los ingresos era mucho menos regular: se produjo aparentemente un primer descenso durante la primera Guerra Mundial, pero fue seguido por un alza irregular durante los años veinte, y sobre todo por un alza muy clara —y *a priori* muy sorprendente— entre 1929 y 1935, antes de dejar paso a una fuerte baja en 1936-1938 y a un desplome durante los años de la segunda Guerra Mundial.[16] Al final, la

[15] Véase el anexo técnico.

[16] Precisemos que la administración fiscal francesa, durante todos los años de la segunda Guerra Mundial, prosiguió —como si nada sucediera— sus operaciones de recolección de las

participación del decil superior, que era de más de 45% en 1914, cayó a menos de 30% del ingreso nacional en 1944-1945.

Si se considera el conjunto del periodo de 1914-1945, las dos bajas son totalmente coherentes: según nuestras estimaciones, la participación del decil superior bajó en casi 18 puntos porcentuales, de los cuales casi 14 correspondieron al percentil superior.[17] Dicho de otra manera, el "1%" explica por sí mismo alrededor de las tres cuartas partes de la caída de la desigualdad entre 1914 y 1945, mientras que el "9%" explica sólo alrededor de una cuarta parte. Esto no es sorprendente, tomando en cuenta la extrema concentración del capital en el seno del "1%", que además poseía a menudo inversiones más riesgosas (volveremos a ello).

En cambio, las diferencias observadas a lo largo del periodo parecen ser *a priori* más sorprendentes: ¿cómo fue posible que la participación del decil superior aumentara con tanta fuerza a lo largo de la crisis de 1929, o por lo menos hasta 1935, cuando la del percentil superior cayó, sobre todo entre 1929 y 1932?

En realidad, si se miran las cosas más de cerca, año tras año, cada una de estas variaciones se explica perfectamente bien y el conjunto permite revisitar de manera esclarecedora el caótico periodo entre las dos guerras mundiales y las enormes tensiones entre los grupos sociales que lo caracterizaron. Para comprender convenientemente esta situación se debe tener en cuenta el hecho de que el "9%" y el "1%" no vivían en absoluto de los mismos ingresos. El "1%" subsistía ante todo de los ingresos resultantes de sus patrimonios y, en particular, de los intereses y dividendos que les entregaban las empresas en las cuales tenían obligaciones y acciones: por consiguiente, era natural que la participación del percentil superior bajara mucho durante la crisis de 1929, marcada por el desplome de la actividad económica, la caída de los beneficios de las empresas y por una cascada de quiebras empresariales.

Por el contrario, el "9%" constituía el mundo de los ejecutivos, que son en realidad los grandes beneficiarios —en relación con las demás categorías— de la crisis de los años treinta. En efecto, se vieron mucho menos afectados por el desempleo que los asalariados más modestos que ellos (en particular, no se enfrentaron a las enormes tasas de desempleo parcial o total que afectaban a los obreros de los sectores industriales), y asimismo les perjudicó menos la caída de los beneficios de las empresas que a las personas con ingresos

declaraciones de ingresos, de depuración y de confección de cuadros estadísticos resultantes de esas depuraciones. De hecho, se trata de la edad de oro del procesamiento mecánico de información (se acababan de inventar técnicas de clasificación automática de tarjetas perforadas, lo que permitía hacer muy rápido todo tipo de tablas de contingencia, cuando antes las depuraciones se hacían manualmente), de tal manera que las publicaciones estadísticas del Ministerio de Finanzas jamás fueron tan ricas y detalladas como en esos años.

[17] La participación del decil superior pasó de 47 a 29% del ingreso nacional, y la del percentil superior de 21 a 7%. Todas las series detalladas están disponibles en línea.

por encima de ellos. En el seno del grupo del "9%", los empleados del sector público y los maestros se las arreglaron particularmente bien: acababan de beneficiarse de la gran ola de revalorización de los sueldos de los funcionarios de 1927-1931 (hay que decir que estos últimos, sobre todo en la parte de la escala, padecieron mucho durante la primera Guerra Mundial y por la inflación de principios de los años veinte) y estaban completamente preservados del riesgo de desempleo, de tal manera que la masa salarial del sector público se mantuvo en el mismo nivel nominal hasta 1933 (y sólo bajó ligeramente en 1934-1935, en el momento de los famosos decretos-leyes del primer ministro Laval que apuntaban a reducir los sueldos de los funcionarios), mientras que la masa salarial del sector privado disminuía en más de 50% entre 1929 y 1935. La enorme deflación que hizo estragos entonces en Francia (los precios cayeron en total un 25% entre 1929 y 1935, en un contexto de desplome del comercio y de la producción) desempeñó un papel central en este proceso: quienes tuvieron la suerte de conservar su empleo y sueldo nominal —en general los funcionarios— disfrutaron, en plena depresión, de un incremento de su poder adquisitivo y de su ingreso real debido a la caída de los precios. Añadamos que los ingresos provenientes del capital del "9%" —típicamente rentas, que suelen ser muy rígidas en términos nominales— se beneficiaron también de la deflación y vieron progresar su valor real de manera significativa, mientras que los dividendos pagados al "1%" se desplomaron.

Por todas esas razones, la participación del "9%" en el ingreso nacional aumentó con gran fuerza en Francia de 1929 a 1935, mucho más que la caída de la participación del "1%", hasta el grado de que la participación del decil superior considerada en su conjunto aumentó en más de cinco puntos porcentuales del ingreso nacional (véanse las gráficas VIII.1 y VIII.2). El proceso se invirtió por completo con la llegada al poder del Frente Popular, ya que los fuertes incrementos de los salarios de los obreros en el momento de los acuerdos de Matignon y la devaluación del franco en septiembre de 1936 condujeron a una reactivación de la inflación y a una caída de la participación del "9%" y del decil superior en 1936-1938.[18]

Se advertirá de paso el interés que tiene desmenuzar la desigualdad en los ingresos por percentil y por categoría de ingresos. Si hubiéramos querido analizar la dinámica del periodo de entreguerras utilizando un indicador sintético de desigualdad como el coeficiente de Gini, habría sido imposible entender la situación: no habríamos podido separar lo que compete a los ingresos del trabajo y a los del capital ni lo que se refiere a las evoluciones a largo o a corto plazo. En este caso, la complejidad del periodo 1914-1945 consiste en que a una trama general relativamente clara (una enorme caída de la participación del decil superior entre 1914 y 1945, arrastrada por un

[18] Para un análisis detallado de todas estas evoluciones, año por año, véase T. Piketty, *Les Hauts Revenus en France au XXe siècle, op. cit.*, sobre todo los capítulos 2 y 3, pp. 93-229.

desplome de la participación del percentil superior) se sobrepone una trama secundaria compuesta por múltiples cambios contradictorios durante los años veinte y treinta. Es interesante señalar que esa misma complejidad se advierte en todos los países respecto del periodo de entreguerras, con especificidades propias de la historia particular de cada país. Por ejemplo, en los Estados Unidos la deflación terminó en 1933 con la llegada de Roosevelt al poder, de tal manera que la reversión antes descrita se produjo en 1933 y no en 1936. En todos los países, la historia de la desigualdad es política y caótica.

El choque de las temporalidades

De manera general, al estudiar la dinámica de la distribución de las riquezas es esencial distinguir bien varias temporalidades. En el marco de este libro nos interesamos ante todo por las evoluciones a largo plazo, por los movimientos de fondo, que a menudo no se pueden apreciar más que en periodos de 30 o 40 años, incluso más, como lo demuestra el proceso de alza estructural de la relación capital/ingreso que ha operado en Europa desde la segunda Guerra Mundial, desde hace casi 70 años, y que era imposible descubrir tan claramente hace apenas 10 o 20 años, teniendo en cuenta la superposición de diversas evoluciones (y también debido a la falta de datos disponibles). Sin embargo, esta focalización en periodos de larga duración no debe hacernos olvidar que, más allá de las tendencias largas, siempre existen movimientos más cortos que, desde luego, acaban frecuentemente por compensarse, pero que se manifiestan legítimamente como una característica significativa de su época para los actores implicados. Esto es tanto más cierto porque esos movimientos "cortos" a veces pueden durar bastante tiempo, 10 o 15 años, incluso más, y por consiguiente ocupan mucho tiempo desde la perspectiva de una vida humana.

La historia de las desigualdades en Francia, al igual que en los demás países, ha estado llena de esos movimientos de corto y mediano plazo, y no sólo a lo largo del periodo particularmente caótico entre las dos guerras mundiales. Evoquemos rápidamente sus principales episodios: durante cada una de las dos guerras mundiales, se asistió a fenómenos de compresión de las jerarquías salariales, seguidos durante cada uno de los periodos de posguerra (en los años veinte, más tarde al final de los cuarenta y en el periodo 1950-1960) por movimientos de reconstitución e intensificación de las desigualdades salariales. Se trataba de movimientos de gran amplitud: la participación del "10%" de los asalariados mejor pagados en la masa salarial total disminuía en torno a cinco puntos durante cada conflicto, recuperándolos después (véase la gráfica VIII.1).[19] Se advierten esos movimientos en las esca-

[19] En el caso de la segunda Guerra Mundial, el movimiento de compresión de las jerarquías salariales comenzó en realidad a partir de 1936, con los acuerdos de Matignon.

las de salarios tanto del sector público como del sector privado, y cada vez conforme al siguiente escenario: durante las guerras la actividad económica se desplomaba, aumentaba la inflación, los salarios reales y el poder adquisitivo empezaban a disminuir y, en ese proceso, los salarios más bajos tendían a revalorizarse y quedar protegidos de la inflación de manera un poco más generosa que los salarios más altos, lo que podía provocar cambios importantes en el reparto de la masa salarial si la inflación era importante. Esta mejor indexación de los salarios bajos y medios puede explicarse por la importancia de las percepciones de justicia social y de las normas de equidad en el seno del sector asalariado: se buscaba evitar una caída demasiado fuerte del poder adquisitivo para los más modestos, pidiendo a los más ricos que esperaran al final del conflicto antes de lograr una revalorización completa. Esto desempeñaba claramente un papel en la fijación de las escalas de salarios de los funcionarios, y tal vez sucedía lo mismo, por lo menos en parte, en el sector privado. También se puede pensar que las movilizaciones en los ejércitos —o los campos de prisioneros— de una parte importante de la mano de obra joven y poco calificada mejoraba durante las guerras la posición relativa de las personas que ganaban salarios bajos y medios en el mercado laboral.

En todo caso, esos movimientos de compresión de la desigualdad salarial se revirtieron en cada uno de los periodos de posguerra, y se podría estar tentado entonces a ignorarlos por completo. Sin embargo, para quienes vivieron esos periodos, es evidente que tales episodios los marcaron enormemente. En particular, la cuestión del resurgimiento de la jerarquía de los salarios, tanto para el sector público como para el privado, formó parte en ambos casos de los expedientes políticos, sociales y económicos más candentes de la posguerra.

Si ahora examinamos la historia de la desigualdad en Francia a lo largo del periodo 1945-2010, se distinguen muy claramente tres fases: la desigualdad en los ingresos creció mucho de 1945 a 1966-1967 (la participación del decil superior pasó de menos de 30% del ingreso nacional a aproximadamente 36-37%); luego disminuyó considerablemente de 1968 a 1982-1983 (la participación del decil superior recayó a exactamente 30%) y, por último, aumentó de forma regular desde 1983, de tal manera que la participación del decil superior alcanzó alrededor de 33% en los años de 2000-2010 (véase la gráfica VIII.1). Se advierten aproximadamente las mismas inflexiones tanto al nivel del percentil superior como en las desigualdades salariales (véanse las gráficas VIII.2 y VIII.3). Una vez más, puesto que estas diferentes fases casi se compensan, es tentador ignorarlas y concentrarse en la relativa estabilidad a largo plazo durante el periodo de 1945-2010. Y, de hecho, si sólo nos interesamos por las evoluciones a muy largo plazo, el fenómeno crucial en Francia en el siglo XX fue la fuerte compresión de la desigualdad en los ingresos entre 1914 y 1945, y su posterior estabilidad relativa. En realidad, cada uno de estos puntos de vista tiene su legitimidad y su importancia, y nos parece esencial lograr pensar conjuntamente en estas diferentes temporalidades: por un lado, el largo plazo y, por el otro, el corto y mediano. Ya abordamos este aspecto cuando estudiamos las evoluciones de la relación capital/ingreso y del reparto capital-trabajo en la segunda parte (véase en particular el capítulo VI).

Es interesante señalar que los movimientos del reparto capital-trabajo y los de la desigualdad en el seno de los ingresos del trabajo tienden a ir en el mismo sentido y a reforzarse mutuamente a largo plazo. Por ejemplo, cada una de las dos guerras mundiales se caracterizó al mismo tiempo por una baja de la participación del capital en el ingreso nacional (y de la relación capital/ingreso) y por una compresión de la desigualdad salarial. De manera general, la desigualdad tiende, más bien, a seguir una evolución "procíclica" (es decir, a ir en el mismo sentido que el ciclo económico, por oposición a las evoluciones "contracíclicas"): en las fases de expansión económica, la participación de los beneficios en el ingreso nacional tiende a aumentar y los salarios elevados —primas y bonos incluidos— se incrementan a menudo más rápido que los salarios bajos y medios, y ocurre lo contrario en las fases de desaceleración o de recesión (las guerras pueden ser vistas como sus formas extremas). Sin embargo, existen todo tipo de factores, sobre todo políticos, que hacen que esos movimientos no dependan únicamente del ciclo económico.

La fuerte subida de las desigualdades francesas entre 1945 y 1967 conjugaba al mismo tiempo un fuerte incremento de la participación del capital en el ingreso nacional y de la desigualdad salarial, todo ello en un contexto de marcado crecimiento económico. Sin duda, el clima político desempeñó un papel: todo el país se concentraba en la reconstrucción, y la prioridad no era la disminución de las desigualdades, sobre todo porque cada persona sentía que habían disminuido enormemente como resultado de las guerras. Los sueldos de los funcionarios, ingenieros y demás personal calificado progresaban estructuralmente más rápido que los salarios bajos y medios de 1950-1960, y en un primer momento esto no parecía indignar a nadie. En realidad se instituyó un salario mínimo nacional en 1950, pero casi nunca se revalorizó después, por lo que perdió en gran medida su capacidad adquisitiva en comparación con la evolución del salario medio.

La ruptura ocurrió en 1968: el movimiento de mayo tenía raíces estudiantiles, culturales y sociales que desde luego iban más allá de la cuestión de los salarios (incluso cuando el sentimiento de hartazgo respecto del modelo de crecimiento productivista y desigual de los años 1950-1960 desempeñó un papel indudablemente esencial). Sin embargo, su solución política más inmediata era claramente de orden salarial: para salir de la crisis, el gobierno del general De Gaulle firmó los acuerdos de Grenelle, que incluían sobre todo una subida de 20% del salario mínimo. Éste se ajustó oficialmente —de manera parcial— con el salario medio en 1970, y, en particular, los gobiernos sucesivos de 1968 a 1983 se sintieron obligados a conceder casi cada año grandes "ayudas" en un clima político-social en plena ebullición. Así, el poder adquisitivo del salario mínimo creció en total en más de 130% entre 1969 y 1983, mientras que en el mismo tiempo el salario medio sólo creció en torno a 50%, de ahí una muy fuerte compresión de la desigualdad salarial. La ruptura con el periodo anterior fue franca y masiva: el poder adquisitivo del salario mínimo había aumentado en apenas 25% entre 1950 y 1968, mientras que el salario medio se había duplicado claramente.[20] Arrastrada por la fuerte alza de los bajos salarios, la masa salarial en su conjunto progresaba sensiblemente más rápido que la producción durante los años 1968-1983, de ahí la considerable baja de la participación del capital en el ingreso nacional estudiada en la segunda parte, así como la compresión particularmente fuerte de la desigualdad en los ingresos.

El movimiento se invirtió de nuevo en 1982-1983. Al nuevo gobierno socialista resultante de las elecciones de mayo de 1981 sin duda le hubiera gustado prolongar ese movimiento, pero objetivamente no era simple hacer que el salario mínimo creciera en el largo plazo a más del doble de rápido que el salario medio (sobre todo cuando éste crecía más rápido que la producción). El gobierno decidió entonces, en 1982-1983, instaurar lo que se conoció en esa época como el "giro hacia la austeridad": se congelaron los sueldos y se abandonó definitivamente la política de las "ayudas" masivas al salario mínimo. Los resultados no se hicieron esperar: el porcentaje de los beneficios en la producción subió con rapidez durante el final de los años ochenta y la desigualdad salarial aumentó de nuevo, más aún la de los ingresos (véanse las gráficas VIII.1 y VIII.2). La ruptura fue tan clara como la de 1968, pero en sentido inverso.

El aumento de la desigualdad francesa a partir de los años 1980-1990

¿Cómo calificar la fase de aumento de la desigualdad francesa en proceso desde 1982-1983? Se podría estar tentado a ver en ello un microfenómeno a largo plazo, una simple réplica de los movimientos anteriores, advirtiendo que en última instancia el porcentaje de los beneficios sólo recuperó alrededor de 1990 el nivel que ya tenía en vísperas de mayo de 1968.[21] Sin embargo, por diversas razones, se cometería un error si se concluyera lo anterior: primero, como vimos en la segunda parte de este libro, el nivel del porcentaje

[20] Véase T. Piketty, *Les Hauts Revenus en France au XXe siècle, op. cit.*, pp. 201-202. La enorme ruptura observada en 1968 en la evolución de la desigualdad salarial era bien conocida por los contemporáneos. Véanse sobre todo los esmerados trabajos de C. Baudelot y A. Lebeaupin, *Les Salaires de 1950 à 1975*, INSEE, París, 1979.

[21] Véase el capítulo VI, gráfica VI.6.

de los beneficios vigente en 1966-1967 era históricamente elevado y resultaba de un proceso de subida histórica de la participación del capital iniciada después de la segunda Guerra Mundial. Si se tienen en cuenta las rentas (y no sólo los beneficios) en los ingresos del capital, como debe hacerse, se observa que esta subida de la participación del capital en el ingreso nacional continuó en realidad en los años 1990-2000. Vimos que este fenómeno de largo plazo, para ser correctamente comprendido y analizado, debía situarse en el contexto de una evolución duradera de la relación capital/ingreso, que prácticamente recuperó en Francia en este inicio del siglo XXI su nivel vigente en vísperas de la primera Guerra Mundial. Es imposible apreciar plenamente las implicaciones para la estructura de las desigualdades de este regreso a la prosperidad patrimonial de la Bella Época, si nos contentamos con analizar la evolución de la participación del decil superior de la jerarquía de los ingresos: por una parte, la subdeclaración de los ingresos del capital lleva a subestimar ligeramente el alza de los ingresos más elevados, y, por la otra y más importante aún, la verdadera novedad atañe al regreso de la herencia, largo proceso que dista aún de haber producido todos sus efectos y que todavía no puede ser analizado de forma correcta, salvo si se estudia directamente la evolución del papel y de la importancia de las sucesiones como tales, lo que haremos en los siguientes capítulos.

A todo ello hay que añadir que en Francia se inició un nuevo fenómeno a partir de finales de los años noventa, a saber: una escalofriante subida de los salarios muy altos y, en particular, de las remuneraciones de los altos ejecutivos de las grandes empresas y del mundo de las finanzas. Por el momento, el fenómeno sigue siendo mucho menos generalizado que en los Estados Unidos, pero nos equivocaríamos al no prestarle atención. La participación del percentil superior de la jerarquía de los salarios, que era inferior al 6% de la masa salarial total durante 1980-1990, creció de forma regular a partir de finales de los noventa y principios del siglo XXI, y está en vías de alcanzar el 7.5-8% de la masa salarial al final de la primera década del presente siglo y principios de la segunda. Se trata de un crecimiento de casi 30% en una decena de años, lo que dista de ser despreciable. Si subimos aún más en la jerarquía de los sueldos y de los bonos, y si estudiamos el "0.1%" o el "0.01%" de los salarios más elevados, advertiremos crecimientos aún más fuertes, con alzas del poder adquisitivo superiores a 50% en 10 años.[22] En un contexto de muy bajo crecimiento y de casi estancamiento del poder adquisitivo de la masa de los sueldos y salarios, evoluciones tan favorables no dejan de llamar la atención. De hecho, se trata de un fenómeno radicalmen-

[22] Véanse, sobre todo, los estudios de C. Landais ("Les hauts revenus en France [1998-2006], Une explosion des inégalités?", École d'Économie de Paris, París, junio de 2007, 44 pp.) y O. Godechot ("Is Finance Responsible for the Rise in Wage Inequality in France?", *Socio-Economic Review,* Oxford University Press, vol. 10, núm. 3, 2012, pp. 447-470).

te nuevo, que no puede apreciarse de manera correcta más que situándolo en una perspectiva internacional.

Un caso más complejo: la transformación de la desigualdad en los Estados Unidos

Pasemos, en efecto, al estudio del caso estadunidense, cuya originalidad es precisamente la de haber permitido la emergencia de una sociedad de "superejecutivos" a lo largo de las últimas décadas. Precisemos de entrada que hicimos un esfuerzo considerable para establecer series históricas para los Estados Unidos suficientemente comparables, en la medida de lo posible, con nuestras series francesas. En particular, en las gráficas VIII.5 y VIII.6 representamos exactamente las mismas series respecto de los Estados Unidos que las presentadas en las gráficas VIII.1 y VIII.2 para el caso francés: se trata de comparar, por una parte, la evolución de las participaciones del decil superior y del percentil superior de la jerarquía de los ingresos y, por otra, el desarrollo de la jerarquía de los salarios. Precisemos que el impuesto federal sobre el ingreso fue creado en 1913 en los Estados Unidos, al término de un largo enfrentamiento con la Suprema Corte.[23] Los datos resultantes de las declaraciones de ingresos estadunidenses son, en general, muy comparables con los datos franceses, aunque un poco menos detallados. En particular, los exámenes de las declaraciones por nivel de ingreso se han hecho cada año a partir de 1913, pero hubo que esperar a 1927 para disponer, además, del análisis en función del nivel de salario, de tal manera que las series de la distribución de los salarios estadunidenses antes de 1927 eran un poco menos consistentes.[24]

Cuando se comparan las trayectorias francesa y estadunidense, se manifiestan claramente varias similitudes, pero también muchas diferencias importantes. Empecemos por examinar la evolución general de la participación del decil superior de la distribución de los ingresos en el ingreso nacional estadunidense (véase la gráfica VIII.6). El hecho más contundente es que los Estados Unidos se volvieron mucho menos igualitarios que Francia —y en realidad que Europa en su conjunto— a lo largo del siglo XX, cuando la situación contraria era cierta muy al principio del siglo XX. La complejidad proviene del hecho de que no se trataba de un simple regreso a una realidad anterior: la desigualdad estadunidense de la década de 2010 es tan extrema

[23] Para los años 1910-1912, completamos las series utilizando los diferentes datos disponibles y, en particular, las diversas estimaciones realizadas en los Estados Unidos con vistas a la creación del impuesto sobre el ingreso (de la misma manera que en el caso de Francia). Véase el anexo técnico.

[24] Para los años 1913-1926, utilizamos la información depurada por niveles de ingreso y por categorías de ingreso para estimar la evolución de la desigualdad en los salarios. Véase el anexo técnico.

GRÁFICA VIII.5. *La desigualdad en los ingresos en los Estados Unidos, 1910-2010*

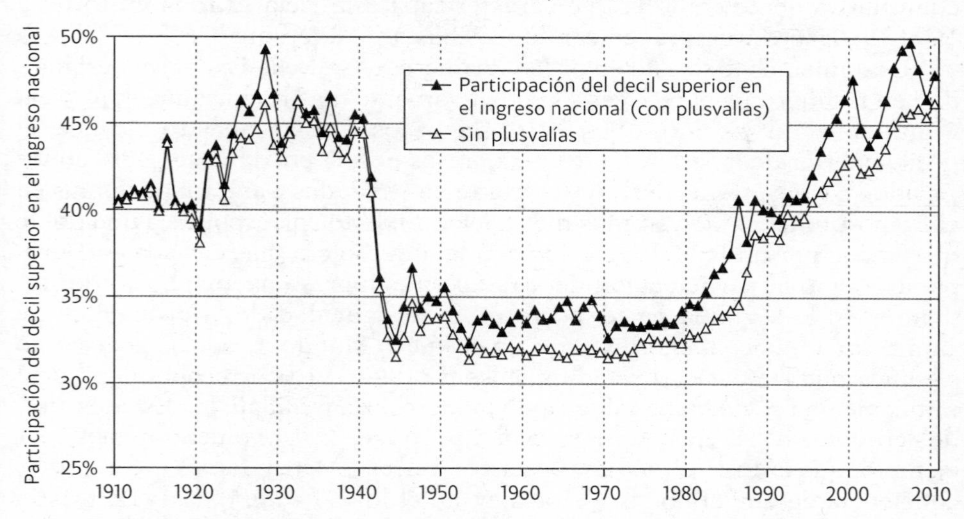

La participación del decil superior pasó de menos de 35% del ingreso nacional en los años setenta a casi 50% en 2000-2010.

FUENTES Y SERIES: véase piketty.pse.ens.fr/capital21c.

GRÁFICA VIII.6. *Descomposición del decil superior en los Estados Unidos, 1910-2010*

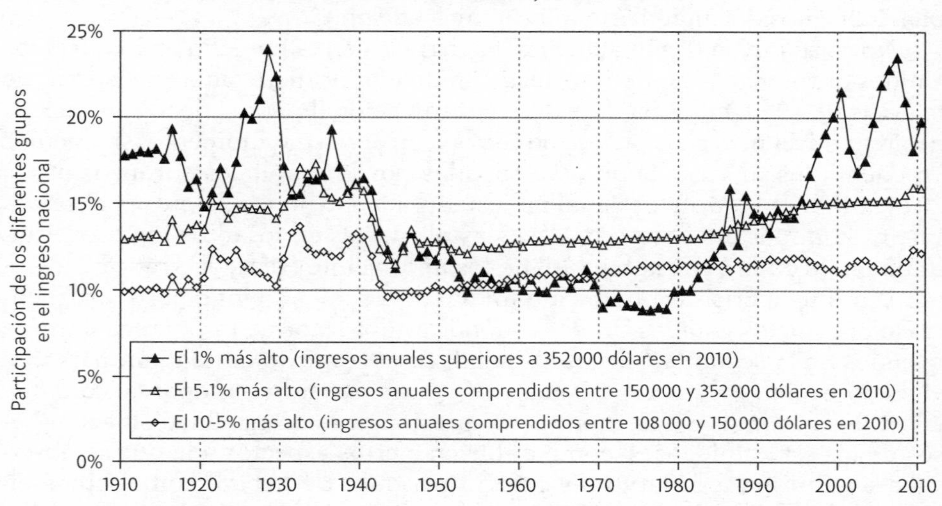

El alza de la participación del decil superior desde los años setenta se debió principalmente al percentil superior.

FUENTES Y SERIES: véase piketty.pse.ens.fr/capital21c.

cuantitativamente como la que caracterizaba a la vieja Europa en torno a 1900-1910; su estructura, en cambio, es bastante diferente.

Examinemos todo esto en orden. Primero, en la Bella Época, la desigualdad en los ingresos parece ser significativamente más importante en el Viejo Continente. En los años 1900-1910, según los datos a nuestro alcance, el decil superior de la jerarquía de los ingresos poseía poco más de 40% en los Estados Unidos, frente a 45-50% en Francia (y sin duda aún un poco más en el Reino Unido, como veremos más adelante). Esto corresponde a una doble diferencia: por un lado, la relación capital/ingreso era más elevada en Europa, así como la participación del capital en el ingreso nacional, como estudiamos en la segunda parte; por otro, la desigualdad de la propiedad del capital era un poco menos extrema en el Nuevo Mundo. Desde luego, esto no significa que la sociedad estadunidense de 1900-1910 correspondía al ideal mítico de una sociedad igualitaria de pioneros. En realidad, los Estados Unidos eran ya en esa época una sociedad poco igualitaria, mucho menos, por ejemplo, que la Europa actual. Basta con releer a Henry James o con tomar conciencia de que el horrible Hockney, en el lujoso *Titanic* de 1912, existió en realidad y no sólo en la imaginación de James Cameron, para darnos cuenta de que en Boston, Nueva York o Filadelfia también existía una sociedad de rentistas, y no sólo en París o Londres. Simplemente, la desigualdad en el reparto del capital y, por consiguiente, de los ingresos que producía era menos extrema que en Francia o el Reino Unido. En concreto, los rentistas en los Estados Unidos eran menos numerosos y menos opulentos, comparados con el promedio del nivel de vida estadunidense, que sus pares en Europa. Habremos de entender el porqué más adelante.

No obstante, la desigualdad en los ingresos creció mucho en los Estados Unidos durante los años veinte, alcanzando una primera cima en vísperas de la crisis de 1929, con casi 50% del ingreso nacional para el decil superior, es decir, un nivel más elevado que en Europa en el mismo momento, si tenemos en cuenta los fuertes choques ya sufridos por los capitales europeos desde 1914. Sin embargo, la desigualdad estadunidense no era la europea: se advertirá la importancia ya crucial de las plusvalías en los altos ingresos estadunidenses en la euforia bursátil de los años veinte (véase la gráfica VIII.5).

Durante la crisis económica mundial de los años treinta, particularmente violenta en los Estados Unidos —donde estaba su origen—, y luego durante los años de la segunda Guerra Mundial, en el contexto de todo un país movilizado hacia un esfuerzo de guerra (y también en busca de una salida de la crisis), asistimos a una enorme compresión de la desigualdad en los ingresos de los estadunidenses, comparable en ciertos aspectos a la que se observaba en Europa a lo largo del mismo periodo. De hecho, como vimos en la segunda parte, los choques sufridos por los capitales estadunidenses distaban de ser despreciables; no hubo destrucción física por las guerras, pero sí muy fuertes choques vinculados con la Gran Depresión y asociados a los considerables golpes fiscales decididos por el gobierno federal estadunidense en 1930-1940. Al final, si se considera el periodo de 1910-1950 en su conjunto, se observa en cambio que la compresión de la desigualdad fue sensiblemente menos fuerte en los Estados Unidos que en Francia (y de manera más general que en Europa). Resumamos: los Estados Unidos partían de una cima de desigualdad menos alta en vísperas de la primera Guerra Mundial, pero llegaron a un punto inferior menos bajo al concluir la segunda Guerra Mundial. El periodo de 1914-1945 era la historia del suicidio de Europa y de su sociedad de rentistas, no del suicidio de los Estados Unidos.

La explosión de la desigualdad estadunidense a partir de los años 1970-1980

De 1950 a 1970 los Estados Unidos conocieron la fase más igualitaria de su historia: el decil superior de la jerarquía de los ingresos poseía un 30-35% del ingreso nacional estadunidense, es decir, aproximadamente el mismo nivel que en Francia hoy en día. Eran "los Estados Unidos que amamos" de los que habla Paul Krugman con nostalgia, los Estados Unidos de su niñez.[25] En los sesenta, en la época de la serie *Mad Men* y del general De Gaulle, los Estados Unidos eran en realidad más igualitarios que Francia (donde la participación del decil superior había crecido mucho y rebasaba claramente el 35%), por lo menos para quienes tenían la piel blanca.

Desde 1970-1980 se asistió a una explosión sin precedentes de la desigualdad en los ingresos en los Estados Unidos. La participación del decil superior pasó poco a poco de aproximadamente 30-35% del ingreso nacional en los años setenta a más o menos 45-50% en 2000-2010, es decir, un alza de casi 15 puntos de ingreso nacional estadunidense (véase la gráfica VIII.5). El aspecto de la curva es bastante impresionante y resulta natural preguntarse hasta dónde puede llegar semejante evolución: por ejemplo, si las cosas siguen al mismo ritmo, la participación del decil superior rebasará el 60% del ingreso nacional de aquí a 2030.

Varios aspectos merecen ser precisados ahora respecto de esta evolución: primero, recordemos que las series presentadas en la gráfica VIII.5, así como el conjunto de las de la World Top Income Database, sólo toman en cuenta los ingresos que aparecen en las declaraciones de ingreso, sin intentar corregir especialmente la subdeclaración de los ingresos del capital, por razones legales o extralegales. Teniendo en cuenta, por un lado, la creciente diferencia entre la masa de los ingresos del capital (en particular, dividendos e intereses)

[25] Las obras recientemente consagradas por P. Krugman (*The Conscience of a Liberal*, Norton, Nueva York/Londres, 2009, 352 pp.) y J. Stiglitz (*The Price of Inequality*, Norton, Nueva York/Londres, 2012, 560 pp.) al estudio del incremento de la desigualdad estadunidense muestran la fuerza del apego a ese periodo relativamente igualitario de su historia.

registrada en las cuentas nacionales estadunidenses y la observada en las declaraciones de ingresos y, por otro, el rápido desarrollo de los paraísos fiscales (flujo que, en gran medida, las mismas cuentas nacionales no toman en cuenta), es probable que la gráfica VIII.5 subestime el alza real de la participación del decil superior. Al cotejar las diferentes fuentes disponibles se puede estimar que esta participación rebasó sin duda ligeramente el 50% del ingreso nacional estadunidense en vísperas de la crisis financiera de 2008, para más tarde superarla de nuevo a principios de 2010.[26]

Además, se advertirá que la euforia bursátil y las plusvalías sólo explican una parte limitada del alza estructural de la participación del decil superior a lo largo de los últimos 30 o 40 años. Desde luego, las plusvalías alcanzaron en los Estados Unidos niveles inéditos en el momento de la burbuja de internet, en el año 2000 y luego de nuevo en 2007: en ambos casos, las plusvalías representaban por sí solas cinco puntos adicionales del ingreso nacional para el decil superior, lo que es enorme. El récord anterior, que databa de 1928, en vísperas del colapso bursátil de 1929, era de aproximadamente tres puntos del ingreso nacional. Sin embargo, semejantes niveles no son sostenibles por mucho tiempo, como lo demuestran las enormes variaciones de un año a otro observadas en la gráfica VIII.5. Finalmente, los incesantes movimientos a corto plazo de las plusvalías y de los mercados bursátiles añadían mucha volatilidad a la evolución de la participación del decil superior (y contribuían sin ninguna duda a la volatilidad de la economía estadunidense en su conjunto), pero casi no participaban en el alza estructural de la desigualdad. Si se retiran simple y llanamente las plusvalías de los ingresos (lo que tampoco es satisfactorio, tomando en cuenta la importancia que en los Estados Unidos tiene esta forma de remuneración), aún se advierte un aumento de la participación del decil superior igual de intenso: se pasó de aproximadamente 32% en los años setenta a más de 46% en 2010, un aumento de 14 puntos en el ingreso nacional (véase la gráfica VIII.5). Las plusvalías oscilaban entre uno-dos puntos porcentuales del ingreso nacional en los setenta y entre dos-tres puntos en 2000-2010 (sin contar los años especialmente buenos o particularmente malos). El aumento estructural era entonces del orden de 1%, lo que no es cualquier cosa, pero tampoco es mucho comparado con el aumento de 14 puntos en la participación del decil superior (excluyendo las plusvalías).[27]

Examinar la evolución sin las plusvalías permite, además, identificar de forma más clara el carácter estructural del aumento de la desigualdad estadu-

[26] Los datos disponibles —imperfectos— sugieren que la corrección de la subdeclaración de los ingresos del capital puede referirse a alrededor de dos-tres puntos del ingreso nacional. La participación no corregida del decil superior alcanza 49.7% del ingreso nacional estadunidense en 2007, y 47.9% en 2010 (con una clara tendencia al alza). Véase el anexo técnico.

[27] Desde luego, las series "con plusvalías" tienen en cuenta las plusvalías tanto en el numerador (para los deciles y percentiles de altos ingresos) como en el denominador (para el ingreso nacional total), mientras que las series "sin plusvalías" las excluyen en ambos casos. Véase el anexo técnico.

nidense. De hecho, desde finales de los setenta hasta principios de la década de 2010, el alza de la participación del decil superior (excluyendo plusvalías) parece haber sido bastante regular y continua: pasó la barrera del 35% en los años ochenta, luego la del 40% en los noventa y, al final, la del 45% en la década de 2000 (véase la gráfica VIII.5).[28] Es particularmente sorprendente observar que el nivel alcanzado en 2010 —es decir, más de 46% del ingreso nacional estadunidense por parte del decil superior, sin contar plusvalías— es en lo sucesivo significativamente más elevado que el nivel alcanzado en 2007, en vísperas de la crisis financiera. Los primeros datos a nuestro alcance, para los años 2011-2012, permiten suponer que el alza continúa en la actualidad.

Se trata de un aspecto esencial: estos hechos demuestran de manera muy clara que no hay que contar con la crisis financiera como tal para poner fin al alza estructural de la desigualdad estadunidense. Desde luego, en lo inmediato, un colapso bursátil lleva a desacelerar el alza de la desigualdad, al igual que una expansión tiende a acelerarla. Los años 2008-2009, tras la quiebra de Lehman Brothers, al igual que 2001-2002, justo después del estallido de la primera burbuja de internet, no eran evidentemente los más indicados para obtener plusvalías bursátiles. No sorprende, por ello, que las plusvalías se desplomaran durante esos años. Sin embargo, tales movimientos a corto plazo no cambian en nada la tendencia de largo plazo, que obedece a otras fuerzas cuya lógica habremos de entender más adelante.

Para ir más allá en nuestra comprensión del fenómeno, es útil fraccionar el decil superior de la jerarquía de los ingresos en tres grupos: el 1% de los más ricos, el siguiente 4% y el siguiente 5% inferior (véase la gráfica VIII.6). Se advierte que lo esencial del alza procede del grupo del "1%", cuya participación en el ingreso nacional pasó de alrededor de 9% en los años setenta a más o menos el 20% en 2000-2010 (con fuertes variaciones debidas a las plusvalías), es decir, un alza del orden de 11 puntos porcentuales. El grupo del "5%" (cuyos ingresos anuales se escalonaban de 108 000 a 150 000 dólares por hogar en 2010), así como el grupo del "4%" (cuyos ingresos se escalonaban de 150 000 a 352 000 dólares), desde luego también tuvieron alzas sustanciales: la participación del primero en el ingreso nacional estadunidense pasó de 11 a 12% (un alza de un punto porcentual) y la del segundo de 13 a 16% (un alza de tres puntos porcentuales).[29] Por definición, esto significa que

[28] El único salto sospechoso se produjo en torno a la gran reforma fiscal de Reagan en 1986, en la que un número importante de sociedades cambiaron de forma jurídica para que sus beneficios estuvieran sometidos al impuesto sobre la renta de las personas físicas y ya no al impuesto sobre las sociedades. Este simple efecto de transferencia a corto plazo entre bases fiscales fue compensado en unos cuantos años (ingresos que tendrían que haberse realizado un poco más tarde en forma de plusvalías se formalizaron antes), desempeñando un papel secundario en la tendencia a largo plazo. Véase el anexo técnico.

[29] Los ingresos anuales antes de impuestos mencionados aquí corresponden a ingresos por hogar (matrimonios o persona sola). La desigualdad en los ingresos calculada a nivel individual

desde 1970-1980 esos grupos sociales tuvieron alzas en sus ingresos sensiblemente superiores al crecimiento promedio de la economía estadunidense, situación que no ha de ser minusvalorada.

En esos grupos se encuentran, por ejemplo, los economistas universitarios estadunidenses, que a menudo tienden a considerar que la economía de su país funciona bastante bien y, en particular, que recompensa el talento y el mérito con justicia y precisión: he aquí una reacción muy humana y comprensible.[30] Sin embargo, la verdad es que los grupos sociales situados por encima de ellos se las arreglaron mucho mejor: de los 15 puntos de ingreso nacional adicional absorbidos por el decil superior, alrededor de 11 puntos —casi tres cuartas partes— fueron para el "1%" (es decir, el grupo con ingresos anuales superiores a 352 000 dólares en 2010), de los cuales aproximadamente la mitad fue para el "0.1%" (el grupo con ingresos de más de 1.5 millones de dólares).[31]

¿Provocó el aumento de la desigualdad la crisis financiera?

Acabamos de ver que la crisis financiera como tal no parece haber tenido un impacto en el alza estructural de la desigualdad. ¿Qué pasa con la causalidad inversa? ¿Es posible que el aumento de la desigualdad estadunidense haya contribuido al desencadenamiento de la crisis financiera de 2008? Teniendo en cuenta el hecho de que la participación del decil superior en el ingreso nacional estadunidense tuvo dos cimas absolutas a lo largo del siglo pasado, una en 1928 (en vísperas de la crisis de 1929) y la segunda en 2007 (en vísperas de la crisis de 2008), es difícil no preguntárselo.

Desde mi punto de vista, no hay duda de que el alza de la desigualdad contribuyó a debilitar el sistema financiero estadunidense. Por una simple razón: el alza de la desigualdad tuvo como consecuencia un casi estancamiento del poder adquisitivo de las clases populares y medias en los Estados Unidos, lo que sólo incrementó la tendencia a un creciente endeudamiento de los hogares modestos; tanto más porque al mismo tiempo les eran propuestos créditos cada vez más fáciles y desregulados por los bancos e intermediarios financieros poco escrupulosos y deseosos de encontrar buenos rendimientos para el enorme ahorro financiero inyectado al sistema por las clases más elevadas.[32]

creció aproximadamente en las mismas proporciones que a nivel del hogar. Véase el anexo técnico.

[30] Este reconocimiento visceral es a veces particularmente marcado en los economistas nacidos en países extranjeros (en general, más pobres que los Estados Unidos) y que trabajan en universidades estadunidenses, lo que una vez más es muy comprensible, aunque un tanto involuntario.

[31] Todas las series detalladas están disponibles en línea.

[32] Esta tesis se acepta cada vez más. Por ejemplo, es defendida por R. Rancière y M. Kumhof ("Inequality, Leverage and Crises", FMI Working Paper, 2010). Véase asimismo el libro de R. Rajan,

Para apoyar esta tesis, es importante insistir en la considerable amplitud de la transferencia de ingreso nacional estadunidense —del orden de 15 puntos del ingreso nacional— que se dio entre el 90% de los más pobres y el 10% de los más ricos desde los años setenta. En concreto, si se acumula el crecimiento total de la economía estadunidense a lo largo de los 30 años anteriores a la crisis, es decir, de 1977 a 2007, se observa que el 10% de los más ricos se adueñaron de las tres cuartas partes de ese crecimiento; el 1% de los más ricos por sí solo absorbió casi el 60% del crecimiento total del ingreso nacional estadunidense en ese periodo; para el 90% restante, la tasa de crecimiento de su ingreso promedio se redujo así a menos de 0.5% por año.[33] Estas cifras son indiscutibles y sorprendentes: sin importar lo que pueda pensarse en el fondo sobre la legitimidad de la desigualdad en los ingresos, ésta merece ser examinada minuciosamente.[34] Resulta difícil imaginar una economía y una sociedad que funcionen eternamente con una divergencia tan extrema entre grupos sociales.

Desde luego, si el alza de las desigualdades se hubiera acompañado de un crecimiento excepcionalmente fuerte de la economía estadunidense, las cosas serían muy diferentes. Por desgracia, esto no fue así: el crecimiento fue más bien menos intenso que durante los decenios anteriores, de tal manera que el aumento de la desigualdad condujo casi a un estancamiento de los ingresos bajos y medios.

También es posible señalar que esa transferencia interna entre grupos sociales (del orden de 15 puntos del ingreso nacional estadunidense) es casi cuatro veces más importante que el imponente déficit comercial estadunidense durante los años de 2000 (del orden de cuatro puntos del ingreso nacional de los Estados Unidos). La comparación es interesante, puesto que ese enorme déficit comercial, con la contrapartida principal de los excedentes chinos, japoneses y alemanes, fue descrito a menudo como uno de los elementos clave de los desequilibrios internacionales *(global imbalances)* que habrían contribuido a desestabilizar el sistema financiero estadunidense y mundial en los años que llevaron a la crisis de 2008. Esto es muy posible; sin embargo, es importante ser conscientes del hecho de que los desequilibrios internos de la sociedad estadunidense son cuatro veces más importantes que

Fault Lines, Princeton University Press, Princeton, 2010, 280 pp., quien, en cambio, subestima la importancia del crecimiento de la participación de los altos ingresos en el ingreso nacional estadunidense.

[33] Véase A. Atkinson, T. Piketty y E. Saez, "Top Incomes in the Long Run of History", *Journal of Economic Literature,* American Economic Association, vol. 49, núm. 1, marzo de 2011, tabla 1, p. 9. Este texto está disponible en línea.

[34] Recordemos que todas estas cifras atañen a la distribución de los ingresos primarios (antes de impuestos y transferencias). Examinaremos en la cuarta parte los efectos del sistema de impuestos y transferencias. Para decirlo brevemente: la progresividad de los impuestos se redujo considerablemente en ese periodo, lo que agravaba esas cifras, pero el crecimiento de ciertas transferencias a los más pobres las atenuaba levemente.

los internacionales. Ello sugiere que tal vez ciertas soluciones deban buscarse más en los Estados Unidos que en China o en los demás países.

Habiendo planteado esto, sería exagerado hacer del aumento de la desigualdad la causa única —o incluso principal— de la crisis financiera de 2008, y en particular de la inestabilidad crónica del sistema financiero internacional. A mi parecer, un factor de inestabilidad quizás aún más importante que el incremento de la desigualdad estadunidense es el alza estructural de la relación capital/ingreso (sobre todo en Europa), acompañada por el enorme crecimiento de las posiciones financieras internacionales brutas.[35]

El ascenso de los súper salarios

Volvamos a las causas del alza de la desigualdad en los Estados Unidos. Ésta se explica en gran medida por la subida sin precedentes de la desigualdad en los salarios y, en particular, por la emergencia de remuneraciones sumamente elevadas en la cima de la jerarquía de los salarios, sobre todo entre los altos ejecutivos de las grandes empresas (véanse las gráficas VIII.7 y VIII.8).

De manera general, la desigualdad en los salarios estadunidenses tuvo transformaciones importantes a lo largo del siglo pasado, especialmente con un ensanchamiento de la jerarquía durante los años veinte, una relativa estabilidad durante los treinta y luego una muy fuerte compresión durante la segunda Guerra Mundial. Esta fase de "gran compresión" de la jerarquía salarial estadunidense ha sido muy estudiada. En ella desempeñó un papel importante el National War Labor Board, autoridad que de 1941 a 1945 debía aprobar las alzas de salarios en los Estados Unidos y que, en general, no otorgaba autorizaciones sino para los salarios más bajos. En particular, los sueldos de los ejecutivos se congelaron sistemáticamente en términos nominales y no se incrementaron más que de manera muy parcial al final de la guerra.[36] En 1950-1960 la desigualdad en los salarios se estabilizó en un nivel relativamente bajo en los Estados Unidos, más bajo por ejemplo que en Francia: la participación del decil superior de la jerarquía de los salarios era de alrededor de 25% de la masa salarial, y la participación del percentil superior se ubicaba en torno a 5-6% de la masa salarial. Luego, a partir de mediados de los años setenta, y a lo largo de todo el periodo 1980-2010, el 10% de los sueldos más elevados, y más aún el 1% más elevado, empezaron a aumentar estructuralmente más rápido que el promedio de los salarios. En total, la participación del decil superior de la jerarquía de los salarios pasó de 25 a

[35] Véase en el capítulo V el análisis de las burbujas japonesa y española.

[36] Véase T. Piketty y E. Saez, "Income Inequality in the United States, 1913-1998", *The Quarterly Journal of Economics*, MIT Press, vol. 118, núm. 1, febrero de 2003, pp. 29-30. Véase asimismo C. Goldin y R. Margo, "The Great Compression: The Wage Structure in the United States at Mid-Century", *Quarterly Journal of Economics*, MIT Press, vol. 107, núm. 1, febrero de 1992, pp. 1-34.

GRÁFICA VIII.7. *Altos ingresos y altos salarios en los Estados Unidos, 1910-2010*

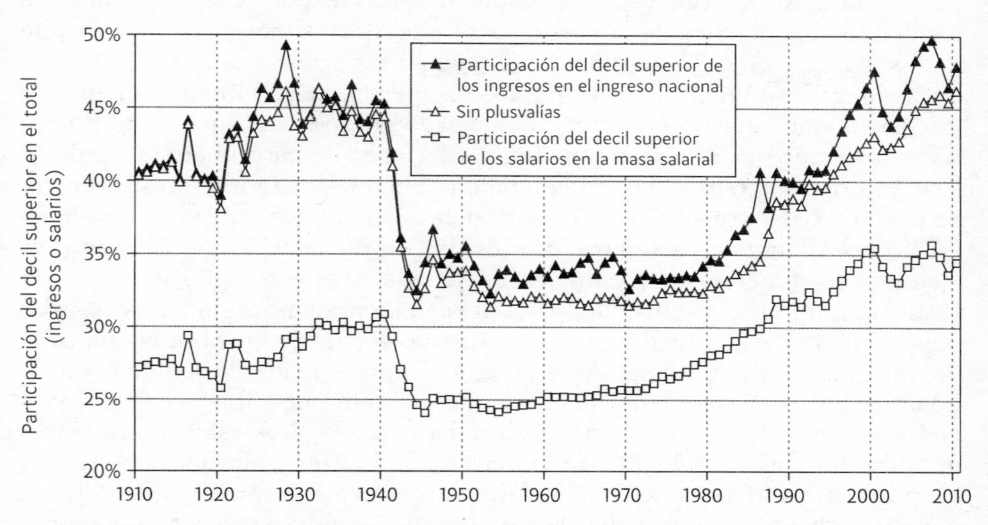

El incremento de la desigualdad en los ingresos desde los años setenta se explica en gran parte por el alza de la desigualdad en los salarios.

FUENTES Y SERIES: véase piketty.pse.ens.fr/capital21c.

GRÁFICA VIII.8. *Las transformaciones del percentil superior en los Estados Unidos*

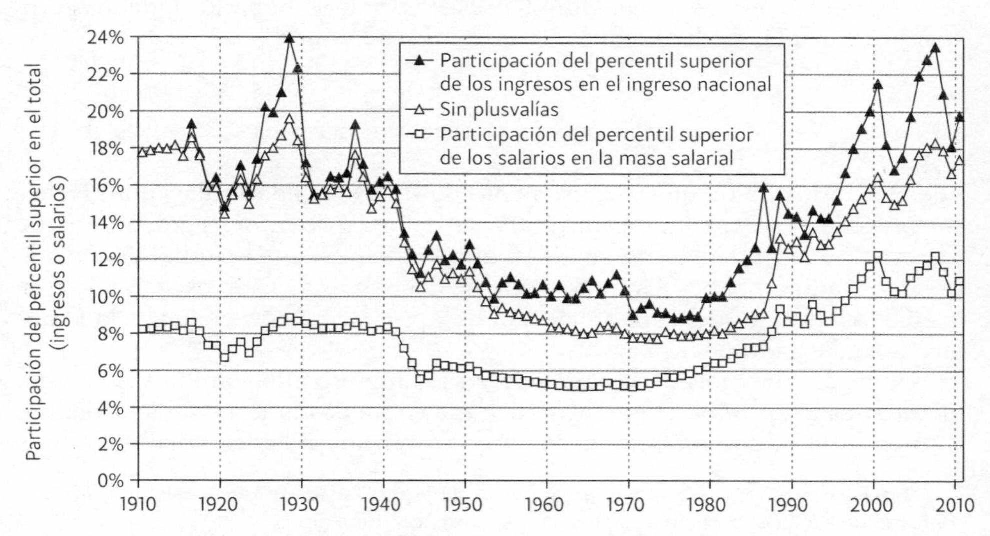

El alza del 1% de los ingresos más elevados desde los años setenta se explica en gran medida por el alza del 1% de los salarios más altos.

FUENTES Y SERIES: véase piketty.pse.ens.fr/capital21c.

35% de la masa salarial; esta subida de 10 puntos explica aproximadamente los dos tercios del alza de la participación del decil superior de la jerarquía de los ingresos en el ingreso nacional (véanse las gráficas VIII.7 y VIII.8).

Es necesario precisar varios puntos: primero, este crecimiento inédito de la desigualdad salarial no parece haber sido compensado mediante un aumento, del tipo que sea, de la movilidad salarial en las carreras individuales.[37] Esto es un aspecto esencial, en la medida en que este argumento se menciona a menudo para relativizar la importancia del incremento de la desigualdad. De hecho, si alguien pasa parte de su vida con un salario muy elevado (por ejemplo, si alguien estuviera un año de su vida en el percentil superior de la jerarquía), un alza del nivel de los salarios muy altos no significa necesariamente que la desigualdad respecto al trabajo —calculada sobre el conjunto de una vida— haya aumentado realmente. El argumento clásico de la movilidad es tanto más fuerte porque a menudo resulta imposible verificarlo. Sin embargo, en este caso, los datos administrativos y fiscales estadunidenses permiten medir la evolución de la desigualdad en los salarios tomando en cuenta la movilidad, es decir, calculando los salarios promedio obtenidos de manera individual en periodos largos (10, 20, 30 años). Se observa entonces que el alza en la desigualdad salarial es idéntica en todos los casos, sin importar la duración del periodo de referencia elegido.[38] Dicho de otro modo, ni los meseros de McDonald's ni los obreros de Detroit, como tampoco los maestros de Chicago o los ejecutivos medios e incluso superiores de California pasarán un año de su vida obteniendo ingresos como si fueran ejecutivos de las grandes empresas estadunidenses. Podríamos haberlo dudado, pero siempre vale más poder medirlo de manera sistemática.

La cohabitación en el percentil superior

Además, el hecho de que el incremento de la desigualdad salarial a niveles sin precedentes explique la mayor parte del alza de la desigualdad en los ingresos estadunidenses no significa que los ingresos del capital no hayan desempeñado un papel. Es importante no caer en una visión excesiva, según la cual los ingresos del capital habrían desaparecido de las cimas de la jerarquía social estadunidense.

De hecho, la enorme desigualdad en los ingresos del capital y su crecimiento desde los años setenta explican más o menos la tercera parte del incremento de la desigualdad en los ingresos en los Estados Unidos, lo que

[37] Tampoco fue compensado por un aumento de la movilidad entre generaciones; muy al contrario (volveremos a este punto en la cuarta parte, capítulo XIII).

[38] Véase W. Kopczuk, E. Saez y J. Song, "Earnings Inequality and Mobility in the United States: Evidence from Social Security Data since 1937", *Quarterly Journal of Economics*, MIT Press, vol. 125, núm. 1, febrero de 2010, pp. 91-128.

dista de ser menospreciable. También hay que insistir en el hecho de que tanto en los Estados Unidos como en Francia y en Europa, hoy como ayer, los ingresos del capital siempre han tendido a predominar sobre los ingresos del trabajo conforme se ascienden los escalones de la jerarquía salarial. Las diferencias en el tiempo y el espacio son sólo de grado: resultan importantes, pero no cambian ese principio general. Como bien señalaron Wolff y Zacharias, el percentil superior siempre se caracteriza por una cohabitación entre varios grupos sociales (los de muy elevados ingresos del capital y los de muy altos ingresos del trabajo), más que por una sustitución de los primeros por los segundos.[39]

En este caso, al igual que en Francia, pero de manera aún más pronunciada, la diferencia es que hoy en día hay que subir mucho más que ayer para que los ingresos del capital sean los que predominen. En 1929 este tipo de ingresos (esencialmente los dividendos y las plusvalías) constituían la fuente más importante de los recursos para el 1% de mayores ingresos (véase la gráfica VIII.9). En 2007 era necesario formar parte del 0.1% de las percepciones más elevadas para que así fuera (véase la gráfica VIII.10). Sin embargo, hay que precisar que esto obedece al hecho de que incluimos las plusvalías en los ingresos del capital: sin ellas, los salarios parecerían ser la fuente principal de ingresos incluso del 0.01% de las percepciones más elevadas.[40]

El último aspecto que merece precisión, y tal vez sea el más importante, es que el incremento de los muy altos ingresos y de los muy altos salarios refleja ante todo la llegada de los "superejecutivos", es decir, de un grupo de mandos dirigentes de las grandes empresas que logran obtener niveles de remuneración sumamente elevados, inéditos en la historia. Si nos contentamos con considerar las cinco remuneraciones más altas de cada empresa que cotiza (que suelen ser las únicas remuneraciones objeto de información pública en los informes y las cuentas de esas sociedades), nos encontramos con la paradójica conclusión de que los dirigentes de las empresas no son lo bastante numerosos para explicar el incremento de los muy altos ingresos estadunidenses, lo que no nos ayuda a esclarecer las evoluciones observadas en las declaraciones de ingresos.[41] Sin embargo, el hecho es que en muchas

[39] Véase E. Wolff y A. Zacharias, "Household Wealth and the Measurement of Economic Well-Being in the U.S.", *Journal of Economic Inequality*, Springer, vol. 7, núm. 2, junio de 2009, pp. 83-115. Wolff y Zacharias señalan acertadamente que nuestro artículo inicial de 2003 con Emmanuel Saez exageraba el hecho de que las evoluciones observadas se debían a una sustitución de "rentistas juntacupones" ("coupon-clipping rentiers") por "trabajadores ricos" ("working rich"), cuando en efecto se trata más bien de una "cohabitación".

[40] Véanse las gráficas suplementarias S8.1 y S8.2 (disponibles en línea).

[41] Véase S. Kaplan y J. Rauh, "Wall Street and Main Street: What Contributes to the Rise of the Highest Incomes?", *Review of Financial Studies*, Society for Financial Studies, vol. 23, núm. 3, marzo de 2009, pp. 1004-1050.

GRÁFICA VIII.9. *La composición de los altos ingresos en los Estados Unidos en 1929*

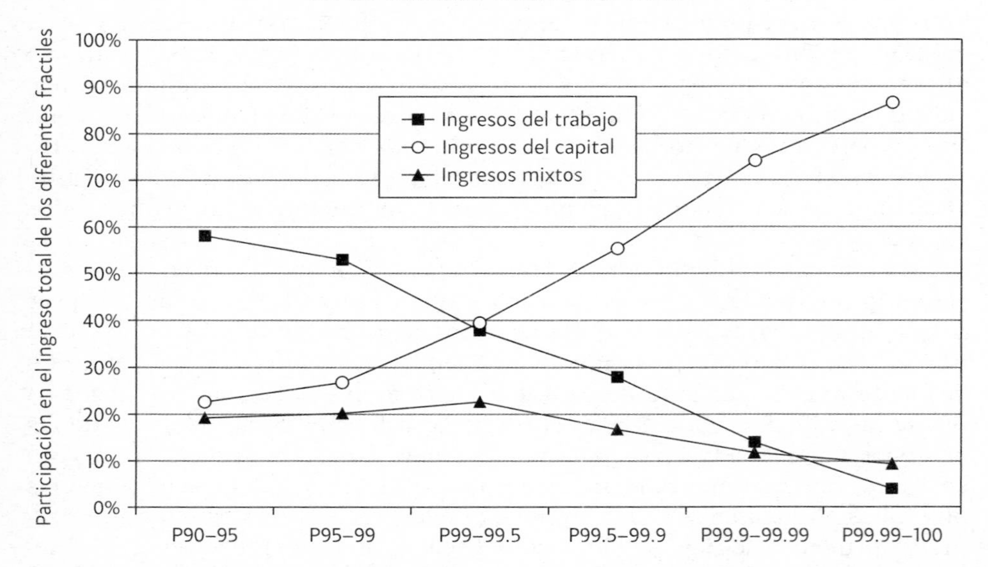

Los ingresos del trabajo se volvían minoritarios a medida que se ascendía en el decil superior de la jerarquía de los ingresos.
FUENTES Y SERIES: véase piketty.pse.ens.fr/capital21c.

de las grandes empresas estadunidenses existen, en efecto, más de cinco mandos cuya remuneración los sitúa en el seno del 1% de los ingresos más elevados a nivel nacional (352 000 dólares en 2010), o incluso en el del 0.1% de los más altos (1.5 millones de dólares en 2010).

Recientes investigaciones, basadas en el emparejamiento de los registros tanto de las declaraciones de ingresos como de las declaraciones de los salarios de las empresas, permiten advertir que la gran mayoría del 0.1% de los ingresos más altos —entre 60 y 70%, según las definiciones adoptadas— corresponde durante la primera década del siglo XXI a altos ejecutivos. En comparación, los deportistas, actores y artistas, en su conjunto, representan en total menos de 5% de ese grupo.[42] En este sentido, la nueva desigualdad

[42] Véase J. Bakija, A. Cole y B. Heim, "Jobs and Income Growth of Top Earners and the Causes of Changing Income Inequality: Evidence from U.S. Tax Return Data", *Internal Revenue Service,* 2010, tabla 1. Los demás grupos profesionales importantes son los médicos y los abogados (en conjunto, alrededor de 10% del total) y los promotores inmobiliarios (más o menos 5% del total). Sin embargo, hay que subrayar los límites de esos datos: no se conoce el origen de los patrimonios (heredados o no), aunque los ingresos del capital representan más de la mitad de los ingresos a nivel del milésimo superior si se incluyen las plusvalías (véase la gráfica VIII.10), y alrededor de una cuarta parte si se las excluye (véase la gráfica S8.2, disponible en línea).

GRÁFICA VIII.10. *La composición de los altos ingresos en los Estados Unidos en 2007*

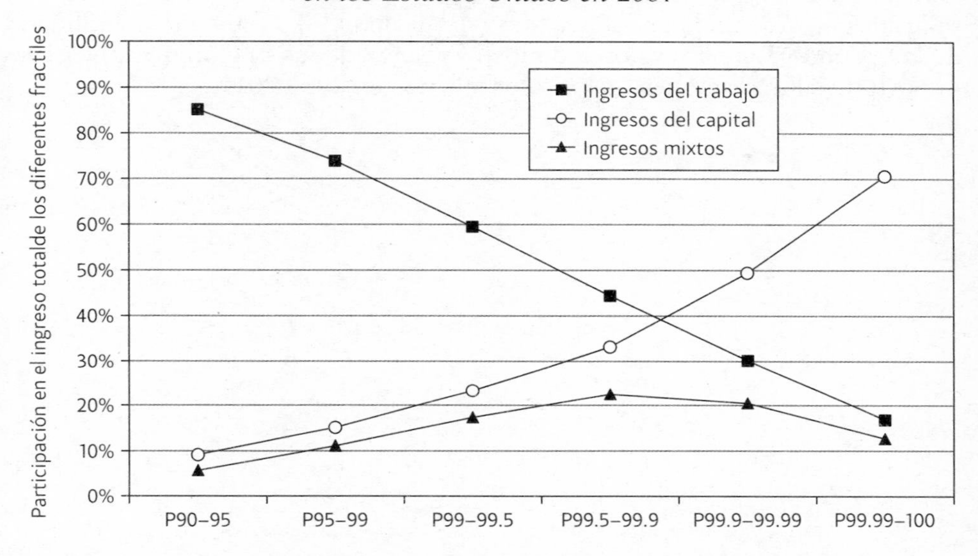

Los ingresos del capital eran dominantes en el seno del 0.1% de los ingresos más elevados en los Estados Unidos en 2007, y ya no entre el 1% de los ingresos más elevados, como en 1929.
FUENTES Y SERIES: véase piketty.pse.ens.fr/capital21c.

estadunidense corresponde mucho más a la llegada de los "superejecutivos" que a una sociedad de "superestrellas".[43]

También es interesante señalar que las profesiones de las finanzas —ya sea que se trate de los altos ejecutivos de los bancos y demás instituciones financieras o de los *traders* que operan en los mercados financieros— ocupan más o menos el doble de lugares en el grupo de los ingresos muy altos que en la economía en su conjunto (en torno a 20% del 0.1% de los ingresos más altos, frente a menos de 10% del PIB). Sin embargo, el 80% de las percepciones más altas no se encuentra en las finanzas, y la mitad de los ingresos estadunidenses muy elevados se explica ante todo por la explosión de las remuneraciones de los altos ejecutivos de las grandes sociedades, sin importar si éstas se hallan en los sectores financiero o no financiero.

Precisemos, por último, que de acuerdo con las reglas fiscales estadunidenses, y también con la lógica económica, incluimos en los sueldos el conjunto de las primas y bonos pagados a los altos ejecutivos, así como el valor

[43] El tema de los "superempresarios" del tipo Bill Gates no atañe más que a un grupo muy pequeño, poco pertinente para el análisis de los ingresos, y no puede ser comprendido correctamente sino analizando los patrimonios correspondientes y, en particular, la evolución de las clasificaciones de las fortunas. Véase el capítulo XII.

de ejercicio de las opciones sobre acciones *(stock-options)*, forma de remuneración que tuvo un papel importante en el incremento de las desigualdades salariales representada en las gráficas VIII.9 y VIII.10.[44] La muy alta volatilidad de las primas, bonos y valores de los ejercicios de las opciones explica las importantes fluctuaciones de los altos sueldos en 2000-2010.

[44] En concreto, si a un mando dirigente se le da la posibilidad de comprar acciones de su empresa a 100 dólares, con una cotización de las acciones a 200 dólares en el momento en que ejerce su opción, la diferencia entre los dos precios —es decir, 100 dólares— será tratada como una parte de su sueldo a lo largo del ejercicio anual. Si después el mando dirigente vende sus acciones a un precio aún más elevado (digamos, 250 dólares), la diferencia —es decir, 50 dólares— será registrada como plusvalía.

IX. LA DESIGUALDAD EN LOS INGRESOS DEL TRABAJO

Ya tenemos un conocimiento suficiente de la evolución de la desigualdad en los ingresos y los salarios observada en Francia y los Estados Unidos desde principios del siglo xx. Ahora habremos de explicar esas evoluciones y examinar en qué medida son representativas de la diversidad de los casos observados a largo plazo en los diferentes países desarrollados y emergentes.

Empezaremos por estudiar en este capítulo la dinámica de la desigualdad en los ingresos del trabajo: ¿cómo pueden explicarse la explosión de la desigualdad salarial y el ascenso de los superejecutivos en los Estados Unidos desde los años 1970-1980? Y de manera más general, ¿cómo puede explicarse la diversidad de las evoluciones históricas observadas en los diferentes países?

Más adelante, en los capítulos siguientes, pasaremos a la evolución del reparto de la propiedad del capital: ¿por qué y cómo disminuyó la concentración de los patrimonios en todos los países —y sobre todo en Europa— desde la Bella Época? El surgimiento de una clase media patrimonial es central para nuestra investigación, puesto que el fenómeno explica, en gran medida, por qué disminuyó la desigualdad en los ingresos durante la primera mitad del siglo xx y por qué pasamos de una sociedad de rentistas a una de ejecutivos, o bien, en la versión menos optimista, de una sociedad de superrentistas a una de rentistas un poco menos extrema.

La desigualdad en los ingresos del trabajo: ¿una carrera entre educación y tecnología?

¿Por qué es más alta o menos alta la desigualdad de los ingresos del trabajo y, en particular, de los salarios, en diferentes sociedades y en distintas épocas? La teoría más difundida es la de una carrera o persecución entre educación y tecnología. Digámoslo de entrada: esta teoría no permite explicarlo todo. En particular, veremos que no permite explicar de manera satisfactoria el ascenso de los superejecutivos y de la desigualdad salarial estadunidense desde los años setenta. Esta teoría, sin embargo, contiene elementos interesantes e importantes para explicar ciertas evoluciones históricas. Vamos, pues, a empezar por exponerla.

La teoría se basa en dos hipótesis. La primera es que el salario de un trabajador en concreto es igual a su productividad marginal, es decir, a su contribución individual a la producción de la empresa o de la oficina en la que trabaja. La segunda es que esa productividad depende principalmente de su calificación y del estado de la oferta y la demanda de calificaciones o habilidades en la sociedad considerada. Por ejemplo, en una sociedad en la que son escasos los asalariados con una calificación de ingeniero (es decir, hay una baja "oferta" de esa calificación) y en la que la tecnología vigente requiere muchos ingenieros (es decir, hay una fuerte "demanda"), existen muchas probabilidades de que el enfrentamiento entre esa baja oferta y la fuerte demanda lleve a un salario muy elevado para los ingenieros (en comparación con los demás asalariados) y, por consiguiente, a una importante desigualdad salarial entre los asalariados mejor pagados y los demás.

Cualesquiera que sean sus limitaciones y su ingenuidad (en la práctica, la productividad de un asalariado no es una magnitud inmutable y objetiva escrita en su frente, ya que las relaciones de fuerza entre grupos sociales a menudo desempeñan un papel central al fijar los salarios de unos y otros), esta teoría simple —incluso simplista— tiene el mérito de subrayar las fuerzas socioeconómicas con una función fundamental en la determinación de la desigualdad salarial, incluso en el marco de teorías más sofisticadas y menos ingenuas: la oferta y la demanda de calificaciones. En la práctica, la oferta de calificaciones depende en particular del estado del sistema educativo: cuántas personas pudieron tener acceso a tal o cual carrera, qué calidad tiene esa formación educativa, en qué medida ésta fue completada con experiencias profesionales adecuadas, etc. En cuanto a la demanda de calificaciones, depende sobre todo del estado de las tecnologías disponibles para producir los bienes y servicios consumidos en la sociedad considerada. Cualesquiera que sean las demás fuerzas que operan, parece evidente que estos dos elementos —el estado del sistema de formación educativa, por un lado, y el de la tecnología, por el otro— desempeñan un papel esencial e influyen, al menos mínimamente, en las relaciones de fuerza entre los diferentes grupos participantes.

A su vez, estos dos elementos dependen de múltiples fuerzas: el sistema educativo obedece especialmente a las políticas públicas seguidas en ese ámbito, a los criterios de selección en las diferentes carreras, al modo de financiamiento del sistema, al costo de los estudios para los alumnos y sus familias, y también a las posibilidades de formación posterior con vistas a una vida profesional. El progreso tecnológico depende del ritmo de los inventos y de su puesta en práctica, lo que conduce a una demanda de calificaciones cada vez más fuerte y a una constante renovación de su contenido y de los oficios correspondientes. De ahí la idea de una carrera o persecución entre educación y tecnología (y entre grupos sociales): si la oferta de calificaciones no crece al mismo ritmo que las necesidades de la tecnología, los grupos cuya formación educativa no creció lo suficiente reciben bajos salarios y obtienen empleos desvalorizados, y la desigualdad respecto al trabajo crece aún más. Para evitar que aumente la desigualdad, el sistema educativo debe proporcionar formaciones y calificaciones a una tasa suficientemente rápida. Y, para que la desigualdad disminuya, la oferta de calificaciones ha de avanzar aún más rápido, en particular para los grupos con menor formación educativa.

Tomemos el caso de las desigualdades salariales en Francia. Vimos que la jerarquía de los salarios fue bastante estable durante un amplio periodo. Desde principios del siglo XX, el salario promedio ha subido enormemente, pero las diferencias salariales, por ejemplo entre los deciles mejor pagados y los menos pagados, se mantuvieron inalteradas. ¿A qué se debe que esas diferencias hayan permanecido sin cambios, a pesar de la democratización masiva del sistema escolar que se dio a lo largo del siglo pasado? La explicación más natural es que todos los niveles de calificación crecieron más o menos al mismo ritmo, de tal manera que la desigualdad simplemente se transfirió hacia arriba. Las personas que se encontraban en el nivel de un certificado de educación básica pasaron al certificado de enseñanza media y luego al bachillerato, pero las que tenían este último nivel hicieron estudios universitarios y quizás un posgrado. Dicho de otro modo, la democratización del sistema escolar no redujo la desigualdad de calificación y, por consiguiente, no permitió aminorar la de los salarios. Sin embargo, si esto no se hubiera dado y si los descendientes de los titulares del certificado de educación básica de hace un siglo (las tres cuartas partes de una generación en esa época) se hubieran quedado en ese nivel, sin duda alguna la desigualdad respecto al trabajo y, en particular la de los salarios, habrían aumentado considerablemente.

Examinemos el caso estadunidense. Los investigadores Goldin y Katz compararon de manera sistemática las dos siguientes evoluciones entre 1890 y 2005: por una parte, la diferencia de salario entre los egresados de la universidad y los que se detuvieron al terminar la educación media o *high school*; por la otra, el ritmo de crecimiento del número de egresados de la universidad. Para Goldin y Katz, la conclusión es definitiva: ambas curvas siguen trayectorias inversas. En particular, la diferencia salarial, que disminuía con bastante regularidad hasta los años setenta, empezó a aumentar de golpe a partir de los años ochenta, justo en el momento en que por primera vez el número de egresados de la universidad comenzó a estancarse, o por lo menos a aumentar mucho menos rápido que en el pasado.[1] Para los dos investigadores no hay lugar a dudas: el incremento de la desigualdad salarial se explica por el hecho de que los Estados Unidos no invirtieron lo suficiente en la enseñanza superior o, más precisamente, porque dejaron a una gran parte de la población fuera del esfuerzo de formación educativa, debido en particular a los excesivos costos de inscripción para las familias. Sólo invirtiendo

[1] Véase C. Goldin y L. Katz, *The Race between Education and Technology: The Evolution of U.S. Educational Wage Differentials, 1890-2005*, Harvard University Press/NBER, Cambridge, 2010.

mucho en la formación educativa y garantizando el acceso de un mayor número de personas a la universidad se podrá revertir la tendencia.

Las lecciones de las experiencias francesas y estadunidenses son convergentes y apuntan en la misma dirección. A largo plazo, la mejor manera de reducir la desigualdad respecto al trabajo y también de incrementar la productividad promedio de la mano de obra y el crecimiento global de la economía es sin ninguna duda invertir en la formación educativa. Si el poder adquisitivo de los salarios se quintuplicó en un siglo fue porque el crecimiento de las calificaciones y los cambios tecnológicos permitieron acrecentar cinco veces la producción por asalariado. A largo plazo, es evidente que las fuerzas de la educación y la tecnología son determinantes para la formación de los salarios.

Asimismo, si los Estados Unidos —o Francia— invirtieran de manera más fuerte y masiva en la formación profesional y superior de calidad, y permitieran a segmentos más amplios de la población acceder a ella, se trataría sin duda alguna de la política más eficaz para incrementar los salarios bajos y medios, y para disminuir la participación del decil superior tanto en la masa salarial como en el ingreso total. Todo permite pensar que los países escandinavos, que como ya señalamos se caracterizan por una desigualdad salarial más moderada que en otras partes, deben en gran medida este resultado al hecho de que su sistema de formación educativa es relativamente igualitario e incluyente.[2] En todos los países, el modo de financiamiento de la educación, y en particular el mecanismo para financiar los costos de la enseñanza superior, son uno de los temas cruciales del siglo que se inicia. Los datos públicamente disponibles son, por desgracia, muy limitados, en particular en los Estados Unidos y Francia. En ambos países, muy apegados al papel central de la escuela y de la formación educativa en el proceso de promoción social, los discursos teóricos sobre estos temas y sobre la meritocracia contrastan de manera singular con la realidad de los orígenes sociales —a menudo sumamente favorecidos— de quienes pueden acceder a las carreras e instituciones más prestigiosas. Volveremos a ello en la cuarta parte (capítulo XIII).

Los límites del modelo teórico: el papel de las instituciones

Sin lugar a dudas, la educación y la tecnología desempeñan un papel crucial a largo plazo. Este modelo teórico, basado en la idea de que el salario siempre es perfectamente igual a la productividad marginal del asalariado y depende ante todo de su calificación, contiene, en cambio, múltiples limitaciones. Dejemos de lado el hecho de que no siempre basta con invertir en la formación: es posible que la tecnología no pueda aprovechar las calificaciones

[2] Véase el capítulo VII, cuadro VII.2.

disponibles. Pasemos por alto también el hecho de que este modelo teórico, por lo menos en su expresión más simplista, expresa una visión mucho más instrumental y utilitarista de la formación educativa. Así como el objetivo principal del sector de la salud no es el de proveer trabajadores con buena salud a los demás sectores, el de la educación no es el de preparar para un oficio en los demás sectores. En todas las sociedades humanas, la salud y la educación tienen un valor intrínseco: poder pasar años de vida con buena salud y poder acceder al conocimiento y a la cultura científica y artística constituyen los objetivos mismos de la civilización.[3] No está prohibido imaginar una sociedad ideal en la que todas las demás tareas fueran casi totalmente automatizadas y en la que cada uno pudiera dedicarse casi por completo a la educación, la cultura y la salud, para sí mismo y para los demás, y en la que cada individuo fuera el maestro, el escritor, el actor o el médico de alguien más. Como ya señalamos en el capítulo II, en cierta medida este camino ya está trazado: el crecimiento moderno se caracteriza por un desarrollo considerable de la participación de las actividades educativas, culturales y médicas en las riquezas producidas y en la estructura del empleo.

En espera de la llegada de ese feliz día, intentemos por lo menos progresar en nuestra comprensión de la desigualdad salarial. Ahora bien, desde este punto de vista, más estrecho desde luego que el anterior, el problema principal de la teoría de la productividad marginal es simplemente que no permite dar cuenta de la diversidad de las evoluciones históricas y de las experiencias internacionales. Para comprender la dinámica de la desigualdad salarial es necesario introducir un papel para las diferentes instituciones y reglas que, en todas las sociedades, caracterizan al funcionamiento del mercado de trabajo. Aún más que los otros mercados, el laboral no es una abstracción matemática cuyo funcionamiento esté totalmente determinado por mecanismos naturales e inmutables, y por implacables fuerzas tecnológicas: es una construcción social constituida por reglas y compromisos específicos.

En el capítulo anterior señalamos varios episodios importantes de compresión o de ampliación de las jerarquías salariales, de los que es muy difícil dar cuenta evocando sólo la interacción de la oferta y la demanda para los diferentes niveles de calificaciones. Por ejemplo, la compresión de la desigualdad salarial que ocurrió tanto en Francia como en los Estados Unidos durante cada una de las dos guerras mundiales resultó de negociaciones sobre las escalas salariales, tanto en el sector público como en el privado, y de instituciones particulares creadas con ese propósito, como el National War Labor Board en los Estados Unidos. Advertimos también sobre el papel central desempeñado por los movimientos del salario mínimo para explicar la evo-

[3] En el lenguaje de la contabilidad nacional, los gastos en salud y educación se consideran un consumo (una fuente de bienestar en sí) y no una inversión. Se trata de una razón complementaria que explica por qué la expresión "capital humano" plantea problemas.

lución de la desigualdad salarial en Francia desde 1950, con tres subperiodos claramente identificados: los años 1950-1968, periodo en el que el salario mínimo fue poco revalorizado y se amplió la jerarquía salarial; la fase de 1968-1983, caracterizada por un crecimiento muy rápido del salario mínimo y una fuerte compresión de la desigualdad salarial, y, por último, el periodo 1983-2012, a lo largo del cual el salario mínimo aumentó de forma bastante lenta y en el que la jerarquía salarial tendió a ampliarse.[4] A principios de 2013, el salario mínimo en Francia era de 9.43 euros por hora.

En los Estados Unidos, se introdujo un salario mínimo federal a partir de 1933, casi 20 años antes que en Francia.[5] Del mismo modo que en Francia, los movimientos del salario mínimo desempeñaron un papel importante en la evolución de la desigualdad salarial estadunidense. Es sorprendente comprobar que, en términos de poder adquisitivo, el nivel máximo del salario mínimo se alcanzó hace casi medio siglo, en 1969, con 1.60 dólares por hora (es decir, 10.10 dólares de 2013, teniendo en cuenta la inflación entre 1968 y 2013), en una época en que la tasa de desempleo era inferior a 4%. De 1980 a 1990, durante el gobierno de Reagan y Bush padre, el salario mínimo federal se mantuvo congelado en 3.35 dólares por hora, lo que representó una disminución significativa de su poder adquisitivo (si contamos la inflación). Luego, en los años noventa, pasó a 5.25 dólares durante el gobierno de Clinton, y se congeló en ese nivel durante el gobierno de Bush hijo, antes de ser incrementado en varias ocasiones desde 2008 por la administración del presidente Obama. A principios de 2013, el salario mínimo en los Estados Unidos era de 7.25 dólares por hora, es decir, apenas 6 euros: una tercera parte inferior al salario mínimo francés, cuando lo contrario era cierto hasta principios de la década de 1980 (véase la gráfica IX.1).[6] En su discurso sobre el Estado de la Unión en febrero de 2013, el presidente Obama anunció su intención de incrementarlo a alrededor de 9 dólares por hora durante el periodo 2013-2016.[7]

La desigualdad salarial vigente en los Estados Unidos en la parte baja de la distribución de los salarios siguió de cerca esas evoluciones: la diferencia entre el 10% de los salarios más bajos y el salario medio aumentó mucho en los años ochenta; luego se redujo significativamente en los noventa, antes de

[4] Por supuesto que existen múltiples subepisodios en cada fase: así, el salario mínimo por hora aumentó en alrededor de 10% entre 1998 y 2002 con el objetivo de compensar el paso de la duración legal de la jornada de trabajo de 39 a 35 horas por semana y de preservar el mismo salario mensual..

[5] Al igual que en el caso del impuesto sobre la renta, este episodio fue el resultado de una dura batalla con la Corte Suprema, que anuló el salario mínimo en 1935, antes de que Roosevelt volviera a introducirlo definitivamente en 1938.

[6] En la gráfica IX.1 convertimos los salarios mínimos nominales en euros y dólares de 2013. Véanse las gráficas suplementarias S9.1-S9.2 sobre los salarios mínimos nominales, disponibles en línea.

[7] En 2013 ciertos estados tenían un salario mínimo más alto que el mínimo federal: 8 dólares en California y Massachusetts, y hasta 9.20 dólares en Washington.

GRÁFICA IX.1. *El salario mínimo en Francia y los Estados Unidos, 1950-2013*

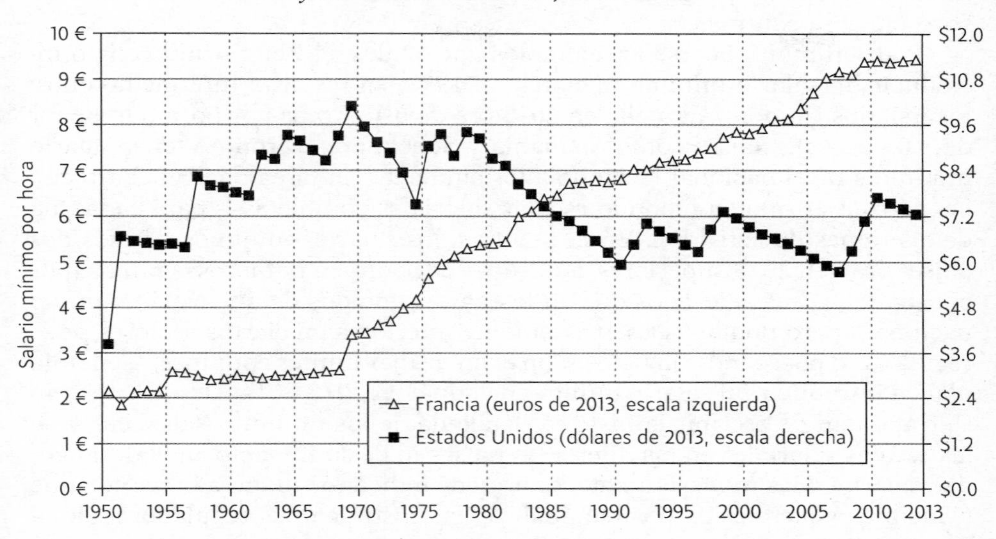

Convertido en poder de compra de 2013, el salario mínimo horario pasó de 3.8 a 7.3 dólares de 1950 a 2013 en los Estados Unidos, y de 2.1 a 9.4 euros en Francia.

FUENTES Y SERIES: véase piketty.pse.ens.fr/capital21c.

incrementarse de nuevo en la década iniciada en el año 2000. Sin embargo, es interesante señalar que la desigualdad en la parte superior de la distribución —por ejemplo, la participación del 10% de los salarios más elevados en la masa salarial total— siguió aumentando durante todo ese periodo. De manera evidente, el salario mínimo tiene un impacto en la parte baja de la distribución y mucho menos en la parte alta, en donde operan otras fuerzas.

ESCALAS SALARIALES Y SALARIO MÍNIMO

No hay duda de que el salario mínimo desempeña un papel esencial en la formación y la evolución de la desigualdad salarial, como lo muestran las experiencias francesa y estadunidense. En este campo cada país tiene su propia historia, su cronología particular. No hay nada sorprendente en ello: las regulaciones del mercado de trabajo dependen sobre todo de las percepciones y de las normas de justicia social vigentes en la sociedad considerada, estando íntimamente vinculadas con la historia social, política y cultural propia de cada país. Los Estados Unidos utilizaban el salario mínimo para incrementar mucho los salarios modestos en los años 1950-1960; luego abandonaron esa herramienta a partir de 1970-1980. En Francia sucedió exactamente lo contrario: el salario mínimo se congeló en 1950-1960 y se utilizó de manera mucho más regular desde los años setenta. La gráfica IX.1 ilustra ese sorprendente contraste.

Podrían multiplicarse los ejemplos nacionales: el Reino Unido eligió introducir un salario mínimo nacional en 1999, en un nivel intermedio entre los Estados Unidos y Francia: en 2013 era de 6.19 libras por hora (alrededor de 8.05 euros).[8] Países como Alemania y Suecia prefirieron no tener salario mínimo a nivel nacional, dejando a los sindicatos la tarea de negociarlo con los patrones —muy a menudo escalas salariales completas— para cada una de las ramas de actividad. En la práctica, los salarios mínimos de esos dos países eran en 2013 superiores a 10 euros por hora en numerosas ramas (por consiguiente, más elevados que en los países dotados de un salario mínimo nacional); pero podían ser sensiblemente inferiores en ciertos sectores poco regulados o poco sindicalizados. Con el fin de fijar límites comunes, Alemania planea introducir un salario mínimo nacional en 2013-2014. Desde luego, no se trata aquí de escribir la historia detallada de los mínimos salariales y de las escalas salariales en los diferentes países ni de su impacto en la desigualdad salarial. Más modestamente, se trata de indicar de manera breve con qué principios generales es posible analizar las instituciones reguladoras de la formación de los salarios en todos los países.

En efecto, ¿cuál es la justificación de reglas como las escalas de salarios más o menos rígidas o el salario mínimo? La primera es simplemente que no siempre resulta fácil conocer, en todo momento y en todo lugar, la productividad marginal de un asalariado en concreto. Eso es evidente en el sector público, pero es igual de claro en el sector privado: no es tan simple saber, en el seno de una organización que consta de varias decenas de asalariados, y a veces de varias decenas de miles de empleados, cuál es exactamente la contribución de cada uno de ellos a la producción de conjunto. Desde luego que se puede obtener una estimación aproximada, por lo menos para funciones y tareas duplicables, es decir, que pueden ser ocupadas por varios asalariados de manera idéntica o casi idéntica. Por ejemplo, tratándose de un obrero en una máquina de montaje, o del mesero de un restaurante McDonald's, la empresa puede calcular cuánto le produciría —en términos de volumen de negocios suplementario— el hecho de tener un obrero o un mesero más. Sin embargo, en todo caso sólo se tratará de una estimación aproximada, de un intervalo de productividad y no de una certeza absoluta. En esas condiciones, ¿cómo deben fijarse los salarios? Varias razones sugieren que el hecho de dejar al empresario el poder absoluto de fijar cada mes, o bien cada día (¿por qué no?), el salario de cada uno de los empleados pue-

[8] Con la tasa de cambio de 1.30 euros por libra. En la práctica, la diferencia respecto del salario mínimo francés era más importante, si tenemos en cuenta el diferencial de las contribuciones a la seguridad social de los empleadores (que se añaden al sueldo bruto). Volveremos a estos temas en la cuarta parte.

de dar origen no sólo a arbitrariedades e injusticias, sino también a ineficiencias para la empresa en su conjunto.

En particular, puede ser colectivamente eficiente procurar que los salarios sean relativamente estables en el tiempo y que no varíen de manera incesante en función de los azares de las ventas de la empresa. Muy a menudo, los dueños y los directivos de la empresa disponen, en efecto, de ingresos y patrimonios sensiblemente más elevados que los de sus asalariados, y por consiguiente pueden aminorar con más facilidad los choques de ingresos a corto plazo. En esas condiciones, el interés general puede ser que el contrato salarial incluya también una dimensión de seguro, en el sentido de que el salario se garantice en el tiempo y se repita cada mes, casi de manera idéntica (lo que no impide las primas o los bonos). Es la revolución del pago mensual de los salarios, impuesta progresivamente en todos los países desarrollados a lo largo del siglo XX, en las leyes y las negociaciones entre asalariados y empleadores. El salario diario, que era la norma en el siglo XIX, desaparece poco a poco. Se trata de una etapa esencial en la constitución del asalariado como grupo social determinado, caracterizado precisamente por un estatus y una remuneración estables y previsibles y, por ello, muy distinto de la pequeña población de los jornaleros y artesanos obreros pagados por sus tareas, que caracterizaron a las sociedades de los siglos XVIII y XIX.[9]

Esta justificación de los salarios fijados por anticipado tiene desde luego sus límites. Si las ventas se desploman durante mucho tiempo, mantener los salarios y el empleo en los niveles anteriores puede ser, en la práctica, el camino más seguro hacia la quiebra de la empresa. Todo es un asunto de graduación: el hecho de que los salarios bajos y medios sean globalmente mucho más estables que el nivel de producción, y que los beneficios y los salarios elevados absorban lo esencial de la volatilidad a corto plazo, es algo bueno, aunque debe evitarse la rigidez salarial absoluta.

Aparte de esta justificación basada en la incertidumbre y el reparto social de los riesgos, el otro argumento clásico a favor de los salarios mínimos y de las escalas salariales es el problema de las "inversiones específicas". En concreto, las funciones y tareas particulares que deben ser cumplidas por los asalariados en una empresa determinada exigen a menudo cierta dedicación o inversión específicas en la empresa, en el sentido de que esa inversión no tiene ninguna utilidad —o si la tiene, es limitada— para otras empresas: por ejemplo, aprender métodos de trabajo u organizacionales específicos o adquirir calificaciones particulares vinculadas con el proceso de producción específico del establecimiento considerado. Si se puede fijar el salario de

[9] Existen todavía variaciones importantes entre países: en el Reino Unido, muchos precios e ingresos —por ejemplo, las rentas, ayudas, así como cierto número de los salarios— siguen siendo fijados semanalmente y no de forma mensual. Sobre estos temas, véase sobre todo R. Castel, *Les Métamorphoses de la question sociale. Une chronique du salariat,* Fayard, París, 1995, 490 pp.

forma unilateral y puede ser modificado en todo momento por el empresario, sin que los asalariados sepan por adelantado su remuneración, entonces hay fuertes probabilidades de que estos últimos no inviertan como deberían. Por consiguiente, el interés general puede ser que las remuneraciones de unos y otros se fijen por adelantado. Más allá de la cuestión de las escalas salariales, este argumento, basado en la noción de inversiones específicas, se aplica también a las demás decisiones de vida de una empresa, lo que constituye la razón principal para limitar el poder de los accionistas —considerados a veces con una visión demasiado cortoplacista— y para instituir una propiedad social y compartida entre todos los *stakeholders* de la empresa (desde luego, incluso los asalariados), como en el modelo del "capitalismo renano" descrito en la segunda parte. Sin duda, se trata de la justificación más importante de las escalas salariales.

De manera más general, en la medida en que los empleadores disponen de un poder de negociación superior al de los asalariados y en que nos distanciamos de las condiciones de competencia "pura y perfecta", descritas en los modelos teóricos más simples, se puede justificar la limitación del poder de los empleadores al establecer reglas estrictas sobre los salarios. Por ejemplo, si un pequeño grupo de empleadores se encuentra en situación de monopsonio en un mercado laboral local, es decir, que sean casi los únicos en poder ofrecer trabajo (debido sobre todo a la reducida movilidad de la mano de obra local), intentarán, sin lugar a dudas, explotar al máximo su ventaja y bajar los sueldos lo más posible, quizá muy por debajo de la productividad marginal de los asalariados. En esas condiciones, imponer un salario mínimo puede ser no sólo justo, sino también eficiente, puesto que un incremento del mínimo legal puede acercar la economía al equilibrio competitivo e incrementar el nivel de empleo. Este argumento basado en un modelo teórico de competencia imperfecta constituye la justificación más evidente de la existencia de un salario mínimo: se trata de lograr que ningún empleador pueda explotar su ventaja competitiva más allá de cierto límite.

Una vez más, desde luego, todo depende del nivel del salario mínimo: este límite no puede establecerse de forma teórica, independientemente del estado general de las calificaciones y de la productividad en la sociedad considerada. En este caso, numerosos estudios realizados en los Estados Unidos en los años 1980-2000, sobre todo por Card y Krueger, demostraron que el salario mínimo estadunidense cayó a un nivel tan bajo a lo largo de ese periodo que su incremento permitía aumentar los salarios bajos sin pérdidas de empleos, o incluso incrementar el nivel de empleo, conforme al modelo más puro de monopsonio.[10] Con base en esos estudios, al parecer es probable que

[10] Véase en particular D. Card y A. B. Krueger, *Myth and Measurement: The New Economics of the Minimum Wage*, Princeton University Press, Princeton, 1995, 432 pp. Card y Krueger explotan sobre todo las múltiples variaciones de los salarios mínimos entre Estados limítrofes. El

el aumento de casi un 25% que está siendo considerado actualmente en los Estados Unidos (de 7.25 a 9 dólares por hora) no provocará pérdida de empleos o, si ocurre, ésta será pequeña. Es evidente que eso no puede continuar indefinidamente: a medida que se incrementa el salario mínimo, los efectos negativos sobre el nivel de empleo predominan de forma progresiva. Si se multiplica el salario mínimo por dos o tres, sería sorprendente que no prevaleciera el impacto negativo. En concreto, resulta más difícil justificar una fuerte alza del salario mínimo en un país como Francia, donde es relativamente alto —respecto del salario medio y de la producción media por asalariado—, que en un país como los Estados Unidos. Para incrementar el poder adquisitivo de los salarios bajos en Francia, vale más utilizar otras herramientas, como la mejora de las calificaciones, o bien una reforma fiscal (de hecho, las dos herramientas son complementarias). Por ello, el salario mínimo no debe congelarse en exceso: es problemático incrementar los salarios más rápido que la producción en el largo plazo, pero es igual de malsano aumentarlos —o una parte importante de ellos— menos rápido que la producción. Todas esas instituciones y políticas públicas tienen que desempeñar un papel y deben ser utilizadas de manera adecuada.

En resumen: a largo plazo, invertir en formación y calificaciones es la mejor manera de incrementar los salarios y reducir las desigualdades salariales. A largo plazo, no son los salarios mínimos o las escalas salariales los que provocan que los salarios se multipliquen por cinco o seis: para llegar a ese tipo de crecimiento, la educación y la tecnología son las fuerzas determinantes. Sin embargo, esas reglas desempeñan un papel esencial en la fijación de los salarios dentro de un rango determinado por la educación y la tecnología. Ahora bien, esos rangos pueden ser, en la práctica, relativamente amplios, tanto porque las productividades marginales individuales sólo se conocen de manera aproximada como debido a fenómenos de inversiones específicas y de competencia imperfecta.

¿Cómo explicar la explosión de la desigualdad estadunidense?

Sin duda, el límite más sorprendente de la teoría de la productividad marginal y de la carrera-persecución entre educación y tecnología atañe a la explo-

monopsonio puro corresponde a una situación en la que un solo empleador puede comprar el trabajo de los asalariados en una zona geográfica (en el monopolio puro, hay un solo vendedor). En este caso, el monopsonio fija el salario en el nivel más bajo posible, y un aumento del salario mínimo no sólo no reduce el nivel de empleo (el empleador logra un margen tan importante que contrata a todas las personas que se presentan), sino que puede, por el contrario, hacerlo crecer (pues más personas solicitan empleo, por ejemplo, porque abandonan actividades ilegales, lo que es bueno, o porque abandonan sus estudios, lo que puede ser menos bueno). Eso es precisamente lo que observan Card y Krueger.

sión de los muy altos ingresos del trabajo observada en los Estados Unidos desde los años setenta. Según esa teoría, se podría explicar claramente la evolución evocando un progreso técnico "sesgado a favor de las altas calificaciones" ("skill-biased technical change"). Dicho de otro modo, una explicación posible —y relativamente popular entre una parte de los economistas estadunidenses— podría ser que los salarios muy elevados aumentaron mucho más que los salarios medios en los Estados Unidos desde la década de 1970 simplemente porque la evolución de las calificaciones y de la tecnología permitió que la productividad de los asalariados más calificados creciera mucho más rápido que la productividad media. Sin embargo, esta explicación, además de tener un carácter un poco tautológico (siempre se puede "explicar" cualquier deformación de las desigualdades salariales evocando un cambio técnico adecuado), plantea varias dificultades mayores que a mi parecer la hacen muy poco convincente.

Primeramente, como vimos en el último capítulo, el aumento de la desigualdad salarial en los Estados Unidos atañía ante todo a los salarios muy elevados: al 1% de las remuneraciones más elevadas, y más aún al 0.1% de las más elevadas. Si se considera el decil superior en su conjunto (el 10% de las más altas), se observa que el "9%" desde luego tuvo incrementos salariales superiores al promedio de los salarios; sin embargo, estos aumentos no tienen comparación con los observados en el nivel del "1%". En concreto, las remuneraciones en torno a los 100 000 dólares o 200 000 dólares aumentaron apenas más rápido que el promedio, mientras que las superiores a 500 000 dólares (y más aún las de varios millones de dólares) explotaron literalmente.[11] Esta enorme discontinuidad en los altos salarios plantea una primera dificultad importante para la teoría de la productividad marginal: si se examina la evolución de las calificaciones de los diferentes grupos, en términos de número de años de estudio, de selección de las instituciones educativas a las que se asistió o de experiencias profesionales, es muy difícil detectar la más mínima discontinuidad entre el "9%" y el "1%". Dicho de otra manera, si nos basamos en una teoría "objetivista" fundada en las calificaciones y las productividades, se tendrían que haber observado crecimientos salariales bastante uniformes en el decil superior, o por lo menos mucho más cercanas entre los diferentes grupos, que las evoluciones muy divergentes observadas en la práctica.

Compréndase bien: desde luego, no se trata de negar aquí la importancia determinante de las inversiones en la formación y la enseñanza superior defendidas por Katz y Goldin. Esa política, que apunta a favorecer un mayor acceso a las universidades, es indispensable y crucial a largo plazo, tanto en los Estados Unidos como en todos los países. Sin embargo, por deseable que sea, sólo tuvo un impacto limitado en el fenómeno de la explosión de las muy

[11] Véase en particular el capítulo VIII, gráficas VIII.6 a VIII.8.

elevadas remuneraciones estadunidenses observada desde los años setenta y ochenta.

Dicho de otro modo, se acumulan varios fenómenos distintos a lo largo de las últimas décadas: por una parte, está el crecimiento de la diferencia salarial promedio entre los egresados de la universidad y los que abandonaron los estudios al finalizar el bachillerato, fenómeno del que hablan Goldin y Katz y que es una realidad; por otra, está el despegue de las remuneraciones del "1%" (y más aún del 0.1%), que es un fenómeno específico, propio de los egresados universitarios y, a menudo, de las personas que siguieron las mismas largas y elitistas trayectorias. Ahora bien, sucede que este segundo fenómeno es cuantitativamente más importante que el primero. En particular, en el capítulo anterior vimos que el despegue del percentil superior explica la mayor parte —casi las tres cuartas partes— del aumento de la participación del decil superior en el ingreso nacional estadunidense desde los años setenta.[12] Por consiguiente, es esencial encontrar una explicación apropiada a ese fenómeno y, *a priori*, la pista educativa no es la buena.

El ascenso de los superejecutivos: un fenómeno anglosajón

La segunda dificultad —y sin duda la principal para la teoría de la productividad marginal— es que este despegue entre los salarios, principalmente con respecto a los muy elevados, se dio en ciertos países desarrollados y no en otros. Eso permite pensar que las diferencias institucionales entre países —y no causas generales, *a priori* universales, como el cambio tecnológico— desempeñaron un papel central.

Empecemos por examinar el caso de los países anglosajones. De manera general, el incremento de los ingresos de los superejecutivos es en gran medida un fenómeno anglosajón. En efecto, desde 1970-1980 se observa un alza

[12] A veces este hecho central es menospreciado en el debate académico estadunidense. Además de los trabajos ya mencionados de Goldin y Katz, se puede señalar también la reciente obra de R. Blank (*Changing Inequality*, University of California Press, Berkeley, 2011, 240 pp.), centrada casi por completo en la evolución de la diferencia salarial vinculada con los estudios universitarios (y sobre la evolución de las estructuras familiares). R. Rajan, en su libro *Fault Lines* (Princeton University Press, Princeton, 2010, 280 pp.), parece considerar asimismo que la evolución de la desigualdad relacionada con los estudios universitarios pesa mucho en el despegue del 1% (lo que no es exacto). Sin duda, esto se explica parcialmente por el hecho de que las encuestas utilizadas en general por los investigadores en economía laboral y de la educación no permiten apreciar plenamente la medida del despegue del percentil superior (esto sólo lo permiten los datos fiscales). Desde luego, las encuestas de hogares tienen la ventaja de incluir más información sociodemográfica (en particular acerca del nivel de estudios) que los datos fiscales, pero se basan en muestras de tamaño limitado y, además, plantean múltiples problemas vinculados con la autodeclaración. Idealmente, estos dos tipos de fuentes deberían ser utilizados en forma conjunta. Sobre estas cuestiones metodológicas, véase el anexo técnico.

significativa de la participación del percentil superior en el ingreso nacional tanto en los Estados Unidos como en el Reino Unido, Canadá y Australia (véase la gráfica IX.2). Por desgracia, no disponemos para todos los países de series separadas relativas a la desigualdad de los salarios y de la del ingreso total (como las presentadas en los casos de Francia y los Estados Unidos). Sin embargo, los datos sobre la composición de los ingresos por nivel de ingreso total, disponibles en la mayoría de los casos, indican que en el conjunto de esos países el despegue de los salarios elevados explica la mayor parte —en general, por lo menos las dos terceras partes— del alza de la participación del percentil superior de la jerarquía de los ingresos (el resto se explica por la excelente salud de los ingresos del capital). En todos los países anglosajones, es ante todo el acenso de los superejecutivos, tanto en el sector financiero como en los no financieros, lo que explica el crecimiento de las desigualdades en los ingresos de los últimos decenios.

Sin embargo, esta similitud de conjunto no debe ocultar el hecho de que la amplitud del fenómeno es muy diferente según los países. La gráfica IX.2 es perfectamente clara a ese respecto. En los años setenta, la participación del percentil superior en el ingreso nacional era muy parecida en los diferentes países. Se situaba entre el 6 y el 8% en los cuatro países anglosajones considerados, y los Estados Unidos no se mostraban diferentes: incluso se veían superados en parte por Canadá, que llegaba a 9%, mientras que Australia cerraba la marcha con apenas 5% del ingreso nacional para el percentil superior a finales de los setenta y principios de los ochenta. Seis lustros después, a principios de la década iniciada en 2010, la situación era totalmente diferente: la participación del percentil superior alcanzaba prácticamente 20% del ingreso nacional en los Estados Unidos, mientras que en el Reino Unido y Canadá era del orden de 14-15%, y de apenas 9-10% del ingreso nacional en Australia (véase la gráfica IX.2).[13] A primera vista se puede considerar que el incremento de la participación del percentil superior en los Estados Unidos fue dos veces más intenso que en el Reino Unido y Canadá, y tres veces superior que en Australia y Nueva Zelanda.[14] Si el ascenso de los superejecutivos fuera un fenómeno puramente tecnológico, sería muy difícil

[13] Debemos señalar que en la gráfica IX.2 —y en las siguientes gráficas— mostramos las series obtenidas sin tener en cuenta las plusvalías (que no se calculan de manera perfectamente comparable en los diferentes países). Ya que las plusvalías son particularmente grandes en los Estados Unidos (la participación del percentil superior con plusvalías rebasó claramente el 20% del ingreso nacional en 2000-2010), en realidad la diferencia con los demás países anglosajones es aún más fuerte de lo indicado en la gráfica IX.2. Véase, por ejemplo, la gráfica S9.3 (disponible en línea).

[14] La trayectoria neozelandesa es casi idéntica a la australiana. Véase la gráfica S9.4 (disponible en línea). De manera general, para no sobrecargar las gráficas, sólo presentamos una parte de los países y de las series disponibles. Invitamos al lector interesado en las series completas a consultar el anexo técnico (piketty.pse.ens.fr/capital21c) o bien el sitio de la World Top Incomes Database (topincomes.parisschoolofeconomics.eu).

GRÁFICA IX.2. *La desigualdad en los ingresos en los países anglosajones, 1910-2010*

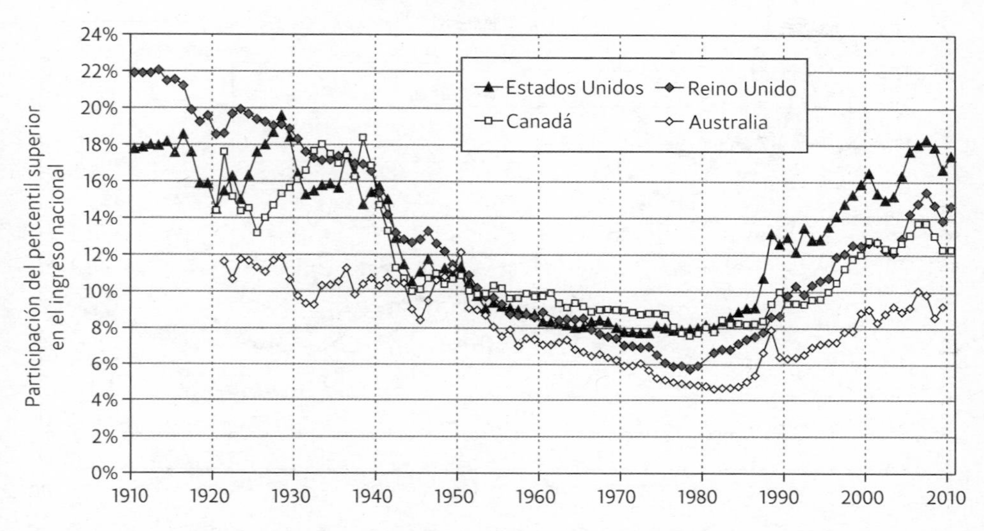

La participación del percentil superior en el ingreso nacional aumentó desde los años setenta en todos los países anglosajones, pero con diferentes amplitudes.

FUENTES Y SERIES: véase piketty.pse.ens.fr/capital21c.

entender esas diferencias tan importantes entre estos países, por lo demás tan parecidos.[15]

Examinemos ahora el resto del mundo rico, es decir, Europa continental y Japón. El hecho central es que la participación del percentil superior en el ingreso nacional aumentó de manera mucho menor que en los países anglosajones desde los años 1970-1980. La comparación entre las gráficas IX.2 y IX.3 es particularmente sorprendente. Se observa con claridad un crecimiento significativo de la participación del percentil superior en todos los países. En Japón, la evolución fue casi la misma que en Francia: su participación era de apenas 7% del ingreso nacional a principios de los años ochenta, y de alrededor de 9% —incluso ligeramente más— a principios de la década de 2010. En Suecia, la participación del percentil superior era de apenas más de 4% del ingreso nacional a principios de los años ochenta (el nivel más bajo registrado por la World Top Incomes Database, en todos los países y todas

[15] El hecho de que países como los Estados Unidos y Canadá, tan similares en tantos aspectos, a veces sigan trayectorias muy disímiles en términos de desigualdad salarial, debido a múltiples diferencias institucionales, ha sido estudiado a menudo por los economistas estadunidenses y canadienses. Véase por ejemplo D. Card y R. Freeman, *Small Differences that Matter: Labor Markets and Income Maintenance in Canada and the United States,* University of Chicago Press, Chicago, 1993, 288 pp.

GRÁFICA IX.3. *La desigualdad en los ingresos en Europa continental y Japón, 1910-2010*

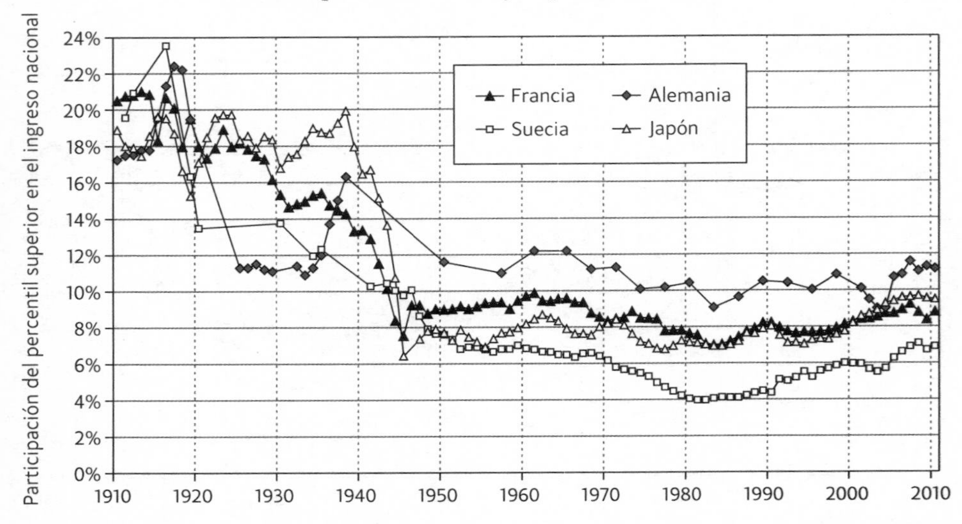

En comparación con los países anglosajones, la participación del percentil superior aumentó poco desde los años setenta en Europa continental y Japón.

FUENTES Y SERIES: véase piketty.pse.ens.fr/capital21c.

las épocas consideradas), y alcanzó 7% a principios de la década de 2010.[16] En Alemania, la participación del percentil superior pasó de aproximadamente 9% a casi 11% del ingreso nacional entre principios de los años ochenta y principios de la década de 2010 (véase la gráfica IX.3).

Si se examinan los demás países europeos, se observan evoluciones similares, con alzas del percentil superior del orden de dos-tres puntos del ingreso nacional a lo largo de los últimos 30 años, tanto en el norte como en el sur de Europa. En Dinamarca, al igual que en los demás países nórdicos, el nivel de los altos ingresos era menor, pero el alza fue similar: el percentil superior recibía apenas más de 5% del ingreso nacional danés en los años ochenta, acercándose a 7% en 2000-2010. En Italia y España, los órdenes de magnitud eran muy similares a los observados en Francia, con una participación del percentil superior que pasó de aproximadamente 7 a 9% del ingreso nacional durante ese mismo periodo, es decir, de nuevo un alza en torno a dos puntos del ingreso nacional (véase la gráfica IX.4). La unión del continente europeo en ese aspecto preciso fue casi perfecta, excepto, desde

[16] Incluso alcanza el 9% del ingreso nacional si se incluyen las plusvalías, que se desarrollaron intensamente en Suecia a lo largo del periodo de 1990-2010. Véase el anexo técnico.

GRÁFICA IX.4. *La desigualdad en los ingresos en Europa del Norte y del Sur, 1910-2010*

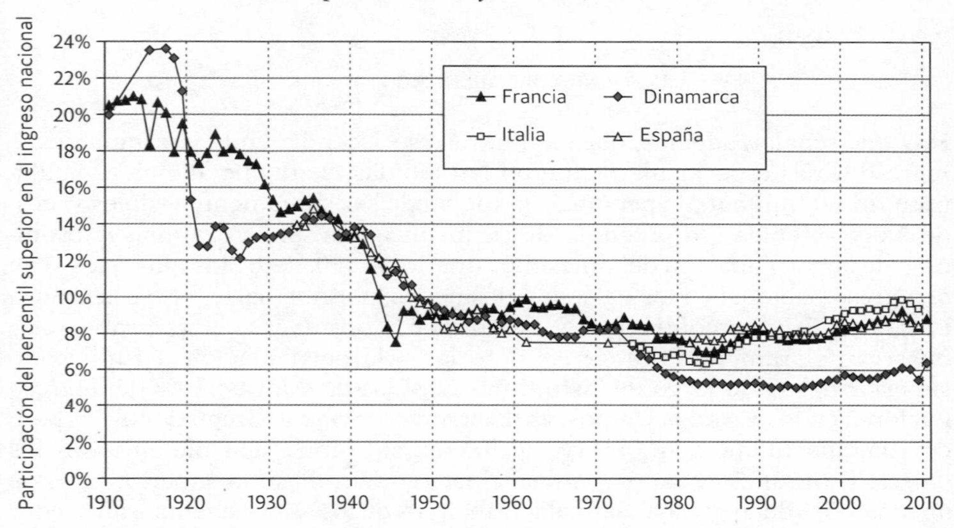

En comparación con los países anglosajones, la participación del percentil superior aumentó poco desde los años setenta, tanto en Europa del Norte como del Sur.

FUENTES Y SERIES: véase piketty.pse.ens.fr/capital21c.

luego, por el caso del Reino Unido, más semejante a la trayectoria observada en los Estados Unidos.[17]

Seamos muy claros: estas alzas del orden de dos-tres puntos del ingreso nacional, observadas en Japón y en todos los países de Europa continental, corresponden a aumentos muy significativos en la desigualdad en los ingresos. En concreto, tales incrementos significan por definición que el 1% de los ingresos más elevados creció sensiblemente más rápido que el ingreso promedio (e incluso mucho más rápido, ya que la participación del percentil superior aumentó en cerca de 30%, hasta más en ciertos países en donde partía de más abajo), lo que era muy sorprendente para quienes vivían esos cambios y que a menudo escuchaban hablar casi todos los días, en los diarios y en la radio, de las alzas de salario a veces vertiginosas de los "superejecutivos". Esto es particularmente patente en el contexto económico de los años

[17] Todos los demás países europeos abarcados por la WTID, en particular Holanda, Suiza, Noruega, Finlandia y Portugal, presentan evoluciones comparables a las observadas en los demás países de Europa continental. Debe señalarse que los datos referentes al sur de Europa están relativamente completos: se inician en 1933 en España con la creación del impuesto sobre la renta, pero después presentan varias interrupciones; en Italia, el impuesto sobre la renta se creó en 1923, pero los datos completos disponibles empiezan a partir de 1974. Véase el anexo técnico.

1990-2010, cuando el salario promedio se estancó, o por lo menos creció a un ritmo mucho menor que en el pasado.

El mundo del milésimo superior

Hay que señalar, además, que cuanto más se ascendía en la jerarquía de los ingresos, más espectaculares fueron las subidas, y aunque atañan al final a un número limitado de personas, no dejan de ser sumamente visibles y, desde luego, plantean la pregunta de su justificación. Si se examina la evolución de la participación del milésimo superior —el 0.1% de los más ricos— en el ingreso nacional en los países anglosajones, por una parte (véase la gráfica IX.5), y en Europa continental y Japón, por la otra (véase la gráfica IX.6), se observan claramente diferencias notorias —la participación del milésimo superior pasó a lo largo de las últimas décadas de 2 a casi 10% del ingreso nacional en los Estados Unidos, es decir, un crecimiento inigualado—,[18] pero de cualquier manera se observa un incremento muy sensible en todos los países. En Francia y Japón, la participación del milésimo superior pasó de apenas 1.5% del ingreso nacional a principios de los años ochenta a alrededor de 2.5% a principios de la década de 2010, esto es, casi se duplicó; en Suecia, la misma participación pasó en el mismo lapso de menos de 1% a más de 2% del ingreso nacional.

Con el objetivo de que los órdenes de magnitud sean claros para todos, recordemos que una participación de 2% del ingreso nacional para el 0.1% de la población significa, por definición, que cada individuo de ese grupo dispone en promedio de un ingreso 20 veces más elevado que el promedio del país en cuestión (600 000 euros si el ingreso promedio es de 30 000 euros por habitante adulto); una participación de 10% significa que cada uno dispone de cien veces el promedio (tres millones de euros si el ingreso promedio es de 30 000 euros).[19] Recordemos también que el 0.1% de los más ricos reúne, por definición, a 50 000 personas en un país cuya población es de 50 millones de adultos (como en Francia a principios de la década de 2010). Se trata entonces de un grupo al mismo tiempo muy minoritario (10 veces más minoritario que el 1%) y nada desdeñable debido a su lugar en el paisaje

[18] La participación del milésimo superior rebasó el 8% durante el periodo 2000-2010 en los Estados Unidos, si se omiten las plusvalías, y superó el 12% si se las toma en cuenta. Véase el anexo técnico.

[19] El "0.1%" en Francia o Japón pasó de 15 a 25 veces el ingreso promedio (es decir, de 450 000 a 750 000 euros cuando el ingreso promedio era de 30 000 euros), mientras que el "0.1%" en los Estados Unidos pasó de 20 a 100 veces (de 600 000 euros a tres millones de euros, de nuevo respecto de un ingreso promedio de 30 000 euros). Estos órdenes de magnitud son aproximados, pero permiten visualizar mejor el fenómeno y vincularlo con las remuneraciones mencionadas a menudo en los medios de comunicación.

GRÁFICA IX.5. *El milésimo superior en los países anglosajones, 1910-2010*

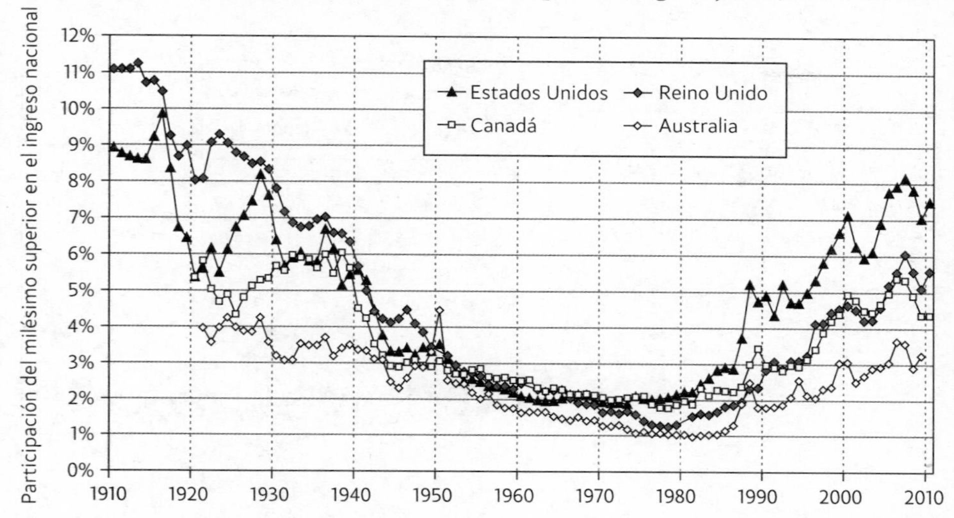

La participación del milésimo superior (el 0.1% de los más ricos) en el ingreso nacional aumentó intensamente desde los años setenta en todos los países anglosajones.
FUENTES Y SERIES: véase piketty.pse.ens.fr/capital21c.

político y social.[20] El hecho central es que en todos los países ricos —incluso en Europa continental y Japón— este grupo tuvo a lo largo del periodo 1990-2010 incrementos espectaculares en su poder adquisitivo, mientras que el del promedio de la población se había estancado.

No obstante, este fenómeno de explosión de los muy altos ingresos sigue siendo hasta hoy de una amplitud limitada, desde un punto de vista macroeconómico, en Europa continental y Japón: desde luego, el alza de los muy altos ingresos es impresionante, pero atañe por el momento a muy pocos individuos para que su impacto sea tan fuerte como en los Estados Unidos. En concreto, la transferencia a favor del "1%" ha sido de dos-tres puntos de

[20] Con respecto al "1%" considerado en su conjunto, el ingreso promedio es, desde luego, claramente inferior: una participación de 10% del ingreso nacional para el "1%" de los más ricos significa por definición que su ingreso promedio es 10 veces más elevado que el promedio de los ingresos (y una participación del 20% implica que es 20 veces más elevado). La noción de coeficiente de Pareto (a la que volveremos en el capítulo x) permite vincular las participaciones del decil, del percentil y del milésimo superiores: en los países poco desigualitarios (como la Suecia de los años setenta), los miembros del 0.1% más alto son apenas dos veces más ricos en promedio que los del 1% más alto, de tal manera que la participación del milésimo superior en el ingreso total representa apenas una quinta parte de la del percentil superior; en los países muy desigualitarios (como los Estados Unidos en 2000-2010), son hasta cuatro o cinco veces más ricos, de tal manera que la participación del milésimo superior representa el 40-50% de la participación del percentil superior.

GRÁFICA IX.6. *El milésimo superior en Europa continental y Japón, 1910-2010*

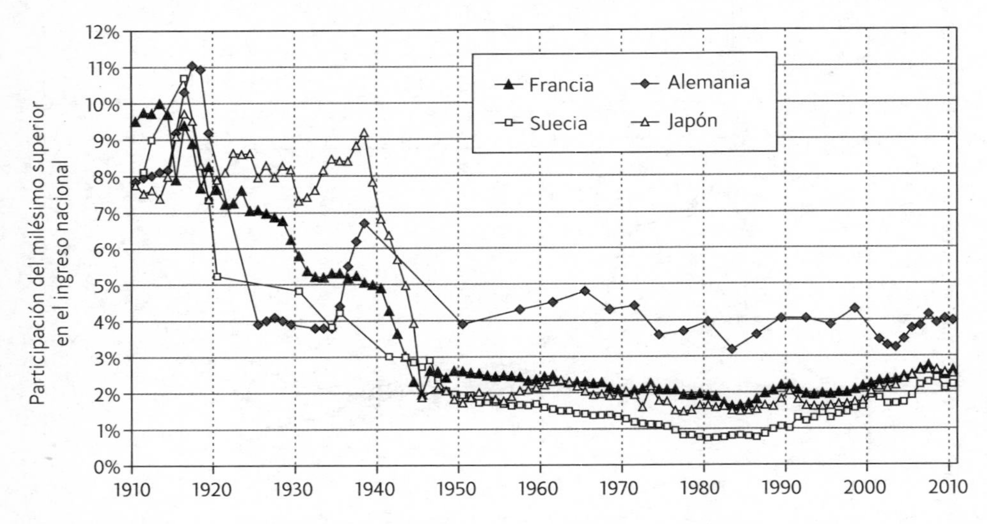

En comparación con los países anglosajones, la participación del milésimo superior aumentó poco desde los años setenta en Europa continental y Japón.

FUENTES Y SERIES: véase piketty.pse.ens.fr/capital21c.

ingreso nacional en Europa continental y Japón, frente a 10-15 puntos en los Estados Unidos, es decir, entre cinco y siete veces más.[21]

Sin duda, la manera más simple de expresar la diferencia entre zonas geográficas es la siguiente: en los Estados Unidos, la desigualdad en los ingresos recobró en los años 2000-2010 los niveles récord observados en 1910-1920 (de otra forma, con un papel más importante que en el pasado por parte de los altos ingresos del trabajo, y menos importante respecto de los del capital); en el Reino Unido y Canadá, está en vías de suceder lo mismo; en Europa continental y Japón, la desigualdad en los ingresos sigue siendo hasta este día mucho más baja de lo que lo era a principios del siglo XX y, en realidad, sólo cambió un poco desde 1945, si nos situamos en una perspectiva de muy largo plazo. La comparación entre las gráficas IX.2 y IX.3 es particularmente clara a este respecto.

Desde luego, ello no implica que las evoluciones europeas y japonesas de las últimas décadas deban ser menospreciadas; muy por el contrario: la trayectoria se asemeja en ciertos aspectos a la observada en los Estados Unidos, con un retraso de una o dos décadas, y no es necesario esperar a que esta evolución adquiera la amplitud macroeconómica que acabó por tener en los Estados Unidos para preocuparse por ello.

[21] Depende de si se tienen en cuenta las plusvalías o no. Véase el anexo técnico para las series completas.

Sin embargo, el hecho es que la tendencia descrita es hoy en día mucho menos fuerte en Europa continental y en Japón que en los Estados Unidos (y, en menor medida, que en los demás países anglosajones). Ahora bien, esto puede darnos información sobre los mecanismos en acción. En efecto, esta divergencia entre las diferentes partes del mundo rico es tanto más sorprendente porque el cambio tecnológico fue el mismo en casi todas partes: en particular, las tecnologías de la información atañen desde luego tanto a Japón, Francia, Suecia o Dinamarca como a los Estados Unidos, el Reino Unido o Canadá. Asimismo, el crecimiento económico —más precisamente el incremento de la producción por habitante, es decir, de la productividad— fue sensiblemente el mismo en todo el mundo rico, a menudo con diferencias de sólo algunas décimas de puntos porcentuales, como vimos en los capítulos anteriores.[22] En estas condiciones, una divergencia tan grande de las evoluciones de la distribución en los ingresos requiere una explicación que aparentemente no es capaz de aportar la teoría de la productividad marginal ni la de la tecnología y la educación.

Europa, más desigualitaria que el Nuevo Mundo en 1900-1910

Se advertirá asimismo que, contrariamente a una idea difundida en este inicio del siglo XXI, los Estados Unidos no siempre fueron más desigualitarios que Europa —más bien al contrario—. Como ya señalamos en los capítulos anteriores, en realidad la desigualdad en los ingresos era más elevada en Europa a principios del siglo XX. Todos los indicadores utilizados y el conjunto de las fuentes históricas a nuestro alcance lo confirman. En particular, la participación del percentil superior alcanzaba o superaba el 20% del ingreso nacional en todos los países europeos hacia 1900-1910 (véanse las gráficas IX.2-IX.4). Esta afirmación valía no sólo para el Reino Unido, Francia y Alemania, sino también para Suecia y Dinamarca (prueba de que los países nórdicos no siempre fueron modelos igualitarios, ni mucho menos), y más generalmente para todos los países europeos para los que existen estimaciones para este periodo.[23]

Desde luego, semejante similitud en la concentración de los ingresos vigente en las sociedades europeas de la Bella Época exige una explicación. Teniendo en cuenta el hecho de que los ingresos más altos estaban constitui-

[22] Véase en particular el capítulo V, cuadro V.1.

[23] Con respecto a Suecia y Dinamarca, en lo relativo a ciertos años aislados del periodo 1900-1910, se observan incluso participaciones del "1%" que alcanzan el 25% del ingreso nacional, es decir, niveles más elevados que los observados en el Reino Unido, Francia o Alemania en la misma época (en la que el máximo observado era más cercano a 22-23%). Sin embargo, teniendo en cuenta las limitaciones de las fuentes disponibles, no es seguro que esas diferencias sean realmente significativas. Véase el anexo técnico.

dos de manera muy mayoritaria por los ingresos del capital a lo largo de este periodo,[24] la explicación debe buscarse principalmente en la concentración de la riqueza. ¿Por qué ésta era tan fuerte en Europa hacia 1900-1910?

Es interesante señalar que, comparada con Europa, la desigualdad era menos grande, no sólo en los Estados Unidos y Canadá (con participaciones del orden de 16-18% del ingreso nacional para el percentil superior a principios del siglo XX), sino también y, sobre todo, en Australia y Nueva Zelanda (con participaciones del orden de 11-12%). Es pues el conjunto del Nuevo Mundo —y más aún las regiones más nuevas y más recientemente pobladas del Nuevo Mundo— el que parecía menos desigualitario que la vieja Europa en la Bella Época.

Es asimismo interesante señalar que Japón, a pesar de todas sus diferencias socioculturales con Europa, parece caracterizarse por el mismo elevado nivel de desigualdad a principios del siglo XX, con aproximadamente 20% del ingreso nacional para el percentil superior. Los datos disponibles no permiten hacer comparaciones tan completas como sería deseable, pero todo indica que, desde el punto de vista tanto de la estructura como del nivel de las desigualdades, Japón formaba realmente parte del mismo "Viejo Mundo" que la vieja Europa. También es sorprendente comprobar la similitud en las evoluciones observadas en Japón y Europa en el conjunto del siglo XX (véase la gráfica IX.3).

Más adelante volveremos a las razones de la muy intensa concentración patrimonial observada en la Bella Época y a las transformaciones —y, en particular, al movimiento de desconcentración— observadas a lo largo del siglo XX en los diferentes países. Veremos particularmente que la mayor desigualdad en los patrimonios, observada en Europa y Japón, se explica sobre todo por el más bajo crecimiento demográfico (característico del Viejo Mundo), que conduce, de manera casi mecánica, a una mayor acumulación y concentración del capital.

En esta etapa, simplemente insistiremos en la amplitud de esos cambios entre países y continentes. Sin duda, esta situación se manifiesta más claramente si se examina la evolución de la participación del decil superior en el ingreso nacional. En la gráfica IX.7 representamos las evoluciones obtenidas para esta participación en los Estados Unidos y en cuatro países europeos (Reino Unido, Francia, Alemania y Suecia) desde principios del siglo XX. Indicamos los promedios decenales para fijar la atención en las evoluciones a largo plazo.[25]

Se advierte que, en vísperas de la primera Guerra Mundial, la participa-

[24] Se advierte esta misma realidad en todos los países para los que tenemos datos sobre la composición de los ingresos por nivel de ingreso similares a los que presentamos para Francia y los Estados Unidos del capítulo anterior (véanse las gráficas VIII.3, VIII.4, VIII.9 y VIII.10).

[25] Véase la gráfica S9.6 disponible en línea para la misma gráfica con las series anuales. Las series relativas a los demás países son similares y están disponibles en línea.

GRÁFICA IX.7. *La participación del decil superior en Europa y los Estados Unidos, 1900-2010*

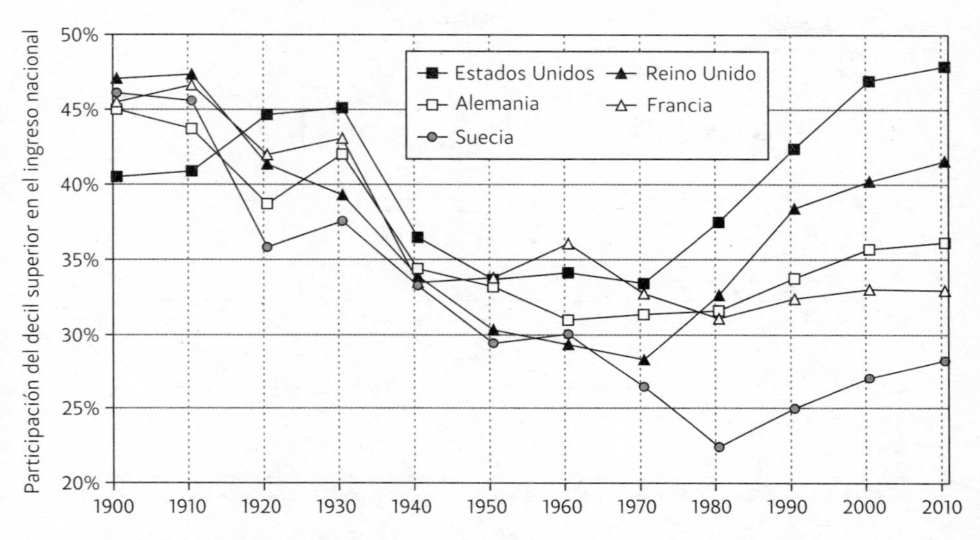

En el periodo 1950-1970, la participación del decil superior era del orden de 30-35% del ingreso nacional, tanto en Europa como en los Estados Unidos.

FUENTES Y SERIES: véase piketty.pse.ens.fr/capital21c.

ción del decil superior era del orden de 45-50% del ingreso nacional en todos los países europeos, frente a poco más de 40% en los Estados Unidos. Luego, después de las guerras mundiales, los Estados Unidos se volvieron ligeramente más desigualitarios que Europa: la participación del decil superior disminuyó en los dos continentes después de los choques de los años 1914-1945, pero la caída fue claramente más marcada en Europa (así como en Japón), lo que desde luego se explica porque los choques sufridos por los patrimonios fueron mucho más severos. Durante los años 1950-1970, la participación del decil superior era bastante estable y relativamente parecida en los Estados Unidos y Europa, en torno a 30-35% del ingreso nacional. Luego, la enorme divergencia que se inició en los años setenta y ochenta lleva a la siguiente situación: en 2000-2010, la participación del decil superior alcanzó 45-50% del ingreso nacional en los Estados Unidos, es decir, aproximadamente el mismo nivel que se tenía en Europa en 1900-1910; en los países europeos se observa también una gran diversidad de casos, del más desigualitario (el Reino Unido, con más de 40% del ingreso nacional para el decil superior) al más igualitario (Suecia, con menos de 30%), pasando por todos los casos intermedios (Alemania y Francia, alrededor de 35%).

Si se calcula —de manera ligeramente abusiva— un promedio para el conjunto de Europa a partir de estos cuatro países, se obtiene una compara-

GRÁFICA IX.8. *La desigualdad en los ingresos en Europa y los Estados Unidos, 1900-2010*

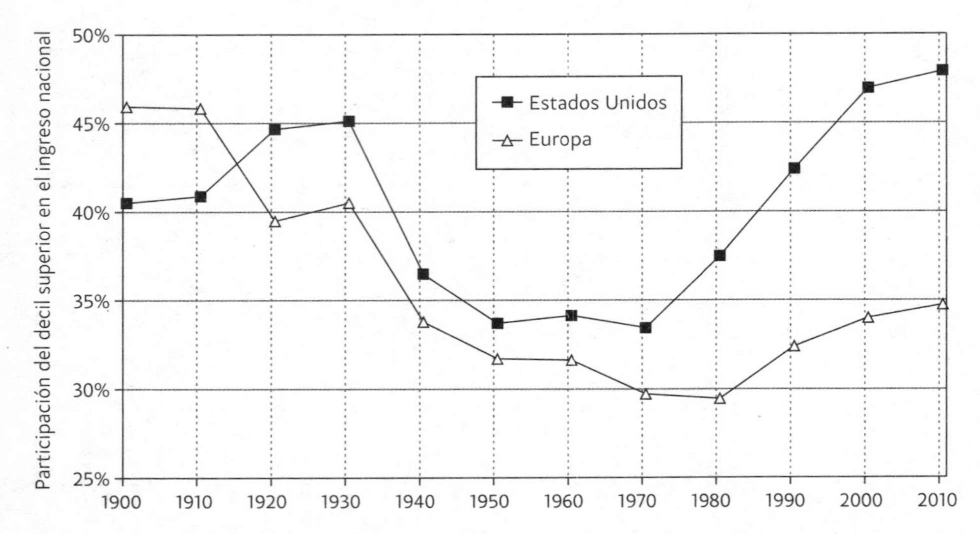

La participación del decil superior en el ingreso nacional era más importante en Europa en 1900-1910, y claramente más elevada en los Estados Unidos en 2000-2010.
FUENTES Y SERIES: véase piketty.pse.ens.fr/capital21c.

ción particularmente clara entre los dos continentes: los Estados Unidos eran más igualitarios que Europa en 1900-1910, apenas menos igualitarios en 1950-1960, mucho más desigualitarios en 2000-2010 (véase la gráfica IX.8).[26]

Más allá de este esquema general a largo plazo, existen, desde luego, múltiples historias nacionales particulares, con incesantes fluctuaciones a corto y mediano plazo, vinculadas sobre todo con las especificidades de las evoluciones político-sociales propias de cada país, como vimos en el capítulo anterior al analizar de manera más detallada el movimiento de las desigualdades en Francia y los Estados Unidos. No podemos hacer lo mismo aquí para cada país.[27]

[26] En la gráfica IX.8 mostramos simplemente el promedio aritmético entre los cuatro países europeos de la gráfica IX.7. Estos cuatro países son muy representativos de la diversidad europea, y la evolución sería muy similar si se incluyera a los demás países con datos disponibles en Europa del Norte y del Sur, o si se ponderara con base en el ingreso nacional de cada país. Véase el anexo técnico.

[27] Remitimos al lector interesado a los estudios de casos de 23 países reunidos en dos volúmenes publicados en 2007 y 2010. Véanse A. Atkinson y T. Piketty, *Top Incomes over the Twentieth Century: A Contrast between Continental-European and English-Speaking Countries,* Oxford University Press, Oxford, 2007, 604 pp., y *Top Incomes: A Global Perspective,* Oxford University Press, Oxford, 2010, 800 pp.

Mencionemos simplemente que el periodo de entreguerras se muestra particularmente tumultuoso y caótico en todas partes, con cronologías que varían mucho según los países. En Alemania, la hiperinflación de la década de 1920 se presentó rápidamente tras la derrota militar; los nazis llegaron al poder unos cuantos años más tarde, después de que la depresión mundial hubiera sumido de nuevo al país en la crisis. Es interesante señalar que la participación del decil superior progresó mucho en Alemania entre 1933 y 1938, totalmente a contracorriente de los demás países: esta situación refleja sobremanera el nuevo aumento de los beneficios industriales (estimulados por los pedidos gubernamentales a la industria de armamento) y, de manera más general, el restablecimiento de las jerarquías de ingresos características del periodo nazi. Advirtamos también que Alemania parece caracterizarse desde la década de los cincuenta por un nivel de participación del percentil superior —y más aún del milésimo superior— sensiblemente más elevado que en la mayoría de los demás países de Europa continental (particularmente más elevado que en Francia) y que en Japón, mientras que su nivel global de desigualdad no era muy diferente. Este fenómeno puede explicarse de diferentes maneras, entre las cuales es difícil elegir una (volveremos a ello).

También hay que subrayar que las fuentes fiscales alemanas tienen lagunas importantes, en gran parte debido a la agitada historia del país en el siglo XX, de tal manera que es difícil esclarecer a fondo cada una de las evoluciones y establecer comparaciones perfectamente precisas con los demás países. El impuesto sobre la renta se creó bastante temprano —a partir de los años 1880-1890— en la mayoría de los estados alemanes, sobre todo en Prusia y Sajonia. Sin embargo, tanto la legislación como las estadísticas fiscales se unificaron en todo el país sólo tras la primera Guerra Mundial. Después, las fuentes estadísticas tuvieron frecuentes discontinuidades a lo largo de los años veinte, antes de interrumpirse por completo de 1938 a 1950, por lo que es imposible estudiar la evolución de la distribución de los ingresos durante la segunda Guerra Mundial y en la inmediata posguerra.

Se trata de una diferencia importante con respecto a los demás países muy implicados en el conflicto, en particular Japón y Francia, cuyas administraciones fiscales, durante los años de la guerra, seguían compilando las mismas depuraciones estadísticas que en el pasado, sin ninguna interrupción, como si no sucediera nada. Si se analiza con base en la experiencia de los demás países, sobre todo en Japón y Francia (cuyas trayectorias son muy parecidas en este aspecto), es probable que la participación de los ingresos altos en el ingreso nacional haya alcanzado un punto bajo absoluto en Alemania en 1945 ("año cero", en el que los patrimonios y sus ingresos estaban reducidos a poca cosa más allá del Rin), antes de volver a subir considerablemente a partir de 1946-1947. Lo cierto es que cuando las estadísticas alemanas volvieron a su curso normal, en 1950, la jerarquía de los ingresos ya había recuperado en parte su nivel de 1938. A falta de una fuente completa, es difícil ir más lejos. Los múltiples cambios territoriales de Alemania a lo largo del siglo pasado, incluso muy recientemente, con la unificación de 1990-1991, añadidos al hecho de que las estadísticas fiscales más completas sólo se publican cada tres años (y no anualmente, como en la mayoría de los demás países), complican un poco más el estudio detallado del caso alemán.[28]

Las desigualdades en los países emergentes: más reducidas que en los Estados Unidos

Ahora examinemos el caso de los países pobres y emergentes: por desgracia, las fuentes históricas que permiten estudiar la dinámica de la distribución de la riqueza a largo plazo son mucho más escasas cuando se sale de los países ricos. Sin embargo, existen varios países pobres y emergentes para los cuales se pueden encontrar fuentes fiscales de larga duración que permiten establecer comparaciones —aproximadas— con los resultados obtenidos para los países desarrollados. Poco después de haber introducido un impuesto progresivo sobre el ingreso global en la metrópoli, el colonizador británico decidió hacer lo mismo en muchas de sus posesiones: es así como un impuesto sobre la renta —bastante similar en su concepción al impuesto introducido en 1909 en el Reino Unido— se creó a partir de 1913 en Sudáfrica, y desde 1922 en el Imperio de la India (incluido el actual Pakistán). De igual manera, el colonizador holandés instituyó un impuesto sobre la renta en Indonesia en 1920. Varios países de Sudamérica introdujeron el mismo impuesto en el periodo entre las dos guerras mundiales; por ejemplo, Argentina en 1932. Para estos cuatro países —Sudáfrica, India, Indonesia y Argentina— disponemos de datos fiscales que se inician respectivamente en 1913, 1922, 1920 y 1932 y se prolongan —con lagunas— hasta 2000-2010. La naturaleza de estos datos es la misma que la de los que tenemos para los países ricos, por lo que pueden ser explotados con los mismos métodos y, en particular, usando las estimaciones de ingreso nacional realizadas en estos diferentes países desde principios del siglo XX.

Las estimaciones obtenidas se indican en la gráfica IX.9. Merece la pena subrayar varios puntos. Primero, el resultado más sorprendente es sin duda que los órdenes de magnitud obtenidos con respecto a la participación del percentil superior en el ingreso nacional en los países pobres o emergentes son, en una primera aproximación, sumamente parecidos a los observados en los países ricos. Durante las fases más desigualitarias, en particular a lo

[28] Para un análisis histórico profundo de la dinámica de la desigualdad alemana —tomando en cuenta la imperfección de las fuentes disponibles—, véase F. Dell, *L'Allemagne inégale. Inégalités de revenus et de patrimoine en Allemagne, dynamique d'accumulation du capital et taxation de Bismarck à Schröder, 1870-2005*, Éditions de l'EHESS, París, 2008.

GRÁFICA IX.9. *La desigualdad en los ingresos en los países emergentes, 1910-2010*

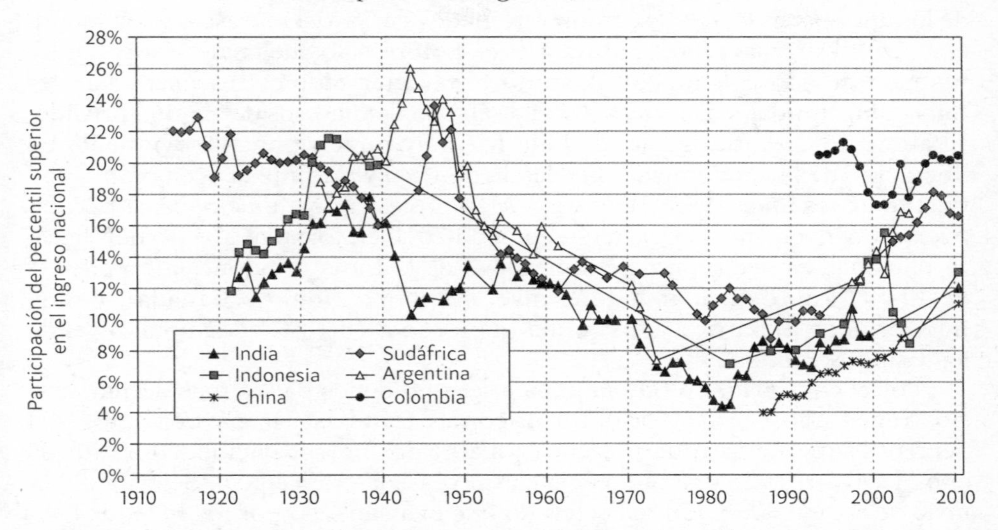

Medida por la participación del percentil superior, la desigualdad en los ingresos aumentó en los países emergentes desde los años ochenta, pero en 2000-2010 se situaba por debajo del nivel estadunidense.

FUENTES Y SERIES: véase piketty.pse.ens.fr/capital21c.

largo de la primera mitad del siglo XX, de 1910 a 1940, el percentil superior poseía aproximadamente 20% del ingreso nacional en los cuatro países considerados: más o menos 15-18% en la India y hasta 22-25% en Sudáfrica, Indonesia y Argentina. Durante las fases más igualitarias, principalmente entre 1950 y 1970, la participación del percentil superior cayó a niveles comprendidos entre 6 y 12%, según los países (apenas 5-6% en la India, 8-9% en Indonesia y Argentina, 11-12% en Sudáfrica). A partir de los años ochenta, en casi todas partes se asistió a un aumento de la participación del percentil superior, que en los años 2000-2010 se situaba en torno a 15% del ingreso nacional (más o menos 12-13% en la India e Indonesia, y 16-18% en Sudáfrica y Argentina).

En la gráfica IX.9 también representamos dos países respecto de los cuales las fuentes fiscales disponibles permiten estudiar únicamente las evoluciones en curso desde mediados de los años ochenta y principios de los noventa: China y Colombia.[29] En China se observa un fuerte crecimiento de la

[29] En China no existía propiamente un impuesto sobre la renta antes de 1980, de tal manera que ninguna fuente permite estudiar la evolución de la desigualdad en los ingresos para el conjunto del siglo XX (las series presentadas aquí se inician en 1986). Respecto de Colombia, los datos fiscales que reunimos hasta ahora se inician sólo en 1993, pero el impuesto sobre la renta

participación del percentil superior en el ingreso nacional a lo largo de las últimas décadas, pero partiendo de un nivel relativamente bajo a mediados de los años ochenta, casi escandinavo: menos de 5% del ingreso nacional para el percentil superior, según las fuentes disponibles, lo que no debe sorprender mucho tratándose de un país comunista, caracterizado por escalas salariales muy comprimidas y por una ausencia relativa de ingresos del capital privado. El aumento de la desigualdad china fue muy rápido tras el movimiento de liberación de la economía en la década de 1980 y durante el acelerado crecimiento de los años 1990-2000; pero, según nuestras estimaciones, la participación del decil superior se sitúa en 2000-2010 en torno a 10-11% del ingreso nacional, es decir, un nivel inferior al de la India e Indonesia (alrededor de 12-14%, aproximadamente el nivel del Reino Unido o Canadá), y muy inferior al de Sudáfrica y Argentina (en torno a 16-18%, cercano al nivel de los Estados Unidos).

Por el contrario, Colombia parece ser uno de los países más desigualitarios registrados en la World Top Incomes Database: la participación del percentil superior se situaba en torno a 20% del ingreso nacional durante los años 1990-2010, sin una tendencia clara (véase la gráfica IX.9). Se trata de un nivel de desigualdad aún más elevado que el alcanzado por los Estados Unidos en 2000-2010, por lo menos si se excluyen las plusvalías: al incluirlas, los Estados Unidos superaron ligeramente a Colombia a lo largo de los últimos diez años.

No obstante, hay que subrayar de nuevo las considerables limitaciones de los datos a nuestro alcance para calcular la dinámica de la distribución de las riquezas en los países pobres y emergentes, y para establecer comparaciones satisfactorias con los países ricos. Los órdenes de magnitud que acabamos de indicar son los más confiables a los que podemos acceder, teniendo en cuenta las fuentes disponibles, pero la verdad es que nuestros conocimientos siguen siendo muy escasos. En los contados países emergentes de los cuales se dispone de datos fiscales desde los primeros decenios del siglo XX, existen múltiples lagunas e interrupciones en los datos, a menudo en los años 1950-1970, en el momento de su independencia, como en Indonesia. En la actualidad intentamos incluir en nuestra base de datos históricos a muchos otros países, en especial a las antiguas colonias británicas y francesas, Indochina, África del Norte, Central y Occidental, pero a menudo es difícil establecer el vínculo entre los datos de la época colonial y las fuentes fiscales contemporáneas.[30]

Cuando existen datos fiscales, su interés se reduce además por el hecho

existía mucho antes, y es muy posible que acabemos por encontrar datos anteriores (los datos fiscales históricos fueron relativamente mal archivados en varios países sudamericanos).

[30] La lista de los proyectos en curso está disponible en el sitio de la World Top Incomes Database.

de que el impuesto sobre la renta en los países menos desarrollados frecuentemente no atañe más que a una pequeña minoría de la población, de tal manera que, por ejemplo, se puede estimar la participación del percentil superior en el ingreso total y no la del decil superior. Cuando los datos lo permiten, como en Sudáfrica en ciertos subperiodos, se advierte que los más altos niveles observados de la participación del decil superior son del orden de 50-55% del ingreso nacional, es decir, un nivel comparable —o ligeramente superior— con los niveles de desigualdad más elevados observados en los países ricos, en Europa en 1900-1910 o en los Estados Unidos en 2000-2010.

Además se observa cierto deterioro de los datos fiscales a partir de 1990-2000; esto se debe en parte a la llegada de los registros digitalizados, que a menudo llevan a las administraciones a interrumpir las publicaciones estadísticas detalladas que existían en épocas más antiguas y que necesitaban para realizar sus funciones, lo que paradójicamente puede conducir a un detrimento con respecto a las fuentes de información en la época digital (se observa el mismo tipo de fenómeno en los países ricos).[31] Sin embargo, esto parece corresponder sobre todo a cierta desafección respecto del impuesto progresivo sobre la renta en general, tanto en el seno de las organizaciones internacionales como en el caso de ciertos gobiernos.[32] Un caso particularmente emblemático es el de la India, que desde principios de la década de 2000 dejó por completo de establecer y publicar la información detallada resultante de las declaraciones de ingresos que sin embargo existía de manera constante desde 1922. La extraña consecuencia es que es más difícil estudiar la evolución de los ingresos elevados en la India en este inicio del siglo XXI que durante el siglo pasado.[33]

Esta falta de información y de transparencia democrática es tanto más lamentable porque la cuestión de la distribución de las riquezas y de los frutos del desarrollo se plantea por lo menos con tanta agudeza en los países pobres y emergentes como en los ricos. También hay que subrayar que el enorme crecimiento oficialmente registrado en los países emergentes durante los últimos decenios, sobre todo en la India y en China, resulta exclusivamente de las estadísticas de producción. Cuando se intenta calcular el crecimiento de los ingresos utilizando los expedientes de las encuestas de hogares,

[31] Cuando se puede acceder a los registros fiscales, la digitalización constituye desde luego una mejora de las fuentes de información. Sin embargo, si los registros son inaccesibles, o están mal archivados (lo que sucede a menudo), entonces la desaparición de las publicaciones estadísticas en papel puede llevar en muchos casos a una pérdida de la memoria fiscal e histórica.

[32] Cuanto más se acerca el impuesto a ser puramente proporcional, menos se hace sentir la necesidad de tener datos detallados por series de ingresos. En la cuarta parte volveremos a los cambios propiamente fiscales: sólo recordemos que éstos tienen un impacto en la información observable.

[33] La actualización para el año 2010, que se muestra en la gráfica IX.9, se realizó a partir de datos muy imperfectos sobre las remuneraciones de los dirigentes de empresas y debe ser considerada como una primera aproximación. Véase el anexo técnico.

a menudo es muy difícil encontrar las tasas de crecimiento macroeconómicas anunciadas: los ingresos indios y chinos aumentan desde luego a ritmos elevados, pero claramente menos que lo previsto por las estadísticas de crecimiento oficiales. Esta paradoja del "agujero negro" del crecimiento en los países emergentes es sin lugar a dudas problemática: puede resultar del hecho de que se sobreestime el incremento de la producción (existen múltiples incentivos burocráticos a manipular los flujos de producción), o bien de que el aumento del ingreso esté subestimado (las encuestas de hogares también tienen sus imperfecciones) o, más seguramente, ambas posibilidades al mismo tiempo. En concreto, se puede explicar también por el hecho de que los ingresos más elevados —particularmente mal registrados en los expedientes declarativos— captaron un porcentaje desproporcionado del crecimiento de la producción.

En el caso de la India se puede estimar —a partir simplemente de la base de los ingresos declarados— que el crecimiento de la participación del percentil superior en el ingreso nacional, comprobado gracias a los datos fiscales, permite explicar por sí solo entre una cuarta y una tercera parte del "agujero negro" del crecimiento entre 1990 y 2000.[34] Teniendo en cuenta el deterioro de las estadísticas fiscales a principios del siglo XXI, es imposible prolongar correctamente este ejercicio de desglose social del crecimiento. En el caso de China, las estadísticas establecidas por la administración fiscal son aún más rudimentarias que en la India y dan testimonio de la absoluta falta de transparencia de las autoridades chinas sobre estos temas. En el estado actual de las cosas, las estimaciones indicadas en la gráfica IX.9 son las más confiables a las que se puede llegar.[35] Pero es urgente que las autoridades de esos dos países hagan públicos datos más completos, al igual que deberían hacerlo todos los países. Cuando esto se haga, tal vez nos daremos cuenta de que la desigualdad en la India y en China creció más rápido de lo que imaginábamos.

En todo caso advertiremos que, sin importar las imperfecciones de las administraciones fiscales de los países pobres y emergentes, los datos resultantes de las declaraciones de ingresos permiten poner de manifiesto niveles de altos ingresos mucho más elevados —y mucho más realistas— que los reportados en las encuestas de hogares. Por ejemplo, las declaraciones fiscales permiten comprobar que el percentil superior poseía por sí mismo más

[34] Véase A. Banerjee y T. Piketty, "Top Indian Incomes, 1922-2000", *World Bank Economic Review,* World Bank Group, vol. 19, núm. 1, 2005, pp. 1-20, y "Are the Rich Growing Richer? Evidence from Indian Tax Data", en A. Deaton y V. Kozel, *Data and Dogma: The Great Indian Poverty Debate,* MacMillan, Nueva Delhi, 2004, pp. 598-611. El "agujero negro" representa por sí mismo casi la mitad del crecimiento total en la India entre 1990 y 2000: el ingreso por habitante aumentó en casi 4% anual, según las cuentas nacionales, y en apenas más de 2% anual, según las encuestas de hogares. El tema es, por tanto, importante.

[35] Véase el anexo técnico.

de 20% del ingreso nacional en Colombia en las décadas de 2000-2010 (y casi 20% en Argentina). Es posible que la desigualdad real sea aún más elevada. Sin embargo, resulta poco creíble el hecho de que los ingresos más elevados declarados en las encuestas de hogares realizadas en esos mismos países sean a menudo apenas cuatro-cinco veces más elevados que el ingreso promedio (nadie es realmente rico), de tal manera que la participación del percentil superior suele ser inferior a 5% del ingreso nacional. Vemos hasta qué punto las encuestas de hogares, que a menudo constituyen la única fuente utilizada por los organismos internacionales (en particular por el Banco Mundial) y por los gobiernos para medir la desigualdad, contribuyen a dar una visión sesgada y falsamente tranquilizadora de la distribución de la riqueza. Mientras las estimaciones oficiales no completen los datos de las encuestas por medio de una utilización sistemática de los datos administrativos y fiscales, será imposible llegar a desgloses creíbles de la tasa de crecimiento macroeconómico entre los diferentes grupos sociales y entre los distintos deciles y percentiles de la jerarquía de los ingresos, tanto en los países pobres y emergentes como en los ricos.

La ilusión de la productividad marginal

Volvamos al tema de la explosión de las desigualdades salariales observadas desde los años setenta y ochenta en los Estados Unidos (y en menor grado en el Reino Unido y Canadá). Vimos que la teoría de la productividad marginal y de la carrera-persecución entre tecnología y educación casi no era convincente: el despegue de las muy elevadas remuneraciones estuvo excesivamente concentrado en el seno del percentil superior (o incluso del milésimo superior), y sólo afectó a ciertos países y no a otros (por el momento, tanto Japón como Europa continental se han visto mucho menos afectados que los Estados Unidos), mientras que las transformaciones tecnológicas deberían haber tenido un efecto mucho más continuo en toda la parte alta de la distribución de las calificaciones, especialmente en el conjunto de los países con un nivel de desarrollo similar. El hecho de que la desigualdad en los ingresos alcance en los Estados Unidos de los años de 2000-2010 un nivel más elevado que el observado en los países pobres y emergentes en las diferentes épocas —por ejemplo, más elevado que en la India o Sudáfrica en 1920-1930, 1960-1970 o 2000-2010— lleva también a dudar de una explicación basada únicamente en la desigualdad objetiva de las productividades. ¿Estamos seguros de que la desigualdad fundamental en las calificaciones y las productividades individuales sea más fuerte en los Estados Unidos en este inicio del siglo XXI que en la India, con la mitad de la población analfabeta desde hace algunas décadas (o incluso hasta hoy en día), o en la Sudáfrica del Apartheid (o pos-Apartheid)? Si así fuera, esto tal vez sería un poco más inquietante para las instituciones educativas estadunidenses, que claramente deben ser mejoradas y hacerse más accesibles, pero que sin duda no merecen ser culpadas por este resultado.

A mi parecer, la explicación más convincente para dar cuenta del despegue de las muy elevadas remuneraciones estadunidenses es la siguiente. Primeramente, al tratarse de las funciones de los directivos en el seno de las grandes empresas, que como vimos constituyen la gran mayoría de los salarios más elevados, la idea misma de una base objetiva para explicar esas remuneraciones en términos de "productividad" individual me parece un poco ingenua. Con respecto a las funciones duplicables que realizan, por ejemplo, un obrero o un mesero, se puede estimar aproximadamente la "productividad marginal" realizada por ese asalariado, aunque con márgenes de error nada desdeñables, como ya habíamos señalado antes. Sin embargo, tratándose de funciones únicas o casi únicas, esos márgenes de error se vuelven inevitablemente mucho más considerables. A decir verdad, desde el momento en que se introduce la hipótesis de información imperfecta —eminentemente justificada en este contexto— en los modelos económicos estándar, la noción misma de "productividad marginal individual" queda mal definida y no dista de transformarse en una simple construcción ideológica que permite justificar un estatus más elevado.

En concreto, imaginemos una gran compañía internacional que emplea a 100 000 personas en el mundo y realiza un volumen de negocios anual de 10 000 millones de euros, es decir, 100 000 euros por asalariado. Supongamos que las compras de bienes y servicios representan la mitad de ese volumen de negocios (es una proporción típica para la economía en su conjunto), de tal manera que el valor agregado de esta compañía —aquello de lo que se dispone para remunerar el trabajo y el capital que emplea y utiliza directamente— es de 5 000 millones de euros: 50 000 euros por asalariado. Para fijar el salario del director financiero de la compañía (o de sus adjuntos, o del director de mercadotecnia y de su equipo, etc.), en principio sería necesario estimar su productividad marginal, es decir, su contribución a los 5 000 millones de euros de valor agregado: ¿es de 100 000, de 500 000 o de 5 millones de euros anuales? Desde luego, es imposible dar una respuesta precisa y objetiva a esta pregunta. Se podría intentar un experimento, poniendo a prueba a varios directores financieros, cada uno durante algunos años, e intentar determinar, dentro de un volumen de negocios de 10 000 millones de euros, cuál fue el impacto de tal director. Evidentemente la estimación obtenida sería, de forma inevitable, muy aproximada, con un margen de error mucho más importante que la remuneración máxima considerada para ese puesto, incluso en un entorno económico totalmente estable.[36] Sin contar con que,

[36] De hecho, el resultado principal —y a fin de cuentas bastante evidente— de los modelos económicos de experimentación óptima en presencia de información incompleta es que a los

en un entorno caracterizado por una redefinición casi permanente de los contornos de las empresas y de las funciones exactas en el seno de cada sociedad, semejante evaluación experimental es evidentemente improbable.

Con esta dificultad informativa y cognitiva, ¿cómo se determinan dichas remuneraciones en la práctica? Suelen ser fijadas por los superiores jerárquicos, siendo asignadas las remuneraciones superiores por los propios superiores, o bien por comités de remuneraciones formados por diversas personas que por lo general tienen ellas mismas salarios comparables (en particular, altos ejecutivos de otras compañías grandes). A veces, las asambleas generales de accionistas desempeñan un papel complementario, aunque suele referirse únicamente a unos cuantos puestos de dirección y no al conjunto de los mandos superiores y directivos. En todo caso, teniendo en cuenta la imposibilidad de estimar con precisión la contribución individual a la empresa considerada, es inevitable que las decisiones resultantes de dichos procesos sean, en gran medida, arbitrarias y dependan de las relaciones de fuerza y de los poderes de negociación de unos y otros. Sin querer ofender a este grupo, podemos suponer que las personas que se encuentran en la situación de fijar su propio salario naturalmente tienden a tener la manga un poco ancha, o por lo menos a mostrarse más optimistas que el promedio en cuanto a la evaluación de su propia productividad marginal. Todo esto es muy humano, sobre todo en una situación en la que la información es, objetivamente, muy imperfecta. Sin llegar a hablar de la "mano que se sirve de la caja", debemos admitir que esta imagen es, sin duda alguna, más apropiada que la de la "mano invisible", metáfora del mercado según Adam Smith. En la práctica, la mano invisible no existe, no más que la competencia "pura y perfecta", y el mercado siempre se encarna en instituciones específicas, como los superiores jerárquicos o los comités de remuneraciones.

Así presentado, ello no implica que los superiores y los comités puedan fijar cualquier salario, ni que elijan siempre y en cualquier lugar el más alto nivel posible. Las instituciones y reglas que caracterizan la "gobernanza" de las empresas en un país determinado siempre son imperfectas y titubeantes, aunque exista cierto número de contrapesos. Estas instituciones están muy influidas por las normas sociales vigentes en la sociedad considerada, en particular entre los altos ejecutivos y los accionistas (o sus representantes, cuando se trata de accionistas institucionales como sociedades financieras o fondos de pensión), así como por la aceptabilidad social de tal o cual nivel de remuneración por parte de los asalariados menos bien pagados de la empresa, y por la sociedad en su conjunto. Estas normas sociales dependen

agentes implicados (en este caso las empresas) nunca les interesa lograr una información completa, ya que existen costos de experimentación (es caro poner a prueba decenas de directores financieros antes de decidirse por uno) y especialmente porque la información tiene un valor público superior a su valor privado para la empresa en cuestión. Véase el anexo técnico para referencias bibliográficas.

principalmente de los sistemas de creencias respecto a la contribución de unos y otros en la producción de las empresas y en el crecimiento del país. Teniendo en cuenta las enormes incertidumbres a ese respecto, no sorprende que estas percepciones varíen conforme a las épocas y a los países, y dependan de cada historia nacional particular. El punto importante es que, teniendo en cuenta lo que son estas normas en un país determinado, es difícil que una empresa particular se oponga a ellas.

Sin una teoría de esta naturaleza, me parece muy arduo explicar las enormes diferencias observadas entre países relativas al nivel de las remuneraciones más altas: en particular, entre, por un lado, los Estados Unidos (y en menor grado los demás países anglosajones) y, por el otro, Europa continental y Japón. Dicho de otro modo, la desigualdad salarial aumentó mucho en los Estados Unidos y en el Reino Unido, simplemente porque las sociedades estadunidense y británica se volvieron mucho más tolerantes ante unas remuneraciones extremas a partir de 1970-1980. También se dio una evolución similar en las sociedades europeas y japonesas, pero se inició más tarde (en 1980-1990, e incluso en 1990-2000), y hasta ahora ha sido mucho menos fuerte. Hoy en día, a principios de la década de 2010, las remuneraciones de varios millones de euros siguen molestando mucho más en Suecia, Alemania, Francia, Japón o Italia que en los Estados Unidos o el Reino Unido. No siempre fue así, más bien al contrario: recordemos que, en los años cincuenta y sesenta, los Estados Unidos eran claramente más igualitarios que Francia, especialmente en lo relativo a las jerarquías salariales. Sin embargo, ha sido así desde 1970-1980 y todo indica que este factor desempeñó un papel central en la evolución de la desigualdad salarial en los diferentes países.

El despegue de los superejecutivos: una poderosa fuerza de divergencia

En términos de normas y de aceptabilidad social, este enfoque parece *a priori* bastante posible, pero sólo remite la dificultad a otro nivel. Ahora hay que explicar de dónde vienen esas normas sociales y cómo evolucionan, lo que evidentemente compete por lo menos tanto a la sociología, a la psicología, al estudio de las creencias y percepciones y a la historia cultural y política, como a la economía en su sentido más estricto. El tema de la desigualdad depende de las ciencias sociales en su sentido amplio y no de una sola de esas disciplinas. En este caso ya señalamos que, sin duda alguna, la "revolución conservadora" anglosajona de los años setenta y ochenta, uno de cuyos aspectos era esta mayor tolerancia respecto de los salarios muy elevados de los superejecutivos, fue causada en parte por el sentimiento de haber sido alcanzados, o incluso rebasados, que embargó a los Estados Unidos y al Reino Unido en esa época (incluso si, en realidad, el elevado crecimiento de Europa y Japón durante los Treinta Gloriosos de la segunda posguerra era la consecuencia casi mecánica de los choques de 1914-1945). Sin embargo, es muy evidente que otros factores tuvieron un papel importante.

Seamos precisos. No se trata de pretender aquí que la desigualdad salarial en su conjunto está totalmente determinada por las normas sociales en materia de equidad de las remuneraciones. Como ya señalamos, la teoría de la productividad marginal y de la carrera-persecución entre educación y tecnología permite explicar de manera factible la evolución a largo plazo de la distribución de los salarios, por lo menos hasta cierto nivel de salarios y con cierto grado de precisión. La lógica de la tecnología y de las calificaciones establece límites dentro de los cuales debe fijarse la mayoría de los salarios. Sin embargo, con respecto a las funciones no duplicables, y a medida que se vuelven cada vez menos duplicables, sobre todo en el seno de las jerarquías gerenciales de las grandes compañías, los márgenes de error sobre la productividad individual se tornan considerables. El poder explicativo de la tecnología y de las calificaciones es entonces cada vez más pobre, y el de las normas sociales, cada vez más fuerte. Esto no atañe de manera verdaderamente determinante sino a una pequeña minoría de asalariados, quizás incluso menos del 1% según los países y las épocas.

No obstante, el hecho esencial —que *a priori* nada tenía de evidente— es que las variaciones, en el tiempo y entre países, de la participación salarial recibida por el percentil superior de la jerarquía de los salarios pueden adquirir una importancia considerable, como muestran las evoluciones contrastadas observadas en los países ricos desde los años setenta y ochenta. Sin duda, este despegue inédito de los sueldos de los superejecutivos debe relacionarse con el tamaño de las grandes empresas y la diversidad de las funciones en su seno. Más allá de este problema objetivamente complejo de gobernanza de las grandes organizaciones, es posible que este despegue se explique también por una forma de "extremismo meritocrático", es decir, por una necesidad de las sociedades modernas, y en particular de la sociedad estadunidense, de designar ellas mismas a los ganadores y de ofrecerles remuneraciones tanto más extravagantes porque parecen haber sido elegidos en función de su mérito propio, y no conforme a las lógicas desigualitarias del pasado. Volveremos a ello.

En todo caso, queda claro que, potencialmente, se trata de un poderoso mecanismo que podría llevar a la divergencia de la distribución de la riqueza: si las personas mejor pagadas fijan —por lo menos en parte— su propio salario, esto puede ocasionar desigualdades cada vez más fuertes. Es muy difícil decir *a priori* hasta dónde llegará semejante proceso. Volvamos al caso antes descrito del director financiero de una gran compañía con un volumen de negocio de 10 000 millones de euros anuales: parece poco probable que un día se decida que la productividad marginal de tal director es de 1 000 millones o incluso de 100 millones (ya que no alcanzaría el dinero para pagar a todo el equipo directivo); en cambio, algunos podrían considerar que son perfectamente justificables remuneraciones individuales de uno, 10 o a veces hasta 50 millones (es tal la incertidumbre sobre la productividad individual que no existe ninguna salvaguarda evidente). Es entonces muy posible imaginar que el porcentaje del percentil superior en la masa salarial total alcance el 15-20% en los Estados Unidos, o bien el 25-30% o hasta más.

Además de la comparación de las evoluciones nacionales entre países ricos desde los años setenta y ochenta, los datos que demuestran de la manera más convincente el fracaso de la "gobernanza de la empresa" y el hecho de que la fijación de las remuneraciones más altas tiene poco que ver con una lógica tradicional de productividad son los siguientes: cuando se reúnen bases de datos sobre empresas individuales —es posible hacerlo para las compañías que cotizan en el conjunto de los países ricos— es muy difícil explicar las variaciones observadas de las remuneraciones de los directivos en función de los resultados de las empresas consideradas. Más precisamente, se puede desglosar cierto número de indicadores de rendimiento —el crecimiento de las ventas de la empresa, el nivel de sus beneficios, etc.— en las variaciones provocadas por causas externas a la empresa (por ejemplo, el estado general de la coyuntura económica, los choques sobre el precio mundial de las materias primas, las variaciones en las tasas de cambio, o bien los resultados promedio del sector considerado) y el resto de las variaciones. Sólo las variaciones del segundo tipo pueden verse potencialmente afectadas —por lo menos en parte— por los directivos de la empresa. Si las remuneraciones siguieran la lógica de la productividad marginal, podríamos esperar que no variaran —o poco— en función del primer componente, y sólo —o sobre todo— en función del segundo. Ahora bien, el hecho es que se observa exactamente lo contrario: cuando las ventas o los beneficios aumentan por razones externas, las remuneraciones de los dirigentes se incrementan con mayor intensidad. Esto se destaca de manera particularmente clara si se examina el caso de las sociedades estadunidenses: es lo que Bertrand y Mullainhatan han llamado la "remuneración por suerte" ("pay for luck").[37]

Volveremos a este enfoque y lo generalizaremos en la cuarta parte. Veremos que esta tendencia a "remunerar por suerte" varía mucho en el tiempo y según los países, sobre todo en función de la evolución del sistema fiscal y, más particularmente, de la tasa marginal superior del ingreso, que al parecer desempeña un papel de "salvaguarda fiscal" (cuando es elevada) o de "incitación al delito" (cuando es baja), por lo menos hasta cierto punto. Desde luego, esta evolución fiscal se vincula con las transformaciones de las normas

[37] Véase M. Bertrand y S. Mullainhatan, "Are CEO's Rewarded for Luck? The Ones Without Principals Are", *Quarterly Journal of Economics*, MIT Press, vol. 116, núm. 3, 2001, pp. 901-932. Véase también la obra de L. Bebchuk y J. Fried, *Pay without Performance,* Harvard University Press, Cambridge-Londres, 2004, 304 pp.

sociales relativas a la desigualdad, pero en cuanto se inicia sigue su propia lógica. En concreto, la muy fuerte disminución de la tasa marginal superior en los países anglosajones desde los años setenta y ochenta (aunque habían sido ellos mismos los inventores de la fiscalidad cuasiconfiscatoria sobre los ingresos considerados indecentes a lo largo de las décadas anteriores) parece haber transformado por completo los modos de fijación de las remuneraciones de los altos ejecutivos, los que ahora tienen incentivos mucho más fuertes que en el pasado a hacer todo lo posible para obtener aumentos importantes. Analizaremos también en qué medida este mecanismo amplificador lleva en su germen una fuerza divergente de naturaleza más propiamente política: la disminución de la tasa superior conduce a una explosión de las altas remuneraciones que, a su vez, incrementa la influencia política —sobre todo a través de la financiación de los partidos políticos, grupos de presión e institutos de reflexión— del grupo social al que le interesa el mantenimiento de esa tasa baja, o incluso su reducción ulterior.

X. LA DESIGUALDAD EN LA PROPIEDAD DEL CAPITAL

ABORDEMOS ahora la cuestión de la desigualdad en la propiedad del capital (es decir, en el patrimonio o en la riqueza) y de su evolución histórica. El tema es aún más importante porque la reducción de este tipo de desigualdad —y de los ingresos resultantes—, observada a lo largo de la primera mitad del siglo XX, es la única razón de la disminución de la desigualdad total en los ingresos a lo largo de ese periodo. Tanto en el caso de Francia como en el de los Estados Unidos, vimos que la desigualdad en los ingresos del trabajo no había disminuido de manera estructural entre 1900-1910 y 1950-1960 (contrariamente a las predicciones optimistas de la teoría de Kuznets, basada en la idea de una transferencia gradual y mecánica de la mano de obra de los sectores menos bien pagados hacia las actividades mejor remuneradas), y que la fuerte baja de la desigualdad total en los ingresos se explicaba, esencialmente, por el desplome de los altos ingresos del capital. Los elementos a nuestra disposición indican que sucedía lo mismo en los demás países desarrollados.[1] Es pues esencial comprender cómo y por qué se dio esta compresión histórica de las desigualdades patrimoniales.

La importancia de esta cuestión se ve además reforzada por el hecho de que la concentración de la propiedad del capital aparentemente ha aumentado en este inicio del siglo XXI, en un contexto de bajo crecimiento y de una subida en la tendencia de la relación capital/ingreso. Este posible proceso de divergencia patrimonial suscita múltiples interrogantes respecto de su impacto a largo plazo y, en cierta medida, parecer ser más inquietante aún que el de la divergencia de los ingresos de los superejecutivos, localizado geográficamente por el momento.

LA HIPERCONCENTRACIÓN PATRIMONIAL: EUROPA Y LOS ESTADOS UNIDOS

Como ya señalamos en el capítulo VII, la distribución de los patrimonios —y consecuentemente la de los ingresos del capital— siempre es mucho más concentrada que la de los ingresos del trabajo. En todas las sociedades conocidas, y en todas las épocas, la mitad de la población más pobre en patrimo-

[1] En particular, todos los datos sobre la composición de los ingresos por nivel de ingreso global van en este sentido. Sucede lo mismo con las series que se inician a fines del siglo XIX (en Alemania, Japón y varios países nórdicos). Los datos disponibles para los países pobres y emergentes son más parciales, pero también indican la misma tendencia. Véase el anexo técnico.

nio no posee casi nada (en general, apenas 5% de la riqueza total), el decil superior de la jerarquía de los patrimonios tiene una clara mayoría de lo que se puede poseer (en general, más de 60% de la riqueza total y a veces hasta 90%), y la población comprendida entre esos dos grupos (es decir, el 40% de la población) posee una parte situada entre el 5 y el 35% de la riqueza total.[2] Indicamos asimismo que el surgimiento de una verdadera "clase media patrimonial", es decir, el hecho de que, en lo sucesivo, ese grupo intermedio sea claramente más rico que la mitad más pobre de la población y tenga, colectivamente, entre un cuarto y un tercio de la riqueza nacional, constituye, sin duda, la transformación estructural más importante de la distribución de la riqueza a largo plazo.

Ahora tenemos que entender las razones de esta transformación. Para ello es necesario empezar por precisar su cronología: ¿cuándo y cómo se inició la reducción de la desigualdad patrimonial? Ante todo, debemos indicar que, por desgracia, las fuentes disponibles —a saber, principalmente los datos sucesorios— no permiten hasta ahora estudiar la evolución histórica de la desigualdad en los patrimonios para tantos países como fue el caso con las desigualdades en los ingresos. Disponemos de estimaciones históricas relativamente completas sobre todo con respecto a cuatro países: Francia, Reino Unido, Estados Unidos y Suecia. Las enseñanzas obtenidas de esas experiencias son, sin embargo, bastante claras y convergentes, principalmente en lo tocante a las similitudes y las diferencias entre las trayectorias europeas y estadunidense.[3] Además, la inmensa ventaja de los datos patrimoniales, en comparación con los que atañen a los ingresos, es que en ciertos casos permiten retroceder mucho más allá en el tiempo. Expondremos por turnos los resultados obtenidos respecto de esos cuatro países.

Francia: un observatorio de los patrimonios

El caso de Francia es particularmente interesante, pues se trata del único país del cual disponemos de una fuente histórica verdaderamente homogénea, lo que nos permite estudiar la distribución de la riqueza de manera continua desde fines del siglo xviii y principios del xix. Esto se explica por el establecimiento, a partir de 1791, poco después de la abolición de los privilegios fiscales de la nobleza, de un impuesto sobre las sucesiones y las donaciones —y, de manera más general, de un sistema de registro de los patrimonios—

[2] Véase en especial el capítulo vii, cuadro vii.2.

[3] Las series parciales disponibles para los demás países dan también resultados coherentes. Por ejemplo, las evoluciones observadas en Dinamarca y Noruega desde el siglo xix son muy parecidas a la trayectoria observada en Suecia. Los datos relativos a Japón y Alemania indican una dinámica parecida a la de Francia. Un estudio reciente sobre Australia da resultados coherentes con los obtenidos para los Estados Unidos. Véase el anexo técnico.

sorprendentemente moderno y universal para esa época. El nuevo impuesto sucesorio establecido por la Revolución francesa fue universal en un triple sentido: afectaba de la misma manera a todo tipo de bienes y propiedades (tierras agrícolas, bienes inmuebles urbanos y rurales, dinero en efectivo, títulos de deuda pública o privada, activos financieros de todo tipo, acciones, participaciones de sociedades, muebles, objetos preciosos, etc.), sin importar el estatus social de su poseedor (noble o plebeyo) ni los montos considerados, por bajos que éstos fueran. De hecho, el objetivo de esta reforma fundadora no sólo era procurar ingresos fiscales al nuevo régimen, sino también que la administración pudiera realizar un seguimiento del conjunto de las transmisiones patrimoniales por sucesión (al momento del deceso) o por donación (en vida de las personas), de manera que fuera posible garantizar a todos el pleno ejercicio del derecho de propiedad. En la lengua administrativa oficial, el impuesto sobre las sucesiones y donaciones siempre formó parte, desde la ley de 1791 hasta nuestros días, de la categoría más amplia de los "derechos de registro", y más específicamente de los "derechos de transmisión", los cuales son cobrados sobre las "transmisiones a título gratuito" (las transferencias de títulos de propiedad realizadas sin contraparte financiera, por sucesión o donación), pero también, según modalidades particulares, sobre las "transmisiones a título oneroso" (las transferencias a cambio de dinero u otros títulos). Se trata, pues, ante todo de permitir a cada dueño, pequeño o grande, el registro de sus bienes, a fin de poder gozar, con toda seguridad, de su derecho de propiedad, recurriendo, por ejemplo, a la fuerza pública en caso de impugnación. Fue así como se estableció, en la última década del siglo XVIII y muy al principio del XIX, un sistema relativamente completo de registro de las propiedades y, en particular, un catastro para los bienes inmobiliarios, que ha perdurado hasta nuestros días.

En la cuarta parte volveremos a la historia de los impuestos sucesorios en los diferentes países. En esta etapa, los impuestos nos interesan principalmente como fuente de información. Señalemos entonces que en la mayoría de los países fue necesario esperar hasta fines del siglo XIX y principios del XX para que se establecieran impuestos comparables. En el Reino Unido fue necesaria la reforma de 1894 para unificar los derechos cobrados sobre las transmisiones de bienes inmobiliarios *(real estate)* y las referentes a los activos financieros y los bienes personales *(personal estate),* y no fue sino hasta 1910-1920 cuando se establecieron estadísticas sucesorias homogéneas relativas al conjunto de las propiedades. En los Estados Unidos, el impuesto federal sobre las sucesiones y donaciones se creó en 1916; afectó únicamente a una pequeña minoría de la población (existían impuestos muy heterogéneos en cada estado, que incumbían a veces a segmentos más importantes de los propietarios). En consecuencia, en estos dos países es muy difícil estudiar la evolución de la desigualdad patrimonial antes de la primera Guerra Mundial: desde luego, existen numerosas actas notariadas e inventarios de bienes en el momento del fallecimiento, pero muy a menudo se trata de actas sin legalizar, para subconjuntos particulares de la población y de los bienes, y de las cuales no pueden obtenerse conclusiones generales evidentes.

Esto es aún más lamentable porque la primera Guerra Mundial representó un choque considerable para los patrimonios y su distribución. Uno de los principales intereses del estudio del caso francés es precisamente poder poner ese hito esencial en una perspectiva histórica más amplia. De 1791 a 1901 el impuesto sobre las sucesiones y donaciones era estrictamente proporcional: la tasa variaba en función del vínculo de parentesco, pero era la misma sin importar el monto transmitido, y solía ser muy baja (en general, de apenas 1 o 2%). En 1901 el impuesto se volvió ligeramente progresivo, tras una larga batalla parlamentaria. La administración, que desde la década de 1820 publicaba estadísticas detalladas de los flujos anuales de sucesiones y donaciones, a partir de 1902 realizó todo tipo de desgloses por grupos de sucesiones, los cuales se volvieron cada vez más sofisticados (tablas de contingencia por edad, nivel de sucesiones, tipo de bienes, etc.) hasta 1950-1960. A partir de los años setenta y ochenta fue posible utilizar archivos digitales que constaban de muestras representativas del conjunto de las declaraciones de sucesiones y donaciones presentadas en Francia a lo largo de un año en especial, lo que permitía prolongar esos desgloses estadísticos hasta 2000-2010. Además de esas ricas fuentes originadas directamente en la administración fiscal a lo largo de los dos últimos siglos, también reunimos decenas de miles de declaraciones individuales, que fueron muy bien conservadas en los archivos nacionales y departamentales desde los primeros años del siglo XIX, con el objetivo de constituir muestras de gran tamaño entre 1800-1810 y 2000-2010. En resumen, los archivos sucesorios franceses brindan un punto de vista excepcionalmente rico y detallado respecto de dos siglos de acumulación y reparto de los patrimonios.[4]

Las metamorfosis de una sociedad patrimonial

En la gráfica X.1 indicamos los principales resultados obtenidos con respecto a la evolución de la concentración patrimonial de 1810 a 2010.[5] La primera

[4] Para una descripción precisa de las diferentes fuentes, véase T. Piketty "On The Long-Run Evolution of Inheritance: France, 1820-2050", *École d'Économie de Paris,* documento de trabajo de la EEP, 2010 (versión resumida publicada en *The Quarterly Journal of Economics,* Oxford University Press, vol. 126, núm. 3, 2011, pp. 1071-1131). Las declaraciones individuales fueron reunidas por Gilles Postel-Vinay y Jean-Laurent Rosenthal en los archivos parisinos. Utilizamos asimismo las declaraciones para toda Francia, reunidas anteriormente en el marco del proyecto conocido como "TRA", gracias a los esfuerzos de muchos otros investigadores (en particular Jérôme Bourdieu, Lionel Kesztenbaum y Akiko Suwa-Eisenman). Véase el anexo técnico.

[5] Para un análisis detallado de estos resultados, véase T. Piketty, G. Postel-Vinay y J.-L. Rosenthal, "Wealth Concentration in a Developing Economy: Paris and France, 1807-1994", *The American Economic Review,* American Economic Association, vol. 96, núm. 1, marzo de 2006,

GRÁFICA X.1. *La desigualdad en los patrimonios en Francia, 1810-2010*

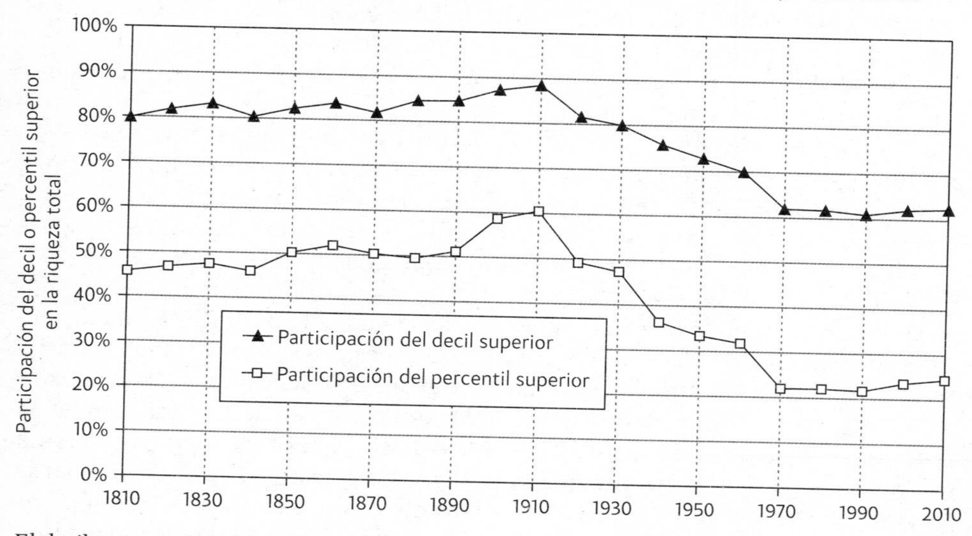

El decil superior (el 10% de los patrimonios más elevados) poseía 80-90% de la riqueza total en 1810-1910, y 60-65% hoy en día.

FUENTES Y SERIES: véase piketty.pse.ens.fr/capital21c.

conclusión es que no se puede percibir una tendencia a la reducción de la desigualdad en la propiedad del capital antes de los choques de 1914-1945. Por el contrario, se observa una ligera tendencia al alza a lo largo de todo el siglo XIX (a partir de un nivel de salida ya muy elevado), e incluso una aceleración de la espiral desigualitaria a lo largo del periodo 1880-1913. El decil superior de la jerarquía de los patrimonios ya poseía entre 80 y 85% de la riqueza total a principios del siglo XIX y era dueño de casi 90% a principios del siglo XX. Por sí solo, el percentil superior de la distribución tenía entre 45 y 50% de la riqueza nacional durante 1800-1810; esta participación rebasó el 50% en los años 1850-1860, y alcanzó el 60% de la riqueza total hacia los años 1900-1910.[6]

Cuando se analizan estos datos con la perspectiva histórica de la que disponemos hoy en día, sorprende la impresionante concentración de los patrimonios, característica de la sociedad francesa de la Bella Época, a pesar de

pp. 236-256. Aquí presentamos una versión actualizada de esas series. La gráfica X.1, así como las siguientes, se concentran en los promedios decenales para fijar la atención en las evoluciones a largo plazo. Se puede acceder en línea a todas las series anuales disponibles.

[6] Las participaciones de los deciles y percentiles indicadas en las gráficas X.1 y siguientes fueron calculadas como porcentaje del total de los patrimonios privados. Sin embargo, si tenemos en cuenta el hecho de que estos últimos suelen representar la casi totalidad de la riqueza nacional, esto no supone una gran diferencia.

GRÁFICA X.2. *La desigualdad en los patrimonios: París y Francia, 1810-2010*

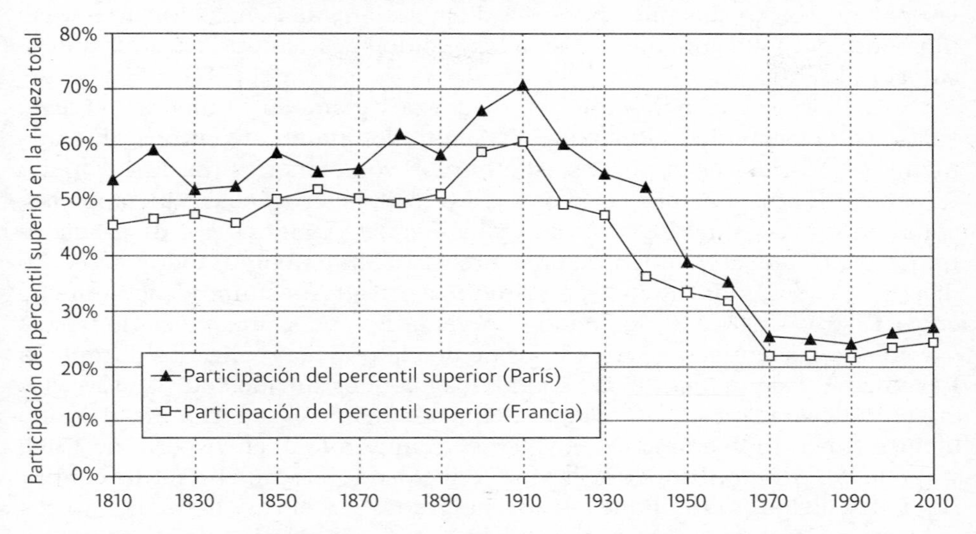

El percentil superior (el 1% de los patrimonios más elevados) poseía 70% de la riqueza total en París en vísperas de la primera Guerra Mundial.

FUENTES Y SERIES: véase piketty.pse.ens.fr/capital21c.

todos los discursos tranquilizadores de las élites económicas y políticas de la Tercera República. En París, que hacia 1900-1910 reunía apenas más de una vigésima parte de la población francesa, pero la cuarta parte de la riqueza, la concentración de las fortunas era aún más elevada y parecía progresar sin límite a lo largo de las décadas previas a la primera Guerra Mundial. En la capital, donde dos tercios de la población morían casi sin patrimonio transmisible en el siglo XIX (frente a aproximadamente la mitad en el resto del país), también se concentraban, en cambio, las mayores fortunas. La participación del percentil superior era cercana al 55% a principios del siglo, rebasaba el 60% en los años 1880-1890 y más tarde, en vísperas de la primera Guerra Mundial, alcanzaba el 70% (véase la gráfica X.2). Al examinar esta curva, es natural preguntarse hasta dónde podría haber subido la concentración de las fortunas sin las guerras.

Nuestras fuentes sucesorias permiten también comprobar que a lo largo de todo el siglo XIX la desigualdad en los patrimonios era casi igual de fuerte en cada rango de edad. Precisemos a este respecto que las estimaciones indicadas en las gráficas X.1 y X.2 (y en las siguientes) se refieren a la desigualdad en los patrimonios dentro del conjunto de la población adulta viva en cada fecha indicada: partimos de los patrimonios en el momento del fallecimiento, pero volvemos a ponderar cada observación en función del número de personas vivas en ese rango de edad a lo largo del año considerado. En la práctica esto no cambia mucho: la concentración patrimonial entre los vivos era mayor, por apenas unos puntos, que la desigualdad en las fortunas en el momento del fallecimiento, y todas las evoluciones temporales eran prácticamente las mismas.[7]

¿Cuál era la concentración de la riqueza vigente en Francia en el siglo XVIII y en vísperas de la Revolución? A falta de una fuente comparable a la fuente sucesoria creada por las asambleas revolucionarias (para el Antiguo Régimen sólo disponemos de actas sin legalizar, heterogéneas e incompletas, como en los casos del Reino Unido y los Estados Unidos), por desgracia es imposible establecer comparaciones precisas. Sin embargo, todo parece indicar que la desigualdad en los patrimonios privados disminuyó ligeramente entre 1780 y 1800-1810, teniendo en cuenta las redistribuciones de tierras agrícolas y las anulaciones de títulos de deuda pública realizadas durante la Revolución y, de manera más general, los choques sufridos por las fortunas aristocráticas. Es posible que la participación del decil superior alcanzara, o incluso superara ligeramente, el 90% de la riqueza total en vísperas de 1789, y que la del percentil superior llegara, e incluso rebasara, el 60%. Al contrario, la ley de los "mil millones de los emigrados"* y el retorno de la nobleza al frente de la escena política favorecieron la reconstitución de cierto número de antiguas fortunas durante el periodo de la Restauración y de la Monarquía de Julio (1815-1848). De hecho, nuestros datos sucesorios permiten comprobar que el porcentaje de los apellidos aristocráticos en el seno del percentil superior de la jerarquía de los patrimonios parisinos pasó gradualmente de apenas 15% en 1800-1810 a casi 30% en la década de 1840, antes de disminuir inexorablemente a partir de 1850-1860 y caer a menos de 10% en 1890-1900.[8]

No obstante, no debe exagerarse la importancia de los movimientos ocasionados por la Revolución francesa. Para acabar, más allá de estas variaciones (probable disminución de las desigualdades patrimoniales entre 1780 y

[7] Este método, conocido como "multiplicador de mortalidad" *(mortality multiplier)*, equivale a ponderar de nuevo cada observación mediante la inversa de la tasa de mortalidad del grupo de edad considerado: un muerto de 40 años de edad representa a más vivos que un muerto de 80 años (también hay que tener en cuenta los diferenciales de mortalidad por nivel de riqueza). El método fue perfeccionado por economistas y estadísticos franceses y británicos en los años 1900-1910 (en particular Mallet, Séailles, Strutt y Stamp), y luego utilizado en todas las investigaciones históricas ulteriores. Cuando existen, los datos resultantes de las encuestas sobre patrimonios o de los impuestos anuales sobre los patrimonios de los vivos (especialmente en los países nórdicos, en donde dichos impuestos existen desde principios del siglo XX, o bien en Francia, con los datos que arroja el impuesto sobre la fortuna de los años 1990-2010) permiten verificar el fundamento de este método y refinar las hipótesis sobre los diferenciales de mortalidad: acerca de estos aspectos metodológicos, véase el anexo técnico.

* Esta ley otorgó mil millones de francos a los aristócratas franceses que emigraron durante la Revolución en compensación por las tierras redistribuidas durante su ausencia [N. del t.].

[8] Véase el anexo técnico. Este porcentaje tal vez rebasaba el 50% antes de 1789.

1800-1810, luego alza gradual de 1810-1820 hasta 1900-1910, sobre todo a partir de 1870-1880), el principal hecho es la relativa estabilidad de la desigualdad en la propiedad del capital en un nivel sumamente elevado a lo largo de los siglos XVIII y XIX y hasta principios del XX. Durante todo este periodo, el decil superior seguía siendo dueño de 80-90% del patrimonio total, y el percentil superior de alrededor de 50-60%. Como vimos en la segunda parte, la estructura del capital se transformó por completo entre el siglo XVIII y principios del XX (el capital rural fue casi totalmente remplazado por el capital industrial, financiero e inmobiliario, y ya casi no pesaba nada en los patrimonios de la Bella Época), pero su nivel global —medido en años de ingreso nacional— se mantuvo relativamente estable. En particular, la Revolución francesa sólo tuvo un pequeño impacto en la relación capital/ingreso; acabamos de ver que lo mismo sucedía con respecto a la distribución del capital. En los años 1810-1820, en la época del pobre Goriot, Rastignac y la señorita Victorine, la distribución de las fortunas era indudablemente un poco menos desigual que durante el Antiguo Régimen. Sin embargo, en resumidas cuentas, la diferencia era mínima: en ambos casos se trataba de sociedades patrimoniales caracterizadas por una hiperconcentración del capital, sociedades en las que la herencia y el matrimonio desempeñaban un papel esencial y en las que hacerse de un patrimonio elevado permitía una holgura que no podía alcanzarse mediante los estudios y el trabajo. En la Bella Época, la fortuna estaba todavía más concentrada que en el momento del discurso de Vautrin, aunque se tratase, en el fondo, de la misma sociedad y de la misma estructura fundamental de la desigualdad: del Antiguo Régimen a la Tercera República, a pesar de las inmensas transformaciones económicas y políticas que se dieron entre esas dos épocas.

Nuestras fuentes sucesorias permiten asimismo advertir que el descenso de la participación del decil superior en la riqueza nacional en el siglo XX fue por completo en beneficio del 40% del medio y que la participación del 50% de los más pobres casi no evolucionó (siempre fue inferior a 5%). A lo largo tanto de todo el siglo XIX como del XX, la mitad más pobre de la población no poseía prácticamente ningún patrimonio. En particular, a la edad del fallecimiento, se observa que casi la mitad más pobre no tenía ningún activo inmobiliario o financiero susceptible de ser transmitido, o bien que los escasos bienes eran absorbidos en su totalidad por los gastos vinculados con el fallecimiento o por las deudas (en cuyo caso los herederos solían elegir la renuncia a la herencia). Esta proporción rebasaba a las dos terceras partes de los fallecimientos en París a lo largo de todo el siglo XIX y hasta la primera Guerra Mundial, sin una tendencia a la baja. Tan amplio grupo incluía, por ejemplo, al pobre Goriot, quien murió abandonado por sus hijas, en la más absoluta pobreza; la dueña de la pensión, la señora Vauquer, reclamaba el adeudo de la pensión a Rastignac, quien también debía pagar el entierro, que por sí solo superaba el valor de los escasos efectos personales del anciano. Si se considera el conjunto de Francia, en el siglo XIX aproximadamente la mitad de la población moría así, sin patrimonio por transmitir —o con un patrimonio negativo—. Esta proporción casi no cambiaría a lo largo del siglo XX.[9]

La desigualdad en el capital en Europa en la Bella Época

A pesar de sus imperfecciones, los datos disponibles de los demás países demuestran sin ambigüedad que la extrema concentración de la riqueza en los siglos XVIII y XIX y hasta la primera Guerra Mundial era un fenómeno propio del conjunto de Europa, y no sólo de Francia.

En el Reino Unido, a partir de 1910-1920 existen estadísticas sucesorias detalladas, que fueron abundantemente explotadas por los investigadores (sobre todo por Atkinson y Harrison). Si se completan con las estimaciones disponibles para los últimos años, así como con las más frágiles y menos homogéneas realizadas por Peter Lindert para 1810 y 1870 (a partir de muestras de inventarios en el momento del fallecimiento), se obtiene una evolución de conjunto muy similar a la trayectoria francesa, aunque con un nivel general de desigualdad siempre un poco más elevado en el Reino Unido. La participación del decil superior era del orden de 85% de la riqueza total en 1810-1870, y rebasaba el 90% hacia 1900-1910; la participación del percentil superior habría pasado de alrededor de 55-60% de la riqueza total en 1810-1870 a casi 70% en la década iniciada en 1910 (véase la gráfica X.3). Las fuentes británicas son imperfectas, en particular en lo que se refiere al siglo XIX, pero los órdenes de magnitud son perfectamente claros: la concentración de la riqueza era sumamente fuerte en el Reino Unido en el siglo XIX y hasta 1914 no manifestaba ninguna tendencia a la baja, más bien al contrario. Desde un punto de vista francés, lo más impactante es que la desigualdad en los capitales era finalmente apenas más intensa en el Reino Unido que en Francia en la Bella Época, mientras que a las élites republicanas de ese tiempo les gustaba describir a Francia como un país igualitario en comparación con el vecino monárquico al otro lado de la Mancha. En realidad, la naturaleza formal del régimen político tuvo claramente un mínimo impacto en la distribución de la riqueza en ambos países.

En Suecia, donde existen datos patrimoniales muy ricos a partir de la década de 1910 y que fueron recientemente explotados por Ohlsonn, Roine y Waldenström, y donde también hay estimaciones realizadas para 1810 y 1870 (sobre todo por Lee Soltow), se advierte asimismo una trayectoria muy similar a lo observado en Francia y el Reino Unido (véase la gráfica X.4). En

[9] Sobre esta cuestión, véase también J. Bourdieu, G. Postel-Vinay, A. Suwa-Eisenmann, "Pourquoi la richesse ne s'est-elle pas diffusée avec la croissance? Le degré zéro de l'inégalité et son évolution en France: 1800-1940", *Histoire et mesure*, Éditions de l'EHESS, vol. XVIII, núms. 1-2, 2003, pp. 147-198.

GRÁFICA X.3. *La desigualdad en los patrimonios en el Reino Unido, 1810-2010*

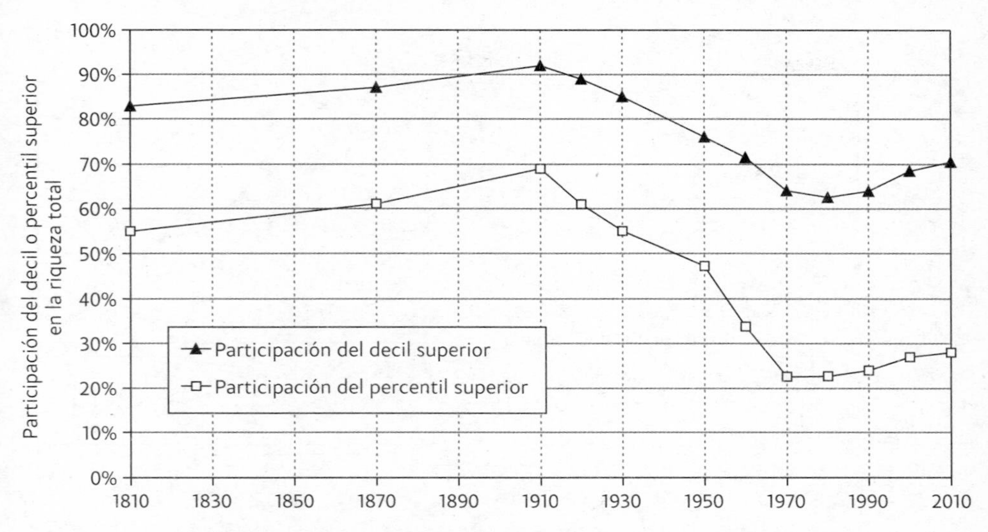

El decil superior poseía 80-90% de la riqueza total en 1810-1910, y 70% hoy en día.
FUENTES Y SERIES: véase piketty.pse.ens.fr/capital21c.

particular, las fuentes patrimoniales suecas confirman lo que ya descubrimos gracias a las declaraciones de impuestos: Suecia no era el país estructuralmente igualitario que a veces imaginamos. Desde luego, la concentración de la riqueza alcanzó en este país en los años setenta y ochenta el punto más bajo observado en nuestras series históricas (con apenas más de 50% de la riqueza total para el decil superior y poco más de 15% para el percentil superior). Sin embargo, aparte de que, pese a todo, se trata de una desigualdad elevada, con un aumento sensible desde los años ochenta y noventa (la concentración de la riqueza a principios de la década iniciada en 2010 parece apenas menor que en Francia), el hecho importante en el que me parece esencial insistir aquí es que la concentración de la riqueza en 1900-1910 era igual de intensa en Suecia que en Francia y el Reino Unido. Todas las sociedades europeas en la Bella Época se caracterizaban aparentemente por una muy elevada concentración de la riqueza. Es esencial comprender cuáles son las razones y por qué esta realidad se transformó profundamente a lo largo del siglo pasado.

Es interesante señalar que este nivel extremo de concentración de la riqueza —del orden de 80-90% del capital propiedad del decil superior, del cual alrededor de 50-60% era propiedad del percentil superior— parece observarse también en la mayoría de las sociedades hasta el siglo XIX y, en particular, en las sociedades agrarias tradicionales, tanto en la época moderna como en la Edad Media y en la Antigüedad. Las fuentes disponibles

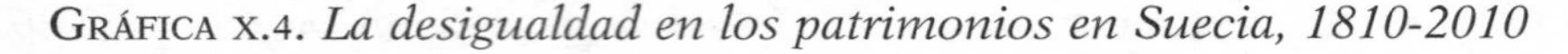
GRÁFICA X.4. *La desigualdad en los patrimonios en Suecia, 1810-2010*

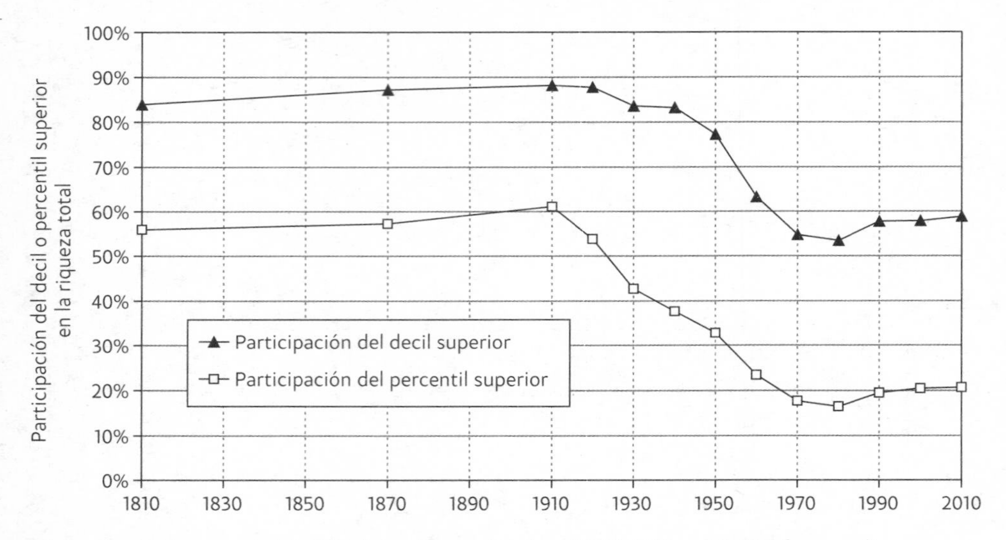

El decil superior poseía 80-90% de la riqueza total en 1810-1910, y 55-60% hoy en día.
FUENTES Y SERIES: véase piketty.pse.ens.fr/capital21c.

son demasiado endebles para esperar establecer comparaciones precisas y estudiar evoluciones temporales, pero los órdenes de magnitud obtenidos de la participación del decil superior y del percentil superior en el total de las fortunas (en concreto, en el total de las tierras agrícolas) suelen ser muy parecidos a los que encontramos en Francia, el Reino Unido y Suecia en el siglo XIX y en la Bella Época.[10]

EL SURGIMIENTO DE LA CLASE MEDIA PATRIMONIAL

Varias preguntas nos preocuparán en lo sucesivo; podemos formularlas: ¿por qué las desigualdades patrimoniales eran tan extremas —e incluso cada vez más intensas— hasta la primera Guerra Mundial? Y, a pesar del hecho de que el conjunto de los patrimonios recobró en este inicio del siglo XXI su prosperidad de principios del siglo XX (como lo demuestra la evolución de la relación capital/ingreso), ¿por qué hoy la concentración del capital se sitúa claramente por debajo de esos récords históricos? ¿Estamos seguros de que esas razones son definitivas e irreversibles?

[10] Véanse por ejemplo los interesantes datos sobre la distribución de las tierras reunidos por R. S. Bagnall, "Landholding in Late Roman Egypt. The Distribution of Wealth", *Journal of Roman Studies*, Cambridge University Press, vol. 82, 1992, pp. 128-149. Existen otros trabajos de este tipo que arrojan resultados parecidos. Véase el anexo técnico.

De hecho, la segunda conclusión, proporcionada muy claramente por los datos franceses de la gráfica x.1, es que la concentración de los capitales, tanto como la de los ingresos resultantes de los mismos, al parecer nunca se repuso por completo de los choques de los años 1914-1945. La participación del decil superior, que alcanzaba 90% de la riqueza total en la década de 1910, cayó a 60-70% en las décadas de 1950-1970; la participación del percentil superior se desplomó aún más, pasando de 60% en la década de 1910 a 20-30% entre los cincuenta y los setenta. En comparación con las tendencias anteriores al primer conflicto mundial, la ruptura es clara y abrumadora. Desde los años ochenta y noventa, la desigualdad patrimonial volvió claramente al alza, y veremos que la globalización financiera hizo cada vez más difícil medir los patrimonios y su distribución en el marco nacional: la desigualdad del capital en el siglo XXI deberá ser concebida cada vez más a nivel mundial. Sin embargo, a pesar de estas incertidumbres, no hay ninguna duda de que la desigualdad patrimonial se sitúa actualmente muy por debajo de lo que era hace un siglo: alrededor de 60-65% de la riqueza total para el decil superior a principios de la década iniciada en 2010, lo que es al mismo tiempo muy elevado y sensiblemente más bajo que en la Bella Época. La diferencia esencial es que, hoy en día, existe una clase media patrimonial propietaria aproximadamente de la tercera parte de la riqueza nacional, lo que no es nada desdeñable.

Los datos disponibles respecto de los demás países europeos muestran de nuevo que se trata de un fenómeno general. En el Reino Unido, la participación del decil superior pasó de más de 90% en vísperas del primer conflicto mundial, a alrededor de 60-65% en los años setenta, y en la actualidad es del orden de 70%. La participación del percentil superior se desplomó literalmente después de los choques del siglo XX, pasando de casi 70% en la década de 1910 a apenas más de 20% en los setenta, para finalmente situarse alrededor de 25-30% a principios de la década de 2010 (véase la gráfica x.3). En Suecia, los niveles de concentración del capital siempre fueron un poco inferiores que los del Reino Unido, pero finalmente la trayectoria de conjunto es bastante similar (véase la gráfica x.4). En todos los casos se observa que la caída del 10% de los más ricos de la jerarquía de las fortunas ocurrió esencialmente a favor de la clase media patrimonial (definida como el siguiente 40%) y no de la mitad más pobre de la población, cuya participación en la riqueza total siempre fue minúscula (en general alrededor de 5%), incluso en Suecia (donde jamás superó el 10%). En ciertos casos, en particular en el Reino Unido, se advierte que la caída del 1% de los más ricos también benefició en un porcentaje no menospreciable al 9% siguiente. Sin embargo, más allá de las particularidades nacionales, la similitud general entre las diferentes trayectorias europeas es muy sorprendente. La mayor transformación estructural es la aparición de un grupo central representante de casi la mitad de la población, constituido por personas que lograron acceder a un patrimonio y que poseen colectivamente entre un cuarto y un tercio de la riqueza nacional.

La desigualdad en el capital en los Estados Unidos

Examinemos ahora el caso estadunidense. Una vez más, a partir de 1910-1920 existen estadísticas sucesorias muy utilizadas por los investigadores (en particular Lampman, Kopczuk y Saez), las cuales tienen, sin embargo, limitaciones importantes vinculadas con el bajo porcentaje de la población afectada por el impuesto federal sobre las sucesiones. Estas estimaciones pueden ser completadas mediante las detalladas investigaciones sobre los patrimonios realizadas por la Reserva Federal estadunidense desde los años sesenta (explotadas sobre todo por Kennickell y Wolff), así como por estimaciones menos consistentes para los años de 1810 y 1870, basadas en inventarios en el momento del fallecimiento y en un censo de los patrimonios, los cuales fueron explotados, respectivamente, por Jones y Soltow.[11]

Se advierten varias diferencias importantes entre las trayectorias europeas y estadunidense. Primeramente, parecería que la desigualdad en los patrimonios vigente en los Estados Unidos alrededor de la primera década del siglo XIX no era mucho más elevada que en la Suecia de los años 1970-1980. Tratándose de un país nuevo, compuesto en gran parte por una población de emigrantes llegados al Nuevo Mundo sin patrimonio (o con un capital limitado), no tiene nada de sorprendente: el proceso de acumulación y concentración de las fortunas aún no había tenido tiempo de ocurrir. Sin embargo, los datos son muy imperfectos y varían mucho según si se considera a los estados del norte (donde ciertas estimaciones indican niveles de desigualdad inferiores a Suecia en los años setenta y ochenta) o a los estados del sur (donde la desigualdad es más parecida a los niveles europeos de la misma época).[12]

La creciente concentración de la riqueza estadunidense durante el siglo XIX parece bien establecida. Hacia 1910, la desigualdad en el capital se volvió muy elevada en los Estados Unidos, al tiempo que se mantenía inferior que en Europa: alrededor de 80% de la riqueza total correspondía al decil superior, y más o menos 45%, al percentil superior (véase la gráfica X.5). Es interesante señalar que este proceso de convergencia en la desigualdad del Nuevo Mundo con los niveles de la vieja Europa inquietaba mucho a los economistas de la época: la lectura del libro de Willford King dedicado a la distribución de la riqueza en los Estados Unidos en 1915 —primer estudio de conjunto

[11] Las referencias bibliográficas y las técnicas precisas se dan en el anexo técnico.

[12] Ciertas estimaciones encuentran una participación del percentil superior inferior a 15% de la riqueza total para los Estados Unidos hacia 1800, lo que se debe por completo a la concentración del cálculo en las personas libres, elección desde luego muy discutible. Las estimaciones indicadas aquí se refieren al conjunto de la población (personas libres y esclavos). Véase el anexo técnico.

GRÁFICA X.5. *La desigualdad en los patrimonios en los Estados Unidos, 1810-2010*

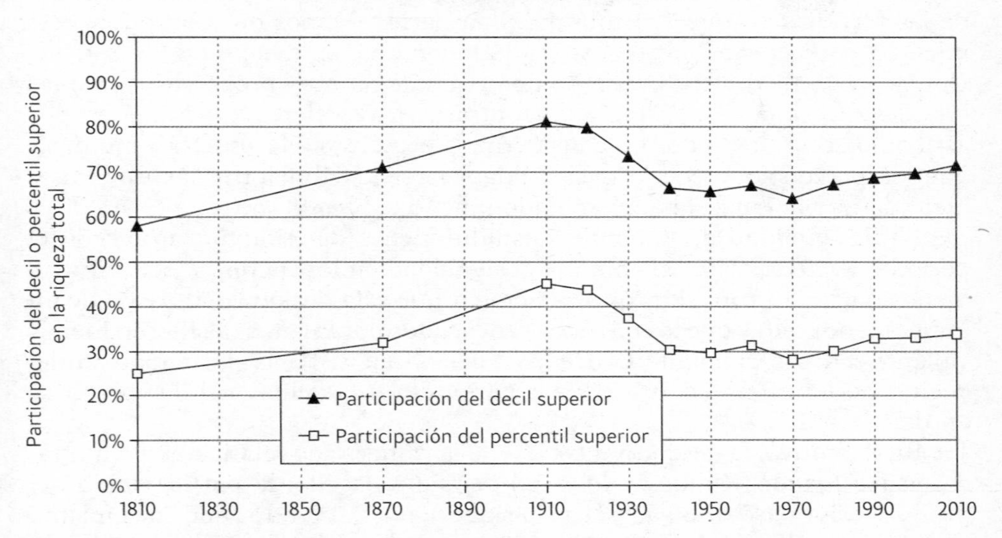

El decil superior poseía alrededor de 80% de la riqueza total en la década iniciada en 1910, y 70-75% hoy en día.

FUENTES Y SERIES: véase piketty.pse.ens.fr/capital21c.

sobre el tema— es desde ese punto de vista particularmente ilustrativa.[13] Desde la perspectiva actual puede sorprender: desde hace ya varias décadas estamos acostumbrados a que los Estados Unidos sean más desigualitarios que Europa, e incluso que a veces sean reivindicados como tales (la desigualdad estadunidense se describe frecuentemente al otro lado del Atlántico como una condición del dinamismo empresarial, y a Europa como un templo del igualitarismo estilo sóviet). Sin embargo, hace un siglo, tanto las percepciones como la realidad eran rigurosamente inversas: para todos era evidente que el Nuevo Mundo era por su naturaleza menos desigualitario que la vieja Europa, y esta diferencia era también motivo de orgullo. A fines del siglo XIX, a lo largo del periodo llamado la "Época Dorada" *(Gilded Age),* en el que en los Estados Unidos se acumularon fortunas industriales y financieras desconocidas hasta entonces (era la época de los Rockefeller, los Carnegie, los J. P. Morgan), muchos observadores estadunidenses se alarmaban ante la idea de

[13] Véase W. I. King, *The Wealth and Income of the People of the United States,* MacMillan, Nueva York/Londres, 1915, 278 pp. El autor, profesor de estadística y economía de la Universidad de Wisconsin, reunió datos imperfectos pero sugerentes acerca de varios estados norteamericanos, y los comparó con estimaciones europeas, resultantes principalmente de las estadísticas fiscales prusianas de la época y cuyas diferencias analizadas fueron más reducidas de lo que imaginaba *a priori.*

que el país pudiera perder su espíritu pionero e igualitario: en parte mítico, desde luego, pero en parte justificado en comparación con la concentración de las fortunas europeas. En la próxima parte veremos que, sin duda, este miedo a parecerse a Europa explica parcialmente el invento en los Estados Unidos, a partir de 1910-1920, de una tributación muy progresiva sobre las grandes sucesiones —consideradas contrarias a los valores estadunidenses—, así como sobre los ingresos considerados excesivos. No es suficiente decir que las percepciones de la desigualdad, la redistribución y las diferentes identidades nacionales han cambiado mucho desde entonces.

La desigualdad de la riqueza estadunidense disminuyó a lo largo del periodo de 1910-1950, así como la desigualdad en los ingresos, pero mucho menos que en Europa: hay que mencionar que esta desigualdad partía de un punto menos alto y que los choques provocados por las guerras fueron menos violentos. A principios de la década iniciada en 1910, la participación del decil superior rebasaba 70% de la riqueza total y la del percentil superior se aproximaba a 35%.[14]

En definitiva, la desconcentración de la riqueza fue relativamente limitada en los Estados Unidos a lo largo del siglo pasado: la participación del decil superior pasó de 80 a 70% de la riqueza total, mientras que en el mismo momento en Europa pasó de 90 a 60% (véase la gráfica X.6).[15]

Veamos todo lo que separa las experiencias europeas y estadunidense. En Europa, el siglo XX llevó a una completa transformación de la sociedad: las desigualdades en las fortunas, que en vísperas del primer conflicto mundial eran tan fuertes como durante el Antiguo Régimen, se redujeron a un nivel antes desconocido, hasta el punto de que casi la mitad de la población pudo acceder a un mínimo de patrimonio y, por primera vez, pudo poseer colectivamente un porcentaje nada desdeñable del capital nacional. Esto explica, por lo menos en parte, el gran impulso de optimismo que animó a Europa durante los Treinta Gloriosos (se tenía la impresión de haber superado el capitalismo, las desigualdades y la sociedad de clases del pasado), así como las mayores dificultades para aceptar, desde los años ochenta, que se haya frenado claramente ese irresistible caminar hacia el progreso social (todavía nos preguntamos cuándo volverá a su botella el genio malo del capitalismo).

En los Estados Unidos las percepciones son muy diferentes. En cierta medida ya existía una clase media patrimonial —blanca— a principios del siglo XIX, la cual perdió fuerza durante la Época Dorada, para luego recobrar su estatus a mediados del siglo XX y, de nuevo, verse perjudicada en los setenta y ochenta. Este "yoyo" estadunidense se observa realmente en la

[14] Es posible que estos niveles, resultantes de las investigaciones oficiales de la Reserva Federal, estén un poco subestimados (teniendo en cuenta las dificultades de estimación de las fortunas más grandes) y que la participación del percentil superior alcance el 40%. Véase el anexo técnico.

[15] El promedio europeo indicado en la gráfica X.6 se calculó a partir del caso de Francia, Reino Unido y Suecia (todo indica que son representativos). Véase el anexo técnico.

GRÁFICA X.6. *La desigualdad patrimonial: Europa y los Estados Unidos, 1810-2010*

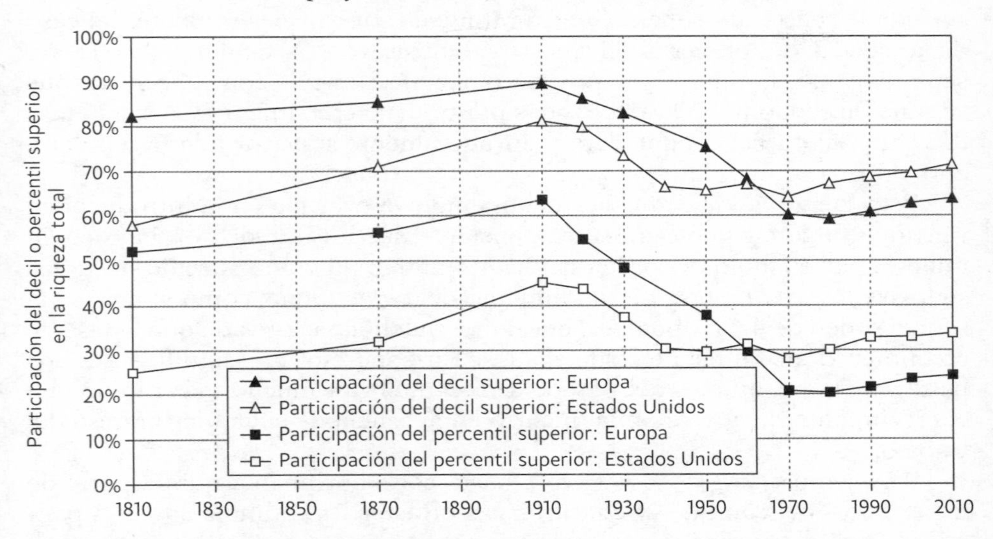

Hasta mediados del siglo XX, la desigualdad patrimonial era más grande en Europa que en los Estados Unidos.

FUENTES Y SERIES: véase piketty.pse.ens.fr/capital21c.

historia fiscal del país, donde el siglo XX no es sinónimo de un gran avance en materia de justicia social. En realidad, la desigualdad patrimonial estadunidense era más fuerte a principios del siglo XXI que a principios del XIX. El paraíso perdido es el de los orígenes, aquel del que hablan los *Tea Parties*, y no el de los Treinta Gloriosos y de sus intervenciones estatales destinadas a someter al capitalismo.

LA MECÁNICA DE LA DIVERGENCIA PATRIMONIAL: *r* VERSUS *g* EN LA HISTORIA

Intentemos ahora explicar los hechos observados: la hiperconcentración patrimonial que caracterizó a Europa en el siglo XIX y hasta el primer conflicto mundial, la fuerte compresión de la desigualdad en el capital tras los choques de 1914-1945 y el hecho de que la concentración de la riqueza no haya —hasta ahora— recuperado sus niveles del pasado.

Precisemos que, hasta donde se sabe, ninguna evidencia permite determinar con certeza la contribución exacta de los diferentes mecanismos al movimiento de conjunto. Sin embargo, se puede intentar jerarquizarlos, con base en las fuentes y los análisis a nuestro alcance. He aquí la principal conclusión a la que llegamos.

La principal fuerza que explica la hiperconcentración patrimonial observada en las sociedades agrarias tradicionales y, en gran medida, en todas las sociedades hasta la primera Guerra Mundial (por razones evidentes, el caso de las sociedades pioneras del Nuevo Mundo es muy particular y poco representativo a nivel mundial y a muy largo plazo) se vincula con el hecho de que se trata de economías caracterizadas por un bajo crecimiento y por una tasa de rendimiento del capital clara y duraderamente superior a la tasa de crecimiento.

Esta fuerza de divergencia fundamental, ya evocada en la introducción, funciona de la siguiente manera. Consideremos un mundo con bajo crecimiento, por ejemplo del orden de 0.5-1% anual, tal como sucedió hasta los siglos XVIII y XIX. La tasa de rendimiento del capital, que, como vimos, solía ser del orden de 4-5% anual, es, por tanto, mucho más elevada que la tasa de crecimiento en semejantes sociedades. En concreto, eso significa que los patrimonios resultantes del pasado se recapitalizan mucho más rápido que el crecimiento de la economía, incluso en ausencia de cualquier ingreso del trabajo.

Por ejemplo, si $g = 1\%$ y $r = 5\%$, basta con ahorrar una quinta parte de los ingresos del capital —y consumir las otras cuatro quintas partes— para que un capital heredado de la generación anterior crezca al mismo ritmo que el conjunto de la economía. Si se ahorra más, por ejemplo, porque el capital es lo bastante considerable para generar un tren de vida aceptable consumiendo una fracción menor de las rentas anuales, el patrimonio se incrementará más rápido que el promedio de la economía, y las desigualdades patrimoniales tenderán a ampliarse, todo ello sin que sea necesario añadir el más mínimo ingreso del trabajo. Vemos pues, desde un punto de vista estrictamente lógico, que se trata de condiciones ideales para que prospere una sociedad de herederos, caracterizada al mismo tiempo por una muy fuerte concentración patrimonial y por una gran persistencia en el tiempo y a través de las generaciones de esos patrimonios elevados.

Ahora bien, sucede que éstas son precisamente las condiciones que caracterizan a muchas sociedades en la historia, y en particular a las sociedades europeas en el siglo XIX. Como indica la gráfica X.7, la tasa de rendimiento puro del capital fue claramente más elevada que la tasa de crecimiento en Francia de 1820 a 1913. La tasa de rendimiento fue en promedio del orden de 5%, mientras que el crecimiento fluctuó alrededor de 1% anual. Los ingresos del capital representaban cerca de 40% del ingreso nacional, por lo que bastaba con ahorrar la cuarta parte para generar una tasa de ahorro del orden de 10% (véase la gráfica X.8). Esto permitió que los patrimonios progresaran un poco más rápido que los ingresos y que aumentara la tendencia en la concentración de los patrimonios. En el próximo capítulo veremos que lo esencial de los patrimonios a lo largo de ese periodo procedía en efecto de la herencia y que esta supremacía de los capitales heredados —a pesar de un gran

GRÁFICA X.7. *Rendimiento del capital y crecimiento: Francia, 1820-1913*

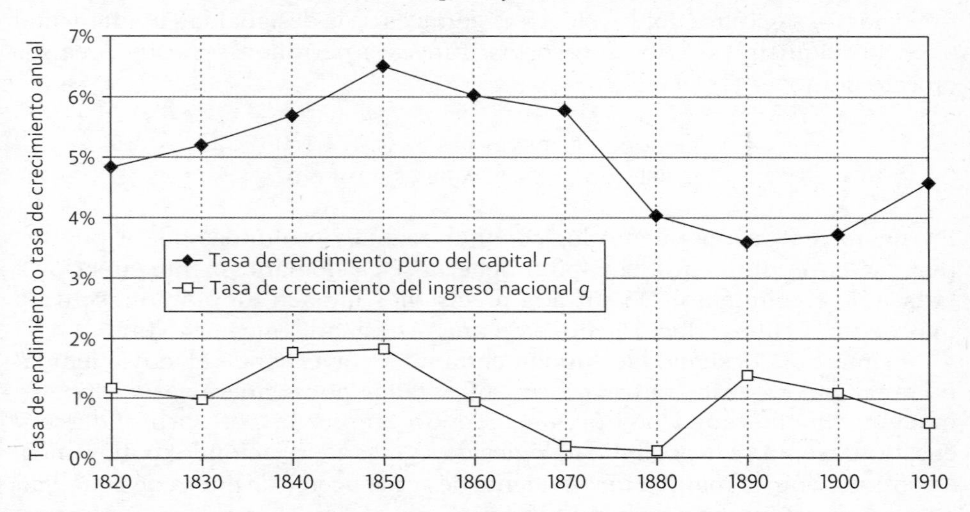

La tasa de rendimiento del capital es claramente más elevada que la tasa de crecimiento en Francia de 1820 a 1913.

FUENTES Y SERIES: véase piketty.pse.ens.fr/capital21c.

GRÁFICA X.8. *Participación del capital y tasa de ahorro: Francia, 1820-1913*

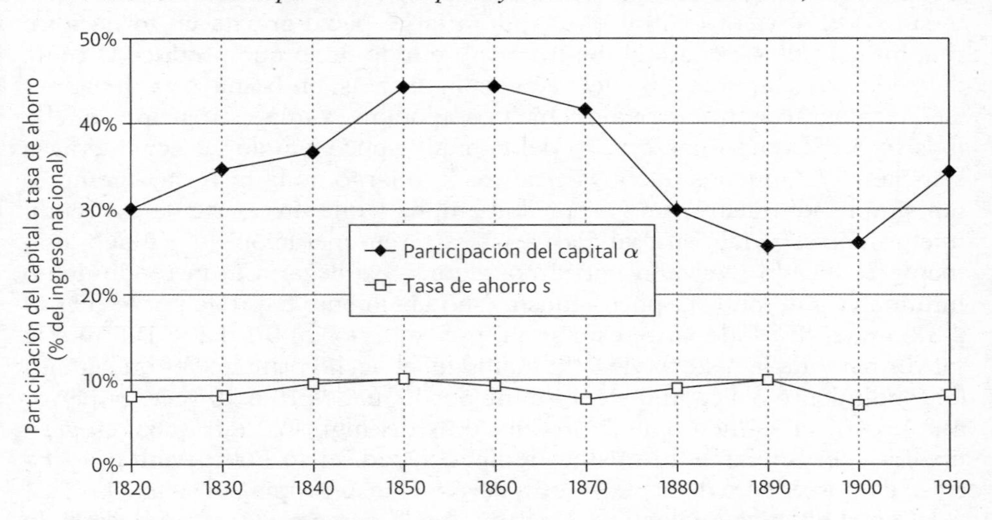

La participación de los ingresos del capital en el ingreso nacional era claramente más elevada que la tasa de ahorro en Francia de 1820 a 1913.

FUENTES Y SERIES: véase piketty.pse.ens.fr/capital21c.

dinamismo económico para la época y de una impresionante sofisticación financiera— se explica por los efectos dinámicos de la desigualdad fundamental $r>g$: los riquísimos datos sucesorios franceses permiten ser muy precisos en este punto.

¿Por qué el rendimiento del capital es superior a la tasa de crecimiento?

Prosigamos el razonamiento lógico: ¿hay razones profundas que expliquen por qué el rendimiento del capital debería ser sistemáticamente superior a la tasa de crecimiento? De entrada precisemos que, en mi opinión, se trata más de una realidad histórica que de una necesidad lógica absoluta.

Primero, la desigualdad fundamental $r>g$ corresponde efectivamente a una realidad histórica indiscutible. Enfrentados por primera vez a esta afirmación, muchos interlocutores a menudo empiezan por sorprenderse y cuestionarse sobre la posibilidad lógica de semejante relación. Expondremos, a continuación, la manera más evidente de convencerse de que la desigualdad $r>g$ es, en efecto, una realidad histórica.

Como vimos en la primera parte, la tasa de crecimiento fue casi nula durante la mayor parte de la historia de la humanidad: al combinar crecimiento demográfico y económico, se puede considerar que la tasa de crecimiento global entre la Antigüedad y el siglo XVII jamás excedió por mucho tiempo el 0.1-0.2% anual. Cualesquiera que sean las incertidumbres históricas, no hay duda de que la tasa de rendimiento del capital siempre fue claramente superior: el valor central observado a largo plazo gravita en torno a un rendimiento de 4-5% anual. Se trata sobre todo de lo que produce la renta del suelo, como porcentaje del valor de las tierras, en la mayoría de las sociedades agrarias tradicionales. Incluso adoptando una estimación mucho más baja del rendimiento puro del capital —por ejemplo, al considerar, a semejanza de muchos dueños de tierras a lo largo de la historia, que no es tan simple administrar una propiedad amplia y que una parte de ese rendimiento corresponde, en realidad, a la justa remuneración del trabajo altamente calificado realizado por el poseedor—, se llegaría a un rendimiento mínimo (y a mi parecer poco realista y notablemente bajo) de por lo menos 2-3% anual. En todo caso, esto sería muy superior al 0.1-0.2%. Durante la mayor parte de la historia de la humanidad, el hecho principal es que la tasa de rendimiento del capital siempre fue por lo menos 10 o 20 veces superior a la tasa de crecimiento de la producción y del ingreso. Se trataba, en gran medida, del fundamento mismo de la sociedad: es lo que permitía a una clase de poseedores dedicarse a otra cosa que a su propia subsistencia.

Con el objetivo de ilustrar este punto de la manera más clara posible, la gráfica X.9 muestra la evolución mundial de la tasa de rendimiento del capital y de la tasa de crecimiento desde la Antigüedad hasta el siglo XXI.

Desde luego, se trata de estimaciones aproximadas e inciertas, pero los órdenes de magnitud y las evoluciones de conjunto pueden ser considerados válidos. Respecto de las tasas de crecimiento a nivel mundial, retomé las estimaciones históricas y las previsiones futuras analizadas en la primera parte. En lo que se refiere a la tasa de rendimiento del capital a nivel mundial para el periodo 1700-2010, se usan las estimaciones del rendimiento puro del capital obtenidas para el Reino Unido y Francia, que fueron analizadas en la segunda parte. En cuanto a los periodos anteriores, consideré un rendimiento puro de 4.5%, lo que debe ser considerado un valor mínimo (los datos históricos disponibles sugieren más bien rendimientos promedio del orden de 5-6%).[16] Respecto del siglo XXI, supuse que el valor observado a lo largo del periodo 1990-2010 (es decir, alrededor de 4%) iba a prolongarse, pero evidentemente todo esto es incierto: como vimos en la segunda parte, hay fuerzas que conducen hacia una disminución de ese rendimiento y otras que van en la dirección contraria. Precisemos asimismo que los rendimientos del capital indicados en la gráfica X.9 son previos a los impuestos (y antes de tomar en cuenta las pérdidas de capital vinculadas con las guerras, y las plusvalías y minusvalías, particularmente importantes a lo largo del siglo XX).

En la gráfica X.9 se advierte que la tasa de rendimiento puro del capital —en general de 4-5%— siempre fue claramente superior a la tasa de crecimiento mundial a lo largo de la historia, pero que la diferencia se estrechó mucho durante el siglo XX, y principalmente en la segunda mitad de ese siglo, cuando el crecimiento mundial alcanzó el 3.5-4% anual. Muy probablemente, la diferencia debería aumentar de nuevo durante el siglo XXI, a medida que se desacelere el crecimiento (sobre todo demográfico). Según el escenario central analizado en la primera parte, la tasa de crecimiento mundial podría ser del orden de 1.5% anual entre 2050 y 2100, es decir, aproximadamente el mismo nivel que en el siglo XIX. La diferencia entre r y g recobraría entonces un nivel comparable con el que prevalecía durante la Revolución industrial.

Se distingue de inmediato el papel central que pueden desempeñar los impuestos sobre el capital —y los choques de diversas índoles— en semejante contexto. Hasta la primera Guerra Mundial, los impuestos sobre el capital eran muy reducidos (en la mayoría de los países no existían impuestos sobre la renta ni sobre los beneficios de las empresas, y las tasas de los impuestos

[16] Respecto de la renta de bienes raíces, los datos más antiguos disponibles acerca de la Antigüedad y de la Edad Media sugieren rendimientos anuales del orden de 5%. En lo tocante a los préstamos con intereses, en los periodos antiguos se observan a menudo tasas superiores al 5% —típicamente del orden de 6-8%—, incluso en el caso de préstamos garantizados con bienes inmobiliarios. Véanse por ejemplo los datos reunidos por S. Homer y R. Sylla, *A History of Interest Rates*, Rutgers University Press, New Brunswick (Nueva Jersey), 1996, 688 pp. Sin embargo, estos datos no permiten conocer con precisión la representatividad de esos diferentes rendimientos.

GRÁFICA X.9. *Rendimiento del capital y tasa de crecimiento a nivel mundial desde la Antigüedad hasta 2100*

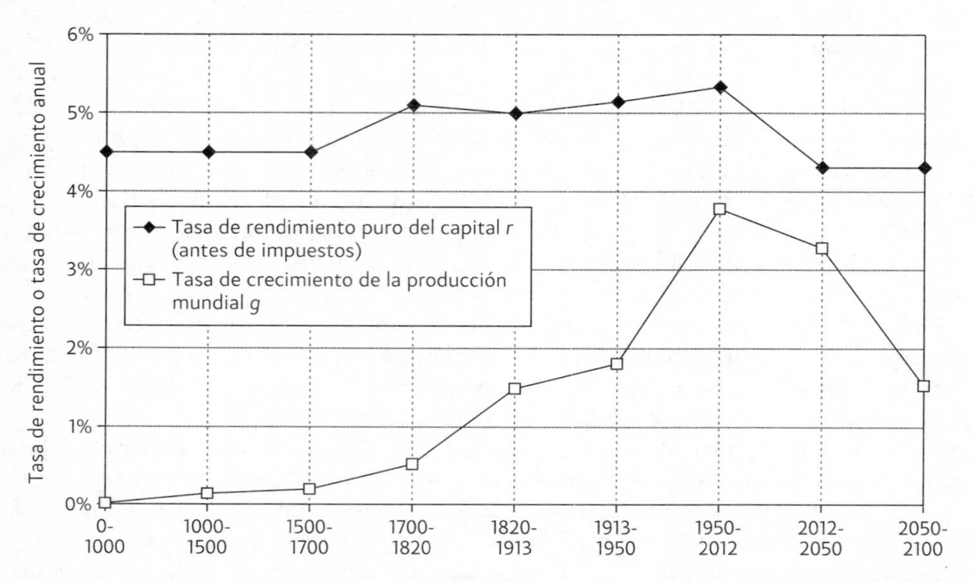

La tasa de rendimiento del capital (previa a los impuestos) siempre fue superior a la tasa de crecimiento mundial, pero la diferencia se redujo en el siglo XX y podría aumentar de nuevo en el siglo XXI.

FUENTES Y SERIES: véase piketty.pse.ens.fr/capital21c.

sucesorios no solían rebasar unos cuantos puntos porcentuales); por consiguiente, para simplificar, se puede considerar que las tasas de rendimiento antes y después de los impuestos eran casi las mismas. A partir de la primera Guerra Mundial, las tasas de los impuestos sobre la renta, sobre los beneficios y sobre los patrimonios más elevados alcanzaron rápidamente niveles importantes. Desde los años ochenta y noventa, en un contexto ideológico muy transformado, cada vez más marcado por la globalización financiera y la competencia exacerbada entre los Estados para atraer los capitales, las tasas de esos impuestos empezaron a descender y, en ciertos casos, no distan de desaparecer simple y llanamente.

En la gráfica X.10 se muestran estimaciones del rendimiento promedio del capital después de tomar en cuenta impuestos y tras la deducción de una estimación promedio de las pérdidas de capital vinculadas con la destrucción que se dio en el periodo 1913-1950. Con el objetivo de fijar las ideas, también supuse que la competencia fiscal llevará progresivamente a la desaparición completa de los impuestos sobre el capital durante el siglo XXI: la tasa promedio de imposición del rendimiento del capital se fijó en 30% para el periodo 1913-2012, luego pasa al 10% en 2012-2050 y a 0% en 2050-2100. En la

GRÁFICA X.10. *Rendimiento del capital (impuestos incluidos) y tasa de crecimiento a nivel mundial desde la Antigüedad hasta 2100*

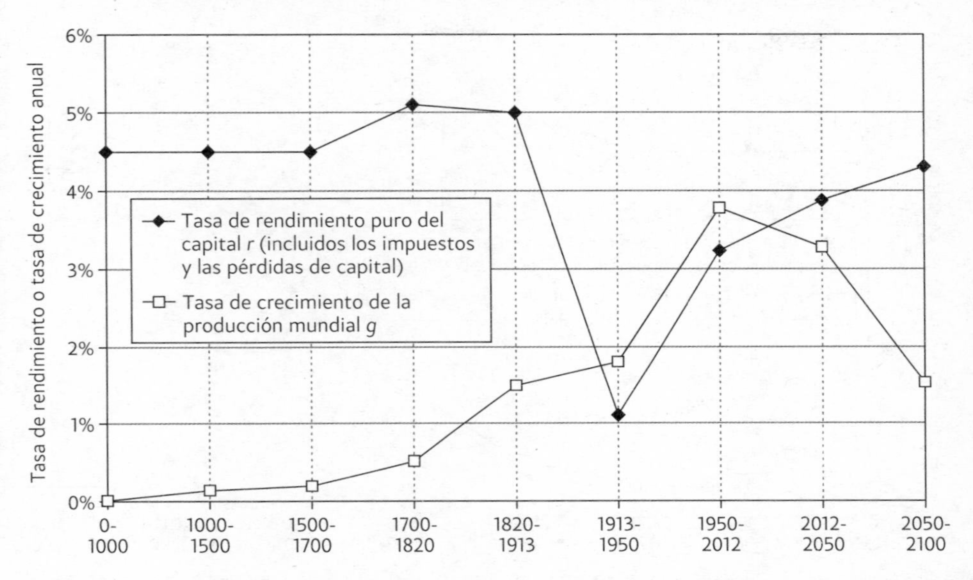

La tasa de rendimiento del capital (incluidos los impuestos y las pérdidas de capital) cayó por debajo de la tasa de crecimiento en el siglo XX y podría volver a estar por encima durante el siglo XXI.

FUENTES Y SERIES: véase piketty.pse.ens.fr/capital21c.

práctica es más complicado: los impuestos varían enormemente según los países y los tipos de patrimonios, y a veces pueden ser progresivos (es decir que su tasa aumenta en función del nivel de ingreso o patrimonio, al menos en principio), y, desde luego, nada indica que la competencia fiscal llegará hasta sus útlimas consecuencias (volveremos al estudio de esta cuestión en la cuarta parte).

Se advierte que el rendimiento neto de impuestos (y neto de pérdidas) cayó a exactamente 1-1.5% anual a lo largo del periodo 1913-1950, esto es, por debajo de la tasa de crecimiento. Esta situación inédita se produjo de nuevo entre 1950 y 2012, si tenemos en cuenta la tasa de crecimiento excepcionalmente elevada. Para terminar, por primera vez en la historia se observa que los choques fiscales y no fiscales del siglo XX condujeron al rendimiento neto del capital por debajo de la tasa de crecimiento. Debido a una conjunción de factores (destrucción ligada a las guerras, políticas fiscales progresivas ocasionadas por los choques de los años 1914-1945 y un desarrollo excepcional durante los Treinta Gloriosos), esta situación históricamente inusual se prolongó durante todo un siglo. Todo permite pensar que esta situación está a punto de concluir. Si la competencia fiscal llega a su término,

GRÁFICA X.11. *Rendimiento del capital (impuestos incluidos) y tasa de crecimiento a nivel mundial desde la Antigüedad hasta 2200*

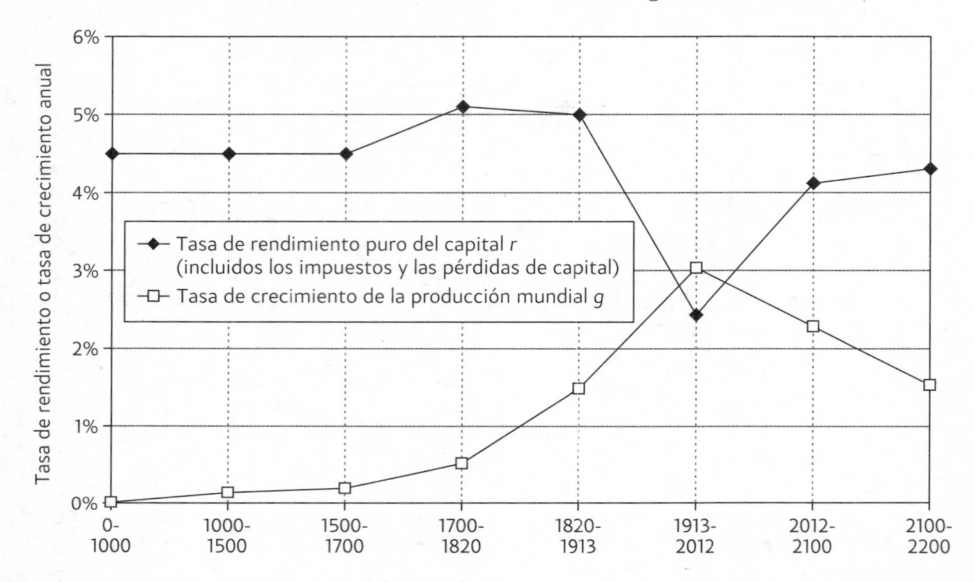

La tasa de rendimiento del capital (incluidos los impuestos y las pérdidas de capital) cayó por debajo de la tasa de crecimiento en el siglo XX y podría volver a estar por encima durante el siglo XXI.

FUENTES Y SERIES: véase piketty.pse.ens.fr/capital21c.

lo que no queda excluido, la diferencia entre *r* y *g* recobrará a lo largo del siglo XXI un nivel cercano al del XIX (véase la gráfica X.10). Si, en cambio, el impuesto promedio sobre el capital se mantuviera en un nivel del orden de 30%, lo que no es nada seguro, el rendimiento neto del capital probablemente volverá a pasar claramente por encima de la tasa de crecimiento, al menos en el escenario central.

Con el objetivo de hacer evidente de manera aún más clara esa posible evolución, en la gráfica X.11 reuní los dos subperiodos de 1913-1950 y 1950-2012 en un solo promedio para todo el conjunto 1913-2012, periodo inédito a lo largo del cual el rendimiento neto del capital fue inferior al crecimiento. También reuní los dos subperiodos 2012-2050 y 2050-2100 en un solo promedio secular 2012-2100, y supuse que las tasas de la segunda mitad del siglo XXI se mantendrían en el XXII, lo que desde luego es totalmente incierto. Esta gráfica X.11 tiene al menos el mérito de poner de manifiesto el carácter muy inusual —y potencialmente único— del siglo XX en cuanto a la comparación de *r* y *g*. También se puede señalar que la hipótesis de un crecimiento mundial de 1.5% anual a muy largo plazo es, para muchos observadores, excesivamente optimista. Recordemos que el incremento promedio de la producción por habitante fue de 0.8% anual a nivel mundial entre 1700 y 2012, y que el crecimiento demográfico —también de 0.8% en los tres últimos siglos—, según las previsiones más difundidas, debería disminuir mucho de aquí a fines del siglo XXI. Sin embargo, hay que subrayar que la principal limitante de la gráfica X.11 es la de suponer que, por definición, ninguna reacción política notoria alterará el curso del capitalismo y de la globalización financiera a lo largo de los próximos dos siglos. En vista de la agitada historia del siglo pasado, esta hipótesis es, desde luego, fuerte y, en mi opinión, bastante poco probable, precisamente porque las consecuencias desigualitarias de semejante situación serían considerables, y probablemente no serían toleradas por mucho tiempo (volveremos ampliamente a esta delicada cuestión más adelante).

En resumen: vemos pues que la desigualdad $r>g$ corresponde claramente a una realidad histórica indiscutible —confirmada hasta el primer conflicto mundial e indudablemente de nuevo en el siglo XXI—, aunque se trate de una realidad político-social dependiente en gran medida de los choques sufridos por los patrimonios, así como de las políticas públicas y de las instituciones establecidas para regular la relación capital-trabajo.

La cuestión de la preferencia por el presente

Retomemos el hilo de nuestra argumentación. La desigualdad $r>g$ corresponde ante todo a una realidad histórica, más o menos verificada conforme a los periodos y a la coyuntura política. Desde un punto de vista estrictamente lógico, es muy posible imaginar sociedades donde la tasa de crecimiento sería naturalmente superior al rendimiento del capital, incluso en ausencia de toda intervención pública. Todo depende, por un lado, de la tecnología (¿para qué sirve el capital?) y, por otro, de las actitudes ante el ahorro y la propiedad (¿por qué se elige poseer capital?). Como ya señalamos en la segunda parte, en teoría se puede muy bien imaginar sociedades en las que el capital no serviría para nada (y se reduciría a una simple reserva de valor, con un rendimiento absolutamente nulo), pero en las que aun así los habitantes elegirían poseer capital en gran cantidad, en previsión, por ejemplo, de una futura catástrofe —o de un gran *potlatch*—, o bien sólo porque se trataría de una población muy paciente y previsora para las generaciones futuras. Si esta sociedad se caracteriza además por un rápido crecimiento de la productividad del trabajo —gracias a incesantes inventos, o bien porque el país está involucrado en un proceso de convergencia acelerado hacia otros países técnicamente más avanzados—, posiblemente la tasa de crecimiento sea a todas luces superior al rendimiento del capital.

No obstante, en la práctica no parece haber existido en la historia un ejemplo de sociedad en la que la tasa de rendimiento del capital haya caído de manera natural y duradera a niveles inferiores a 2-3%; más bien los valores promedio observados habitualmente, más allá de la diversidad de las inversiones y de los rendimientos, suelen ser más cercanos a 4-5% (antes de los impuestos). En particular, el rendimiento de las tierras agrícolas en las sociedades tradicionales, tanto como el de los bienes inmuebles en las sociedades contemporáneas, que en ambos casos constituyen las formas de propiedad más difundidas y más seguras, suele ser del orden de 4-5% anual, tal vez con una ligera tendencia a la baja a muy largo plazo (3-4% en lugar de 4-5%), como vimos en la segunda parte.

El modelo económico utilizado más a menudo para explicar esta relativa estabilidad del rendimiento del capital en torno a 4-5% (y el hecho de que nunca descienda por debajo de 2-3%) se basa en la noción de "preferencia temporal" o "preferencia por el presente".

Dicho de otro modo, los agentes económicos se caracterizarían por una tasa de preferencia por el presente (a menudo indicada con θ) que mide su impaciencia y su manera de tener en cuenta el porvenir. Por ejemplo, si $\theta = 5\%$, significa que los agentes están dispuestos a sacrificar 105 euros de consumo el año próximo para poder consumir 100 euros adicionales este año. Esta "teoría", como sucede a menudo con los modelos teóricos de los economistas, tiene un lado ligeramente tautológico (siempre se puede explicar cualquier comportamiento observado suponiendo que las personas implicadas tienen preferencias —"funciones de utilidad", en el lenguaje de la profesión— que las empujan a actuar en ese sentido; lo que en realidad aporta semejante "explicación" no siempre es claro) y un poder predictivo radical e implacable. En este caso, en una economía con crecimiento nulo, no sorprenderá enterarse de que la tasa de rendimiento del capital r debe ser rigurosamente igual a la de la preferencia por el presente θ.[17] Según esta teoría, la estabilidad histórica del rendimiento del capital en torno a 4-5% se explicaría, pues, por razones psicológicas: la impaciencia humana y la disposición promedio de la especie supondrían que el rendimiento del capital casi no podría alejarse de dicho nivel.

Aparte de su carácter tautológico, esta teoría plantea cierto número de dificultades. Desde luego, la intuición general transmitida por este modelo explicativo —al igual que, por ejemplo, la teoría de la productividad marginal— no puede ser totalmente falsa. Por lo demás, manteniendo todo igual, una sociedad más paciente, o que prevé choques difíciles en el futuro, sin duda tenderá a guardar más reservas y a acumular más capital. Asimismo,

[17] Si el hecho de poseer un capital produce un rendimiento superior a la preferencia por el presente, entonces todo el mundo deseará disminuir su consumo presente y ahorrar más (en consecuencia, el acervo de capital empezará a aumentar indefinidamente, hasta que el rendimiento caiga al nivel de la tasa de preferencia por el presente); en el caso contrario, todos querrán deshacerse de una parte de su capital para aumentar su consumo presente (en consecuencia, el acervo de capital disminuirá hasta que el rendimiento del capital vuelva a subir). En ambos casos, siempre se vuelve a $r = \theta$.

en una sociedad en la que se habría acumulado tanto capital que el rendimiento habría caído por mucho tiempo a un nivel sumamente bajo, por ejemplo, de apenas 1% anual (o bien en la que todas las formas de posesión de patrimonios, incluso dentro de las clases modestas y medias, tendrían un impuesto tan alto que el rendimiento neto habría disminuido a ese nivel), es probable que un porcentaje nada desdeñable de los poseedores de patrimonios intentaría deshacerse de sus tierras, casas y activos financieros, de tal manera que el acervo total de capital sin ninguna duda empezaría a disminuir, hasta que el rendimiento volviera a subir un poco.

El problema de esta teoría consiste en que es demasiado sistemática y simplista: no es posible resumir todos los comportamientos de ahorro y todas las actitudes frente al porvenir, a partir de un parámetro psicológico único e infranqueable. Si se toma en serio la versión más extrema de este modelo (el modelo llamado de "horizonte infinito", puesto que los agentes calculan las consecuencias de su estrategia de ahorro para sus descendientes más distantes, como si se tratara de ellos mismos, tomando como referencia su tasa de preferencia por el presente), sería imposible variar, aunque sólo fuese en una décima de punto porcentual, la tasa de rendimiento neto del capital: toda tentativa en ese sentido, por ejemplo a través de la política fiscal, desencadenaría una reacción infinitamente fuerte en uno u otro sentido (en términos de ahorro o de desahorro), de manera que el rendimiento neto volvería a su único equilibrio. Semejante predicción es poco realista: todas las experiencias históricas demuestran que la elasticidad del ahorro es sin duda positiva, pero desde luego no infinita, sobre todo cuando el rendimiento varía en proporciones moderadas y razonables.[18]

Otra dificultad de este modelo teórico, interpretado en su versión más estricta, es que implica que la tasa de rendimiento del capital r —con el objetivo de mantener la economía en equilibrio— debería crecer de forma muy considerable junto con la tasa de crecimiento g, hasta el punto de que la diferencia entre r y g habría de ser sensiblemente más elevada en un mundo en crecimiento fuerte que en uno de desarrollo nulo. Una vez más, esta predicción procede de la hipótesis de horizonte infinito, lo que resulta poco realista y poco conforme con la experiencia histórica (es posible que el rendimiento del capital aumente en una economía con fuerte crecimiento, pero sin duda no lo suficiente para que la diferencia $r-g$ se incremente significativamente, al menos si nos basamos en las experiencias observadas). Sin embargo, se puede señalar que este mecanismo tiene una intuición en parte válida y en todo caso interesante desde un punto de vista estrictamente lógico. En este modelo económico estándar, basado en particular en la existencia

[18] El modelo de horizonte infinito y preferencia por el presente implica, en realidad, una infinita elasticidad del ahorro —y, por consiguiente, de la oferta de capital— a largo plazo. Supone pues, hipotéticamente, la imposibilidad de que cualquier política fiscal afecte al capital.

de un mercado de capital "perfecto" (cada individuo obtiene como rendimiento por su ahorro la productividad marginal del capital más elevada disponible en la economía y cada uno puede pedir prestado tanto como quiera a esa misma tasa), la razón por la que el rendimiento del capital es sistemática y necesariamente más elevado que la tasa de crecimiento g es la siguiente: si r fuera inferior a g, los agentes económicos, al comprobar que sus ingresos futuros —y los de sus descendientes— aumentarán más rápido que la tasa a la que es posible pedir prestado, se sentirían infinitamente ricos y tenderían a querer pedir prestado sin límite para consumir esos recursos de inmediato (hasta que la tasa r volviera a estar por encima de la tasa g). En su forma extrema, este mecanismo no es del todo factible, pero muestra que la desigualdad $r>g$ se verifica de manera perfecta en los modelos económicos más estándar, e incluso tiene muchas más probabilidades de comprobarse cuando el mercado de capital funciona de manera eficaz.[19]

En resumen: los comportamientos de ahorro y las actitudes frente al porvenir no pueden reducirse a un parámetro único. Esas elecciones deben ser analizadas en el marco de modelos más complejos, barajando múltiples consideraciones sobre la preferencia por el presente, el ahorro por precaución, los efectos vinculados con el ciclo de vida, la importancia atribuida a la riqueza como tal y tantas otras más. Estas elecciones dependen del entorno social e institucional (por ejemplo, del sistema público de las jubilaciones), de estrategias y presiones familiares, de las limitaciones que los diferentes grupos sociales se imponen a sí mismos (como ciertos feudos en los linajes aristocráticos, que no pueden ser con libertad vendidos por los herederos), así como de factores psicológicos y culturales individuales.

En mi opinión, la desigualdad $r>g$ debe ser analizada ante todo como una realidad histórica, dependiente de múltiples mecanismos, y no como una necesidad lógica absoluta. Resulta de la conjunción de varias fuerzas, muy independientes unas de otras: por una parte, la tasa de crecimiento g es, desde un punto de vista estructural, relativamente baja (en general de apenas más del 1% anual, una vez que la transición demográfica se ha consumado y que el país considerado se encuentra en la frontera tecnológica mundial, en la que el ritmo de innovación es relativamente lento); por la otra, la tasa de rendimiento del capital r depende de muchos parámetros tecnológicos, psicológicos, sociales, culturales, etc., cuya conjunción parece desembocar frecuentemente en un rendimiento del orden de 4-5% (o, en todo caso, claramente superior a 1%).

[19] Formalmente, en el modelo estándar de horizonte infinito, la tasa de rendimiento de equilibrio es proporcionada por la siguiente fórmula: $r=\theta+\gamma\times g$ (en donde θ es la tasa de preferencia por el presente y γ mide la concavidad de la función de utilidad; se suele estimar que este parámetro está comprendido entre 1.5 y 2.5). Por ejemplo, si $\theta=5\%$ y $\gamma=2$, entonces $r=5\%$ para $g=0\%$, y $r=9\%$ para $g=2\%$, de tal manera que la diferencia $r-g$ pasa de 5 a 7% cuando el crecimiento pasa de 0 a 2%. Véase el anexo técnico.

¿Existe una distribución de equilibrio?

Abordemos ahora las consecuencias de la desigualdad $r>g$ en la dinámica de la concentración de la riqueza. Como ya señalamos, el hecho de que el rendimiento del capital rebase de manera clara y duradera la tasa de crecimiento es una fuerza que lleva hacia el ensanchamiento de las desigualdades patrimoniales. Por ejemplo, si $g=1\%$ y $r=5\%$, basta con que los dueños de patrimonios elevados elijan reinvertir cada año más de la quinta parte del ingreso de su capital para que esos patrimonios aumenten más rápido que el ingreso promedio de la sociedad en cuestión. En esas condiciones, las únicas fuerzas que permiten evitar una espiral desigualitaria indefinida y capaces de lograr que las desigualdades patrimoniales se estabilicen en un nivel finito son las siguientes: por una parte, si el conjunto de los poseedores de capitales incrementa su fortuna más rápido que el ingreso promedio, la relación capital/ingreso tenderá a aumentar sin límite, lo que a largo plazo debería llevar a una baja de la tasa de rendimiento del capital. Este mecanismo puede requerir décadas, sobre todo en el marco de una economía abierta en la que los dueños de capitales pueden acumular activos extranjeros, tal como sucedía en el Reino Unido y Francia en el siglo XIX y hasta el primer conflicto mundial. En principio, este proceso siempre acaba por detenerse en algún momento (cuando los poseedores de activos extranjeros llegan a ser dueños de todo el planeta), pero desde luego puede requerir cierto tiempo. Ello explica en gran medida el incremento aparentemente ilimitado de la participación en la riqueza de los percentiles superiores de las jerarquías británica y francesa en la Bella Época.

Por otra parte, en el nivel de las trayectorias individuales, este proceso de divergencia puede ser contrarrestado por diversos tipos de choques. Por ejemplo, choques demográficos: la falta de un descendiente válido o, por el contrario, un número demasiado grande de descendientes (lo que lleva al desmenuzamiento del capital familiar), o también por fallecimiento precoz o vida muy prolongada. Otros ejemplos: por choques económicos como una mala inversión, una revuelta campesina, una crisis financiera, un rendimiento mediocre y toda una sucesión de acontecimientos similares. Siempre existen golpes de este tipo, en el seno de las familias, que hacen que hasta las sociedades más inmóviles pasen por cierta renovación. Sin embargo, el punto esencial es que, para una estructura de choques específica, una fuerte desigualdad $r-g$ conduce mecánicamente a una concentración extrema de la riqueza.

Entails y sustituciones hereditarias

Se observará de paso la importancia de las elecciones demográficas (mientras menos hijos tengan los ricos, mayor será la concentración patrimonial) y, desde luego, de las reglas de transmisión. Muchas sociedades aristocráticas tradicionales descansan en el principio de la primogenitura, otorgando al hijo mayor la totalidad de la herencia, o por lo menos una parte desproporcionada del patrimonio de los padres, precisamente para evitar el desmenuzamiento y para preservar —o incrementar— la fortuna familiar. Este privilegio dado al hijo mayor atañe sobre todo a la propiedad rural principal, a menudo con limitaciones sobre la propiedad: el heredero no puede dilapidar el bien y debe contentarse con consumir los ingresos del capital, que después es transmitido al siguiente heredero en el orden de sucesión, en general el nieto mayor: se trata de un sistema de *entails** en derecho británico (o del sistema equivalente a la *substitution héréditaire* [sustitución hereditaria] en el Antiguo Régimen francés). Fue el origen de la desgracia de Elinor y Marianne en *Sentido y sensibilidad*: la propiedad de Norland pasó directamente de su padre a su medio hermano John Dashwood, quien, después de haber reflexionado doctamente con su esposa Fanny, al final decidió no dejarles nada; el destino de las dos hermanas quedaba así trazado por completo en ese terrible diálogo. En *Persuasión,* el patrimonio de sir Walter pasó directamente a su sobrino, esta vez en perjuicio de sus tres hijas. Jane Austen, ella misma desfavorecida por la herencia y que al igual que su hermana se quedó soltera, sabía de qué hablaba.

En cuestión patrimonial, la Revolución francesa y el Código Civil (uno de sus productos) están asentados sobre dos pilares esenciales: la abolición de las sustituciones hereditarias y de la primogenitura, con la afirmación del principio de división igualitaria de los bienes entre hermanos y hermanas. Este principio se ha aplicado con constancia y rigor desde 1804: en Francia, "el porcentaje disponible" —la parte del patrimonio de la que pueden disponer libremente los padres por testamento— no representa más que un cuarto de los bienes para los padres de tres hijos o más,[20] y no se puede contravenir más que en circunstancias extremas; por ejemplo, si los hijos asesinaran al nuevo cónyuge. Es importante comprender correctamente esta doble abolición, basada en un principio tanto de igualdad —los hijos y las hijas del medio y menores valen tanto como los hijos y las hijas mayores, y nada podría contravenirlo, independientemente de los caprichos de los padres— como de libertad y eficiencia económica. En particular, la abolición de los *entails,* que no le gustaban nada a Adam Smith y que aborrecían Voltaire, Rousseau y Montesquieu, se basaba en una idea simple: la libre circulación de los bienes y la posibilidad de reasignarlos de manera permanente en función del juicio de la generación viva eran el mejor uso posible, sin importar lo que hubieran pensado los antepasados ahora fallecidos. Es interesante señalar que la Revolución estadu-

* Figura jurídica de tradición anglosajona que en el derecho mexicano no tiene equivalente; sin embargo, forzando un poco el sentido con el fin de hacer un símil para un mejor entendimiento, podría compararse con el fideicomiso. [N. del t.]

[20] Un tercio de los bienes cuando son dos hijos; la mitad, en caso de hijo único.

nidense, no sin debates, llegó a la misma decisión: los *entails* fueron prohibidos, incluso en los estados del sur (según la célebre fórmula de Thomas Jefferson: "El mundo pertenece a los vivos"), y el principio de división igualitaria de las herencias entre todos los hermanos fue inscrito en la ley como regla supletoria, es decir, lo que se aplica a falta de un testamento que diga lo contrario (lo que es esencial: desde luego, la libertad testamentaria íntegra sigue prevaleciendo hoy día en los Estados Unidos, sin ninguna reserva hereditaria, al igual de hecho que en el Reino Unido; sin embargo, en la práctica, la regla supletoria es la que se aplica en la inmensa mayoría de los casos). Ésta es una diferencia esencial entre Francia y los Estados Unidos por una parte, en donde desde el siglo XIX se ha aplicado el principio de reparto igualitario entre los vivos,[21] y el Reino Unido por la otra, en donde la primogenitura siguió vigente como regla supletoria hasta 1925 para una parte de los bienes, especialmente el capital rural y agrícola. En Alemania hubo que esperar a la República de Weimar en 1919 para que se aboliera el equivalente germánico de los *entails.*[22]

En la época de la Revolución francesa, estas legislaciones igualitarias, antiautoritarias (sobre todo se trataba de cuestionar la autoridad de los padres, al tiempo que se afirmaba la del nuevo cabeza de familia, en perjuicio a veces de la de las esposas) y liberales —absolutamente revolucionarias para la época— suscitaban un entusiasmo considerable, por lo menos entre los hombres.[23] Los partidarios de la Revolución estaban convencidos de tener entre sus manos la clave de la igualdad futura. Si a eso se añade que el Código Civil daba a cada individuo la misma igualdad de derechos frente al mercado y la propiedad, y que se abolían los gremios, no hay duda de cuál sería el resultado final; semejante sistema no podía más que conducir a la desaparición de las desigualdades del pasado. Este optimismo se expresó con fuerza por ejemplo en *Bosquejo de un cuadro histórico de los progresos del espíritu humano,* publicado en 1794 por el marqués de Condorcet: "Es fácil demostrar que las fortunas tienden naturalmente a la igualdad, y que su excesi-

[21] Debe señalarse que Napoleón introdujo en 1807 el "mayorazgo" para la nobleza de su Imperio (un suplemento de la participación que les corresponde a los primeros descendientes varones sobre ciertos bienes inmuebles vinculados con títulos de nobleza; el sistema atañía a algunos miles de personas), y que Carlos X intentó volver a crear las "sustituciones hereditarias" para su propia nobleza en 1826. Estas reminiscencias del Antiguo Régimen no afectaban más que a un bajo porcentaje de la población; fueron definitivamente suprimidas en 1848.

[22] Véase a este respecto el libro de J. Beckert, *Inherited Wealth,* Princeton University Press, Princeton, 2008, 382 pp.

[23] En teoría, según el Código Civil, las mujeres tenían los mismos derechos que los hombres en lo tocante al reparto patrimonial. Sin embargo, la esposa no podía disponer libremente de sus bienes (las asimetrías a este respecto —apertura y manejo de las cuentas bancarias, venta de los bienes, etc.— desaparecieron totalmente sólo en los años setenta), de tal manera que en la práctica el nuevo derecho era ante todo favorable para los cabeza de familia varones (los hijos del medio y menores adquirían los derechos de los primogénitos, pero las hijas permanecían rezagadas). Véase el anexo técnico.

va desproporción no puede existir o debe cesar rápidamente, siempre que las leyes civiles no establezcan medios artificiales para perpetuarlas y acumularlas; si la libertad de industria y de comercio cancela la ventaja que toda ley prohibitiva, todo derecho fiscal, proporcionan a la riqueza adquirida".[24]

El Código Civil y la ilusión de la Revolución francesa

¿Cómo explicar entonces que la concentración de los patrimonios no dejara de crecer en Francia a lo largo de todo el siglo XIX y alcanzara en la Bella Época un nivel aún más extremo que en el momento de la introducción del Código Civil, y apenas más bajo que en el Reino Unido, monárquico y aristocrático? Evidentemente, no basta la igualdad de derechos y oportunidades para llevar a una igualdad de las fortunas.

En realidad, una vez que la tasa de rendimiento del capital superó con mucho y por largo tiempo la de crecimiento, la dinámica de la acumulación y de la transmisión de los patrimonios condujo mecánicamente a una concentración muy elevada de la propiedad, sin cambiar gran cosa el reparto igualitario entre hermanos. Como indicamos antes, siempre existían choques demográficos o económicos en las trayectorias patrimoniales familiares. Se puede demostrar, mediante un modelo matemático relativamente simple, que, para una estructura determinada de choques de esta naturaleza, la desigualdad en la distribución de los patrimonios tiende a aproximarse a largo plazo a un nivel de equilibrio, el cual es una función creciente de la diferencia $r-g$ entre la tasa de rendimiento del capital y la de crecimiento del ingreso nacional. Intuitivamente, la diferencia $r-g$ mide la velocidad con la que un patrimonio, cuyos ingresos se ahorran por completo y se recapitalizan, ensancha la diferencia con el ingreso promedio. Cuanto más elevado es $r-g$, más poderosa es la fuerza de divergencia. Si los choques demográficos y económicos adquieren una forma multiplicativa (es decir, una buena o mala inversión tiene un efecto más o menos fuerte en función de la importancia del capital inicial), la distribución de equilibrio alcanzada a largo plazo toma la forma de una distribución de Pareto (forma matemática basada en una función potencial que permite describir relativamente bien las distribuciones observadas). Parece bastante simple mostrar que el coeficiente de esta distribución de Pareto, capaz de medir el grado de desigualdad en la distribución de la propiedad, es una función fuertemente creciente de la diferencia $r-g$.[25]

[24] Véase P. Rosanvallon, *La Société des égaux,* Seuil, París, 2011, p. 50. [*La sociedad de iguales,* trad. Víctor Goldstein, Manantial, Buenos Aires, 2012.]

[25] En el anexo técnico se presenta la ecuación matemática que permite vincular el coeficiente de Pareto y la diferencia $r-g$.

En concreto, si la diferencia entre el rendimiento del capital y el crecimiento de la economía llegara a un valor tan alto como el observado en Francia en el siglo XIX, con un rendimiento promedio del orden de 5% anual y un crecimiento del orden de 1% anual, este modelo predice que el proceso dinámico y acumulativo de la evolución de las fortunas conducirá en forma mecánica a una enorme concentración patrimonial, típicamente en torno a 90% del capital propiedad del decil superior de la jerarquía y más de 50% para el percentil superior.[26]

Dicho de otro modo, la desigualdad fundamental $r>g$ permite dar cuenta de la enorme desigualdad del capital observada en el siglo XIX, y en cierta manera también del fracaso de la Revolución francesa. Puesto que, si las asambleas revolucionarias establecieron una fiscalidad universal (y de paso nos proporcionaron un incomparable observatorio de los patrimonios, herramienta inestimable de conocimiento), la verdad es que las tasas impositivas finalmente fijadas eran tan bajas —apenas de 1-2% sobre los patrimonios transmitidos en línea directa a lo largo de todo el siglo XIX, incluso para las herencias más grandes— que no podían tener ningún impacto demostrable sobre la diferencia entre la tasa de rendimiento del capital y la del crecimiento de la economía. En esas condiciones, no sorprende que la desigualdad en las fortunas fuera casi tan marcada en el siglo XIX como en la Bella Época, tanto en la Francia republicana como en el Reino Unido monárquico. La naturaleza formal del régimen político influía poco en comparación con la desigualdad $r>g$.

En cuanto a la cuestión del reparto igualitario entre hermanos y hermanas, éste influye algo, pero menos que la diferencia $r-g$. En concreto, la primogenitura, o con más precisión, la primogenitura respecto a las tierras agrícolas, cada vez menos importantes en proporción del capital nacional británico a lo largo del siglo XIX, contribuía a incrementar la amplitud de los choques demográficos y económicos (generando una desigualdad adicional en función de la posición ordinal ocupada entre los hermanos) y conducía a un coeficiente de Pareto más elevado y a una mayor concentración del capital. Eso puede ayudar a explicar por qué la participación del decil superior era ligeramente más elevada en el Reino Unido hacia 1900-1910 (un poco más de 90% de la riqueza total, frente a un poco menos de 90% en Francia), y sobre todo por qué la participación del percentil superior era significativamente más alta al otro lado de la Mancha: 70% frente a 60%, lo que parece explicarse esencialmente por el mantenimiento de un pequeño número de enormes propiedades rurales. Sin embargo, ese efecto se ve compensado en

[26] Desde luego, esto no implica que la lógica $r>g$ sea necesariamente la única fuerza operante: este modelo y esos cálculos se basan en una simplificación de la realidad, por lo que es imposible pretender identificar de manera perfectamente precisa y certera el papel exacto desempeñado por cada mecanismo (se pueden compensar varias fuerzas contradictorias). Sin embargo, ello demuestra que esta lógica basta por sí misma para explicar mecánicamente el grado de concentración observado. Véase el anexo técnico.

parte por el bajo crecimiento demográfico francés (la desigualdad acumulativa en los patrimonios era estructuralmente más fuerte con una población estancada, por su efecto a través de la diferencia $r-g$), y finalmente sólo tiene un efecto moderado sobre la distribución de conjunto, que es en realidad muy parecida en ambos países.[27]

En París, donde el Código Civil napoleónico se aplicó con todo rigor desde 1804 y donde la desigualdad no podía atribuirse a los aristócratas británicos o a la reina de Inglaterra, el percentil superior de la jerarquía de las fortunas poseía en 1913 más de 70% del patrimonio total, esto es, aún más que en el Reino Unido. La realidad es tan sorprendente que incluso llegó al mundo del dibujo animado: en *Los aristogatos*, cuya acción se desarrolla en París en 1910, no se precisaba el monto de la fortuna de la anciana, pero, a juzgar por el esplendor de su residencia particular y por la energía del mayordomo Édgar para deshacerse de Duquesa y sus tres gatitos, la suma era seguramente considerable.

Se advertirá asimismo que, desde el punto de vista de la lógica $r>g$, el hecho de que la tasa de crecimiento pasara de apenas 0.2% anual hasta el siglo XVII a 0.5% en el XVIII y luego a 1% en el XIX no parecía generar una gran diferencia: en comparación con una tasa de rendimiento del orden de 5%, esto no cambiaba gran cosa, sobre todo porque, al parecer, el efecto de la Revolución industrial fue incrementar ligeramente el rendimiento del capital.[28] Según el modelo teórico, para que la desigualdad en la distribución de equilibrio disminuya sensiblemente, con una tasa de rendimiento dada del orden de 5% anual, es necesario que la tasa de crecimiento rebase el 1.5-2%, o bien que los impuestos sobre el capital reduzcan el rendimiento neto por debajo de 3-3.5%, o ambas cosas a la vez (volveremos a ello).

Por último, precisemos que si la diferencia $r-g$ entre el rendimiento del capital y la tasa de crecimiento rebasa cierto umbral, deja de existir la distribución de equilibrio: la desigualdad crece ilimitadamente y la cima de la distribución diverge en forma indefinida respecto del promedio. El nivel exacto de este umbral depende naturalmente de los comportamientos de ahorro: hay una mayor probabilidad de que se produzca una divergencia cuando los poseedores de patrimonios elevados ya no saben bien cómo gas-

[27] El caso de Suecia es interesante, pues combina varias fuerzas contradictorias que parecen equilibrarse: por una parte, la relación capital/ingreso era históricamente más débil que en Francia y el Reino Unido en el siglo XIX y principios del XX (el valor de las tierras era menor y el capital nacional pertenecía en parte a los extranjeros; desde ese punto de vista, Suecia se parecía a Canadá); por otra parte, la primogenitura se aplicaba hasta fines del siglo XIX, perdurando hasta nuestros días ciertos *entails* vinculados con importantes fortunas dinásticas suecas. Al final, la concentración patrimonial sueca en 1900-1910 era menor que en el Reino Unido y próxima al nivel francés. Véanse las gráficas X.1 a X.4 y los trabajos de Ohlsson, Roine y Waldenström.

[28] Recordemos que las estimaciones del rendimiento "puro" del capital indicadas en la gráfica X.10 deben ser consideradas límites mínimos y que el rendimiento promedio observado alcanzó el 6-7% por año en el siglo XIX en el Reino Unido y Francia (véase el capítulo VI).

tar su dinero y no les queda más que recapitalizar una gran parte. Una vez más, *Los aristogatos* son una buena referencia: manifiestamente, Adelaide Bonfamille disponía de rentas considerables, hasta el punto de que ya no sabía qué inventar para mimar a sus gatos Duquesa, María, Toulouse y Berlioz, quienes pasaban de las clases de piano a lecciones de pintura en las que se aburrían un poco.[29] En el próximo capítulo veremos que este caso explica muy bien el alza de tendencia en la concentración de la riqueza en Francia —y especialmente en París— durante la Bella Época: los dueños de patrimonios importantes eran cada vez más ancianos y volvían a ahorrar una parte importante de sus rentas, de tal manera que su capital aumentaba sensiblemente más rápido que el crecimiento de la economía. Como señalamos, en principio semejante espiral desigualitaria no puede durar indefinidamente: el mecanismo estabilizador pasa por el hecho de que ese ahorro ya no sabrá dónde invertirse y que el rendimiento mundial del capital acabará por desplomarse, de tal manera que surja una distribución de equilibrio y la desigualdad se estabilice. Sin embargo, este cambio de tendencia puede requerir mucho tiempo, y puesto que en 1913 la participación del percentil superior en las fortunas parisinas ya superaba el 70%, podemos legítimamente inquietarnos por el nivel en el que se hubiera dado esta estabilización sin los choques provocados por la primera Guerra Mundial.

Pareto y la ilusión de la estabilidad de la desigualdad

Aquí es útil detenerse para discutir aspectos metodológicos e históricos sobre la medición estadística de la desigualdad. En el capítulo VII ya evocamos el caso del estadístico italiano Corrado Gini y de su famoso indicador que apuntaba a resumir la desigualdad de un país, tan sintético que acababa proporcionando una visión demasiado técnica y tranquilizadora —aunque principalmente poco legible— de la desigualdad. Un caso aún más interesante es el de su compatriota Vilfredo Pareto, cuyos principales trabajos se publicaron en 1890-1910, empezando por la famosa "distribución de Pareto". En el periodo de entreguerras, los fascistas italianos hicieron de Pareto, con su teoría de las élites, uno de sus economistas oficiales, no sin cierto sentido de apropiación. Hay que decir que Pareto había acogido con agrado la llegada al poder de Mussolini, poco antes de su muerte en 1923, y que, principalmente y de forma objetiva, seducía al poder establecido con sus tesis sobre la implacable estabilidad de la desigualdad (la cual, según el propio Pareto, sería ilusorio pretender modificar).

Cuando se leen los trabajos de Pareto con la perspectiva de hoy, lo que más

[29] Afortunadamente, Duquesa y sus gatitos acabaron encontrando a Thomas O'Malley, de profesión gato callejero, más popular y sobre todo más entretenido (un poco a semejanza de Jack Dawson con la joven Rose en la cubierta del *Titanic*, dos años más tarde, en 1912).

sorprende es que evidentemente no disponía de ningún dato que le permitiera anticipar semejante estabilidad. Pareto escribió hacia 1900: utilizó las pocas tabulaciones fiscales disponibles en su época, resultantes de los impuestos sobre la renta aplicados en Prusia y Sajonia, así como las relativas a unas cuantas ciudades suizas e italianas de los años 1880-1890. Se trataba de datos dispersos, referentes como máximo a una decena de años, y que además indicaban más bien una ligera tendencia al alza de la desigualdad, lo que Pareto intentaba disimular, no sin cierta mala fe.[30] En todo caso, es evidente que semejantes materiales no permitían concluir nada respecto de las tendencias a largo plazo o de la estabilidad de la desigualdad en la historia universal.

Más allá de la cuestión de los prejuicios políticos (Pareto desconfiaba por encima de todo de los socialistas y de sus ilusiones redistributivas: en este aspecto, no era muy diferente de muchos colegas de su tiempo, como el economista francés Leroy-Beaulieu, a quien apreciaba y acerca del cual hablaremos), el caso de Pareto es interesante porque ejemplifica cierta ilusión de la estabilidad eterna a la que a veces conduce el uso inmoderado de las matemáticas en las ciencias sociales. Pretendiendo estudiar a qué velocidad disminuía el número de contribuyentes a medida que se ascendía en la jerarquía de los ingresos, Pareto advirtió que ese ritmo de disminución podía aproximarse mediante una ley matemática a la que después se llamaría "distribución de Pareto", y que es simplemente una función potencial *(power law)*.[31] De hecho, todavía en la actualidad la distribución de la riqueza, así como la de los ingresos (que resultan en parte de los ingresos de los capitales), pueden ser estudiadas mediante esta misma familia de curvas matemáticas. Sin embargo, hay que precisar que esto sólo vale para la cima de esas distribuciones y que no se trata sino de una relación aproximada, válida localmente, que puede explicarse sobre todo por procesos de choques multiplicativos como los antes descritos.

Es importante sobre todo comprender bien que se trata de una familia de curvas y no de una curva única: todo depende de los coeficientes y de los parámetros que caracterizan tal curva. En este caso, los datos reunidos en el marco de la World Top Incomes Database, así como los datos sobre la desigualdad en los patrimonios que acabamos de presentar, demuestran que los coeficientes de Pareto han variado mucho históricamente. Cuando se lee que una curva de distribución de la riqueza sigue una distribución de Pareto, en realidad no se ha dicho nada. Puede tratarse tanto de una distribución en la que el decil superior posee apenas más de 20% del ingreso total (al estilo de una distribución escandinava de los ingresos en los años setenta y ochenta), como de una en la que el decil superior posee 50% del total (a semejanza de

[30] Para un análisis de los datos de Pareto, véase T. Piketty, *Les Hauts Revenus en France au XXe siècle: Inégalités et redistributions, 1901-1998,* Grasset, París, 2001, pp. 527-530.

[31] En el anexo técnico se encuentran enunciadas y explicadas las fórmulas correspondientes.

una distribución estadunidense de los ingresos en 2000-2010), o también de una en la que el decil superior es dueño de 90% del total (parecida a una distribución de la riqueza francesa o británica en 1900-1910). En cada caso se trata de distribuciones de Pareto, pero con coeficientes totalmente distintos. Desde luego, estas diferentes realidades sociales, económicas y políticas nada tienen que ver unas con otras.[32]

Todavía en la actualidad, algunos imaginan a veces, a semejanza de Pareto, que la distribución de la riqueza se caracteriza por una implacable estabilidad, consecuencia de una ley casi divina. En realidad, nada es más falso: cuando se estudia la desigualdad desde una perspectiva histórica, lo importante y lo que debe explicarse no son las ligeras estabilidades, sino más bien los cambios considerables. En este caso, tratándose de la concentración de la riqueza, un mecanismo transparente que permita dar cuenta de las muy fuertes variaciones históricas observadas (tanto a nivel de los coeficientes de Pareto como de la participación del decil superior y del percentil superior en la riqueza total) está vinculado con la diferencia $r-g$ entre el rendimiento del capital y la tasa de crecimiento de la economía.

¿Por qué la desigualdad patrimonial del pasado no se ha reconstituido?

Abordemos ahora la cuestión esencial: ¿por qué la desigualdad patrimonial de la Bella Época no se reconstituyó? ¿Estamos seguros de que esas razones son definitivas e irreversibles?

De entrada, precisemos que no podemos dar una respuesta perfectamente certera y satisfactoria. Varios factores desempeñaron un papel importante y tendrán una función esencial en el porvenir, pero en este aspecto simplemente es imposible mostrar certezas matemáticas.

La enorme reducción de la desigualdad patrimonial tras los choques de 1914-1945 es la parte más fácil de explicar. Como vimos en la segunda parte,

[32] La manera más simple de recordar los coeficientes de Pareto es utilizando lo que a veces se llama los "coeficientes invertidos", que en la práctica varían de 1.5 a 3.5. Un coeficiente invertido de 1.5 significa que el ingreso, o el patrimonio promedio más allá de cierto umbral, es igual a una vez y media ese umbral (las personas que disponen de más de un millón de euros poseen en promedio 1.5 millones de euros y así sucesivamente para cualquier umbral), lo que corresponde a una desigualdad relativamente baja (hay pocas personas muy ricas). Por el contrario, un coeficiente invertido de 3.5 corresponde a una enorme desigualdad. Otra manera de comprender las funciones potenciales es la siguiente: un coeficiente de 1.5 significa que los miembros del 0.1% más alto son apenas dos veces más ricos en promedio que los del 1% más alto (y así sucesivamente para el 0.01% más alto en el interior del 0.1% más alto, etc.); un coeficiente de 3.5 significa por el contrario que son cinco veces más ricos. En el anexo técnico se explica todo esto y se presentan también gráficas que indican la evolución histórica de los coeficientes de Pareto a lo largo de todo el siglo XX en los diferentes países de la WTID.

los patrimonios padecieron una serie de choques sumamente violentos después de las guerras y de las políticas provocadas por ellas, lo que condujo a un desplome de la relación capital/ingreso. Desde luego, podríamos imaginar que esta reducción de las fortunas tendría que haber afectado a todos los patrimonios de manera proporcional, sin importar su nivel en la jerarquía, dejando entonces intacta la desigualdad del capital. Sin embargo, eso equivaldría a olvidar que no todos los patrimonios tienen el mismo origen y no desempeñan las mismas funciones. Incluso en la cima de la pirámide de las fortunas, muy a menudo el patrimonio es producto de una acumulación antigua y se necesita, por ello, mucho más tiempo para rehacerse que cuando se trata de acumular un patrimonio modesto y mediano.

Además, los patrimonios más elevados sirven para financiar un nivel de vida. Ahora bien, los datos detallados que reunimos en los archivos sucesorios demuestran sin ambigüedad que, a lo largo del periodo de entreguerras, muchos rentistas no redujeron su tren de vida lo bastante rápido cuando sus patrimonios e ingresos sufrían los choques propios de la primera Guerra Mundial y de los años veinte y treinta, de tal manera que empezaron a consumir progresivamente su capital para poder financiar sus gastos corrientes y, por consiguiente, a transmitir un patrimonio bastante menor del que habían recibido, lo que impedía por completo prolongar el equilibrio social anterior. En este aspecto, los datos parisinos son particularmente sorprendentes. Por ejemplo, se puede calcular que, en la Bella Época, el 1% de los herederos parisinos más ricos disponían de un patrimonio que les permitía un nivel de vida 80 o 100 veces superior al de un salario promedio de la época,[33] al tiempo que reinvertían una pequeña parte del rendimiento del capital, aumentando así un poco el patrimonio recibido. De 1872 a 1912, al parecer, el sistema estaba perfectamente equilibrado: este grupo transmitía a la siguiente generación recursos con los cuales financiar un tren de vida también 80 o 100 veces superior al del salario promedio de la generación siguiente, incluso un poco más; de ahí un incremento de la tendencia de la concentración de las fortunas. El equilibrio se rompió de manera abrupta en el periodo de entreguerras: el 1% de los herederos parisinos más ricos seguía viviendo más o menos como en el pasado, pero lo que dejaba a la siguiente generación permitía financiar un nivel de vida de apenas 30 a 40 veces el salario promedio de la época, incluso 20 veces al final de los años treinta. Para los rentistas, era el principio del fin. Sin duda se trataba del mecanismo más importante para explicar la desconcentración de los patrimonios observada en todos los países europeos (y en menor medida en los Estados Unidos) después de los choques de los años 1914-1945.

[33] Esto corresponde a un nivel de vida del orden de 2-2.5 millones de euros anuales en un mundo en el que el salario promedio es del orden de 24 000 euros anuales (2 000 euros por mes). Véase el anexo técnico.

Añadamos que la composición de los patrimonios más elevados los dejaba más expuestos —en promedio— a las pérdidas de capital provocadas por las dos guerras mundiales. En particular, los datos detallados sobre la composición de las carteras disponibles en los archivos sucesorios muestran que los activos extranjeros representaban hasta una cuarta parte de los patrimonios más importantes en vísperas de la primera Guerra Mundial, formados casi la mitad por obligaciones públicas emitidas por los gobiernos extranjeros (y principalmente por Rusia, que estaba a punto de declararse en quiebra). Aun cuando no disponemos, por desgracia, de datos similares tan precisos respecto del Reino Unido, no hay duda de que los activos extranjeros tenían un papel igual de importante para los altos patrimonios británicos. Ahora bien, tanto en Francia como en el Reino Unido los activos extranjeros casi desaparecieron después de las dos guerras mundiales.

Sin embargo, no hay que sobreestimar la importancia de este factor explicativo, en la medida en que los poseedores de los patrimonios más elevados son a veces los más aptos para proceder en el momento adecuado a las más provechosas reasignaciones de cartera. Además, es sorprendente advertir que todos los niveles de patrimonios, y no sólo los más elevados, incluían en vísperas de la primera Guerra Mundial cantidades nada desdeñables de activos extranjeros. De manera general, si se examina la estructura de los patrimonios parisinos a finales del siglo XIX y en la Bella Época, no puede más que sorprendernos el carácter sumamente diversificado y "moderno" de esas carteras. En vísperas de la guerra, los bienes inmuebles representaban apenas más de la tercera parte de los activos (de los cuales aproximadamente dos tercios eran en bienes inmuebles parisinos y apenas un tercio en bienes provinciales, entre los que había una pequeña cantidad de tierras agrícolas), mientras que los activos financieros constituían casi los dos tercios, con un desglose en diferentes conjuntos considerables de acciones y obligaciones, francesas y extranjeras, públicas y privadas, relativamente equilibrado en cualquier nivel de fortuna (véase el cuadro X.1).[34] La sociedad de rentistas que se desarrolló en la Bella Época no era una sociedad del pasado y estática basada en el capital rural: encarnaba, por el contrario, cierta modernidad patrimonial y financiera. Simplemente, la lógica acumulativa de la desigualdad $r>g$ la vuelve prodigiosa y duraderamente desigualitaria. En semejante sociedad, mercados más libres y más competitivos, así como dere-

[34] Se advertirá que el bien inmueble parisino (que en aquella época se poseía sobre todo a nivel del inmueble en su conjunto) era inaccesible para los patrimonios medios y modestos, los únicos para los cuales los bienes inmuebles provinciales —y en particular las tierras agrícolas— tenían todavía cierta importancia. César Birotteau, al negar a su esposa una inversión tan ordinaria como algunas buenas tierras cerca de Chinon, se creía audaz y precursor. ¡Qué mala idea! Véase el cuadro S10.4 (disponible en línea) para una versión más detallada del cuadro X.1, que permite comprobar el muy fuerte crecimiento de los activos extranjeros entre 1872 y 1912, especialmente en las carteras más elevadas.

CUADRO X.1. *La composición de los patrimonios parisinos, 1872-1912*

Año	*Activos inmobiliarios (inmuebles, casas, tierras agrícolas)*	*Activos inmobiliarios en París*	*Activos inmobiliarios en provincia*	*Activos financieros*	*Acciones*	*Obligaciones privadas*	*Obligaciones públicas*	*Otros activos financieros (depósitos, efectivo)*	*Muebles, objetos valiosos, etc.*
				Composición del patrimonio total					
1872	42%	29%	13%	56%	15%	19%	13%	9%	2%
1912	36%	25%	11%	62%	20%	19%	14%	9%	3%
				Composición del 1% de los patrimonios más elevados					
1872	43%	30%	13%	55%	16%	16%	13%	10%	2%
1912	32%	22%	10%	65%	24%	19%	14%	8%	2%
				Composición del siguiente 9%					
1872	42%	27%	15%	56%	14%	22%	13%	7%	2%
1912	41%	30%	12%	55%	14%	18%	15%	9%	3%
				Composición del siguiente 40%					
1872	27%	1%	26%	62%	13%	25%	16%	9%	11%
1912	31%	7%	24%	58%	12%	14%	14%	18%	10%

Nota: en 1912 los activos inmobiliarios representaban 36% del patrimonio total parisino; los activos financieros, 62%, y los muebles y objetos valiosos, 3%.

FUENTES: véase piketty.pse.ens.fr/capital21c.

chos de propiedad mejor garantizados, tenían pocas probabilidades de reducir la desigualdad, ya que esas condiciones se habían cumplido al más alto nivel. De hecho, los choques sufridos por los patrimonios y por sus ingresos a partir de la primera Guerra Mundial fueron los que modificaron ese equilibrio.

Recordemos por último que el periodo de 1914-1945 concluyó en varios países europeos —y sobre todo en Francia— con cierto número de redistribuciones que afectaron mucho más a los patrimonios más elevados —y, en particular, a los accionistas de las grandes sociedades industriales— que a los modestos y medianos. Piénsese principalmente en las nacionalizaciones sancionadoras de la Liberación (el ejemplo emblemático es el de la constructora automotriz Renault), así como en el impuesto de solidaridad nacional establecido también en 1945. Este impuesto excepcional y progresivo, cobrado tanto sobre el capital como sobre el enriquecimiento ocurrido durante la Ocupación, no se cobró sino una sola vez, pero sus tasas sumamente elevadas constituyeron un choque adicional y muy gravoso para las personas afectadas.[35]

Los elementos explicativos: el tiempo, los impuestos y el crecimiento

Al final, no es nada sorprendente que la concentración de la riqueza disminuyera mucho en todos los países entre 1910 y 1950. Dicho de otro modo, la porción descendente de las gráficas X.1 a X.5 no es la parte más difícil de explicar; la más sorprendente *a priori*, y en cierta manera la más interesante, es que la concentración de los patrimonios parece no haberse recuperado jamás de esos choques.

Desde luego, hay que insistir en el hecho de que la acumulación del capital es un proceso a largo plazo, que se extiende sobre varias generaciones. La concentración patrimonial observada en Europa en la Bella Época es consecuencia de un proceso acumulativo que se dio a lo largo de muchos

[35] El impuesto de solidaridad nacional establecido por el ordenamiento del 15 de agosto de 1945 incluía un impuesto excepcional sobre el valor de todos los patrimonios estimados al 4 de junio de 1945, con tasas que podían llegar hasta 20% para los patrimonios más elevados, junto con un impuesto excepcional que se aplicaba a todos los incrementos nominales de patrimonio acontecidos entre 1940 y 1945, con tasas que podían llegar hasta 100% para los incrementos más importantes. En la práctica, teniendo en cuenta la enorme inflación (los precios se triplicaron, o incluso más, entre 1940 y 1945), esta deducción equivalía a gravar al 100% a todos los que no se habían empobrecido lo suficiente, como de hecho lo reconoció André Philip, miembro de la Section Française de l'Internationale Ouvrière, parte del gobierno provisional del general De Gaulle, quien explicaba que la imposición, de forma inevitable, debía aplicarse también sobre "quienes no se enriquecieron y tal vez también sobre quienes, monetariamente, se empobrecieron en el sentido de que su fortuna no aumentó en la misma proporción que el alza general de los precios, pero que pudieron conservar su fortuna global, mientras que hay tantos franceses que lo perdieron todo" (véase *L'Année politique 1945*, Éditions du Grand Siècle, París, p. 159).

decenios, o hasta de varios siglos. Como vimos en la segunda parte, hubo que esperar a los años 2000-2010 para que el total de los patrimonios privados, inmobiliarios y financieros, expresado en años de ingreso nacional, recuperara aproximadamente el nivel que tenía en vísperas de la primera Guerra Mundial (este proceso de subida histórica de la relación capital/ingreso en los países ricos muy probablemente sigue en curso).

En lo que se refiere a la distribución de los patrimonios, habría sido también muy poco realista imaginar que la violencia de los choques de 1914-1945 pudiera desvanecerse en 10 o 20 años y que la concentración de las fortunas recobraría en los años cincuenta y sesenta su nivel de 1910. Asimismo, se puede señalar que la desigualdad en el capital volvió al alza desde los años setenta y ochenta. Por consiguiente, es posible que un proceso de recuperación —aún más lento que el aumento de la relación capital/ingreso— esté en curso y que la concentración de la riqueza se disponga a recobrar mecánicamente sus niveles del pasado.

Esta primera explicación, basada en la idea de que el tiempo transcurrido desde 1945 no es lo bastante largo, tiene su parte de verdad, pero es insuficiente: cuando se examina la evolución de la participación del decil superior de la jerarquía de los patrimonios, y más aún la del percentil superior (del orden de 60-70% del patrimonio total en todos los países europeos hacia 1910 y que no es sino de 20-30% en 2010), se tiene claramente la impresión de que ocurrió un cambio estructural después de los choques de 1914-1945, el cual impedía a la concentración patrimonial recobrar por completo sus niveles anteriores. El tema no es sólo cuantitativo: va más allá. Como veremos en el próximo capítulo, al retomar la cuestión planteada por el discurso de Vautrin respecto de los niveles de vida a los que permitían acceder la herencia y el trabajo, la diferencia entre una participación de 60-70% y una de 20-30% de la riqueza nacional es relativamente simple: en un caso, el percentil superior de la jerarquía de los ingresos está muy dominado por los elevados ingresos resultantes del capital heredado (estamos en la sociedad de los rentistas descrita por los novelistas del siglo XIX); en el segundo, los elevados ingresos del trabajo —para una distribución dada— equilibran aproximadamente los altos ingresos del capital (pasamos a una sociedad de ejecutivos, o por lo menos a una sociedad más equilibrada). Asimismo, la aparición de una "clase media patrimonial" que posee colectivamente entre una cuarta y una tercera parte de la riqueza nacional, y ya no entre una vigésima y una décima (es decir, apenas más que la mitad más pobre de la sociedad), representa una transformación social importante.

¿Cuáles son, pues, los cambios estructurales que intervinieron entre 1914 y 1945, y de manera más general a lo largo del siglo XX, en comparación con los siglos anteriores, que hacen que la concentración patrimonial no parezca capaz de recuperar por completo sus niveles anteriores, aun cuando los patrimonios privados considerados en su conjunto hayan reanudado prácticamente, en este inicio del siglo XXI, su prosperidad de antaño? La explicación más natural y más importante es la aparición a lo largo del siglo pasado de una tributación significativa sobre el capital y sus ingresos. Es importante insistir en el hecho de que la muy fuerte concentración patrimonial observada en 1900-1910 fue el producto de un largo periodo histórico sin guerras ni catástrofes mayores (al menos en comparación con la violencia de los conflictos del siglo XX), y también —y tal vez sobre todo— de un mundo sin impuestos, o casi sin ellos. Hasta la primera Guerra Mundial, en la mayoría de los países no existía ningún impuesto sobre los ingresos del capital o sobre los beneficios de las empresas: en los raros casos en los que existían dichos impuestos, eran cobrados a tasas muy bajas. Se trataba pues de condiciones ideales para acumular y transmitir fortunas considerables, y de vivir de los ingresos producidos por esos patrimonios. A lo largo del siglo XX aparecieron muchas formas de imposición de dividendos, intereses, beneficios y rentas, lo que cambió radicalmente la situación.

A fin de simplificar, se puede considerar en un primer momento que la tasa impositiva promedio del rendimiento del capital era muy cercana a 0% hasta 1900-1910 (y en todo caso inferior a 5%), y que se estableció en promedio en los países ricos en alrededor de 30% a partir de 1950-1980, y en cierta medida hasta 2000-2010, incluso cuando la tendencia reciente revela claramente una presión a la baja, en el marco de la competencia fiscal entre Estados, procedente sobre todo de los países de menor tamaño. Ahora bien, una tasa impositiva promedio del orden de 30%, equivalente a una reducción del rendimiento del capital, antes de los impuestos, de un 5% frente a un rendimiento neto de impuestos de 3.5%, es en sí misma suficiente para tener efectos considerables a largo plazo, considerando la lógica multiplicativa y acumulativa característica del proceso dinámico de acumulación y concentración de la riqueza. Al utilizar los modelos teóricos antes descritos se puede mostrar que una tasa impositiva efectiva de 30% —si se aplica en efecto a todas las formas de capital— puede bastar para explicar por sí sola una muy fuerte desconcentración patrimonial (del mismo orden que la baja de la participación del percentil superior observada históricamente).[36]

Es necesario subrayar que, en este marco, el impuesto no tiene por efecto reducir la acumulación total de patrimonios, sino de modificar estructuralmente la distribución a largo plazo del patrimonio entre los diferentes deciles de la jerarquía de las fortunas. Desde el punto de vista del modelo teórico, como de hecho en la realidad histórica, pasar la tasa de imposición del capital de 0 a 30% (y el rendimiento neto del capital de 5 a 3.5%) puede perfectamente no tener ningún efecto en el acervo total del capital a largo plazo, por la buena y simple razón de que la baja de los patrimonios del percentil superior se ve compensada por el alza de los patrimonios de la clase

[36] Véase el anexo técnico.

media. Es exactamente lo que se produjo en el siglo xx, una lección a veces olvidada hoy en día.

Desde este punto de vista, también hay que tener en cuenta el desarrollo a lo largo del siglo xx de los impuestos progresivos, es decir, aquellos que, por una parte, aplican tasas estructuralmente más elevadas sobre los ingresos más altos y particularmente sobre los elevados ingresos del capital (al menos hasta los años setenta y ochenta) y, por otra, sobre las herencias más grandes. En el siglo XIX, los impuestos sucesorios eran sumamente bajos: sólo de 1-2% sobre las transmisiones de padres a hijos. Desde luego, semejante impuesto no tenía ningún efecto sensible sobre el proceso de acumulación de los patrimonios; se trataba más de un derecho de registro destinado a proteger el derecho de propiedad. El impuesto sucesorio francés se hizo progresivo en 1901, pero la tasa más elevada aplicable en línea directa no rebasaba el 5% (y sólo se aplicaba a algunas decenas de herencias cada año). Semejante tasa, cobrada una vez por generación, no podía tener mucho efecto en la concentración patrimonial, sin importar lo que hubieran podido pensar los dueños de patrimonios en esa época. Sucedía algo diferente con las tasas de 20-30%, a veces hasta mucho más, que se aplicaron tras los choques militares, económicos y políticos de 1914-1945 a las herencias más altas en la mayoría de los países ricos. La consecuencia ha sido que, ahora, cada generación debe reducir su tren de vida y ahorrar más (o bien realizar inversiones particularmente provechosas) para permitir al patrimonio familiar un incremento tan rápido como el ingreso promedio de la sociedad. En este caso, se vuelve más difícil mantener el estatus. A la inversa, para quienes parten de más abajo es más fácil hacerse un lugar en la jerarquía, por ejemplo adquiriendo las empresas o los activos vendidos en el momento de una sucesión. Una vez más, simulaciones simples muestran que un impuesto progresivo sobre las sucesiones puede reducir mucho la participación del percentil superior que caracteriza a la distribución de los patrimonios a largo plazo.[37] Las diferencias entre los regímenes sucesorios aplicables en los distintos países pueden contribuir también a explicar ciertas discrepancias entre ellos, como la mayor concentración de los muy altos ingresos del capital (que parece remitir a una más elevada concentración patrimonial) observada en Alemania desde la segunda Guerra Mundial: el impuesto sucesorio aplicado a las herencias más grandes en general no ha rebasado el 15-20% en ese país, mientras que a menudo ha alcanzado el 30-40% en Francia.[38]

Tanto el razonamiento teórico como las simulaciones numéricas sugieren

[37] Véanse en particular T. Piketty, *Les Hauts Revenus en France au XXe siècle, op. cit.*, pp. 396-403, e "Income Inequality in France, 1901-1998", *Journal of Political Economy,* University of Chicago Press, vol. 111, núm. 5, octubre de 2003, pp. 1004-1042.

[38] Véanse las simulaciones presentadas por F. Dell, *L'Allemagne inégale. Inégalités de revenus et de patrimoine en Allemagne, dynamique d'accumulation du capital et taxation de Bismarck à Schröder, 1870-2005,* Éditions de l'EHESS, París, 2008, y "Top Incomes in Germany and Switzerland

que el papel desempeñado por los impuestos puede bastar para explicar —sin siquiera evocar otras transformaciones estructurales— lo esencial de las evoluciones observadas. A este respecto, es necesario volver a decir que la concentración patrimonial, aunque sensiblemente más baja que en 1900-1910, sigue siendo muy elevada: por consiguiente, no es necesario un sistema fiscal perfecto e ideal para llegar a semejante resultado ni para dar cuenta de una transformación cuya amplitud no debe exagerarse.

¿Será el siglo xxi más desigualitario que el xix?

Al tener en cuenta los numerosos mecanismos operantes y las múltiples incertidumbres vinculadas con esas simulaciones, sería en cambio excesivo concluir de ello que otros factores no desempeñaron también un papel significativo. En el marco de nuestro análisis ya hemos visto que dos elementos actuaron tal vez de forma muy importante, con independencia de cualquier transformación del sistema fiscal, y que ambos pueden seguir teniendo una influencia manifiesta en el futuro: por un lado, la probable (aunque ligera) disminución de la participación del capital y de la tasa de rendimiento del capital a muy largo plazo, y, por el otro, el hecho de que, a pesar de la desaceleración previsible del crecimiento durante el siglo xxi, la tasa de crecimiento —al menos en su componente propiamente económico, es decir, la tasa de crecimiento de la productividad, la que se debe al progreso de los conocimientos y de los inventos tecnológicos— se situará en el futuro en un nivel sensiblemente más elevado que el nivel sumamente bajo observado durante la mayor parte de la historia de la humanidad, hasta el siglo xviii. En concreto, como indica la gráfica x.11, probablemente la diferencia $r-g$ será en el futuro más baja de lo que fue hasta el siglo xviii, tanto debido a un rendimiento más bajo (por ejemplo, de 4-4.5% en lugar de 4.5-5%) como gracias a un crecimiento más fuerte (1-1.5% en lugar de 0.1-0.2%), incluso en el caso de que la competencia entre Estados llevara a la supresión de toda forma de imposición del capital. Si creemos en las simulaciones teóricas, eso implicaría que la concentración de los patrimonios, aun en este caso, no volvería necesariamente al nivel extremo de 1900-1910.

No obstante, no habría razón para regocijarse, por una parte, porque esta situación llevaría de todos modos a un crecimiento muy fuerte de las desigualdades patrimoniales (la participación de la clase media en el patrimonio nacional podría dividirse aproximadamente entre dos, y no es del todo seguro que el cuerpo social y político acepte esto como un mal menor) y, por otra, porque estas simulaciones teóricas son relativamente certeras, aunque existan

over the Twentieth Century", *Journal of the European Economic Association*, MIT Press, vol. 3, núms. 2-3, 2005, pp. 412-421.

otras fuerzas que empujen potencialmente en la dirección contraria (la de una concentración del capital aún más elevada que en 1900-1910). Se trata en particular de la posibilidad de un crecimiento demográfico negativo (que podría llevar al crecimiento económico del siglo XXI, sobre todo en los países ricos, a niveles inferiores a los del siglo XIX, lo que podría conducir a que los patrimonios acumulados en el pasado tuvieran una importancia hasta ahora desconocida) y de una posible tendencia hacia un mercado del capital cada vez más sofisticado, en el sentido que le dan los economistas: cada vez más "perfecto", lo que —recordémoslo— significa que el rendimiento obtenido está progresivamente desconectado de las características individuales del poseedor y, por consiguiente, empuja en un sentido rigurosamente inverso al de los valores meritocráticos, reforzando la lógica de la desigualdad $r>g$. En el capítulo XII veremos también que la globalización financiera parece engendrar un vínculo cada vez más fuerte entre el rendimiento obtenido y el tamaño inicial de la cartera invertida, y que esta desigualdad en los rendimientos del capital constituye una fuerza de divergencia adicional, sumamente inquietante, para la dinámica de la distribución mundial de la riqueza en el siglo XXI.

En resumen: el hecho de que, en los países europeos, la concentración de la propiedad del capital sea sensiblemente más baja durante este inicio del siglo XXI que en la Bella Época es, en gran medida, la consecuencia combinada de acontecimientos accidentales (los choques de los años de 1914-1945) y de instituciones específicas, especialmente en el campo de la tributación del capital y de sus ingresos. Si estas instituciones fueran desechadas definitivamente, existe un gran riesgo de que resurjan desigualdades patrimoniales parecidas a las observadas en el pasado, incluso superiores bajo ciertas condiciones. Nada es certero en este ámbito, y para ir más lejos en esa dirección, ahora tenemos que estudiar directamente la dinámica de la herencia, después la dinámica mundial de las riquezas. Sin embargo, desde ahora surge claramente una conclusión: sería ilusorio imaginar que, en la estructura del crecimiento moderno, o en las leyes de la economía de mercado, existen fuerzas de convergencia que conduzcan de forma natural a una reducción de la desigualdad patrimonial o a una armoniosa estabilidad.

XI. MÉRITO Y HERENCIA A LARGO PLAZO

AHORA sabemos que, en este inicio del siglo XXI, la importancia global del capital no es muy diferente de lo que era en el XVIII. Sólo cambió su forma: el capital era rural y se convirtió en inmobiliario, industrial y financiero. También sabemos que la concentración de la riqueza sigue siendo muy elevada, aunque sensiblemente menos extrema que hace un siglo y durante los siglos anteriores. La mitad más pobre aún no tiene nada, pero ahora existe una clase media patrimonial que posee entre un cuarto y un tercio de la riqueza, y el 10% de los más ricos ya sólo posee dos tercios de la riqueza, en lugar de las nueve décimas partes que poseía antes. Vimos asimismo que los movimientos comparados del rendimiento del capital y de la tasa de crecimiento, y de la diferencia $r - g$, permitían dar cuenta de una parte importante de esas evoluciones y, en particular, de la lógica acumulativa que explica las enormes concentraciones patrimoniales observadas en la historia.

No obstante, para comprender mejor esta lógica acumulativa, ahora debemos estudiar directamente la evolución a largo plazo de la importancia relativa de la herencia y del ahorro en la formación de los patrimonios. La cuestión es central, puesto que evidentemente, de forma abstracta, un mismo nivel de concentración patrimonial podría remitir a realidades totalmente diferentes. Es posible que el nivel global del capital haya permanecido inalterado, pero que se hubiera transformado por completo su naturaleza profunda: por ejemplo, porque habríamos pasado de un capital en gran medida heredado a uno ahorrado a lo largo de una vida a partir de los ingresos del trabajo. Una posible explicación de semejante cambio que se menciona a menudo es la mayor esperanza de vida, que habría llevado a un alza estructural de la acumulación del capital con vistas a la jubilación. Veremos que, en realidad, esta gran transformación de la naturaleza del capital fue mucho menos importante de lo que a veces imaginamos, e incluso puede considerarse inexistente en ciertos países. Es muy probable que en el siglo XXI la herencia desempeñe un papel considerable y comparable al que tuvo en el pasado.

Si somos más precisos, llegaremos a la siguiente conclusión: ya que la tasa de rendimiento del capital es fuerte y perdurablemente más elevada que la tasa de crecimiento de la economía, resulta casi inevitable que la herencia, es decir, la riqueza resultante del pasado, predomine sobre el ahorro, esto es, sobre la riqueza creada en el presente. Desde un punto de vista estrictamente lógico, podría ser diferente, aunque las fuerzas que empujan en ese sentido son muy poderosas. La desigualdad $r > g$ significa, de cierta manera, que el pasado tiende a devorar el porvenir: las riquezas resultantes del pasado progresan mecánicamente más rápido, sin trabajar, que las producidas por el trabajo y a partir de las cuales es posible ahorrar. De forma inevitable se tiende a dar una importancia desmedida y duradera a las desigualdades que se dieron en el pasado y, por consiguiente, debidas a la herencia.

En la medida en que el siglo XXI se caracterizará por una baja del crecimiento (demográfico y económico) y por un elevado rendimiento del capital (en un contexto de competencia exacerbada entre países por atraer los capitales), o por lo menos en los países en los que se produzca semejante evolución, la herencia seguramente recobrará una importancia cercana a la que tuvo en el siglo XIX. Dicha evolución ya es claramente perceptible en Francia y en varios países europeos, en los que el crecimiento se redujo mucho estas últimas décadas. Por el momento es menos pronunciada en los Estados Unidos, esencialmente debido a un crecimiento demográfico más sostenido que en Europa. Sin embargo, si el crecimiento disminuye en todas partes en el siglo que se inicia, tal como lo sugieren las previsiones demográficas centrales de las Naciones Unidas, así como cierto número de pronósticos propiamente económicos, será muy probable que el retorno de la herencia afecte al planeta en su conjunto.

Este análisis, en cambio, no implica que la estructura de la desigualdad en el siglo XXI sea la misma que en el XIX: por un lado, porque la concentración patrimonial es menos extrema (y sin duda habrá más rentistas pequeños y medianos, y menos enormes rentistas, al menos en un futuro próximo); por otro, porque la jerarquía de los ingresos del trabajo tiende a ampliarse (el ascenso de los superejecutivos), y, en definitiva, porque las dos dimensiones mencionadas están mucho más correlacionadas que antaño. Se puede ser al mismo tiempo superejecutivo y "rentista medio" en el siglo XXI. Además, el nuevo orden meritocrático promueve esta combinación, sin duda en perjuicio del trabajador pequeño y mediano, principalmente si éste es un rentista minúsculo.

La evolución del flujo sucesorio a largo plazo

Retomemos el tema desde el principio. En todas las sociedades existen dos formas principales de poder vivir con holgura: por medio del trabajo o por medio de una herencia.[1] La cuestión central consiste en saber cuál de estos dos modos de enriquecimiento es el más difundido y eficaz para acceder a los diferentes deciles y percentiles superiores de la jerarquía de los ingresos y de los niveles de vida.

En el discurso que Vautrin dirigía a Rastignac, evocado en el capítulo VII,

[1] Aquí excluimos el robo y la rapiña que, sin embargo, no están totalmente ausentes de la historia. El caso de la apropiación privada de los recursos naturales se mencionará en el próximo capítulo.

la respuesta no dejaba lugar a dudas: por medio de los estudios y del trabajo era imposible esperar llevar una vida cómoda y elegante, y la única estrategia realista era desposar a la señorita Victorine y su herencia. Uno de mis primeros objetivos en esta investigación fue el de saber en qué medida la estructura de la desigualdad en la sociedad francesa del siglo XIX se parecía al mundo descrito por Vautrin y, sobre todo, comprender por qué y cómo evoluciona ese tipo de realidad a lo largo de la historia.

Es útil empezar por examinar la evolución a largo plazo del flujo sucesorio anual (flujo al que a veces, en el siglo XIX y a principios del XX, se llamaba la "anualidad sucesoria"), es decir, el valor total de las sucesiones y donaciones transmitidas a lo largo de un año, expresado en porcentaje del ingreso nacional. De esta manera se calcula la importancia de lo que se transmite cada año (y, por tanto, la importancia de las riquezas procedentes del pasado y de las que es posible apropiarse por herencia a lo largo de un año dado), en comparación con los ingresos producidos y ganados a lo largo de ese mismo año (recordemos que los ingresos del trabajo representan alrededor de dos tercios del total de ese ingreso nacional, y que los ingresos del capital remuneran en parte la herencia misma).

Vamos a analizar el caso de Francia, que es con mucho el más conocido a largo plazo; luego veremos que esta evolución se observa —en cierta medida— en los demás países europeos, y finalmente examinaremos lo que es posible decir a nivel mundial.

La gráfica XI.1 representa la evolución del flujo sucesorio en Francia de 1820 a 2010.[2] Dos hechos sobresalen claramente: el primero consiste en que el flujo sucesorio representaba cada año el equivalente de 20-25% del ingreso nacional en el siglo XIX, con una ligera tendencia al alza a finales del siglo. Veremos que se trata de un nivel sumamente elevado para un flujo anual, correspondiente a una situación en la que la casi totalidad del acervo de riqueza procedía de la herencia. Si esta última era omnipresente en la novela del siglo XIX no sólo se debía a la imaginación de los escritores y, en particular, de Balzac, él mismo acribillado por las deudas y obligado a escribir constantemente para saldarlas. Se debía ante todo a que la herencia ocupaba en realidad un lugar central y estructural en la sociedad del siglo XIX, como flujo económico y fuerza social. Su importancia no se debilitó con el paso del tiempo; más bien al contrario: hacia 1900-1910, en la Bella Época, el peso del flujo sucesorio influía aún un poco más que en la década iniciada en 1820,

[2] Con el objetivo de concentrarnos en las evoluciones de largo plazo, aquí nos centraremos en la evolución de los promedios decenales. Las series anuales están disponibles en línea. Los aspectos técnicos y metodológicos de esta investigación se presentan de manera más precisa en T. Piketty, "On the Long-Run Evolution of Inheritance: France, 1820-2050", École d'Économie de Paris, documento de trabajo de la EEP, 2010 (versión resumida publicada en *The Quarterly Journal of Economics,* Oxford University Press, vol. 126, núm. 3, 2011, pp. 1071-1131). Estos documentos están disponibles en el anexo técnico.

la época de Vautrin, Rastignac y la pensión Vauquer (casi 25% del ingreso nacional, frente a apenas más de 20%).

Luego, el segundo hecho observable consistía en un desplome espectacular del flujo sucesorio entre 1910 y 1950, seguido por un alza regular desde 1950 hasta 2000-2010, con una aceleración a partir de los años ochenta. La amplitud de las variaciones a la baja y luego al alza, a lo largo del siglo transcurrido, era sumamente grande. El flujo anual de sucesiones y donaciones era bastante estable —en una primera aproximación y en comparación con los choques que siguieron— hasta el primer conflicto mundial, antes de dividirse súbitamente entre aproximadamente cinco o seis entre 1910 y 1950 (periodo en el que el flujo sucesorio era de apenas 4-5% del ingreso nacional); luego se multiplicó por más o menos tres o cuatro entre 1950 y 2000-2010 (periodo en el que el flujo se acercó al 15% del ingreso nacional).

Las evoluciones indicadas en la gráfica XI.1 corresponden a transformaciones profundas de la realidad —y también de su percepción— de la herencia y, en gran medida, de la estructura de la desigualdad. Como veremos, la compresión del flujo sucesorio tras los choques de 1914-1945 fue casi dos veces más grande que la caída del conjunto de los patrimonios privados. El desplome sucesorio era, por consiguiente, un fenómeno imposible de resumir en una caída patrimonial (aun cuando las dos evoluciones estaban estrechamente vinculadas). Además, la idea del final de la herencia marcó el imaginario colectivo de una manera mucho más fuerte que la idea del final del capital. En los años cincuenta y sesenta, las sucesiones y donaciones ya no representaban más que el equivalente de unos cuantos puntos del ingreso nacional anual, de tal manera que era legítimo imaginar que la herencia prácticamente había desaparecido y que el capital, además de que en su conjunto era menos importante que en el pasado, en lo sucesivo sería una sustancia que se acumularía por sí misma, gracias al ahorro y al esfuerzo. Varias generaciones crecieron con esta realidad (a veces un poco embellecida en sus percepciones), sobre todo la generación llamada del *baby-boom* —nacida en los años cuarenta y cincuenta, y todavía muy presente en este inicio del siglo XXI—, siendo natural que a veces hayan imaginado que se trataba de una nueva normalidad.

A la inversa, las generaciones más jóvenes, en particular las nacidas en los años setenta y ochenta, ya conocieron —en cierta medida— la nueva importancia que tendrá la herencia en su vida y la de sus familiares y amigos. Por ejemplo, la presencia o no de donaciones significativas determinará en gran medida quién de ellos será propietario, a qué edad, con qué cónyuge se casará, dónde y qué superficie poseerá, o en todo caso lo determinará con mucha más fuerza que a la generación de sus padres. Su vida, su carrera profesional, sus elecciones familiares y personales se verán mucho más influidas por la herencia —o por su ausencia— que las de los *baby-boomers*. Sin embargo, este movimiento de retorno a la herencia sigue siendo incompleto

GRÁFICA XI.1. *El flujo sucesorio anual como porcentaje del ingreso nacional, Francia, 1820-2010*

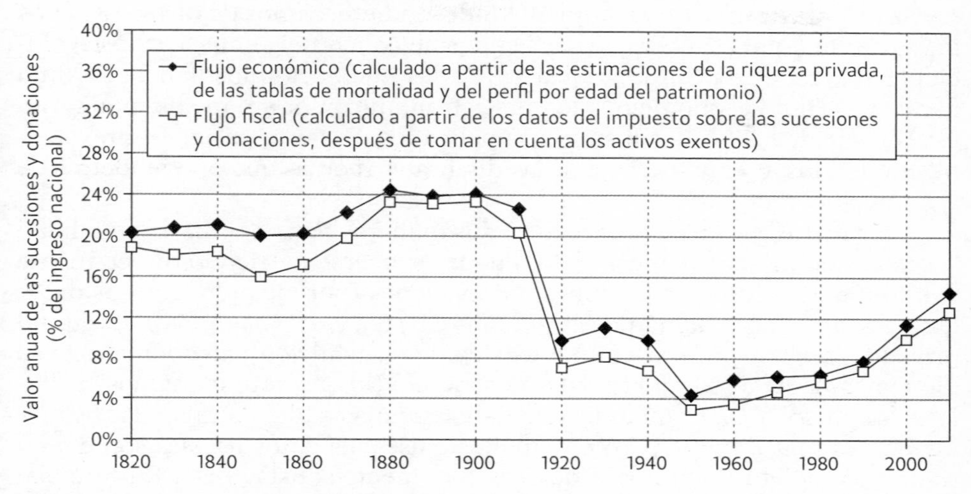

El flujo sucesorio anual representaba 20-25% del ingreso nacional en el siglo XIX y hasta 1914, antes de desplomarse a menos de 5% en los años cincuenta y de volver a subir a 15% en 2010.
FUENTES Y SERIES: véase piketty.pse.ens.fr/capital21c.

y está en curso (el nivel de flujo sucesorio en 2000-2010 se situaba más o menos a la mitad entre el punto bajo de la década de 1950 y el alto de 1900-1910), y hoy en día ha transformado mucho menos profundamente las percepciones que el movimiento anterior, en gran medida predominante en la percepción de la realidad. Las cosas podrían cambiar en unas pocas décadas.

FLUJO FISCAL Y FLUJO ECONÓMICO

Debemos precisar de inmediato varios aspectos con respecto a las evoluciones representadas en la gráfica XI.1. Primero, es esencial incluir las donaciones —las transmisiones de patrimonios hechas en vida de las personas, a veces algunos años antes del fallecimiento, otras un poco antes— en el flujo sucesorio, ya que esta forma de transmisión siempre desempeñó un papel muy significativo en Francia a lo largo de los dos últimos siglos, como de hecho en todas las sociedades. Además, la importancia exacta de las donaciones respecto de las sucesiones ha variado mucho en el tiempo, y el hecho de no incluirlas podría conllevar sesgos importantes en el análisis y en las comparaciones espaciales y temporales. Afortunadamente las donaciones están bastante bien registradas en Francia (aunque sin duda un poco subestimadas), lo que no sucede en todos los países.

Segundo, y aún más importante, la riqueza de las fuentes históricas francesas nos permite calcular el flujo sucesorio de dos maneras diferentes y a partir de datos y métodos totalmente independientes unos de otros. Esto nos lleva, por una parte, a comprobar la enorme coherencia entre las dos evoluciones representadas en la gráfica XI.1 (a las que decidimos llamar el "flujo fiscal" y el "flujo económico"), lo que es tranquilizador y pone de manifiesto la robustez de los hechos históricos analizados. Por otra parte, esto nos permitirá desglosar y analizar mejor las diferentes fuerzas que operan detrás de estas evoluciones.[3]

En general, se puede proceder de dos maneras para estimar la anualidad sucesoria en un país determinado. Puede realizarse partiendo directamente del flujo observado de sucesiones y donaciones (por ejemplo, con los datos fiscales: lo que aquí llamamos el "flujo fiscal") o a partir del acervo de capital privado, para así calcular el flujo teórico de transmisión patrimonial que se dio lógicamente a lo largo de un año concreto (lo que aquí llamamos el "flujo económico"). Cada método tiene sus ventajas y desventajas. El primer método es más directo, pero en muchos países los datos fiscales son demasiado incompletos como para que sea totalmente satisfactorio. En Francia, como señalamos en el capítulo anterior, el sistema de registro de las sucesiones y donaciones es excepcionalmente precoz (data de la Revolución) y extenso (en principio atañe a todas las transmisiones, incluso a la mayoría de las que pagan poco o nada de impuestos, aunque con algunas excepciones). Sin embargo, hay que corregir los datos fiscales para tener en cuenta algunas pequeñas transmisiones que escapan a la obligación declarativa (bastante poco importantes), y sobre todo debe añadirse una estimación de las transmisiones en forma de activos exentos del pago de derechos de sucesión, como los contratos de seguro de vida, muy extendidos desde los años setenta y ochenta (y que hoy en día representan casi la sexta parte del total de los patrimonios privados franceses).

El segundo método, el del "flujo económico", tiene la ventaja de basarse en datos no fiscales y, por consiguiente, proporciona una visión más completa de las transmisiones patrimoniales, independientemente de las vicisitudes del sistema fiscal y de las estrategias de elusión del impuesto en los diferentes países. Lo ideal es poder aplicar ambos métodos a un mismo país. Además, es posible interpretar la diferencia entre las dos evoluciones indicadas en la gráfica XI.1 (se observará que el flujo económico siempre es un poco más elevado que el fiscal) como una estimación del fraude fiscal o de los defectos del sistema de registro de las transmisiones. Esta diferencia también puede

[3] Los siguientes desarrollos son un poco más técnicos que los anteriores (aunque necesarios para comprender correctamente el origen de las evoluciones observadas); algunos lectores elegirán tal vez saltarse algunas páginas e ir directamente a las implicaciones de esas evoluciones y al análisis del siglo XXI, el discurso de Vautrin y el dilema de Rastignac.

deberse a otras razones, en particular a las múltiples imperfecciones de los diferentes datos disponibles y del método utilizado. Para algunos subperiodos observados a largo plazo, la diferencia dista de ser menospreciable. Sin embargo, las evoluciones de conjunto observadas a largo plazo, que nos interesan en primer lugar en el marco de esta investigación, son perfectamente coherentes con ambos métodos.

LAS TRES FUERZAS: LA ILUSIÓN DEL FINAL DE LA HERENCIA

La principal ventaja del enfoque del flujo económico es que obliga a tener una perspectiva de conjunto acerca de las tres fuerzas que concurren, en todos los países, en la determinación del flujo sucesorio y en su evolución histórica.

De manera general, el flujo económico anual de sucesiones y donaciones, expresado como proporción del ingreso nacional, que indicaremos como b_γ, es igual al producto de tres fuerzas:

$$b_\gamma = \mu \times m \times \beta,$$

en donde β es la relación capital/ingreso (o, más exactamente, la relación entre el total de los patrimonios privados —que sólo se pueden transmitir por sucesión, contrariamente a los activos públicos— y el ingreso nacional), m es la tasa de mortalidad y μ es la relación entre el patrimonio medio al momento del fallecimiento y el patrimonio medio de los vivos.

Este desglose es una simple igualdad contable: por definición, siempre es cierta, en todo momento y lugar. En particular, es así como estimamos el flujo económico representado en la gráfica XI.1. El desglose en tres fuerzas constituye una tautología, pero se trata —creo— de una tautología útil en la medida en que permite aclarar el estudio de una cuestión que, sin ser de una espantosa complejidad lógica, suscitó mucha confusión en el pasado.

Examinemos estas tres fuerzas por separado. La primera es la relación capital/ingreso β, que expresa una evidencia: para que el flujo de riqueza heredada sea elevado en una sociedad determinada, es necesario que el acervo total de riqueza privada susceptible de ser transmitida sea relevante.

La segunda fuerza, la de la tasa de mortalidad m, describe un mecanismo igual de importante. Además, siempre y cuando la situación sea estable, el flujo sucesorio es más elevado mientras más alta sea la tasa de mortalidad. En una sociedad en la que cada uno fuera inmortal y en la que la tasa de mortalidad m fuera rigurosamente nula, desaparecería la herencia: el flujo sucesorio b_γ también sería nulo, sin importar la cuantía de los capitales privados β.

La tercera fuerza, la de la relación μ entre la riqueza promedio en el momento del fallecimiento y la riqueza media de los vivos, también es totalmente transparente.[4]

Supongamos que el patrimonio promedio de las personas en edad de fallecer sea el mismo que el del conjunto de la población. En ese caso, $\mu = 1$, y el flujo sucesorio b_y es simplemente igual al producto de la tasa de mortalidad m y de la relación capital/ingreso β. Por ejemplo, si la relación capital/ingreso β es igual a 600% (el acervo de patrimonio privado representa seis años de ingreso nacional), y si la tasa de mortalidad de la población adulta es de 2% anual,[5] entonces el flujo sucesorio anual será mecánicamente igual a 12% del ingreso nacional.

Si el patrimonio de los difuntos es en promedio dos veces más elevado que el de los vivos, es decir, si $\mu = 2$, el flujo sucesorio anual será mecánicamente igual a 24% del ingreso nacional (siempre para $\beta = 600\%$ y $m = 2\%$), esto es, alrededor del nivel observado en el siglo XIX y a principios del XX.

Vemos que la relación μ depende del perfil por edad del patrimonio. Cuanto más tiende el patrimonio promedio a elevarse con la edad, más alta es la relación μ y más importante será el flujo sucesorio.

A la inversa, en una sociedad en la que la función principal del patrimonio fuera financiar los años de jubilación y en la que las personas de edad eligieran consumir a lo largo de su retiro el capital acumulado durante su vida activa (por ejemplo, por medio de rentas anuales o de "anualidades" pagadas por su fondo de pensión o su capital de jubilación, extinguidas en el momento de su fallecimiento), siguiendo de esa manera la teoría pura de la "riqueza del ciclo de vida" *(life-cycle wealth)* desarrollada en los años cincuenta y sesenta por el economista italo-estadunidense Franco Modigliani, en consecuencia, la relación μ sería nula, ya que cada quien se organizaría para morir sin capital, o al menos con un capital muy pequeño. En el caso extremo en el que $\mu = 0$, por definición la herencia desaparecería por completo, sin importar además los valores adquiridos por β y m. Desde un punto de vista estrictamente lógico, se puede muy bien imaginar un mundo en el que el capital privado tuviera una amplitud considerable (un β muy elevado), pero en el que el patrimonio adquiriera esencialmente la forma de un fondo de pensión —o de formas de riquezas equivalentes, que se extinguen al momento del fallecimiento de las personas (*annuitized wealth* en inglés, *richesse viagère* en francés, "renta vitalicia" en español)—, de tal manera que el flujo sucesorio sería rigurosamente nulo, o por lo menos muy escaso. La teoría de Modigliani da una visión tranquilizadora y unidimensional de la

[4] El término μ se corrigió para reintegrar las donaciones hechas antes del fallecimiento (véase más adelante).

[5] Es decir, si cada año muere 1 de cada 50 adultos. En la medida en que los menores suelen poseer muy poco patrimonio, es más claro describir la descomposición a partir de la tasa de mortalidad adulta (y definiendo μ también a partir sólo de los adultos). Luego es necesaria una pequeña corrección para tener en cuenta los patrimonios de los menores. Véase el anexo técnico.

desigualdad social, conforme a la cual la desigualdad de capital es simplemente la traslación en el tiempo de la que se da ante el trabajo (los ejecutivos acumulan más reservas para su jubilación que los obreros, pero de todas maneras unos y otros consumirán su capital de aquí a su muerte). Esta teoría tuvo un gran éxito durante los Treinta Gloriosos, en una época en que a la sociología funcionalista estadunidense —sobre todo la de Talcott Parsons— también le gustaba describir un mundo de clases medias y de ejecutivos en el que casi habría desaparecido la herencia.[6] Todavía hoy esta teoría sigue siendo popular entre los *baby-boomers*.

Este desglose del flujo sucesorio en tres fuerzas ($b_\gamma = \mu \times m \times \beta$) es importante para pensar la herencia y su evolución desde un punto de vista histórico, puesto que cada una de esas fuerzas encarna un conjunto de creencias y razonamientos —por lo demás perfectamente factibles *a priori*— en cuyo nombre a menudo hemos imaginado, sobre todo a lo largo de los decenios optimistas de la segunda posguerra, que el final de la herencia, o por lo menos una disminución gradual y progresiva de su importancia, era en cierta manera el resultado lógico y natural de la historia. Ahora bien, vamos a ver que dicha desaparición gradual nada tiene de ineludible —como ilustra con bastante claridad la evolución francesa—, sino más bien que la curva en forma de U observada en el caso de Francia es más bien la consecuencia de una combinación de tres curvas en U, referidas a cada una de esas tres fuerzas μ, m y β. En realidad, el hecho de que esas tres fuerzas hayan conjugado al mismo tiempo sus efectos, en parte por razones accidentales, es lo que explica la considerable amplitud de la evolución global y, en particular, el nivel excepcionalmente bajo alcanzado por el flujo sucesorio en los años cincuenta y sesenta, hasta llegar al punto en que se pudo pensar en la próxima desaparición de la herencia.

En la segunda parte de este libro estudiamos de manera detallada la curva en U seguida por la relación capital/ingreso β en su conjunto. La creencia optimista en esta primera fuerza es muy clara y *a priori* perfectamente viable: la herencia tiende a perder su importancia a lo largo de la historia, simplemente porque los capitales (o más exactamente los capitales no humanos, los que se pueden poseer, intercambiar en un mercado y transmitir de manera plena y completa, a través del derecho de propiedad) pierden su importancia. Esta idea optimista es muy aceptable desde un punto de vista lógico, e impregna toda la teoría moderna del capital humano (sobre todo en los trabajos de Gary Becker), incluso cuando no siempre se formula de manera explícita.[7] Sin embargo, como ya vimos, las cosas no sucedieron así, o

[6] Véase a ese respecto J. Beckert, *Inherited Wealth*, Princeton University Press, Princeton, 2008, p. 291.

[7] Becker jamás expresa de manera perfectamente explícita la idea conforme a la cual el alza del capital humano habría reducido la importancia de la herencia, aunque a menudo está implícita en sus trabajos: en particular, señala de forma regular que la sociedad se volvió "más merito-

por lo menos no con la amplitud que a veces imaginamos: el capital en tierras se volvió inmobiliario, industrial, financiero, pero en realidad no ha perdido nada de su importancia global, como lo atestigua el hecho de que la relación capital/ingreso parece en vías de recobrar, en este inicio del siglo XXI, su nivel récord de la Bella Época y de los siglos pasados.

Por razones que es posible calificar en parte de tecnológicas, hoy en día el capital sigue desempeñando un papel central en los procesos de producción y, por consiguiente, en la vida social. Siempre es necesario tener fondos antes de empezar a producir para pagar oficinas y equipos, financiar todo tipo de inversiones materiales e inmateriales, y evidentemente para alojarse. Por supuesto, las calificaciones y las competencias humanas han progresado mucho a lo largo de la historia, pero el capital no humano avanzó en proporciones equivalentes: por consiguiente, no hay razón evidente *a priori* para esperar, por ese lado, una desaparición progresiva de la herencia.

La mortalidad a largo plazo

La segunda fuerza que pudiera explicar el final natural de la herencia es el prolongamiento de la esperanza de vida, por medio de una baja de la tasa de mortalidad m y del aplazamiento en el tiempo de la herencia (se hereda tan tarde que ya no cuenta). De hecho, la reducción de la tasa de mortalidad es evidente a largo plazo: en relación con el total de la población, se muere menos a menudo en una sociedad en la que la esperanza de vida es de 80 años que en una en la que es de 60 años. Y, en las mismas circunstancias, en particular para una β y una μ dadas, una sociedad en la que se muere menos a menudo —considerando la población en su conjunto— es también una en la que la masa de la herencia es menor en relación con el ingreso nacional. En Francia, como en todos los países, se advierte que la tasa de mortalidad desciende inexorablemente a lo largo de la historia: era de alrededor de 2.2% anual en la población adulta en el siglo XIX y hasta 1900, antes de disminuir de forma regular a lo largo del siglo XX,[8] para finalmente situarse en 1.1-1.2% en 2000-2010, es decir, casi una división entre dos a lo largo de un siglo (véase la gráfica XI.2).

crática" debido a la creciente importancia de la educación (sin dar mayores precisiones). Becker es también autor de modelos teóricos en los que la herencia permite a los padres compensar a los hijos menos hábiles y menos dotados en capital humano, lo que, por consiguiente, tiende a reducir la desigualdad. Sin embargo, teniendo en cuenta la enorme concentración vertical de la herencia (el decil superior sigue poseyendo más de 60% del patrimonio transmisible y la mitad inferior casi nada), es poco probable que predomine este eventual efecto de redistribución horizontal entre hermanos ricos (por lo demás, poco presente en los datos, que Becker utiliza apenas). Véase el anexo técnico.

[8] Desde luego, si se exceptúan las sangrías debidas a las guerras, ocultas aquí por el uso de promedios decenales. Véase el anexo técnico para las series anuales.

GRÁFICA XI.2. *La tasa de mortalidad en Francia, 1820-2100*

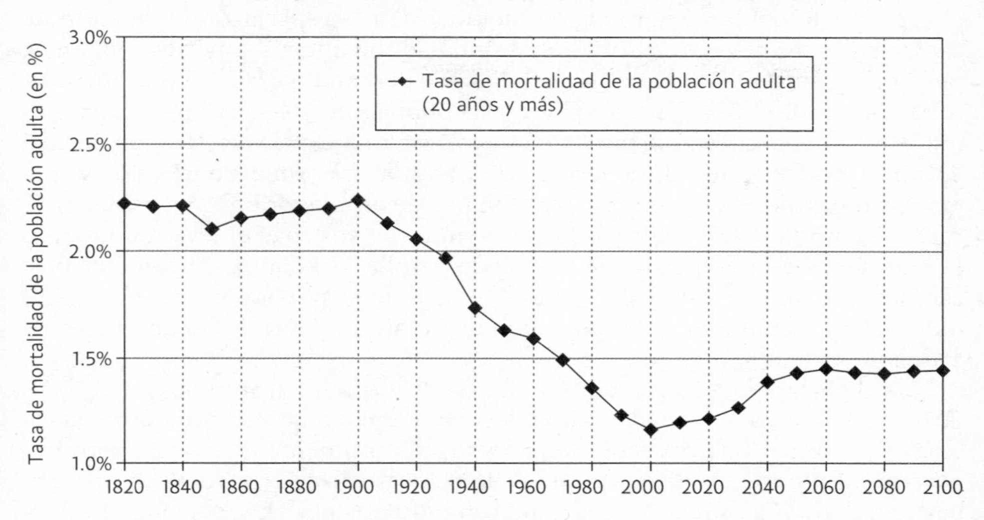

La tasa de mortalidad cayó en Francia a lo largo del siglo XX (por el aumento de la esperanza de vida) y debería aumentar ligeramente en el siglo XXI (por el efecto *baby-boom*).
FUENTES Y SERIES: véase piketty.pse.ens.fr/capital21c.

No obstante, sería un importante error de razonamiento imaginar que esta fuerza conduce ineludiblemente a una desaparición progresiva de la herencia. Primeramente porque la tasa de mortalidad empezó a aumentar en Francia en 2000-2010 y, según las previsiones demográficas oficiales, esta alza debería proseguir hasta 2040-2050, después de lo cual la mortalidad adulta se estabilizaría en torno a 1.4-1.5%. Esto se explica mecánicamente por la llegada a la edad del fallecimiento de las generaciones del *baby-boom*, más numerosas que las anteriores (pero de igual tamaño, aproximadamente, que las siguientes).[9] Dicho de otro modo, el *baby-boom* y el incremento estructural del tamaño de las generaciones que provocó este fenómeno en Francia llevaron a una reducción temporalmente muy grande de la tasa de mortalidad en Francia, sólo debido al rejuvenecimiento y al crecimiento de la población. La demografía francesa tiene de placentero el ser sumamente simple, lo que,

[9] En Francia ha habido alrededor de 800 000 nacimientos por año (entre 750 000 y 850 000, sin tendencia en uno u otro sentido) de fines de los años cuarenta a principios de la década de 2010 y, conforme a las previsiones oficiales, debería suceder lo mismo a lo largo de todo el siglo XXI. El tamaño de las generaciones se acercaba al millón de nacimientos en el siglo XIX, pero con una mortalidad infantil significativa, de tal manera que el tamaño de las generaciones que alcanzaban la edad adulta en realidad casi no ha cambiado desde fines del siglo XVIII, si se exceptúan las fuertes bajas vinculadas con las guerras y el periodo de entreguerras. Véase el anexo técnico.

por consiguiente, permite ilustrar de manera clara los principales efectos. En el siglo XIX la población era casi estacionaria, y la esperanza de vida era de casi 60 años, es decir, una duración de vida adulta apenas superior a 40 años: por consiguiente, la tasa de mortalidad era cercana a 1/40, esto es, aproximadamente de 2.2%. En el siglo XXI la población —según las previsiones oficiales— debería estabilizarse de nuevo, con una esperanza de vida de casi 85 años, es decir, una duración de vida adulta del orden de 65 años y una tasa de mortalidad en régimen estacionario de alrededor de 1/65, es decir, de más o menos 1.4-1.5%, tomando en cuenta una vez más el leve incremento demográfico. A largo plazo, en un país desarrollado y demográficamente casi estancado como Francia (y en el que el alza de la población procede sobre todo del envejecimiento), la reducción de la tasa de mortalidad adulta es del orden de un tercio.

Desde luego, este incremento de la tasa de mortalidad entre los años 2000-2010 y 2040-2050, vinculado con la llegada a la edad de morir de las generaciones bastante numerosas del *baby-boom*, es puramente mecánico, pero importante. En parte, explica por qué el flujo sucesorio se estableció en un nivel bastante bajo a lo largo de la segunda mitad del siglo XX y por qué el incremento sería aún más fuerte en los decenios futuros. Desde este punto de vista, Francia dista de ser el país en el que este efecto será más fuerte. En los países europeos donde la población empezó a disminuir significativamente (debido a la clara reducción del tamaño de las generaciones), especialmente en Alemania, Italia o España, así como desde luego en Japón, este mismo fenómeno llevará a un alza mucho más fuerte que en Francia de la tasa de mortalidad adulta a lo largo de la primera mitad del siglo XXI y mecánicamente incrementará de forma considerable el volumen de transmisión sucesoria. El envejecimiento de la población aplaza los fallecimientos en el tiempo pero no los suprime: sólo un aumento fuerte y continuo del tamaño de las generaciones permite reducir de modo perdurable y estructural la tasa de mortalidad y el peso de la herencia.

Sin embargo, cuando el envejecimiento se acompaña por una estabilización del tamaño de las generaciones, como en Francia, o peor aún por una disminución en su tamaño, como sucede en muchos países ricos, entonces se han reunido todos los elementos para un enorme flujo sucesorio. En el caso extremo de un país donde el tamaño de las cohortes se dividiera entre dos en cada generación (debido a que cada pareja decidiera tener un hijo único), la tasa de mortalidad —y por consiguiente el flujo sucesorio— podría aumentar a niveles hasta ahora desconocidos. Al contrario, en un país en el que el tamaño de las cohortes se duplicara con cada generación, como ocurrió en muchas partes del mundo en el siglo XX, y como aún ocurre en algunos países, sobre todo en África, la tasa de mortalidad caería a niveles muy bajos y la herencia contaría poco, siempre que las demás condiciones se mantuvieran inalteradas.

La riqueza envejece con la población: el efecto $\mu \times m$

Ahora olvidemos esos efectos —importantes pero, en principio, transitorios, salvo si imaginamos a muy largo plazo una población terrestre infinitamente grande o infinitamente pequeña— vinculados con variaciones en el tamaño de las generaciones y situémonos en una perspectiva a muy largo plazo en la que el número de personas por generación sería hipotéticamente de una estabilidad absoluta. ¿Cómo afecta realmente el alargamiento de la esperanza de vida la importancia de la herencia en semejante sociedad? Desde luego, la prolongación de la duración de la vida reduce estructuralmente la tasa de mortalidad. En Francia, en donde se fallecerá en promedio hacia los 80-85 años en el siglo XXI, la tasa de mortalidad adulta se estabilizará en menos de 1.5% anual, frente a 2.2% en el siglo XIX, cuando se moría en promedio con apenas más de 60 años. Este aumento de la edad promedio en el momento del fallecimiento condujo mecánicamente a un alza similar de la edad promedio a la hora de heredar. En el siglo XIX se heredaba en promedio justo a los 30 años; en el XXI, será más a menudo hacia los 50 años. Como indica la gráfica XI.3, la diferencia entre la edad promedio en el momento del fallecimiento y de la herencia se situó siempre hacia los 30 años, por la simple razón de que la edad promedio al nacimiento de los hijos —lo que a menudo se llama la "duración de las generaciones"— se fijó de manera relativamente estable en torno a los 30 años en el largo plazo (sin embargo, se señalará una ligera alza en este inicio del siglo XXI).

Podemos preguntarnos, en cambio: ¿el hecho de morir y heredar más tarde implica acaso que la herencia pierde su importancia? No necesariamente: por un lado, porque el incremento de las donaciones en vida compensó en parte ese efecto, como veremos más adelante, y, por otro, porque es posible que se hereden más tarde montos más importantes, consecuencia de que el patrimonio tiende también a envejecer en una sociedad cada vez más anciana. Dicho de otro modo, la disminución de la tendencia en la tasa de mortalidad —ineludiblemente a muy largo plazo— puede verse compensada por un alza no menos estructural de la riqueza relativa de los ancianos, de tal manera que el producto de los dos términos $\mu \times m$ puede permanecer inalterado, o por lo menos disminuir mucho menos de lo que se podría imaginar. Ahora bien, esto es precisamente lo que ocurrió en Francia: la relación μ entre el patrimonio promedio en el momento del fallecimiento y el patrimonio promedio de los vivos aumentó mucho desde los años cincuenta y sesenta, de suerte que este envejecimiento gradual de la fortuna explica una parte importante del movimiento de retorno de la herencia observado a lo largo de estos últimos decenios.

En concreto, se advierte que el producto $\mu \times m$, que mide, por definición, la tasa anual de transmisión de la riqueza (es decir, el flujo sucesorio expresado en porcentaje del patrimonio privado total), volvió a aumentar claramente

GRÁFICA XI.3. *Edad promedio en el momento del fallecimiento y de la herencia, Francia, 1820-2100*

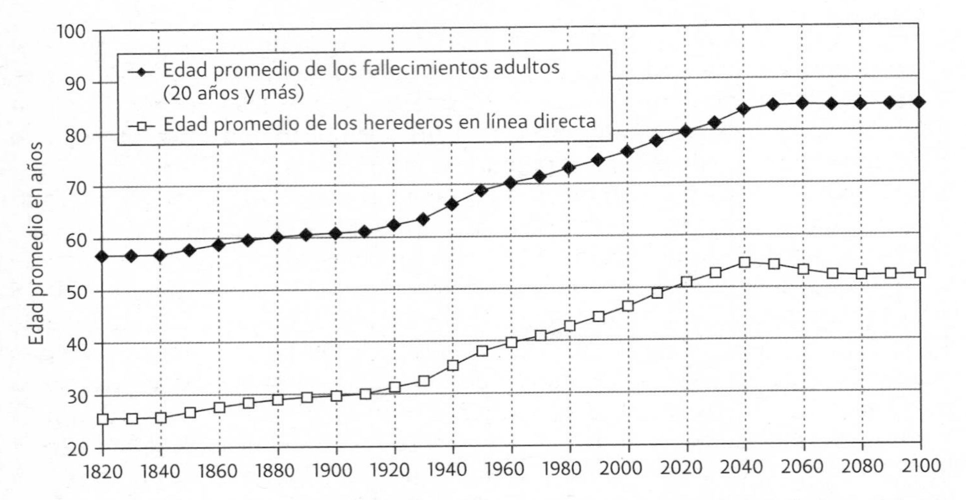

La edad promedio en el momento del fallecimiento pasó de 60 a casi 80 años a lo largo del siglo XX y la edad promedio para recibir una herencia pasó de los 30 a los 50 años.

FUENTES Y SERIES: véase piketty.pse.ens.fr/capital21c.

a lo largo de las últimas décadas, a pesar de la baja continua de la tasa de mortalidad, como muestra con claridad la gráfica XI.4. La tasa anual de transmisión de la riqueza, a la que los economistas del siglo XIX y de principios del XX llamaban la "tasa de devolución sucesoria", era bastante estable de 1820 a 1910, en torno a 3.3-3.5%, esto es, más o menos una trigésima parte de toda la riqueza privada. De hecho, se tenía la costumbre de decir, en esa época, que un patrimonio se transmitía en promedio una vez cada 30 años (una vez por generación), lo que corresponde a una visión simplificada —un poco demasiado estática—, pero en parte justificada por la realidad del momento.[10] La tasa anual de transmisión disminuyó mucho a lo largo del periodo 1910-1950, para situarse apenas por encima del 2% en los años cincuenta, antes de volver a aumentar desde entonces, para finalmente rebasar el 2.5% en 2000-2010.

En resumen: en una sociedad que envejece se hereda desde luego cada vez más tarde, pero como la riqueza también envejece, lo segundo tiende a

[10] La teoría de la "tasa de devolución sucesoria" era particularmente popular en Francia en 1880-1910, sobre todo con los trabajos de Foville, Colson y Levasseur, quienes comprobaron con satisfacción que sus estimaciones de la riqueza nacional (obtenidas mediante el censo de activos) eran aproximadamente iguales a 30 veces el flujo sucesorio anual. Este método, llamado a veces *estate multiplier* ("multiplicador sucesorio"), también era empleado en el Reino Unido, sobre todo por Giffen, incluso cuando los economistas británicos —menos dotados de datos sucesorios— preferían utilizar los flujos de ingresos del capital resultantes de los impuestos cedulares sobre los ingresos.

GRÁFICA XI.4. *Flujo sucesorio y tasa de mortalidad, Francia, 1820-2010*

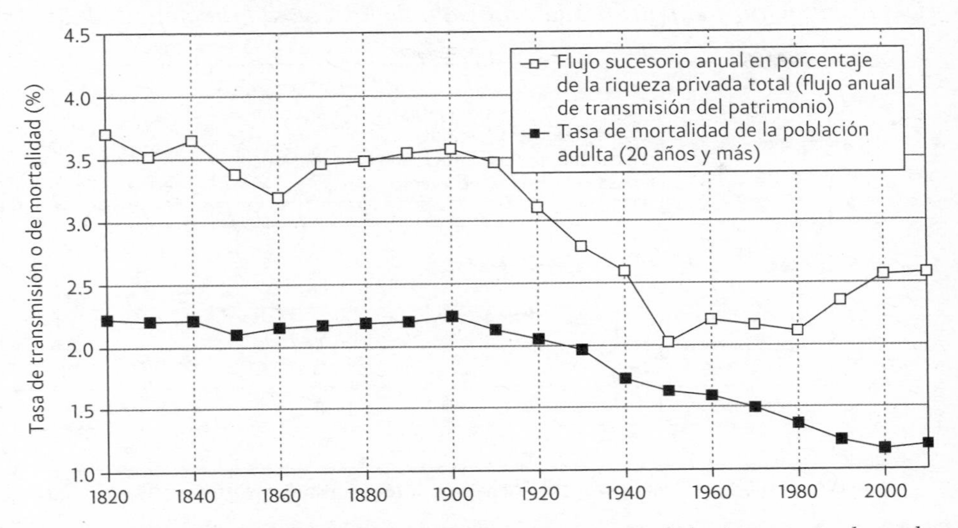

El flujo de sucesiones y donaciones representaba cada año 2.5% de la riqueza privada total en 2000-2010, frente a 1.2% para la tasa de mortalidad.

FUENTES Y SERIES: véase piketty.pse.ens.fr/capital21c.

compensar lo primero. En este sentido, una sociedad en la que se muere cada vez más viejo es muy diferente de una en la que ya no se muere y en la que, en efecto, desaparece la herencia. La prolongación de la duración de la vida posterga ligeramente el conjunto de los acontecimientos de la vida —se estudia más tiempo, se empieza a trabajar más tarde, y así sucesivamente con la herencia, el momento de la jubilación y la edad del fallecimiento—, pero no necesariamente modifica la importancia relativa de la herencia y de los ingresos del trabajo, o por lo menos lo hace mucho menos de lo que a veces imaginamos. Desde luego, el hecho de heredar más tarde puede obligar más a menudo que antaño a tener que elegir una profesión. Sin embargo, esto se ve compensado por montos heredados más importantes, que además pueden adoptar la forma de donaciones anticipadas. En todo caso, se trata más de una diferencia de grado que del cambio de civilización que a veces se imagina.

RIQUEZA DE LOS MUERTOS, RIQUEZA DE LOS VIVOS

Es interesante examinar con más precisión la evolución histórica de la relación μ entre la riqueza promedio de los difuntos y la de los vivos, representada en la gráfica XI.5. Primeramente se advierte que en Francia a lo largo de los últimos dos siglos, de 1820 a 2010, los difuntos siempre fueron —en prome-

GRÁFICA XI.5. *La relación entre el patrimonio promedio en el momento del fallecimiento y el patrimonio promedio de los vivos, Francia, 1820-2010*

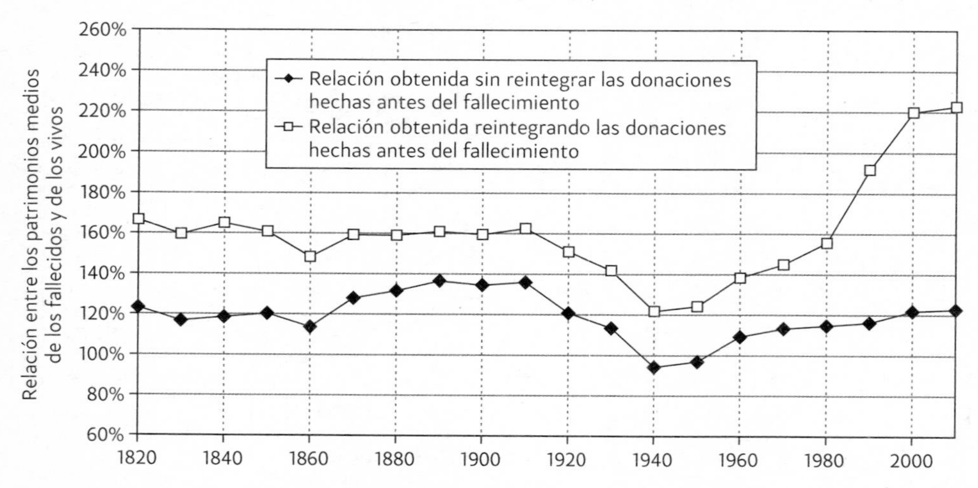

En 2000-2010, el patrimonio promedio en el fallecimiento era 20% más elevado que el de los vivos, si se omiten las donaciones hechas en vida, pero era más del doble si se las reintegra.

FUENTES Y SERIES: véase piketty.pse.ens.fr/capital21c.

dio— más ricos que los vivos: la relación μ siempre fue superior a 100% y, en general, muy claramente superior a 100%, salvo en el periodo inmediatamente posterior a la segunda Guerra Mundial, años 1940-1950, en que la relación obtenida (omitiendo reintegrar las donaciones hechas antes del fallecimiento) era muy ligeramente inferior a 100%. Recordemos que, según la teoría del ciclo de vida de Modigliani, el patrimonio debería ser acumulado sobre todo con vistas a la jubilación, particularmente en las sociedades que envejecen, de tal manera que los ancianos deberían consumir lo esencial de sus reservas durante su vejez y morir con poco o ningún patrimonio. Es el famoso "triángulo de Modigliani", enseñado a todos los estudiantes de economía, y conforme al cual el patrimonio aumenta primero con la edad, a medida que cada quien hace reservas con vistas al retiro, y luego empieza a disminuir. La relación μ debería entonces ser sistemáticamente igual a 0%, o por lo menos muy baja, y en todo caso claramente inferior a 100%. Lo menos que podemos añadir es que esta teoría del capital y de su evolución en las sociedades adelantadas, totalmente factible *a priori* (cuanto más envejece la sociedad, más se acumula para la vejez y se muere más frecuentemente con un patrimonio bajo), no permite dar cuenta de los hechos observados de manera satisfactoria. Evidentemente, el ahorro con vistas a la jubilación no representa más que una de las razones —y no la más importante— por las que se acumulan patrimonios: el motivo de transmisión y de perpetuación familiar del capital siempre ha desempeñado un papel central. En la práctica, las diferentes formas de riqueza vitalicia *(annuitized wealth)*, por definición no transmisible a los descendientes, representan en total menos de 5% del patrimonio privado en Francia. Esta parte sube como máximo a 15-20% en los países anglosajones, donde los fondos de pensión están más desarrollados, lo que dista de ser menospreciable, pero es insuficiente para modificar radicalmente la función sucesoria del patrimonio (sobre todo porque nada indica que la riqueza del ciclo de vida sustituya a la riqueza transmisible: podría muy bien añadirse a ella; volveremos a ello).[11] Desde luego, es muy difícil decir cómo habría evolucionado la estructura de la acumulación patrimonial a lo largo del siglo XX en ausencia de los sistemas públicos de jubilación por reparto, que permitieron garantizar un nivel de vida satisfactorio a la inmensa mayoría de los jubilados, y ello de manera mucho más confiable e igualitaria de lo que puede hacerlo el ahorro financiero (desaparecido tras las guerras). Es posible que a falta de estos sistemas el nivel global de acumulación patrimonial (medido por la relación capital/ingreso) sería en este inicio del siglo XXI mucho más elevado.[12] Lo cierto es que la relación capital/ingreso se encuentra hoy en día más o menos en el mismo nivel en que estaba en la Bella Época (cuando la necesidad de acumulación con vistas a la jubilación era mucho más limitada, tomando en cuenta la esperanza de vida) y que la riqueza vitalicia representa una parte apenas más elevada de la riqueza total que hace un siglo.

También se advertirá la importancia de las donaciones a lo largo de los dos siglos transcurridos y su espectacular despegue durante las últimas décadas. Entre 1820 y 1860 el valor total de las donaciones representa cada año alrededor de 30-40% del valor de las sucesiones (entonces adoptaron a menudo la forma de dote, es decir, la donación hecha a los esposos al momento del matrimonio, frecuentemente con restricciones sobre el uso del bien fijadas por el contrato matrimonial). Luego, entre 1870 y 1960, el valor de las donaciones disminuyó ligeramente y se estabilizó en alrededor de 20-30% del valor de las sucesiones, antes de aumentar mucho y con regularidad, para alcanzar 40% en los años ochenta, 60% en los noventa y más de 80% en 2000-2010. En este inicio del siglo XXI, el capital transmitido por donación es casi tan importante como las sucesiones mismas. Las donaciones explican casi la

[11] En la práctica, a menudo estas dos formas de riqueza se mezclaban en los mismos productos financieros a largo plazo (a semejanza de las múltiples motivaciones de los poseedores): en Francia, los contratos de seguro de vida podían incluir una parte de capital transmisible a los hijos y una parte —en general bastante reducida— pagadera como anualidad (que se extinguía en el momento del fallecimiento del poseedor); en el Reino Unido o en los Estados Unidos, los diferentes tipos de capital de jubilación y de fondos de pensión incluían cada vez más una parte amortizable y transmisible.

[12] Según una expresión conocida, la jubilación por reparto es "el patrimonio de quienes no tienen patrimonio". Volveremos en la cuarta parte de este libro (capítulo XIII) al análisis de los diferentes sistemas de jubilación.

mitad del nivel alcanzado por el flujo sucesorio actual, por lo que es esencial tomarlas en cuenta. En concreto, si se olvidara considerar las donaciones hechas antes del fallecimiento, se observaría que el patrimonio promedio a la edad de la defunción es, en 2000-2010, apenas 20% más elevado que el de los vivos. Sin embargo, esto procede simplemente del hecho de que los difuntos ya transmitieron casi la mitad de sus activos. Si se reintegraran al patrimonio de los difuntos las donaciones hechas antes del fallecimiento, se advertiría que la relación μ —ya corregida— es en realidad superior a 220%: el patrimonio corregido de los fallecidos es más de dos veces superior al de los vivos. En verdad, se trata de una nueva edad de oro de las donaciones, mucho más grande incluso que la del siglo XIX.

Es interesante señalar que, tanto hoy como en el siglo XIX, en la inmensa mayoría de los casos las donaciones son en beneficio de los hijos, a menudo en el marco de una inversión inmobiliaria, y se hacen en promedio unos diez años antes del fallecimiento del donador (esta diferencia también es relativamente estable en el tiempo). La creciente importancia de las donaciones desde los años setenta y ochenta permite pues rejuvenecer un poco la edad promedio del receptor: en 2000-2010, la edad promedio en el momento de las sucesiones se aproximaba a los 45-50 años, pero respecto de las donaciones era del orden de 35-40 años, de tal manera que la diferencia con la situación predominante en el siglo XIX y a principios del XX era menos importante de lo indicado en la gráfica XI.3.[13] La explicación más convincente de este despegue gradual y progresivo de las donaciones, iniciado a partir de los años setenta y ochenta, mucho antes de las medidas de incentivos fiscales (que datan de 1990-2000), es de hecho que, tomando en cuenta la prolongación de la esperanza de vida, los padres que tenían los medios fueron conscientes progresivamente de que había buenas razones para permitir a sus hijos el acceso al patrimonio hacia los 35-40 años en lugar de hacerlo a los 45-50 años (o a veces más tarde). En todo caso, sin importar el papel exacto desempeñado por las diferentes explicaciones posibles, el hecho es que esta nueva edad de oro de las donaciones, observada también en otros países europeos, sobre todo en Alemania, es un ingrediente esencial del retorno de la herencia actualmente en curso.

Quincuagenarios y octogenarios: edad y fortuna en la Bella Época

Para comprender mejor la dinámica de la acumulación patrimonial y los datos detallados que utilizamos para calcular los coeficientes μ, merece la pena examinar la evolución del perfil del patrimonio promedio en función de

[13] Para obtener datos detallados a este respecto, véase T. Piketty, "On the Long-Run Evolution of Inheritance", art. citado.

la edad. En el cuadro XI.1 indicamos los perfiles respecto de algunos años de 1820 a 2010.[14] Sin duda, el hecho más sorprendente es el impresionante envejecimiento de la fortuna a todo lo largo del siglo XIX, a medida que la riqueza se concentraba más. En 1820 las personas mayores eran, en promedio, apenas más ricas que los quincuagenarios (a quienes elegimos como grupo de referencia): los sexagenarios eran 34% más ricos en promedio, mientras que los octogenarios eran 53% más ricos. Sin embargo, esta diferencia no dejó de aumentar después. Hacia 1900-1910, el patrimonio promedio propiedad de los sexagenarios y septuagenarios era del orden de 60-80% más elevado que el de los quincuagenarios, siendo los octogenarios dos veces y media más ricos. Añadamos que se trata del promedio para el conjunto de Francia. Si nos limitamos a París, donde se concentraban los patrimonios más importantes, la situación era todavía mucho más extrema. En vísperas de la primera Guerra Mundial, las fortunas parisinas envejecían cada vez más, con septuagenarios y octogenarios que eran, en promedio, tres e incluso a menudo cuatro veces más ricos que los quincuagenarios.[15] Desde luego, una mayoría de ancianos moría sin patrimonio, y la falta de un sistema de jubilación tendía a agravar esta pobreza de la tercera edad. Sin embargo, entre la minoría que poseía bienes, el envejecimiento de la fortuna era muy impresionante (naturalmente se piensa en la anciana de *Los aristogatos*). Es evidente que este enriquecimiento espectacular de los octogenarios no se explica por los ingresos de su trabajo o por su actividad empresarial: nos es difícil imaginarlos creando compañías nuevas cada mañana.

Se trata de un hecho sorprendente, por una parte, porque explica el alto nivel de la relación μ entre la riqueza promedio en el momento del fallecimiento y la de los vivos en la Bella Época (y, por consiguiente, la importancia del flujo sucesorio) y, por la otra, aún más importante, porque nos informa con bastante precisión sobre el proceso económico que opera. Los datos individuales a nuestra disposición son muy claros sobre este punto: el enorme crecimiento de los patrimonios de la gente de edad avanzada observado a finales del siglo XIX y principios del XX era la consecuencia mecánica de la desigualdad $r>g$ y de la lógica acumulativa y multiplicativa que provoca. En concreto, las personas de edad que poseían los patrimonios más importantes disponían a menudo de ingresos anuales (procedentes de su capital) claramente superiores a los que requerían para financiar su tren de vida. Supongamos, por ejemplo, que obtenían un rendimiento de 5%, del que consumían las dos quintas partes y reinvertían las otras tres quintas partes. Su patrimonio aumentaba entonces en un 3% anual, y a los 85 años de edad

[14] Los datos anuales completos están disponibles en línea.

[15] Precisemos que estas estimaciones incluyen una corrección relativamente fuerte respecto del diferencial de mortalidad (es decir, el hecho de que las personas más ricas viven en promedio más tiempo), un fenómeno importante pero que no es la explicación del perfil aquí descrito. Véase el anexo técnico.

CUADRO XI.1. *El perfil del patrimonio en función de la edad en Francia, 1820-2010*

	Patrimonio medio del grupo de edad (en % del patrimonio medio: personas de 50-59 años de edad)						
Año	*20-29 años*	*30-39 años*	*40-49 años*	*50-59 años*	*60-69 años*	*70-79 años*	*80 años y más*
1820	29%	37%	47%	100%	134%	148%	153%
1850	28%	37%	52%	100%	128%	144%	142%
1880	30%	39%	61%	100%	148%	166%	220%
1902	26%	57%	65%	100%	172%	176%	238%
1912	23%	54%	72%	100%	158%	178%	257%
1931	22%	59%	77%	100%	123%	137%	143%
1947	23%	52%	77%	100%	99%	76%	62%
1960	28%	52%	74%	100%	110%	101%	87%
1984	19%	55%	83%	100%	118%	113%	105%
2000	19%	46%	66%	100%	122%	121%	118%
2010	25%	42%	74%	100%	111%	106%	134%

Nota: en 1820 el patrimonio promedio de las personas de 60 a 69 años de edad era 34% más elevado que el de las de 50-59 años, y el de las personas de 80 años y más era 53% más elevado que el de las de 50-59 años.

FUENTES: véase piketty.pse.ens.fr/capital21c.

serían dos veces más ricas de lo que ya eran a los 60 años. Se trata de un mecanismo simple, y que permite explicar muy bien los hechos observados, con la diferencia de que las fortunas más considerables a menudo pueden volver a ahorrar mucho más de las tres quintas partes del rendimiento obtenido (lo que acentúa el proceso de divergencia del patrimonio en edades avanzadas), y la particularidad de que el incremento general del ingreso promedio y del patrimonio promedio no es totalmente nulo (es del orden de 1% anual, lo que reduce ligeramente la divergencia).

El estudio de la dinámica de la acumulación y de la concentración patrimonial de Francia de 1870 a 1914, especialmente en París, es rico en enseñanzas para el mundo actual y para el porvenir. Además de que los datos disponibles son excepcionalmente detallados y confiables, lo que nos permite descubrir esta dinámica de manera muy clara, este periodo es realmente emblemático de la primera globalización comercial y financiera. Se caracterizaba por mercados de capitales modernos y diversificados, y por carteras complejas, compuestas por múltiples tipos de inversiones francesas y extranjeras, con rendimientos variables y fijos, e inversiones públicas y privadas. Desde luego, el crecimiento económico no era más que de 1-1.5% anual, pero, como vimos, este ritmo era en realidad muy sustancial si nos situamos desde un punto de vista generacional o desde una perspectiva histórica muy amplia. De ninguna manera se trataba de una sociedad agrícola y estática. En esa época existían numerosas innovaciones técnicas e industriales —el automóvil, la electricidad, el cine, etc.—, de las cuales muchas tenían además su origen en Francia, al menos en parte. Entre 1870 y 1914, no todas las fortunas francesas o parisinas de personas de 50 o 60 años eran heredadas: por el contrario, se observa un número nada desdeñable de patrimonios industriales y financieros que tenían su origen en actividades empresariales.

No obstante, la dinámica dominante, que en resumidas cuentas explica la mayor parte de la concentración patrimonial, es la que resulta mecánicamente de la desigualdad $r>g$. Sin importar si la fortuna a los 50 o 60 años de edad resulta de una herencia o de una vida más activa, el hecho es que, tras cierto umbral, el capital tiende a reproducirse solo y a acumularse más allá de todo límite. La lógica $r>g$ implica que el empresario siempre tiende a transformarse en rentista, ya sea un poco más tarde en su vida (ese problema se vuelve central a medida que la existencia se alarga: el hecho de que se tengan buenas ideas a los 30 o 40 años de edad no significa que se tengan todavía a los 70 u 80 años y, sin embargo, a menudo el capital se sigue reproduciendo solo) o, desde luego, durante la siguiente generación. Sin importar lo que hayan sido la inventiva y el dinamismo empresarial de las élites económicas francesas del siglo XIX y de la Bella Época, el hecho central es que sus esfuerzos y sus acciones finalmente sólo reforzaron y perpetuaron una sociedad de rentistas, en gran parte de manera involuntaria, debido a la lógica $r>g$.

El rejuvenecimiento de los patrimonios por las guerras

Este mecanismo autosostenido se desplomó después de los violentos choques experimentados por los capitales, sus ingresos y sus dueños a lo largo del periodo de 1914-1945. En efecto, las guerras llevaron a un enorme rejuvenecimiento de los patrimonios. Esto se ve claramente en la gráfica XI.5: por primera vez en la historia —y única hasta este día— la riqueza promedio en el momento del fallecimiento era, en 1940-1950, inferior a la de los vivos. Puede comprobarse esto con más claridad aún cuando se examinan los perfiles detallados por grupo de edad (véase el cuadro XI.1). En 1912, en vísperas de la guerra, los octogenarios eran más de dos veces y media más ricos que los quincuagenarios; en 1931, ya sólo eran 40% más ricos, y en 1947, en cambio, eran superados por los quincuagenarios, en ese momento más ricos. En una sociedad en la que el conjunto de los patrimonios claramente había caído a un nivel muy bajo, los quincuagenarios habían vuelto a ser 50% más ricos que los octogenarios. ¡Afrenta suprema! Estos últimos incluso quedaron ligeramente por debajo de los cuadragenarios en 1947: he aquí una época en la que se cuestionan todas las certezas. Inmediatamente después de la segunda Guerra Mundial, el perfil del patrimonio en función de la edad tomó abruptamente el aspecto de una curva en forma de campana (primero creciente, luego decreciente en función de la edad, con un pico en el grupo de la gente de 50-59 años, es decir, una forma parecida a la del "triángulo de Modigliani", con la importante diferencia de que la curva no caía a cero en las edades más avanzadas, lejos de eso), mientras que a lo largo del siglo XIX y hasta la primera Guerra Mundial la curva crecía de forma sistemática y continua con la edad.

Este espectacular rejuvenecimiento de las fortunas se explica de una manera simple. Como vimos en la segunda parte, todos los patrimonios experimentaron múltiples choques a lo largo del periodo 1914-1945 —destrucción, inflación, quiebra, expropiación y un largo etcétera—, de tal manera que la relación capital/ingreso se redujo considerablemente. Una vez más, en una primera aproximación se podría pensar que estos choques afectaron a todos los patrimonios de la misma manera, de tal suerte que el perfil por edad del patrimonio habría permanecido sin cambios. Sin embargo, la diferencia era que las generaciones jóvenes, que por lo demás no tenían gran cosa que perder, pudieron reponerse de esos choques con más facilidad que las personas mayores. Quien en 1940 tenía 60 años y perdió todo su patrimonio por un bombardeo, una expropiación o una quiebra, tenía pocas probabilidades de reponerse de ello: posiblemente muriera hacia 1950-1960, a los 70 u 80 años, con casi nada que legar. A la inversa, aquel que en 1940 tenía 30 años de edad y perdió todos sus haberes —sin duda, poca cosa— tenía todavía mucho tiempo para acumular un patrimonio después de la guerra y probablemente hacia 1950-1960 fuera un cuadragenario más rico que nuestro septuagenario. La guerra redujo a cero —o casi— la acumulación patrimonial, llevando mecánicamente a un gran rejuvenecimiento de las fortunas. En este sentido, son las guerras las que hicieron tabla rasa del pasado hasta el siglo XX, creando la ilusión de una transformación estructural del capitalismo.

Se trata de una explicación central del nivel excepcionalmente bajo del flujo sucesorio en las décadas posteriores a la segunda Guerra Mundial: las personas que habrían debido heredar en los años cincuenta y sesenta no recibieron gran cosa porque sus padres no tuvieron tiempo para reponerse de los choques de los decenios anteriores, y murieron así con poco patrimonio.

En particular, esto permite comprender por qué el desplome sucesorio era todavía más significativo que el patrimonial: casi dos veces más importante. Como vimos en la segunda parte, el total de la riqueza privada se dividió entre más de tres en 1910-1950: el acervo de capital privado pasó de casi siete años a sólo dos o dos años y medio de ingreso nacional (véase el capítulo III, gráfica III.6). Por su parte, el flujo sucesorio anual se dividió prácticamente entre seis: pasó de alrededor de 25% del ingreso nacional en vísperas de la primera Guerra Mundial a sólo 4-5% en los años cincuenta (véase la gráfica XI.1).

No obstante, el hecho esencial es que esta situación no duró mucho. Por naturaleza, el "capitalismo de reconstrucción" no es sino una etapa transitoria y no la transformación estructural que se pensó a veces. A partir de los años cincuenta y sesenta, a medida que se acumulaba de nuevo el capital y aumentaba la relación capital/ingreso β, las fortunas empezaron a envejecer de nuevo, de tal manera que también se incrementó la relación μ entre el patrimonio promedio en el momento del fallecimiento y el patrimonio promedio de los vivos. El retorno del patrimonio iba a la par con su envejecimiento y preparaba entonces el regreso aún más fuerte de la herencia. En 1960, el perfil observado en 1947 ya no era más que un recuerdo: los sexagenarios y los septuagenarios superaban ligeramente a los quincuagenarios (véase el cuadro XI.1). En los años ochenta era el turno de los octogenarios; el perfil creciente se impuso cada vez más en los años 1990-2000. En 2010, el patrimonio promedio de los octogenarios era un 30% más elevado que el de los quincuagenarios. Si se reintegraran a los patrimonios de los diferentes grupos de edad las donaciones hechas antes del fallecimiento (lo que no sucede en el cuadro XI.1), el perfil sería aún más creciente en 2000-2010, aproximadamente de las mismas proporciones que en 1900-1910 (con un patrimonio promedio para los mayores de 70 años de más del doble que el de los quincuagenarios), con la ligera diferencia de que la mayoría de los fallecimientos se dan ahora en las edades más avanzadas, por lo cual se observa una relación μ sensiblemente más elevada (véase la gráfica XI.5).

¿Cómo evolucionará el flujo sucesorio en el siglo XXI?

Teniendo en cuenta el fuerte incremento del flujo sucesorio observado a lo largo de las últimas décadas, es natural preguntarse si esta alza proseguirá. En la gráfica XI.6 representamos dos posibles evoluciones para el siglo XXI: se trata, por una parte, de un escenario central, que se corresponde con la hipótesis de una tasa de crecimiento de 1.7% anual para el periodo 2010-2100[16] y de un rendimiento neto del capital de 3% para ese mismo periodo,[17] y, por otra, de un escenario alternativo, basado en la hipótesis de un incremento reducido de sólo 1% para el periodo 2010-2100 y de un rendimiento neto del capital que sube a 5%. Esto corresponde a una supresión completa de todos los impuestos que gravan al capital, incluso sobre los beneficios de las empresas, o bien a una eliminación parcial acompañada por un alza de la participación del capital.

En el escenario central, las simulaciones resultantes del modelo teórico

[16] Es decir, exactamente la tasa de crecimiento promedio del periodo 1980-2010.

[17] Eso supone que se mantiene tanto la participación del capital en el ingreso nacional en su nivel promedio del periodo 1980-2010 como el sistema fiscal actual. Véase el anexo técnico.

(utilizado con éxito para explicar las evoluciones del periodo 1820-2010) sugieren que el flujo sucesorio debería proseguir su incremento hasta 2030-2040, luego estabilizarse en torno a 16-17% del ingreso nacional. Según el escenario alternativo, el flujo sucesorio aumentaría de forma más importante, hasta las décadas de 2060-2070; luego se estabilizaría en torno a 24-25% del ingreso nacional, es decir, un nivel similar al observado en 1870-1910. En un caso, el regreso de la herencia sólo sería parcial; en el otro, sería total (al menos en lo relativo a la masa de las sucesiones y donaciones); sin embargo, en ambos casos el flujo de sucesiones y donaciones sería de cualquier modo muy elevado en el siglo XXI y, en particular, mucho más alto que durante el periodo excepcionalmente bajo observado a mediados del siglo XX.

Desde luego, es necesario subrayar la amplitud de las incertidumbres en torno a semejantes previsiones, que tienen ante todo un interés ilustrativo. La evolución del flujo sucesorio en el siglo que se inicia depende de múltiples parámetros económicos, demográficos y políticos, que pueden ser objeto de vuelcos de gran amplitud, muy imprevisibles, como lo demuestra la historia del siglo pasado. Es fácil imaginar otros escenarios conducentes a otras evoluciones; por ejemplo, en caso de una aceleración espectacular del crecimiento demográfico o económico (lo que parece poco probable) o bien de un cambio radical en las políticas públicas respecto del capital privado o de la herencia (lo que tal vez es más realista).[18]

Insistamos asimismo en el hecho de que la evolución del perfil por edad de los patrimonios depende principalmente de los comportamientos de ahorro, es decir, de las razones por las que cada individuo acumula patrimonio. Como ya indicamos abundantemente, estas razones son múltiples, muy variadas y a menudo están presentes en proporciones diversas en cada persona: se puede ahorrar para tener reservas con vistas a la jubilación, para cubrir una posible pérdida de empleo o de salario (ahorro de ciclo de vida o de precaución), para constituir o perpetuar un capital familiar (ahorro dinástico) o simplemente por el gusto de la riqueza y el prestigio que ésta confiere (simple acumulación). De manera abstracta, es muy factible imaginar un mundo en el que cada individuo elegiría transformar en renta vitalicia el conjunto de su fortuna, para así morir sin ningún patrimonio: si semejantes comportamientos se volvieran de forma súbita predominantes en el siglo XXI, desde luego el flujo sucesorio se reduciría a casi nada, sin importar además los valores observados por la tasa de crecimiento y por la tasa de rendimiento del capital.

Los dos escenarios presentados en la gráfica XI.6 son factibles, teniendo en cuenta la información actualmente disponible. En particular supusimos el mantenimiento a lo largo de 2010-2100 del mismo tipo de comportamiento de ahorro que el observado en el pasado, al que se puede caracterizar como

[18] En el anexo técnico se presentan otras variantes y otros escenarios de evolución.

GRÁFICA XI.6. *Flujo sucesorio observado y simulado, Francia, 1820-2100*

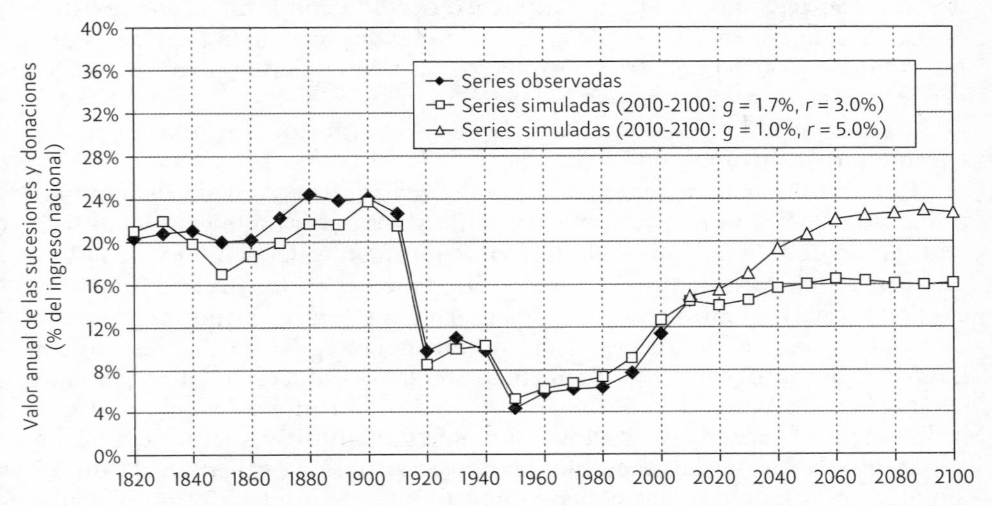

Las simulaciones resultantes del modelo teórico indican que el nivel del flujo sucesorio en el siglo XXI dependerá de la tasa de crecimiento y del rendimiento neto del capital.
FUENTES Y SERIES: véase piketty.pse.ens.fr/capital21c.

sigue: más allá de las enormes variaciones en los comportamientos individuales,[19] se advierte que las tasas de ahorro son en promedio mucho más elevadas cuando el ingreso o el patrimonio inicial son más altos,[20] mientras que las variaciones en función del grupo de edad son mucho más reducidas: en promedio, en una primera aproximación, se ahorra en proporciones comparables en todas las edades. En particular, no se observa el comportamiento masivo de desahorro en edades avanzadas predicho por la teoría del ciclo de vida, sin importar la evolución de la esperanza de vida. Sin duda, esto se explica por la importancia del motivo de transmisión familiar (en realidad, nadie desea morir sin riqueza, incluso en las sociedades que envejecen), aunque también por una lógica de acumulación pura, así como por el sentimiento de seguridad —y no sólo de prestigio y de poder— que proporciona el patrimonio.[21] La enorme concentración de la riqueza (la participación del decil superior sigue siendo de por lo menos 50-60% de la riqueza total, incluso en cada grupo de edad) es el eslabón faltante que permite explicar el conjunto de estos hechos y que socava por completo la teoría de

[19] A algunos les gusta el dinero, otros prefieren los automóviles o la ópera.

[20] Se puede ahorrar más cuando se dispone de un salario alto, o bien cuando no se paga renta, o más aún cuando se reúnen las dos condiciones.

[21] Por ejemplo, con un ingreso determinado, las personas sin hijos acumulan tanto como las demás.

Modigliani. Este regreso gradual desde los años cincuenta y sesenta a una desigualdad patrimonial de tipo dinástico permite comprender la inexistencia del desahorro en edades avanzadas (la mayor parte de la riqueza es propiedad de personas que tienen los medios para financiar su nivel de vida sin vender sus activos) y, por consiguiente, el mantenimiento de un nivel elevado de la herencia y la perpetuación del nuevo equilibrio, con una movilidad claramente positiva aunque reducida.

El punto esencial es que, para una estructura determinada del comportamiento del ahorro, este proceso acumulativo es más rápido y desigualitario en función de la elevación de la tasa de rendimiento del capital y de la baja de la tasa de crecimiento. El enorme incremento en los Treinta Gloriosos explica la relativa lentitud del alza de la relación μ (entre la riqueza promedio de los difuntos y la de los vivos) y, por consiguiente, del flujo sucesorio a lo largo del periodo 1950-1970. De forma inversa, la reducción del crecimiento explica la aceleración del envejecimiento de los patrimonios y del retorno de la herencia observada desde los años ochenta. Intuitivamente, cuando el desarrollo es fuerte, por ejemplo cuando los salarios aumentan en un 5% anual, es más fácil para las generaciones jóvenes acumular riqueza y actuar de la misma manera que los de más edad. En el momento en que el crecimiento salarial disminuye hacia el 1-2% anual,[22] los trabajadores jóvenes se ven casi inevitablemente dominados por los de más edad, cuyo patrimonio crece al ritmo del rendimiento del capital. Este proceso simple pero importante permite explicar muy bien la evolución de la relación μ y del flujo sucesorio anual, lo que aclara por qué las series observadas y simuladas son tan similares a lo largo del periodo 1820-2010, tomado en su conjunto.[23]

A pesar de las incertidumbres, es natural considerar que estas simulaciones ofrecen una guía útil para el porvenir. Desde un punto de vista teórico se puede demostrar que para una amplia clase de comportamientos del ahorro, durante una época con un crecimiento bajo comparado con el rendimiento del capital, el alza de la relación μ equilibra de manera casi exacta la baja de tendencia en la tasa de mortalidad m, de tal manera que el producto $\mu \times m$ es casi independiente de la esperanza de vida y está casi por completo determinado por la duración de una generación. El resultado central es que un crecimiento del orden de 1% es, desde este punto de vista, no muy diferente de un crecimiento rigurosamente nulo: en ambos casos, la intuición conforme a la cual el envejecimiento lleva a la desaparición de la herencia se revela falsa. En una sociedad que envejece se hereda más tarde, pero se reciben

[22] Incluso menos si se sustrae la creciente parte del ingreso nacional que financia las jubilaciones y la salud.

[23] Para una descripción técnica más precisa de estas simulaciones, que aspiran ante todo a reproducir la evolución del perfil por edad del patrimonio (tomando como datos las evoluciones propiamente macroeconómicas y demográficas), véase el anexo técnico.

montos más elevados (por lo menos para quienes heredan), de tal manera que la importancia global de la herencia permanece inalterada.[24]

Del flujo sucesorio anual al acervo de patrimonio heredado

¿Cómo se pasa del flujo sucesorio anual al *stock* de patrimonio heredado? Los datos detallados a nuestro alcance sobre el flujo sucesorio y las edades de los difuntos, herederos, donadores y donatarios nos permiten estimar para cada año del periodo 1820-2010 la participación de la riqueza heredada en la riqueza total de las personas vivas en el año en cuestión (se trata pues, sobre todo, de sumar las sucesiones y donaciones recibidas a lo largo de los 30 años anteriores, a veces más en casos de herencia particularmente precoz o de longevidad excepcional, e inversamente en los casos contrarios). Se indican los principales resultados en la gráfica XI.7, en la que también mostramos las simulaciones realizadas para el periodo 2010-2100 a partir de los dos escenarios antes analizados.

Los órdenes de magnitud que deben recordarse son los siguientes: en el siglo XIX y hasta principios del XX, cuando el flujo sucesorio alcanzó cada año el equivalente de 20-25% del ingreso nacional, los patrimonios heredados representaban casi la totalidad de los privados: entre 80 y 90%, con una tendencia al alza. Sin embargo, hay que subrayar que, en semejantes sociedades y en todos los niveles de riqueza, siempre existía un porcentaje de los dueños de patrimonios —entre 10 y 20%— que acumularon su riqueza partiendo de la nada. No se trata de sociedades inmóviles. Simplemente, los patrimonios heredados constituían la inmensa mayoría de los casos. De hecho, esto no debe sorprender: si se acumula un flujo sucesorio anual del orden de 20% del ingreso nacional durante alrededor de 30 años, se llega mecánicamente a una enorme masa de sucesiones y donaciones, del orden de seis años de ingreso nacional, lo que representa entonces prácticamente todos los patrimonios.[25]

[24] Más exactamente: se puede demostrar que la relación $\mu \times m$ se aproxima a $1/H$ cuando el crecimiento disminuye, donde H es la duración de una generación, y sin importar cuál es el valor de la esperanza de vida. Con una relación capital/ingreso β del orden de 600-700%, se ve por qué el flujo sucesorio b_y tiende a volver a valores $b_y = \beta/H$ del orden de 20-25%. La intuición de la tasa de "devolución sucesoria" desarrollada por los economistas del siglo XIX es entonces aproximadamente válida en una sociedad con un bajo crecimiento. Véase el anexo técnico.

[25] En realidad, las cosas son un poco más complejas cuando tenemos en cuenta el hecho de que algunos herederos consumen una parte de su herencia. Por el contrario, incluimos en los patrimonios heredados el rendimiento acumulado de esos patrimonios, pero dentro del límite del patrimonio propiedad de los herederos: si se capitalizaran por completo todas las herencias recibidas, incluyendo el rendimiento consumido por los herederos (por ejemplo, en forma de rentas ahorradas), entonces se rebasaría claramente el 100% del patrimonio total. Véase el anexo técnico para otras estimaciones que emplean diferentes definiciones.

GRÁFICA XI.7. *La participación del patrimonio heredado en la riqueza total, Francia, 1850-2100*

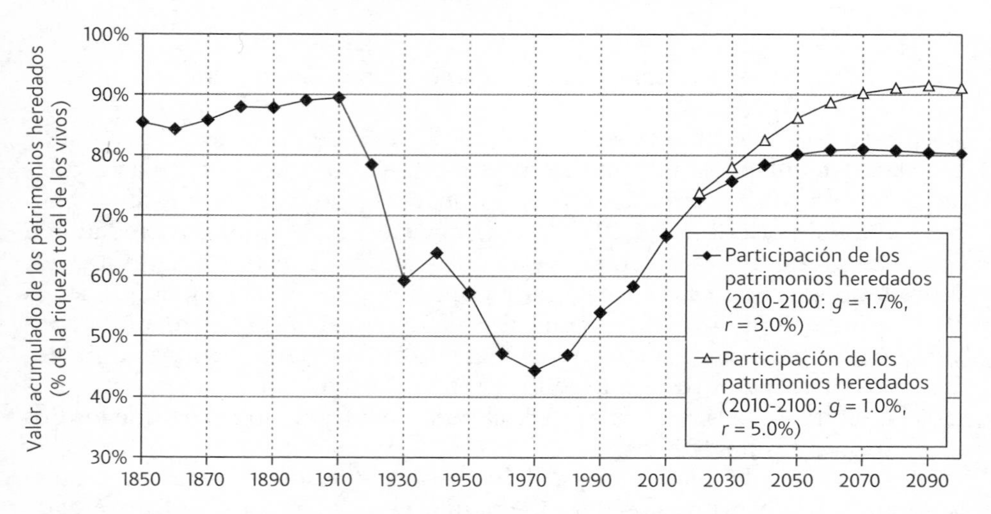

Los patrimonios heredados representaban 80-90% de la riqueza total en Francia en el siglo XIX; esta participación cayó a 40-50% en el siglo XX y podría volver a subir hacia 80-90% en el siglo XXI.

FUENTES Y SERIES: véase piketty.pse.ens.fr/capital21c.

A lo largo del siglo XX, después del desplome del flujo sucesorio, este equilibrio se transformó por completo. Se llegó al punto más bajo en los años setenta: tras muchas décadas de herencias pequeñas y de acumulación de nuevos patrimonios, el capital heredado representaba apenas más de 40% del capital privado. Sin duda, por primera vez en la historia —a excepción de los países nuevos— las fortunas acumuladas en vida constituían la mayoría de los patrimonios: casi 60%. Es importante advertir dos cosas: por una parte, la naturaleza del capital cambió realmente en la posguerra; por la otra, acaba de terminar ese periodo excepcional, y es claro que terminó porque el porcentaje de los patrimonios heredados en la fortuna total no había dejado de aumentar desde los años setenta, convirtiéndose en claramente mayoritario a partir de los años ochenta y noventa y, según los últimos datos disponibles, el capital heredado representaba en 2010 aproximadamente dos tercios del capital privado en Francia, frente a apenas un tercio del patrimonio constituido a partir del ahorro. Tomando en cuenta los niveles muy altos del flujo sucesorio actual, si las tendencias se mantienen es muy probable que el porcentaje de los patrimonios heredados siga aumentando en las décadas futuras, que supere el 70% de aquí a 2020 y se acerque al 80% en 2030-2040. En el escenario en el que el crecimiento disminuya al 1% y el rendimiento neto del capital aumentara al 5%, el porcentaje de los patrimonios heredados podría mantener su crecimiento y alcanzar el 90% de aquí a 2050-2060, es decir, aproximadamente el mismo nivel que en la Bella Época.

Vemos entonces que la curva en forma de U que sigue el flujo sucesorio anual como proporción del ingreso nacional a lo largo del siglo XX se acompaña por una curva en U, igual de espectacular, en lo relativo al acervo acumulado de los patrimonios heredados como proporción de la riqueza nacional. Para comprender correctamente el vínculo entre estas dos curvas, merece la pena comparar el nivel del flujo sucesorio con el de la tasa de ahorro, que, como vimos en la segunda parte, solía ser del orden de 10%. Cuando el flujo sucesorio representa 20-25% del ingreso nacional, como sucedía en el siglo XIX, las sumas recibidas cada año en forma de sucesiones y donaciones suponían incluso más del doble que el flujo de ahorro nuevo. Si a esto se añade que parte de ese ahorro nuevo procedía de los ingresos del capital heredado (incluso se trataba de la mayor parte del ahorro en el siglo XIX), advertimos que es inevitable, con semejantes flujos anuales, que el patrimonio heredado predominara ostensiblemente sobre el ahorrado. Al contrario, cuando el flujo sucesorio cayó a justo 5% del ingreso nacional, como sucedió en los años cincuenta y sesenta, es decir, dos veces menos que el flujo de ahorro nuevo (siempre suponiendo una tasa de ahorro del orden de 10%, lo que sucede aproximadamente), es lógico que el capital ahorrado predominara sobre el heredado. El hecho central es que el flujo sucesorio anual volvió a superar a la tasa de ahorro en 1980-1990 y fue netamente superior a ella en 2000-2010. A principios de la década de 2010 se recibía cada año en forma de sucesiones y donaciones el equivalente a 15% del ingreso nacional.

Para comprender mejor las sumas citadas, sin duda es útil recordar que el ingreso disponible (monetario) de los hogares representa alrededor de 70-75% del ingreso nacional en un país como Francia al inicio del siglo XXI (teniendo en cuenta la importancia de las transferencias en dinero: salud, educación, seguridad, diversos servicios públicos, etc., que no se incluyen en el ingreso disponible). Si se expresa el flujo sucesorio no en relación con el ingreso nacional, como hemos hecho hasta aquí, sino en relación con el ingreso disponible, se observa que las sucesiones y donaciones recibidas cada año por los hogares franceses representan a principios de la década de 2010 el equivalente de 20% de su ingreso disponible y, por consiguiente —en este sentido—, ya recobraron su nivel del periodo 1820-1910 (véase la gráfica XI.8). Como explicamos en el capítulo V, para hacer comparaciones espaciales y temporales sin duda se justifica más utilizar el ingreso nacional (y no el ingreso disponible) como denominador de referencia. Sin embargo, la comparación con el ingreso disponible expresa también cierta realidad, en algún sentido más concreta, lo que permite advertir que la herencia representa en lo sucesivo el equivalente de una quinta parte de las demás fuentes monetarias a disposición de los hogares (por ejemplo, para ahorrar), aunque en breve debería alcanzar un cuarto, incluso más.

GRÁFICA XI.8. *El flujo sucesorio anual expresado en porcentaje del ingreso disponible, Francia, 1820-2010*

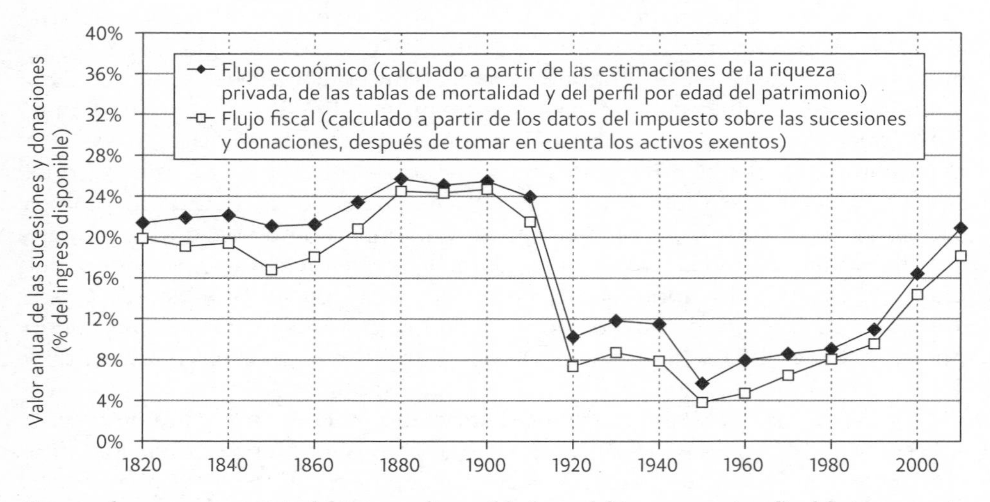

Expresado como porcentaje del ingreso disponible (y no del ingreso nacional), el flujo sucesorio recuperó en 2010 un nivel del orden de 20%, cercano al observado en el siglo XIX.

FUENTES Y SERIES: véase piketty.pse.ens.fr/capital21c.

REGRESO AL DISCURSO DE VAUTRIN

Para hacerse una idea aún más concreta de lo que representa la herencia en la vida de cada individuo, y sobre todo con el objetivo de proporcionar una respuesta concreta a la pregunta existencial formulada en el discurso de Vautrin (¿qué nivel de vida se puede alcanzar por medio de la herencia y cuál mediante el trabajo?), la mejor manera de proceder consiste en ubicarse en el nivel de las generaciones sucesivas en Francia, desde principios del siglo XIX, y en comparar los diferentes tipos de recursos a los que tuvieron acceso a lo largo de su vida. Esta perspectiva, por generación y sobre la totalidad de la vida, es la única que permite tomar en cuenta correctamente el hecho de que la herencia no es un recurso recibido periódicamente de forma anual.[26]

Examinemos primero la evolución del porcentaje que representa en promedio la herencia en la totalidad de los recursos recibidos por las generacio-

[26] En particular, cuando se dice que el flujo sucesorio representa el equivalente de 20% del ingreso disponible, evidentemente no significa que cada uno reciba al año el equivalente del 20% de ingresos adicionales por medio de un flujo regular de sucesiones y donaciones. Significa, más bien, que cada uno recibe algunas veces en su vida —típicamente en el momento del fallecimiento de sus dos padres, a veces también en forma de varias donaciones— montos mucho más importantes (por ejemplo, de varios años de ingreso) y que en total esas sucesiones y donaciones representan cada año el equivalente de 20% del ingreso disponible del conjunto de los hogares.

GRÁFICA XI.9. *La participación de la herencia en los recursos totales (herencia y trabajo) de las generaciones nacidas en los años de 1790-2030*

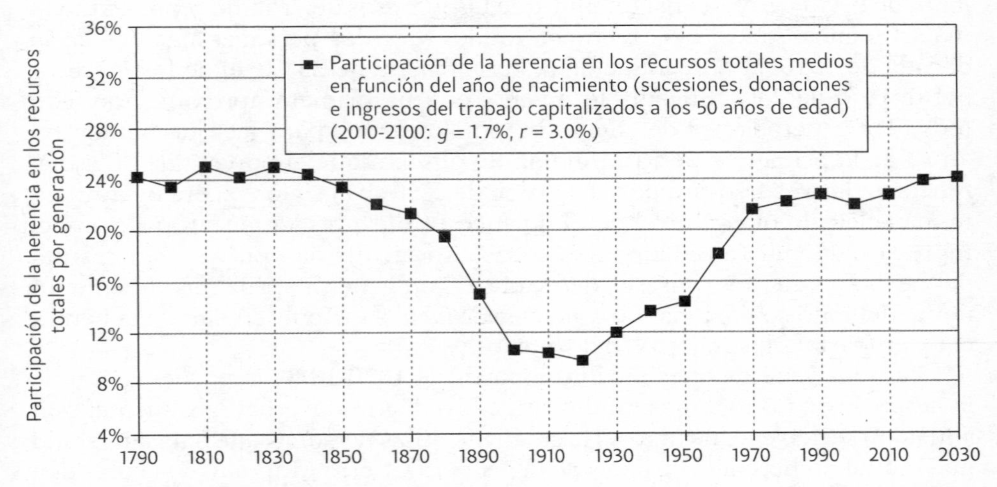

La herencia representaba 25% de los recursos de las generaciones del siglo XIX y apenas 10% para aquellas generaciones nacidas en 1910-1920 (cuya herencia tendría que haberse materializado en 1950-1960).

FUENTES Y SERIES: véase piketty.pse.ens.fr/capital21c.

nes nacidas en Francia en 1790-2030 (véase la gráfica XI.9). Procedimos de la siguiente manera: a partir de nuestras series respecto del flujo sucesorio anual y de los datos detallados disponibles acerca de la edad de los difuntos, herederos, donadores y donatarios durante todo el periodo estudiado, calculamos la participación de la herencia en los recursos totales recibidos a lo largo de la vida, en función del año de nacimiento. Se capitalizaron todos los recursos, es decir, la herencia (sucesiones y donaciones) por una parte y los ingresos del trabajo por la otra, después de la deducción de los impuestos,[27] sobre el conjunto de la vida utilizando el rendimiento neto promedio del capital vigente en Francia para cada año. En una primera aproximación, este método es el más justificado, pero debe señalarse que lleva sin duda a subestimar un poco la participación de la herencia, en la medida en que los herederos (y en general los altos patrimonios) muy a menudo logran obtener un rendimiento más alto que el ahorro resultante de los ingresos del trabajo.[28]

Los resultados obtenidos son los siguientes: si se considera el conjunto

[27] Los ingresos de reposición (pensiones de jubilación y subsidios de desempleo) se incluyeron en los ingresos del trabajo, al igual que en la segunda parte.

[28] Todos los recursos se capitalizaron a los 50 años de edad; pero, desde el momento en que se utiliza el mismo rendimiento para capitalizar los diferentes recursos, la elección de la edad de referencia no tiene ninguna importancia para el cálculo de la participación de la herencia y

de las personas nacidas en la década iniciada en 1790, se advierte que la herencia representaba en torno a 24% del total de los recursos recibidos a lo largo de la vida y, por consiguiente, que los ingresos del trabajo representaban más o menos 76% de los recursos totales. Con las personas nacidas en la década de 1810, el porcentaje de la herencia era de 25% y el de los ingresos del trabajo de 75%. Sucedía lo mismo, en una primera aproximación, con todas las generaciones del siglo XIX, por lo menos para las que heredaron antes de la primera Guerra Mundial. Se observa que el porcentaje de la herencia en los recursos totales, del orden de 25% en el siglo XIX, era ligeramente más elevado que el nivel del flujo sucesorio expresado en proporción del ingreso nacional (alrededor de 20-25% en la misma época): esto resulta del hecho de que los ingresos del capital —en general aproximadamente un tercio del ingreso nacional— se vuelven *de facto* a atribuir en parte a la herencia y en parte a los ingresos del trabajo.[29]

Para las generaciones nacidas a partir de 1870-1880, la participación de la herencia en los recursos totales empezó a disminuir progresivamente: esta situación se debía a que una parte creciente de las personas que habrían tenido que recibir su herencia después de la primera Guerra Mundial, en la práctica recibieron menos de lo previsto, debido a los choques experimentados por los capitales de sus padres. El punto más bajo se alcanzó con las generaciones nacidas en 1910-1920: éstas deberían haber heredado justo después de la segunda Guerra Mundial y durante 1950-1960, es decir, en el momento en que el flujo sucesorio era más bajo, de tal manera que la herencia representaba apenas 8-10% de sus recursos totales. El alza se inició con las generaciones nacidas en 1930-1950, que heredaron sobre todo durante 1970-1990 y para quienes la herencia alcanzó 12-14% de la totalidad de sus recursos. Sin embargo, para las generaciones nacidas a partir de los años setenta y ochenta, beneficiarios de donaciones y sucesiones en 2000-2010, la herencia recobró una importancia desconocida desde el siglo XIX: alrededor de 22-24% de los recursos totales. Vemos hasta qué punto vamos saliendo apenas de esta espectacular experiencia histórica del "fin de la herencia" y hasta dónde las diferentes generaciones del siglo XX habrán conocido experiencias disímiles con respecto al ahorro y el capital: las cohortes del *baby-boom* tuvieron que hacerse a sí mismas, casi tanto como las del periodo de entreguerras y de

del trabajo en el total. El tema de la desigualdad en los rendimientos del capital se examinará en el siguiente capítulo.

[29] Para un análisis completo de los vínculos entre estos diferentes cocientes, véase el anexo técnico. El hecho de que el flujo sucesorio (hasta 20-25% del ingreso nacional) y los ingresos del capital (típicamente 25-35% del ingreso nacional) a veces puedan adquirir valores cercanos debe ser considerado esencialmente como una coincidencia que resulta de parámetros demográficos y tecnológicos específicos (el flujo sucesorio de equilibrio $b_\gamma = \beta/H$ resulta de la relación capital/ingreso y de la duración de las generaciones, mientras que el porcentaje del capital de equilibrio α resulta sobre todo de la forma de la función de producción).

principios del siglo XX, devastadas por las guerras; por el contrario, las cohortes nacidas durante el último tercio del siglo XX estaban sometidas al peso de la herencia, casi tanto como las del siglo XIX y las del XXI.

El dilema de Rastignac

Por el momento sólo hemos examinado promedios; sin embargo, una de las principales características de la herencia es estar distribuida de manera muy poco igualitaria. Al introducir en las estimaciones anteriores la desigualdad de la herencia por una parte, y la de los ingresos del trabajo por la otra, por fin podremos analizar en qué medida el discurso pesimista de Vautrin se comprueba en las diferentes épocas. Se advierte en la gráfica XI.10 que las generaciones nacidas a finales del siglo XVIII y durante el XIX, empezando desde luego con Eugenio de Rastignac (a quien Balzac hizo nacer en 1798), se enfrentaban al terrible dilema descrito por el antiguo presidiario: al apoderarse de un patrimonio era posible alcanzar un nivel de vida mucho más alto que mediante los estudios y el trabajo.

Para que se puedan interpretar los diferentes niveles de recursos de manera tan concreta e intuitiva como sea posible, los expresamos en múltiplos del nivel de vida promedio alcanzado en las diferentes épocas por el 50% de los trabajadores peor pagados. Este nivel de vida, al que se puede calificar de "popular", suele corresponder aproximadamente a la mitad del ingreso nacional promedio de la época considerada y proporciona un punto de referencia para analizar la desigualdad de una sociedad.[30]

Los principales resultados obtenidos son los siguientes: en el siglo XIX, el 1% de los herederos más ricos (el 1% de quienes reciben la herencia más alta de su generación) disponían a lo largo de su vida de aproximadamente 25 o 30 veces ese nivel de vida popular. Dicho de otro modo, al apropiarse de semejante herencia, en general gracias a los padres o a los suegros, era posible tener durante toda la vida 25 a 30 sirvientes remunerados de esa manera. Al mismo tiempo, los recursos producidos por el 1% de los empleos mejor remunerados (por ejemplo, los de juez, procurador o abogado, de los que hablaba Vautrin) correspondían en torno a 10 veces ese nivel de vida popular.

[30] Por regla general, 50% de los ingresos más bajos del trabajo recibían colectivamente alrededor de 30% del total del producto del trabajo (véase el capítulo VII, cuadro VII.1) y entonces ganaban en forma individual más o menos 60% del salario promedio (es decir, 40-50% del ingreso nacional medio, teniendo en cuenta el hecho de que los ingresos del trabajo solían representar alrededor de 65-75% del ingreso nacional). Por ejemplo, en la Francia de principios de la década de 2010, 50% de los asalariados peor pagados tenían remuneraciones escalonadas aproximadamente entre una y una vez y media el salario mínimo, ganando en promedio unos 15 000 euros anuales (1 250 euros por mes), comparado con 30 000 euros anuales (2 500 euros mensuales) para el ingreso nacional medio por habitante.

GRÁFICA XI.10. *El dilema de Rastignac para las generaciones nacidas en 1790-2030*

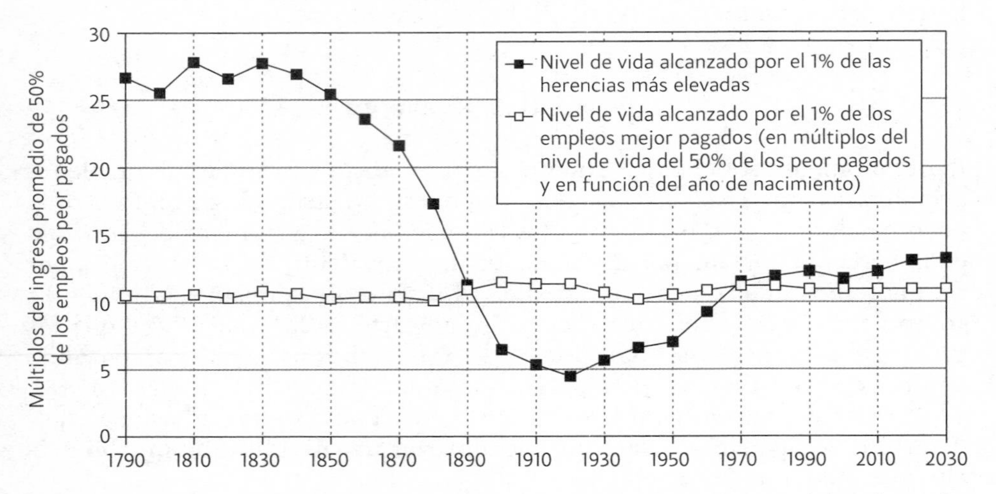

En el siglo XIX, el 1% de las herencias más elevadas permitía alcanzar un nivel de vida mucho más alto que el 1% de los empleos mejor pagados.
FUENTES Y SERIES: véase piketty.pse.ens.fr/capital21c.

No resultaba menospreciable, aunque evidentemente tampoco era mucho mejor, sobre todo tomando en cuenta, como indicaba muy acertadamente el antiguo presidiario, que no era fácil acceder a semejantes empleos: no bastaba con graduarse brillantemente en leyes, sino que a menudo era necesario intrigar durante largos años, sin garantías de resultado alguno. En semejantes condiciones, si se observaba en el entorno inmediato una herencia correspondiente al percentil superior, sin duda más valía no dejarla pasar o, por lo menos, la opción merecía ser considerada.

Si ahora hacemos los mismos cálculos respecto de las generaciones nacidas en los años 1910-1920, vemos que las elecciones de vida ya no se planteaban de la misma manera. El 1% de las herencias más grandes ofrecían recursos que eran apenas cinco veces más elevados que el nivel de vida popular. Por su parte, el 1% de los empleos mejor pagados seguían permitiendo 10 a 12 veces ese nivel (era la consecuencia mecánica del hecho de que la participación del percentil superior de la jerarquía de los salarios se mantuvo relativamente estable en torno a 6-7% de la masa salarial a largo plazo).[31] Sin duda, por primera vez en la historia se podía vivir dos veces mejor acce-

[31] Recordemos que un porcentaje de 6-7% de la masa salarial para el percentil superior significa, por definición, que cada individuo de ese grupo gana en promedio seis o siete veces el salario promedio, es decir, entre 10 y 12 veces el salario medio, recibido por el 50% de los peor pagados. Véanse los capítulos VII y VIII.

diendo a un empleo del percentil superior que a una herencia del percentil superior: los estudios, el trabajo y el mérito pagaban más que la sucesión.

Se observará que la elección era casi igual de clara para las generaciones del *baby-boom:* a los Rastignac nacidos en los años cuarenta y cincuenta les convenía buscar un empleo del percentil superior (que seguía produciendo 10 o 12 veces el nivel de vida popular) y no escuchar a las sirenas de los Vautrin de su época (el percentil superior de la herencia alcanzaba para justo seis a siete veces el nivel de vida popular). Para todas esas generaciones, el éxito mediante el trabajo se volvió más rentable, y no sólo más moral.

En concreto, esos resultados indicaban también que, durante todo ese periodo y para el conjunto de las generaciones nacidas entre 1910 y 1950, el percentil superior de la jerarquía de los ingresos estaba mayoritariamente compuesto por personas que vivían sobre todo de su trabajo. Se trata de un acontecimiento considerable, no sólo porque representa una gran primicia histórica (en Francia y muy posiblemente en el conjunto de los países europeos), sino también porque el percentil superior constituye en todas las sociedades un grupo muy importante.[32] Como señalamos en el capítulo VII, el percentil superior representa a una élite relativamente amplia y que desempeña un papel central en la estructuración económica, política y simbólica de la sociedad.[33] En todas las sociedades tradicionales (recordemos que la aristocracia representaba entre 1 y 2% de la población en 1789), e incluso hasta la Bella Época (a pesar de las esperanzas suscitadas por la Revolución francesa), el capital heredado siempre predominó en este grupo. El hecho de que haya dejado de ser así para todas las generaciones nacidas durante la primera mitad del siglo XX es un acontecimiento excepcional, que contribuyó a fomentar una fe sin precedentes en la irreversibilidad del progreso social y el fin del viejo orden social. Desde luego, la desigualdad no estaba ausente en los Treinta Gloriosos, pero se veía ante todo a través del prisma tranquilizador de la desigualdad salarial, un mundo salarial desde luego cruzado por importantes diferencias entre obreros, empleados y ejecutivos (esas disparidades, por lo demás, tendieron a incrementarse en Francia en 1950-1960); sin embargo, un mundo fundamentalmente único, que comulgaba en el mismo culto al trabajo, basado en el mismo ideal meritocrático y del que se pensaba que definitivamente había superado la desigualdad patrimonial y arbitraria del pasado.

Para las generaciones nacidas en los años setenta y ochenta, y más aún para las siguientes, las realidades eran y son muy diferentes; en particular, las elecciones de vida se volvieron mucho más complejas: las herencias del

[32] Se obtienen evoluciones similares a las indicadas en la gráfica XI.10 si se considera el decil superior o el milésimo superior en lugar del percentil superior (que, sin embargo, nos parece el grupo más significativo para su estudio). Véanse las gráficas S11.9 y S11.10 (disponibles en línea).

[33] Por definición, 500 000 personas adultas en un país con una población de 50 millones de habitantes mayores de edad, como Francia en la actualidad.

percentil superior producían casi tanto como los empleos de ese grupo (hasta ligeramente más: la herencia permitía 12 o 13 veces el nivel de vida popular, frente a 10 u 11 veces con el trabajo). Sin embargo, se observará que la estructura de la desigualdad y del percentil superior en este inicio del siglo XXI es muy diferente de lo que era en el siglo XIX, debido a que la concentración de la herencia es hoy mucho menos fuerte que antaño.[34] Las generaciones actuales se enfrentan a desigualdades y estructuras sociales que les son propias y que, en cierta manera, están en un estadio intermedio entre el cínico mundo de Vautrin (en el que la herencia predominaba sobre el trabajo) y el mundo encantado de los Treinta Gloriosos (en el que el trabajo producía más que la herencia). Según estos resultados, el percentil superior de la jerarquía social vigente en Francia en este inicio del siglo XXI debería incluir proporciones comparables de altos ingresos resultantes de la herencia y del trabajo.

La aritmética elemental de los rentistas y los ejecutivos

Recapitulemos: existen dos condiciones para que pueda prosperar una sociedad patrimonial y rentista, es decir, una sociedad en la que los ingresos resultantes del capital heredado sean superiores a los del trabajo en la cima de la jerarquía social, a semejanza de los universos descritos sobre todo por Balzac o Jane Austen. Primera condición: es necesario que el peso global del capital, y en su interior el del capital heredado, sea importante. En general, se requiere que la relación capital/ingreso sea del orden de seis-siete y que el capital heredado represente la parte esencial del acervo. En semejantes sociedades, la herencia puede representar alrededor de una cuarta parte del total de los recursos disponibles en promedio para las diferentes generaciones (hasta una tercera parte, si se toma una estimación alta de la desigualdad de los rendimientos del capital), como sucedía en los siglos XVIII y XIX y hasta 1914. De nuevo, esta primera condición, que atañe a la masa de la herencia, está en vías de satisfacerse en el siglo XXI.

La segunda condición es que la concentración de la herencia debe ser sumamente elevada. Si la herencia estuviera distribuida de la misma manera que los ingresos del trabajo (con niveles idénticos para la participación del decil superior, del percentil superior, etc., en el total de las herencias y de los ingresos del trabajo), nunca podría existir el mundo de Vautrin: puesto que los ingresos del trabajo representan una masa siempre superior a los resultantes de la herencia (por lo menos tres veces más alta),[35] el 1% de los ingre-

[34] La masa de las herencias no dista de haber recobrado su nivel del siglo XIX, pero se volvió más raro recibir herencias lo bastante altas para financiar, sin trabajar, un tren de vida del orden de varias decenas de veces el nivel de vida popular.

[35] En torno a tres veces más elevada tanto en los siglos XVIII y XIX como en el XXI (cuando los

sos del trabajo más altos sería mecánica y sistemáticamente mucho mayor que el 1% de los ingresos heredados más altos.[36]

Para que el efecto de concentración predomine sobre el efecto de masa, es indispensable que el percentil superior de la jerarquía de la herencia posea por sí solo un porcentaje preponderante del total de la fortuna heredada. Éste era justamente el caso de las sociedades de los siglos XVIII y XIX, en las que en torno a 50-60% del patrimonio total era del percentil superior (hasta 70% en el Reino Unido o en el París de la Bella Época), es decir, casi 10 veces más que el porcentaje del percentil superior de la jerarquía de los ingresos del trabajo en el total de la masa salarial (alrededor de 6-7%, nivel que, como vimos, ha sido relativamente estable a largo plazo). Esta relación de 10 a 1 entre las concentraciones patrimoniales y salariales permite contrarrestar la relación de 1 a 3 entre las masas de ingresos y explica por qué una herencia del percentil superior permitía vivir prácticamente tres veces mejor que un salario del mismo percentil en la sociedad patrimonial del siglo XIX (véase la gráfica XI.10).

Esta aritmética elemental de los rentistas y los ejecutivos permite también entender por qué los percentiles superiores de la herencia y del trabajo se equilibran más o menos en Francia en este inicio del siglo XXI: la concentración patrimonial es tres veces mayor que la de los salarios (apenas más de 20% de la riqueza total para el percentil superior de los patrimonios, frente a 6-7% de la masa salarial total para el percentil superior correspondiente) y equilibra entonces más o menos el efecto de masa. También vemos por qué los herederos fueron tan claramente dominados por los ejecutivos durante los Treinta Gloriosos (el efecto de concentración, de 3 a 1, era demasiado bajo como para equilibrar el enorme efecto de masa, de 1 a 10). Sin embargo, fuera de estas situaciones de choques extremos o de políticas públicas específicas (sobre todo fiscales), la estructura "natural" de la desigualdad parece conducir prioritariamente a un predominio de los rentistas sobre los ejecutivos. En particular, cuando el crecimiento es bajo y el rendimiento del capital es claramente superior a la tasa de crecimiento, casi es inevitable —por lo menos en los modelos dinámicos más factibles— que la concentración patrimonial tienda hacia niveles tales que los altos ingresos del capital heredado predominen sobre los altos ingresos del trabajo.[37]

ingresos del trabajo representaban alrededor de las tres cuartas partes de los recursos totales y los ingresos heredados más o menos una cuarta parte), y casi 10 veces más importante en el siglo XX (cuando los ingresos del trabajo representaban las nueves décimas partes de los recursos totales y los ingresos heredados una décima parte). Véase la gráfica XI.9.

[36] En torno a tres veces más elevados tanto en los siglos XVIII y XIX como en el XXI y casi diez veces más en el siglo XX. Sucedería lo mismo con el 10% de los más altos, el 0.1% de los más altos, etcétera.

[37] Véase en el anexo técnico un análisis de las condiciones matemáticas sobre las diferentes distribuciones que implican que los rentistas dominan a los ejecutivos (y viceversa).

La sociedad patrimonial clásica: el mundo de Balzac y de Jane Austen

Desde luego, los novelistas del siglo XIX no utilizaban las mismas categorías que nosotros para evocar las estructuras sociales de su tiempo, pero describían las mismas estructuras profundas, las de un mundo en el que sólo la propiedad de un patrimonio importante permitía alcanzar la verdadera holgura. Es impactante advertir hasta qué punto las estructuras desigualitarias, los órdenes de magnitud y los montos minuciosamente elegidos tanto por Balzac como por Jane Austen eran los mismos a ambos lados del canal de la Mancha, a pesar de las diferencias de las monedas, los estilos literarios y las intrigas. Como señalamos en el capítulo II, los puntos de referencia monetarios son sumamente estables en el mundo sin inflación que describían ambos novelistas, lo que les permitía definir con mucha precisión a partir de qué nivel de fortuna y de ingreso era posible vivir con un mínimo de elegancia y evitar así la mediocridad. En ambos casos, este umbral tanto material como psicológico se situaba en torno a 20 a 30 veces el ingreso promedio de su época. Por debajo de ese umbral, los héroes de Balzac o de Jane Austen vivían con dificultad, sin dignidad. Ese umbral era perfectamente alcanzable si se formaba parte del 1% de los más ricos en patrimonios (y de preferencia si se pertenecía casi al 0.5%, o incluso al 0.1% más alto) de las sociedades francesa e inglesa del siglo XIX: remitía pues a un grupo social muy identificado y numéricamente considerable; un grupo minoritario, desde luego, pero lo bastante numeroso como para estructurar a la sociedad y nutrir todo un universo novelesco.[38] Sin embargo, ese grupo estaba totalmente fuera del alcance si sólo se ejercía un oficio, por bien remunerado que éste fuera: el 1% de las profesiones mejor pagadas de ninguna manera permitía acceder a ese tren de vida (ni siquiera el 0.1%).[39]

[38] El 1% de las herencias más elevadas en el siglo XIX permitía un nivel de vida anual de 25 a 30 veces más elevado que el nivel de vida popular (véase la gráfica XI.10), es decir, alrededor de 12 o 15 veces el ingreso nacional medio por habitante. El nivel alcanzado por el 0.1% de las herencias más altas era del orden de cinco veces más importante (véase el capítulo anterior para los coeficientes de Pareto), es decir, 60-75 veces el ingreso promedio. El umbral de Balzac y de Austen —20 o 30 veces el ingreso promedio— correspondía aproximadamente al ingreso medio del 0.5% de quienes disponían de las herencias más altas (100 000 personas de los 20 millones de adultos con que contaba la Francia de 1820-1830, o 50 000 personas de los 10 millones de adultos británicos de 1800-1810; tanto Balzac como Austen tenían, pues, un vasto semillero de donde elegir sus personajes).

[39] El 1% de los empleos mejor pagados permitía en el siglo XIX un nivel de vida 10 veces más elevado que el popular (véase la gráfica XI.10), es decir, cinco veces el ingreso promedio. Se puede estimar que sólo el 0.01% de las personas mejor pagadas (2 000 personas de una población de 20 millones, a lo sumo) tenía un ingreso medio del orden de 20 o 30 veces el ingreso promedio de la época. Sin duda Vautrin no se equivocaba por mucho cuando precisaba que no había más de cinco abogados en París que ganaran más de 50 000 francos anuales (100 veces el ingreso promedio). Véase el anexo técnico.

En la mayoría de esas novelas, el marco indisociablemente monetario, social y psicológico se planteaba desde las primeras páginas; luego era recordado de vez en cuando, para que nadie olvidara las diferencias entre los personajes presentados, todos esos signos monetarios que condicionaban sus existencias, rivalidades, estrategias y esperanzas. En *El pobre Goriot,* la decrepitud del anciano se expresaba de inmediato por el hecho de que tuvo que contentarse progresivamente con la habitación más mugrienta y la alimentación más elemental de la pensión Vauquer, con el objetivo de reducir su gasto anual a 500 francos (es decir, aproximadamente el ingreso promedio de la época: una absoluta miseria para Balzac).[40] El anciano sacrificó todo por sus hijas, quienes recibieron una dote de 500 000 francos cada una, es decir, una renta anual de 25 000 francos, en torno a 50 veces el ingreso promedio: en todas las novelas de Balzac, ésta es la unidad elemental de la fortuna, la expresión de la verdadera riqueza y de la vida elegante. De entrada, se planteaba el contraste entre los dos extremos de la sociedad. Sin embargo, Balzac no olvidaba que entre la miseria absoluta y la verdadera holgura había todo tipo de situaciones intermedias, algunas más mediocres que otras. La pequeña propiedad de los Rastignac, situada cerca de Angulema, producía apenas 3 000 francos por año (6 veces el ingreso promedio): para Balzac, era el ejemplo típico de la pequeña nobleza provinciana y sin dinero, que apenas podía dedicar 1 200 francos anuales para permitir a Eugène estudiar derecho en la capital. En el discurso de Vautrin, el salario anual de 5 000 francos (10 veces el ingreso promedio) que podría producir al joven Rastignac un empleo de procurador del rey, tras muchos esfuerzos e incertidumbres, era el ejemplo mismo de la mediocridad, lo que demostraba mejor que cualquier discurso que los estudios no llevaban a ningún lado. Balzac describía una sociedad en la que el objetivo mínimo era alcanzar 20 a 30 veces el ingreso promedio de la época, incluso hasta 50 veces, como lo permitía la dote de Delphine y Anastasie, o mejor aún 100 veces, gracias a los 50 000 francos de renta anual que produciría el millón de la señorita Victorine.

En *César Birotteau*, el audaz perfumista también apuntaba a alcanzar el millón de francos de patrimonio, de modo que pudiera conservar la mitad para él y su esposa y consagrar 500 000 francos a la dote de su hija, lo que le parecía indispensable para casarla correctamente y permitir a su futuro yerno adquirir sin problemas la notaría Roguin. Su esposa deseaba que dejara de tener ilusiones vanas, convencerlo de que podían jubilarse con 2 000 francos de renta anual y casar a su hija con sólo 8 000 francos de renta, pero César no atendía razones: no deseaba acabar como su socio Pillerault, quien se retiraba de los negocios con sólo 5 000 francos de renta. Para vivir bien se

[40] Al igual que en el capítulo II, los ingresos promedio a los que aquí se hace referencia remiten a un ingreso nacional medio por habitante adulto. En 1810-1820, ese ingreso promedio era aproximadamente de 400-500 francos anuales en Francia, y sin duda superaba ligeramente los 500 francos en París. El salario de los sirvientes era la mitad o un tercio de eso.

necesitaba por lo menos 20 o 30 veces el ingreso promedio: con 5 o 10 veces apenas se sobrevivía.

Se advierten precisamente los mismos órdenes de magnitud al otro lado del canal de la Mancha. En *Sentido y sensiblilidad,* el meollo de la intriga, al mismo tiempo monetaria y psicológica, se establecía en las primeras 10 páginas, en el marco del terrible diálogo entre John Dashwood y su esposa Fanny. John acababa de heredar la inmensa propiedad de Norland, que producía un ingreso de 4 000 libras por año, es decir, más de 100 veces el ingreso promedio de la época (apenas más de 30 libras anuales en el Reino Unido de 1800-1810).[41] Es el ejemplo mismo de las enormes propiedades, la cima de la holgura en las novelas de Jane Austen. Con 2 000 libras por año (más de 60 veces el ingreso promedio), el coronel Brandon y su propiedad de Delaford se encontraban dentro de la norma de lo que se esperaba de una gran propiedad rural en esa época; en otras ocasiones se observaba que 1 000 libras anuales podían muy bien bastar para un héroe de Jane Austen. En cambio, con 600 libras (20 veces el ingreso promedio), John Willoughby se encontraba realmente en el límite inferior de la holgura, hasta el punto de que la gente se preguntaba cómo el guapo e impetuoso joven lograba vivir tan holgadamente con tan poco. De hecho, sin duda eso explica por qué abandona pronto a Marianne, desamparada e inconsolable, por la señorita Grey y su dote de 50 000 libras de capital (2 500 libras de renta anual, 80 veces el ingreso promedio), de la cual señalaremos de paso que es casi exactamente del mismo monto que la dote de un millón de francos de la señorita Victorina, tomando en cuenta la tasa de cambio vigente. Al igual que en las novelas de Balzac, una dote igual a la mitad de esta suma, como la de Delphine y Anastasie, ya era muy satisfactoria. Por ejemplo, la señorita Morton, única hija de lord Norton, con sus 30 000 libras de capital (1 500 libras de renta, 50 veces el ingreso promedio), era la heredera perfecta, el blanco de todas las suegras, empezando por la señora Ferrars, que gustosa la vería casada con su hijo Edward.[42]

Desde las primeras páginas, la holgura de John Dashwood contrasta con la relativa pobreza de sus medias hermanas Elinor, Marianne y Margaret, quienes junto con su madre debían contentarse con un total de 500 libras de renta anual para cuatro personas (125 libras para cada una: apenas más de cuatro veces el ingreso promedio por habitante), lo que era insuficiente para

[41] Recordemos que una libra esterlina valía 25 francos en el siglo XIX y hasta 1914. Véase el capítulo II.

[42] ¿No había dicho un allegado de Jorge III, apenas 30 años antes, en 1770, a Barry Lyndon que toda persona que dispusiera de un capital de 30 000 libras debería lógicamente ser declarada noble? Cuánto camino recorrido para Redmond Barry, desde la época en que se había alistado en el ejército del rey de Inglaterra, por apenas 15 libras anuales (un chelín diario), es decir, apenas más de la mitad del ingreso promedio por habitante en el Reino Unido de los años 1750-1760. La caída era inevitable. Se advertirá de paso que Stanley Kubrick, inspirado en una célebre novela británica del siglo XIX, cincelaba los montos con la misma precisión que Jane Austen.

casar a las jóvenes. Además, la señora Jennings, gran aficionada a los chismes mundanos en la campiña del Devonshire, con frecuencia se complacía en recordarles sin rodeos en los múltiples bailes, visitas de cortesía y sesiones de música que salpicaban su existencia, y en donde a menudo se cruzaban con jóvenes y seductores pretendientes, que por desgracia no siempre se quedaban: "Lo reducido de su fortuna puede hacerlos dudar". Al igual que en Balzac, se vivía muy modestamente con 5 a 10 veces el ingreso promedio en la novela de Jane Austen. Ni siquiera se mencionaban los ingresos cercanos o por debajo del promedio de 30 libras: se temía que no se estuviera lejos del mundo de los sirvientes, por lo que ni siquiera merecía la pena hablar de ello. Cuando Edward Ferrars consideraba ser pastor y aceptar la parroquia en Deliford por 200 libras anuales (entre seis y siete veces el ingreso promedio), casi pasaba por santo. Incluso completando sus ingresos con los rendimientos del pequeño capital que le dejó su familia para castigarlo por su mal casamiento, y con la escasa renta aportada por Elinor, los dos esposos no llegarían lejos, y "por muy enamorados que estuviesen no dejaban de comprender que trescientas cincuenta libras al año no bastarían para cubrir las más elementales comodidades de la vida".[43] Este dichoso y virtuoso final no debe, sin embargo, ocultar lo esencial: al negarse, por los consejos de la odiosa Fanny, a ayudar a sus medias hermanas y a compartir, aunque fuera un poco, su inmensa fortuna, a pesar de las promesas hechas a su padre en su lecho de muerte, John Dashwood condenaba a Elinor y a Marianne a una vida mediocre y llena de humillaciones. Todo su destino quedaba sellado por el terrible diálogo introductorio.

A veces vislumbramos el mismo tipo de estructura monetaria y desigualitaria en los Estados Unidos de fines del siglo XIX. En *Washington Square,* novela publicada en 1881 por Henry James y magníficamente llevada al cine en la película *La heredera,* realizada por William Wyler en 1949, toda la intriga se construía en torno a una confusión sobre el monto de la dote. Se descubría que las cifras son despiadadas y que más valía no equivocarse. Catherine Sloper lo aprendió en carne propia, viendo huir a su prometido cuando se enteró de que su dote no representaba más que 10 000 dólares de renta anual en lugar de los 30 000 considerados (es decir, exactamente 20 veces el ingreso promedio estadunidense de la época, en lugar de 60 veces). "Eres demasiado fea", le lanzó su padre, viudo, riquísimo y tiránico, a imagen del príncipe Bolkonsky con la princesa María en *Guerra y paz*. También la situación de los hombres podía ser muy frágil: en *The Magnificent Ambersons,* Orson Welles mostraba la caída de un arrogante heredero que, estando en la cúspide, disponía de 60 000 dólares de renta (120 veces el ingreso promedio), antes de bajar de clase social hacia 1900-1910 debido a la revolución automo-

[43] Véase J. Austen, *Sentido y sensibilidad,* trad. Ana Ma. Rodríguez, Debolsillo, Barcelona, 2011, p. 237.

triz y de acabar con un empleo de 350 dólares anuales, por debajo del ingreso promedio.

La desigualdad patrimonial extrema, ¿condición de la civilización en una sociedad pobre?

Es interesante señalar que los novelistas del siglo XIX no se contentaban con describir la jerarquía de los patrimonios y de los ingresos de su época. A menudo daban una visión muy concreta e íntima de los modos de vida, de las realidades cotidianas que permitían los diferentes niveles de ingresos. De paso, a veces se vislumbraba cierta justificación de la desigualdad patrimonial extrema de la época, en el sentido de que se percibe entre líneas que sólo ella permitía la existencia de un pequeño grupo social que podía preocuparse por otra cosa que su subsistencia: era casi una condición de la civilización.

En particular, Jane Austen evocaba con minucia el funcionamiento de la vida en esa época: los recursos que se debían gastar para alimentarse, adquirir muebles, vestirse, desplazarse. Ahora bien, el hecho es que, a falta de toda tecnología moderna, todo costaba muy caro y requería tiempo y, sobre todo, personal de ayuda. Se necesitaban recursos para preparar y reunir el alimento (que no se conservaba con facilidad), para vestir (la más mínima vestimenta podía valer varios meses de ingreso promedio, o incluso varios años) y, desde luego, para desplazarse. Para ello se requerían caballos y carruajes, que a su vez precisaban personal para ocuparse de ellos, pienso para los animales y un largo etcétera. El lector se encuentra en la situación de comprobar que, objetivamente, se vivía muy mal cuando sólo se disponía de tres o cinco veces el ingreso promedio, en el sentido en que se tenía que invertir lo mejor del tiempo de uno preocupándose por el funcionamiento de asuntos cotidianos. Si uno deseaba poder comprar libros, o bien instrumentos de música, o hasta joyas o vestidos de baile, entonces era indispensable disponer de por lo menos 20 a 30 veces el ingreso promedio de la época.

En la primera parte señalamos hasta qué punto es difícil y simplista comparar los poderes adquisitivos a muy largo plazo, por lo mucho que ha cambiado, de manera radical y multidimensional, la estructura de los modos de vida y de los precios vigentes; por ello es imposible resumir estas evoluciones mediante un indicador único. Sin embargo, se puede recordar que, conforme a los índices oficiales, el poder adquisitivo del ingreso promedio por habitante vigente en el Reino Unido o Francia alrededor de 1800 era más o menos 10 veces inferior a lo que era en 2010. Dicho de otro modo, con 20 o 30 veces el ingreso promedio de 1800, sin duda no se vivía mejor que con dos a tres veces el ingreso promedio del mundo actual. Con 5 o 10 veces el ingreso promedio de 1800, se estaba en una situación intermedia entre el salario mínimo de entonces y el salario promedio actual.

No obstante, los héroes de Balzac y de Jane Austen utilizaban sin miramientos los servicios de decenas de sirvientes, cuyo nombre en general ni siquiera conocemos. A veces, los novelistas llegaban a burlarse de las pretensiones y de las necesidades excesivas de sus personajes, como cuando Marianne, que ya se veía formando una pareja elegante con Willoughby, explicaba con sonrojo que según sus cálculos era difícil vivir con menos de 2 000 libras por año (más de 60 veces el ingreso promedio de la época): "Creo no ser exigente. Se necesitan criados, uno o dos coches, perros de caza; menos que esto me resultaría duro".[44] Elinor no lograba evitar señalarle que exageraba. Asimismo, el propio Vautrin explicaba que se necesitaba un ingreso de 25 000 francos (más de 50 veces el ingreso promedio) para vivir con un mínimo de dignidad; insistía sobre todo, con infinidad de detalles, en los costos de las vestimentas, los sirvientes y los desplazamientos; nadie le decía que exageraba, pero era tan cínico que resultaba evidente para todos los lectores.[45] Se advierte el mismo tipo de detalle carente de complejos, con los mismos órdenes de magnitud acerca de la noción de holgura, en los relatos de viaje de Arthur Young.[46]

Sin importar los excesos de sus personajes, los novelistas del siglo XIX describían un mundo en el que la desigualdad era en cierta manera necesaria: si no existiera una minoría suficientemente rica, todo el mundo debería preocuparse por sobrevivir. Esta visión de la desigualdad tenía por lo menos el mérito de no describirse como meritocrática. En cierta manera se elegía a una minoría para que viviera en nombre de todos los demás, pero nadie intentaba pretender que dicha minoría era más merecedora o más virtuosa que el resto de la población. Además, en este universo era perfectamente evidente que la sola posesión de una riqueza permitía alcanzar un nivel de holgura suficiente para vivir con dignidad: sin duda, el hecho de tener un diploma o una calificación podía permitir producir y, por consiguiente, ganar 5 o 10 veces más que el promedio, pero no más. La sociedad meritocrática moderna, sobre todo en los Estados Unidos, es mucho más dura con los perdedores,

[44] *Ibid.*, p. 61.

[45] Sin embargo, su cinismo acabará por convencer a Rastignac, quien en *La casa Nucingen* se las arreglará con el marido de Delfina para apoderarse, él mismo, de un patrimonio de 400 000 francos.

[46] En octubre de 1788, cuando se preparaba para salir de Normandía, Young escribía: "Europa tiene ahora un carácter tan uniforme que las familias que disponen de 15 000 a 20 000 libras de ingreso tienen más o menos el mismo modo de vida en todas partes". (Se trata de libras tornesas, equivalentes a un franco germinal, lo que representaba más o menos 700-900 libras esterlinas, el equivalente de 35 veces el ingreso promedio francés o inglés de la época.) Más adelante precisa su intención: con semejante ingreso se podía tener "seis sirvientes varones, cinco mujeres, ocho caballos y una mesa abierta"; en cambio, con sólo 6 000 u 8 000 libras tornesas, apenas se podía pagar "dos sirvientes y tres caballos". Es necesario señalar que el ganado representaba una parte importante del capital y de los gastos: en noviembre de 1789, Young vendió en Tolón su caballo por 600 libras tornesas (es decir, cuatro años de salario anual para un "sirviente ordinario"); el precio era representativo para la época. Véase el anexo técnico.

pues pretende justificar su predominio en la justicia, la virtud y el mérito, así como en la insuficiente productividad de quienes están hasta abajo.[47]

El extremismo meritocrático en las sociedades ricas

Es interesante advertir que se suelen invocar creencias meritocráticas muy fuertes para justificar las enormes desigualdades salariales, las cuales parecieran ser más justificadas que las que resultan de la herencia. Desde Napoleón hasta la primera Guerra Mundial, en Francia existió un pequeño número de funcionarios de muy alto nivel sumamente bien pagados (que a veces recibían hasta 50 o 100 veces el ingreso promedio de la época), empezando por los propios ministros. Esto siempre se justificaba —sobre todo por el propio emperador, salido de la pequeña nobleza corsa— mediante la idea conforme a la cual los más capaces y los más talentosos tenían que poder vivir de su salario y su trabajo con la misma dignidad y elegancia que los más ricos (una respuesta a Vautrin, en cierta manera). Como señalaba Adolphe Thiers en 1831 en la tribuna de la Cámara de Diputados: "Los prefectos deben poder tener un rango igual al de los habitantes notables de las jurisdicciones en las que viven".[48] En 1881, Paul Leroy-Beaulieu explicaba que el Estado, a fuerza de no elevar más que los pequeños salarios, llegó demasiado lejos. Tomaba con ardor la defensa de los altos funcionarios de su época, quienes en su mayoría apenas percibían más "de 15 000 o 20 000 francos por año", "montos que parecen enormes para el vulgo", pero que en realidad "no permiten vivir con elegancia y constituir un ahorro de cierta importancia".[49]

Tal vez lo más inquietante es que ese mismo tipo de argumentación se encuentra en las sociedades más ricas, en las que el argumento de Jane Austen sobre la necesidad y la dignidad tiene menos sentido. En los Estados

[47] Este temor había sido expresado desde 1958 por M. Young en *The Rise of the Meritocracy,* Thames & Hudson, Londres, 1958, 180 pp.

[48] El tema de la escala de los salarios del sector público se cristalizaba en incontables conflictos políticos en la época. Los revolucionarios habían intentado establecer en 1792 un escalafón virtuoso limitado (que finalmente sería instaurado en 1948 y muy pronto deformado con primas poco transparentes para los más altos funcionarios, y que está todavía vigente). Napoleón creó un pequeño número de muy altos salarios, tan escasos que en 1831 Thiers no vio interés en reducirlos ("Con tres millones de más o de menos dados o retirados a los prefectos, los generales, los magistrados, los embajadores, tenemos ya sea el lujo del Imperio o la simplicidad estadunidense", añade en el mismo discurso). También Tocqueville señalaba el hecho de que a los altos funcionarios estadunidenses de la época se les pagaba menos que en Francia, viendo en ello uno de los signos infalibles del espíritu democrático que prevalecía en los Estados Unidos. A pesar de muchas peripecias, este puñado de salarios muy elevados perduró en Francia hasta el primer conflicto mundial (y, por lo tanto, hasta la caída de los rentistas). Sobre estas evoluciones, véase el anexo técnico.

[49] Véase T. Piketty, *Les Hauts Revenus en France au* XX*e siècle: Inégalités et redistributions, 1901-1998,* Grasset, París, 2001, p. 530.

Unidos de los años 2000-2010, a menudo se escuchaban justificaciones de este tipo para las remuneraciones estratosféricas de los superejecutivos (a veces 50 o 100 veces el ingreso promedio, incluso más): se insiste en el hecho de que, sin semejantes remuneraciones, sólo los herederos podrían alcanzar una verdadera holgura, lo que sería injusto; partiendo de ahí, los ingresos de varios millones o decenas de millones de euros entregados a los superejecutivos irían entonces en el sentido de una mayor justicia social.[50] Advertimos cómo se pueden establecer gradualmente las condiciones para una mayor y más violenta desigualdad que en el pasado; podemos entonces conjugar en el futuro los defectos de ambos mundos, teniendo, por un lado, el regreso de la enorme desigualdad del capital heredado y, por el otro, discordancias salariales exacerbadas y justificadas mediante consideraciones en términos de mérito y productividad (cuyo fundamento factual, como vimos, es claramente muy endeble). El extremismo meritocrático puede pues llevar a una carrera-persecución entre los superejecutivos y los rentistas, en perjuicio de todos aquellos que no son ni lo uno ni lo otro.

También hay que subrayar que la importancia de las creencias meritocráticas en la justificación de las desigualdades de la sociedad moderna no sólo atañe a la cima de la jerarquía, sino también a las disparidades que separan a las clases populares y a las medias. A finales de los años ochenta, Michèle Lamont llevó a cabo varios cientos de entrevistas exhaustivas con representantes de las "clases medias superiores" en los Estados Unidos y Francia, tanto en las grandes metrópolis (Nueva York, París) como en ciudades medianas (Indianápolis, Clermont-Ferrand), con el objetivo de preguntarles sobre su trayectoria y la manera en que concebían su identidad social, su lugar en la sociedad, y sobre lo que los diferenciaba de los demás grupos y de las categorías populares. Una de las principales conclusiones fue que, en ambos países, estas "élites educadas" insistían ante todo en su mérito y en sus cualidades morales personales, que formulaban sobre todo utilizando los términos de rigor, paciencia, trabajo, esfuerzo y una larga sucesión de cualidades (entre ellas también tolerancia, gentileza, etc.).[51] Los héroes y las heroínas de Austen y de Balzac nunca habrían considerado útil describir así sus cualidades personales en comparación con el carácter de sus sirvientes (quienes, es cierto, jamás eran mencionados).

[50] Se abandonó entonces una lógica de la necesidad a favor de una lógica de la desmesura y del consumo relativo y ostentoso. Thorstein Veblen no decía otra cosa cuando en 1899 escribió *Teoría de la clase ociosa*: el sueño igualitario estadunidense ya estaba muy lejos.

[51] Véase M. Lamont, *Money, Morals and Manners. The Culture of the French and the American Upper-Middle Class*, University of Chicago Press, Chicago, 1992, 320 pp. Las personas entrevistadas por Lamont estaban sin duda más cerca del percentil 90 o 95 de la jerarquía de los ingresos (incluso del 98 o 99 en algunos casos) que del percentil 60 o 70. Véase asimismo a J. Naudet, *Entrer dans l'élite. Parcours de réussite en France, aux États-Unis et en Inde*, Presses Universitaires de France, París, 2012, 315 pp.

La sociedad de los pequeños rentistas

Volvamos al mundo actual, y particularmente a la Francia de la década iniciada en 2010. Según nuestras estimaciones, para las generaciones que nacieron a partir de los años setenta y ochenta la herencia representará casi la cuarta parte de los recursos totales —resultantes tanto de la herencia como del trabajo— de los que dispondrán a lo largo de su vida. En términos de volumen global, en la actualidad la herencia ha recuperado ya prácticamente la importancia que tenía para las generaciones del siglo XIX (véase la gráfica XI.9). Sin embargo, hay que precisar que se trata de las previsiones que corresponden al escenario central: si se dan las condiciones del escenario alternativo (bajo crecimiento y alza del rendimiento neto del capital), la herencia podría representar más de la tercera parte, incluso casi cuatro décimas partes, de los recursos totales para las generaciones del siglo XXI.[52]

No obstante, el hecho de que la herencia haya recuperado el mismo nivel que antaño, en términos de su volumen, no significa que desempeñe el mismo papel social que antes. Como ya señalamos, la enorme desconcentración de la propiedad (el porcentaje del percentil superior se dividió prácticamente entre tres en un siglo, pasando de alrededor de 60% en los años de 1910 a apenas más de 20% a principios de la década de 2010) y el surgimiento de una clase media patrimonial implican que hoy existan muchas menos herencias descomunales que en el siglo XIX o en la Bella Época. En concreto, las dotes de 500 000 francos que deseaban dar a sus hijas el pobre Goriot y César Birotteau, que producirían una renta anual de 25 000 francos (en torno a 50 veces el ingreso promedio por habitante vigente en su época: 500 francos), tendrían como equivalente en el mundo actual una herencia de alrededor de 30 millones de euros, que producirían intereses, dividendos y rentas del orden de 1.5 millones de euros anuales (es decir, 50 veces el ingreso promedio por habitante de alrededor de 30 000 euros).[53] Existen semejantes herencias, o incluso mayores, pero son mucho menos numerosas que en el siglo XIX, a

[52] Para no ensombrecer demasiado el panorama, en las gráficas XI.9 a XI.11 únicamente representamos los resultados del escenario central. Los obtenidos con el escenario alternativo son aún más inquietantes y están disponibles en línea (véanse las gráficas S11.9 a S11.11). La evolución del sistema fiscal explica por qué el porcentaje de la herencia en los recursos totales de las generaciones puede rebasar claramente su nivel del siglo XIX sin que suceda lo mismo con el nivel del flujo sucesorio como proporción del ingreso nacional: los ingresos del trabajo son hoy en día gravados en un nivel muy sustancial (del orden de 30%, en promedio, si se excluyen las cotizaciones de jubilación y desempleo que financian los ingresos de reposición), mientras que la tasa efectiva promedio de imposición de la herencia es inferior a 5% (en cambio, la herencia da lugar a los mismos derechos que los ingresos del trabajo en lo tocante al acceso a las transferencias en efectivo —educación, salud, seguridad, etc.— financiadas por los impuestos). Las cuestiones fiscales se estudiarán en la cuarta parte de este libro.

[53] Sucedía lo mismo con las propiedades rurales con un valor de 30 000 libras de las que nos

pesar de que la masa global de los patrimonios y de la herencia prácticamente recuperó el nivel de antaño.

De hecho, ningún escritor en la actualidad escribiría con frecuencia historias relacionadas con patrimonios de 30 millones de euros, a la manera de Balzac, Jane Austen o Henry James. No sólo desaparecieron de la literatura las referencias monetarias explícitas, después de que la inflación trastornara todos los puntos de referencia antiguos: los mismos rentistas salieron de ella, y con su partida se renovó toda la representación social de la desigualdad. En la literatura y la ficción contemporáneas, la desigualdad entre grupos sociales aparece casi de manera exclusiva en forma de disparidades en el trabajo, los salarios, las calificaciones. Una sociedad estructurada por la jerarquía de la riqueza fue sustituida por una estructuración casi por completo basada en la jerarquía del trabajo y el capital humano. Es impactante comprobar, por ejemplo, que muchas series estadunidenses de los años de 2000-2010 ponen en escena a héroes y heroínas saturados de diplomas y calificaciones hiperimportantes: para cuidar las enfermedades graves *(Dr. House)*, resolver enigmas policiacos *(Bones)*, y hasta para presidir a los Estados Unidos *(West Wing)*, más valía tener en el bolsillo algunos doctorados, incluso un Premio Nobel. Nada impide ver en muchas de esas series un himno a una desigualdad justa, basada en el mérito, el diploma y la utilidad social de las élites. Sin embargo, señalemos que creaciones más recientes escenifican una desigualdad más inquietante y más claramente patrimonial; en *Damages* aparecen horribles grandes empresarios que roban cientos de millones de dólares a sus asalariados y cuyas esposas, aún más egoístas que ellos, pretenden divorciarse de ellos conservando su riqueza, incluso la piscina. En la tercera temporada, inspirada en el asunto Madoff, se ve a los hijos del estafador financiero dispuestos a todo para conservar el control de los activos de su padre, disimulados en Antigua, en el Caribe, y así proteger su futuro tren de vida.[54] En *Dirty Sexy Money* se ve a jóvenes herederos decadentes, poco dotados de mérito y virtud, vivir con descaro del patrimonio familiar. Sin embargo, eso sigue siendo excepcional y, sobre todo, el hecho de vivir de un patrimonio acumulado en el pasado casi siempre se muestra como algo negativo, hasta infamante, mientras que era totalmente natural en Austen o Balzac, por pocos sentimientos verdaderos que tuvieran sus personajes.

Esta gran transformación de las representaciones colectivas de la des-

habla Jane Austen, en un mundo en el que el ingreso promedio por habitante era del orden de 30 libras anuales.

[54] El tema del botín oculto en las Bahamas también hizo su aparición en la cuarta temporada de la serie *Desperate Housewives* (Carlos Solís tiene que recuperar sus 10 millones de dólares, lo que le origina muchas complicaciones con su esposa), serie por lo general bastante amable y con poca tendencia a mostrar las desigualdades sociales bajo una luz inquietante, salvo, desde luego, cuando aparecen los inquietantes terroristas ecológicos (una amenaza al orden establecido) o las minorías conspiradoras mentalmente retrasadas.

igualdad se justifica en parte, aunque se base en varios malentendidos. Primero, aunque sea muy evidente que los diplomas desempeñan un papel más importante hoy que en el siglo XVIII (en un mundo en el que todos tienen un título y están calificados, es poco recomendable quedarse rezagado: a cada individuo le conviene hacer un mínimo de esfuerzo para adquirir una calificación, incluso entre quienes heredan un capital inmobiliario o financiero importante, sobre todo porque, desde la perspectiva de los herederos, la herencia siempre llega un poco tarde), eso no implica necesariamente que la sociedad se haya vuelto más meritocrática. En particular, no supone que la participación del ingreso nacional que va al trabajo haya realmente aumentado (vimos que esto —casi— no ha ocurrido), y desde luego no implica que cada uno tenga acceso a las mismas oportunidades para alcanzar los diferentes niveles de calificación: en gran medida, la desigualdad en la formación simplemente se trasladó hacia arriba y nada implica que la movilidad intergeneracional en materia educativa realmente haya avanzado.[55] Sin embargo, la transmisión de un capital humano siempre es menos automática y mecánica que la de un capital inmobiliario y financiero (el heredero debe dar muestras de un mínimo de esfuerzo y voluntad); de ahí una creencia muy difundida —y en parte justificada— de que el final de la herencia habría permitido el surgimiento de una sociedad un poco más justa.

Desde mi punto de vista, el principal malentendido es el siguiente: por una parte, no se dio el final de la herencia; la distribución del capital heredado cambió, lo que es diferente. Desde luego, en la Francia de este inicio del siglo XXI existen menos enormes herencias —las de 30 millones de euros, o hasta de 10 o 5 millones son menos numerosas— que en el siglo XIX. Sin embargo, teniendo en cuenta el hecho de que la masa global de las herencias ha vuelto aproximadamente a su punto inicial, existen muchas más herencias medianas y medianas-grandes: por ejemplo, en torno a 200 000 euros, 500 000 euros, un millón de euros, dos millones de euros. Ahora bien, semejantes sucesiones, al tiempo que son claramente insuficientes para que uno se pueda permitir abandonar toda perspectiva profesional y elegir vivir de sus rentas, representan, en cambio, sumas considerables, sobre todo comparadas con lo que una buena parte de la población gana al final de una vida de trabajo. Dicho de otro modo, pasamos de una sociedad con un pequeño número de grandes rentistas a una con una cantidad mucho más amplia de rentistas menos grandes: en cierta manera, una sociedad de pequeños rentistas.

En mi opinión, el indicador más pertinente para representar esta evolución está descrito en la gráfica XI.11. Se trata del porcentaje de personas que, en cada generación, reciben en herencia (sucesiones y donaciones) sumas más importantes de lo que el 50% de las personas peor pagadas ganan como ingresos por trabajo a lo largo de una vida. Este monto evoluciona a lo largo

[55] Volveremos a este tema en el capítulo XIII.

GRÁFICA XI.11. *¿Qué proporción de una generación recibe en herencia el equivalente del ingreso de una vida de trabajo?*

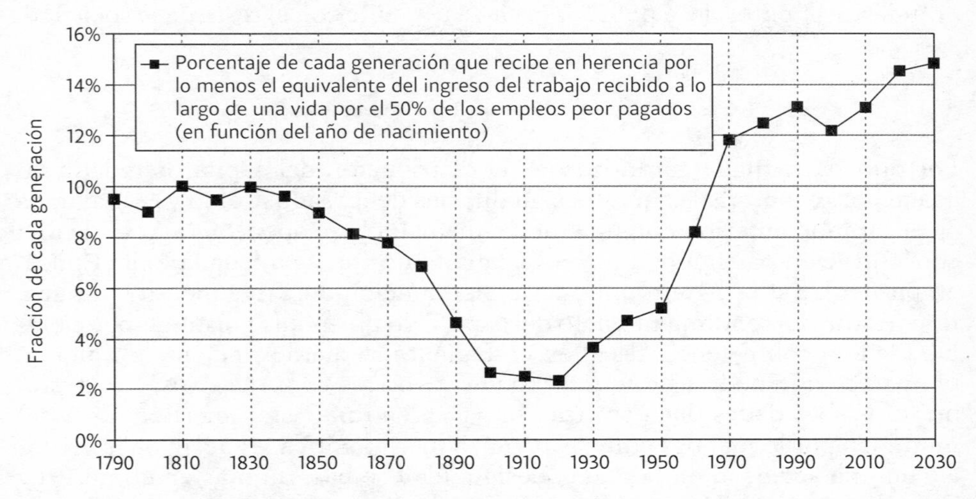

Entre las generaciones nacidas hacia 1970-1980, el 12-14% de las personas reciben en herencia el equivalente de los ingresos del trabajo recibidos a lo largo de su vida por el promedio del 50% de los menos bien pagados.

FUENTES Y SERIES: véase piketty.pse.ens.fr/capital21c.

de las generaciones: en la actualidad, el salario promedio de la mitad inferior es del orden de 15 000 euros anuales, es decir, alrededor de 750 000 euros por 50 años de carrera (jubilación incluida). Se trata *grosso modo* de lo que produce una vida con un salario cercano al mínimo. Se advierte que en el siglo XIX, más o menos 10% de una generación heredaba montos superiores a esa suma. Ese porcentaje se desplomó a apenas más de 2% para las generaciones que nacieron entre 1910 y 1920, y a 4-5% para los nacidos entre 1930 y 1950. Según nuestras estimaciones, ese porcentaje ya volvió a subir a alrededor de 12% para las generaciones nacidas en los setenta y ochenta, y podría alcanzar o rebasar el 15% para aquellas nacidas en 2010-2020. Dicho de otra manera, casi una sexta parte de cada generación recibirá en herencia más de lo que la mitad de la población gana con su trabajo a lo largo de toda una vida (y que en gran medida es la misma mitad que casi no recibe ninguna herencia).[56] Desde luego, eso no impedirá que la sexta parte en cuestión logre diplomas y trabaje y, sin duda, gane más en general con su trabajo que la mitad peor pagada. Sin embargo, se trata de una forma de desigualdad bastante perturbadora, que tiende a alcanzar una amplitud inédita en la historia. Además,

[56] Esta proporción podría incluso rebasar el 25% en el marco del segundo escenario. Véase la gráfica S11.11 (disponible en línea).

esta desigualdad es más difícil de representar en la literatura y de corregir políticamente, pues se trata de una desigualdad ordinaria, que confronta a grandes segmentos de la población y no a una élite con el resto de la sociedad.

El rentista, enemigo de la democracia

Por otra parte, nada garantiza que la distribución del capital heredado no acabe por recobrar sus cimas desigualitarias del pasado. Como ya señalamos en el capítulo anterior, ninguna fuerza ineluctable se opone al regreso de una concentración patrimonial extrema, tan importante como en la Bella Época, en particular si ocurriera una fuerte disminución del crecimiento y un alza importante del rendimiento neto del capital, lo que podría resultar, por ejemplo, de una competencia fiscal exacerbada. Si se diera semejante evolución, me parece que podría provocar choques políticos considerables. En efecto, nuestras sociedades democráticas se basan en una visión meritocrática del mundo, o por lo menos en una esperanza meritocrática, es decir, en la creencia en una sociedad en la que la desigualdad se basaría más en el mérito y el trabajo que en el parentesco y las rentas. Esta creencia y esta esperanza desempeñan un papel central en la sociedad moderna, por una razón simple: en una democracia, la igualdad proclamada de los derechos del ciudadano contrasta de manera singular con la desigualdad muy real de las condiciones de vida, y para salir de esta contradicción es vital hacer que las desigualdades sociales sean el resultado de principios racionales y universales y no de contingencias arbitrarias. Por ello, en este caso, la desigualdad debe ser justa y útil para todos ("Las distinciones sociales sólo pueden fundarse en la utilidad común", dice el artículo primero de la Declaración de los Derechos del Hombre y del Ciudadano de 1789), por lo menos en el discurso y, tanto como sea posible, en la realidad. En 1893, Émile Durkheim había pronosticado que las sociedades democráticas modernas no soportarían mucho tiempo la existencia de la herencia y acabarían por limitar el derecho de propiedad, de tal manera que la posesión se extinguiera con la defunción de las personas.[57]

De hecho, es significativo que las palabras "renta" y "rentista" hayan llegado a tener una connotación muy peyorativa a lo largo del siglo XX. En el marco de este libro utilizamos esas palabras en su sentido descriptivo original, es decir, para designar las rentas anuales producidas por un capital y a las personas que viven de ellas. Para nosotros, las rentas producidas por un

[57] En comparación con las teorías socioeconómicas de Modigliani, Becker o Parsons, la teoría de Durkheim, formulada en *La división del trabajo social*, tenía el mérito de ser principalmente una teoría política del final de la herencia. No tuvo más éxito que las demás teorías, aunque se puede considerar que las guerras del siglo XX sólo postergaron el problema hacia el siglo XXI.

capital no son más que los productos resultantes de ese capital, sin importar si se trata de rentas, intereses, dividendos, beneficios, regalías o de cualquier otra forma jurídica, a condición de que esos ingresos remuneren el simple hecho de poseer ese capital, independientemente de cualquier trabajo. Es en este sentido original como las palabras "rentas" y "rentistas" se utilizaban en los siglos XVIII y XIX, por ejemplo en las novelas de Balzac y de Austen, en un momento en que el predominio de la riqueza y de sus productos en la cima de la jerarquía de los ingresos se asumía perfectamente y se aceptaba como tal, por lo menos entre las élites. Es impactante advertir que ese sentido original se perdió a lo largo del tiempo, a medida que se imponían los valores democráticos y meritocráticos. Durante el siglo XX, la palabra "renta" se volvió una grosería, un insulto, tal vez el peor de todos. En todos los países se observa esta evolución del lenguaje.

Es muy interesante señalar que la palabra "renta" se emplea a menudo en nuestros días con un sentido muy diferente, a saber, para designar una imperfección del mercado (la "renta del monopolio") o, de manera más general, todo ingreso indebido o injustificado, sin importar su naturaleza. Por momentos, casi se tiene la impresión de que la renta se volvió sinónimo del mal económico por excelencia. La renta es enemiga de la racionalidad moderna y debe ser combatida por todos los medios, sobre todo por éste: una competencia cada vez más pura y más perfecta. La entrevista otorgada por el actual presidente del Banco Central Europeo a los grandes diarios del continente, algunos meses después de su nominación, nos da un ejemplo reciente y representativo de este tipo de empleo de la palabra "renta": cuando los periodistas lo abrumaron con preguntas sobre las estrategias futuras para resolver los problemas de Europa, el funcionario dio esta respuesta lapidaria: "Hay que combatir las rentas".[58] No se dio ninguna precisión adicional. Parecería que el gran banquero tenía en mente la falta de competencia en el sector de los servicios, como los taxis, peluquerías o algo parecido.[59]

El problema que plantea este empleo de la palabra "renta" es muy simple: el hecho de que el capital produzca ingresos, a los que conforme al uso original llamamos en este libro "renta anual producida por el capital", estrictamente nada tiene que ver con un problema de competencia imperfecta o de situación de monopolio. A partir del momento en que el capital tiene un papel útil en el proceso de producción, es natural que obtenga un rendimiento. Y a partir del momento en que el crecimiento es bajo, es casi inevitable que ese rendimiento del capital sea claramente superior a la tasa de crecimiento, lo que mecánicamente da una importancia desmedida a la desigual-

[58] Véase la entrevista con Mario Draghi, *Le Monde*, 22 de julio de 2012.

[59] Para nada tengo la idea de subestimar la importancia del problema planteado por los taxis. Sin embargo, de ahí a hacer de ello el problema central que debe enfrentar el continente europeo —o incluso el conjunto del capitalismo mundial— a lo largo del siglo XXI, hay un paso que no me atrevo a dar.

dad patrimonial resultante del pasado; esta contradicción lógica no se resolverá con una dosis de competencia adicional. La renta no es una imperfección del mercado: por el contrario, es la consecuencia de un mercado de capital "puro y perfecto", en el sentido de los economistas, es decir, un mercado de capital que ofrece a cada poseedor de capital —y, en particular, al heredero menos capaz— el rendimiento más elevado y mejor diversificado que se pueda encontrar en la economía nacional o incluso mundial. Desde luego, esta noción de renta producida por un capital, que el poseedor puede obtener sin trabajar, tiene algo de sorprendente; hay algo que choca con el sentido común y que, de hecho, perturbó a muchas civilizaciones que intentaron darle diversas respuestas, no siempre adecuadas y que iban desde la prohibición de la usura hasta el comunismo de tipo soviético (volveremos a ello). Sin embargo, la renta es una realidad en una economía de mercado de propiedad privada del capital. El hecho de que el capital agrícola se haya vuelto inmobiliario, industrial y financiero no cambió en nada esta realidad profunda. A veces se puede imaginar que la lógica del desarrollo económico sería volver cada vez menos operante la distinción entre trabajo y capital. En realidad, es exactamente a la inversa: la creciente sofisticación del mercado de capital y de la intermediación financiera apunta a separar de manera cada vez más fuerte la identidad del poseedor de la del gestor y, por consiguiente, a separar el producto puro del capital del producto del trabajo. A veces la racionalidad económica y tecnológica nada tiene que ver con la democrática. La Ilustración engendró la primera racionalidad, y sin duda imaginamos demasiado a menudo que la segunda resultaría de ella de forma natural, como por arte de magia. Ahora bien, la democracia real y la justicia social exigen instituciones específicas propias, que no son simplemente las del mercado y que tampoco pueden reducirse a las instituciones parlamentarias y democráticas formales.

En resumen: la fuerza de divergencia fundamental que subrayamos en este libro, y que se puede resumir como la desigualdad $r>g$, nada tiene que ver con una imperfección de los mercados, cuya resolución no se alcanzará con mercados siempre más libres y más competitivos. La idea conforme a la cual la libre competencia permite poner fin a la sociedad de la herencia y llevar a un mundo cada vez más meritocrático es una ilusión peligrosa. El advenimiento del sufragio universal y el final del sufragio censitario (que en el siglo XIX limitaba el derecho de voto a las personas poseedoras de suficiente riqueza, en general el 1 o 2% con el patrimonio más alto en las sociedades francesas y británicas de 1820-1840, es decir, aproximadamente los contribuyentes sujetos al impuesto sobre la fortuna en la Francia de 2000-2010) pusieron fin al dominio político legal de los poseedores de riquezas,[60]

[60] En Francia, menos del 1% de los hombres adultos tenían derecho a voto durante la Restauración (90 000 electores de 10 millones; ese porcentaje pasó después al 2% durante la Monarquía de Julio). El empadronamiento para ser elegible era aún más estricto: menos del 0.2% de

pero no abolieron, como tales, las fuerzas económicas susceptibles de conducir a una sociedad de rentistas.

El regreso de la herencia: ¿un fenómeno primero europeo y después mundial?

¿Se pueden extender los resultados que obtuvimos respecto de la herencia en Francia a los demás países? Teniendo en cuenta las limitaciones de los datos disponibles, lamentablemente es imposible dar respuesta de manera precisa a esa pregunta. Al parecer, en ningún otro país existen fuentes sucesorias tan ricas y sistemáticas como en Francia. Sin embargo, varios puntos parecen quedar bien establecidos: en una primera aproximación, los datos imperfectos reunidos hasta ahora respecto de los demás países europeos, y en particular de Alemania y el Reino Unido, permiten pensar que la curva en forma de U del flujo sucesorio observada en Francia a lo largo del siglo XX corresponde en realidad al conjunto de toda Europa (véase la gráfica XI.12).

En Alemania, en particular, las estimaciones disponibles —por desgracia sólo para un número limitado de años— sugieren que el flujo sucesorio se desplomó aún más intensamente que en Francia después de los choques de 1914-1945, pasando de aproximadamente 16% del ingreso nacional en 1910 a sólo 2% hacia 1960. El alza fue importante y regular desde esa fecha, con una aceleración después de los años ochenta y noventa, y en las décadas de 2000-2010 el flujo sucesorio anual ya era de alrededor de 10-11% del ingreso nacional. El nivel alcanzado es menos elevado que en Francia (alrededor de 15% del ingreso nacional en la década iniciada en 2010); pero, tomando en cuenta el punto de partida más bajo hacia 1950-1960, el alza del flujo sucesorio fue en realidad más importante en Alemania. Además, hay que subrayar que la diferencia actual se explica totalmente por la diferencia de la relación capital/ingreso (es decir, por el efecto β, estudiado en la segunda parte): si el total de las fortunas privadas alcanzara en el futuro el mismo nivel en Alemania que en Francia, entonces el flujo sucesorio también se igualaría (suponiendo todo lo demás igual). También es interesante señalar que este fuerte incremento del flujo sucesorio alemán se explica en gran medida por un enorme aumento de las donaciones, del mismo modo que en Francia. La masa anual de las donaciones registradas por la administración alemana representaba el equivalente aproximado de 10-20% de la masa de las sucesiones hasta los años setenta y ochenta, luego subió progresivamente a más

los hombres adultos lo lograban. El sufragio universal masculino, brevemente introducido en 1793, se aplicó a partir de 1848. El Reino Unido contaba con menos de 2% de electores hasta 1831, luego de que una serie de reformas en 1831 y sobre todo en 1867, 1884 y 1918 terminaron gradualmente con las exigencias en términos de propiedad mínima. Véase el anexo técnico.

GRÁFICA XI.12. *El flujo sucesorio en Europa, 1900-2010*

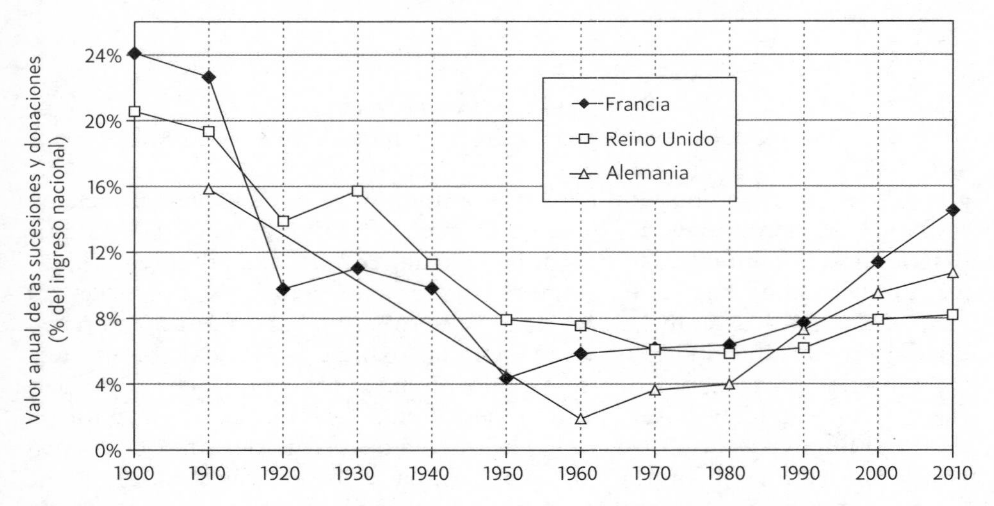

El flujo sucesorio sigue una curva en U tanto en Francia como en el Reino Unido y Alemania. Es posible que las donaciones estén subestimadas en el Reino Unido al final del periodo.
FUENTES Y SERIES: véase piketty.pse.ens.fr/capital21c.

o menos 60% en las décadas de 2000-2010. En definitiva, el más bajo flujo sucesorio alemán de 1910 correspondía en una medida importante al mayor dinamismo demográfico observado en Alemania en la Bella Época (efecto *m*). Por razones inversas, a saber, el estancamiento demográfico alemán en este inicio del siglo XXI, es factible que el flujo sucesorio alcance niveles más elevados en Alemania que en Francia en las próximas décadas.[61] Lógicamente sucede lo mismo con los demás países europeos afectados por una baja demográfica y por la caída de la natalidad, como Italia o España, aunque por desgracia no dispongamos de ninguna serie histórica confiable de su flujo sucesorio.

En lo que se refiere al Reino Unido, se advierte primeramente que, en la Bella Época, el flujo sucesorio tenía más o menos la misma importancia que en Francia: en torno a 20-25% del ingreso nacional;[62] éste se desplomó menos intensamente que en Francia o en Alemania después de las guerras mundia-

[61] Los datos alemanes presentados aquí fueron reunidos por C. Schinke, "Inheritance in Germany, 1911-2009: A Mortality Multiplier Approach", Paris School of Economics, tesis de maestría, 2012. Véase el anexo técnico.

[62] El nivel británico parece ser un poco inferior (20-21% en lugar de 23-24%). Sin embargo, hay que subrayar que se trata de una estimación del flujo fiscal y no del flujo económico, y entonces es probable que esté un poco subestimada. Los datos británicos fueron reunidos por A. Atkinson, "Wealth and Inheritance in Britain from 1896 to the Present", London School of Economics, CASE Pepers núm. 178, Centre for Analysis of Social Exclusion, 2013.

les, lo que parece ser coherente con el hecho de que el acervo de las fortunas privadas se vio menos fuertemente afectado (efecto β) y que los registros de la acumulación patrimonial no cayeron tanto (efecto μ). El flujo anual de sucesiones y donaciones cayó a aproximadamente 8% del ingreso nacional en los años cincuenta y sesenta, luego a 6% en los setenta y ochenta. El alza observada desde los años ochenta y noventa es significativa, pero parece sensiblemente menos fuerte que en Francia o Alemania: según los datos disponibles, el flujo sucesorio británico apenas rebasó el 8% del ingreso nacional en 2000-2010.

En teoría, podemos imaginar varias explicaciones. El menor flujo sucesorio británico podría comprenderse por el hecho de que una mayor parte de las fortunas privadas adquirió la forma de fondos de pensión y, por consiguiente, de riqueza no transmisible a los descendientes. Sin embargo, esto sólo puede ser una pequeña parte de la explicación, pues los fondos de pensión no representaban más que 15-20% del acervo total de capital privado en el Reino Unido. Además, no es nada seguro que la riqueza del ciclo de vida fuera sustituida por la transmisible: desde un punto de vista lógico, esas dos formas de acumulación patrimonial deberían más bien sumarse, por lo menos a nivel de un país en particular, de tal manera que, por ejemplo, un país basado más en los fondos de pensión para financiar sus jubilaciones debería estar acumulando un mayor acervo total de patrimonio privado, y llegado el caso invertiría un porcentaje de este último en los demás países.[63]

También es posible que el menor flujo sucesorio británico se explique por medio de actitudes psicológicas diferentes respecto del ahorro y de la transmisión familiar. Sin embargo, antes de llegar a ello, es necesario señalar que la diferencia observada en 2000-2010 se explica totalmente por el nivel más bajo de las donaciones británicas, que habrían permanecido estables en torno a 10% de la masa de las sucesiones desde los años setenta y ochenta, mientras que tanto en Francia como en Alemania subieron a 60-80% de la masa de las sucesiones en 2000-2010. Tomando en cuenta las dificultades vinculadas con el registro de las donaciones y las diferencias en las prácticas nacionales en ese ámbito, esta diferencia parece ser muy sospechosa y no se puede excluir que se debe —por lo menos en parte— a una subestimación de las donaciones en el Reino Unido. En el estado actual de los datos disponibles, lamentablemente es imposible decir con certeza si la menor alza del flujo sucesorio británico se corresponde con una diferencia real en el comportamiento (tal que los británicos pudientes consumirían más su patrimonio y lo transmitirían menos a sus hijos que sus homólogos franceses o alemanes), o

[63] Si esto ocurriera a nivel mundial, el rendimiento global del capital podría bajar y una mayor riqueza del ciclo de vida podría, en parte, sustituir a la riqueza transmisible (en la medida en la que un menor rendimiento desalienta el segundo tipo de acumulación más que el primero, lo que no es seguro). Volveremos a estos temas en el capítulo XII.

bien a un sesgo puramente estadístico (si se aplicara el mismo cociente donaciones/sucesiones que el observado en Francia y Alemania, el flujo sucesorio británico sería, en los años 2000-2010, del orden de 15% del ingreso nacional, como en Francia).

Las fuentes sucesorias disponibles para los Estados Unidos plantean problemas todavía más temibles. El impuesto federal sobre las sucesiones creado en 1916 siempre afectó a una pequeña minoría de sucesiones (en general apenas 2%), y las obligaciones declarativas relativas a las donaciones también eran limitadas, de tal manera que los datos estadísticos resultantes de ese impuesto son sumamente imperfectos. Por desgracia, es imposible sustituir por completo esos datos fiscales por medio de otras fuentes. En particular, las sucesiones y donaciones están muy subestimadas en las encuestas declarativas de las fortunas, organizadas en todos los países por las agencias estadísticas oficiales. Se trata de una limitación importante para nuestro conocimiento, muy a menudo olvidada por los trabajos que utilizan esas encuestas. En Francia se advierte, por ejemplo, que las donaciones y las sucesiones declaradas en las encuestas representan apenas la mitad del flujo observado en los datos fiscales (que, sin embargo, por definición es un límite inferior del flujo real, ya que faltan principalmente los activos exentos, como el seguro de vida). Manifiestamente, las personas interrogadas tienden a olvidar declarar a los encuestadores lo que realmente recibieron y a presentar su trayectoria patrimonial bajo una luz que les sea más favorable (lo que además es en sí mismo un testimonio interesante de las percepciones de la herencia en las sociedades modernas).[64] En muchos países, y en particular en los Estados Unidos, por desgracia es imposible establecer esta comparación con las fuentes fiscales. Sin embargo, nada nos lleva a pensar que el sesgo declarativo sea menos importante que en Francia, sobre todo porque las percepciones públicas de la herencia son por lo menos igual de negativas en los Estados Unidos.

Esta falta de confiabilidad en las fuentes estadunidenses implica claramente que es muy difícil estudiar con precisión la evolución histórica sucesoria en los Estados Unidos. Esto también explica, en parte, la virulencia de la controversia que en los años ochenta opuso dos tesis rigurosamente opuestas entre los economistas estadunidenses: por una parte, la de Modigliani, ardiente defensor de la teoría del ciclo de vida y de la idea según la cual los patrimonios heredados representaban apenas 20-30% del total de la riqueza estadunidense, y, por la otra, la de Kotlikoff y Summers, quienes por el contrario concluían, a partir de los datos a su alcance, que la participación de las fortunas heredadas alcanzaba 70-80% de la riqueza total. Para el joven

[64] Véase a este respecto el apasionante libro de A. Gotman a partir de conversaciones realizadas con dilapidadores de herencias importantes: *Dilapidation et prodigalité*, Nathan, París, 1995, 367 pp.

estudiante que yo era, descubrir los trabajos de la controversia a principios de los años noventa me conmocionó: ¿cómo se podía estar tan en desacuerdo, sobre todo entre economistas con reputación de serios? Debemos primeramente precisar que unos y otros se basaban en datos de bastante mala calidad para el final de los años sesenta y principios de los setenta. Si se vuelven a examinar esas estimaciones a la luz de los datos hoy disponibles, parecería que la verdad se sitúa entre los dos, pero es claramente más cercana a Kotlikoff-Summers: las fortunas heredadas representaban indudablemente por lo menos 50-60% del total de los patrimonios privados en los Estados Unidos en los años setenta y ochenta.[65] De manera más general, si se trata de estimar para los Estados Unidos la evolución de la participación de las fortunas heredadas a lo largo del siglo XX, como la representamos respecto de Francia en la gráfica XI.7 (a partir de datos mucho más completos), parecería que la curva en U fue menos pronunciada en los Estados Unidos y que el porcentaje de la herencia era un poco menor que en Francia, tanto al principio del siglo XX como del XXI (y ligeramente mayor en 1950-1970). La razón principal es el mayor crecimiento demográfico estadunidense, que implica al mismo tiempo un menor acervo de capital respecto del ingreso nacional (efecto β) y un menor envejecimiento de las fortunas (efectos m y μ). Sin embargo, no se debe exagerar esta diferencia: la herencia también desempeñó un papel importante en los Estados Unidos. Sobre todo, es necesario volver a insistir en el hecho de que esta diferencia entre Europa y los Estados Unidos tiene *a priori* poco que ver con una eterna diferencia cultural: parece explicarse ante todo por una discrepancia entre la estructura demográfica y el crecimiento de la población. Si un día llega a desaparecer el crecimiento de la población en los Estados Unidos, lo que es posible dadas las previsiones a largo plazo, es probable que el regreso de la herencia sea tan fuerte en los Estados Unidos como en Europa.

En lo que se refiere a los países pobres y emergentes, por desgracia no disponemos de fuentes históricas confiables sobre la herencia y su evolución. Parece posible que si las tasas de crecimiento demográfico y económico acaban disminuyendo, lo que lógicamente debería acontecer a lo largo del presente siglo, la herencia adquirirá por todas partes la misma importancia que la observada a lo largo de la historia en todos los países con un bajo crecimiento. En la medida en que ciertos países tendrán un crecimiento demográfico negativo, el papel de la herencia incluso podría llegar a adquirir una importancia desconocida hasta ahora. Sin embargo, hay que subrayar que eso llevará tiempo. Con el ritmo de desarrollo observado en la actualidad en

[65] En particular, Modigliani simple y llanamente omitía tomar en cuenta los ingresos capitalizados en los patrimonios heredados. Kotlikoff y Summers, por su parte, los tomaban en cuenta sin límite (incluso si la herencia capitalizada rebasaba el patrimonio del heredero), lo que también era incorrecto. Véase el anexo técnico para un análisis detallado de estos temas.

los países emergentes, valga como ejemplo China, parece evidente que el flujo sucesorio es por el momento muy reducido. Para los chinos en edad activa, que tienen en la actualidad tasas de incremento de sus ingresos del orden de 5-10% anual, está claro que su patrimonio en la inmensa mayoría de los casos depende ante todo de su ahorro y no del de sus abuelos, que disponían de ingresos infinitamente inferiores a los de ellos. El regreso de la herencia a nivel mundial es —sin duda— una perspectiva importante para la segunda mitad del siglo XXI. Sin embargo, para las próximas décadas, se trata ante todo de una realidad para Europa y en menor grado para los Estados Unidos.

XII. LA DESIGUALDAD MUNDIAL EN LA RIQUEZA EN EL SIGLO XXI

HASTA ahora hemos adoptado un punto de vista local demasiado estrecho acerca de la dinámica de las desigualdades patrimoniales. Desde luego, en varias ocasiones mencionamos el papel central desempeñado por los activos extranjeros en el Reino Unido y Francia en el siglo XIX y en la Bella Época. Sin embargo, eso no basta, pues el tema de las inversiones internacionales será relevante sobre todo en el porvenir. Por lo tanto, ahora tenemos que estudiar la dinámica de la desigualdad en la riqueza a nivel mundial y las principales fuerzas actuantes en este inicio del siglo XXI. ¿Podrían llevar las fuerzas de la globalización financiera, en el siglo que se inicia, a una concentración del capital aún más grande que todas las observadas en el pasado? ¿O quizás esto ya ha ocurrido?

Empezaremos por estudiar esta cuestión situándonos en el nivel de las fortunas individuales (¿va a incrementarse de manera ilimitada en el siglo XXI el porcentaje del capital mundial propiedad de los ultrarricos que aparecen en las clasificaciones de las revistas?), luego analizaremos las desigualdades entre países (¿los países actualmente ricos acabarán siendo una propiedad de los países petroleros, o bien de China, o más bien de sus propios multimillonarios?). Antes de responder, primero tenemos que presentar una fuerza hasta aquí menospreciada y que tendrá un papel esencial en el análisis del conjunto de estas evoluciones: la desigualdad en los rendimientos del capital.

LA DESIGUALDAD EN LOS RENDIMIENTOS DEL CAPITAL

La hipótesis habitual de los modelos económicos es que el capital produce un mismo rendimiento promedio a todos sus poseedores, pequeños y grandes. Pero eso no es del todo cierto: es muy posible que los patrimonios más importantes obtengan en promedio rendimientos más elevados. Se puede imaginar varias razones para ello. La más evidente es que se dispone de más medios para emplear intermediarios financieros y otros administradores de fortunas cuando se poseen 10 millones de euros y no 100 000, o bien cuando se dispone de 1 000 millones de euros en lugar de 10 millones. En la medida en que, en promedio, los intermediarios permiten identificar las mejores inversiones, estos efectos de cuantía asociados al manejo de las carteras (esas "economías de escala") llevan mecánicamente a un rendimiento promedio más elevado para las fortunas más importantes. La segunda razón es que es más fácil tomar riesgos y ser paciente cuando se dispone de reservas importantes que cuando no se posee casi nada. Por esas dos razones —y todo parece indicar que, en la práctica, la primera es aún más importante que la segunda—, es muy posible que, con un mismo rendimiento promedio del capital del orden de 4% anual, las fortunas más grandes logren obtener más (por ejemplo, hasta 6-7% por año), mientras que las más pequeñas a menudo deben contentarse con un rendimiento promedio de apenas 2-3% anual. De hecho, veremos que las mayores fortunas mundiales (incluso las heredadas) aumentaron en promedio a tasas muy elevadas a lo largo de las últimas décadas (del orden de 6-7% anual, sensiblemente más altas que el incremento promedio de los patrimonios).

De inmediato se advierte que semejante mecanismo puede llevar mecánicamente a una divergencia radical en la distribución del capital. Si los patrimonios del decil o del percentil superior de la jerarquía mundial del capital aumentan estructuralmente más rápido que los deciles inferiores, es natural que la desigualdad en los patrimonios tienda a ampliarse sin límite. Este proceso de desigualdad puede adquirir proporciones inéditas en el marco de la nueva economía global. En la aplicación de la ley de los intereses acumulados descrita en el capítulo I, vemos asimismo que este mecanismo de divergencia puede ser muy rápido, y que, si se aplica sin ningún límite, la participación de las mayores fortunas en el capital mundial puede llegar en unos cuantos decenios a niveles extremos. La desigualdad en los rendimientos del capital es una fuerza de divergencia que amplifica y agrava considerablemente los efectos de la desigualdad $r>g$. Implica que la diferencia $r-g$ puede ser alta para las mayores fortunas sin serlo necesariamente en el nivel de la economía considerada en su conjunto.

Desde un punto de vista estrictamente lógico, la única fuerza de corrección "natural" —es decir, fuera de toda intervención pública— es de nuevo el crecimiento. Mientras el crecimiento mundial sea fuerte, este despegue de las muy altas fortunas permanece bastante mesurado en términos relativos, en el sentido de que su tasa de crecimiento no es desmedidamente más elevada que el incremento promedio de los ingresos y de la riqueza. En concreto, con un aumento mundial del orden de 3.5% anual, como el que se observó en promedio de 1990 a 2012, ritmo que podría prolongarse de 2012 a 2030, el distanciamiento de las mayores fortunas mundiales es un fenómeno desde luego visible, pero menos espectacular que si el crecimiento mundial sólo fuera de 1 o 2% anual. Además, el fuerte crecimiento mundial incluye en la actualidad un importante componente demográfico, lo que implica la rápida llegada de fortunas originadas en los países emergentes a las listas de las mayores fortunas del planeta. De ahí la impresión de una fuerte renovación de éstas y, al mismo tiempo, un creciente y pesado sentimiento de pérdida de estatus en los países ricos, que a veces supera todas las demás preocupaciones. Sin embargo, a mayor plazo —cuando el crecimiento mundial vuelva a caer a niveles más bajos—, el mecanismo de desigualdad más preocupante será por mucho el resultante de la desigualdad en el rendimiento del capital, independientemente de las cuestiones de convergencia a nivel internacional. Sin duda, a largo plazo, las desigualdades patrimoniales dentro de las naciones serán todavía más preocupantes que las que se den entre naciones.

Empezaremos por abordar la desigualdad en los rendimientos del capital a través del prisma de las clasificaciones internacionales de fortunas individuales. Luego examinaremos el caso de los rendimientos obtenidos por los fondos patrimoniales de las grandes universidades estadunidenses, cuestión aparentemente anecdótica, pero que permite analizar de manera clara y desapasionada la desigualdad en el rendimiento en función de la cuantía de la cartera inicial. Después estudiaremos los fondos soberanos y su rendimiento, sobre todo los de los países petroleros y China, lo que nos conducirá de nuevo a la cuestión de las desigualdades patrimoniales entre países.

La evolución de las clasificaciones mundiales de las fortunas

Es de buen gusto, entre los investigadores, no conceder demasiada estima a las clasificaciones de las fortunas publicadas por ciertas revistas (*Forbes* en los Estados Unidos y otras en diversos países). De hecho, esos datos adolecen de sesgos importantes y plantean graves problemas metodológicos (por usar un eufemismo). Sin embargo, tienen el mérito de existir e intentar responder de la mejor manera posible a una demanda social fuerte y legítima de información sobre una cuestión importante de nuestro tiempo: la distribución mundial de la riqueza y su evolución. He aquí un procedimiento en el que deberían inspirarse más los investigadores. Además, es importante ser conscientes del hecho de que carecemos visiblemente de fuentes de información confiables acerca de la dinámica mundial de las fortunas. En particular, las agencias nacionales y los institutos estadísticos oficiales se encuentran muy rebasados por el movimiento de internacionalización de las riquezas, y proponen herramientas de observación —por ejemplo, las encuestas de hogares de un país determinado— que no permiten analizar correctamente las evoluciones en curso en este inicio del siglo XXI. Las clasificaciones de las fortunas propuestas por las revistas pueden —y deben— ser mejoradas, principalmente al confrontarlas con las fuentes administrativas, fiscales y bancarias, pero sería absurdo y contraproducente ignorarlas, sobre todo porque en la actualidad esas fuentes administrativas están muy mal coordinadas a nivel internacional. Vamos, pues, a intentar ver qué enseñanzas útiles es posible sacar de esos listados de las fortunas.

La clasificación más antigua y sistemática es la lista mundial de los multimillonarios publicada anualmente (desde 1987) por la revista estadunidense *Forbes;* cada año, sus periodistas intentan establecer, utilizando todo tipo

GRÁFICA XII.1. *Los multimillonarios según la clasificación de* Forbes, *1987-2013*

Entre 1987 y 2013, el número de multimillonarios en dólares en el mundo pasó, según Forbes, de 140 a 1400 y su riqueza total pasó de 300000 millones a 5.4 billones de dólares.
FUENTES Y SERIES: véase piketty.pse.ens.fr/capital21c.

de fuentes, la lista completa de todos los individuos en el mundo cuya fortuna neta rebase los 1000 millones de dólares. La clasificación fue dominada por multimillonarios japoneses de 1987 a 1995, luego por un estadunidense de 1995 a 2009 y, por último, por un mexicano desde 2010. Según *Forbes,* el planeta contaba con apenas 140 multimillonarios en dólares en 1987 y tenía más de 1400 en 2013: es decir, una multiplicación por 10. Su fortuna total habría aumentado aún más rápido, pasando de menos de 300000 millones de dólares en 1987 a 5.4 billones en 2013, esto es, una multiplicación casi por 20 (véase la gráfica XII.1). Sin embargo, teniendo en cuenta la inflación y el crecimiento mundial desde 1987, esos montos espectaculares, repetidos cada año por todos los medios de comunicación del planeta, son difíciles de interpretar. Si se les compara con la población mundial y con el total de la riqueza privada a nivel mundial (cuya evolución estudiamos en la segunda parte), se obtienen los siguientes resultados, que tienen un poco más de sentido. El planeta contaba con apenas cinco multimillonarios por cada 100 millones de habitantes adultos en 1987, y con 30 en 2013; los multimillonarios poseían cerca de 0.4% de la riqueza privada mundial en 1987, y en 2013 poseían más de 1.5%, lo que les permitió rebasar el récord anterior alcanzado en 2008, en vísperas de la crisis financiera mundial y de la quiebra de

GRÁFICA XII.2. *Los multimillonarios en proporción de la población y de la riqueza mundial, 1987-2013*

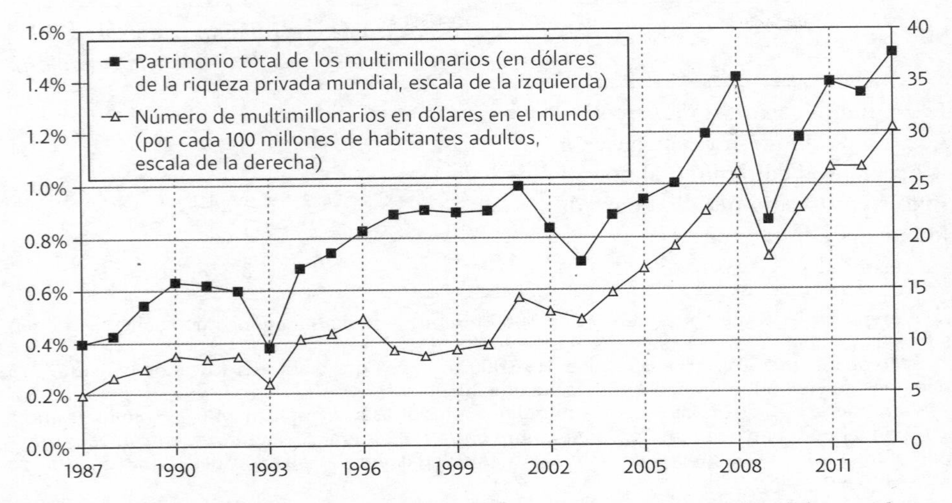

Entre 1987 y 2013, el número de multimillonarios por cada 100 millones de adultos en el mundo pasó de 5 a 30 y su participación en la riqueza privada mundial pasó de 0.4 a 1.5%.
FUENTES Y SERIES: véase piketty.pse.ens.fr/capital21c.

Lehman Brothers (véase la gráfica XII.2).[1] Sin embargo, esta manera de expresar los datos sigue siendo oscura: no tiene nada de sorprendente que un grupo que incluye seis veces más personas, en proporción de la población, posea una parte cuatro veces más alta de la riqueza mundial.

La única manera de dar un sentido a esas clasificaciones de las fortunas es examinar la evolución del patrimonio propiedad de un porcentaje fijo de la población mundial, por ejemplo, el veintemillonésimo más rico de la población adulta mundial, es decir, alrededor de 150 personas de los 3 000 millones de adultos que había a fines de los años ochenta y 225 personas de los 4 500 millones de adultos a principios de la década de 2010. Se advierte entonces que la fortuna promedio de ese grupo pasó de apenas más de 1 500 millones de dólares en 1987 a casi 15 000 millones en 2013, es decir, un incremento promedio de 6.4% anual por encima de la inflación.[2] Si ahora se

[1] Recordemos que el PIB mundial, expresado en paridad de poder adquisitivo, era del orden de 85 billones de dólares en 2012-2013 (alrededor de 70 billones de euros) y que, según nuestras estimaciones, el total de las fortunas privadas (activos inmobiliarios, empresariales y financieros netos de deudas) era aproximadamente de cuatro años del PIB mundial: es decir, del orden de 340 billones de dólares (280 billones de euros). Véanse los capítulos I y VI y el anexo técnico.

[2] La inflación es de alrededor de 2-2.5% anual en ese periodo (un poco inferior en euros que en dólares; véase el capítulo I). Todas las series detalladas están disponibles en el anexo técnico.

CUADRO XII.1. *Tasa de crecimiento de las fortunas mundiales más altas, 1987-2013*

	Tasa de crecimiento real promedio anual (después de deducir la inflación)
Los cienmillonésimos más ricos[a]	6.8%
Los veintemillonésimos más ricos[b]	6.4%
Riqueza promedio mundial por adulto	2.1%
Ingreso promedio mundial por adulto	1.4%
Población adulta mundial	1.9%
PIB mundial	3.3%

[a] Alrededor de 30 personas adultas de 3 000 millones que había en los años ochenta, 45 personas de las 4 500 millones en la década de 2010.

[b] Alrededor de 150 personas adultas de 3 000 millones que había en los años ochenta, 225 personas de las 4 500 millones en la década de 2010.

Nota: de 1987 a 2013, las fortunas mundiales más altas aumentaron en 6-7% anual, frente a 2.1% anual para el patrimonio promedio mundial y 1.4% anual para el ingreso promedio mundial. Todas estas tasas de crecimiento están calculadas con la inflación deducida (que fue de 2.3% anual de 1987 a 2013).

FUENTES: véase piketty.pse.ens.fr/capital21c.

considera al cienmillonésimo más rico de la población mundial, es decir, 30 personas de las 3 000 millones a fines de los ochenta y 45 de las 4 500 millones a principios de la década iniciada en 2010, se advierte que su riqueza promedio pasó de apenas más de 3 000 millones a casi 35 000 millones de dólares, es decir, un incremento anual aún un poco más alto: en torno a 6.8% anual por encima de la inflación. En comparación, la riqueza promedio mundial por adulto aumentó en un 2.1% anual y el ingreso promedio mundial por adulto en un 1.4% anual, como recordamos en el cuadro XII.1.[3]

En resumen: desde 1980, las fortunas a nivel mundial aumentaron en promedio un poco más rápido que los ingresos (se trata del fenómeno de alza en la tendencia de la relación capital/ingreso estudiado en la segunda parte) y las mayores riquezas se incrementaron un poco más rápido que el promedio de los patrimonios (es el nuevo hecho que permiten resaltar las clasificaciones de *Forbes* de manera perfectamente clara, siempre y cuando sean confiables, claro está).

Se observará que las conclusiones exactas dependen notablemente de los años considerados. Por ejemplo, si se observa el periodo de 1990-2010, y no el de 1987-2013, la tasa de incremento real de las fortunas más altas

[3] Si se calculan los promedios respecto del total de la población mundial (incluyendo a los niños), que aumentó sensiblemente menos que la población adulta en el periodo de 1987-2013 (1.3% anual en lugar de 1.9%), todas las tasas de crecimiento son más altas, pero eso casi no afecta las diferencias entre ellas. Véase el anexo técnico.

GRÁFICA XII.3. *La participación de las fracciones más ricas en la riqueza privada mundial, 1987-2013*

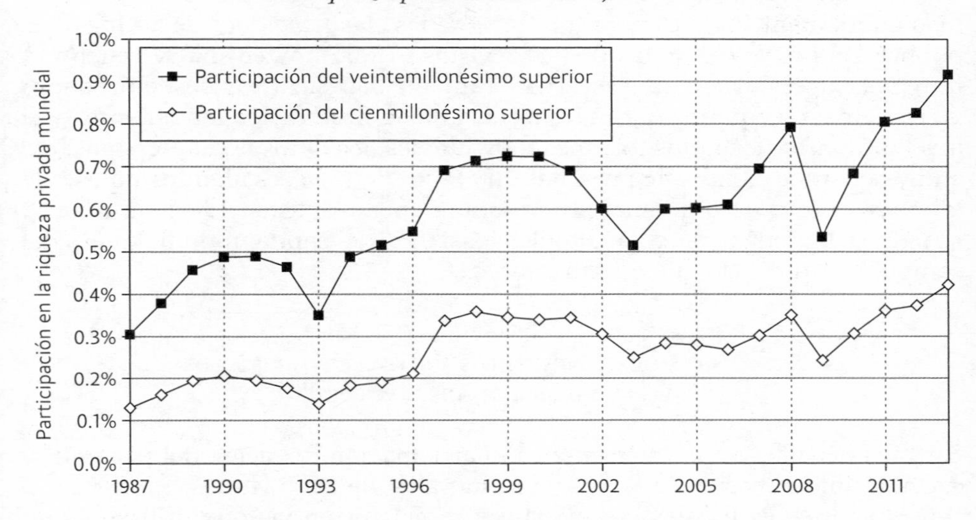

Entre 1987 y 2013, la participación del veintemillonésimo superior pasó de 0.3 a 0.9% de la riqueza total, y la del cienmillonésimo de 0.1 a 0.4%.

FUENTES Y SERIES: véase piketty.pse.ens.fr/capital21c.

bajó a alrededor de 4% anual en lugar de 6-7%.[4] Esto se debe a que 1990 fue un momento alto en el ciclo bursátil e inmobiliario mundial, mientras que 2010 fue un momento más bien bajo (véase la gráfica XII.2). Sin embargo, sin importar los años elegidos, el ritmo estructural de incremento de las fortunas más grandes parece ser siempre mucho más rápido —del orden de dos veces más rápido, por lo menos— que el aumento del ingreso y el patrimonio promedio. Si se examina la evolución de la participación de los diferentes millonésimos de las altas fortunas en el patrimonio mundial, se advierten multiplicaciones por más de tres en menos de 30 años (véase la gráfica XII.3). Desde luego, las cantidades siguen siendo relativamente limitadas cuando se expresan en relación con la riqueza mundial, aunque el ritmo de divergencia no deje de ser espectacular. Si dicha evolución prosiguiera indefinidamente, la participación de esos grupos tan reducidos podría alcanzar niveles muy sustanciales de aquí a finales del siglo XXI.[5]

[4] Véase el anexo técnico, cuadro S12.1.

[5] Por ejemplo, si se supone que el ritmo de divergencia observado entre 1987 y 2013 en el nivel del veintemillonésimo superior se aplica en el futuro al conjunto de la fracción constituido por los 1 400 multimillonarios de la clasificación de 2013 (más o menos los tres millonésimos superiores), entonces la participación de esa fracción pasará de 1.5% del patrimonio mundial en 2013 a 7.2% en 2050 y a 59.6% en 2100. Véase el anexo técnico.

¿Puede aplicarse esta conclusión a segmentos más amplios de la distribución mundial de la riqueza, en cuyo caso la divergencia ocurriría mucho más rápidamente? La primera limitante de las clasificaciones de las fortunas publicadas por *Forbes* y las demás revistas es que hoy en día se refieren a muy pocas personas para ser verdaderamente significativas desde un punto de vista macroeconómico. Sin importar la magnitud de los incrementos y el nivel faraónico de ciertas fortunas individuales, los datos no atañen más que a unos cuantos cientos de personas en el mundo (a veces algunos miles), de tal manera que, en esta etapa, representan apenas más de 1% de la riqueza mundial.[6] De todas maneras, esto deja casi 99% del capital mundial fuera del campo de estudio, lo que es lamentable.[7]

De las clasificaciones de los multimillonarios a los "informes mundiales sobre la fortuna"

Para ir más allá, y a fin de estimar la participación del decil, del percentil y del milésimo superior de la jerarquía mundial de las fortunas, es necesario consultar fuentes fiscales y estadísticas semejantes a las que utilizamos en el capítulo x. Allí habíamos comprobado un alza en la tendencia de las desigualdades patrimoniales en todos los países ricos desde 1980-1990, tanto en los Estados Unidos como en Europa; nada tendría de sorprendente, por consiguiente, que se observara esta tendencia a nivel mundial. Por desgracia, las fuentes disponibles están distorsionadas por múltiples aproximaciones (posiblemente subestimemos la tendencia al alza en los países ricos y, además, muchos países emergentes no están incluidos, puesto que las fuentes disponibles son tan aproximadas, sobre todo debido a la falta de una adecuada fiscalidad progresiva, que a veces se duda en utilizarlas), de tal manera que actualmente es muy difícil intentar hacer una estimación exacta sobre la evolución de la participación del decil, percentil y milésimo superiores en el ámbito mundial.

Desde hace unos años, para responder a la creciente demanda social de información sobre estos temas, varias instituciones financieras internacionales tomaron el relevo de las revistas e intentaron ampliar sus clasificaciones, publicando "informes mundiales sobre la riqueza", que estudian más que simplemente a los multimillonarios. En particular, desde 2010, Crédit Suisse (uno de los principales bancos suizos) publica cada año un ambicioso infor-

[6] Las clasificaciones nacionales de las fortunas realizadas por las revistas en los diferentes países, en particular en los Estados Unidos y Alemania, son un poco inferiores a las de la clasificación mundial de *Forbes,* ascendiendo la participación de las fortunas cubiertas a veces hasta 2-3% de la riqueza privada total del país. Véase el anexo técnico.

[7] En los medios de comunicación, los patrimonios de los multimillonarios se expresan a veces en relación con el flujo anual de producción mundial (o bien del PIB de tal o cual país, lo que da resultados aterradores); tiene más sentido indicarlos en relación con el acervo de riqueza mundial.

me sobre la distribución mundial del patrimonio, que abarca al conjunto de la población del planeta.[8] Otros bancos y ciertas compañías de seguros —Merrill Lynch, Allianz, etc.— se especializaron en el estudio de la población de millonarios en dólares a nivel mundial (los famosos HNWI: "High Net Worth Individuals"). Cada uno quiere su informe, preferentemente en papel satinado. Desde luego es irónico ver que instituciones cuyo trabajo en gran medida consiste en el manejo de fortunas se pongan a desempeñar el papel de agencias estadísticas oficiales e intenten mostrar conocimientos desinteresados acerca de la distribución de la riqueza en el mundo. También hay que reconocer que a menudo estos informes se ven forzados a elaborar hipótesis y aproximaciones heroicas —y no siempre convincentes— para llegar a una visión verdaderamente "mundial" de la riqueza. En todo caso, estos informes no suelen abarcar más que los últimos años —a lo sumo los 10 últimos— y por desgracia no permiten estudiar las evoluciones a largo plazo, ni siquiera establecer tendencias realmente confiables respecto de la desigualdad mundial de la riqueza, tomando en cuenta la naturaleza sumamente fragmentaria de los datos utilizados.[9]

No obstante, a semejanza de las clasificaciones de *Forbes* y similares, estos informes tienen el mérito de existir y dan un testimonio claro de que las agencias estadísticas nacionales e internacionales —y en gran medida la comunidad de los investigadores— no cumplen con el papel que deberían desempeñar en esta cuestión. Primeramente, se trata de una cuestión de transparencia democrática: a falta de información confiable y global sobre la distribución de los patrimonios, es posible afirmar una cosa y su contraria, alimentando todo tipo de fantasías, en uno u otro. Semejantes informes, por imperfectos que sean, mientras cumplan con el papel que se espera de ellos, pueden contribuir a dar un poco de contenido y orden al debate público.[10]

[8] Estos informes se basan sobre todo en los trabajos innovadores de J. Davies, S. Sandtrom, A. Shorrocks y E. N. Wolff, "The Level and Distribution of Global Household Wealth", *Economic Journal,* vol. 121, núm. 551, marzo de 2011, pp. 223-254, y en los datos del tipo de los presentados en el capítulo X. Véase el anexo técnico.

[9] En general, las fuentes utilizadas para expresar las distribuciones de la riqueza (por separado para cada país) se refieren a años relativamente distantes, y su actualización anual se basa casi únicamente en datos agregados del tipo de las cuentas nacionales. Véase el anexo técnico.

[10] Por ejemplo, muchos medios de comunicación franceses, acostumbrados desde hace años a describir a Francia como una nación sometida a una fuga masiva de sus patrimonios más altos (sin realmente intentar comprobar la información, salvo por algunas anécdotas individuales), se sorprendieron al advertir cada otoño desde 2010 en los informes del Crédit Suisse que Francia aparecía como el líder europeo de la fortuna: se clasificaba sistemáticamente al país como número tres mundial (detrás de los Estados Unidos y Japón, y muy por encima del Reino Unido y Alemania) en la lista de los países que albergaban al mayor número de millonarios en dólares. En este caso, la información parece ser exacta (tanto como las fuentes disponibles permiten considerarlo), incluso cuando los métodos del Crédit Suisse conducen a subestimar considerablemente el número de millonarios alemanes y, por consiguiente, a exagerar mucho la diferencia entre Francia y Alemania. Véase el anexo técnico.

Si se adopta el mismo procedimiento global que esos informes y si se comparan las diferentes estimaciones disponibles, se puede llegar aproximadamente a la siguiente conclusión: la desigualdad en la distribución de la riqueza a nivel mundial a principios de la década de 2010 parece ser comparable, por su amplitud, a la observada en las sociedades europeas hacia 1900-1910. Hoy en día, la participación del milésimo superior es aparentemente de casi 20% de la riqueza total y la del percentil superior puede situarse entre 80 y 90%; la mitad inferior de la población mundial posee sin duda alguna menos de 5% del patrimonio total.

En concreto, el 0.1% de los más ricos del planeta (aproximadamente 4.5 millones de adultos de entre los 4 500 millones de adultos del mundo) parece poseer una riqueza neta promedio del orden de 10 millones de euros, es decir, casi 200 veces el patrimonio promedio a nivel mundial (alrededor de 60 000 euros por adulto); por lo tanto, una participación en la riqueza total de casi 20%. El 1% de los más ricos (alrededor de 45 millones de adultos de aproximadamente 4 500 millones) posee un patrimonio promedio del orden de tres millones de euros (se trata *grosso modo* de la población con un patrimonio individual superior a un millón de euros), es decir, 50 veces el patrimonio promedio; por lo tanto, una participación en la riqueza total del orden de 50%.

Es importante insistir en que estas estimaciones son muy inciertas (incluso las del patrimonio total y las del promedio mundial), por lo que deben ser consideradas, aún más que todas las estadísticas mencionadas en este libro, como simples órdenes de magnitud para fijar las ideas.[11]

También hay que subrayar que esta enorme concentración patrimonial, sensiblemente mayor que la observada dentro de los países, resulta en gran medida de las desigualdades internacionales. A nivel mundial, el patrimonio promedio es de apenas 60 000 euros por adulto, de tal manera que muchos habitantes de los países desarrollados —incluso entre la "clase media patrimonial"— parecen ser muy ricos en el conjunto de la jerarquía mundial. Por esta misma razón, no es seguro que las desigualdades patrimoniales consideradas en su conjunto aumenten realmente a nivel mundial: posiblemente, en la actualidad, el efecto de convergencia entre países supere las fuerzas de divergencia, por lo menos durante cierto tiempo. En esta etapa, los datos disponibles no permiten saberlo de manera certera.[12]

[11] Véase el anexo técnico.

[12] En lo que se refiere a la distribución mundial de los ingresos a nivel individual, parecería que el aumento de la participación de los percentiles superiores (que no afecta a todos los países) no ha impedido la baja del coeficiente de Gini a nivel mundial (al mismo tiempo que se reduce fuertemente la magnitud, aunque con gran incertidumbre en el cálculo de la desigualdad en ciertos países, sobre todo en China). A pesar de que la distribución mundial de la riqueza sigue estando mucho más concentrada es muy posible que en este caso predomine la subida de la participación de los percentiles superiores. Véase el anexo técnico.

No obstante, todos los elementos de los que disponemos llevan a pensar que, en lo sucesivo, las fuerzas de divergencia serán las dominantes en la cima de la jerarquía mundial de las riquezas. Esto vale no sólo para las fortunas de los multimillonarios de la clasificación de *Forbes*, sino sin duda también en lo tocante a las riquezas del orden de 10 o 100 millones de euros. Ahora bien, eso representa cantidades mucho más importantes de personas y, por lo tanto, de fortunas: el grupo social constituido por el milésimo superior (4.5 millones de personas, poseedoras en promedio de unos 10 millones de euros) es dueño de alrededor de 20% de la riqueza mundial, suma mucho más sustancial que el 1.5% en manos de los multimillonarios de *Forbes*.[13] Por consiguiente, es esencial comprender correctamente la amplitud del mecanismo de divergencia capaz de afectar a semejante grupo, lo que depende sobre todo de la desigualdad de los rendimientos del capital en este nivel de cartera. Esto determinará si esta divergencia en la cima es lo bastante intensa como para superar la fuerza de convergencia internacional. ¿Se dará el masivo proceso de divergencia sólo entre los multimillonarios, o también entre los grupos inmediatamente inferiores?

Por ejemplo, si el milésimo superior goza de un incremento de su riqueza de 6% anual, cuando el aumento del patrimonio promedio mundial no es más que de 2% anual, esto implicaría al cabo de 30 años una triplicación de su participación en el capital del planeta. El milésimo superior poseería entonces más de 60% de la riqueza mundial, lo que es bastante difícil de concebir en el marco de las actuales instituciones políticas, salvo si imaginamos un sistema represivo particularmente eficaz o bien un aparato de persuasión muy poderoso, o ambos a la vez. Y si ese grupo goza de un incremento de su fortuna de sólo 4% anual, resultará, sin embargo, casi una duplicación de su participación, pasando a casi 40% del patrimonio mundial en un lapso de 30 años. Una vez más, eso implicaría que esta fuerza de divergencia en la cima de la jerarquía superaría por mucho las fuerzas de alcance y de convergencia a nivel mundial, de tal manera que la participación del decil y el percentil superiores aumentaría sensiblemente, con fuertes redistribuciones de las clases medias y medias altas mundiales hacia las muy ricas. Es probable que semejante empobrecimiento suscite violentas reacciones políticas. Desde luego, en esta etapa es imposible estar seguro de que dicho escenario esté a punto de producirse. Sin embargo, es importante darse cuenta de que la desigualdad $r>g$, aunada a la desigualdad en el rendimiento del capital en función del nivel inicial de la fortuna, puede potencialmente llevar a la dinámica mundial de la acumulación y de la distribución de los patrimonios hacia trayectorias explosivas y a espirales de desigualdad fuera de todo control. Como veremos,

[13] Se puede estimar en torno a 50 millones de euros la riqueza promedio del diezmilésimo superior (450 000 adultos de los 4 500 millones): casi 1000 veces el patrimonio promedio mundial y aproximadamente 10% su participación en la riqueza mundial.

sólo un impuesto progresivo sobre el capital cobrado a nivel mundial (o por lo menos en zonas económicas regionales bastante importantes, como Europa o América del Norte) permitiría contrarrestar eficazmente semejante dinámica.

Herederos y empresarios en las clasificaciones de las fortunas

Una de las enseñanzas más impactantes de las clasificaciones de *Forbes* es que, más allá de cierto umbral, todas las fortunas —heredadas o empresariales— aumentan a ritmos muy elevados, sin importar si el titular de la fortuna en cuestión ejerce o no una actividad profesional. Desde luego, no hay que sobreestimar la precisión de las conclusiones que se pueden sacar de esos datos, ya que no atañen más que a un reducido número de observaciones y son el resultado de un proceso relativamente aproximado y fragmentario de recolección de información. Sin embargo, sigue siendo un hecho interesante.

Tomemos un ejemplo particularmente claro de la cima de la jerarquía mundial del capital. Entre 1990 y 2010, la fortuna de Bill Gates —fundador de Microsoft, líder mundial de los sistemas operativos, encarnación de la fortuna empresarial, número uno de la clasificación *Forbes* durante más de 10 años— pasó de 4000 millones a 50000 millones de dólares.[14] Al mismo tiempo, la fortuna de Liliane Bettencourt —heredera de L'Oréal, líder mundial de cosméticos, empresa fundada por su padre Eugène Schueller, genial inventor en 1907 de tintes para el cabello que tendrían un gran porvenir, a la manera de César Birotteau un siglo antes— pasó de 2000 millones a 25000 millones de dólares, de nuevo según *Forbes*.[15] En ambos casos, el incremento corresponde a un promedio de más de 13% anual entre 1990 y 2010, es decir, un rendimiento real del orden de 10-11% anual, si se sustrae la inflación.

Dicho de otro modo, Liliane Bettencourt jamás trabajó, pero eso no impidió que su fortuna aumentara exactamente tan rápido como la del inventor Bill Gates, cuyo patrimonio sigue incrementándose igual de rápido desde que abandonó sus actividades profesionales. Una vez establecida una fortuna, la dinámica patrimonial sigue su propia lógica, y un capital puede seguir aumentando a un ritmo sostenido durante decenios, simplemente debido a su cuantía. Se debe subrayar en particular que, más allá de cierto umbral, los efectos de la cuantía, vinculados sobre todo con las economías de escala en

[14] Bill Gates fue el número uno de la clasificación de *Forbes* de 1995 a 2007, antes de ceder su lugar a Warren Buffet en 2008-2009 y luego a Carlos Slim desde 2010 hasta 2013.

[15] Los primeros tintes inventados en 1907 fueron llamados "L'Auréale", por el nombre de un peinado femenino entonces de moda y que recordaba una aureola, lo que llevó a la creación en 1909 de la Sociedad Francesa de Tintes Inofensivos para el Cabello; que se convertiría, tras la creación de muchas otras marcas (como Monsavon en 1920), en la Sociedad L'Oréal en 1936. La similitud con César Birotteau, quien en la imaginación de Balzac hizo fortuna inventando el "Agua Carminativa" y la "Doble Pasta de los Sultanes" a principios del siglo XIX, es impactante.

el manejo de la cartera y en la toma de riesgos, se ven reforzados por el hecho de que el patrimonio puede recapitalizarse casi íntegramente. Con una fortuna de semejante nivel, el tren de vida del dueño absorbe a lo sumo algunas décimas porcentuales del capital cada año y, por consiguiente, se puede reinvertir casi la totalidad del rendimiento.[16] Se trata de un mecanismo económico elemental, pero importante y cuyas temibles consecuencias para la dinámica a largo plazo de la acumulación y de la distribución de las fortunas se subestiman muy a menudo. A veces el dinero tiende a reproducirse solo. Esta cruda realidad no se le escapó a Balzac, por ejemplo, cuando relataba el irresistible ascenso patrimonial del antiguo fabricante de fideos: "El ciudadano Goriot amasó el capital que, más adelante, iba a servirle para comerciar con toda la superioridad que da a quien la posee una cantidad elevada de dinero".[17]

También se puede señalar que Steve Jobs, quien encarna en el imaginario colectivo, aún más que Bill Gates, el símbolo del empresario simpático y de fortuna merecida, poseía en 2011, en la cima de su gloria y de la cotización bursátil de su empresa Apple, sólo 8000 millones de dólares, es decir, seis veces menos que el fundador de Microsoft (quien, según muchos observadores, es menos inventivo que el fundador de Apple) y tres veces menos que Liliane Bettencourt. En las clasificaciones de *Forbes* se encuentran decenas de herederos más ricos que Jobs. Es evidente que la fortuna no sólo es asunto de mérito. Se explica sobre todo debido a que, a menudo, los patrimonios heredados logran obtener un rendimiento muy elevado por el simple hecho de su cuantía inicial.

Por desgracia es imposible llevar más lejos este tipo de investigación, pues los datos de tipo *Forbes* son demasiado limitados para permitir análisis sistemáticos y confiables (contrariamente, por ejemplo, a los datos relativos a los patrimonios universitarios, que utilizaremos más adelante). En particular, hay que recalcar que los métodos empleados por las revistas llevan a subestimar de modo significativo la importancia de las fortunas heredadas. En efecto, los periodistas no disponen de ninguna lista fiscal o administrativa completa que les permita ubicar las fortunas. Funcionan entonces sobre una base pragmática, reuniendo datos de fuentes muy dispares, a menudo haciendo llamadas telefónicas o enviando correos electrónicos, lo que permite obtener información desde luego irremplazable, pero no siempre confiable. Este pragmatismo no es condenable en sí mismo: es ante todo una consecuencia del hecho de que el poder público no organiza correctamente la recolección de información a ese respecto, a partir, por ejemplo, de las decla-

[16] Con un capital de 10000 millones de euros, basta con dedicar el equivalente a 0.1% del capital al consumo para financiar un tren de vida de 10 millones de euros al año. Si el rendimiento obtenido es de 5%, significa que la tasa de ahorro sobre ese rendimiento es de 98%; pasa a 99 si el rendimiento es de 10%; en todo caso, el consumo es insignificante.

[17] Véase H. de Balzac, *El pobre Goriot, op. cit.*, p. 73.

raciones anuales de las fortunas, lo que cumpliría con una misión muy útil de interés general y podría hacerse en gran medida de manera automatizada gracias a las tecnologías modernas. Sin embargo, es importante valorar sus consecuencias. En la práctica, los periodistas de las revistas parten principalmente de las listas de las grandes empresas cotizadas e intentan determinar la estructura de su accionariado. Por su naturaleza, este proceso supone que es mucho más difícil identificar las fortunas heredadas (que a menudo se invierten en carteras bastante diversificadas) que las empresariales o las que están en vías de constitución (que, por regla general, están mucho más concentradas en una sola empresa).

Con respecto a las fortunas heredadas más importantes, del orden de varias decenas de miles de millones de dólares o de euros, se puede suponer sin ninguna duda que los activos permanecen invertidos en su mayoría en la empresa familiar (como los activos de la familia Bettencourt en L'Oréal, o bien de la familia Walton en Wal-Mart en los Estados Unidos), en cuyo caso esas fortunas son tan fácilmente detectables como las de Bill Gates o Steve Jobs. Sin embargo, evidentemente no sucede lo mismo en todos los niveles: desde el momento en que se desciende en torno a algunos miles de millones de dólares (según *Forbes,* cada año hay varios cientos de nuevas fortunas de ese nivel en el mundo), y más aún al nivel de algunos cientos de millones de euros, es probable que una parte importante de las fortunas heredadas adquiera carteras relativamente diversificadas, en cuyo caso es muy difícil para los periodistas de las revistas detectarlas (sobre todo porque las personas en cuestión suelen tener muchas menos ganas de hacerse conocer públicamente que los empresarios). Por esa simple razón de sesgo estadístico, es inevitable que las clasificaciones de las fortunas tiendan a subestimar la importancia de las fortunas heredadas.

Algunas revistas, como *Challenges* en Francia, precisan además que sólo pretenden catalogar las fortunas llamadas "empresariales" (es decir, invertidas sobre todo en una empresa particular), sin interesarles los patrimonios que adquieren la forma de carteras diversificadas. El problema es que resulta difícil obtener de esas revistas una definición precisa de lo que quieren decir: ¿hay que rebasar cierto umbral de propiedad del capital de una compañía para clasificar una fortuna como "empresarial"? ¿Depende ese umbral del tamaño de la compañía, y si es así, conforme a qué fórmula? En realidad, el criterio para la catalogación parece ser sobre todo muy pragmático: en la clasificación aparecen las fortunas de las que tienen constancia los periodistas y que satisfacen el criterio fijado (rebasar los 1 000 millones de dólares en el caso de la lista de *Forbes,* o bien formar parte de las 500 fortunas más grandes catalogadas para un país determinado, en el caso de *Challenges* y de muchas revistas en otros países). Este pragmatismo es comprensible, pero es evidente que un muestreo tan impreciso plantea problemas serios, si se desea hacer comparaciones en el tiempo o entre países. Si a esto se añade que esas clasificaciones, sin importar si son realizadas por *Forbes*, *Challenges* u otras revistas, no siempre son claras sobre la unidad de observación (en principio se trata de un individuo, pero a veces se incluyen grupos familiares completos en una misma fortuna, lo que crea un sesgo que va en el otro sentido, ya que tiende a exagerar la cuantía de las grandes riquezas), vemos hasta qué punto esos materiales son poco consistentes para el estudio del delicado tema de la participación de la herencia en la constitución de los patrimonios o de la evolución de las desigualdades patrimoniales.[18]

Hay que añadir que a menudo en esas publicaciones existe un sesgo ideológico bastante evidente a favor de los empresarios y una voluntad apenas velada de celebrarlos, incluso de exagerar su importancia. Sin pretender ofender a la revista, podemos decir que *Forbes* a menudo puede ser leída, y además se presenta a sí misma, como un himno al empresariado y a la fortuna útil y merecida. Su dueño, Steve Forbes, él mismo multimillonario, dos veces desafortunado candidato a la investidura presidencial por el Partido Republicano, también es heredero: en 1917 su abuelo creó la famosa revista, que es el origen de la fortuna de los Forbes, desarrollada posteriormente por él mismo. Además, la publicación de sus clasificaciones propone a veces un desglose de los multimillonarios en tres grupos: los empresarios puros, los herederos puros y las personas que heredaron una fortuna y la han hecho fructificar. Según los datos publicados por *Forbes*, cada uno de esos tres grupos suele representar alrededor de la tercera parte del total, aunque con una tendencia —según la revista— a la baja del porcentaje de los herederos puros y un aumento de la de los herederos parciales. El problema es que *Forbes* jamás ha dado una definición precisa de esos diferentes grupos (en particular, respecto de la frontera exacta entre herederos puros y parciales) y que no se indica ningún monto que ataña a las herencias.[19] En estas con-

[18] En el caso de *Challenges*, las fortunas registradas entre 50 y 500 millones de euros parecen ser muy poco numerosas comparadas con el número de declaraciones de impuestos sobre la fortuna que aparecen en las series correspondientes (sobre todo porque buena parte de los bienes empresariales no son considerados como parte del patrimonio gravable de dicho impuesto ni están en las estadísticas correspondientes). Esto puede deberse al hecho de que la clasificación de *Challenges* no tiene en cuenta los patrimonios diversificados. En definitiva, las dos fuentes subestiman el verdadero número de fortunas importantes, aunque por razones opuestas (la fuente de *Challenges* sobrevalora los patrimonios empresariales, la fiscal los subestima, en ambos casos con definiciones cambiantes e inestables), lo que hace que predomine una sensación de opacidad y cierta perplejidad en el ciudadano. Véase el anexo técnico.

[19] Conceptualmente, de hecho, no es tan simple definir lo que es un rendimiento normal para una fortuna heredada. La definición adoptada en el capítulo anterior consiste en aplicar el mismo rendimiento promedio a todos los patrimonios, lo que sin duda llevaría a que Liliane Bettencourt sea una heredera muy parcial (tomando en cuenta el enorme rendimiento obtenido por su fortuna), resueltamente más parcial que el propio Steve Forbes, quien, sin embargo, la clasifica como heredera pura, cuando él mismo desde luego se clasifica como uno de los "fructificadores". Véase el anexo técnico.

diciones, es muy difícil sacar cualquier conclusión precisa relativa a esta posible tendencia.

Tomando en cuenta todas esas dificultades, ¿qué puede decirse acerca de las participaciones respectivas de los herederos y de los empresarios en las más altas fortunas? Si se tiene en cuenta tanto a los herederos puros y parciales de las clasificaciones de *Forbes* (suponiendo que los segundos se basen a medias en la herencia), y si a eso se añaden los sesgos metodológicos que llevan a subestimar las fortunas heredadas, parece bastante natural concluir que estas últimas representan más de la mitad de las mayores fortunas mundiales. Una estimación aproximada de 60-70% parece *a priori* bastante realista, es decir, un nivel sensiblemente inferior al observado en la Francia de la Bella Época (80-90%), lo que podría explicarse por la elevada tasa de crecimiento observada hoy en día a nivel mundial, que implica principalmente la rápida llegada a la clasificación de nuevas fortunas originadas en los países emergentes. Sin embargo, sólo se trata de una hipótesis y no de una certeza.

La jerarquía moral de las fortunas

En todo caso, me parece urgente ir más allá de este debate simplista en torno al mérito y la fortuna, que estimo mal formulado. Nadie niega la importancia de tener en una sociedad empresarios, inventos e innovaciones; desde luego había muchos en la Bella Época: por ejemplo, en el sector automotriz, el cine, el sector eléctrico, al igual que hoy. Simplemente, el argumento empresarial no permite justificar todas las desigualdades patrimoniales, por extremas que sean, sin preocuparse por los hechos; el problema es que la desigualdad $r>g$, aunada a la desigualdad en los rendimientos en función de la cuantía del capital inicial, a menudo conduce a una concentración excesiva y permanente del patrimonio: por justificadas que sean al principio, las fortunas se multiplican y se perpetúan a veces más allá de todo límite y de toda posible justificación racional en términos de utilidad social.

Así, los empresarios tienden a transformarse en rentistas, no sólo conforme pasan las generaciones, sino también a lo largo de una misma vida, sobre todo porque la existencia individual se prolonga constantemente: el hecho de haber tenido buenas ideas a los 40 años de edad no implica que todavía se las tenga a los 90 años y aún menos, desde luego, que las tenga la siguiente generación. Y sin embargo, la fortuna sigue ahí, a veces multiplicada por más de 10 en 20 años, como lo indican los casos de Bill Gates y de Liliane Bettencourt.

Se trata de la razón central que justifica la introducción de un impuesto progresivo anual sobre las mayores fortunas mundiales. Este impuesto es la única manera de permitir un control democrático de este proceso potencialmente explosivo, al tiempo que se preserva el dinamismo empresarial y la apertura económica internacional. En la cuarta parte de este libro se estudiarán esta idea y sus límites.

En esta etapa señalemos simplemente que este enfoque fiscal también permite superar el debate sin solución sobre la jerarquía moral de las fortunas. Toda fortuna es, al mismo tiempo, en parte justificada y potencialmente excesiva. El robo simple y llano, al igual que el mérito absoluto, raras veces existe. El impuesto progresivo sobre el capital tiene justamente la ventaja de poder abordar esas diferentes situaciones de manera flexible, continua y previsible, al tiempo que genera transparencia democrática y financiera sobre las fortunas y su evolución, lo que no es poca cosa.

Muy a menudo el debate público mundial acerca de las fortunas se reduce a algunas afirmaciones concluyentes —y en gran medida arbitrarias— sobre los méritos comparados de tal o cual persona. Por ejemplo, en la actualidad es bastante común oponer al nuevo líder mundial de la riqueza, Carlos Slim, magnate mexicano del sector inmobiliario y de las telecomunicaciones, procedente de una familia libanesa y quien a menudo es descrito en los países occidentales como alguien que debe su fortuna a las rentas monopólicas obtenidas por mediación del gobierno de su país (forzosamente corrupto), con el antiguo líder mundial, Bill Gates, engalanado con todas las virtudes del empresario modelo y merecedor. Por momentos hasta se tiene la impresión de que Bill Gates en persona fue quien inventó la informática y el microprocesador, y que sería 10 veces más rico si hubiera podido recibir la totalidad de su productividad marginal y de su aportación personal al bienestar mundial (afortunadamente las buenas personas del planeta se beneficiaron de la generosidad de sus efectos externos). Sin duda, este verdadero culto se explica por la irreprimible necesidad de las sociedades democráticas modernas de dar sentido a las desigualdades. Digámoslo con claridad: no sé casi nada de la manera exacta en que Carlos Slim y Bill Gates se enriquecieron y soy totalmente incapaz de disertar sobre sus respectivos méritos, pero me parece que Bill Gates también gozó de una situación de casi monopolio *de facto* sobre los sistemas operativos (como ocurre con muchas fortunas creadas en el sector de las nuevas tecnologías, desde las telecomunicaciones hasta Facebook). Además, imagino que sus contribuciones se basaron en el trabajo de miles de ingenieros y de investigadores en electrónica e informática básica, sin quienes hubiera sido imposible algún invento en esos campos y que no patentaron sus artículos científicos. En todo caso, me parece excesivo contrastar de manera tan extrema esas dos situaciones individuales, a menudo sin siquiera tratar de examinar con precisión los hechos.[20]

[20] Respecto de las afirmaciones particularmente contundentes sobre los méritos comparados de Carlos Slim y Bill Gates, que por desgracia no se basan en ninguna información precisa, véase por ejemplo a D. Acemoglu y J. Robinson, *Why Nations Fail. The Origins of Power, Prosperity and Poverty*, Crown Publishers, Nueva York, 2012, pp. 34-41. [*Por qué fracasan los países: los orígenes del poder, la prosperidad y la pobreza,* trad. Marta García Madera, Deusto, Barcelona,

En cuanto a los multimillonarios japoneses (Yoshiaka, Tsutsumi y Taikichiro Mori) que precedieron a Bill Gates de 1987 a 1994 a la cabeza de la clasificación de *Forbes*, en los países occidentales se consideró adecuado incluso olvidar sus nombres. Sin duda se consideró que debían su fortuna a la burbuja inmobiliaria y bursátil entonces vigente en el país del Sol Naciente, o a negocios no del todo claros. Sin embargo, el crecimiento japonés de los años cincuenta a los ochenta fue el más fuerte de la historia, mucho más fuerte que el de los Estados Unidos en 1990-2010, por lo que puede suponerse que a veces los empresarios desempeñaron en ello un papel útil.

En lugar de dedicarnos a consideraciones acerca de la jerarquía moral de la riqueza, que a menudo se resumen en la práctica a un ejercicio de geocentrismo occidental, me parece más útil intentar comprender las leyes generales que rigen en promedio las dinámicas patrimoniales, más allá de las consideraciones sobre los individuos, e imaginar modos de regulación —sobre todo fiscales— aplicables a todos del mismo modo, sin importar las nacionalidades implicadas. En Francia, en el momento de la compra de Arcelor en 2006 (entonces el segundo grupo siderúrgico mundial) por parte del magnate del acero Lakshmi Mittal, los medios de comunicación franceses estaban particularmente en contra del multimillonario indio, situación que se repitió más adelante, en el otoño de 2012, por considerar que las inversiones en el sitio de producción de Florange eran insuficientes. En la India todo el mundo está convencido de que esa hostilidad se explica, por lo menos en parte, por el color de su piel. ¿Estamos seguros de que eso no desempeña un papel? Desde luego, los métodos de Mittal son brutales y su tren de vida escandaloso; toda la prensa francesa se ofuscó principalmente con sus lujosas mansiones londinenses, "que valen tres veces su inversión en Florange".[21] Sin embargo, es posible que nos escandalizara menos si ese tren de vida se refiriera a una mansión en el rico suburbio parisino de Neuilly-sur-Seine, o bien

2012, pp. 55-62.] La dureza del tono sorprende sobre todo porque ese libro no aborda realmente el tema de la distribución ideal de las fortunas. La obra se centra en la defensa del papel desempeñado en el proceso de desarrollo por los sistemas de derechos de propiedad resultantes de las revoluciones británica, estadunidense y francesa (se abordan poco las instituciones fiscales y sociales más recientes).

[21] Véase por ejemplo en la revista *Capital* del 3 de diciembre de 2012: "180 millones de euros… Un monto que se vuelve muy relativo cuando se sabe que representa apenas la tercera parte del patrimonio inmobiliario que el dueño del grupo, Lakshmi Mittal, adquirió recientemente en Londres. En efecto, el hombre de negocios acaba de adquirir la antigua embajada de Filipinas (70 millones de libras, es decir, 86 millones de euros), supuestamente para su hija Vanisha. Poco antes, el generoso padre de familia había regalado a su hijo Aditya una residencia de 117 millones de libras (144 millones de euros). Las dos propiedades se encuentran en la avenida Kensington Palace Gardens, llamada 'la avenida de los multimillonarios', no lejos del palacio paterno. En efecto, la vivienda de Lakshmi Mittal se conoce como la 'casa privada más cara del mundo' e incluye un baño turco, alberca con incrustaciones de piedras preciosas, mármol procedente de la misma cantera que la del Taj Majal, suites y zona para los sirvientes… En total, pues, esas tres casas valen 542 millones de euros, es decir, tres veces los 180 millones de Florange".

a otro multimillonario francés, como Arnaud Lagardère, joven heredero poco conocido por su mérito, su virtud y su utilidad social, y a quien el Estado francés decidió entregarle al mismo tiempo más de 1 000 millones de euros para permitirle salir del capital de la empresa EADS (líder aeronáutica mundial).

Tomemos un último ejemplo, aún más extremo: en febrero de 2012, la justicia francesa embargó más de 200 m^3 de bienes (automóviles de lujo, cuadros de grandes maestros de la pintura, etc.) en la residencia ubicada en Avenue Foch propiedad de Teodorín Obiang, hijo del dictador de Guinea Ecuatorial. Nada más alejado de mi propósito el compadecer al desafortunado multimillonario: sin ningún género de duda, su participación en la sociedad de explotación del bosque de Guinea (de la cual aparentemente recibe la mayoría de sus ingresos) fue mal adquirida y esos recursos fueron en realidad robados a los habitantes de su país. Además, el asunto es ejemplar e instructivo en el sentido en que demuestra que la propiedad privada es un poco menos sagrada de lo que a veces se dice, y que es técnicamente posible, cuando se desea, encontrar un camino en el complejo laberinto de las múltiples sociedades pantalla mediante las cuales Teodorín Obiang administraba sus bienes y sus participaciones. Sin embargo, no hay duda de que, en París o en Londres, se pueden encontrar sin dificultad otros ejemplos de fortunas individuales basadas *in fine* en apropiaciones privadas de recursos naturales, que atañen, por ejemplo, a los oligarcas rusos o cataríes. Tal vez esas apropiaciones privadas de petróleo, gas o aluminio se asemejen menos claramente al robo simple y llano que la madera de Teodorín Obiang: tal vez también se justifique más una intervención judicial cuando el robo se cometió en perjuicio de un país muy pobre que de un país menos pobre.[22] Por lo menos se me concederá que esos diferentes casos obedecen más a un continuo que a una diferencia absoluta de naturaleza, y que a menudo se juzga más sospechosa la fortuna cuando se tiene la piel negra. En todo caso, los procedimientos judiciales no pueden resolver todos los problemas de bienes mal adquiridos y de fortunas indebidas que existen en el mundo. El impuesto sobre el capital permite concebir un tratamiento más sistemático y más pacífico de la cuestión.

De manera general, el hecho central es que el rendimiento del capital mezcla de un modo a menudo indisociable elementos que obedecen a un verdadero trabajo empresarial (fuerza absolutamente indispensable para el

[22] La clasificación de *Forbes* introduce un criterio interesante, pero difícil de aplicar con absoluta precisión: excluye a los "déspotas" y, en general, a las personas cuya fortuna se debe "al hecho de su posición política" (como la reina de Inglaterra). Sin embargo, si la fortuna se adquirió antes de llegar al poder, la persona permanece en la clasificación: por ejemplo, el oligarca georgiano Bidzina Ivanishvili sigue apareciendo en la lista de 2013, aunque haya tomado las riendas del gobierno a finales de 2012; se le atribuye una fortuna de 5 000 millones de dólares, es decir, el equivalente de la cuarta parte del PIB de su país (entre 5 y 10% del patrimonio nacional de Georgia).

desarrollo económico) con otros procedentes de la suerte en estado bruto (se está ahí en el momento correcto para adquirir un activo prometedor a buen precio) y, por último, con otros próximos al robo simple y llano. La arbitrariedad de los enriquecimientos patrimoniales supera en mucho la cuestión de la herencia. Por su naturaleza, el capital tiene rendimientos volátiles e imprevisibles, y fácilmente puede generar para cada uno plusvalías —o minusvalías— inmobiliarias o bursátiles equivalentes a varias décadas de salario. En la cima de la jerarquía de las fortunas, esos efectos son aún más extremos; siempre fue así. En *Ibycus*, Alexei Tolstoi retrataba en 1926 el horror capitalista. En 1917, en San Petersburgo, el contador Simón Nevzorov tiró el armario contra la cara del anticuario que le proponía un empleo, robándole de esta manera una pequeña fortuna. El propio anticuario se había enriquecido adquiriendo a un precio irrisorio los bienes de los aristócratas que huían de la Revolución. En cuanto a Nevzorov, lograba en seis meses multiplicar por 10 el capital inicial, merced al garito que montó en Moscú con su nuevo amigo Ritecheff. Nevzorov era el parásito vivo, pequeño, mezquino, que demostraba con su persona hasta qué punto el capital era contrario al mérito: a veces la acumulación del capital se iniciaba con el robo, y a menudo lo arbitrario de su rendimiento equivalía a perpetuar el robo inicial.

El rendimiento puro de los fondos patrimoniales universitarios

Para comprender mejor el asunto de la desigualdad en los rendimientos del capital, al mismo tiempo que se deja de lado el tema de las personas, merece la pena examinar el caso de los fondos patrimoniales de las universidades estadunidenses a lo largo de las últimas décadas. En efecto, se trata de uno de los raros casos en que se dispone de datos muy completos sobre las inversiones realizadas y los rendimientos puros obtenidos en un periodo relativamente largo, en función de la cuantía del capital inicial.

Actualmente existen más de 800 universidades públicas y privadas en los Estados Unidos que manejan fondos patrimoniales, los cuales van desde unas decenas de millones de dólares, como el North Iowa Community College (clasificado en el puesto 785 en 2012, con una dotación de 11.5 millones de dólares), hasta varias decenas de miles de millones de dólares. Las primeras universidades de la clasificación son invariablemente Harvard (con aproximadamente 30 000 millones de dólares a principios de la década de 2010), seguida por Yale (casi 20 000 millones de dotación), después Princeton y Stanford (más de 15 000 millones). Luego vienen MIT y Columbia (con un poco menos de 10 000 millones), las universidades de Chicago y Pensilvania (con alrededor de 7 000 millones) y un largo etcétera. En total, las más o menos 800 universidades estadunidenses poseían a principios de la década iniciada en 2010 activos por casi 400 000 millones de dólares (un poco menos de 500 millones de dólares en promedio por universidad y una dotación mediana un poco inferior a 100 millones). Desde luego, eso representa menos del 1% de las fortunas privadas en manos de los hogares estadunidenses. Sin embargo, se trata de una cantidad importante, que cada año brinda recursos significativos a las universidades estadunidenses, o por lo menos a algunas de ellas.[23] Sobre todo, y es el aspecto que más nos interesa aquí, los fondos patrimoniales de esas universidades dan lugar a la publicación de cuentas financieras confiables y detalladas, que pueden ser utilizadas para estudiar anualmente los rendimientos obtenidos por unas y otras, lo que no sucede con los patrimonios privados. En particular, la National Association of College and University Business Officers reúne esos datos desde fines de los años setenta, dando lugar cada año desde 1979 a publicaciones estadísticas importantes por parte de dicha asociación.

Los principales resultados que se pueden obtener de esos datos se indican en el cuadro XII.2.[24] La primera conclusión es que el rendimiento promedio obtenido por las dotaciones universitarias estadunidenses fue sumamente alto a lo largo de las últimas décadas: 8.2% anual en promedio en el periodo 1980-2010 (y 7.2% si se limita al subperiodo de 1990-2010).[25] Desde luego, hubo altas y bajas a lo largo de cada uno de esos decenios, con años de rendimiento bajo, incluso negativo, por ejemplo en 2008-2009, y años esplendorosos en los que el rendimiento universitario promedio rebasó claramente el 10%. Sin embargo, el aspecto importante es que, si se hacen promedios en periodos de 10, 20 o 30 años, se observan rendimientos sumamente altos, del mismo tipo de los observados en el caso de los multimillonarios de la clasificación de *Forbes*.

Precisemos que los rendimientos indicados en el cuadro XII.2 son netos y reales, obtenidos efectivamente por los fondos universitarios, después de tener en cuenta las plusvalías y tras la deducción de la inflación, los impuestos vigentes (casi inexistentes tratándose de fundaciones de utilidad pública) y todos los gastos de gestión, en particular después de la deducción de la masa salarial de todas las personas en la universidad o en el exterior, que perfeccionaron y llevaron a cabo la estrategia de inversión del patrimonio. Entonces se trata verdaderamente del rendimiento puro del capital, en el

[23] La dotación en capital total de las universidades estadunidenses representa el equivalente de casi 3% del PIB estadunidense y los ingresos producidos cada año son del orden de 0.2% del PIB, es decir, apenas 10% de los gastos totales de la enseñanza superior en los Estados Unidos. Sin embargo, este porcentaje puede aumentar hasta 30-40% de los recursos en las universidades mejor dotadas. Además, esas dotaciones en capital desempeñan un papel en el gobierno y la autonomía de las instituciones que supera a menudo su importancia en la totalidad de los recursos. Véase el anexo técnico.

[24] Los datos utilizados resultan en lo esencial de los informes publicados por la National Association of College and University Business Officers, así como de los informes financieros publicados por varias universidades (en particular Harvard, Yale y Princeton). Véase el anexo técnico.

[25] Respecto de los resultados por subperiodo, véase el anexo técnico, cuadro S12.2.

Cuadro xii.2. *El rendimiento de los fondos patrimoniales de las universidades estadunidenses, 1980-2010*

	Tasa de rendimiento real promedio anual (después de deducir los gastos de administración y la inflación)
Todas las universidades juntas (850)	8.2%
Harvard-Yale-Princeton	10.2%
Fondos superiores a 1 000 millones de dólares (60)	8.8%
Fondos de entre 500 y 1 000 millones de dólares (66)	7.8%
Fondos de entre 100 y 500 millones de dólares (226)	7.1%
Fondos inferiores a 100 millones de dólares (498)	6.2%

Nota: de 1980 a 2010, las universidades estadunidenses obtuvieron un rendimiento real promedio de 8.2% sobre su dotación de capital, y un rendimiento más elevado para los fondos cuya dotación inicial era más grande. Los rendimientos indicados son netos de todos los gastos de administración y de la inflación (2.4% anual de 1980 a 2010).

Fuentes: véase piketty.pse.ens.fr/capital21c.

sentido en que lo definimos en este libro, es decir, lo que produce un capital por el simple hecho de su posesión, excluido todo trabajo.

La segunda conclusión que se pone claramente de manifiesto al leer el cuadro xii.2 es que el rendimiento obtenido aumenta intensamente conforme aumenta la cuantía de la dotación. Para casi 500 de las 850 universidades cuya dotación es inferior a 100 millones de dólares, el rendimiento fue de 6.2% anual en el periodo 1980-2010 (y de 5.1% en el periodo 1990-2010), lo que ya es bastante ventajoso y sensiblemente más elevado que el rendimiento promedio obtenido por el conjunto de los patrimonios privados a lo largo de ese periodo.[26] El rendimiento aumenta de forma regular a medida que se asciende en los niveles de las dotaciones: para las 60 universidades que tienen más de 1 000 millones de dólares de dotación, el rendimiento alcanzaba el 8.8% anual en promedio en el periodo 1980-2010 (7.8% para el periodo de 1990-2010). Si se considera a las tres punteras (Harvard, Yale y Princeton), que no han cambiado entre 1980 y 2010, el rendimiento alcanzaba 10.2% en 1980-2010 (10.0% en 1990-2010), es decir, dos veces más que las universidades menos dotadas.[27]

[26] Sin embargo, se debe subrayar que la mayor parte de esta diferencia resulta del hecho de que los propietarios de fortunas privadas suelen tener que pagar impuestos significativos: el rendimiento promedio real antes de impuestos fue del orden de 5% anual en los Estados Unidos en el periodo 1980-2010. Véase el anexo técnico.

[27] Los números de las universidades indicados entre paréntesis en el cuadro xii.2 corresponden a las dotaciones de 2010, pero para no sesgar los resultados se calcularon los rendimientos

Si se examinan las estrategias de inversión de las diferentes universidades, en todos los niveles de dotaciones se advierten carteras muy bien diversificadas, con una clara preferencia por las acciones estadunidenses y extranjeras y las obligaciones del sector privado (las obligaciones del sector público, en particular las emitidas por el Estado estadunidense, que son poco remuneradoras, siempre representan menos de 10% de las carteras y están casi totalmente ausentes de las dotaciones más grandes). A medida que se asciende en la jerarquía de las dotaciones, se observa sobre todo un fuerte aumento de las "estrategias alternativas", es decir, inversiones con muy alto rendimiento como las acciones no cotizadas *(private equity)* y, en particular, acciones no cotizadas extranjeras (que requieren una enorme experiencia); fondos especulativos *(hedge funds),* productos derivados e inversiones inmobiliarias y en materias primas: energía, recursos naturales, diversos productos derivados en torno a las materias primas (de nuevo se trata de inversiones que exigen una experiencia muy específica y que son potencialmente muy rentables).[28] Si se examina la importancia adquirida por el conjunto de esas "inversiones alternativas", cuyo único punto en común es salir del marco de las inversiones financieras clásicas (acciones, obligaciones) accesibles a cualquier persona, se advierte que representan apenas más de 10% de las carteras de los fondos inferiores a 50 millones de euros, luego alcanzan rápidamente 25% en los fondos entre 50 y 100 millones de euros, 35% en aquellos de entre 100 y 500 millones de euros, 45% para los de entre 500 millones y 1 000 millones, para culminar en más de 60% de las carteras de los fondos superiores a 1 000 millones de euros. Los datos disponibles, que tienen el mérito de ser públicos y estar muy detallados, permiten comprobar sin ninguna ambigüedad que estas inversiones alternativas permiten a los fondos patrimoniales muy grandes obtener rendimientos reales que rayan el 10% anual, cuando las más pequeñas deben contentarse con el 5%.

Es interesante advertir que la volatilidad en los rendimientos de un año a otro no parece ser significativamente mayor para los fondos patrimoniales más grandes: el rendimiento obtenido por Harvard o Yale varía en torno a su promedio, pero no desmedidamente más que el de los fondos más pequeños. Si se hacen promedios de varios años, el de los primeros es sistemáticamente más elevado que el de los segundos, con una diferencia más o menos constante en el tiempo. Dicho de otro modo, el rendimiento más alto obtenido por los fondos más grandes no se debe principalmente a una mayor

clasificando a las universidades en función de la dotación vigente a principios de cada década. Todos los resultados detallados están disponibles en el anexo técnico: véase en particular el cuadro S12.2.

[28] Debe señalarse que el sector inmobiliario puede constituir una inversión con muy alto rendimiento si se logra encontrar buenos proyectos de inversión a nivel mundial (en la práctica, se trata tanto del sector inmobiliario de oficinas y comercial como del residencial, a menudo a gran escala).

toma de riesgos, sino más bien a una estrategia de inversión más sofisticada, que permite acceder a carteras estructural y permanentemente más rentables.[29]

Capital y economías de escala

La principal explicación de estos hechos parece resultar de las economías de escala y de los efectos de cuantía vinculados con los gastos de gestión de las carteras. En concreto, Harvard gasta en la actualidad casi 100 millones de dólares anuales en *management costs* [costos de administración] para administrar su fondo patrimonial. Esto representa una remuneración sustancial al nutrido equipo de hiperespecializados administradores de cartera, capaz de descubrir las mejores oportunidades de inversiones alternativas en todo el mundo. Sin embargo, en la escala del patrimonio de Harvard (en torno a 30 000 millones de dólares), eso representa gastos de gestión de apenas más de 0.3% anual. Si eso permite obtener un rendimiento anual de 10% en lugar de 5%, se trata claramente de un muy buen negocio. En cambio, para una universidad cuya dotación fuera de sólo 1 000 millones de dólares (lo que ya es una buena dotación), sería imposible pagar 100 millones de dólares a un equipo de administradores: eso representaría 10% en gastos anuales de gestión. En la práctica, las universidades limitan sus gastos de administración a menos de 1% y muy a menudo a menos de 0.5% anual: para administrar 1 000 millones de dotación, se gastarán entonces sólo cinco millones de dólares, lo que no permite pagar al mismo equipo de especialistas en las inversiones alternativas que con 100 millones. En cuanto al North Iowa Community College y su dotación de 11.5 millones de dólares, aun dedicando 1% anual para gastos de administración (115 000 dólares), tendrá que contentarse con un administrador financiero de medio tiempo, o quizá de un cuarto de tiempo, si tenemos en cuenta los precios actuales del mercado. De todas maneras, esto es mejor que para el estadunidense medio, quien con una fortuna de apenas 100 000 dólares será su propio administrador y sin duda tendrá que conformarse con los consejos de su cuñado. Desde luego, los intermediarios financieros y los administradores de patrimonio no siempre son infalibles (es lo menos que se puede decir); pero en la medida en que, en promedio, permiten identificar las inversiones más rentables, éste es el mecanismo central que explica por qué los fondos patrimoniales más importantes obtienen rendimientos más altos.

Estos resultados son sorprendentes, pues ilustran de manera particularmente clara y concreta los mecanismos que pueden llevar a una enorme

[29] Esto queda confirmado por el hecho de que existen relativamente pocos reordenamientos de los fondos a lo largo de este periodo de 30 años (1980-2010): en lo esencial, la jerarquía de las dotaciones universitarias permanece inalterada.

desigualdad en el rendimiento del capital en función de la cuantía del capital inicial. En particular, es importante darse cuenta de que estos rendimientos explican mayormente la prosperidad de las más grandes universidades estadunidenses y no las donaciones de los antiguos alumnos, que son sumas mucho más reducidas, una quinta o una décima parte del rendimiento anual obtenido por la dotación.[30]

No obstante, estos resultados deben ser interpretados con precaución. En particular, sería excesivo pretender que se los puede aplicar para predecir mecánicamente la evolución de la desigualdad mundial de las fortunas individuales en las décadas venideras. Primero, esos muy altos rendimientos observados en los periodos de 1980-2010 y 1990-2010 reflejan, en parte, el fenómeno de recuperación a largo plazo del precio de los activos inmobiliarios y bursátiles a nivel mundial analizado en la segunda parte de este libro, que muy bien podría no prolongarse (en cuyo caso todos los rendimientos a largo plazo antes mencionados deberían sin duda reducirse ligeramente para las futuras décadas).[31] Segundo, es posible que las economías de escala no operen masivamente más que para carteras muy importantes, siendo menos influyentes para fortunas más "modestas" (del tipo de 10 o 50 millones de euros), fortunas que, como vimos, en resumidas cuentas pesan mucho más en términos de cantidad global a nivel mundial que los multimillonarios de la clasificación de *Forbes*. Por último, hay que subrayar que, incluso cuando se dedujeron todos los gastos de gestión, esos rendimientos reflejan, en cambio, la capacidad de la institución de seleccionar a los buenos administradores. Ahora bien, una familia no es una institución: siempre llega el momento en que un hijo pródigo dilapida la herencia, lo que el Consejo de Administración de Harvard no está dispuesto a hacer, simplemente porque muchas personas reaccionarían y se organizarían para despedir a los culpables de los problemas. Son esos "choques" en las trayectorias familiares los que permiten —en principio— evitar un incremento indefinido de las desigualdades a nivel individual y converger hacia una distribución de equilibrio del patrimonio.

Ahora bien, estos argumentos son sólo parcialmente tranquilizadores. Sería de todas maneras un poco imprudente depender únicamente de esa fuerza eterna (la degeneración de las familias), pero incierta, para limitar el

[30] Por ejemplo, en el caso de Harvard los informes financieros anuales indican que el fondo produjo un rendimiento real del orden de 10% anual entre 1990 y 2010, mientras que las nuevas donaciones incorporadas al fondo representan en promedio alrededor de 2% anual. Este ingreso real total (rendimientos y donaciones) equivalente a 12% del fondo se dividió entre un pago anual al presupuesto de la universidad equivalente a 5% del fondo y a una recapitalización equivalente a 7% anual. Eso permitió al fondo pasar de apenas 5 000 millones de dólares en 1990 a casi 30 000 millones en 2010, al mismo tiempo que permitía a la universidad consumir un flujo anual de recursos dos veces y media más elevado que las donaciones recibidas.

[31] Sin embargo, hay que subrayar que esta recuperación histórica de los precios de los activos no se refiere más que a alrededor de un punto de rendimiento suplementario anual, lo que en la escala de los rendimientos aquí mencionados es relativamente limitado. Véase el anexo técnico.

incremento futuro de los multimillonarios. Ya señalamos que basta una diferencia $r-g$ de amplitud moderada para que la distribución de equilibrio sea muy desigualitaria. No es necesario para ello que el rendimiento alcance 10% anual para todas las grandes fortunas: bastaría una diferencia más reducida para provocar un choque desigualitario mayor.

También hay que añadir que las familias ricas inventan incesantemente fórmulas jurídicas, cada vez más sofisticadas, para restringir el acceso a su patrimonio —fondos fiduciarios *(trust funds),* fundaciones—, a menudo por razones fiscales pero, en ocasiones, también para limitar la capacidad de las generaciones futuras de hacer cualquier cosa con los activos en cuestión. Dicho de otro modo, la frontera entre individuos falibles y fundaciones eternas no es tan impermeable como podría creerse. Esas restricciones a los derechos de las generaciones futuras fueron, en principio, muy limitadas por la abolición de los *entails,* hace más de dos siglos (véase el capítulo x); pero, en la práctica, a veces esas reglas pueden ser esquivadas cuando las necesidades lo exigen. En particular, a menudo es difícil diferenciar entre las fundaciones de uso puramente privado y familiar y las de uso verdaderamente caritativo. De hecho, las familias implicadas utilizan esas estructuras con esa doble función y suelen prestar atención a la conservación del control de las fundaciones en las que invierten sus activos, incluso cuando esas estructuras se presentan como esencialmente caritativas.[32] Suele no ser simple conocer los derechos precisos de los hijos y de los allegados en esos complejos montajes, pues los detalles importantes se indican a menudo en estatutos que no son públicos, sin contar con que un fondo fiduciario con una vocación más claramente familiar y hereditaria a veces coexiste con una fundación con vocación caritativa.[33] También es interesante señalar que las donaciones declaradas al fisco siempre disminuyen brutalmente cuando se endurecen las condiciones de control (por ejemplo, cuando se exige al donador que presente recibos más precisos, o bien que las fundaciones involucradas presenten cuentas más detalladas que antes para comprobar el respeto de su objetivo oficial y que el uso privado de éstas no es excesivo), lo que confirma la idea de que hay cierta permeabilidad entre los usos privados y públicos de esas

[32] Debido a este criterio de control efectivo, la clasificación de *Forbes* elige, por ejemplo, contabilizar como fortuna personal de Bill Gates los activos invertidos en la Bill & Melinda Gates Foundation. El hecho de conservar el control parece contradictorio con la noción de donación desinteresada.

[33] Según Bernard Arnault, principal accionista de LVMH (líder mundial del lujo), el objetivo de la fundación belga en la que domicilió sus acciones no es ni caritativo ni fiscal: es ante todo sucesorio. "Entre mis cinco hijos y mis dos sobrinos, desde luego hay uno que se mostrará capaz de tomar el relevo", precisa. Sin embargo, teme los desacuerdos entre ellos. Al colocar sus acciones en la fundación, los obliga a votar de manera "indisociable", lo que permite "garantizar la permanencia del grupo si llegara a desaparecer y si mis beneficiarios no llegaran a entenderse". Véase *Le Monde,* 11 de abril de 2013.

estructuras.[34] Por último, es muy difícil decir con precisión qué fracción de las fundaciones cumple con objetivos a los que verdaderamente se puede calificar de interés general.[35]

¿Qué efecto tiene la inflación en la desigualdad de los rendimientos del capital?

Los resultados obtenidos acerca del rendimiento de los fondos patrimoniales universitarios nos llevan también a precisar nuestras reflexiones sobre la noción de rendimiento puro del capital y sobre los efectos desigualitarios de la inflación. Como vimos en el capítulo I, la tasa de inflación parece haberse estabilizado en torno a una nueva norma de aproximadamente 2% anual en los países ricos desde 1980-1990, lo que es al mismo tiempo muy inferior a los picos inflacionistas observados durante el siglo XX y claramente más elevado que la inflación nula o casi nula, que era la norma en el siglo XIX y hasta 1914. En los países emergentes, hoy en día la inflación es mayor que en los países ricos (a menudo supera el 5%). La pregunta es la siguiente: ¿cuál es la consecuencia de tener una inflación de 2% —o de 5%—, más que de 0%, sobre el rendimiento del capital?

A veces imaginamos, erróneamente, que la inflación reduce el rendimiento promedio del capital. Es falso, pues en promedio el precio del capital (es decir, el precio de los activos inmobiliarios y financieros) tiende a aumentar tan rápido como los precios al consumidor. Consideremos un país en el que el acervo de capital representa seis años del ingreso nacional ($\beta = 6$) y en el que la participación del capital en el ingreso nacional es de 30% ($\alpha = 30\%$), lo que corresponde a un rendimiento promedio de 5% ($r = 5\%$). Imaginemos que ese país pasa de una inflación de 0% a una de 2% anual. ¿Pensamos realmente que el rendimiento promedio del capital pasará de 5% a 3%? Desde luego que no. En una primera aproximación, si los precios al consumidor aumentan en un 2% anual, es probable que los precios de los activos se incrementen también en promedio en un 2% anual. Por consiguiente, en promedio no habrá ni minusvalía ni plusvalía y el rendimiento del capital seguirá siendo de 5% anual. En cambio, es muy posible que la inflación modifique la distribución de ese rendimiento promedio entre los individuos del país. El problema es que, en la práctica, las redistribuciones inducidas siempre son complejas, multidimensionales y, en gran medida, imprevisibles e incontrolables.

A veces se cree que la inflación es enemiga del rentista, lo que posiblemente explique parcialmente la afición de las civilizaciones modernas por la

[34] Los trabajos de Gabrielle Fack y Camille Landais, que explotan las reformas de este tipo en los Estados Unidos y Francia, son particularmente claros sobre este aspecto.

[35] Para una tentativa incompleta de estimación relativa a los Estados Unidos, véase el anexo técnico.

inflación. En parte es cierto, en el sentido en que la inflación obliga a prestar un mínimo de atención a su capital. En presencia de la inflación, quien se contenta con sentarse sobre un montón de billetes ve cómo se derrite ante sus ojos y acaba arruinado, sin que siquiera sea necesario cobrarle impuestos. En este sentido, la inflación es, en efecto, un impuesto sobre la riqueza ociosa o, más precisamente, sobre la riqueza no invertida en nada. Sin embargo, como ya señalamos ampliamente en este libro, basta invertir el patrimonio en activos reales, especialmente en activos inmobiliarios o bursátiles, que representan cantidades mucho más importantes que los billetes,[36] para evitar por completo ese impuesto inflacionista. Los resultados que acabamos de presentar sobre los rendimientos de las dotaciones universitarias lo confirman de una manera muy clara. Con toda evidencia, el hecho de que la inflación sea de 2% en lugar de 0% de ningún modo impide que las fortunas más importantes obtengan rendimientos reales muy elevados.

Hasta se puede pensar que la inflación tiende más bien a mejorar la posición relativa de las fortunas más grandes respecto de las más bajas, en el sentido en que refuerza la importancia de los administradores de fortunas y de los intermediarios financieros. Cuando se poseen 10 o 50 millones de euros, tal vez no es posible contratar a los mismos administradores de fortunas que Harvard, aunque se disponga de los medios suficientes para remunerar a consejeros financieros y gozar de los servicios bancarios que permiten evitar la inflación. Cuando se poseen 10 000 o 50 000 euros, las elecciones de cartera que puede proponer el banquero son mucho más limitadas: las interacciones suelen ser más bien breves, y a menudo se invierte la mayor parte de esos recursos en cuentas de cheques, poco o nada remuneradas, y en cuentas de ahorro, que producen apenas más que la inflación. Hay que añadir que ciertos activos conllevan efectos de escala importantes y que de hecho son inaccesibles para los pequeños patrimonios; conviene darse cuenta de que esta desigualdad de acceso a las inversiones más remuneradoras es una realidad que atañe al conjunto de la población (y que, por consiguiente, va mucho más allá del caso extremo de las "inversiones alternativas" tan apreciadas por las enormes fortunas o de los fondos patrimoniales). Por ejemplo, para ciertos productos financieros propuestos por los bancos existen "boletos de entrada" relativamente altos (a veces de varios cientos de miles de euros), de tal manera que muchas veces los pequeños ahorradores deben contentarse con productos menos interesantes (lo que infla en la misma medida los márgenes disponibles para las inversiones más importantes y, desde luego, para remunerar al propio banco).

Estos efectos de cuantía atañen también, y sobre todo, al sector inmobiliario. En la práctica, se trata del caso más relevante y evidente para la inmensa mayoría de la población. La manera más simple de invertir el dinero,

[36] Véase el capítulo v.

para todo el mundo, es ser dueño de la propia vivienda. Eso permite protegerse de la inflación (el valor del bien suele aumentar por lo menos tan rápido como los precios al consumidor), evitando tener que pagar una renta, lo que corresponde a un rendimiento real del orden de 3-4% anual. Sin embargo, cuando se dispone de 10 000 o 50 000 euros, no basta con decidir ser dueño de la vivienda: hay que tener la posibilidad real de hacerlo. Ahora bien, sin una aportación inicial considerable, o si se tiene un empleo demasiado precario, a menudo es difícil obtener un préstamo suficiente. Y aun si se dispusiera de 100 000 o 200 000 euros, y se tuviera el mal gusto de ejercer la actividad profesional en una gran ciudad y de tener un salario que no forme parte del 2-3% más alto de la jerarquía salarial, puede ser difícil llegar a poseer un departamento, aun si se aceptara endeudarse por un periodo largo y a tasas con frecuencia elevadas. La consecuencia es que quienes arrancan con un pequeño patrimonio inicial muy a menudo seguirán siendo arrendatarios: por ello pagarán una renta elevada (con un rendimiento elevado para el dueño) durante muchos años, a veces toda la vida, al tiempo que sus ahorros invertidos en el banco estarán apenas protegidos de la inflación.

De forma inversa, quienes arrancan con un patrimonio más importante, gracias a una herencia o una donación, o bien disponen de un salario bastante alto —o ambas cosas a la vez—, pronto podrán ser dueños de su vivienda, lo que les permitirá obtener un rendimiento real de por lo menos 3-4% anual sobre su ahorro, generando un mayor ahorro al no tener que pagar una renta. Desde luego, esta desigualdad en el acceso a la propiedad inmobiliaria debida a los efectos de cuantía de la riqueza inicial siempre ha existido.[37] Además, en principio puede evitarse, por ejemplo, adquiriendo un departamento más pequeño que el que se necesita para vivir (para rentarlo), o bien invirtiendo el dinero; pero, en cierta manera, la inflación moderna agravó esta desigualdad: en el siglo XIX, en la época de la inflación cero, con un pequeño ahorro era relativamente fácil obtener un rendimiento real de 3 o 4%, por ejemplo, adquiriendo títulos de deuda pública; en la actualidad, semejante rendimiento es a menudo inaccesible para los ahorradores más pequeños.

En resumen: el principal efecto de la inflación no es reducir el rendimiento promedio del capital, sino redistribuirlo. Y aun si los efectos de la inflación son complejos y multidimensionales, todo parece indicar que la redistribución inducida se hace más bien en perjuicio de los patrimonios más bajos y en beneficio de los más altos, por consiguiente, en sentido inverso al que suele desearse. Desde luego, se puede pensar que la inflación también tiene como efecto reducir ligeramente el rendimiento puro promedio del capital, en el sentido en que obliga a cada uno a prestar más atención a la inversión de sus

[37] Incluso fue mucho peor en el siglo XIX, por lo menos en las ciudades, y principalmente en París, donde hasta la primera Guerra Mundial la mayoría de los edificios no se habían dividido en departamentos individuales (por consiguiente, había que tener medios suficientes para comprar todo un inmueble).

haberes. Ese cambio histórico es comparable con el incremento a muy largo plazo de la tasa de depreciación del capital, que obliga a decisiones más frecuentes de inversión y de sustitución de unos activos por otros.[38] En ambos casos hay pues que trabajar un poco más hoy que antaño para obtener un rendimiento determinado: el capital se volvió más "dinámico". Sin embargo, se trata de una manera relativamente indirecta y bastante poco eficaz de combatir la renta: todo parece indicar que la ligera baja en el rendimiento puro promedio del capital, inducida de esta manera, es mucho menos importante que el incremento de la desigualdad en el rendimiento y, en particular, casi no amenaza a las mayores fortunas. La inflación no termina con la renta: por el contrario, contribuye indudablemente a reforzar la desigualdad en la distribución del capital.

Entendámoslo bien: no se trata de proponer aquí y ahora el regreso del patrón oro o de la inflación cero. En ciertas condiciones, la inflación puede tener virtudes, aunque sean más limitadas de lo que a veces se cree. Volveremos a ello cuando abordemos el papel de los bancos centrales y la creación de dinero, sobre todo en situaciones de pánico financiero y de crisis de la deuda pública. Pueden existir, por otra parte, alternativas a la inflación cero y los bonos del Estado decimonónicos para que los más pobres accedan a un ahorro remunerador. Sin embargo, es importante darse cuenta, desde ahora, de que la inflación es una herramienta sumamente burda, incluso contraproducente, si el objetivo deseado es evitar el regreso a una sociedad de rentistas y, de modo más general, reducir las desigualdades patrimoniales. El impuesto progresivo sobre el capital es una institución mucho más apropiada, tanto por razones de transparencia democrática como de eficacia real.

El rendimiento de los fondos soberanos: capital y política

Ahora examinemos el caso de los fondos soberanos, que se desarrollaron mucho estas últimas décadas, sobre todo entre los países petroleros. Los datos disponibles públicamente acerca de las estrategias de inversión y de los rendimientos obtenidos son, por desgracia, mucho menos detallados y sistemáticos que los referidos a los fondos patrimoniales universitarios. Esto es aún más lamentable en la medida en que los recursos financieros en juego son mucho más importantes. El fondo noruego, que valía por sí solo más de 700 000 millones de euros en 2013 (es decir, dos veces más que todas las universidades estadunidenses en su conjunto), es el que publica los informes financieros más detallados. Su estrategia de inversión, por lo menos en sus inicios, es aparentemente más clásica que la de los fondos patrimoniales universitarios, sin duda debido en parte a que se hace bajo el escrutinio de

[38] Véase el capítulo v.

la población (que aceptaría, probablemente con menor entusiasmo que el Consejo de Harvard, realizar inversiones masivas en *hedge funds* y en acciones no cotizadas), y al parecer los rendimientos obtenidos son claramente menos buenos.[39] Los responsables del fondo obtuvieron recientemente la autorización de lanzarse de manera más importante en las inversiones alternativas (en particular en el sector inmobiliario internacional) y es posible que esos rendimientos aumenten en el futuro. Se advertirá también que los gastos de administración del fondo son inferiores al 0.1% de la dotación (frente al 0.3% para Harvard); si tenemos en cuenta el hecho de que el fondo es 20 veces más grande, esa situación permite, en cambio, planear mejor la estrategia de inversión. Nos enteramos asimismo de que en el conjunto del periodo 1970-2010 alrededor de 60% del dinero del petróleo se invirtió en el fondo y 40% se consumió anualmente en gasto público. Las autoridades noruegas no dicen con precisión cuál es el objetivo a largo plazo del incremento de la capacidad del fondo ni a partir de qué fecha el país podrá empezar a consumir los rendimientos obtenidos, o por lo menos parte de ellos. Sin duda no lo saben: todo depende de la evolución de las reservas petroleras, del precio del barril de petróleo y del rendimiento obtenido en las próximas décadas.

Si se examinan otros fondos soberanos, en particular los de Oriente Medio, por desgracia se observa una opacidad mucho mayor; los informes financieros son muy a menudo bastante escuetos. Suele ser imposible conocer con precisión la estrategia de inversión; los rendimientos obtenidos se mencionan de una manera evasiva y a veces poco coherente de un año al otro. Los últimos informes publicados por la Abu Dabi Investment Authority, administradora del mayor fondo soberano mundial (aproximadamente equivalente al de Noruega), indican un rendimiento real promedio superior a 7% anual en el periodo 1990-2010 y superior a 8% en 1980-2010. Tomando en cuenta los rendimientos observados en los fondos patrimoniales universitarios, esto parece muy posible, pero, a falta de informaciones anuales detalladas, es muy difícil profundizar más.

Es de interés señalar que al parecer existen estrategias de inversión muy diferentes según los fondos y que además van a la par con estrategias de comunicación muy distintas, respecto de su población, y también diversas estrategias políticas en la escena internacional. Cuando Abu Dabi anuncia a bombo y platillo un rendimiento elevado, sorprende comprobar hasta qué punto el fondo de Arabia Saudí, situado inmediatamente después del de Abu Dabi y Noruega en la jerarquía de los fondos petroleros, pero delante del de

[39] El rendimiento nominal promedio para el periodo 1998-2012 sólo era de 5% anual. Sin embargo, es difícil compararlo con precisión con los rendimientos antes estudiados: por un lado, porque el periodo 1998-2012 era menos bueno que el de 1990-2010 o 1980-2010 (las estadísticas del fondo noruego lamentablemente se inician sólo en 1998) y, por el otro, porque ese rendimiento relativamente bajo se explica en parte por la apreciación de la corona noruega.

Kuwait, Qatar y Rusia, elige por el contrario mantenerse en un segundo plano. Es evidente que los pequeños países petroleros del Golfo Pérsico, que tienen una población local limitada, se dirigen ante todo a la comunidad financiera internacional. Los informes saudíes son más sobrios e integran la presentación de su fondo en documentos con un enfoque más general, indicando la evolución de las cuentas nacionales y del presupuesto público. Se dirigen ante todo a la población del reino, de casi 20 millones de habitantes a principios de la década de 2010, lo que sigue siendo poco en comparación con los grandes países de la región (80 millones en Irán, 85 millones en Egipto, 35 millones en Irak), pero que es incomparablemente más alto que la población de los microestados del Golfo Pérsico.[40] Además de esta postura diferente, parecería que los recursos saudíes se invirtieran también de un modo mucho menos agresivo. Según los documentos oficiales, el rendimiento promedio obtenido por las reservas de Arabia Saudí no rebasaría el 2-3%, y esto se explicaría sobre todo por el hecho de que una enorme parte de esas reservas estaría invertida en títulos de deuda pública estadunidense. Los informes financieros saudíes distan de proporcionar toda la información necesaria para conocer la evolución detallada de su cartera, pero los elementos disponibles son globalmente más abundantes que los presentados por los microestados, y en este aspecto específico parecen ser correctos.

¿Por qué elegiría Arabia Saudí invertir sus reservas en bonos del tesoro estadunidense, cuando le es posible obtener rendimientos aún mejores en otra parte? La pregunta merece hacerse aún más ahora, en la medida en que los fondos de las universidades estadunidenses, desde hace décadas, ya no invierten en títulos públicos en su propio país, buscando el rendimiento donde se encuentre en el ancho mundo: fondos especulativos, acciones no cotizadas o productos derivados de materias primas. Desde luego, los títulos del gobierno estadunidense ofrecen una garantía de estabilidad envidiable en un mundo inestable y es posible que a la opinión saudí le gusten poco las inversiones alternativas. Sin embargo, no se puede ignorar la dimensión política y militar de semejante elección: incluso cuando no se diga explícitamente, para Arabia Saudí no es ilógico prestar a una tasa baja al país que la protege militarmente. Hasta donde sé, nadie ha intentado calcular con precisión la rentabilidad de semejante inversión, pero parece evidente que la tasa de rendimiento es sin duda bastante alta. Si los Estados Unidos, apoyados por los demás países occidentales, no hubieran sacado al ejército iraquí de Kuwait en 1991, es probable que después Irak hubiera amenazado los yaci-

[40] Los Emiratos Árabes Unidos (cuyo principal componente es Abu Dabi) tenían, conforme al último censo de 2010, una población nacional de apenas un millón de habitantes (y más de siete millones de trabajadores extranjeros). La población nacional de Kuwait era del mismo tamaño. Qatar contaba con alrededor de 300 000 nacionales y 1.5 millones de extranjeros. Arabia Saudí contaba con aproximadamente 10 millones de extranjeros (además de su población nacional de casi 20 millones).

mientos saudíes, sin poder excluirse que otros países de la región, como Irán, habrían entrado en ese juego militar regional de redistribución de la renta petrolera. La dinámica de la distribución mundial del capital es un proceso tanto económico como político y militar. Sucedía lo mismo en la época colonial, cuando las potencias de la época —Reino Unido y Francia a la cabeza— estaban dispuestas a desplegar sus armas para proteger sus inversiones. Es evidente que sucederá lo mismo en el siglo XXI, en configuraciones geopolíticas diferentes y difíciles de prever.

¿Van a adueñarse del mundo los fondos petroleros?

¿Hasta dónde pueden aumentar los fondos soberanos en las próximas décadas? Según las estimaciones disponibles, notoriamente imperfectas, la totalidad de las inversiones de los fondos soberanos representaría en 2013 un poco más de 5.3 billones de dólares, de los cuales en torno a 3.2 billones pertenecen a los fondos de los países petroleros (añadiendo a los principales fondos antes mencionados un gran número de fondos menos importantes: Dubái, Libia, Kazajistán, Argelia, Irán, Azerbaiyán, Brunéi, Omán, etc.), y alrededor de 2.1 billones corresponden a los fondos de los países no petroleros (sobre todo de China, Hong Kong y Singapur, así como a fondos más pequeños de numerosos países).[41] Para recordar los órdenes de magnitud, se puede señalar que se trata casi exactamente de la misma cantidad que la fortuna total de los multimillonarios catalogados por *Forbes* (aproximadamente 5.4 billones de dólares en 2013). Dicho de otro modo, en el mundo actual, los multimillonarios poseen aproximadamente 1.5% del total de las fortunas privadas en el mundo y los fondos soberanos el equivalente a 1.5% de la riqueza privada mundial. Podemos tranquilizarnos señalando que, a pesar de ello, un 97% del capital mundial es aún para el resto del planeta.[42] También se pueden aplicar a los fondos soberanos las mismas proyecciones que a los multimillonarios y concluir que no adquirirán una importancia decisiva —más de 10-20% del capital mundial— antes de la segunda mitad del siglo XXI y que, por consiguiente, estamos bastante lejos de tener que pagar nuestra renta mensual al emir de Qatar (o al contribuyente noruego). En parte es cierto, pero tampoco sería correcto ignorar la cuestión. En primer lugar, no está prohibido preocuparse por la renta que pagarán nuestros hijos y nietos, y no es necesario esperar a que esta tendencia se extienda para que

[41] Véase el anexo técnico.

[42] También hay que tener en cuenta los activos públicos no financieros (edificios públicos, escuelas, hospitales, etc., así como los activos financieros no integrados formalmente en los fondos soberanos) y restar las deudas públicas. El patrimonio público neto representa hoy menos de 3% de las fortunas privadas en promedio en los países ricos (a veces es negativo), por lo que no es muy diferente. Véanse los capítulos III al V y el anexo técnico.

nos preocupe. En segundo lugar, una buena parte del capital mundial adquiere formas poco líquidas (sobre todo en forma de capital inmobiliario y empresarial no intercambiable en los mercados financieros), de tal manera que la participación de los fondos soberanos —y en menor medida la de los multimillonarios— en los activos financieros inmediatamente utilizables es en realidad muy alta (por ejemplo, para adquirir una empresa en quiebra, comprar un club de futbol o invertir en un barrio en dificultades y así suplir las carencias de un Estado con escasez de recursos).[43] De hecho, la cuestión de esas inversiones procedentes de los países petroleros está cada vez más presente en los países ricos, principalmente en Francia, país que, como ya señalamos en la primera parte del libro, es sin duda el peor preparado psicológicamente para ese gran regreso del capital.

Por último, pero no menos importante, la diferencia esencial respecto de los multimillonarios es que los fondos soberanos —por lo menos los de los países petroleros— aumentarán no sólo debido a la recapitalización de su rendimiento, sino también por los ingresos petroleros que incrementarán esos fondos en las décadas venideras. Ahora bien, aun cuando existieran muchas incertidumbres a ese respecto —tanto en lo que se refiere al tamaño de las reservas como a la evolución de la demanda y del precio del petróleo—, todo parece indicar que este efecto puede predominar sobre el del rendimiento. La renta anual resultante de la explotación de los recursos naturales, definida como la diferencia entre los ingresos y los costos de producción, representa desde mediados de la primera década del siglo XXI un 5% del PIB mundial (del cual una mitad corresponde a la renta petrolera propiamente dicha y la otra mitad a la de los demás recursos naturales: sobre todo gas, carbón, minerales, madera), frente a aproximadamente 2% en los años noventa y menos de 1% a principios de los años setenta.[44] Conforme a algunas proyecciones, el precio del petróleo, en la actualidad de alrededor de 100 dólares por barril (frente a 25 dólares a principios de la década iniciada en el año 2000), podría establecerse a largo plazo en torno a los 200 dólares a partir de 2020-2030. Si un porcentaje lo bastante importante de la renta correspondiente se invierte cada año en los fondos soberanos (un porcentaje que, sin embargo, debería aumentar sensiblemente respecto de los ritmos

[43] Si se excluye al sector inmobiliario y a los activos empresariales no cotizados, los activos financieros en un sentido estricto representan a principios de la década de 2010 entre una cuarta y una tercera parte de la riqueza privada mundial: entre un año y un año y medio del PIB mundial (y no cuatro años). Los fondos soberanos son pues del equivalente de 5% de los activos financieros mundiales. Aquí hacemos referencia a los activos financieros netos propiedad de los hogares o de los gobiernos. Teniendo en cuenta las enormes participaciones cruzadas entre sociedades financieras y no financieras, tanto dentro de los países como entre ellos, los activos financieros brutos son mucho más altos: más de tres años del PIB mundial. Véase el anexo técnico.

[44] La renta resultante de los recursos naturales ya había rebasado 5% del PIB mundial de mediados de los setenta a mediados de los ochenta. Véase el anexo técnico.

actuales), entonces es posible describir sin dificultad un escenario en el que los activos de los fondos soberanos rebasarían por 10-20% del total de los patrimonios mundiales de aquí a 2030-2040. Ninguna ley económica impide semejante trayectoria: todo depende de las condiciones de la oferta y la demanda, del descubrimiento o no de nuevos yacimientos o fuentes de energía, y de la velocidad con la que unos y otros se acostumbren a vivir sin petróleo. En todo caso, es casi inevitable que los fondos petroleros mantengan su incremento actual y que su participación en los activos mundiales sea, de aquí a 2030-2040, por lo menos dos a tres veces más elevada de lo que lo es en la actualidad, lo que ya representaría un aumento considerable.

Si esto ocurriera, es probable que los países occidentales soporten cada vez peor la idea de ser poseídos en un porcentaje importante por los fondos petroleros, desencadenando a mayor o menor plazo reacciones políticas de diversa naturaleza, por ejemplo, en forma de restricciones en cuanto a las posibilidades de adquisición y posesión de activos inmobiliarios, industriales y financieros nacionales para los fondos soberanos, incluso en forma de expropiaciones parciales o totales. Se trata de una reacción que no es ni particularmente brillante desde el punto de vista político ni muy eficaz en términos económicos, pero que tiene el mérito de estar al alcance de un gobierno nacional, incluso en un país pequeño. Además, se puede advertir que los propios países petroleros ya empezaron a limitar sus inversiones extranjeras y se han puesto a invertir masivamente en su propio territorio, edificando en él museos, hoteles, universidades, hasta estaciones de esquí, a veces de un modo totalmente desmedido desde el estricto punto de vista de la racionalidad económica y financiera. Todo ello puede interpretarse como una toma de conciencia precoz del hecho de que es más difícil ser expropiado en su propia casa que en el extranjero. En cambio, nada garantiza que este proceso siempre se haga de manera pacífica: nadie conoce la posición exacta de la frontera psicológica y política que no se debe cruzar en materia de posesión de un país por otro.

¿China va a poseer el mundo?

El caso de los fondos soberanos de los países no petroleros se plantea de manera un poco diferente. ¿Por qué un país sin recursos naturales particulares decidiría poseer a otro país? Desde luego, se puede pensar en una ambición neocolonial, una simple voluntad de poder, como en la época del colonialismo europeo. Sin embargo, la diferencia es que los países europeos disponían entonces de un adelanto tecnológico que les permitía asentar su dominio. Desde luego, China y los demás países emergentes no petroleros han iniciado un proceso de desarrollo sumamente rápido, pero todo indica que se detendrá cuando concluya la convergencia de la productividad y el nivel de vida. La difusión de los conocimientos y de las técnicas de producción es un proceso fundamentalmente igualador: cuando el menos adelantado ha alcanzado al más adelantado, el primero deja de crecer más rápido.

En el escenario central de la evolución de la relación capital/ingreso a nivel mundial presentada en el capítulo v, supusimos que las tasas de ahorro de los diferentes países se estabilizarían en torno a 10% del ingreso nacional a medida que este proceso de convergencia internacional llegaba a su término. En este caso, la acumulación del capital adquirirá proporciones comparables en todos los países. Desde luego, se acumulará un porcentaje importante del acervo de capital mundial en los países asiáticos, principalmente en China, en relación con su participación futura en la producción mundial. Sin embargo, la relación capital/ingreso, conforme a este escenario central, debería adquirir valores similares en los diferentes continentes, sin por ello alcanzar un desequilibrio importante entre el ahorro y la inversión en las diferentes zonas. La única excepción le corresponde a África: en el escenario central mostrado en las gráficas XII.4 y XII.5, la relación capital/ingreso debería situarse en un nivel sensiblemente más bajo en el continente africano que en los demás continentes a lo largo de todo el siglo XXI (sobre todo debido a una convergencia económica mucho más lenta y a una transición demográfica también rezagada).[45] En un régimen de libre circulación de los capitales, esto lógicamente debería llevar a reforzar los flujos de inversiones procedentes de los demás continentes, sobre todo de Asia y en especial de China. Por las razones ya mencionadas, esto podría provocar tensiones importantes, en parte ya perceptibles.

Desde luego, se pueden concebir escenarios mucho más desequilibrados que el central. Sin embargo, es importante insistir en el hecho de que las fuerzas de divergencia son mucho menos evidentes que en el caso de los fondos petroleros, que descansan en una riqueza totalmente desproporcionada en relación con las necesidades de las poblaciones que la poseen (sobre todo porque las poblaciones implicadas a veces son numéricamente insignificantes). Esto lleva a una lógica de acumulación sin fin, que la desigualdad $r>g$ puede transformar en una divergencia permanente de la distribución del capital a nivel mundial. Para resumir: en efecto, la renta petrolera puede permitir, en cierta medida, adquirir el resto del planeta y vivir después de las rentas del capital correspondiente.[46]

[45] Implícitamente incluimos en nuestras hipótesis de tasas de ahorro a largo plazo para China (al igual que para los demás países) el ahorro público y el privado. Somos incapaces de prever las futuras articulaciones entre propiedad pública (sobre todo a través de los fondos soberanos) y privada en China en las décadas futuras.

[46] Este proceso transparente de transformación de la renta petrolera en una renta capitalista diversificada tiene por lo menos el mérito de ilustrar el siguiente aspecto: históricamente el capital asumió diferentes formas —rural, petrolero, financiero, empresarial, inmobiliario, etc.— pero eso no cambió en realidad su lógica profunda, o en todo caso mucho menos de lo que a veces se piensa.

GRÁFICA XII.4. *La relación capital/ingreso en el mundo, 1870-2100*

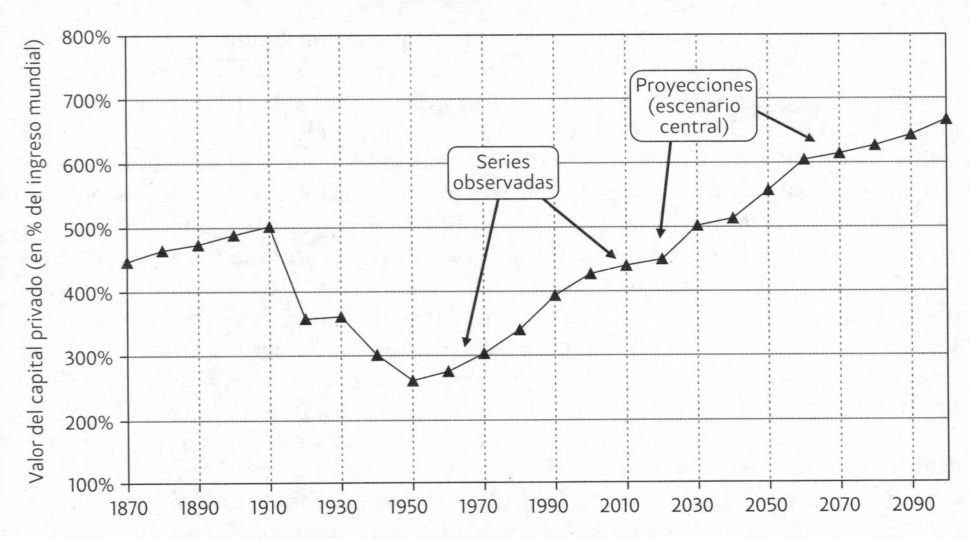

Según las simulaciones del escenario central, la relación capital/ingreso a nivel mundial podría acercarse a 700% desde la actualidad hasta finales del siglo XXI.

FUENTES Y SERIES: véase piketty.pse.ens.fr/capital21c.

GRÁFICA XII.5. *La distribución del capital mundial, 1870-2100*

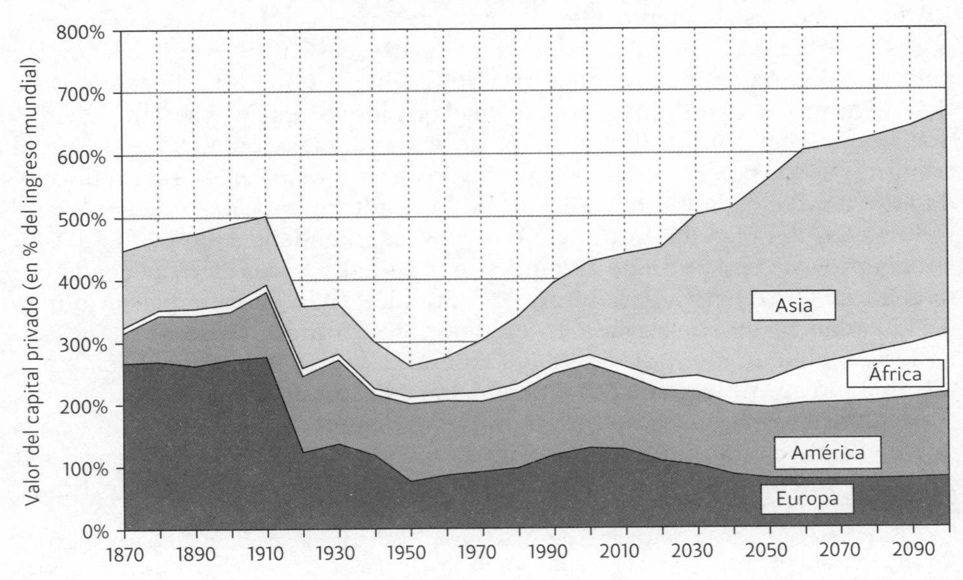

Según el escenario central, los países asiáticos deberían poseer alrededor de la mitad del capital mundial en el siglo XXI.

FUENTES Y SERIES: véase piketty.pse.ens.fr/capital21c.

En el caso de China, la India y los demás países emergentes, las cosas son muy diferentes: esos países tienen poblaciones considerables cuyas necesidades distan de estar satisfechas, en términos tanto de consumo como de inversión. Desde luego, se pueden imaginar escenarios en los que la tasa de ahorro china se situaría de manera permanente en un nivel más elevado que las tasas europeas o estadunidenses, por ejemplo, porque China elegiría un sistema de jubilación totalmente basado en la capitalización y no en uno de reparto, elección que puede ser bastante tentadora en un régimen de bajo crecimiento (y más aún, de crecimiento demográfico negativo).[47] Otro ejemplo: si China ahorra 20% de su ingreso nacional hasta 2100, mientras Europa y los Estados Unidos guardan el 10%, los gigantescos fondos de pensión chinos poseerán de aquí a fines del siglo buena parte del Viejo Continente y del Nuevo Mundo.[48] Lógicamente eso es posible, pero bastante poco probable: por una parte, porque los asalariados chinos y el conjunto de la sociedad china preferirán sin duda, con toda razón, apoyarse de manera importante en sistemas públicos de jubilación por reparto (como en Europa y los Estados Unidos); por la otra, por las razones políticas ya antes subrayadas para los fondos petroleros, aplicables del mismo modo en el caso de los fondos de pensión chinos.

Divergencia internacional, divergencia oligárquica

En todo caso, esta amenaza de divergencia internacional vinculada con la posesión gradual de los países ricos por parte de China (o por los fondos petroleros) parece mucho menos creíble y peligrosa que una divergencia de tipo oligárquico, es decir, un proceso en el que los países ricos serían poseídos por sus propios multimillonarios o, de manera más general, en el que el conjunto de los países —incluso China y los países petroleros— sería propiedad de manera cada vez más masiva de los multimillonarios y demás archimillonarios del planeta. Como vimos antes, esta tendencia ya se inició. Con la baja prevista de la tasa de crecimiento mundial y la competencia cada vez más fuerte entre países para atraer los capitales, todo permite pensar que la desigualdad $r>g$ será elevada en el siglo que se inicia. Si se añade a esto la desigualdad en el rendimiento del capital debida a la cuantía inicial, fortalecida muy posiblemente por la tendencia a la complejidad creciente de los mercados financieros, vemos que están reunidos todos los ingredientes para que la participación en la propiedad del capital del planeta, por parte del percentil y del milésimo superiores de la jerarquía mundial de las fortunas,

[47] En el sistema de jubilación por reparto, las cotizaciones pagadas por los trabajadores activos sirven directamente para pagar las pensiones de los jubilados, sin ser invertidas. Sobre estas cuestiones, véase el capítulo XIII.

[48] En este caso, podría verse implicado entre una cuarta parte y la mitad del capital europeo y estadunidense (incluso más, según las hipótesis). Véase el anexo técnico.

alcance niveles desconocidos. Evidentemente es difícil decir a qué ritmo ocurrirá esta divergencia. Sin embargo, en todo caso, el riesgo de una divergencia oligárquica parece mucho más alto que el de una internacional.[49]

Hay que insistir en particular en el hecho de que el miedo de una posesión por parte de China resulta en el momento actual una mera fantasía. En realidad, los países ricos son mucho más ricos de lo que a veces imaginan. La totalidad de las fortunas inmobiliarias y financieras, libres de toda deuda, propiedad de los hogares europeos representa a principios de la década iniciada en 2010 unos 70 billones de euros. En comparación, la totalidad de los activos poseídos en los diferentes fondos soberanos chinos y en las reservas del Banco de China representa en torno a 3 billones de euros, es decir, menos de una vigésima parte.[50] Los países ricos distan de ser poseídos por los países pobres; sería necesario, en primer lugar, que estos últimos se enriquecieran, lo que todavía llevará algunas décadas.

¿De dónde sale entonces ese miedo, ese sentimiento de desposesión, en parte irracional? Sin duda se explica por una tendencia universal a buscar fuera de casa a los responsables de las dificultades domésticas. Por ejemplo, en Francia, a veces imaginamos que los ricos compradores extranjeros son responsables del alza súbita de los precios en el sector inmobiliario parisino. Ahora bien, si se examina minuciosamente la evolución de las transacciones en función de la identidad de los compradores y de los tipos de departamento adquiridos, se advierte que el incremento en el número de los compradores extranjeros (o residentes en el extranjero) permite explicar sólo 3% del alza de los precios. Dicho de otro modo, los muy altos niveles de capitalización inmobiliaria observados en la actualidad en Francia se explican en un 97% por el hecho de que hay suficientes compradores franceses y residentes locales lo bastante prósperos para pagar semejantes precios.[51]

Me parece que este sentimiento de desposesión se explica ante todo por el hecho de que las fortunas están muy concentradas en los países ricos (para una parte importante de la población, el capital es una abstracción), y que el proceso de secesión política de los patrimonios más importantes ya está en marcha. Para la mayoría de los habitantes de los países ricos, sobre todo en Europa y en Francia, la idea conforme a la cual los hogares europeos

[49] La divergencia petrolera puede además ser considerada como de tipo oligárquico: debido a que la renta petrolera es propiedad de un pequeño grupo de personas, los fondos petroleros pueden dar lugar a una acumulación infinita y duradera.

[50] El PIB de la Unión Europea se aproximaba a los 15 billones de euros en 2012-2013, frente a aproximadamente 10 billones de euros para el PIB de China en paridad de poder adquisitivo (y 6 billones a la tasa de cambio corriente, lo que tratándose de activos financieros internacionales es tal vez más pertinente). Véase el capítulo I. Los activos extranjeros netos chinos aumentan rápido, pero no hasta el punto de poder compararse con el total de las fortunas privadas de los países ricos. Véase el anexo técnico.

[51] Véase A. Sotura, "Les Étrangers font-ils monter les prix de l'immobilier? Estimation à partir de la base de la chambre des notaires de Paris, 1993-2008", Éditions de l'EHESS y PSE, 2011, 80 pp.

poseen 20 veces más capital que las reservas chinas parece relativamente abstracta, en la medida en que se trata de fortunas privadas y no de fondos soberanos utilizables de inmediato, por ejemplo, para ayudar a Grecia, como amablemente propuso China estos últimos años. Esas fortunas privadas europeas son, en cambio, una realidad, y si los gobiernos de la Unión Europea lo decidieran así, sería muy posible aplicarles un impuesto. Sin embargo, el hecho es que es muy difícil para un solo gobierno regular o gravar las fortunas y sus ingresos. Ante todo, es esta pérdida de soberanía democrática la que explica el sentimiento de desposesión que agita hoy en día a los países ricos, principalmente a los países europeos, cuyo territorio está dividido en pequeños Estados que compiten por atraer capitales, agravando así el proceso en curso. El enorme incremento de las posiciones financieras brutas entre países (cada uno es poseído cada vez más por sus vecinos), analizado en el capítulo v, contribuye también en esta evolución y en esta impotencia.

En la cuarta parte de este libro veremos en qué medida un impuesto mundial sobre el capital —o por lo menos europeo— puede constituir una herramienta apropiada para superar estas contradicciones, además de qué otras respuestas pueden dar los gobiernos que tendrán que enfrentarse a esta realidad. Precisemos de entrada que la divergencia oligárquica no sólo es más probable que la internacional, sino también mucho más difícil de combatir, pues exige un alto grado de coordinación internacional entre países que suelen estar más acostumbrados a competir. La secesión patrimonial tiende además a desvanecer la noción misma de nacionalidad, puesto que los más ricos pueden en cierta medida salir con su fortuna y cambiar de nacionalidad para borrar toda huella con la comunidad de origen. Sólo una respuesta coordinada a nivel regional, relativamente amplia, permite salvar esa dificultad.

¿Son tan pobres los países ricos?

También hay que subrayar que el disimulo de una parte significativa de los activos financieros mundiales en los paraísos fiscales limita ya, de manera importante, nuestra capacidad de análisis de la geografía global de las fortunas. Si nos atenemos a los datos oficiales publicados por las agencias estadísticas de los diferentes países, reunidos por las organizaciones internacionales (empezando por el Fondo Monetario Internacional), parecería que la posición patrimonial de los países ricos respecto del resto del mundo es negativa. Como vimos en la segunda parte, Japón y Alemania tienen posiciones positivas bastante importantes en relación con el resto del mundo (es decir, que poseen por medio de sus hogares, empresas y gobiernos muchos más activos en el resto del mundo de los que el resto del mundo posee en ellos), lo que refleja el hecho de que acumularon grandes excedentes comerciales a lo largo de las últimas décadas. Sin embargo, los Estados Unidos tienen

GRÁFICA XII.6. *La posición patrimonial de los países ricos respecto del resto del mundo, 1985-2010*

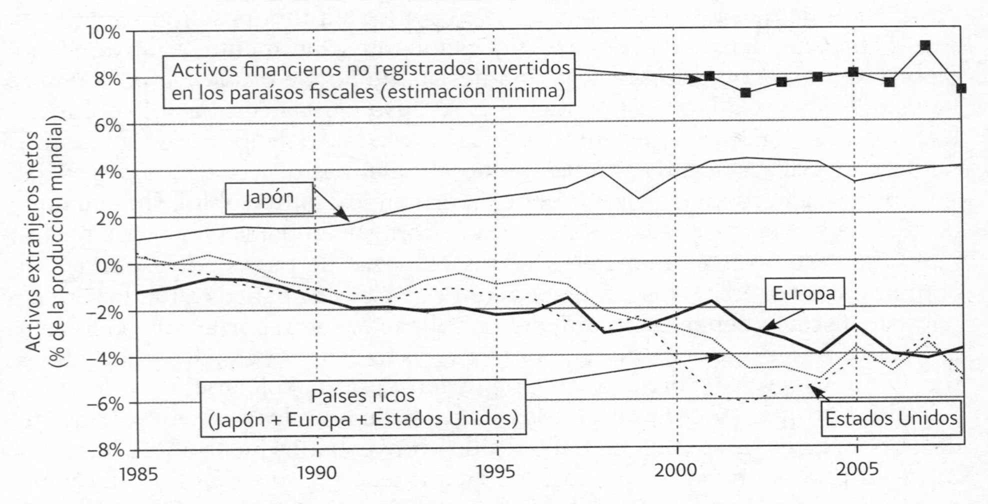

Los activos financieros no registrados invertidos en los paraísos fiscales son más altos que la deuda extranjera neta oficial de los países ricos.

FUENTES Y SERIES: véase piketty.pse.ens.fr/capital21c.

una posición negativa y la mayoría de los países europeos (excepto Alemania) tienen una posición cercana a cero o negativa.[52] En resumidas cuentas, cuando se suma el conjunto de los países ricos, se llega a una posición ligeramente negativa, equivalente a aproximadamente −4% del PIB mundial a principios de la década de 2010, mientras que era cercana a cero a mediados de los años ochenta, como lo indica la gráfica XII.6.[53] Sin embargo, hay que insistir en el hecho de que se trata de una muy ligera posición negativa (representa exactamente el 1% de la riqueza mundial). En todo caso, como hemos señalado ampliamente, vivimos en un periodo histórico en el que las posiciones internacionales son relativamente equilibradas, por lo menos en comparación con el periodo colonial, en el que la posición positiva de los países ricos respecto del resto del mundo era incomparablemente mayor.[54]

Lo cierto es que, en principio, esta posición oficial, ligeramente negativa, debería tener como contrapartida una posición positiva equivalente para el resto del mundo. Dicho de otro modo, los países pobres tendrían que poseer más activos en los países ricos de lo que estos últimos poseen en ellos, con una diferencia a su favor del orden de 4% del PIB mundial (alrededor de 1% del

[52] Véase en particular el capítulo V, gráfica V.7.

[53] En la gráfica XII.6, los "países ricos" reúnen a Japón, Europa Occidental y los Estados Unidos. El hecho de añadir a Canadá y Oceanía no cambiaría casi nada. Véase el anexo técnico.

[54] Véanse los capítulos III al V.

patrimonio mundial). En realidad, esto no es así: si se considera el conjunto de las estadísticas financieras de los diferentes países del mundo, se llega a la conclusión de que los países pobres también tienen una posición negativa y que el conjunto del planeta tiene una posición muy claramente negativa; dicho de otro modo, el planeta Marte sería nuestro dueño. Se trata de una "anomalía estadística" relativamente antigua, pero cuya agravación ha sido comprobada por las organizaciones internacionales a lo largo de los años (la balanza de pagos suele ser negativa a nivel mundial: sale más dinero de los países del que ingresa a los demás países, lo que en principio es imposible), sin que pueda realmente ser explicada. Es necesario subrayar en particular que en principio esas estadísticas financieras y esas balanzas de pagos corresponden al conjunto de los territorios del planeta (en especial, los bancos situados en los paraísos fiscales tienen teóricamente la obligación de reportar sus cuentas a las instituciones internacionales, por lo menos de manera global), y que varios tipos de sesgos y de errores de cálculo pueden *a priori* explicar esa "anomalía".

Al confrontar el conjunto de las fuentes disponibles y sacar partido de datos bancarios suizos que no habían sido aprovechados hasta ahora, Gabriel Zucman pudo demostrar que la explicación más factible de esta diferencia es la existencia de una masa importante de activos financieros no registrados, propiedad de los hogares en los paraísos fiscales. Su estimación, prudente, es que ese volumen representa el equivalente de casi 10% del PIB mundial.[55] Algunas estimaciones propuestas por organizaciones no gubernamentales concluyen en cuantías aún más importantes (hasta dos o tres veces superiores). En el estado actual de las fuentes disponibles, la estimación de Zucman me parece ligeramente más realista. Sin embargo, es muy evidente que esas estimaciones son por naturaleza inciertas, y que es posible que se trate de un límite inferior.[56] En todo caso, el hecho importante es que este límite inferior ya es sumamente alto; en concreto, es más de dos veces superior a la posición negativa oficial del conjunto de los países ricos (véase la gráfica XII.6).[57] Ahora bien, todo indica que la enorme mayoría de esos activos financieros localizados en los paraísos fiscales es propiedad de los residentes de los países ricos (por lo menos las tres cuartas partes). La conclusión es evidente: en realidad la posición patrimonial de los países ricos respecto del resto del mundo es positiva (los países ricos poseen, en promedio, una parte de los países pobres, y no a la inversa, lo que, en el fondo, no es realmente sorprendente), pero esta evidencia queda enmascarada por el hecho de que los ha-

[55] Es decir, casi 7-8% del total de los activos financieros netos mundiales (véase más arriba).

[56] Véase el anexo técnico para un análisis de la estimación alta realizado en 2012 por James Henry para la Tax Justice Network y de la estimación intermedia de 2010 de Ronen Palan, Richard Murphy y Christian Chavagneux.

[57] Los datos de la gráfica XII.6 resultan de G. Zucman, "The Missing Wealth of Nations: Are Europe and the U.S. Net Debtors or Net Creditors?", *Quarterly Journal of Economics*, vol. 128, núm. 3, 2013, pp. 1321-1364.

bitantes más ricos de los países ricos disimulan una parte de sus activos en paraísos fiscales. Ese resultado implica, en particular, que la enorme alza observada de las fortunas privadas en los países ricos a lo largo de los últimos decenios —en proporción del ingreso nacional—, y que analizamos en la segunda parte de este libro, es en realidad aún un poco más importante de lo que pudimos calcular a partir de las cuentas oficiales. Sucede lo mismo con la tendencia al alza por parte de las grandes fortunas en la riqueza total.[58] Más allá de eso, esto demuestra las dificultades que plantea el registro de los activos en el capitalismo globalizado en este inicio del siglo XXI, que incluso llegan a alterar nuestra percepción de la geografía elemental de la fortuna.

[58] Según una estimación realizada por Roine y Waldenström, tener en cuenta los activos mantenidos en el extranjero (estimados a partir de las incoherencias de la balanza de pagos sueca) puede acercar mucho, bajo algunas hipótesis, la participación del percentil superior en Suecia al nivel observado en los Estados Unidos (que, sin duda, también debería incrementarse). Véase el anexo técnico.

Cuarta Parte

REGULAR EL CAPITAL EN EL SIGLO XXI

XIII. UN ESTADO SOCIAL PARA EL SIGLO XXI

En las tres primeras partes de este libro analizamos la evolución en la distribución de la riqueza y de la estructura de las desigualdades desde el siglo XVIII. Ahora intentaremos sacar conclusiones para el porvenir. En particular, una de las principales lecciones de nuestra investigación es que, en gran medida, fueron las guerras las que hicieron tabla rasa del pasado y condujeron a una transformación de la estructura de las desigualdades en el siglo XX. En este inicio del XXI, algunas desigualdades patrimoniales que se creían caducas están aparentemente a punto de volver a sus cimas históricas, e incluso de rebasarlas, en el marco de una nueva economía mundial, portadora de inmensas esperanzas (el fin de la pobreza) y de enormes desequilibrios (individuos que son tan ricos como algunos países). ¿Podemos imaginar para el siglo XXI algo que trascienda al capitalismo y que sea al mismo tiempo más pacífico y duradero, o bien debemos simplemente esperar las próximas crisis o las próximas guerras, esta vez verdaderamente mundiales? A partir de los cambios y experiencias históricas que hemos descrito, ¿qué instituciones y políticas públicas podrían permitir regular, de manera tanto justa como eficaz, el capitalismo patrimonial globalizado del siglo que comienza?

Como ya señalamos, la institución ideal que permitiría evitar una espiral desigualitaria sin fin y retomar el control de la dinámica en curso sería un impuesto mundial y progresivo sobre el capital. Semejante herramienta tendría, además, el mérito de generar transparencia democrática y financiera sobre las fortunas, lo que es una condición necesaria para una regulación eficaz del sistema bancario y de los flujos financieros internacionales. El impuesto sobre el capital permitiría que prevaleciera el interés general sobre los intereses privados, al mismo tiempo que preservaría la apertura económica y las fuerzas de la competencia. No sucedería lo mismo con las diferentes formas de repliegue nacional o identitario que corren el riesgo de servir como último recurso, sustitutivo de esta institución ideal. En su forma verdaderamente mundial, el impuesto sobre el capital es indudablemente una utopía. En su ausencia, una solución similar podría aplicarse de manera rentable a escala regional o continental (en particular, europea), empezando por los países que así lo deseen. Sin embargo, antes de llegar ahí, primero tenemos que reubicar esta cuestión del impuesto sobre el capital (que jamás será más que uno de los elementos de un sistema fiscal y social ideal) en un contexto mucho más amplio: el del papel del gobierno en la producción y distribución de la riqueza y la construcción de un Estado social apropiado para el siglo XXI.

La crisis de 2008 y el regreso del Estado

La crisis financiera mundial iniciada en 2007-2008 suele describirse como la más grave que haya conocido el capitalismo mundial desde la de 1929. Esta comparación se justifica en parte, pero no debe hacernos olvidar varias diferencias esenciales. La más evidente es que la reciente crisis no desembocó en una depresión tan devastadora como la anterior. Entre 1929 y 1935, el nivel de producción de los grandes países desarrollados cayó en una cuarta parte, el desempleo aumentó del mismo modo y el planeta no salió por completo de esa "gran depresión" hasta que entró en la segunda Guerra Mundial. La crisis actual, por fortuna, fue claramente menos catastrófica; por ello, a menudo se la contrasta con la de los años treinta, designándola bajo el nombre, un poco más tranquilizador, de "gran recesión". Desde luego, las principales economías desarrolladas apenas han recuperado en 2013 su nivel de producción de 2007, sus finanzas públicas se encuentran en un estado lastimoso y las perspectivas de crecimiento se ven sombrías a largo plazo, sobre todo en Europa, empantanada en una interminable crisis de deuda pública (lo que es irónico, tratándose de un continente con la relación capital/ingreso más alta del mundo). Sin embargo, el desplome de la producción, en el momento más agudo de la recesión, en 2009, no rebasó el 5% en la mayoría de los países ricos, lo que basta para convertirla en la recesión global más grave desde la segunda Guerra Mundial, lo cual es muy diferente del desplome masivo y las quiebras en serie observados en los años treinta. Además, el desarrollo de los países emergentes muy pronto retomó su ritmo anterior, aumentando de este modo el crecimiento mundial de la década iniciada en 2010.

La razón principal de que la crisis de 2008 no haya desembocado en una depresión tan grave como la de 1929 fue que, esta vez, los gobiernos y los bancos centrales de los países ricos no permitieron que el sistema financiero se desplomara y aceptaron crear la liquidez necesaria para evitar las cascadas de quiebras bancarias, que en los años treinta habían llevado al mundo al borde del abismo. Esta política monetaria y financiera pragmática, en las antípodas de la ortodoxia "liquidacionista" que prevaleció por doquier después del colapso de 1929 (hay que "liquidar" a las empresas débiles, pensaba sobre todo el presidente estadunidense Hoover, hasta que fue remplazado por Roosevelt a principios de 1933), permitió evitar lo peor. También recordó al mundo que los bancos centrales no están para ver pasar los trenes y contentarse con mantener una baja tasa de inflación. En situaciones de pánico financiero total, desempeñan un papel indispensable de prestamista de última instancia; incluso son la única institución pública que, en caso de urgencia, permite evitar el desplome completo de la economía y de la sociedad. Siendo así, los bancos centrales no están preparados para resolver todos los problemas del mundo; sin duda, la política pragmática surgida tras la crisis de 2008 permitió evitar lo peor, pero en realidad no dio una respuesta duradera a los problemas estructurales que la hicieron posible, en particular a la flagrante falta de transparencia financiera y al incremento de las desigualdades. La crisis de 2008 aparece como la primera crisis del capitalismo patrimonial globalizado del siglo XXI: es poco probable que sea la última.

Muchos observadores denuncian y lamentan la falta de un verdadero "regreso del Estado" a la escena económica, señalando que la crisis de los años treinta, a pesar de toda su brutalidad, por lo menos tuvo el mérito de originar cambios mucho más radicales, principalmente en términos de política fiscal y presupuestal. ¿Acaso Roosevelt no llevó, en pocos años, a más de 80% la tasa superior del impuesto federal sobre la renta, aplicable a los ingresos extremadamente altos, cuando esa tasa era de sólo 25% durante el gobierno de Hoover? En comparación, en Washington todavía se preguntan si, durante su segundo mandato, la administración de Obama logrará llevar esa tasa superior del nivel dejado por Bush (alrededor de 35%) más allá de aquella a la que Clinton la llevó en los años noventa (en torno a 40%).

En el próximo capítulo volveremos a esta cuestión de las tasas de imposición confiscatorias sobre los ingresos considerados indecentes (y económicamente inútiles), que es efectivamente una destacada innovación estadunidense del periodo de entreguerras y que, en mi opinión, merecería ser repensada y resucitada, sobre todo en el país que primero la imaginó.

Por otra parte, además de que no se podría reducir una política fiscal y presupuestaria a la tasa superior confiscatoria aplicada a los más altos ingresos (que, por definición, no produce casi nada) y que el impuesto progresivo sobre el capital es una herramienta más apropiada para responder a los retos del siglo XXI que el impuesto progresivo sobre el ingreso inventado en el siglo XX (aunque veremos que estas dos herramientas pueden desempeñar papeles útiles y complementarios en el futuro), merece la pena disipar desde ahora un importante malentendido.

El "regreso del Estado" no se plantea para nada de la misma manera en la década iniciada en 2010 que en los años treinta, por una simple razón: el peso del Estado es mucho mayor hoy de lo que lo era entonces y, en cierta medida, es aún mayor de lo que jamás había sido. Por eso la crisis actual se traduce al mismo tiempo en una acusación a los mercados y un planteamiento crítico del peso y el papel del poder público. Esta segunda cuestión no ha cesado desde los años 1970-1980 y jamás terminará: a partir del momento en que el gobierno empezó a tener en la vida económica y social el papel central que adquirió en las décadas de la posguerra, es normal y legítimo que ese papel sea permanentemente debatido y cuestionado. Para algunos puede parecer injusto, pero es inevitable y natural. De ello resultan a veces cierta confusión e incomprensiones violentas que confrontan posiciones al parecer irreconciliables. Algunos reclaman con vehemencia el regreso del Estado en todas sus formas, lo que hace suponer que habría desaparecido; otros exigen su inmediato desmantelamiento, sobre todo ahí donde está más ausente: los Estados Unidos, donde ciertos grupos asociados al *Tea Party* desean suprimir la Reserva Federal y volver al patrón oro. En Europa, las justas verbales entre "griegos perezosos" y "alemanes nazis" no siempre tienen un carácter amistoso. Nada de eso facilita la resolución de los problemas. Sin embargo, ambos puntos de vista, antimercado y antiestado, tienen su parte de verdad: es necesario inventar nuevas herramientas para retomar el control de un capitalismo financiero que se ha vuelto loco, renovando y modernizando, profunda y permanentemente, los sistemas de impuestos y gastos, que son el corazón del Estado social moderno y que alcanzaron un grado de complejidad tal, que a veces amenaza gravemente su inteligibilidad y su eficacia socioeconómica.

Esta doble tarea puede parecer insuperable y, en realidad, constituye un inmenso reto para nuestras sociedades democráticas en el siglo que se inicia. Sin embargo, es necesaria e inevitable: es imposible convencer a una mayoría de ciudadanos de que hay que crear nuevas herramientas públicas (además a escala supranacional), si al mismo tiempo no se demuestra que las herramientas vigentes funcionan correctamente. Para entender convenientemente la necesidad de esta doble tarea, primero debemos retroceder un poco en el tiempo y recordar brevemente las grandes líneas de evolución de la estructura de los ingresos y del gasto público en los países ricos desde el siglo XIX.

El desarrollo de un Estado social en el siglo XX

Para medir la evolución del papel del gobierno en la vida económica y social, lo más simple consiste en examinar la importancia adquirida por el conjunto de los impuestos y los gravámenes en el ingreso nacional. En la gráfica XIII.1 mostramos las trayectorias históricas de cuatro países (Estados Unidos, Reino Unido, Francia y Suecia) relativamente representativas de la diversidad de las situaciones observadas en los países ricos.[1] Se observan varias similitudes sorprendentes en esas evoluciones, así como importantes diferencias.

La primera similitud es que los impuestos representaban menos de 10% del ingreso nacional en todos los países en el siglo XIX y hasta la primera Guerra Mundial. Eso corresponde a una situación en la que el Estado se invo-

[1] Como es costumbre, en las contribuciones obligatorias incluimos el conjunto de los impuestos, cotizaciones sociales y gravámenes varios que todo mundo tiene la obligación de pagar, salvo si se ponen al margen de la ley. Las distinciones entre los diferentes conceptos —en particular, entre impuestos y cotizaciones— no siempre son claras y, en todo caso, no tienen el mismo significado en todos los países. Para establecer comparaciones históricas e internacionales, es importante tomar en cuenta el conjunto de las contribuciones, sin importar si se pagan al Estado central o federal, a las comunidades locales o regionales o a las diversas administraciones públicas (cajas del seguro social, etc.). Para simplificar la exposición, nos referiremos a veces a "los impuestos", pero salvo precisión en contrario siempre incluimos el conjunto de las contribuciones obligatorias. Véase el anexo técnico.

GRÁFICA XIII.1. *Los ingresos del gobierno en los países ricos, 1870-2010*

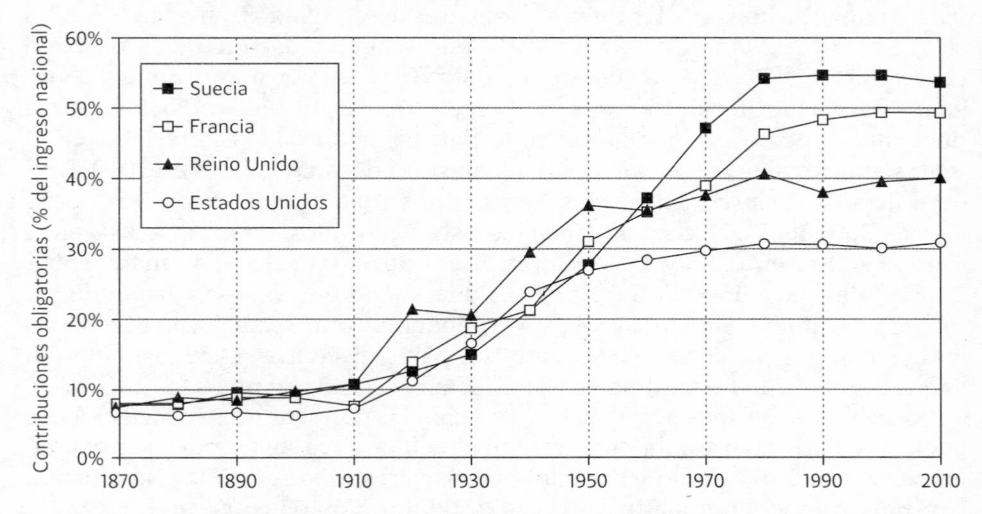

Las contribuciones obligatorias representaban menos de 10% del ingreso nacional en los países ricos hasta 1900-1910, y entre 30 y 55% en 2000-2010.

FUENTES Y SERIES: véase piketty.pse.ens.fr/capital21c.

lucraba muy poco en la vida económica y social. Con un 7-8% del ingreso nacional, era apenas posible cumplir con las grandes funciones de todo gobierno (policía, justicia, ejército, relaciones exteriores, administración general, etc.), pero no mucho más. Una vez financiados el mantenimiento del orden, el respeto del derecho de propiedad y los gastos militares (que por sí solos a menudo representan casi la mitad del total), no quedaba casi nada en las arcas del Estado.[2] En esa época, los Estados también financiaban algunas carreteras e infraestructuras mínimas, así como cierto número de escuelas, universidades y hospitales, aunque los servicios públicos de educación y salud accesibles para la mayoría de la población eran a menudo bastante rudimentarios.[3]

A partir de 1920-1930 y hasta 1970-1980, en el conjunto del mundo rico se asistió a un incremento considerable del porcentaje del ingreso nacional que

[2] Los gastos militares suelen representar por lo menos 2-3% del ingreso nacional y pueden ser muy superiores en un país con una intensa actividad militar (más de 4% del ingreso nacional hoy en día en los Estados Unidos) o en países que se sienten amenazados en su seguridad y su derecho a la propiedad (más de 10% del ingreso nacional en Arabia Saudí o en los países del Golfo).

[3] Los presupuestos de educación y salud normalmente no superaban el 1-2% del ingreso nacional en el siglo XIX. Para una perspectiva histórica acerca del lento desarrollo de los gastos sociales desde el siglo XVIII y de su aceleración en el XX, véase P. Lindert, *Growing Public. Social Spending and Economic Growth since the 18th Century,* Cambridge University Press, Nueva York, 2004, 396 pp. [*El ascenso del sector público. Crecimiento económico y gasto social del siglo XVIII al presente,* trad. Roberto R. Reyes Mazzoni, FCE, México, 2011, 439 pp. + 1 disco compacto.]

los diferentes países decidían dedicar a los impuestos y al gasto público (y, en particular, al gasto social). En todos los países desarrollados, en apenas medio siglo, la participación de los impuestos en el ingreso nacional se multiplicó por un factor de, por lo menos, tres o cuatro (a veces por más de cinco, como en los países nórdicos). Después se observa, una vez más en todos los países, una estabilización casi completa de la participación de los impuestos en el ingreso nacional desde los años ochenta hasta la década iniciada en 2010. Esta estabilización ocurrió en niveles bastante diferentes unos de otros: apenas más de 30% del ingreso nacional en los Estados Unidos, en torno a 40% en el Reino Unido y entre 45 y 55% en Europa continental (45% en Alemania, 50% en Francia y casi 55% en Suecia).[4] Las diferencias entre países distan de ser menospreciables.[5] Sin embargo, es sorprendente comprobar hasta qué punto las evoluciones seculares de conjunto son parecidas entre sí, en particular en lo que se refiere a la estabilidad casi perfecta observada en todos los países a lo largo de las tres últimas décadas. Las alternancias políticas y las especificidades nacionales no están totalmente ausentes de la gráfica XIII.1 (por ejemplo, en los casos del Reino Unido y Francia),[6] pero, en resumidas cuentas, sólo tienen una importancia limitada frente a esta estabilización de conjunto.[7]

Así pues, a lo largo del siglo XX todos los países ricos, sin excepción, pasaron de un equilibrio en el que dedicaban menos de la décima parte del ingreso nacional a los impuestos y al gasto público, a un nuevo equilibrio en el que destinaron durante mucho tiempo a estos conceptos entre un tercio y la mitad del ingreso nacional.[8] Respecto de esta transformación fundamental, deben precisarse varios aspectos esenciales.

[4] Se advertirá que el peso de las contribuciones obligatorias se expresa aquí en proporción del ingreso nacional (esto es, en general, alrededor de 90% del producto interno bruto, una vez sustraído más o menos 10% correspondiente a la depreciación del capital), lo que me parece más justificado, en la medida en que la depreciación no es un ingreso para nadie (véase el capítulo I). Si se expresaran las contribuciones en proporción del PIB, los porcentajes obtenidos serían, por definición, más bajos en un 10% (por ejemplo, 45% del PIB en lugar de 50% del ingreso nacional).

[5] Las diferencias de unos cuantos puntos entre países pueden deberse a matices simplemente estadísticos. Las diferencias de 5-10 puntos corresponden a diferencias reales y sustanciales en el papel desempeñado por el gobierno en los diferentes países.

[6] En el Reino Unido, los impuestos retroceden unos cuantos puntos en los años ochenta, lo que corresponde a la fase thatcheriana de desaparición del Estado; luego vuelven a aumentar en los años 1990-2000, a medida que los nuevos gobiernos reinvierten en los servicios públicos. En Francia, el empuje del peso del Estado es un poco más tardío que en otras partes: continuó con mucha fuerza en 1970-1980 y la estabilización se inició más bien hacia 1985-1990. Véase el anexo técnico.

[7] A fin de concentrarnos en las tendencias a largo plazo, una vez más representamos los promedios decenales. Las series anuales de las tasas de contribuciones obligatorias a menudo incluyen todo tipo de pequeñas variaciones cíclicas, transitorias y poco significativas. Véase el anexo técnico.

[8] Japón se sitúa un poco por encima de los Estados Unidos (32-33% del ingreso nacional). Canadá, Australia y Nueva Zelanda tienen niveles más parecidos al del Reino Unido (35-40%).

Primero, vemos hasta qué punto para muchos la cuestión del "regreso del Estado" puede parecer incongruente en el contexto actual: el peso del gobierno jamás fue tan alto. Desde luego, para tener una visión de conjunto del papel del Estado en la vida económica y social, hay que tener en cuenta otros indicadores. El Estado interviene fijando las reglas y no sólo recaudando impuestos para financiar gastos y transferencias. Por ejemplo, los mercados financieros se regulan de manera mucho menos estricta desde 1980-1990 que durante el periodo 1950-1970. El Estado puede asimismo intervenir como productor y poseedor del capital: las privatizaciones llevadas a cabo a lo largo de las últimas tres décadas en el sector industrial y financiero también redujeron su papel en comparación con los tres decenios de la inmediata posguerra. Sin embargo, desde el punto de vista de su peso fiscal y presupuestal —ámbito que no debe ser infravalorado—, el gobierno jamás desempeñó un papel económico tan importante como a lo largo de los últimos decenios. No se percibe ninguna tendencia a la baja, contrariamente a lo que a veces se nos dice. Desde luego, en un contexto de envejecimiento de la población, de progreso de las tecnologías médicas y de necesidades de educación cada vez mayores, el simple hecho de estabilizar los ingresos públicos en proporción al ingreso nacional es en sí un desafío, siempre más fácil de prometer desde la oposición que de llevarlo a cabo una vez en el poder. Las contribuciones obligatorias, en cambio, representan hoy casi la mitad del ingreso nacional en casi toda Europa y nadie considera seriamente para las próximas décadas un incremento comparable al que tuvo lugar a lo largo del periodo 1930-1980. Después de la crisis de los años treinta, en el contexto de la posguerra y de la reconstrucción, era razonable considerar que la solución a los problemas del capitalismo provendría de un incremento ilimitado del peso del Estado y de su gasto social. En la actualidad, la elección es forzosamente más compleja. Ya se dio el gran paso adelante del Estado: no se dará por segunda vez, o por lo menos no de esa forma.

Las formas del Estado social

Para comprender mejor los riesgos que se esconden tras esas cifras, ahora tenemos que describir de manera un poco más precisa para qué sirvió ese incremento histórico de las contribuciones obligatorias. Esta transformación corresponde al establecimiento de un "Estado social" a lo largo del siglo xx.[9] En el siglo xix y hasta 1914, el poder público se contentaba con garantizar las grandes misiones básicas, que hoy siguen consumiendo un poco menos

[9] El término "Estado social" me parece más adecuado a la realidad y a la diversidad de las misiones que cumple el gobierno que aquel, más restrictivo, de "Estado de bienestar" *(welfare state)*.

de la décima parte del ingreso nacional. El alza de la participación de las recaudaciones en la riqueza producida permitió al gobierno hacerse cargo de misiones sociales cada vez más importantes, que representan entre una cuarta y una tercera parte del ingreso nacional según los países, y a las que podemos desglosar en una primera aproximación en dos mitades de tamaño comparable: se trata, por una parte, del gasto público en educación y salud y, por la otra, de los ingresos de reposición y las transferencias.[10]

En este inicio del siglo XXI, el gasto público en educación y salud representa entre 10 y 15% del ingreso nacional en todos los países desarrollados.[11] En ese esquema de conjunto se observan diferencias significativas entre países. La educación primaria y secundaria es casi completamente gratuita para toda la población en todos los países, pero la enseñanza superior puede ser muy cara, en particular en los Estados Unidos y, en menor grado, en el Reino Unido. El sistema público de seguro de salud es universal (es decir, abierto a toda la población) en casi toda Europa, incluso, claro está, en el Reino Unido.[12] En cambio, en los Estados Unidos está reservado a los más pobres y a los ancianos (lo que no impide que sea muy costoso).[13] En todos los países desarrollados, ese gasto público permite absorber una enorme parte del costo de los servicios de educación y salud: en torno a tres cuartas partes en Europa y la mitad en los Estados Unidos. El objetivo que se persigue es la igualdad de acceso a esos bienes fundamentales: cada niño debe poder tener acceso a la educación, sin importar el ingreso de sus padres; cada persona debe poder acceder a la atención sanitaria, incluso —y sobre todo— cuando pasa por un mal momento.

Los ingresos de reposición y las transferencias suelen representar entre 10 y 15% (a veces cerca de 20%) del ingreso nacional en la mayoría de los países ricos en este inicio del siglo XXI. Contrariamente al gasto público en educación y salud, que puede ser considerado una transferencia en especie, los ingresos de reposición y las transferencias forman parte del ingreso disponible de los hogares: el gobierno recauda cantidades importantes de impuestos y contribuciones, luego las entrega a otros hogares en forma de in-

[10] Véase el cuadro S13.2 (disponible en línea) para obtener un desglose completo del gasto público de varios países ricos (Francia, Alemania, Reino Unido y Estados Unidos) en 2000-2010.

[11] En general 5-6% para la educación y 8-9% para la salud. Véase el anexo técnico.

[12] El National Health Service, fundado en 1948, forma parte de la identidad nacional británica hasta tal punto que su creación fue puesta en escena en el espectáculo de inauguración de los Juegos Olímpicos de 2012, al lado de la Revolución industrial y de los grupos de rock de los años sesenta.

[13] Si se añade el costo de los seguros privados, el sistema de salud estadunidense es con mucho el más caro del mundo (casi 20% del ingreso nacional, frente a 10-12% en Europa), aun cuando una parte importante de la población no está cubierta y los indicadores de salud son menos buenos que en Europa. Sin importar sus defectos, no hay duda alguna de que los sistemas públicos universales de seguros de gastos médicos ofrecen una mejor relación costo-beneficio que el sistema estadunidense.

gresos de reposición (pensiones por jubilación, seguros de desempleo) y de diversas transferencias monetarias (ayudas familiares, apoyos al ingreso, etc.), de tal manera que no se modifica el ingreso disponible total de los hogares considerado en su conjunto.[14]

En la práctica, las jubilaciones representan claramente la mayor parte (entre dos tercios y tres cuartos) del total de los ingresos de reposición y de las transferencias. En esto se observan de nuevo variaciones significativas entre países, en el esquema de conjunto. En Europa continental, a menudo las pensiones por jubilación rebasan por sí solas 12-13% del ingreso nacional (con Italia y Francia en la cima de la clasificación, delante de Alemania y Suecia). En los Estados Unidos y el Reino Unido, el sistema público de jubilación impone límites mucho más severos a quienes perciben salarios promedio y altos (la tasa de reposición, es decir, el monto de la pensión expresado en proporción de los salarios que se recibían antes, disminuye bastante rápido en el momento en que el salario rebasa el sueldo promedio), y las pensiones no representan más de 6-7% del ingreso nacional.[15] En todo caso, se trata de cantidades considerables: en los países ricos, el sistema público de jubilación constituye la principal fuente de ingresos para, por lo menos, las dos terceras partes de los jubilados (y, en general, para más de las tres cuartas partes). A pesar de todos sus defectos, y cualesquiera que sean los retos a los que ahora se enfrentan, el hecho es que esos sistemas públicos de jubilación son los que permitieron en todos los países desarrollados erradicar la pobreza de la tercera edad, que seguía siendo endémica en 1950-1960. Junto con el acceso a la educación y la salud, se trata de la tercera revolución social fundamental, que permitió financiar la revolución fiscal del siglo XX.

En comparación con las jubilaciones, los subsidios por desempleo representan cantidades mucho menores (en general, de 1-2% del ingreso nacional), lo que refleja el hecho de que, en promedio, la gente se pasa una parte mucho menor de la vida desempleada que jubilada. Llegado el momento, los ingresos de reposición correspondientes no son menos útiles. En definitiva, los gastos de apoyo al ingreso para garantizar un mínimo social corresponden a cantidades aún menos importantes (menos de 1% del ingreso nacional), casi insignificantes a escala de la totalidad del gasto público. Sin embargo, se trata de gastos a menudo violentamente impugnados: se sospecha que los bene-

[14] Por el contrario, el aumento del gasto público en educación y salud reduce el ingreso disponible (monetario) de los hogares, lo que explica por qué este último pasó del 90% del ingreso nacional, a principios del siglo XX, a alrededor de 70-80% en este inicio del XXI. Véase el capítulo V.

[15] Clásicamente, se designa como "beverigdiano" a este sistema de tope máximo (teniendo como caso extremo un retiro casi uniforme para todos, como en el Reino Unido), en oposición a los sistemas de retiro de tipo "bismarckiano", "escandinavo" o "latino", en los que las pensiones son casi proporcionales a los salarios para la gran mayoría de la población (hasta la casi totalidad en Francia, donde el tope máximo es excepcionalmente alto: ocho veces el salario medio, contra dos-tres veces en la mayoría de los países).

ficiarios eligieron instalarse eternamente en la holganza, aun cuando la tasa de participación en esos programas suele ser mucho más baja que en otras prestaciones, lo que refleja el hecho de que los efectos de la estigmatización (y, a menudo, la complejidad de esos programas) disuaden con frecuencia a quienes tienen el derecho a solicitarlos.[16] Se observa este tipo de planteamiento crítico sobre los programas de apoyo al ingreso tanto en Europa como en los Estados Unidos (donde la madre soltera, negra y desempleada desempeña el papel estereotípico para los detractores del magro *welfare state* estadunidense).[17] En ambos casos, las cantidades en cuestión no representan en realidad más que una parte muy pequeña del Estado social.

En resumidas cuentas, si se suman los gastos públicos en educación y salud (10-15% del ingreso nacional) y los ingresos de reposición y las transferencias (también alrededor de 10-15% del ingreso nacional, a veces casi 20%), se llega a una cantidad total de gastos sociales (en sentido amplio) comprendida entre 25 y 35% del ingreso nacional, que en todos los países ricos representa casi la totalidad del alza del porcentaje de las contribuciones obligatorias observada en el siglo xx. Dicho de otro modo, el desarrollo del Estado fiscal a lo largo del siglo pasado corresponde en lo esencial a la constitución de un Estado social.

La redistribución moderna: una lógica de derechos

Resumamos: la redistribución moderna no consiste en transferir las riquezas de los ricos a los pobres, o por lo menos no de manera tan explícita; reside en financiar servicios públicos e ingresos de reposición más o menos iguales para todos, sobre todo en el ámbito de la educación, la salud y las jubilaciones. En este último caso, el principio de igualdad se expresa mediante una

[16] En Francia, que a menudo brilla por la enorme complejidad de sus programas sociales y por el amontonamiento de las reglas y agencias, menos de la mitad de las personas que en principio deberían cobrar el ingreso de solidaridad activa que complementa un salario muy bajo de tiempo parcial (RSA, por sus siglas en francés) lo ha solicitado.

[17] Una diferencia importante entre los dos continentes es que en los Estados Unidos los sistemas de ingreso mínimo siempre se reservaron para las personas con hijos. Para las personas sin hijos a su cargo, el Estado carcelario a veces hace las veces de Estado de bienestar (en particular, para los jóvenes negros). Alrededor de 1% de la población adulta estadunidense estaba detrás de las rejas en 2013. Esta tasa promedio de encarcelación es la más alta del mundo (ligeramente delante de Rusia, y muy por encima de China). Rebasa el 5% para los hombres negros adultos (de todas las edades). Véase el anexo técnico. Otra particularidad es el uso de los *Food Stamps* [cupones de alimentos] (cuyo objetivo es garantizar que los beneficiarios consuman en efecto alimento, en lugar de dedicarse a la bebida o a otros vicios), lo que una vez más es bastante poco coherente con la visión liberal del mundo atribuida a menudo a los Estados Unidos. Esto da testimonio de la importancia de los prejuicios estadunidenses respecto de los más pobres, que al parecer son más extremos que en Europa, sin duda en parte debido a que se ven reforzados por prejuicios raciales.

casi proporcionalidad al salario obtenido durante la vida activa.[18] En lo tocante a la educación y la salud, se trata de una verdadera igualdad de acceso para cada individuo, sin importar sus ingresos o los de sus padres, por lo menos así asumida como principio general. La redistribución moderna se edifica en torno a una lógica de derechos y a un principio de igualdad de acceso a cierto número de bienes considerados fundamentales.

Si nos ubicamos en un nivel relativamente abstracto, podemos encontrar justificaciones para este enfoque en términos de derechos en las diferentes tradiciones políticas y filosóficas nacionales. El preámbulo de la Declaración de Independencia estadunidense de 1776 empezaba afirmando el derecho de cada individuo a la búsqueda de la felicidad.[19] En la medida en que la educación y la salud contribuyen a ello, podemos vincular esos derechos sociales modernos con este propósito inicial; con un poco de imaginación, sin embargo, pues su realización ha tomado tiempo. El artículo primero de la Declaración de los Derechos del Hombre y del Ciudadano de 1789 anunciaba también: "Los hombres nacen y permanecen libres e iguales en derechos" y daba de inmediato la siguiente precisión: "Las distinciones sociales sólo pueden fundarse en la utilidad común". Se trata de un añadido importante: la existencia de las desigualdades muy reales se evocaba desde la segunda frase, después de que la primera afirmara el principio de igualdad absoluta. Ésta es, en efecto, la tensión central en todo enfoque en términos de derechos: ¿hasta dónde tiene que llegar la igualdad de los derechos? ¿Se trata únicamente del derecho de poder contratar libremente, lo que en la época de la Revolución francesa ya parecía totalmente revolucionario? Y si se incluye la igualdad del derecho a la educación, a la salud, a la jubilación, como se empezó a hacer con la instalación del Estado social en el siglo XX, ¿debe incluirse hoy en día el derecho a la cultura, a la vivienda, a viajar?

La segunda frase del artículo primero de la Declaración de los Derechos de 1789 tiene el mérito de proporcionar una posible respuesta a esta pregunta, ya que revierte, en cierta manera, la carga de la prueba: la igualdad es la norma; la desigualdad sólo es aceptable si se basa en la "utilidad común". Es necesario, en cualquier caso, definir este término. Los redactores de aquella época apuntaban ante todo a la abolición de las normas y los privilegios del Antiguo Régimen, que entonces eran el ejemplo mismo de la desigualdad

[18] Con las variaciones entre países antes descritas.

[19] "We hold these truths to be self-evident, that all men are created equal, that they are endowed by their Creator with certain unalienable Rights, that among these are Life, Liberty and the pursuit of Happiness; that to secure these rights, Governments are instituted among Men, deriving their just powers from the consent of the governed." [Sostenemos como evidentes estas verdades: que todos los hombres son creados iguales; que son dotados por su Creador de ciertos derechos inalienables; que entre éstos están la vida, la libertad y la búsqueda de la felicidad; que para garantizar estos derechos se instituyen entre los hombres los gobiernos, que derivan sus poderes legítimos del consentimiento de los gobernados.]

arbitraria, inútil, que no formaba parte, pues, de la "utilidad común". Sin embargo, se puede elegir aplicarla de manera más amplia: una interpretación razonable es que las desigualdades sociales no son aceptables más que si son del interés de todos y, en particular, de los grupos sociales más desfavorecidos.[20] Por consiguiente, hay que ampliar los derechos fundamentales y hacer accesibles a todos las ventajas materiales tanto como sea posible, mientras sea en el interés de quienes tienen el menor número de derechos y se enfrentan a oportunidades de vida menos amplias.[21] El "principio de diferencia" introducido por el filósofo estadunidense John Rawls en su *Teoría de la justicia* enunciaba un objetivo no muy diferente.[22] El enfoque del economista indio Amartya Sen, en términos de "capacidades" máximas e iguales para todos, obedecía también a una lógica semejante.[23]

En un nivel puramente teórico, existe realmente cierto consenso —en parte artificial— sobre los principios de justicia social. Los desacuerdos se manifiestan de manera mucho más clara cuando se intenta dar un poco de sustancia a esos derechos sociales y a esas desigualdades, y encarnarlas en contextos históricos y económicos específicos. En la práctica, los conflictos se refieren más bien a los medios para hacer progresar real y eficazmente las condiciones de vida de quienes tienen más desventajas, a la extensión precisa de los derechos que es posible atribuir a todos (teniendo en cuenta sobre todo las limitaciones económicas y presupuestales, y las múltiples incertidumbres vinculadas con ellas), o también a la delimitación exacta de los factores que

[20] Existen debates interminables acerca de esta noción de "utilidad común", cuyo examen rebasaría por mucho el marco de este libro. Lo cierto es que los redactores de la Declaración de 1789 para nada tenían en mente el utilitarismo en el sentido que le dio una buena parte de los economistas desde John Stuart Mill, es decir, como la suma matemática de las utilidades individuales (puesto que la función de utilidad supuestamente es "cóncava" —aumenta de manera cada vez menos fuerte a medida que se incrementa el ingreso—, la redistribución de los ricos hacia los pobres permite incrementar la utilidad total). Esta representación matemática del carácter deseable de la redistribución parece mantener poca relación con la manera en que cualquiera se imagina la noción de "utilidad común". La de los derechos parece ser más operante.

[21] Parece razonable definir a los más desfavorecidos como las personas que tuvieron que enfrentarse a los factores no controlables más hostiles. En la medida en que la desigualdad de las condiciones de vida se debe, por lo menos en parte, a factores que los individuos no controlan, como la desigualdad en las dotaciones transmitidas por la familia (herencia, capital cultural, etc.), es justo que también el poder público intente reducir, tanto como sea posible, esa desigualdad de condiciones. La frontera entre igualación de oportunidades y de condiciones es a menudo bastante permeable (la educación, la salud y el ingreso son al mismo tiempo oportunidades y condiciones). La noción de Rawls de bienes fundamentales permite superar esta oposición artificial.

[22] "Social and economic inequalities are to be to the greatest benefit of the least advantaged members of society." [Las desigualdades sociales y económicas deben ser para el mayor beneficio de los miembros menos aventajados de la sociedad.] La formulación de 1971 fue retomada en *Liberalismo político*, publicado en 1993.

[23] Estos enfoques sobre todo teóricos fueron recientemente extendidos por Marc Fleurbaey y John Roemer, con algunas aplicaciones empíricas tentativas. Véase el anexo técnico.

los individuos controlan o no (¿dónde empiezan el esfuerzo y el mérito, dónde se detiene la suerte?). Estas cuestiones jamás serán zanjadas mediante principios abstractos o fórmulas matemáticas; sólo pueden serlo por medio de la deliberación democrática y la confrontación política. Las instituciones y las reglas que organizan esos debates y las decisiones desempeñan pues un papel central, así como las relaciones de fuerza y de persuasión entre los grupos sociales. Ambas revoluciones, la estadunidense y la francesa, afirmaron a fines del siglo XVIII el principio absoluto de la igualdad de derechos, lo que indudablemente era un progreso para la época. Sin embargo, en la práctica los regímenes políticos resultantes de esas revoluciones se concentraron prioritariamente, durante el siglo XIX, en la protección del derecho de propiedad.

Modernizar el Estado social, no desmantelarlo

La redistribución moderna y, en particular, el Estado social edificado en los países ricos a lo largo del siglo XX se construyó en torno a un conjunto de derechos sociales fundamentales: los derechos a la educación, la salud y la jubilación. Cualesquiera que sean las limitaciones y los retos a los que se enfrentan hoy en día esos sistemas de ingresos y gastos, representan un inmenso progreso histórico. Más allá de los conflictos electorales y del juego político partidario, esos sistemas sociales son objeto de un consenso muy amplio, sobre todo en Europa, donde predomina un muy fuerte apego a lo que se percibe como un "modelo social europeo". Ninguna corriente de opinión significativa, ninguna fuerza política de importancia, considera seriamente regresar a un mundo en el que la tasa de recaudación volviera a bajar a 10 o 20% del ingreso nacional y en el que el poder público se limitara a las funciones mínimas de soberanía.[24]

Por el contrario, ninguna corriente significativa respalda la idea de que el proceso de expansión del Estado social deba recuperar en el futuro el mismo ritmo que tuvo durante el periodo 1930-1980 (lo que podría aumentar la tasa de recaudación a 70-80% del ingreso nacional de aquí a 2050-2060). Desde luego, en teoría, nada impide imaginar una sociedad en la que los impuestos representan dos tercios o tres cuartos del ingreso nacional, partiendo de la idea de que éstos fueran cobrados de una manera transparente, eficaz y aceptada por todos y, sobre todo, en que esos recursos se utilizaran para financiar necesidades e inversiones consideradas prioritarias, por ejemplo, en educación, salud, cultura, energía limpia y desarrollo sostenible. El

[24] Es diferente en los Estados Unidos, donde ciertos grupos minoritarios, aunque significativos, cuestionan radicalmente la existencia misma de cualquier programa social federal, incluso cualquier programa social a secas. Una vez más, los prejuicios raciales parecen desempeñar cierto papel (por ejemplo, en los debates acerca de la ampliación del sistema de salud defendida por la administración de Obama).

impuesto no es ni bueno ni malo en sí: todo depende de la manera en que se cobra y de lo que se hace con él.[25] Sin embargo, hay dos buenas razones para pensar que un crecimiento tan fuerte no es ni realista ni deseable, por lo menos en un horizonte previsible.

Primero, el muy rápido proceso de expansión del papel del Estado observado durante las tres décadas de la segunda posguerra (los Treinta Gloriosos) fue, en gran medida, facilitado y acelerado por el crecimiento excepcionalmente grande que caracterizó a ese periodo, por lo menos en Europa continental.[26] Cuando los ingresos se incrementaban en un 5% anual, no era muy difícil aceptar que una parte de ese crecimiento fuera destinado anualmente al crecimiento del ingreso y del gasto públicos (y, por consiguiente, que estos últimos aumentaran más rápido que el crecimiento promedio), sobre todo en un contexto en el que eran evidentes las necesidades en educación, salud y jubilación (ciertamente se partía de niveles muy bajos en 1930 o en 1950). Sucedía algo muy diferente a partir de los años 1980-1990: con un incremento del ingreso medio por habitante adulto limitado a apenas más de 1% anual, nadie deseaba un alza masiva y continua de los impuestos, que agravaría aún más el estancamiento de los ingresos o bien lo transformaría en una disminución simple y llana. Es posible imaginar una redistribución en las contribuciones o una mayor progresividad fiscal, para una recaudación global más o menos estable; pero es muy difícil concebir un alza general y duradera de la tasa de recaudación promedio. No es casualidad que se observe una estabilización en todos los países ricos, sin importar las especificidades nacionales ni las alternancias políticas (véase la gráfica XIII.1). Además, no es nada seguro que las necesidades justifiquen un incremento indefinido de las deducciones públicas. Desde luego, hay necesidades objetivamente crecientes en educación y salud que sin duda pueden justificar un ligero incremento de las contribuciones en el futuro. Sin embargo, los habitantes de los países ricos también tienen necesidades legítimas de poder adquisitivo para comprar todo tipo de bienes y servicios producidos por el sector privado, por ejemplo para viajar, vestir, alojarse, acceder a nuevos servicios culturales, adquirir la última tableta y un largo etcétera. En un mundo con un bajo incremento en la productividad, del orden de 1-1.5%, que se trata en realidad, como ya vimos, de un ritmo nada desdeñable a muy largo plazo, deben hacerse elecciones entre los diferentes tipos de necesidades

[25] En Europa, los países más ricos y más productivos son los que tienen los impuestos más elevados (entre 50 y 60% del ingreso nacional en Suecia y Dinamarca) y los países más pobres y menos desarrollados los que tienen los impuestos más bajos (apenas más de 30% del ingreso nacional en Bulgaria y Rumania). Véase el anexo técnico.

[26] En los Estados Unidos, y sobre todo en el Reino Unido, la rápida expansión del Estado social se hizo con un crecimiento claramente menos alto, de ahí tal vez el mayor sentimiento de desposeimiento, ya mencionado, aunado a un sentimiento de haber sido alcanzados por los demás países (véase en particular el capítulo II).

y no hay razón evidente para pensar que los impuestos deban financiar, a la larga, casi todas las necesidades.

Por otro lado, más allá de esta lógica de necesidades y de distribución de los resultados del crecimiento entre ellas, hay que considerar el hecho de que cuando rebasa cierto tamaño, el sector público plantea graves problemas de organización. Una vez más, nada se puede presagiar a largo plazo. Es muy posible imaginar el desarrollo de nuevos modos de organización descentralizados y participativos, el invento de formas innovadoras de gobierno que a la larga permitan estructurar de manera eficaz un sector público mucho más amplio que el que existe en la actualidad. Además, la misma noción de "sector público" es simplista: el hecho de que exista un financiamiento público no significa que la producción del servicio en cuestión sea realizada por personas directamente empleadas por el Estado o por otras entidades públicas en sentido estricto. En todos los países, en el sector de la educación o de la salud existe una gran diversidad de estructuras jurídicas, sobre todo en forma de fundaciones y asociaciones que en realidad son estructuras intermedias entre las dos formas polarizadas que son el Estado y la empresa privada, ambos colaboradores en la producción de servicios públicos. En resumidas cuentas, la educación y la salud representan más de 20% del empleo y del PIB en las economías desarrolladas, es decir, más que todos los sectores industriales juntos: no es algo, pues, totalmente menospreciable. Este modo de organización de la producción corresponde además a una realidad duradera y universal. Por ejemplo, nadie considera transformar las universidades estadunidenses en sociedades por acciones. Es muy posible que esas formas intermedias se amplíen en el futuro, por ejemplo en los sectores culturales o en los medios de comunicación, en los que el modelo de sociedad con fines de lucro dista ya de ser la única forma y a menudo plantea graves problemas, principalmente en términos de conflictos de interés. Asimismo, al estudiar la estructura y la valoración del capital en Alemania, vimos que la noción misma de propiedad privada no era unívoca, incluso en el sector industrial más clásico (el del automóvil). La idea conforme a la cual existiría una sola forma posible de propiedad del capital y de organización de la producción en modo alguno corresponde a la realidad presente del mundo desarrollado: vivimos en un sistema de economía mixta, sin duda diferente del imaginado en el periodo inmediato a la posguerra, pero aún muy real. Sucederá lo mismo en el futuro, sin duda cada vez más: se inventarán nuevas formas de organización y de propiedad.

Habiendo dicho esto, antes de aprender a organizar con eficacia un financiamiento público (equivalente a dos tercios o tres cuartos del ingreso nacional), merecería la pena mejorar la organización y el funcionamiento de un sector público que hoy en día ya representa la mitad del ingreso nacional (incluyendo los ingresos de reposición y las transferencias), lo que no es poca cosa. Tanto en Alemania, Francia e Italia como en el Reino Unido o Suecia, los debates en torno al Estado social en los años y decenios venideros se referirán ante todo a cuestiones de organización, modernización y consolidación: para una cantidad total de contribuciones y de gastos más o menos sin cambios, en proporción del ingreso nacional (o tal vez con una ligera alza, si se sigue una lógica de necesidades), ¿cómo mejorar el funcionamiento de los hospitales y de las guarderías, qué cambiar en las devoluciones de los honorarios médicos o de los medicamentos, cómo reformar las universidades o las escuelas primarias, cómo ajustar el cálculo de las jubilaciones o de los subsidios de desempleo en función de la evolución de la esperanza de vida o del desempleo juvenil? A partir del momento en que el gasto público representa casi la mitad del ingreso nacional, todas estas discusiones son legítimas, e incluso indispensables. Si no nos preguntamos constantemente cómo hacer que esos servicios se adapten cada vez más a las necesidades del público, tal vez no dure para siempre el consenso en torno a este alto nivel de contribuciones y, por consiguiente, del Estado social.

Desde luego, el análisis de las perspectivas de reformas en el conjunto de esos campos de acción del Estado social rebasaría por mucho el marco de este libro. Simplemente precisaremos algunos de los riesgos vinculados con dos campos de intervención particularmente importantes en el futuro y relacionados de modo muy directo con nuestra investigación: por una parte, la igualdad del acceso a la educación y sobre todo a la enseñanza superior, y, por la otra, el porvenir de los sistemas de jubilación por reparto en un mundo con bajo crecimiento.

¿Permiten las instituciones educativas la movilidad social?

En todos los países, en todos los continentes, uno de los principales objetivos de las instituciones educativas y del gasto público en educación es permitir cierta movilidad social. El objetivo reivindicado es que todo mundo pueda tener acceso a una educación, sin importar sus orígenes sociales. ¿En qué medida las instituciones existentes logran realmente ese objetivo?

En la tercera parte de este libro vimos que la considerable elevación del nivel medio de formación, que ocurrió a lo largo del siglo xx, no permitió reducir la desigualdad en los ingresos del trabajo. Todos los niveles de calificación fueron impulsados hacia arriba (el certificado de estudios de primaria se convirtió en bachillerato, el bachillerato en doctorado) y, teniendo en cuenta las transformaciones en las técnicas y las necesidades, todos los niveles de salario aumentaron a velocidades semejantes, de tal manera que no se ha modificado la desigualdad. La pregunta que hacemos ahora es sobre la movilidad: ¿la masificación de la educación permitió una renovación más rápida de los ganadores y de los perdedores en la jerarquía de las calificaciones, con respecto a una desigualdad inicial? Según los datos disponibles, la respuesta parece ser negativa: la correlación intergeneracional de los diplomas y de los ingresos del trabajo, que calcula la reproducción en el tiempo de las jerarquías, no parece manifestar una tendencia a la baja a largo plazo, e incluso habría tenido una predisposición a aumentar durante el periodo reciente.[27] Sin embargo, se debe subrayar que es mucho más difícil medir la movilidad social en dos generaciones que la desigualdad en un punto dado del tiempo, y que las fuentes disponibles para estimar la evolución histórica de la movilidad son sumamente imperfectas.[28] El resultado establecido de manera más clara en este ámbito de investigación es el hecho de que la reproducción intergeneracional es más baja en los países nórdicos y más elevada en los Estados Unidos (con un coeficiente de correlación dos o tres veces más elevado en estos últimos que en Suecia). Aparentemente, Francia, Alemania y el Reino Unido están en una situación intermedia, menos móviles que Europa del Norte pero más que los Estados Unidos.[29]

Estos resultados contrastan singularmente con la creencia en el "carácter excepcional estadunidense" que impregnó durante largo tiempo su sociología y conforme a la cual los Estados Unidos se caracterizarían por una movilidad social particularmente fuerte comparada con las sociedades de clase a la europea. Sin duda, la sociedad de colonos a principios del siglo XIX era más móvil. También señalamos que la herencia era históricamente menor en los Estados Unidos y que la concentración patrimonial fue durante mucho tiempo más reducida que en Europa, por lo menos hasta la primera Guerra Mundial. Sin embargo, en el siglo XX y a principios del XXI, todos los datos disponibles sugieren que la movilidad social es, en resumidas cuentas, menor en los Estados Unidos que en Europa.

Estos resultados pueden explicarse, al menos en parte, por el hecho de que el acceso a la enseñanza superior, o por lo menos a las universidades más elitistas, requiere en los Estados Unidos el pago de matrículas a menudo

[27] Según los trabajos de Anders Bjorklund y de Arnaud Lefranc, para Suecia y Francia, parecería que la correlación intergeneracional habría disminuido ligeramente para las generaciones nacidas en 1940-1950 en comparación con las que nacieron en 1920-1930, antes de volver a aumentar para los nacidos en 1960-1970. Véase el anexo técnico.

[28] Se puede medir la movilidad para las generaciones nacidas en el siglo XX (con una precisión y una posibilidad de comparación imperfectas entre países), pero es casi imposible retroceder en el tiempo y medir la movilidad intergeneracional en el siglo XIX, salvo desde luego por medio de la herencia (véase el capítulo XI). Sin embargo, se trata de un tema diferente del de la movilidad de las calificaciones y de los ingresos por trabajo que nos interesa aquí y sobre el cual se concentran estas mediciones de movilidad intergeneracional (los datos utilizados en estos trabajos no permiten aislar la movilidad de los ingresos del capital).

[29] El coeficiente disminuye a 0.2-0.3 en Suecia o Finlandia y aumenta hasta 0.5-0.6 en los Estados Unidos. El Reino Unido (0.4-0.5) parece más cercano a los Estados Unidos, pero las diferencias con Alemania y Francia (0.4) no siempre son significativas. Acerca de estas comparaciones internacionales de coeficiente de correlación intergeneracional de los ingresos por trabajo (que también se confirman por las correlaciones entre gemelos), véanse sobre todo los trabajos de Markus Jantti. Véase el anexo técnico.

sumamente altas. Teniendo en cuenta el enorme aumento de esos precios en las universidades estadunidenses a lo largo de los años 1990-2010, incremento que además siguió en buena medida el de los ingresos estadunidenses más altos, todo permite pensar que los indicadores de reproducción intergeneracional observados en los Estados Unidos en el pasado se agravarán más para las generaciones futuras.[30] Por otra parte, la desigualdad en el acceso a la enseñanza se vuelve cada vez más un tema de debate en ese país; en particular, trabajos recientes han demostrado que la proporción de titulados universitarios se ha estancado en torno a 10-20% entre los jóvenes cuyos padres pertenecen a los dos cuartiles más pobres de la jerarquía de los ingresos, mientras que entre 1970 y 2010 esta proporción pasó de 40% a 80% para los hijos del cuartil más alto (el 25% de los más ricos).[31] Dicho de otro modo, el ingreso de los padres se ha vuelto un mecanismo de predicción casi perfecto del acceso a la universidad.

Meritocracia y oligarquía en la universidad

Esta desigualdad en el acceso parece repetirse en la cima de la jerarquía económica, no sólo debido a los muy altos costos de la colegiatura para las universidades privadas más prestigiosas (altos incluso para los padres pertenecientes a la clase media alta), sino también porque las decisiones de admisión dependen manifiestamente de forma significativa de la capacidad financiera de los padres para hacer donaciones a las universidades. Así, un estudio puso en evidencia que las donaciones de los antiguos alumnos a su universidad se concentraban extrañamente en los periodos en que sus hijos llegaban a la edad para ser candidatos a ella.[32] Además, al confrontar las diferentes fuentes disponibles, se puede estimar que el ingreso promedio de los padres de los estudiantes de Harvard es hoy en día del orden de 450 000 dólares, es decir, aproximadamente el ingreso promedio del 2% de los hogares estadunidenses más ricos,[33] lo que parece poco compatible con una selección basa-

[30] La matrícula anual en Harvard en 2012-2013 es de 54 000 dólares para un estudiante universitario de licenciatura (o *undergraduate*): incluye la habitación y diversos gastos (de los cuales, 38 000 dólares son para la colegiatura en sentido estricto). Algunas universidades son más caras que Harvard, que goza de los altos ingresos de su fondo patrimonial (véase el capítulo XII).

[31] Véase G. Duncan y R. Murnane, *Whither Opportunity? Rising Inequality, Schools, and Children's Life Chances*, Russell Sage Foundation, Nueva York, 2011, 572 pp. (véase en particular el capítulo 6). Véase el anexo técnico.

[32] Véase J. Meer y H. Rosen, "Altruism and the Child Cycle of Alumni Donations", *American Economic Journal: Economic Policy*, vol. 1, núm. 1, 2009, pp. 258-286.

[33] Esto no significa que Harvard seleccione únicamente entre el 2% de los estadunidenses más ricos; sólo que los casos que se dan por debajo de ese 2% son bastante raros, y los que se encuentran entre ese 2% se sitúan suficientemente arriba en ese grupo, como para que el promedio general sea ése. Véase el anexo técnico.

da sólo en el mérito. El contraste entre el discurso meritocrático oficial y la realidad parece particularmente extremo. También hay que subrayar la completa falta de transparencia en los procedimientos de selección.[34]

No obstante, sería muy erróneo imaginar que la desigualdad en el acceso a la enseñanza superior se plantea únicamente en los Estados Unidos. Se trata de una de las cuestiones más importantes que debe afrontar el Estado social en el siglo XXI. En esta etapa, ningún país ha dado una respuesta realmente satisfactoria. Desde luego, las colegiaturas universitarias son mucho más bajas en Europa, si se exceptúa el caso del Reino Unido.[35] En los demás países, sin importar si se trata de Suecia o de los demás países nórdicos, de Alemania, Francia, Italia o España, las colegiaturas suelen ser relativamente bajas (menos de 500 euros). Aun cuando existen excepciones, como las escuelas de negocios o el selectivo Instituto de Ciencias Políticas (Sciences-Po) en Francia, e incluso si la situación cambiara rápidamente, en la actualidad se trata de una diferencia enorme con respecto a los Estados Unidos: en Europa continental se suele considerar que las colegiaturas deben ser nulas o bajas, y que el acceso a la enseñanza superior debe ser gratuito o casi, así como para la educación primaria o secundaria.[36] En Quebec, la decisión de incrementar gradualmente las tasas de matrícula de cerca de 2 000 dólares a casi 4 000 se interpretó como una voluntad de caer en un sistema desigualitario a la estadunidense, lo que llevó a la huelga estudiantil del invierno de 2012 y finalmente a la caída del gobierno y a la anulación de la medida.

No obstante, sería ingenuo imaginar que basta la gratuidad para resolver todos los problemas. A menudo la selección financiera es sustituida por mecanismos de selección sociocultural más sutiles, como los analizados en 1964 por Pierre Bourdieu y Jean-Claude Passeron en *Les Héritiers*. En la práctica, muy a menudo el sistema francés de las grandes escuelas acaba por dedicar un gasto público más elevado a estudiantes provenientes de los medios sociales más favorecidos y un menor gasto público a los alumnos procedentes en promedio de hogares más modestos. Una vez más, el contraste entre el discurso oficial sobre la meritocracia republicana y la realidad (el dinero

[34] Estadísticas tan elementales como el ingreso o el patrimonio promedio de los padres de los estudiantes de las diferentes universidades estadunidenses son muy difíciles de obtener y están poco estudiadas.

[35] Las colegiaturas máximas que cobran las universidades británicas aumentaron de 1 000 libras en 1998 a 3 000 en 2004 y a 9 000 en 2012. La participación de las colegiaturas en los recursos totales de las universidades británicas parece estar en vías de recuperar, en la década de 2010, su nivel de los años veinte, igualando así el nivel estadunidense. Véanse las interesantes series históricas establecidas por V. Carpentier, "Public-Private Substitution in Higher Education", *Higher Education Quarterly*, vol. 66, núm. 4, octubre de 2012, pp. 363-390.

[36] A principios de 2013, Baviera y la Baja Sajonia decidieron suprimir las colegiaturas universitarias de 500 euros por semestre y practicar, como el resto de Alemania, la gratuidad total. En los países nórdicos, las colegiaturas no rebasan unos cuantos cientos de euros, como en Francia.

público amplifica la desigualdad de los orígenes sociales) es particularmente extremo.[37] Según los datos disponibles, al parecer el ingreso promedio de los padres de los estudiantes de la universidad de Sciences-Po en París es hoy en día del orden de 90 000 euros, lo que corresponde aproximadamente al ingreso promedio del 10% de los hogares franceses más ricos. La cantera donde se selecciona a los futuros estudiantes es, por lo tanto, cinco veces más amplia que la de Harvard, pero no deja de ser limitada.[38] Ningún dato permite hacer el mismo cálculo respecto de los estudiantes de las otras grandes escuelas, pero es probable que el resultado sea casi el mismo.

Entendámonos bien: no existe una manera simple de lograr una verdadera igualdad de oportunidades en la enseñanza superior. Se trata de un desafío central para el Estado social en el siglo XXI y queda por inventarse el sistema ideal. Las altas colegiaturas ocasionan una inaceptable desigualdad de acceso, pero aportan una autonomía, una prosperidad y un dinamismo que constituyen el atractivo de las universidades estadunidenses en todo el mundo.[39] De forma abstracta, es posible conciliar las ventajas de la descentralización con las de la igualdad de acceso, brindando a las universidades incentivos elevados con financiamiento público. De alguna manera es lo que hacen los sistemas públicos de seguro de gastos médicos: se apoyan en cierta autonomía de los productores (los médicos, los hospitales), al tiempo que se encargan colectivamente del costo de los cuidados a fin de que todos los pacientes puedan tener acceso a ellos. Se puede hacer lo mismo con las universidades y los estudiantes. Las universidades de los países nórdicos siguen este tipo de estrategia: desde luego, esto requiere un importante financiamiento público, que no es fácil de movilizar en el contexto actual de consolidación del Estado social.[40] Sin embargo, semejante estrategia es mucho más satisfactoria que los demás sistemas recientemente experimentados, sin im-

[37] Se observa la misma redistribución regresiva en la enseñanza primaria y secundaria: los alumnos de las escuelas y de los liceos más desfavorecidos tienen maestros menos experimentados y menos educados y, por consiguiente, un gasto público promedio más bajo por niño que los alumnos de las escuelas y liceos más favorecidos. Esto es aún más lamentable en la medida en que una mejor distribución de los recursos a las primarias permitiría reducir considerablemente la desigualdad en las oportunidades escolares. Véase T. Piketty y M. Valdenaire, *L'Impact de la taille des clases sur la réussite scolaire dans les écoles, collèges et lycées français*, Ministère de l'Éducation Nationale, París, 2006, 153 pp.

[38] Al igual que en el caso de Harvard, este ingreso promedio no significa que Sciences-Po seleccione sólo entre el 10% de los más ricos. Véase el anexo técnico respecto de la distribución completa de los ingresos de los padres de los estudiantes de Sciences-Po en 2011-2012.

[39] Según la famosa clasificación de Shanghái, los Estados Unidos cuentan con 53 de las 100 mejores universidades del mundo en 2012-2013, frente a 31 en Europa (de las cuales 9 son del Reino Unido). Sin embargo, la clasificación se invierte con las 500 mejores universidades mundiales (150 en los Estados Unidos, 202 en Europa, de las cuales 38 son del Reino Unido). Esto refleja la importante desigualdad que existe en las más o menos 800 universidades estadunidenses (véase el capítulo XII).

[40] Sin embargo, se advertirá que, en comparación con otros gastos (como las jubilaciones),

portar si se trata de las colegiaturas que varían conforme al ingreso de los padres[41] o de los préstamos rembolsables en forma de sobretasas al impuesto sobre la renta.[42]

En todo caso, para que exista la probabilidad de progresar en estas cuestiones esenciales en el futuro, merecería la pena empezar por establecer una mayor transparencia. En los Estados Unidos, Francia y la mayoría de los países, los discursos sobre la gloria del modelo meritocrático nacional raras veces se basan en un atento examen de los hechos; muy a menudo se trata de justificar las desigualdades existentes, sin considerar los fracasos a veces patentes del sistema establecido. En 1872, Émile Boutmy creó Sciences-Po (el Instituto de Ciencias Políticas), dándole una misión clara:

> Obligadas a padecer el derecho de la mayoría, las clases que se llaman a sí mismas clases altas no pueden conservar su hegemonía más que equivocando el derecho del más capaz. Es necesario que, detrás de la muralla derruida de sus prerrogativas y de la tradición, el oleaje de la democracia se tope con un segundo dique de méritos brillantes y útiles, de superioridades cuyo prestigio se imponga, de capacidades de las que nadie en su sano juicio prescindiría.[43]

Intentemos tomar en serio esta increíble declaración: significa que las clases altas abandonan el ocio e inventan la meritocracia por instinto de supervivencia, a falta de lo cual el sufragio universal amenazaría con desposeerlas. Sin duda, ello puede atribuirse al contexto de la época: la Comuna de París acababa de ser reprimida y apenas se había restaurado el sufragio universal masculino. Sin embargo, tiene el mérito de recordar una verdad esencial: es de importancia vital dar sentido a las desigualdades y legitimar la posición de los ganadores, lo que a veces justifica cualquier aproximación.

es bastante factible pasar del gasto más bajo en la enseñanza superior (apenas 1% del ingreso nacional en Francia) al más alto (entre 2 y 3% en Suecia y los Estados Unidos).

[41] Por ejemplo, las colegiaturas para Sciences-Po van actualmente de 0 euros para los ingresos más bajos a casi 10000 euros, cuando los ingresos de los padres son superiores a 200000 euros. Este sistema tiene el mérito de arrojar datos sobre los ingresos (bastante poco utilizados, por desgracia). Sin embargo, en comparación con el financiamiento público a la escandinava, semejante sistema equivale *grosso modo* a privatizar el uso del impuesto progresivo sobre el ingreso: lo que pagan los padres acomodados se dedica a sus hijos, y no a los demás; desde luego, es en su interés, no en el de los otros.

[42] Los *income-contingent loans* [préstamos sujetos al ingreso] aplicados en Australia o en el Reino Unido corresponden a préstamos suscritos por los estudiantes de origen humilde y que no serán rembolsados hasta que hayan alcanzado cierto nivel de ingresos. Se asemeja a una sobretasa de impuesto sobre la renta para los estudiantes modestos, mientras que los más acomodados gozan de las donaciones (en general no sujetas a impuestos) de sus padres.

[43] Véase É. Boutmy, *Quelques idées sur la création d'une Faculté libre d'enseignement supérieur,* A. Lainé, París, 1871, 28 pp. Véase asimismo P. Favre, "Les Sciences d'État entre déterminisme et libéralisme. Émile Boutmy (1835-1906) et la création de l'École libre des sciences politiques", *Revue Française de Sociologie,* vol. 22, núm. 3, 1981, pp. 429-465.

El porvenir de las jubilaciones: el sistema de reparto y el bajo crecimiento

Los sistemas públicos de pensión por jubilación se basan esencialmente en el sistema de reparto: las cotizaciones retenidas sobre los salarios se utilizan de inmediato para pagar las pensiones de los jubilados. Ninguna suma se invierte, todo es pagado de inmediato, contrariamente a los sistemas por capitalización. En los sistemas de reparto, basados en el principio de solidaridad entre generaciones (se pagan cotizaciones para los jubilados actuales, con la esperanza de que nuestros hijos hagan lo mismo por nosotros mañana), por definición, la tasa de rendimiento es igual a la del crecimiento de la economía: las cotizaciones que permitirán financiar las jubilaciones de mañana serán tanto más elevadas en la medida en que la masa salarial aumente. En principio, eso también implica que a los trabajadores activos de hoy les interesa que la masa salarial se incremente tan rápido como sea posible: por consiguiente, deben invertir en las escuelas y las universidades de sus hijos y fomentar la natalidad. Dicho de otro modo, todas las generaciones están vinculadas unas con otras: una sociedad virtuosa y armoniosa parece al alcance de la mano.[44]

Cuando se introdujeron los sistemas de reparto, a mediados del siglo xx, las condiciones eran ideales para que se produjeran semejantes encadenamientos. El crecimiento demográfico era alto; el de la producción, aún más. En resumidas cuentas, la tasa de crecimiento se acercaba a 5% anual en los países de Europa continental: ése era el rendimiento del sistema de reparto. En concreto, a las personas que cotizaron de los años cuarenta a los ochenta se les pagó después (o se les sigue pagando) sobre la base de cantidades salariales incomparablemente más altas que aquellas sobre las que cotizaron. No sucede lo mismo hoy: la disminución de la tasa de crecimiento en torno a 1.5% anual en los países ricos —y tal vez a la larga en todo el planeta— reduce el rendimiento de las contribuciones. Todo hace pensar que a lo largo del siglo xxi la tasa de rendimiento promedio del capital se situará claramente por encima de la tasa del crecimiento económico (alrededor de 4 o 4.5% para la primera, apenas 1.5% para la segunda).[45]

En esas condiciones, es tentador concluir que los sistemas de jubilación por reparto serán rápidamente sustituidos por sistemas basados en el principio de capitalización. Las cotizaciones deben ser invertidas y no pagadas de inmediato a los jubilados; de esta manera podrán recapitalizarse a más de 4% y financiar nuestras pensiones en algunas décadas. Sin embargo, ese razonamiento tiene varios errores importantes: en primer lugar, suponiendo

[44] Para un análisis y una defensa de este modelo "multisolidario", véase A. Masson, *Des Liens et des transferts entre générations*, Éditions de l'EHESS, París, 2009, 464 pp.

[45] Véase el capítulo x, gráficas x.9 a x.11.

que en realidad sea preferible un sistema de capitalización, la transición del reparto a la capitalización conlleva una dificultad que no es del todo menospreciable, ya que deja totalmente fuera a una generación de jubilados. La generación que está a punto de jubilarse y que financió las pensiones de la generación anterior vería muy mal que las cotizaciones que estaban a punto de darle para pagar su renta y sus compras vayan a invertirse por todo el ancho mundo. No existe una solución simple para este problema de transición, que por sí solo vuelve completamente inviable semejante reforma, por lo menos en esta forma extrema.

En segundo lugar, en este análisis de los méritos comparados de los diferentes sistemas de jubilación hay que tener en cuenta el hecho de que la tasa de rendimiento del capital es, en realidad, sumamente volátil. Sería muy arriesgado invertir todas las cotizaciones de jubilación de un país en los mercados financieros mundiales. El hecho de que la desigualdad $r>g$ se verifique en promedio no significa que siempre sea cierta. Cuando se tienen los medios suficientes y es posible esperar 10 o 20 años para recuperar su inversión, en efecto es muy atractivo el rendimiento de la capitalización. Sin embargo, cuando se trata de financiar el nivel de vida básico de toda una generación, sería muy irracional jugar así con los dados. La primera justificación de los sistemas de jubilación por reparto es que son los más capaces de garantizar el monto de las pensiones de manera confiable y previsible: la tasa de crecimiento de la masa salarial es tal vez más baja que la tasa de rendimiento del capital, pero es entre 5 y 10 veces menos volátil.[46] Sucederá lo mismo en el siglo XXI, y entonces la jubilación por reparto seguirá formando parte del Estado social ideal del porvenir, en todos los países.

No obstante, ello no implica que la lógica $r>g$ pueda ser totalmente ignorada y que no deba cambiarse nada en los sistemas instaurados hoy en los países desarrollados. Desde luego, está presente el reto del envejecimiento. En un mundo en el que se fallece entre los 80 y los 90 años, es difícil conservar los mismos parámetros que los instaurados en una época en que se moría entre los 60 y los 70 años. Además, el aumento en la edad de la jubilación no sólo es una manera de incrementar los recursos disponibles para los asalariados y los jubilados (lo que siempre vale la pena recibir, en vista del bajo crecimiento); corresponde asimismo a una necesidad de realización individual en el trabajo: para muchas personas, jubilarse a los 60 años y disponerse a entrar en un periodo de inacción potencialmente más largo que la duración de la carrera profesional es una perspectiva nada regocijante. Toda la dificultad reside en que en estas cuestiones existe una gran diver-

[46] Recordemos que esta volatilidad es la razón misma por la que se introdujo el sistema de reparto después de la segunda Guerra Mundial: todos los que habían invertido sus cotizaciones de jubilación en los mercados financieros en los años 1920-1930 se arruinaron y nadie tenía ganas de recaer en los sistemas obligatorios de jubilación por capitalización instaurados en numerosos países antes de la guerra (por ejemplo, en el marco de las leyes de 1910 y 1928 en Francia).

sidad de situaciones individuales. Desde luego, algunas personas con oficios principalmente intelectuales pueden desear seguir trabajando hasta los 70 años (se puede esperar que su participación en el empleo total aumente a lo largo del tiempo), pero hay muchas otras que empezaron a trabajar pronto, que desempeñan trabajos pesados o poco gratificantes y que legítimamente aspiran a jubilarse a la brevedad (sobre todo porque su esperanza de vida es a menudo menor que la de quienes están más calificados). El problema es que muchas de las reformas recientemente hechas en los países desarrollados tienden a no distinguir de manera correcta esos diferentes casos, e incluso piden más esfuerzos a los segundos que a los primeros, por lo cual se dan reacciones de rechazo.

Una de las principales dificultades a las que se enfrentan estas reformas es que, a menudo, los sistemas de jubilación han adquirido una extrema complejidad, con decenas de diferentes regímenes y reglas para los funcionarios, los asalariados del sector privado y los no asalariados. Para todos aquellos que pasaron por varios estatus a lo largo de su vida, lo que sucede de manera cada vez más frecuente para las jóvenes generaciones, el derecho a la jubilación es a veces un enigma. Esta complejidad nada tiene de sorprendente: resulta del hecho de que a menudo esos sistemas se construyeron mediante estratos sucesivos, a medida que los regímenes se ampliaban a nuevos grupos sociales y profesionales, siguiendo un movimiento que, en la mayoría de los países desarrollados, se inició a partir del siglo XIX (en particular para el sector público). Sin embargo, dificulta sobremanera la elaboración de soluciones compartidas, pues cada uno tiene la impresión de que su régimen es menos bien tratado que los demás. Con frecuencia, el amontonamiento de las reglas y de los regímenes lleva a confundir las situaciones y, en particular, a subestimar la importancia de los recursos ya destinados a los sistemas de jubilación y que no pueden incrementarse indefinidamente. Por ejemplo, la complejidad del sistema francés hace que muchos jóvenes asalariados no comprendan con claridad su derecho a la jubilación: algunos hasta tienen la impresión de que no recibirán nada, mientras que el sistema se basa en una tasa global de cotización, reservada a la jubilación, muy sustancial (del orden de 25% de los salarios brutos). La instauración de un régimen único de jubilaciones basado en cuentas individuales, que permita a cada uno adquirir los mismos derechos, sin importar la complejidad de su trayectoria profesional, forma parte de las reformas más importantes que debe afrontar el Estado social en el siglo XXI.[47] Semejante sistema permitiría a cada uno anticipar lo que puede esperar de la jubilación por reparto y, por

[47] En gran medida, es lo que se logró con la reforma instaurada en Suecia en los años noventa. Este sistema podría mejorarse y aplicarse en otros países. Véase, por ejemplo, A. Bozio y T. Piketty, *Pour un nouveau système de retraite. Des comptes individuels de cotisations financés par répartition*, Éditions Rue d'Ulm, París, 2008, 101 pp.

consiguiente, organizar mejor sus elecciones de ahorro y de acumulación patrimonial, lo que en un mundo con bajo crecimiento necesariamente desempeñará un papel importante, al lado del sistema de reparto. A menudo se dice que la jubilación es el patrimonio de quienes no tienen patrimonio. Es cierto, pero eso no evita intentar que la acumulación patrimonial ataña también a los de recursos más modestos.[48]

La cuestión del Estado social en los países pobres y emergentes

¿Tiene un alcance universal el proceso de construcción del Estado social, observado en los países desarrollados a lo largo del siglo xx? ¿Acabaremos por observar la misma evolución general en los países pobres y emergentes? Nada es menos seguro. Ante todo hay que subrayar las importantes diferencias que existen en el propio mundo rico: los países de Europa Occidental parecen haberse estabilizado en torno a una tasa de recaudación pública del orden de 45-50% del ingreso nacional, mientras que los Estados Unidos y Japón se muestran sólidamente instalados en apenas 30-35%. Esto demuestra que son posibles diferentes elecciones con un mismo nivel de desarrollo.

Si se examina la evolución de la tasa de recaudación en los países más pobres del planeta desde los años 1970-1980, se advierten niveles sumamente bajos, en general comprendidos entre 10 y 15% del ingreso nacional, tanto en África Subsahariana como en el sur de Asia (especialmente en la India). Si se considera a los países con un nivel de desarrollo intermedio, en Latinoamérica, el norte de África o China, se observan tasas de recaudación comprendidas entre 15 y 20% del ingreso nacional, inferiores a las de los países ricos con los mismos niveles de desarrollo. Lo más impactante es que la diferencia respecto de los países ricos siguió incrementándose a lo largo de los últimos decenios. Mientras que la tasa de recaudación media en los países ricos mantuvo su crecimiento antes de estabilizarse (de 30-35% a principios de los años setenta a 35-40% desde 1980-1990), la observada en los países pobres e intermedios disminuyó de manera significativa. En África Subsahariana y en el sur de Asia, la tasa de recaudación promedio era ligeramente inferior a 15% en los años setenta y a principios de los ochenta, y cayó a apenas más de 10% en 1990-2000.

Esta evolución es preocupante, en la medida en que, en todos los países hoy en día desarrollados, el proceso de construcción de un Estado fiscal y social fue un elemento esencial de la fase de modernización y desarrollo.

[48] Además, se puede pensar que el sistema unificado de jubilación ofrece como complemento del sistema por reparto la posibilidad de un rendimiento garantizado para los ahorros modestos y medios. Como vimos en el capítulo anterior, a menudo es muy difícil para los más humildes acceder al rendimiento promedio del capital (o incluso simplemente a un rendimiento positivo). En cierta manera, eso es lo que hace la (pequeña) parte en capitalización en el sistema sueco.

Todas las experiencias históricas sugieren que, con un 10-15% del ingreso nacional en recaudaciones fiscales, es imposible llegar mucho más allá de las funciones de soberanía tradicionales: si se desea que la policía y la justicia funcionen correctamente, no queda casi nada para financiar la educación y la salud. La otra elección posible es pagar mal a todo el mundo (policías, jueces, maestros, enfermeras), en cuyo caso es probable que ninguno de esos servicios públicos funcione correctamente. Esto puede llevar a un círculo vicioso, en la medida en que la mediocridad de los servicios públicos contribuye a destruir la confianza en el Estado, lo que a su vez vuelve más complicada la utilización de recursos fiscales importantes. El desarrollo de un Estado fiscal y social se vincula íntimamente con el proceso de construcción del Estado a secas. Se trata, pues, de una historia eminentemente política y cultural, muy relacionada con las especificidades de cada historia nacional y con las discrepancias propias de cada país.

No obstante, en el presente caso, parecería que los países ricos y las organizaciones internacionales tienen en ello cierta responsabilidad. Ya la situación inicial no era muy buena: el proceso de descolonización dio origen, en los años 1950-1970, a periodos políticos relativamente caóticos, marcados, según los países, por guerras de independencia con las antiguas potencias colonizadoras, fronteras más o menos arbitrarias, tensiones militares vinculadas con la Guerra Fría o experiencias socialistas generalmente poco concluyentes, y a veces por una mezcla de todo ello. Además, a partir de los años ochenta y noventa, la nueva ola ultraliberal procedente de los países desarrollados impuso a los países pobres recortes en el sector público, situando en el último lugar de las prioridades la construcción de un sistema fiscal propicio para el desarrollo. Una reciente investigación, muy detallada, demostró que la caída de las recaudaciones fiscales observada en los países más pobres durante los ochenta y los noventa se explica en gran medida por el desplome de los aranceles aduanales, que en los años setenta producían alrededor de 5% del ingreso nacional. Desde luego, la liberalización del comercio en sí no es necesariamente mala, pero a condición de que no sea brutalmente impuesta desde el exterior y, sobre todo, de que se tenga en cuenta el hecho de que debe ser compensada de forma gradual por el desarrollo de una administración fiscal capaz de recaudar otros impuestos y de encontrar ingresos sustitutos. Los países hoy desarrollados, que redujeron sus aranceles aduanales a su propio ritmo a lo largo de los siglos XIX y XX, a medida que les parecía útil y que sabían cómo remplazarlos, por fortuna no tenían a nadie que les explicara lo que tenían que hacer.[49] Este episodio ilustra un fenómeno más general, a saber: la tendencia de los países ricos a utilizar a países menos des-

[49] Resumimos aquí los principales resultados obtenidos por J. Cagé y L. Gadenne, "The Fiscal Cost of Trade Liberalization", PSE Working Paper núm. 2012-27, junio de 2012, 43 pp. (véase en particular la figura 1).

arrollados como campo de experimentación, sin pretender realmente sacar partido de las enseñanzas de su propia experiencia histórica.[50] En la actualidad se observa una gran diversidad de tendencias que se aplican en los países pobres y emergentes. Algunos, como China, están bastante avanzados en la modernización de su sistema fiscal, en particular con un impuesto sobre la renta que atañe a una parte importante de la población y permite recaudaciones sustanciales. Tal vez está en vías de instauración un Estado social, del tipo de los que se observan en los países desarrollados europeos, estadunidense y asiáticos (con sus especificidades y, desde luego, con grandes incertidumbres respecto de sus cimientos políticos y democráticos). A otros países, como la India, se les dificulta mucho sustraerse de un equilibrio caracterizado por una muy baja tasa de recaudación.[51] En todo caso, la cuestión del desarrollo de un Estado fiscal y social en el mundo emergente adquiere una importancia capital para el porvenir del planeta.

[50] Algunos de los problemas de organización de los servicios de salud y de educación que se plantean hoy en los países pobres son muy específicos y no pueden realmente basarse en las experiencias pasadas de los países ahora desarrollados (se piensa, por ejemplo, en los problemas vinculados con la epidemia de sida), en cuyo caso pueden justificarse muy bien nuevos experimentos, ocasionalmente de tipo aleatorio. Véase, por ejemplo, A. Barnerjee y E. Duflo, *Repenser la pauvreté,* Seuil, París, 2012, 422 pp. Sin embargo, me parece que, por regla general, la economía del desarrollo tiende a menospreciar las experiencias históricas reales, lo que en este caso lleva a subestimar el hecho de que es difícil desarrollar un Estado social eficaz con recaudaciones fiscales irrisorias. Una de las dificultades centrales obedece, desde luego, al pasado colonial (por lo que la experimentación aleatoria ofrece un terreno más neutro).

[51] Véase N. Qian y T. Piketty, "Income Inequality and Progressive Income Taxation in China and India: 1986-2015", *American Economic Journal: Applied Economics,* vol. 1, núm. 2, abril de 2009, pp. 53-63. La diferencia entre los dos países se vincula estrechamente con la mayor capacidad de salario de la mano de obra china. La experiencia histórica demuestra que la construcción de un Estado fiscal y social y el desarrollo de un estatus salarial van a menudo a la par.

XIV. REPENSAR EL IMPUESTO PROGRESIVO SOBRE EL INGRESO

En el capítulo anterior nos interesamos por la constitución y la evolución del Estado social y nos concentramos en el contenido de las necesidades sociales y el gasto público correspondiente (educación, salud, jubilaciones, etc.), tomando como base el nivel global de los ingresos y su evolución. Ahora, en este capítulo y el que sigue, estudiaremos más concretamente la estructura de los impuestos, las contribuciones y los gravámenes que han permitido esta transformación e intentaremos extraer algunas lecciones para el futuro. Veremos que la principal innovación del siglo xx en materia fiscal fue la creación y el desarrollo del impuesto progresivo sobre el ingreso. Esta institución desempeñó una función clave en la reducción de la desigualdad en el último siglo, pero hoy la amenazan de forma alarmante las fuerzas de la competencia fiscal entre países, y sin duda también está en peligro porque se instrumentó de urgencia, sin que se hubieran pensado verdaderamente sus bases. Lo mismo sucede con el impuesto progresivo a las sucesiones, segunda innovación importante del siglo xx, que también ha vuelto a cuestionarse en las últimas décadas. Sin embargo, antes de llegar ahí, tenemos que volver a situar esos dos instrumentos en el marco más general de la progresividad fiscal y de su función en la redistribución moderna.

La redistribución moderna: el tema de la progresividad fiscal

El impuesto no es un asunto técnico, sino eminentemente político y filosófico, sin duda el primero de todos. Sin impuestos no puede haber destino común ni capacidad colectiva para actuar. Así ha sido siempre. En el centro de toda conmoción política importante encontramos una revolución fiscal. El Antiguo Régimen francés desapareció cuando las asambleas revolucionarias votaron la abolición de los privilegios fiscales de la nobleza y el clero, instituyendo una fiscalidad universal y moderna. La Revolución estadunidense nació de la voluntad de los súbditos de las colonias británicas de tomar en propia mano sus impuestos y su destino ("No taxation without representation"). En dos siglos los contextos han cambiado, pero lo que está en juego es esencialmente lo mismo. Se trata de tomar medidas para que los ciudadanos puedan decidir soberana y democráticamente los recursos que desean dedicar a sus proyectos comunes: educación, salud, jubilación, desigualdad, empleo, desarrollo sostenible, etc. Lógicamente, en todas las sociedades la forma concreta de los impuestos está en el centro de la confrontación política. Se trata de ponerse de acuerdo sobre quién debe pagar qué y en nombre de qué principios, lo que no es tarea fácil, pues unos y otros difieren en muchos aspectos, empezando, por supuesto, por el ingreso y el capital. En particular, en todas las sociedades hay quienes tienen un ingreso elevado por su trabajo y un capital heredado bajo, y viceversa: afortunadamente el vínculo entre esas diferentes dimensiones nunca es perfecto. Las visiones del sistema fiscal ideal pueden variar en la misma proporción.

Clásicamente, se suele distinguir entre los impuestos al ingreso, los impuestos al capital y los impuestos al consumo. Prácticamente en todas las épocas se pueden encontrar gravámenes derivados de esas tres categorías, aunque en distintas proporciones. Por lo demás, tales categorías no están exentas de ambigüedades y sus fronteras no siempre son claras. Por ejemplo, el impuesto sobre el ingreso se refiere, en principio, a los ingresos derivados tanto del capital como del trabajo: por tanto, se trata en parte de un impuesto sobre el capital. Generalmente, en los impuestos al capital se incluyen a la vez los gravámenes aplicados al flujo de ingresos del capital (por ejemplo, sobre los beneficios de las empresas) y los que se basan en el acervo de capital (por ejemplo, el impuesto predial, el impuesto a las sucesiones o el impuesto a la fortuna). En la época moderna, los impuestos al consumo incluyen el impuesto al valor agregado y los diversos impuestos sobre las ventas, las bebidas, la gasolina, el tabaco y cualquier bien o servicio en particular. Estos impuestos han existido siempre, y a menudo son los más odiados de todos y los más pesados para las clases populares, como el impuesto a la sal del Antiguo Régimen. Se dice a menudo que estos impuestos son "indirectos", en el sentido de que no dependen directamente del ingreso ni del capital gravable individual, sino que se pagan indirectamente, a través del precio de venta, cuando se hacen las compras. Podríamos imaginar un impuesto directo sobre el consumo que dependería del monto consumido por cada individuo, pero esto nunca se ha visto.[1]

En el siglo XX surgió un cuarta categoría de gravámenes: las cotizaciones sociales, una forma particular de gravar los ingresos, en general sólo los derivados del trabajo (sueldos e ingresos por actividades no asalariadas). Estos recursos se destinan a la seguridad social, principalmente para financiar los ingresos de sustitución (pensiones por jubilación, seguro de desempleo), lo cual en ocasiones permite transparentar la gobernanza y la organización del Estado social. Ciertos países, como Francia, utilizan igualmente las cotizaciones sociales para financiar otros gastos sociales, como el seguro de salud y las asignaciones familiares, de modo que, en total, las cotizaciones sociales representan cerca de la mitad de los ingresos, lo que añade complejidad al

[1] Excepto en las propuestas del economista británico Nicholas Kaldor, a las que volveremos más adelante. Su propuesta consistía en complementar los impuestos progresivos sobre el ingreso y las sucesiones para evitar que éstos fueran esquivados (y no en sustituirlos, como en ocasiones se piensa).

sistema. Por el contrario, otros países, como Dinamarca, deciden financiar sus gastos sociales mediante un enorme impuesto al ingreso, que se reparte entre las jubilaciones, el desempleo, la salud, etc. A decir verdad, estas distinciones entre diferentes formas jurídicas de gravámenes son, en parte, arbitrarias.[2]

Más allá de estas disputas de fronteras, un criterio más pertinente para caracterizar los diferentes impuestos afecta al carácter ya sea proporcional o progresivo del gravamen. Se dice que un impuesto es proporcional cuando la tasa es la misma para todos (se habla también de un *flat tax*), y progresivo cuando la tasa es más elevada para los más ricos (los que tienen el ingreso más elevado, el capital más elevado o el consumo más elevado, según sea que se considere un impuesto progresivo sobre el ingreso, el capital o el consumo) y más baja para los de ingresos más modestos. Un impuesto también puede ser regresivo, cuando la tasa es menor para los más ricos, ya sea porque éstos logran esquivar en parte el pago del impuesto (legalmente, por optimización fiscal, o ilegalmente, por evasión), o porque la legislación prevé que el impuesto sea regresivo, como el famoso *poll tax,* que le costó el puesto de primera ministra a Margaret Thatcher en 1990.[3]

Si se toma en consideración el conjunto de los ingresos, se constata que el Estado fiscal moderno a menudo no está lejos de ser proporcional al ingreso, sobre todo en los países en que la masa de gravámenes es importante. No sorprende, puesto que es imposible gravar la mitad del ingreso nacional y financiar derechos sociales ambiciosos sin exigir una contribución sustancial al conjunto de la población. La lógica de los derechos universales, que vela por el desarrollo del Estado fiscal y social moderno, se ajusta bastante bien, por cierto, con la idea de un gravamen proporcional o ligeramente progresivo.

El impuesto progresivo: función localizada pero esencial

No obstante, sería erróneo concluir que el papel de la progresividad fiscal es limitado en la redistribución moderna. Para empezar, incluso si la tributación de manera general se acerca bastante a la proporcionalidad para la mayoría de la población, el hecho de que las tasas sean sensiblemente mayores —o al contrario, claramente más bajas— para los ingresos o los patrimonios más grandes podría tener un impacto dinámico muy importante en la estructura

[2] Por ejemplo, cuando una parte de las cotizaciones sociales se extendió en Francia al conjunto de los ingresos (ingresos del capital, pensiones de jubilación, y ya no solamente a sueldos e ingresos por actividad no asalariada) para formar, en 1990, la "contribución social generalizada" (CSG), los ingresos correspondientes se reclasificaron como impuesto sobre el ingreso en las normas internacionales.

[3] El *poll tax* adoptado en 1988 (y abolido en 1991) era un impuesto local que preveía un impuesto uniforme (es decir, de un mismo monto) para todas las personas adultas, sin importar el nivel del ingreso o del capital, de modo que la tasa impositiva era menor para los más ricos como proporción de sus ingresos o de su capital.

del conjunto de las desigualdades. En particular, todo parece indicar que la progresividad fiscal en la cima de la jerarquía de los ingresos y las sucesiones explica en parte por qué, después de los choques de los años 1914-1945, la concentración de la riqueza nunca recuperó su nivel astronómico de la Bella Época. Por el contrario, la baja espectacular de la progresividad sobre los ingresos altos en los Estados Unidos y el Reino Unido desde 1970-1980, a pesar de que esos dos países habían avanzado mucho en esa dirección después de la segunda Guerra Mundial, explica sin duda, en gran parte, el despegue de las remuneraciones muy elevadas. Al mismo tiempo, el aumento de la competencia fiscal en las últimas décadas, en un contexto de libre circulación de los capitales, llevó a un desarrollo sin precedentes de los regímenes que eximen los ingresos del capital, que desde entonces escapan por doquier del esquema progresivo del impuesto sobre el ingreso. Esto afecta sobre todo a Europa, fragmentada en Estados de reducido tamaño y que hasta ahora han demostrado ser incapaces de desarrollar un mínimo de coordinación en materia fiscal. De ello resulta una carrera acelerada y sin fin para reducir el impuesto sobre los beneficios de las sociedades y para eximir los intereses, dividendos y otros ingresos financieros del régimen impositivo legal común al que sí están sujetos los ingresos del trabajo.

La consecuencia es que en la actualidad los impuestos han llegado a ser regresivos en la cima de la jerarquía de los ingresos en la mayor parte de los países, o están a punto de serlo. Por ejemplo, una estimación detallada que se hizo para Francia en 2010, considerando la totalidad de las contribuciones obligatorias y atribuyéndolas al nivel individual en función de los ingresos y los patrimonios en poder de unos y otros, llegó al resultado siguiente. La tasa impositiva global (47% del ingreso nacional, en promedio, en esta estimación) es de aproximadamente 40-45% para el 50% de las personas que disponen de menores ingresos; después pasa a 45-50% para el 40% siguiente, antes de empezar a declinar para el 5% de los ingresos más elevados, y sobre todo para el 1% de los más ricos, con una tasa de apenas 35% para el 0.1% de los más acomodados. Para los más pobres, las tasas impositivas elevadas se explican por la importancia de los impuestos al consumo y las cotizaciones sociales (que en total equivalen a tres cuartas partes de los gravámenes en Francia). La ligera progresividad observada, a medida que se pasa a las clases medias, se explica por al aumento del impuesto sobre el ingreso. Por el contrario, la regresividad neta constatada en los percentiles superiores se explica en virtud de la importancia adquirida por los ingresos del capital y por el hecho de que éstos, en gran medida, escapan del esquema tributario progresivo, lo cual no puede ser totalmente compensado por los impuestos sobre el acervo de capital (que son por mucho los más progresivos).[4] Todo hace pen-

[4] Véase C. Landais, T. Piketty y E. Saez, *Pour une révolution fiscale. Un impôt sur le revenu pour le XXIe siècle*, Seuil, París, 2011, pp. 48-53. Véase también www.revolution-fiscal.fr.

sar que esta curva en forma de campana se encuentra también en los demás países europeos (probablemente también en los Estados Unidos) y que es, en realidad, más marcada de lo que indica esta estimación imperfecta.[5]

Si esta regresividad fiscal en lo más alto de la jerarquía social se confirmara y ampliara en el futuro, es probable que tuviera consecuencias importantes en la dinámica de la desigualdad de la riqueza y en el posible retorno a una intensa concentración del capital. Por otra parte, es muy evidente que tal secesión fiscal de los más ricos podría ser extremadamente perjudicial para la aceptación fiscal en su conjunto. El relativo consenso en torno al Estado fiscal y social, ya frágil en tiempos de escaso crecimiento, disminuye sobre todo en las clases medias, a las cuales, naturalmente, les cuesta trabajo aceptar pagar más que las clases superiores. Esta evolución favorece el incremento de individualismos y egoísmos. Como el sistema en su conjunto es injusto, ¿por qué seguir pagando por los demás? Por eso es vital para el Estado social moderno que el sistema fiscal que lo sostiene conserve un mínimo de progresividad, o cuando menos que no llegue a ser claramente regresivo en la cima.

Además, conviene agregar que, desde el punto de vista de la jerarquía de los ingresos, esta forma de representar la progresividad del sistema fiscal omite tener en cuenta, por definición, los recursos recibidos por herencia[6] que, como hemos visto, cada vez son menos despreciables. Ahora bien, en la práctica la herencia se grava mucho menos que los ingresos.[7] Como se vio en la tercera parte (capítulo XI), esto contribuye a reforzar el "dilema de Rastignac". Si se clasificara a los individuos por percentil de recursos totales recibidos a lo largo de toda una vida (por ingresos del trabajo y por herencias capitalizadas), que es una forma más satisfactoria de representar la cuestión de la progresividad, entonces la curva de campana sería mucho más regresiva en la cima de la jerarquía que considerando sólo los ingresos.[8]

[5] En particular, esta estimación no tiene en cuenta los ingresos ocultos en paraísos fiscales (que, como vimos en el capítulo XII, son importantes) y supone que cierto número de "nichos fiscales" se utiliza en la misma proporción en todos los niveles de ingresos y riquezas (lo cual probablemente conduce a sobrestimar la verdadera tasa impositiva en lo más alto de la distribución). Conviene subrayar que el sistema fiscal francés es excepcionalmente complejo y se caracteriza por la multiplicación de regímenes de excepción y la superposición de bases impositivas y modos de gravamen (por ejemplo, Francia es el único país desarrollado que no retiene el impuesto sobre el ingreso en la fuente de origen, cuando incluso las cotizaciones sociales y la contribución social generalizada se han retenido desde siempre en el origen). Esta complejidad agrava la regresividad y amenaza la inteligibilidad del conjunto del sistema (igual que para las jubilaciones).

[6] Sólo son tomados en cuenta los ingresos provenientes del capital heredado (junto con los otros ingresos del capital), y no el propio capital heredado.

[7] Por ejemplo, en Francia, la tasa impositiva media para herencias y sucesiones es de sólo 5%, y apenas llega a 20% para el percentil superior de la jerarquía de las herencias. Véase el anexo técnico.

[8] Véanse el capítulo XI, gráficas XI.9 a XI.11, y el anexo técnico.

Por último, cabe resaltar que la globalización del comercio, en la medida en que ejerce una presión particularmente intensa en los trabajadores menos calificados de los países ricos, en teoría podría justificar que aumentara la progresividad fiscal, y no que disminuyera, lo cual complica un poco más el contexto en su conjunto. Es cierto que a partir del momento en que se desea conservar una tasa global de ingresos fiscales del orden de la mitad del ingreso nacional, inexorablemente a cada individuo le tocará contribuir con una proporción importante. Sin embargo, más que tener una muy ligera progresividad global del gravamen (con excepción de la cima), se podría muy bien imaginar una progresividad más marcada.[9] Esto no resolvería todos los problemas, pero bastaría para mejorar sensiblemente la situación de los menos calificados.[10] Y si no se da esta mayor progresividad fiscal, no debería sorprender que quienes se benefician menos con el libre comercio (y que en ocasiones claramente pierden) se muestren proclives a cuestionarlo. El impuesto progresivo es una institución indispensable para tratar de que todos se beneficien con la globalización, y su cada vez más patente ausencia puede llevar a poner en entredicho esta última. Volveremos a ello en el capítulo siguiente.

Por estas razones, el impuesto progresivo es un elemento esencial para el Estado social: desempeñó una función clave en su desarrollo y en la transformación de la estructura de las desigualdades en el siglo XX, y es una institución central para garantizar su viabilidad en el siglo XXI. Ahora bien, esta institución hoy está amenazada, intelectual (las diferentes funciones de la progresividad nunca han sido discutidas a fondo) y políticamente (la competencia fiscal permite que categorías enteras de ingresos queden exentas del régimen legal).

El impuesto progresivo en el siglo XX: efímero producto del caos

Retrocedamos en el tiempo para tratar de entender mejor cómo llegamos aquí. Para empezar, es importante darse cuenta de que, en el siglo XX, el impuesto progresivo fue producto de las guerras, al menos en la misma medida que de la democracia. El impuesto progresivo se instituyó en medio del caos y la improvisación, lo cual explica, cuando menos parcialmente, que no se haya reflexionado lo suficiente respecto de sus diferentes misiones y por qué hoy se le vuelve a cuestionar.

[9] Por ejemplo, en vez de pasar de una tasa de 40-45% para la mitad más pobre a una de 45-50% para el 40% siguiente, se podría limitar la contribución a 30-35% en el primer grupo y aumentarla a 50-55% para el segundo.

[10] Habida cuenta de la débil movilidad intergeneracional, esto además sería más justo (desde el punto de vista de los criterios de justicia mencionados en el capítulo anterior). Véase el anexo técnico.

No hay duda de que el impuesto progresivo sobre el ingreso se instituyó en numerosos países antes del desencadenamiento de la primera Guerra Mundial. Con excepción de Francia, donde la aprobación de la ley del 15 de julio de 1914 por la que se creó el impuesto general sobre el ingreso dependió directamente de los imperativos financieros del conflicto que ya se anunciaba (la ley había estado enterrada en el Senado durante años y sólo la inminencia de la declaración de guerra desbloqueó la situación),[11] la creación de dicho impuesto se efectuó, en general, "en frío", en el marco del juego normal de las instituciones parlamentarias, como en 1909 en el Reino Unido y en 1913 en los Estados Unidos. En Europa del Norte, en varios Estados alemanes y en Japón, la creación del impuesto progresivo sobre el ingreso fue aun anterior: 1870 en Dinamarca, 1887 en Japón, 1891 en Prusia y 1903 en Suecia. Si bien el impuesto sobre el ingreso no interesaba todavía a todos los países desarrollados, alrededor de 1900 y 1910 se gestaba un consenso internacional en torno al principio de progresividad y su aplicación al ingreso global (es decir, a la suma de los ingresos del trabajo, salariales o no salariales, y de los ingresos del capital de todo tipo, como la renta de inmuebles, intereses, dividendos, utilidades y en ocasiones plusvalías).[12] Para muchos, un sistema de esas características parecía una forma a la vez justa y eficaz de repartir los impuestos. El ingreso global mide la capacidad contributiva de cada uno, y la progresividad permite considerar una limitación de las desigualdades producidas por el capitalismo industrial, pero respetando la propiedad privada y las fuerzas de la competencia. Numerosos informes y libros publicados en esa época ayudaron a popularizar la idea y a convencer a una parte de las élites políticas y de los economistas liberales, incluso cuando muchos de ellos seguían siendo hostiles al principio mismo de progresividad, sobre todo en Francia.[13]

Entonces, ¿el impuesto progresivo al ingreso sería el hijo natural de la

[11] La ley del 15 de julio de 1914 creaba el impuesto general sobre el ingreso (IGR, por sus siglas en francés), impuesto progresivo sobre el ingreso global que dio lugar al actual impuesto sobre el ingreso. Dicha ley se complementó con la del 31 de julio de 1917, por la que se creaban los impuestos llamados "cedulares" (que gravan de forma independiente cada categoría o "cédula" de ingresos, como las utilidades de las sociedades o los sueldos), lo que originó el actual impuesto a las empresas. Para una descripción detallada de la accidentada historia del impuesto sobre el ingreso en Francia desde la reforma fundadora de 1914-1917, véase T. Piketty, *Les Hauts Revenus en France au XXe siècle: Inégalités et redistributions, 1901-1998*, Grasset, París, 2001, pp. 233-334.

[12] Cabe hacer notar que el impuesto progresivo tendía sobre todo a gravar los muy elevados ingresos del capital (de los que todos en la época eran bien conscientes de que dominaban la jerarquía de los ingresos) y que a nadie, en ningún país, se le ocurriría otorgar exenciones particulares.

[13] Por ejemplo, las numerosas obras publicadas por el economista estadunidense Edwin Seligman entre 1890 y 1910 para alabar los méritos del impuesto progresivo sobre el ingreso se tradujeron a muchas lenguas y suscitaron apasionados debates. Sobre este periodo y estos debates, véase P. Rosanvallon, *La Société des égaux*, Seuil, París, 2011, pp. 227-233. Véase también

GRÁFICA XIV.1. *La tasa superior del impuesto sobre el ingreso, 1900-2013*

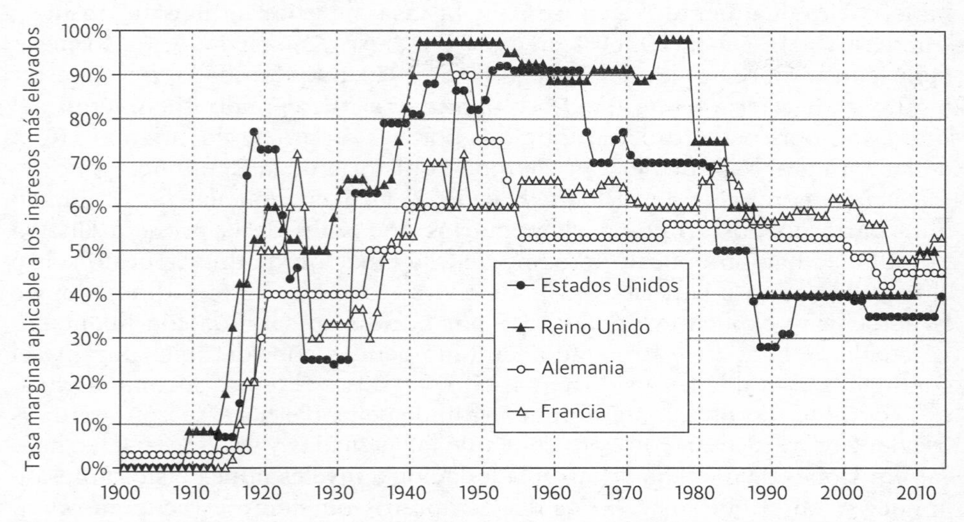

La tasa impositiva marginal más alta del impuesto sobre el ingreso (aplicable a los ingresos más elevados) en los Estados Unidos pasó de 70% en 1980 a 28% en 1988.

FUENTES Y SERIES: véase piketty.pse.ens.fr/capital21c.

democracia y el sufragio universal? Las cosas son más complicadas. En efecto, se puede constatar que las tasas aplicadas hasta la primera Guerra Mundial, incluso para los niveles de ingresos estratosféricos, seguían siendo extremadamente moderadas. Esto se aplica a todos los países, sin excepción. La intensidad del choque político producto de la guerra se ve muy clara en la gráfica XIV.1, que representa la evolución de la tasa superior (es decir, la que se aplica a los ingresos más elevados) en los Estados Unidos, el Reino Unido, Alemania y Francia de 1900 a 2013. Se observa que la tasa superior se estancó en niveles insignificantes hasta 1914 y después se disparó como una flecha al concluir el conflicto. Estas evoluciones son representativas de las trayectorias observadas en el conjunto de los países ricos.[14]

En Francia, en el marco del impuesto sobre el ingreso creado en 1914, la tasa más elevada no superaba el 2% y no se aplicaba sino a una ínfima mi-

N. Delalande, *Les Batailles de l'impôt. Consentement et résistances de 1789 à nos jours,* Seuil, París, 2011, 464 pp.

[14] La tasa superior suele ser una tasa "marginal", en el sentido de que no se aplica sino al "margen", es decir, a la fracción del ingreso superior a determinado umbral. La tasa superior atañe generalmente a menos de 1% de la población (a menudo, a menos de 0.1%); para tener un panorama completo de la progresividad, es preferible examinar las tasas efectivas pagadas por los diferentes percentiles (que pueden ser claramente inferiores). La evolución de la tasa superior no por eso es menos interesante; se trata, por definición, de un límite superior de la tasa efectiva impuesta a los más ricos.

noría de contribuyentes. Después de la guerra, en un contexto político y financiero radicalmente transformado, la tasa superior se llevó a un nivel "moderno": 50% en 1920, 60% en 1924 e incluso 72% en 1925. Es sorprendente constatar que la ley del 25 de junio de 1920, que elevaba la tasa superior a 50% y que ciertamente puede equipararse a un segundo nacimiento del impuesto sobre el ingreso, fue adoptada por la "Cámara Azul Horizonte" (una de las Cámaras más de derecha de toda la historia de la República) y por la mayoría denominada del "Bloque Nacional", es decir, aquella constituida en gran parte por los grupos parlamentarios que antes de la primera Guerra Mundial se habían opuesto ferozmente a la creación de un impuesto sobre el ingreso con tasa superior a 2%. Este viraje completo de los diputados de la derecha se explica evidentemente por la desastrosa situación financiera heredada de la guerra. El Estado acumuló deudas considerables durante el conflicto, y más allá de los discursos rituales sobre el tema "Alemania pagará", todos se dieron cuenta de que era indispensable hacerse con recursos fiscales nuevos. En un contexto en el que las penurias y el recurso a las nuevas emisiones de moneda llevaron la inflación a niveles nunca vistos antes de la guerra, en el que los salarios de los obreros no siempre recuperaron su poder de compra de 1914 y en el que varias oleadas de huelgas amenazaban con paralizar el país en mayo-junio de 1919, y después de nuevo en la primavera de 1920, se tenía la impresión de que el color político importaba poco: era necesario encontrar recursos fiscales nuevos, siendo difícil imaginar que los poseedores de ingresos altos pudieran salvarse. Fue en ese contexto político, caótico y explosivo, marcado también por la Revolución bolchevique de 1917, en el que nació el impuesto progresivo de estilo moderno.[15]

El caso de Alemania es particularmente interesante pues, cuando estalló la guerra, el impuesto progresivo sobre el ingreso existía desde hacía más de 20 años. Ahora bien, las tasas fiscales nunca se incrementaron significativamente en tiempos de paz. En Prusia, la tasa superior se mantuvo estable en 3% de 1891 a 1914; después pasó a 4%, de 1915 a 1918, antes de ser brutalmente incrementada a 40%, en 1919-1920, en un contexto político radicalmente diferente. En los Estados Unidos, a pesar de ser el país intelectual y

[15] Las tasas indicadas en la gráfica XIV.1 no tienen en cuenta las alzas de impuestos de 25% introducidas por la ley en 1920 para los contribuyentes solteros sin hijos y los contribuyentes casados "que al cabo de dos años de matrimonio todavía no tengan hijos" (al incluirlos, la tasa superior sería de 62% en 1920 y 90% en 1925). Este interesante dispositivo, que demuestra la intensidad del traumatismo francés en materia de natalidad, y también la imaginación sin límites del legislador fiscal para expresar los temores y la esperanza de un país, llegó a ser de 1939 a 1944 la "tasa de compensación familiar", que se prolongó de 1945 a 1951 en el marco del sistema del cociente familiar (las parejas casadas sin hijos, normalmente consideradas con dos unidades, cayeron entonces a 1.5 si no habían tenido hijos "al cabo de tres años de matrimonio"; nótese que la Asamblea constituyente de 1945 alargó un año el periodo de gracia fijado en 1920 por el Bloque Nacional). Véase T. Piketty, *Les Hauts Revenus en France au XXe siècle, op. cit.*, pp. 233-334.

políticamente más preparado para una tributación intensamente progresiva y de tomar la delantera del movimiento en el periodo de entreguerras, también hubo que esperar a 1918-1919 para que la tasa superior se incrementara de forma súbita a 67% y después a 77%. En el Reino Unido, la tasa aplicable a los ingresos más elevados se había definido en 8% en 1909, cifra relativamente alta para la época, pero hubo que esperar también a que terminara la guerra para que se elevara de golpe a más de 40%.

Obviamente, es imposible decir qué habría pasado sin el golpe de 1914-1918; sin duda habría surgido algún movimiento, pero parece evidente que este avance hacia la progresividad cuando menos habría sido más lento y quizá jamás habría llegado a ese nivel. Las tasas aplicadas antes de 1914, siempre inferiores a 10% (y en general menores de 5%), incluidas las de los ingresos más elevados, en realidad no son muy diferentes de las aplicadas durante los siglos XVIII y XIX. En efecto, conviene recordar que si el impuesto progresivo sobre el ingreso global es una creación de finales del siglo XIX y principios del XX, hay formas mucho más antiguas de gravar los ingresos, en general con reglas diferentes según el ingreso y muy a menudo con tasas proporcionales o casi proporcionales (por ejemplo, con una tasa fija más allá de cierta deducción). En la mayoría de los casos, las tasas eran del orden de 5 a 10% (como mucho); por ejemplo, el sistema de imposición "cedular", es decir, con tasas separadas para cada categoría o "cédula" de ingreso (alquiler de la tierra, intereses, utilidades, sueldos, etc.), instituidas en el Reino Unido en 1842 y que hacían las veces del impuesto sobre el ingreso británico hasta la creación, en 1909, del *super-tax* (impuesto progresivo sobre el ingreso global).[16]

En Francia, durante el Antiguo Régimen también hubo diversas formas de impuestos directos sobre el ingreso, como la talla, el diezmo o el vigésimo, con tasas típicas de 5 o 10% (como su nombre indica), que se aplicaban a bases tributarias más o menos incompletas y con excepciones a veces numerosas. El proyecto del *diezmo* real propuesto en 1707 por Vauban, cuyo objetivo era gravar la totalidad de los ingresos del reino (incluido el alquiler de la tierra de los aristócratas y de la iglesia) con una tasa de 10%, nunca se puso en práctica totalmente, pero eso no impidió que el sistema fiscal se perfeccionara durante el siglo XVIII.[17] Por rechazo a los procedimientos inquisitoriales asociados con la monarquía, y sin duda también para evitar que la burguesía industrial en pleno auge tuviera que pagar impuestos muy altos, los legisladores revolucionarios decidieron a continuación establecer una

[16] En el Reino Unido también se había aplicado por corto tiempo un impuesto progresivo sobre el ingreso global durante las guerras napoleónicas, igual que en los Estados Unidos durante la Guerra de Secesión, pero en ambos casos esos impuestos se derogaron poco después de finalizado el conflicto.

[17] Véase M. Touzery, *L'Invention de l'impôt sur le revenu. La taille tarifée, 1715-1789,* Comité pour l'Histoire Économique et Financière, París, 1994, 620 pp.

tributación "indiciaria", en el sentido de que el impuesto se calculaba a partir de índices que supuestamente medían la capacidad contributiva del contribuyente y no a partir del ingreso mismo, que nunca tenía que declararse. Por ejemplo, el impuesto sobre puertas y ventanas de la residencia principal del contribuyente, indicador de lo desahogado de su situación, tenía el gran mérito de permitir que el fisco determinara el impuesto por cobrar sin tener que entrar en la casa y mucho menos revisar los libros de cuentas. El impuesto más importante del nuevo sistema creado en 1792, el predial o territorial, se calculaba en función del valor del alquiler de todas las tierras propiedad del contribuyente.[18] El monto del impuesto se determinaba a partir de estimaciones de los valores de alquiler promedio, revisados en las grandes encuestas decenales organizadas por la administración fiscal para inventariar el conjunto de propiedades del territorio, y así el contribuyente no tenía que declarar el ingreso que realmente percibía cada año. Debido a la baja inflación, esto tenía poca importancia. En la práctica, el impuesto territorial no difería del impuesto cedular británico (la tasa efectiva variaba según los periodos y departamentos, sin ser nunca superior a 10%).

Para completar el sistema, la naciente Tercera República decidió crear en 1872 un impuesto sobre los ingresos de los valores financieros; era un impuesto proporcional que se aplicaba a intereses, dividendos y otros ingresos financieros, en pleno auge en Francia en ese momento, y casi totalmente libres de impuestos, mientras que el sistema cedulario británico sí los cubría. Sin embargo, también en ese caso se definió una tasa extremadamente modesta (3% de 1872 a 1890, 4% entre 1890 y 1914), cuando menos respecto de las tasas observadas a partir de los primeros años de la década de 1920. Hasta el primer conflicto bélico mundial, en todos los países desarrollados parecía pensarse que una tasa impositiva "razonable" nunca debía ser superior a 10%, independientemente del nivel de los ingresos de referencia, por elevados que éstos fueran.

El impuesto progresivo en la Tercera República

Es interesante observar que ocurría lo mismo con el impuesto sucesorio progresivo que, junto con el impuesto sobre el ingreso, era la segunda innovación fiscal importante de los primeros años del siglo XX, cuyas tasas también siguieron siendo relativamente moderadas hasta 1914 (véase la gráfica XIV.2). El caso de Francia en la Tercera República es emblemático: un país que supuestamente sentía una verdadera pasión por la igualdad, donde el sufragio

[18] Los bienes inmuebles comerciales y de negocios se gravaban mediante la contribución llamada de patentes. Sobre el sistema de las "cuatro viejas" (las cuatro contribuciones directas que, junto con los derechos sucesorios, formaban el núcleo del sistema fiscal creado en 1791-1792), véase T. Piketty, *Les Hauts Revenus en France au XXe siècle, op. cit.*, pp. 234-239.

GRÁFICA XIV.2. *La tasa superior del impuesto sucesorio, 1900-2013*

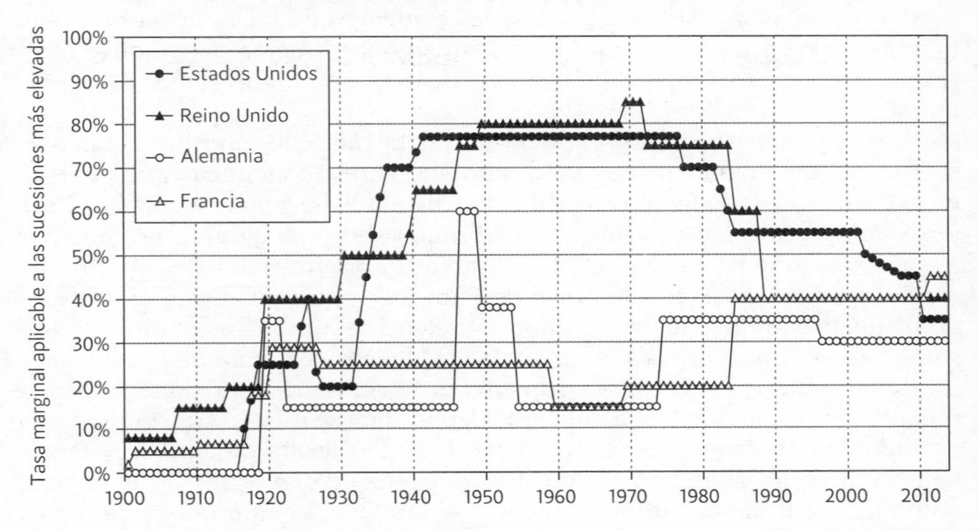

La tasa marginal superior del impuesto sucesorio (aplicable a las sucesiones más elevadas) en los Estados Unidos pasó de 70% en 1980 a 35% en 2013.

FUENTES Y SERIES: véase piketty.pse.ens.fr/capital21c.

universal masculino se restableció en 1871 y que, sin embargo, se negó con obstinación, durante cerca de medio siglo, a pasar francamente a la progresividad fiscal; un país, en definitiva, donde sólo la primera Guerra Mundial modificaría en verdad esa actitud. En efecto, el impuesto sucesorio instituido por la Revolución francesa, estrictamente proporcional de 1791 a 1901, se tornó progresivo como consecuencia de la ley del 25 de febrero de 1901, pero en realidad esto no cambió mucho: la tasa más elevada se fijó en 5% de 1902 a 1910; después en 6.5% de 1911 a 1914, y no se aplicó sino a varias decenas de fortunas cada año. Tal sangría fiscal parecía exorbitante a ojos de los contribuyentes acaudalados de la época, que se mostraban proclives a considerar que "un hijo que sucede a su padre" sólo cumplía un "deber sagrado" de perpetuación de una misma propiedad familiar, y esa simple perpetuación no debería dar lugar a ningún impuesto.[19] Sin embargo, esto no impedía que las mayores riquezas se transmitieran casi totalmente de una generación a otra. La tasa efectiva promedio no era mayor de 3% después de la reforma

[19] Según los términos empleados por una de las múltiples comisiones parlamentarias del siglo XIX que se pronunció en contra de la progresividad del impuesto sucesorio, "cuando un hijo sucede a su padre, no se trata, propiamente hablando, de una transmisión de bienes; no es más que la continuación de un disfrute", decían los autores del Código Civil. "Esta doctrina, entendida en un sentido absoluto, excluiría cualquier impuesto sucesorio en línea directa o exigiría cuando menos una extrema moderación en la fijación del gravamen." *Ibid.*, p. 245.

de 1901 (comparado con el 1% del régimen proporcional vigente en el siglo XIX). Si se analiza desde la distancia, es evidente que tal reforma no podía incidir en el proceso de acumulación e hiperconcentración patrimonial efectivo en ese periodo, independientemente de lo que pudieran pensar al respecto los contemporáneos.

De manera general, sorprende ver hasta qué punto los opositores a la progresividad, claramente mayoritarios entre las élites económicas y financieras en la Francia de la Bella Época, utilizaban de modo permanente, no sin cierta dosis de mala fe, el argumento de una Francia de por sí igualitaria y que por eso mismo no tenía necesidad de un impuesto progresivo. Un ejemplo muy representativo y esclarecedor es el de Paul Leroy-Beaulieu, uno de los economistas más influyentes de la época, que en 1881 publicó su famoso *Essai sur la répartition des richesses et sur la tendance à une moindre inégalité des conditions* [Ensayo sobre la distribución de la riqueza y sobre la tendencia a una menor desigualdad de condiciones], obra que se reeditó constantemente hasta los primeros años de la década de 1910.[20] A decir verdad, Leroy-Beaulieu no disponía de ningún dato o fuente capaz de demostrar la "tendencia a una menor desigualdad de condiciones". Aun así, imaginó razonamientos dudosos y poco convincentes a partir de datos totalmente inadecuados, para demostrar, costara lo que costase, que la desigualdad de los ingresos estaba en vías de reducirse.[21] Por momentos, él mismo parecía darse cuenta de que su razonamiento no tenía sustento, e indicaba entonces que tal evolución no debía tardar y que, en todo caso y sobre todo, no se debía interferir, de ninguna manera, en ese proceso maravilloso de la globalización comercial y financiera, que permitía al ahorrador francés invertir en el canal de Panamá o en el canal de Suez y pronto en la Rusia de los zares. Indiscutiblemente, a Leroy-Beaulieu le fascinaba la globalización de su época y se paralizaba ante la idea de que una revolución brutal pudiera poner todo en tela de juicio.[22] Obviamente tal fascinación no tiene nada digno de reprensión, a condición de que no impida analizar serenamente lo que estaba en juego en su época.

[20] Profesor de la École Libre des Sciences Politiques, después del Collège de France, de 1880 a 1916, portavoz entusiasta de la colonización entre los economistas liberales de su tiempo, Leroy-Beaulieu fue también director de *L'Économiste Français,* influyente revista semanal que en ese momento era el equivalente del *The Economist* de hoy, en particular por su capacidad sin límite y a menudo sin discernimiento para defender los intereses de los potentados del momento.

[21] Observó satisfecho, por ejemplo, que el número de indigentes socorridos sólo aumentó 40% en Francia entre 1837 y 1860, mientras que el número de agencias de beneficencia casi se duplicó. Además de que es necesario ser muy optimista para deducir de estas cifras que el número real de indigentes ha disminuido (lo cual Leroy-Beaulieu hace sin dudar), una eventual disminución del número absoluto de pobres, en un contexto de crecimiento económico, evidentemente no dirá nada sobre la evolución de la desigualdad de los ingresos. *Ibid.,* pp. 522-531.

[22] En ocasiones se tiene la impresión de que es el autor de la campaña de publicidad con la que HSBC tapiza los muros de los aeropuertos desde hace unos años: "Nosotros vemos un mundo de oportunidades, ¿y usted?"

La gran apuesta en Francia entre 1900 y 1910 no era la inminencia de una Revolución bolchevique (no más que ahora, por cierto), sino, más modestamente, la creación de impuestos progresivos. Para Leroy-Beaulieu y sus colegas, llamados de "centro derecha" (por oposición a la derecha monárquica), había que oponerse a ello a toda costa, con un argumento implacable: Francia era un país igualitario gracias a la obra de la Revolución francesa, que hasta cierto punto redistribuyó un poco la tierra, pero sobre todo instituyó la igualdad ante el Código Civil, la igualdad ante el derecho de propiedad y la capacidad de contratarse libremente. Por tanto, Francia de ninguna manera necesitaba un impuesto progresivo y expoliador. Sin duda, agregaban, tales impuestos serían muy útiles en sociedades de clases, en sociedades aristocráticas como el vecino Reino Unido, pero no en nuestro país.[23]

En ese caso, hubiera bastado con que Leroy-Beaulieu consultara los recientes registros sucesorios, publicados por la administración fiscal poco después de la reforma de 1901, para confirmar que la concentración de la riqueza era casi tan marcada en la Francia republicana de la Bella Época como en el Reino Unido monárquico. Con ocasión de los debates parlamentarios de 1907-1908, los partidarios del impuesto sobre el ingreso se refirieron con frecuencia a estas estadísticas.[24] Es un ejemplo interesante que muestra que un impuesto, incluso aplicado con tasas bajas, puede ser fuente de conocimientos y de transparencia democrática.

En los otros países se aprecia del mismo modo que la primera Guerra Mundial marcó una clara ruptura en la historia del impuesto sucesorio. En Alemania, la introducción de una fiscalidad mínima en las herencias más elevadas estaba muy presente en los debates parlamentarios de fines del siglo XIX y principios del XX. Los responsables del Partido Social Demócrata, empezando por August Bebel y Eduard Bernstein, subrayaban que el impuesto sucesorio permitiría aligerar los pesados impuestos indirectos pagados por los obreros y las otras clases de asalariados, que así hubieran tenido más medios para mejorar su suerte. Sin embargo, los debates en el Reichstag fracasaron: las reformas de 1906 y 1909 culminaron en la creación de una magra fiscalidad sucesoria, además de que las herencias en línea directa y entre cónyuges (es decir, la inmensa mayoría de los casos) siguieron totalmente exentas, fuera cual fuera su cuantía. Hubo que esperar hasta 1919 para

[23] Otro argumento clásico de la época era que la técnica "inquisitorial" de la declaración de ingresos sólo convenía a un país "autoritario" como Alemania, pero que sería rechazado de entrada por un "pueblo libre" como el de Francia. *Ibid.*, p. 481.

[24] Igual que Joseph Caillaux, ministro de finanzas de la época: "Nos han hecho creer, decir que Francia era el país de las fortunas pequeñas, del capital disperso hasta el infinito. Las estadísticas que el nuevo régimen sucesorio nos ofrece nos obligan de manera singular a reconsiderarlo. [...] Señores, no puedo ocultar que esas cifras modificaron en mi mente algunas de estas ideas preconcebidas. El hecho es que un número muy limitado de personas posee la mayor parte de la fortuna del país". Véase J. Caillaux, *L'Impôt sur le revenu,* Berger, París, 1910, pp. 530-532.

que el impuesto sucesorio alemán afectara las transmisiones familiares con una tasa superior, que repentinamente pasó de 0 a 35% para las herencias más importantes.[25] El papel de la guerra, con sus consecuentes rupturas políticas, parece absolutamente decisivo: sin estas fracturas, es difícil imaginar por qué y cómo se hubieran superado los bloqueos de 1906-1909.[26]

No obstante, en la gráfica XIV.2 se observa un ligero estremecimiento británico al alza durante la Bella Época, más claro en lo que se refiere al impuesto sucesorio que en el impuesto sobre el ingreso. El Reino Unido, que desde la reforma de 1896 aplicaba ya una tasa superior a 8% sobre las herencias más elevadas, pasó a 15% en 1908, lo que empezaba a ser sustancial. En los Estados Unidos, el impuesto federal sobre sucesiones y donaciones no se instituyó sino hasta 1916, aunque la tasa se elevara muy rápidamente a niveles superiores a los aplicados en Francia y Alemania.

El impuesto confiscatorio sobre los ingresos excesivos: un invento estadunidense

De manera general, si se examina la historia de la progresividad fiscal durante el último siglo, es sorprendente ver hasta qué punto son los países anglosajones, y en particular los Estados Unidos, los que inventaron el impuesto confiscatorio sobre los ingresos y las riquezas consideradas excesivas. El análisis de las gráficas XIV.1 y XIV.2 es particularmente claro; es tan opuesto a la percepción que suele tenerse de los Estados Unidos y del Reino Unido a partir de 1970-1980, tanto en el exterior como en el interior de esos países, que vale la pena detenerse un poco en este aspecto.

En el periodo de entreguerras, todos los países desarrollados se pusieron a experimentar con tasas superiores muy elevadas, a menudo de forma errática, pero los Estados Unidos fueron los primeros en ir más allá del 70%, primero para los ingresos de 1919 a 1922, y después para las sucesiones, en 1937-1939. Cuando se grava una parte de los ingresos o de las sucesiones con tasas del orden de 70 a 80%, es muy evidente que el objetivo principal no es recaudar ingresos fiscales (y de hecho esos segmentos nunca rendirán mucho); se trata, a la postre, de poner fin a ese tipo de ingresos o patrimonios que el legislador considera socialmente excesivos y económicamente estériles, o

[25] Sobre estos debates, véase J. Beckert, *Inherited Wealth,* Princeton University Press, Princeton, 2008, pp. 220-235. Las tasas indicadas en la gráfica XIV.2 se refieren a las herencias en línea directa (de padres a hijos). Las tasas aplicadas a las otras transmisiones han sido siempre más elevadas en Francia y Alemania. En los Estados Unidos y el Reino Unido, las tasas no dependen en general de la identidad del heredero.

[26] Sobre el papel de las guerras en la transformación de las percepciones respecto del impuesto sucesorio, véase también K. Scheve y D. Stasavadge, "Democracy, War, and Wealth: Evidence of Two Centuries of Inheritance Taxation", *American Political Science Review,* vol. 106, núm. 1, febrero de 2012, pp. 81-102.

cuando menos de hacer muy costoso mantenerlos en ese nivel y desalentar su perpetuación. Y al mismo tiempo no se trata de una prohibición absoluta o de una expropiación. El impuesto progresivo es siempre un método relativamente liberal para reducir las desigualdades, en el sentido de que esta institución respeta la libre competencia y la propiedad privada, incluso si a veces modifica de forma radical los incentivos privados, pero siempre de manera previsible y continua, apegándose a reglas determinadas de antemano y discutidas democráticamente en el marco del Estado de derecho. El impuesto progresivo expresa, en cierta forma, un compromiso ideal entre justicia social y libertad individual. No es por casualidad, pues, que hayan sido los países anglosajones, que hasta cierto punto han demostrado mayor apego a las libertades individuales en el curso de su historia, los que también fueron más lejos en la dirección de la progresividad fiscal durante el siglo XX. Cabe subrayar también que los países de Europa continental, en particular Francia y Alemania, exploraron varias vías después de la guerra, como la propiedad pública de las empresas y la fijación directa del salario de sus ejecutivos, medidas que muy bien pueden concebirse también como respetuosas del derecho y que en cierta forma los eximían de ir más lejos en la vía fiscal.[27]

A esta explicación general es necesario agregar factores más específicos. A finales del siglo XIX y principios del XX, durante el periodo conocido como la "Época Dorada" *(Gilded Age)* en los Estados Unidos, numerosos observadores se inquietaron por el hecho de que el país era cada vez más desigual y se alejaba progresivamente de su ideal pionero original. Ya mencionamos en la tercera parte (capítulo X) la obra que Wilfford King dedicara en 1915 a la distribución de la riqueza en los Estados Unidos y las inquietudes expresadas a propósito de un posible acercamiento a las sociedades europeas, percibidas entonces como desigualitarias en grado superlativo.[28] En 1919, Irving Fisher, presidente de la American Economic Association, fue todavía más lejos y decidió dedicar su discurso presidencial a las desigualdades estadunidenses; explicó sin rodeos a sus colegas que la creciente concentración de la fortuna era el principal problema económico de los Estados Unidos y se alarmó ante las estimaciones de King. El hecho de que "2% de la población posea más de 50% de la riqueza" y que "dos tercios de la población no posean casi nada" le parecía "una distribución antidemocrática de la riqueza" ("an undemocra-

[27] Para poner un ejemplo extremo, la Unión Soviética nunca tuvo necesidad de un impuesto confiscatorio sobre los ingresos o patrimonios excesivos porque su sistema económico consistía en controlar directamente la distribución de los ingresos primarios y en prohibir casi totalmente la propiedad privada (todo esto de una forma claramente menos respetuosa del derecho). En ocasiones, la Unión Soviética aplicó un impuesto sobre el ingreso, pero totalmente secundario, y con tasas superiores muy moderadas. Lo mismo ocurrió en China. Volveremos sobre este tema en el capítulo siguiente.

[28] Aunque le disgustara a Leroy-Beaulieu, Francia iba en el mismo saco que el Reino Unido o Prusia, en el fondo bastante justificadamente.

tic distribution of wealth"), que amenazaba las bases mismas de la sociedad estadunidense. Más que restringir arbitrariamente la participacion de los beneficios o el rendimiento del capital, soluciones que Fisher mencionaba para rechazarlas convenientemente, el método más adecuado le parecía gravar intensamente las herencias más importantes (hablaba de una tasa igual a dos terceras partes de la sucesión, e incluso la totalidad, si la herencia tenía ya tres generaciones).[29] Es sorprendente ver hasta qué punto Fisher se inquietaba mucho más por las desigualdades que Leroy-Beaulieu, aun cuando vivía en una sociedad mucho más desigual. Sin duda, el temor de parecerse a la vieja Europa explica en parte la progresividad fiscal estadunidense.

Cabe también añadir que la extrema violencia de la Gran Depresión en los Estados Unidos condujo muy rápidamente a culpar a las élites económicas y financieras de la desastrosa situación. A ojos de la opinión pública, parecía cada vez más obvio que estas élites se habían enriquecido al mismo tiempo que llevaban al país al desastre (recuérdese que la participación de los altos ingresos en el ingreso nacional estadunidense alcanzó su nivel más alto a fines de los años veinte, sobre todo por las plusvalías fantasiosas de la bolsa). Fue en ese contexto en el que Roosevelt llegó al poder, a principios de 1933, cuando la crisis llevaba ya más de tres años y la cuarta parte del país estaba desempleada. De inmediato decidió elevar fuertemente la tasa superior del impuesto sobre el ingreso, que había bajado a 25% en los últimos años de la década de 1920 y durante la desastrosa presidencia de Hoover. Esta tasa pasó a 63% en 1933 y después a 79% en 1937, rebasando el récord precedente de 1919. En 1942, la Victory Tax Act elevó la tasa superior a 88%, nivel que aumentó a 94% en 1944, con los diferentes suplementos. Después, la tasa superior se estabilizó en aproximadamente 90% hasta mediados de la década de 1960, y luego en 70% a partir de principios de la década de 1980. En total, en el periodo de 1932 a 1980, es decir, en cerca de medio siglo, la tasa superior del impuesto federal sobre el ingreso fue, en promedio, de 81% en los Estados Unidos.[30]

Es importante insistir en que ningún país de Europa continental ha aplicado nunca tales tasas (o bien, muy excepcionalmente, durante algunos años,

[29] Véase I. Fisher, "Economists in Public Service", *The American Economic Review*, vol. 9, núm. 1, marzo de 1919, pp. 5-21. Fisher se inspiró sobre todo en propuestas del economista italiano Rignano. Véase G. Erreygers y G. Di Bartolomeo, "The Debates on Eugenio Rignano's Inheritance Tax Proposals", *History of Political Economy*, vol. 39, núm. 4, invierno de 2007, pp. 605-638. La idea de gravar menos la riqueza acumulada por la generación precedente que la más antigua, resultado de varias generaciones de situación desahogada, es en principio muy interesante (aunque la percepción de doble tributación es a menudo más intensa en el primer caso que en el segundo, incluso si se trata de generaciones y, por lo tanto, de individuos distintos en ambos casos). Sin embargo, esta idea es difícil de formalizar y poner en práctica (las trayectorias patrimoniales son a menudo muy complejas), lo que explica sin duda por qué nunca se aplicó.

[30] A esto se debe agregar el impuesto sobre el ingreso en el ámbito estatal (cuya tasa generalmente fluctúa entre 5 y 10%).

y de ninguna manera durante medio siglo). Francia y Alemania, en particular, impusieron de 1940 a 1980 tasas altas, en general de entre 50 y 70%, pero nunca de 80 o 90%. La única excepción fue Alemania entre 1947 y 1949, cuando la tasa superior fue de 90%, pero se trata justamente del periodo en que las tablas fiscales las fijaban las autoridades aliadas de la ocupación (en la práctica, las estadunidenses). Una vez que Alemania recuperó su soberanía fiscal, en 1950, el país decidió muy pronto volver a tasas que le parecían más acordes con su sensibilidad, y la tasa más elevada volvió a bajar en pocos años a no más de 50% (véase la gráfica XIV.1). En Japón se observa exactamente el mismo fenómeno.[31]

La atracción anglosajona por la progresividad también se ve de forma más extrema en el impuesto sucesorio progresivo. Mientras que en los Estados Unidos la tasa superior se estabilizaba entre 70 y 80% de la década de 1930 a la de 1980, ni Francia ni Alemania rebasaron nunca el 30-40%, con la excepción de Alemania en 1946-1949 (véase la gráfica XIV.2).[32]

El único país que llegó al punto máximo de las tasas estadunidenses —y que incluso las rebasó por momentos, tanto para los ingresos como para las herencias— fue el Reino Unido. La tasa aplicable a los ingresos británicos más elevados llegó a 98% en la década de 1940, y de nuevo en la de 1970, que es el récord histórico absoluto a la fecha.[33] Conviene observar también que una distinción aplicada a menudo en ese periodo en los dos países se refiere a la diferencia entre el "ingreso ganado" *(earned income)*, es decir, el producto del trabajo (sueldos o ingresos por actividades no asalariadas), y el "ingreso no ganado" *(unearned income)*, es decir, el producto del capital (alquileres, intereses, dividendos, etc.). La tasa superior indicada en la gráfica XIV.1 para los Estados Unidos y el Reino Unido se refiere al "ingreso no ganado": la tasa superior aplicable al "ingreso ganado" era a veces ligeramente inferior, en particular en los años setenta.[34] Esta distinción es interesante, pues expresa

[31] La tasa superior del impuesto sobre el ingreso subió brevemente a 85% en 1947-1949, cuando dependía de la ocupación estadunidense, y bajó de inmediato a 55% en 1950, cuando el país recuperó su soberanía fiscal. Véase el anexo técnico.

[32] Se trata de las tasas aplicadas a las herencias en línea directa. Las tasas aplicadas a hermanos, hermanas, primos, etc., y a los individuos externos a la familia, a menudo alcanzaron niveles más elevados en Francia y Alemania (por ejemplo, hasta 60%, como hoy en Francia para los no parientes), pero sin llegar al 70-80% aplicado a los hijos en los Estados Unidos y el Reino Unido.

[33] Esa tasa récord de 98% se aplicó en el Reino Unido de 1941 a 1952 y después, de 1974 a 1978. Véase el anexo técnico para la serie completa. Durante la campaña presidencial estadunidense de 1972, George McGovern, candidato demócrata, incluso se refirió a una tasa superior a 100% para las herencias más elevadas (en ese entonces, la tasa era de 77%), en el marco de su plan tendiente a introducir un ingreso mínimo incondicional. La tajante derrota de McGovern ante Nixon marcó el principio del fin del entusiasmo redistributivo estadunidense. Véase J. Beckert, *Inherited Wealth, op. cit.*, p. 196.

[34] Por ejemplo, cuando la tasa superior sobre el retorno del capital en el Reino Unido llegó a

en lenguaje fiscal la sospecha que se tiene frente a los ingresos muy elevados: todos los ingresos demasiado elevados son sospechosos, pero lo son más si son producto del capital. Es sorprendente el contraste con el contexto actual, en el que, por el contrario, los ingresos del capital son los que se benefician con un régimen más favorable en numerosos países, sobre todo europeos. Cabe hacer notar que el umbral de aplicación de esas tasas superiores, que ha variado con el paso del tiempo, es siempre extremadamente elevado: en términos del ingreso promedio de 2000-2010, a menudo se sitúa entre medio millón y un millón de euros; por tanto, en el marco de la distribución actual, la tasa se aplicaría a menos de 1% de la población (en general, entre 0.1 y 0.5% de ésta).

El hecho de gravar más los "ingresos no ganados" es igualmente coherente con el uso simultáneo de un impuesto sucesorio muy progresivo. Puesto en una perspectiva de más largo plazo, el caso del Reino Unido es particularmente interesante. Se trata de un país donde la concentración de la riqueza era la más extrema en el siglo XIX y en la Bella Época. Los golpes propinados a las grandes riquezas por las guerras del siglo XX (destrucciones, expropiaciones) fueron ahí menos duros que en la Europa continental, si bien el país optó por asestarles un golpe fiscal más pacífico, pero considerable de todos modos, con una tasa superior que llegó a 70-80%, e incluso lo rebasó, en el periodo de 1940-1980. Durante el siglo XX en el Reino Unido se produjo, sin duda, la más intensa reflexión en torno a la tributación de las herencias y la base sucesoria, sobre todo entre las dos guerras.[35] En noviembre de 1938, en el prefacio de la reedición de su obra clásica de 1929 dedicada a la herencia, Josiah Wedgwood consideraba, como su compatriota Bertrand Russell, que las "plutodemocracias" y sus élites hereditarias fracasaron ante el ascenso del fascismo. Su convicción era que "las democracias políticas que no democratizan su sistema económico son intrínsecamente inestables". Él pensaba que un impuesto sucesorio muy progresivo era el instrumento principal de la democratización del nuevo mundo con el que soñaba.[36]

98% de 1974 a 1978, era de 83% para los ingresos del trabajo. Véase la gráfica S14.1 (disponible en línea).

[35] Esta reflexión ya estaba presente en el siglo XIX, con los trabajos de John Stuart Mill, pero se intensificó en el periodo de entreguerras, con la creciente sofisticación de las estadísticas de las sucesiones. Y continuó después de la guerra, con las obras ya citadas de James Meade y Anthony Atkinson. También se debe mencionar que la interesante propuesta de Nicholas Kaldor de un impuesto progresivo sobre el consumo (en realidad, sobre el tren de vida de lujo) se inspiró directamente en la voluntad de hacer contribuir más a los herederos ociosos, que Kaldor suponía que escapaban, en ocasiones, a los impuestos progresivos sobre las sucesiones y los ingresos (sobre todo a través de *trust funds*), a diferencia de los profesores universitarios (como él mismo), que pagaban hasta el último centavo del impuesto sobre el ingreso. Véase N. Kaldor, *An Expenditure Tax*, Allen & Unwin, Londres, 1955, 252 pp.

[36] Véase J. Wedgwood, *The Economics of Inheritance* (1929), Pelican Books, Harmondsworth, 1939, 282 pp. Wedgwood desmenuzaba meticulosamente los diferentes efectos en operación,

La explosión de los salarios de los altos ejecutivos: el papel de la tributación

Después de la gran pasión por la igualdad que tuvo lugar entre 1930 y 1970, los Estados Unidos y el Reino Unido tomaron con el mismo entusiasmo la dirección opuesta en las últimas décadas, en especial la tasa superior de su impuesto sobre el ingreso, que, después de haber estado durante mucho tiempo por encima de los niveles de Francia y Alemania, ha sido claramente más baja desde la década de los ochenta. Simplificando, las tasas alemanas y francesas se mantuvieron estables en torno a 50-60% entre 1930 y 2010 (con una ligera baja al final del periodo), mientras que las estadunidenses y británicas pasaron de 80-90% entre 1930 y 1980 a 30-40% en 1980-2010 (con un punto mínimo de 28%, después de la gran reforma fiscal reaganiana de 1986; véase la gráfica XIV.1).[37] Los países anglosajones han jugado al yo yo con sus ricos desde 1930. Por el contrario, los países de la Europa continental (Alemania y Francia son ejemplos relativamente representativos) y Japón han mostrado después de todo una actitud más estable respecto de los ingresos altos. Ya hicimos notar en la primera parte de este libro que ese gran viraje podía explicarse, cuando menos en parte, por esa sensación de haber sido alcanzados que embargó a los Estados Unidos y al Reino Unido en la década de 1970, y de la cual se nutrió la ola thatcheriano-reaganiana. Desde luego que ese proceso de convergencia del periodo 1950-1980 era, en esencia, una consecuencia mecánica de los golpes sufridos por la Europa continental y Japón entre 1914 y 1945, pero no por eso fue bien recibido: tanto entre países como entre individuos, la jerarquía de las fortunas privilegiaba en el debate el honor y la moral, sin reducirlo a una cuestión de dinero. Lo que nos interesa ahora es entender las consecuencias de ese gran cambio.

Si se examinan los países desarrollados en conjunto, se aprecia que la magnitud de la baja de la tasa marginal superior del impuesto sobre el ingreso observada de 1970 a 2000-2010 está estrechamente ligada a la magnitud del alza de la participación del percentil superior en el ingreso nacional en el mismo periodo. Concretamente, hay una correlación casi perfecta entre estos dos fenómenos: los países que más redujeron su tasa superior son también aquellos en que los más altos ingresos —y sobre todo las remuneraciones

por ejemplo, cuando medía la escasa importancia de las contribuciones caritativas, y concluía que sólo el impuesto podía conducir al igualamiento deseado; o bien, cuando comprobaba que, hacia 1910, la concentración de las herencias era casi tan grande en Francia como en el Reino Unido, y esto lo llevaba a concluir que el reparto igualitario a la francesa, aunque deseable, era claramente insuficiente para llegar a la igualdad social.

[37] En cuanto a Francia, incluimos en la gráfica XIV.1 la Contribución Social Generalizada (actualmente de 8%) en el impuesto sobre el ingreso (que terminó en 45% en 2013), de ahí que la tasa superior actual sea de 53%. Véase la serie completa en el anexo técnico.

de los directores ejecutivos de las grandes empresas— han aumentado más, y al contrario, en los países en que la tasa superior ha bajado menos, los altos ingresos han avanzado mucho más moderadamente.[38] Si se cree en los modelos económicos clásicos basados en la teoría de la productividad marginal y de la oferta de trabajo, la explicación podría ser que la baja de la tasa superior estimuló poderosamente la oferta de trabajo y la productividad de los altos ejecutivos en los países afectados, y que su productividad marginal (y por tanto, su salario) también se habría elevado mucho más que en los otros países. No obstante, esta explicación no es muy viable. Como se observó en la segunda parte (capítulo IX), la teoría de la productividad marginal es un modelo que afronta graves problemas conceptuales y empíricos —y que también peca de ingenuidad— cuando se trata de explicar la formación de las remuneraciones en lo más alto de la jerarquía salarial.

Una explicación más realista es que la baja de la tasa superior, particularmente significativa en los Estados Unidos y el Reino Unido, transformó totalmente los modos de formación y negociación de los salarios de los altos ejecutivos. Para uno solo de ellos siempre es difícil convencer a las partes interesadas de una empresa (subordinados directos, otros asalariados que ocupan puestos más bajos en la jerarquía, accionistas, miembros del comité de remuneraciones) de que verdaderamente se justifica un aumento importante en la remuneración de, por ejemplo, un millón de dólares. En los años cincuenta y sesenta, un alto ejecutivo estadunidense o británico tenía poco interés en pelearse por obtener un aumento de esa naturaleza, y las diferentes partes interesadas no estaban listas para aceptarlo, pues de todas formas, de 80 a 90% del aumento iba a dar directamente a las arcas públicas. A partir de los años ochenta, las reglas del juego cambiaron, y todo parece indicar que los altos ejecutivos se han dedicado a hacer grandes esfuerzos para convencer a todo el mundo de la necesidad de estos aumentos considerables, lo cual no es siempre tan difícil, habida cuenta de las enormes dificultades objetivas relacionadas con la medición de la contribución individual de un alto ejecutivo de una empresa a la producción de su compañía y de las formas de composición, a menudo bastante incestuosas, que imperan en los comités de remuneraciones.

Esta explicación tiene además el mérito de ser coherente con el hecho de que no hay ninguna relación estadística significativa entre la reducción de la tasa marginal superior y la tasa de crecimiento de la productividad de los diferentes países desarrollados desde los años setenta. En concreto, el hecho

[38] Esto no sólo se aplica a los Estados Unidos y el Reino Unido (en el primer grupo), y a Alemania, Francia y Japón (en el segundo); también al conjunto de los 18 países de la OCDE, para los que las series de la World Top Income Database permiten estudiar este asunto. Veáse T. Piketty, E. Saez y S. Stantcheva, "Optimal Taxation of Top Labor Incomes: A Tale of Three Elasticities", *American Economic Journal: Economic Policy,* vol. 6, núm. 1, 2014, pp. 230-271 (figura 3). Véase también el anexo técnico.

central es que la tasa de crecimiento del PIB por habitante ha sido casi la misma en todos los países ricos desde 1970-1980. Contrariamente a lo que en ocasiones se imagina en el Reino Unido y en los Estados Unidos, la verdad de las cifras —evidentemente en la medida en que las cuentas nacionales oficiales permiten ver— es que, desde esas décadas, el crecimiento en esos países no ha sido mayor que en Alemania, Francia, Japón, Dinamarca o Suecia.[39] Dicho de otra manera, la baja de la tasa marginal superior y el aumento de los ingresos altos no parecen haber estimulado la productividad (a diferencia de los pronósticos de la teoría de la oferta), o cuando menos no lo suficiente para que sea estadísticamente detectable en el ámbito de la economía en su conjunto.[40]

La gran confusión que suele haber en torno a estas cuestiones se deriva de que, a menudo, se comparan nada más algunos años (lo cual permite sacar una conclusión y su opuesta),[41] o que se olvida restar el crecimiento de la población (que explica lo esencial de la distancia estructural de crecimiento total entre los Estados Unidos y Europa). Es posible también que llegue a confundirse la comparación del nivel de producción por habitante (que siempre ha sido 20% más elevado en los Estados Unidos, tanto en el periodo de 1970 a 1980 como entre 2000 y 2010) y el de las tasas de crecimiento (que se han mantenido sensiblemente iguales en los dos continentes en las últimas tres décadas).[42] No obstante, el origen principal de la confusión

[39] *Ibid.*, figuras 3 y A1 y tabla 2. Esos resultados sobre 18 países también están disponibles en el anexo técnico. Conviene observar que esta conclusión no depende de la elección de los años de partida y de llegada: en ningún caso hay una relación estadísticamente significativa entre la reducción de la tasa marginal y la tasa de crecimiento; en particular, el hecho de empezar en 1980 y no en 1960 o 1970 no cambia nada. Para las tasas de crecimiento de los diferentes países ricos en el periodo 1970-2010, véase también el capítulo V, tabla V.1.

[40] Lo cual permite descartar una elasticidad de la oferta de trabajo superior a 0.1-0.2 y obtener la tasa marginal óptima descrita más adelante. Todos los detalles del razonamiento teórico y de los resultados teóricos están disponibles en T. Piketty, E. Saez y S. Stantcheva, "Optimal Taxation of Top Labor Incomes: A Tale of Three Elasticities", art. cit., y se resumen en el anexo técnico.

[41] Es importante sacar promedios de periodos relativamente largos (cuando menos 10 o 20 años) para que estas comparaciones de tasas de crecimiento tengan sentido. En periodos más cortos, las tasas de crecimiento varían por todo tipo de razones y es imposible llegar a conclusión alguna.

[42] La diferencia en el PIB por habitante se debe a que en los Estados Unidos el número de horas trabajadas por habitante es más elevado. Según los datos internacionales más estandarizados, el PIB por hora trabajada es prácticamente igual en los Estados Unidos y en los países más ricos de Europa continental (por el contrario, es significativamente más bajo en el Reino Unido; véase el anexo técnico). La diferencia en el número de horas se explica porque las vacaciones son más largas y las semanas laborales más cortas en Europa (la diferencia en la tasa de desempleo, casi inexistente si se compara a los Estados Unidos con Alemania o los países nórdicos, cuenta poco). Sin pretender tratar aquí un asunto tan delicado, simplemente daremos cuenta de que la opción que consiste en pasar menos tiempo en el trabajo, cuando se es más productivo, es cuando menos tan justificable como la opción contraria. Permítaseme agregar el

es muy probablemente el fenómeno de la convergencia antes mencionado. Es irrefutable que el declive británico y estadunidense se detuvo entre 1970 y 1980, en el sentido de que las tasas de crecimiento observadas del otro lado del Atlántico y de la Mancha dejaron de ser inferiores a las alemanas, francesas, nórdicas y japonesas. Sin embargo, también es indudable que esta diferencia se redujo a cero por una razón muy sencilla: la recuperación de los países europeos y de Japón respecto de los países anglosajones había terminado, lo que con toda evidencia tiene poco que ver con las revoluciones conservadoras estadunidense y británica de la década de los ochenta, cuando menos en una primera aproximación.[43]

Identidades nacionales y desempeño económico

Sin duda estas cuestiones tienen una carga emocional demasiado fuerte para la identidad nacional y el orgullo de los pueblos y es casi imposible examinarlas con serenidad. ¿Maggie Thatcher salvó al Reino Unido? ¿Bill Gates hubiera existido sin Ronald Reagan? ¿El capitalismo renano devorará al pequeño modelo social francés? A menudo, frente a angustias existenciales tan profundas, la razón se queda sin recursos, sobre todo porque objetivamente es muy difícil sacar conclusiones precisas y absolutamente ciertas a partir de comparaciones de tasas de crecimiento de unas cuantas décimas de porcentaje. Tratándose de Bill Gates o de Ronald Reagan, personajes de culto si los hay (¿Bill inventó la computadora o sólo el ratón? ¿Ronald destruyó a la URSS solo o con ayuda del papa?), quizá no sea inútil recordar que la economía estadunidense fue mucho más innovadora entre 1950 y 1970 que en el periodo de 1990-2010, al menos si se juzga por el hecho de que la tasa de crecimiento de su productividad fue casi dos veces mayor en el primer periodo, lo cual, tratándose de una economía situada en ambos casos en la cima del desarrollo mundial, debería estar, por lógica, vinculado con su ritmo de innovación.[44] Hace poco se planteó un nuevo argumento: es posible que la economía estadunidense haya llegado a ser más innovadora, pero eso no se ve reflejado en su productividad, pues en verdad innova para el conjunto del mundo rico, el cual sobrevive gracias a las invenciones procedentes de los Estados Unidos. De todas formas, parecería muy sorprendente que los

comentario siguiente: el hecho de que Alemania y Francia, a pesar de tener una inversión mucho menor en enseñanza superior (y de un sistema fiscal social espantosamente complejo, sobre todo en Francia), tengan el mismo nivel de PIB por hora trabajada que los Estados Unidos es de por sí un milagro, y se explica posiblemente por un sistema de educación primaria y secundaria más igualitario y más inclusivo.

[43] Véase en particular el capítulo II, gráfica II.3.

[44] La tasa de crecimiento del PIB por habitante en los Estados Unidos fue de 2.3% entre 1950 y 1970, y de 1.4% entre 1990 y 2012. Véase el capítulo II, gráfica II.3.

Estados Unidos, hasta ahora poco conocidos por su altruismo internacional (los europeos se quejan sistemáticamente de sus emisiones de carbono y los países pobres de su tacañería), no se reservaran parte de esa productividad: es lo que en principio las patentes deberían aportar, pero resulta muy claro que este tipo de debate todavía no ha acabado.[45]

No obstante, con el fin de tratar de avanzar, intentamos, con Emmanuel Saez y Stefanie Stantcheva, ir más allá de las comparaciones entre países y explotar una nueva base de datos sobre las remuneraciones de los ejecutivos de alto nivel de las empresas que cotizan en bolsa en los países desarrollados. Los resultados obtenidos sugieren que el impulso de estas remuneraciones efectivamente se explica bastante bien por el modelo de negociación (la baja de la tasa marginal lleva a hacer todo lo posible por negociar y obtener una remuneración más elevada) y que no tiene mucho que ver con una hipotética mejora de la productividad de los ejecutivos en cuestión.[46] Para empezar, encontramos que la elasticidad de las remuneraciones de los ejecutivos de alto nivel es todavía mayor respecto de las utilidades "azarosas" (es decir, variaciones en las utilidades que no pueden ser producto de la acción del ejecutivo, como lo son las vinculadas con el desempeño promedio del sector en cuestión) que respecto de las utilidades "no azarosas" (o sea, las variaciones en las utilidades que no se explican por esas variables sectoriales), resultado que ya describimos en la tercera parte (capítulo IX) y que, de todas formas, plantea graves problemas para la visión que asocia la remuneración de los ejecutivos con su desempeño. Segundo, y más importante, encontramos que la elasticidad con respecto a las utilidades azarosas —en esencia, la capacidad de los ejecutivos de obtener un aumento sin una clara justificación en cuanto a rendimiento económico— ha aumentado sobre todo en los países en donde la tasa marginal ha bajado mucho. Por último, son las variaciones de la tasa marginal las que permiten explicar los elevados incrementos en las remuneraciones de los altos ejecutivos en ciertos países y no en otros. En particular, las variaciones en cuanto al tamaño de las empresas o la importancia del sector financiero no permiten, en absoluto, explicar los hechos

[45] La idea de que los Estados Unidos innovan para el resto del mundo fue recientemente formulada por D. Acemoglu, J. Robinson y T. Verdier, "Can't We All Be More Like Scandinavians? Asymmetric Growth and Institutions in an Interdependent World", MIT, Cambridge, Estados Unidos, documento de trabajo del Departamento de Economía de MIT núm. 12-22, 20 de agosto de 2012. Es un artículo esencialmente teórico cuyo principal elemento fáctico es que el número de patentes por habitante es más elevado en los Estados Unidos que en Europa, hecho interesante, pero que parecer remitir, cuando menos en parte, a prácticas jurídicas distintas y que de todas formas debería permitir que el país innovador conservara una productividad significativamente superior (o un ingreso nacional más elevado).

[46] Véase T. Piketty, E. Saez y S. Stantcheva, "Optimal Taxation of Top Labor Incomes: A Tale of Three Elasticities", art. cit., figura 5, tablas 3 y 4. Los resultados resumidos aquí se basan en datos detallados de casi 3 000 empresas de 14 países.

observados.[47] Igualmente, la idea de que la falta de competencia explicaría el alza de las remuneraciones y que bastaría con tener mercados más competitivos y mejores procedimientos de gobernanza y control para frenar este proceso parece poco realista.[48] Nuestros resultados sugieren que sólo tasas impositivas disuasivas, del tipo de las aplicadas en los Estados Unidos y el Reino Unido hasta los años setenta, permitirían revertir y poner fin al impulso de las remuneraciones elevadas.[49] Tratándose de un tema tan complejo y tan "integral" (económico, político, social y cultural), evidentemente es imposible estar seguro: ahí radica la belleza de las ciencias sociales. Es probable, por ejemplo, que las normas sociales en materia de remuneración de los altos ejecutivos también influyan directamente en los niveles de remuneración observados en los diferentes países, independientemente del efecto transitorio de las tasas impositivas. Sin embargo, todos los elementos disponibles sugieren que este modelo explicativo es el que da mejor cuenta de los hechos observados.

Replanteamiento de la tasa marginal superior

Estos resultados tienen consecuencias importantes para la cuestión de la tasa marginal superior y la deseable magnitud de la progresividad fiscal: en efecto, indican que la aplicación de tasas confiscatorias en lo más alto de la jerarquía de ingresos no sólo es posible, sino que es también la única manera de contener las desviaciones observadas en la cima de las grandes empresas. Según nuestra estimación, el nivel óptimo de la tasa impositiva más alta en

[47] X. Gabaix y A. Landier defienden la idea de que el alza de las remuneraciones de los altos ejecutivos se deriva mecánicamente del aumento de tamaño de las empresas (lo que aumentaría la productividad de los ejecutivos más "talentosos"). Veáse X. Gabaix y A. Landier, "Why has CEO Pay Increased so Much?", *Quarterly Journal of Economics,* vol. 123, núm. 1, 2008, pp. 49-100. El problema es que esta teoría, basada completamente en el modelo de la productividad marginal, no permite explicar las importantes variaciones observadas a nivel internacional (el tamaño de las empresas ha aumentado en casi todos lados en las mismas proporciones, no así las remuneraciones). Los autores utilizan únicamente datos estadunidenses, lo cual por desgracia limita las posibilidades de pruebas empíricas.

[48] Los economistas suelen defender la idea de que con más competencia podría reducirse la desigualdad (véanse R. Rajan y L. Zingales, *Saving Capitalism from the Capitalists,* Crown Business, Nueva York, 2003, 392 pp.; L. Zingales, *A Capitalism for the People,* Basic Books, Nueva York, 2012, 336 pp., o D. Acemoglu y J. Robinson, *Why Nations Fail. The Origins of Power, Prosperity and Poverty, op. cit.*). En ocasiones, los sociólogos coinciden con esa idea. Véase D. Grusky, "What to do About Inequality", *Boston Review,* 12 de marzo de 2012.

[49] Precisemos al respecto que, contrariamente a una idea que a menudo se enseña pero rara vez se verifica, ningún dato indica que los altos ejecutivos de los años 1950-1980 compensaran sus menores remuneraciones con gratificaciones en especie más importantes. Todo sugiere, por el contrario, que esas gratificaciones —jets privados, lujosas oficinas, etc.— también han crecido desde 1980.

los países desarrollados sería superior a 80%.[50] Pero no conviene ilusionarse con la precisión de tal estimación; ninguna fórmula matemática, ningún cálculo econométrico permite saber exactamente qué tasa se debe aplicar y a partir de qué nivel de ingresos se debe llegar a tales tasas. Sólo la deliberación colectiva y la experimentación democrática pueden desempeñar tal función. Lo que es seguro, sin embargo, es que estas estimaciones conciernen a niveles de ingresos extremadamente elevados, del tipo de los observados en el nivel del 1 o el 0.5% de los ingresos más elevados. Todo hace pensar que una tasa del orden de 80% aplicada sobre los ingresos superiores al medio millón o al millón de dólares no sólo no perjudicaría al crecimiento estadunidense, sino que permitiría, por el contrario, distribuir mejor y limitar de forma apreciable comportamientos económicamente inútiles (e incluso nocivos). Es obvio que es más difícil aplicar una política de esa naturaleza en un pequeño país europeo que no coopera, o coopera poco, con sus vecinos en el área fiscal, que en un país de las dimensiones de los Estados Unidos. En el próximo capítulo volveremos a estos aspectos de coordinación internacional, pero por el momento observemos nada más que los Estados Unidos tienen de sobra las dimensiones necesarias para aplicar eficazmente este tipo de política fiscal. La idea de que todos los altos ejecutivos estadunidenses huirían de inmediato a Canadá y a México y de que en los Estados Unidos no quedaría nadie competente ni motivado para dirigir las empresas no sólo contradice la experiencia histórica y todos los datos empresariales de que disponemos, sino que carece de sentido. Una tasa de 80% aplicada más allá del medio millón o el millón de dólares no aportaría mucho dinero y con toda probabilidad cumpliría su objetivo: limitar drásticamente ese tipo de remuneración, pero sin incidir en la productividad de la economía estadunidense en su conjunto, en tanto que aumentarían las remuneraciones más bajas. Para obtener los ingresos fiscales que los Estados Unidos necesitan claramente para desarrollar su magro Estado social e invertir en educación y salud (y al mismo tiempo reducir el déficit público) también sería necesario elevar las tasas impositivas de los ingresos menos elevados (fijándolas, por ejemplo, en 50 o 60% para más de 200 000 dólares).[51] Tal política fiscal y social está perfectamente al alcance de los Estados Unidos.

No obstante, parece muy poco probable que a corto plazo se adopte una política fiscal de esas características. Como hicimos notar en el capítulo

[50] Para ser exactos, 82%. Véase T. Piketty, E. Saez y S. Stantcheva, "Optimal Taxation of Top Labor Incomes: A Tale of Three Elasticities", art. cit., tabla 5.

[51] Se verá que el impuesto progresivo desempeña dos funciones muy distintas en el modelo teórico que proponemos (por cierto, al igual que en la historia del impuesto progresivo): las tasas confiscatorias (del tipo de 80-90% en el nivel del 1 o 0.5% de los más ricos) permiten poner fin a las remuneraciones indecentes e inútiles; las tasas elevadas pero no confiscatorias (de 50 a 60%, en el nivel del 10 o 5% de los más ricos) permiten obtener ingresos fiscales y contribuir al financiamiento del Estado social, aunadas a lo obtenido del 90% de los menos ricos.

anterior, ni siquiera es seguro que la tasa superior aplicada en los Estados Unidos rebase el 40% en el segundo mandato de Obama. ¿Será capturado el proceso político estadunidense por el 1% más alto? Los estudiosos estadunidenses de las ciencias políticas y varios observadores del escenario político washingtoniano formulan cada vez con más frecuencia esta hipótesis.[52] Por optimismo, y por elección profesional también, naturalmente me veo tentado a conceder mayor peso al debate de las ideas. Me parece que con un análisis más atento de los diferentes hechos e hipótesis y teniendo acceso a mejores datos es posible influir en el proceso político y el debate democrático para orientarlos en una dirección más favorable al interés general. Por ejemplo, en la tercera parte hemos observado que el despegue de los ingresos muy elevados era a menudo subestimado por los economistas estadunidenses debido a la utilización de datos inadecuados (en particular, de encuestas en que se infravaloraban el nivel y la evolución de los ingresos más altos), lo que los llevaba, por eso mismo, a conceder más peso a la distancia salarial entre trabajadores con diferentes niveles de calificaciones (aspecto muy importante a largo plazo, pero poco pertinente para entender el despegue de ese 1%, que, desde un punto de vista macroeconómico, es el fenómeno dominante).[53] Por tanto, es posible esperar que el uso de mejores datos (sobre todo fiscales) acabará por imponerse y por centrar la atención en las preguntas correctas.

Dicho esto, la historia del impuesto progresivo a lo largo del siglo transcurrido sugiere que el riesgo de desviación oligárquica es real y que no incita al optimismo en cuanto a su evolución en los Estados Unidos. Fueron las guerras las que llevaron al surgimiento del impuesto progresivo, no el juego natural del sufragio universal. En su caso, la experiencia de Francia en la Bella Época demuestra el grado de mala fe a que han llegado las élites económicas y financieras para defender sus intereses y, en ocasiones, también los economistas, que ocupan hoy un lugar envidiable en la jerarquía estadunidense de los ingresos[54] y que muestran, a menudo, una nefasta tendencia a defender su interés privado, escondiéndose detrás de una improbable defensa del interés general.[55] Incluso si los datos al respecto son escasos e incompletos, parecería también que la clase política estadunidense (de todas las posturas políticas) sería más rica que las clases políticas europeas, e in-

[52] Véanse J. Hacker y P. Pierson, *Winner-Take-All Politics. How Washington Made the Rich Richer —And Turned its Back on the Middle Class,* Simon & Schuster, Nueva York, 2010, 368 pp.; K. Schlozman, S. Verba y H. Brady, *The Unheavenly Chorus: Unequal Political Voice and the Broken Promise of American Democracy,* Princeton University Press, Princeton, 2012, 728 pp., y T. Noah, *The Great Divergence,* Bloomsbury Press, Nueva York, 2012, 288 pp.

[53] Véanse las referencias de los trabajos de Goldin, Katz, Blank y Rajan en el capítulo IX.

[54] Sus remuneraciones van al alza, arrastradas por las que ofrece el sector privado (en particular, el financiero) por competencias similares. Véase el capítulo VIII.

[55] Por ejemplo, a través de modelos teóricos abstrusos destinados a demostrar que los más ricos deben ser gravados con tasa 0, casi ser subsidiados. Véase en el anexo técnico un breve florilegio.

cluso estaría totalmente desconectada del promedio estadunidense, con lo cual podría explicarse por qué tiende a confundir su interés privado con el interés general.[56] Sin un golpe radical, parece relativamente probable que el equilibrio actual se mantenga por bastante tiempo. El ideal de la sociedad de pioneros parece decididamente muy lejano. El Nuevo Mundo está quizás a punto de convertirse en la nueva vieja Europa del planeta.

[56] Según los datos reunidos por el Center for Responsible Politics a partir de las declaraciones patrimoniales de los elegidos, el patrimonio promedio de los 535 miembros del Congreso estadunidense sería superior a 15 millones de dólares en 2012. Según los datos publicados por el gobierno francés, el patrimonio promedio de los 30 ministros y secretarios de Estado sería actualmente del orden de un millón de euros. Aparte de la incertidumbre, la distancia parece significativa. En ambos países, el patrimonio promedio por adulto es del orden de los 200 000 dólares o euros. Véase el anexo técnico.

XV. UN IMPUESTO MUNDIAL SOBRE EL CAPITAL

Para regular el capitalismo patrimonial globalizado del siglo xxi no basta con repensar el modelo fiscal y social del siglo xx y adaptarlo al mundo de hoy. Sin duda, es indispensable una adecuada reactualización del programa social demócrata y fiscal liberal del siglo pasado, tal como intentamos demostrar en los dos capítulos precedentes, dedicados a dos instituciones fundamentales inventadas en el siglo xx y que deben seguir desempeñando un papel clave en el futuro: el Estado social y el impuesto progresivo sobre el ingreso. Sin embargo, para que la democracia pueda retomar el control del capitalismo financiero globalizado de este nuevo siglo, también se requiere inventar instrumentos nuevos, adecuados para los desafíos actuales. El instrumento ideal sería un impuesto mundial y progresivo sobre el capital, aunado a una enorme transparencia financiera internacional. Una institución de esa naturaleza permitiría evitar una interminable espiral de desigualdad y regular eficazmente la inquietante dinámica de la concentración mundial de la riqueza.[1] Poco importa qué instrumentos y reglamentos efectivamente se instauren, lo que importa realmente es evaluarlos con el rasero de ese sistema ideal. Empezaremos por analizar los diferentes aspectos prácticos relacionados con esta propuesta; después la pondremos en perspectiva dentro del marco más general de las reflexiones en torno a la regulación del capitalismo (desde la prohibición de la usura hasta la regulación del capital en China).

El impuesto mundial sobre el capital: utopía útil

El impuesto mundial sobre el capital es una utopía: es difícil imaginar que a corto plazo todas las naciones del mundo se pusieran de acuerdo para instituirlo, que establecieran una escala impositiva aplicable a todas las fortunas del planeta y, por último, que repartieran armoniosamente los ingresos entre los países. Sin embargo, es una utopía útil, me parece, por varias razones. Para empezar, incluso si esta institución ideal no se crea en un futuro previsible, es importante tener presente ese punto de referencia con el fin de evaluar mejor lo que permiten y no permiten las soluciones alternativas. Veremos que a falta de una solución de este tipo, que en su forma completa exige un nivel muy elevado de cooperación internacional —sin duda poco realista a mediano plazo—, bien puede instituirse de forma gradual y progre-

[1] Véase la tercera parte, capítulo xii.

siva en los países que así lo deseen (a condición de que sean suficientemente numerosos, por ejemplo, en el ámbito europeo), aunque sea probable que prevalezcan diversas formas de aislamiento nacional. Se presenciarán, por ejemplo, diferentes variantes de proteccionismo y de controles de capital, más o menos coordinados. Estas políticas llevarán, sin duda, a frustraciones, pues rara vez son muy eficaces, y a tensiones crecientes entre países. Tales instrumentos son, en verdad, sustitutos muy poco satisfactorios de la regulación ideal basada en un impuesto mundial sobre el capital, cuyo mérito es el de preservar la apertura económica y la globalización, al tiempo que las regula eficazmente porque reparte los beneficios de forma justa dentro y entre los países. Muchos rechazarán el impuesto sobre el capital por considerarlo una ilusión peligrosa, de la misma forma que se rechazó el impuesto sobre el ingreso hace poco más de un siglo. Sin embargo, evaluándola sosegadamente, esta solución es mucho menos peligrosa que las opciones alternativas.

Tal rechazo del impuesto sobre el capital sería todavía más lamentable en la medida en que es perfectamente posible avanzar por etapas hacia esa institución ideal, empezando por crearla a escala continental o regional y organizando la cooperación entre esos instrumentos regionales. En cierta forma, eso es lo que empieza a organizarse con los sistemas de transmisión automática de información sobre las cuentas bancarias, que son actualmente motivo de debate a escala internacional, sobre todo entre los Estados Unidos y los países de la Unión Europea. Por otra parte, ya hay diferentes formas parciales de impuestos sobre el capital en la mayoría de los países, en particular en América del Norte y Europa, y obviamente conviene partir de esta realidad. Las formas de los controles de capital que existen en China y en otras partes del mundo emergente también ofrecen lecciones útiles para todos. Sin embargo, hay diferencias importantes entre estas discusiones y los dispositivos existentes, por una parte, y el impuesto sobre el capital ideal, por la otra.

Para empezar, los proyectos de transmisión automática de información bancaria que actualmente se debaten están muy incompletos, especialmente en lo que se refiere a los activos cubiertos y las sanciones previstas, que son claramente insuficientes para esperar obtener los resultados deseados (incluso en el marco de la nueva ley estadunidense que ya se aplica y que de todas formas es más ambiciosa que los tímidos reglamentos europeos; volveremos más adelante a esta cuestión). Este debate apenas comienza y parece poco probable que llegue a resultados tangibles sin que se impongan sanciones relativamente fuertes a los bancos y principalmente a los países que viven de la opacidad financiera.

Ante todo, este asunto de la transparencia financiera y de la transmisión de información es inseparable de la reflexión sobre el impuesto ideal al capital. Si no se sabe muy bien lo que se quiere hacer con toda esa información, es probable que haya más problemas para concretar estos proyectos que cuando se sabe hacia dónde se quiere ir. En mi opinión, el objetivo debe ser un impuesto anual y progresivo que grave el capital de forma individual, es decir, el valor neto de los activos que cada persona controla. Para los más ricos del planeta, la base impositiva correspondería, pues, a las fortunas individuales estimadas por publicaciones del tipo de *Forbes* (suponiendo, evidentemente, que esas publicaciones tengan la información correcta —por cierto, sería la oportunidad de saberlo—). Para el resto de la población, la riqueza gravable también se determinaría igualmente en función del valor de mercado de todos los activos financieros (sobre todo depósitos y cuentas bancarias, acciones, obligaciones y participaciones de todo tipo en sociedades que cotizan, o no, en bolsa) y no financieros (en particular los inmobiliarios) que posea la persona en cuestión, después de descontar las deudas. En cuanto a la escala tributaria que se aplicaría a esta base gravable, se puede imaginar, por ejemplo, para dar una idea precisa, una tasa igual a 0% para patrimonios por debajo de un millón de euros, una tasa de 1% para patrimonios de entre uno y cinco millones de euros y de 2% para patrimonios de más de cinco millones de euros. También se podría optar, por otra parte, por un impuesto al capital mucho más progresivo sobre las fortunas más grandes (por ejemplo, con una tasa de 5 o 10% para patrimonios por arriba de los 1 000 millones de euros). Sin embargo, tener una tasa mínima para los patrimonios modestos y medios (por ejemplo, de 0.1% para aquellos por debajo de los 200 000 euros y de 0.5% para los de entre 200 000 y un millón de euros) también puede resultar una ventaja.

Más adelante analizaremos estas cuestiones. En esta etapa, el aspecto importante que se debe tener presente es que el impuesto sobre el capital aquí tratado es un impuesto progresivo y anual sobre el patrimonio global: se trata de gravar más las riquezas más grandes y de tener en cuenta el conjunto de activos, sean éstos inmobiliarios, financieros o empresariales, sin excepción. Ello distingue con suficiente claridad el impuesto sobre el capital que se defiende en este libro de los impuestos sobre la riqueza que existen actualmente en diferentes países, incluso cuando hubiera cosas importantes que deben conservarse de los sistemas ya instaurados. En primer lugar, prácticamente en todos los países encontramos impuestos sobre el patrimonio inmobiliario; por ejemplo, los impuestos a la propiedad *(property tax)* de los países anglosajones o el impuesto predial *(taxe foncière)* de Francia. Estos impuestos tienen el inconveniente de descansar nada más en los activos inmobiliarios (se ignora por completo el patrimonio financiero y, en general, los préstamos no se pueden deducir del valor de los bienes, de tal forma que se grava a una persona muy endeudada de la misma manera que a una sin deudas), y con mucha frecuencia según una tasa proporcional o casi proporcional. Su mérito es que existen y que en la mayor parte de los países desarrollados se gravan cantidades significativas, sobre todo en los anglosajones (en general, de 1 a 2% del ingreso nacional). Además, en ciertos países se basan en sistemas relativamente sofisticados (sobre todo los Estados Unidos) de declaración previa (borrador), con datos incorporados por la agencia tributaria nacional y ajustados automáticamente al valor de mercado de los bienes respectivos, que ameritarían ampliarse y generalizarse a todos los activos. Por otra parte, en cierto número de países europeos (por ejemplo, en Francia, Suiza o España, y desde hace poco en Alemania y Suecia) ya existen impuestos progresivos sobre el patrimonio global. Examinados de modo superficial, se puede afirmar que estos impuestos son cercanos al impuesto sobre el capital ideal aquí planteado; en la práctica, sin embargo, suelen ser asfixiados por los regímenes de exención: numerosos activos están exentos y otros son valorados en función de bases catastrales o valores fiscales arbitrarios y sin relación con el valor de mercado, lo cual ha llevado a suprimirlos en ciertos países. Veremos que es necesario apoyarse en las lecciones aprendidas de todas estas experiencias para construir un impuesto al capital apropiado para el siglo XXI.

Un objetivo de transparencia democrática y financiera

¿Qué escala tributaria se debe definir para el impuesto ideal al capital? ¿Qué ingresos pueden esperarse de esta tributación? Antes de intentar responder a estas preguntas, precisemos de entrada que el impuesto sobre el capital aquí tratado no tiene como objetivo sustituir todos los recursos fiscales existentes. En cuanto a los ingresos, siempre será sólo un complemento relativamente modesto dentro de la escala del Estado social moderno, apenas unos puntos del ingreso nacional (de tres a cuatro, como mucho, pero de todos modos nada despreciable).[2] La función principal del impuesto sobre el capital no es financiar al Estado social, sino regular el capitalismo. Se trata, por una parte, de evitar una espiral de desigualdad sin fin y una divergencia sin límite de la desigualdad derivada de la riqueza y, por otra, de permitir una regulación eficaz de las crisis financieras y bancarias. Sin embargo, antes de poder desempeñar este doble papel, en primer lugar, el impuesto sobre el capital debe permitir alcanzar un objetivo de transparencia democrática y financiera sobre la riqueza y los activos que poseen unos y otros en el ámbito internacional.

Con el fin de ilustrar la importancia de este objetivo de transparencia como tal, empecemos por imaginar un impuesto mundial sobre el capital a una tasa muy baja, por ejemplo, de 0.1% sobre todas las riquezas, sea cual sea su monto. Observada su estructura, veríamos que los ingresos serían limitados: con una reserva de capital privado del orden de cinco años de pro-

[2] Estos nuevos ingresos pueden utilizarse para reducir los gravámenes existentes, o bien para financiar otras necesidades (como ayuda internacional o reducción de la deuda; volveremos a ello más adelante).

ducción mundial, reportaría más o menos 0.5% del ingreso mundial, con ligeras variantes según el país, en función del nivel de su relación capital-ingreso (suponiendo que los ingresos sean percibidos según la residencia de los poseedores del capital, y no de la localización del capital en sí, lo cual no debe darse por sentado; volveremos a ello). Sin embargo, este impuesto desempeñaría una función muy útil.

Para empezar, permitiría producir conocimiento e información sobre los patrimonios y las fortunas. Los organismos nacionales e internacionales, los institutos de estadística europeos, estadunidenses y mundiales, por fin, estarían en condiciones de producir informes fiables sobre la distribución de la riqueza y su evolución. En lugar de consultar publicaciones del tipo de *Forbes* o los informes publicados en papel satinado por los administradores de fortunas (fuentes que se alimentan del vacío estadístico oficial al respecto, pero cuyos límites conocimos en la tercera parte de este libro), los ciudadanos de los diferentes países podrían tener acceso a una información pública establecida a partir de obligaciones y métodos declarativos definidos con toda precisión. La apuesta democrática es considerable: es muy difícil debatir con serenidad sobre los grandes desafíos del mundo de hoy —el futuro del Estado social, la financiación de la transición energética, la construcción del Estado en los países en desarrollo, etc.— mientras reine tal opacidad sobre la distribución de la riqueza y las fortunas mundiales. Para algunos, los multimillonarios son tan ricos que bastaría con gravarlos a tasas minúsculas para resolver todos los problemas; para otros, son tan poco numerosos que nada sustancial se lograría por ese lado. Como ya vimos en la tercera parte, la verdad está en un punto intermedio. Probablemente sea necesario bajar a niveles de patrimonios menos extremos (10 o 100 millones de euros, y no 1 000 millones) para que lo que esté en juego sea verdaderamente significativo desde el punto de vista macroeconómico. Por otra parte, hemos visto que las tendencias son objetivamente muy inquietantes: si no se instrumenta ninguna política de esta naturaleza, parece muy elevado el riesgo de un crecimiento sin límite de las fortunas más grandes de los ricos del mundo, perspectiva que a nadie puede dejar indiferente. En todo caso, el debate democrático no puede desarrollarse sin una base estadística confiable.

También la regulación financiera representa una apuesta considerable. Hoy en día, las organizaciones internacionales encargadas de regular y vigilar el sistema financiero mundial, empezando por el Fondo Monetario Internacional, tienen un conocimiento apenas aproximado del reparto mundial de los activos financieros y, en particular, de la importancia de los activos que están en los paraísos fiscales. Hemos visto que el balance mundial de los activos y pasivos financieros era sistemáticamente desequilibrado (la Tierra parece estar en poder del planeta Marte). No es serio pretender dirigir eficazmente una crisis financiera mundial en el marco de tal confusión estadística. Por ejemplo, en el caso de una quiebra bancaria, como la que sucedió en

Chipre en 2013, el hecho de que las autoridades europeas y el FMI no supieran en realidad casi nada sobre la identidad de los poseedores de los activos financieros en la isla y especialmente sobre el monto exacto de las fortunas individuales en cuestión llevó a instrumentar soluciones burdas e ineficaces. En el próximo capítulo veremos que la transparencia respecto de los patrimonios permite no sólo crear un impuesto anual y permanente sobre el capital, sino también imaginar un reglamento a la vez más justo y eficaz para las crisis bancarias (como la chipriota), mediante gravámenes excepcionales progresivos y bien calculados, si fuera necesario.

Aplicado a una tasa de 0.1%, el impuesto sobre el capital parecería más un derecho de registro que un verdadero impuesto. En cierta forma se trataría de una especie de derecho para registrar títulos de propiedad y, de manera más general, el conjunto de los activos ante las autoridades financieras mundiales para poder ser reconocido como propietario oficial, con las ventajas e inconvenientes que ello conlleva. Como ya indicamos, éste es precisamente el papel que desempeñaron los derechos de registro y de catastro instituidos después de la Revolución francesa. El impuesto sobre el capital sería una especie de catastro financiero del mundo, actualmente inexistente.[3] Es importante entender bien que un impuesto es siempre más que un impuesto: constituye siempre una forma de endurecer las definiciones y las categorías, de crear normas y permitir la organización de la actividad económica en el respeto del derecho y de su marco jurídico. Siempre ha sido así, desde los tiempos más remotos, en particular para establecer el derecho de propiedad de la tierra.[4] En la época moderna, la creación del impuesto sobre los flujos de ingresos, salarios y utilidades en la época de la primera Guerra Mundial fue lo que obligó a definir con precisión estos conceptos. Esta innovación fiscal contribuyó en gran medida al desarrollo de una contabilidad empresarial regida por normas homogéneas que antes no existían. Una de las principales apuestas tras la creación de un impuesto moderno sobre la acumulación de capital es precisamente la de afinar las definiciones y las reglas de valoración de los activos, los pasivos y el patrimonio neto, que ac-

[3] En cada continente hay instituciones financieras especializadas que desempeñan el papel de depositarios centrales *(custodian bank;* función desempeñada en ocasiones junto con la de la cámara de compensación, *clearing house),* cuya función es seguir el rastro de los títulos de propiedad desmaterializados emitidos por las diferentes sociedades. Sin embargo, la función de estas instituciones privadas es proporcionar un servicio a las empresas emisoras de títulos, no reunir en un mismo rubro todos los activos propiedad de una misma persona. Sobre estas instituciones, véase G. Zucman, "The Missing Wealth of Nations: Are Europe and the U.S. Net Debtors or Net Creditors?", art. cit.

[4] Un caso clásico estudiado en la investigación histórica es la caída del Imperio romano, que llevó a abandonar el impuesto territorial imperial y, por tanto, los títulos de propiedad y los elementos de catastro que lo acompañaban, hecho que quizá contribuyó a acrecentar el caos económico en la alta Edad Media. Véase, por ejemplo, P. Temin, *The Roman Market Economy,* Princeton University Press, Princeton, 2012, pp. 149-151.

tualmente se fijan de forma imperfecta y a menudo imprecisa a través de las normas de contabilidad privada vigentes, lo cual ha contribuido a la multiplicación de los escándalos financieros desde los primeros años de la década de 2000-2010.[5]

Por último, y más importante, el impuesto sobre el capital obliga a precisar y ampliar el contenido de los acuerdos internacionales sobre la transmisión automática de información bancaria. El principio debe ser sencillo: cada administración fiscal nacional debe recibir toda la información necesaria que le permita calcular el patrimonio neto de cada uno de sus residentes. En efecto, es imperativo que el impuesto sobre el capital funcione según la lógica de la declaración borrador o prellenada por la administración, sistema que ya está vigente en numerosos países para el impuesto sobre el ingreso (por ejemplo en Francia, donde cada contribuyente recibe una declaración en que se indican los salarios declarados por el patrón y los ingresos financieros declarados por los bancos). Las cosas deberían funcionar de la misma manera con la declaración borrador del patrimonio (que, por otra parte, podría hacerse en el mismo documento). Cada contribuyente recibe una declaración en que se indica el conjunto de activos y pasivos que tiene, tal como los conoce la administración. Este sistema ya se aplica en numerosos estados de los Estados Unidos, en el marco del impuesto a la propiedad *(property tax)*. El contribuyente recibe anualmente una revaluación del valor de mercado de sus propiedades inmobiliarias, calculada por la administración a partir de los precios observados en transacciones de bienes similares. Es obvio que el contribuyente puede impugnar esa valuación y proponer otro valor, a condición de justificarlo. En la práctica, estas rectificaciones son muy raras, pues los datos sobre las transacciones y los precios de venta están muy a mano y son difícilmente impugnables: todos, o casi todos, conocen la evolución de los precios de las propiedades inmobiliarias de su ciudad, y los gobiernos disponen de bases de datos muy completas.[6] Nótese de paso la doble ventaja de la declaración borrador: simplifica la vida del contribuyente y elimina la inevitable tentación de reducir ligeramente el valor de sus bienes.[7]

[5] Por esta razón, sería útil establecer un impuesto con una tasa baja sobre el patrimonio neto de las sociedades (fondos propios), conjuntamente con un impuesto de tasa más elevada sobre el patrimonio neto de las personas. Esto obligaría al poder público a retomar intensivamente el asunto de las normas contables, actualmente en manos de contadores privados. Al respecto, véase N. Véron, M. Autrer y A. Galichon, *L'Information financière en crise. Comptabilité et capitalisme*, Odile Jacob, París, 2004, 286 pp.

[6] En concreto, las autoridades hacen una regresión conocida como "hedónica", calculando el precio de venta en función de diferentes características del bien, y sobre esa base proponen un precio. En todos los países desarrollados hay bases de datos de transacciones que permiten hacer lo mismo (además, son utilizadas para calcular índices de precios de bienes inmobiliarios).

[7] En todos los sistemas basados en la autodeclaración se observa esa tentación, como en el caso del impuesto sobre la fortuna en Francia, donde siempre hay un número anormalmente

Es esencial —y perfectamente posible— extender tal sistema de documento prellenado de la declaración al conjunto de los activos financieros (y de las deudas). En cuanto a los activos y pasivos mantenidos en instituciones financieras localizadas en territorio nacional, podría hacerse desde ahora, pues, en casi todos los países desarrollados, los bancos, las compañías de seguros y otros intermediarios financieros ya tienen la obligación de transmitir a la administración fiscal el conjunto de los datos sobre las cuentas bancarias y los títulos que tienen en su poder. Por ejemplo, la administración francesa sabe (o puede calcular) que una determinada persona tiene un departamento que vale 400 000 euros, una cartera de acciones con valor de 200 000 euros y un crédito por 100 000 euros, de modo que podría enviarle una declaración prellenada en la que se especificaran esos diferentes elementos (de donde se deriva un patrimonio neto de 500 000 euros) y pedirle que rectifique y complete si fuera necesario. Tal sistema, aplicado al conjunto de la población sobre una base automática, es más adecuado para el siglo XXI que la arcaica solución de confiar en la memoria y la buena fe de cada individuo al hacer su declaración.[8]

Una solución sencilla: la transmisión automática de la información bancaria

La apuesta actual consiste en extender la transmisión automática de información bancaria al ámbito internacional, de manera que sea posible la inclusión de los activos mantenidos en bancos situados en el extranjero en el documento borrador de la declaración. Es importante advertir que esto no plantea ninguna dificultad técnica. A partir del momento en que ese tipo de transmisiones automáticas tenga lugar entre los bancos y la administración fiscal de un país de 300 millones de habitantes, como los Estados Unidos, o de uno de 60 u 80 millones de habitantes, como Francia o Alemania, se entiende que el hecho de agregar al sistema los bancos localizados en las islas Caimán o en Suiza no cambia radicalmente el volumen de datos por procesar. Entre las otras excusas habituales invocadas por los paraísos fiscales para preservar el secreto bancario y no transmitir esa información de manera automática se menciona a menudo la idea de que los gobiernos interesados podrían hacer mal uso de los datos en cuestión. Ese argumento es poco con-

bajo de valores declarados ligeramente por encima del umbral impositivo. Las personas afectadas muestran claramente una tendencia a reducir un poco —en general del orden de 10 a 20%— el valor de sus bienes inmuebles. La declaración borrador proporcionaría una base objetiva basada en datos y un método claramente definido que pondrían fin a ese tipo de comportamiento.

[8] Extrañamente, fue ese sistema arcaico sustentado en la buena fe el que utilizó el gobierno francés en 2013 para obtener información sobre los patrimonios de sus propios ministros, oficialmente con el fin de devolver la confianza después de que uno de ellos mintiera sobre la existencia de una cuenta bancaria en Suiza.

vincente: no se entiende por qué no se aplicaría a la información bancaria de las personas que tuvieron la mala idea de abrir una cuenta en su propio país. La razón más creíble de que los paraísos fiscales defiendan el secreto bancario es que ello permite a sus clientes no enfrentar sus obligaciones fiscales y, a ellos mismos, llevarse una parte del beneficio respectivo. Evidentemente, el problema es que en sentido estricto esto no tiene nada que ver con los principios de la economía de mercado. El derecho de determinar uno mismo su tasa impositiva no existe. Uno no puede enriquecerse con el libre mercado y la integración económica con sus vecinos y después desentenderse de su base fiscal con total impunidad. Esta forma de actuar, simple y sencillamente, se parece al robo.

Hoy en día, el intento más avanzado para terminar con ese sistema es la ley estadunidense conocida como FATCA *(Foreign Account Tax Compliance Act)*, promulgada en 2010 y cuya gradual puesta en vigor está prevista para 2014 y 2015. Dicha ley obliga a todos los bancos extranjeros a transmitir al fisco estadunidense informes completos sobre las cuentas, inversiones e ingresos mantenidos y percibidos por los contribuyentes de los Estados Unidos en otras partes del mundo. Es un texto mucho más ambicioso que la directiva europea de 2003 relativa a los ingresos del ahorro, pues esta última afecta únicamente a los depósitos bancarios y las inversiones que perciben intereses (por definición, no atañe a valores distintos de los bonos, lo cual es desafortunado, pues las grandes riquezas adoptan principalmente la forma de carteras invertidas en acciones que caben a la perfección en el marco de la ley FATCA) y es aplicada únicamente en los países europeos, no en todo el mundo (otra vez, a diferencia de la mencionada ley). Por añadidura, esta tímida directiva, casi insignificante, no siempre se aplica, pues a pesar de múltiples discusiones y propuestas de enmienda desde 2008-2009, Luxemburgo y Austria siempre han conseguido de otros países de la Unión Europea que prolonguen un régimen de exención que les permita escapar de la transmisión automática y mantenerse en un régimen de transmisión de información sobre solicitud motivada. Este régimen, que sigue aplicándose en Suiza y otros territorios europeos situados fuera de la Unión Europea,[9] exige que casi se disponga de pruebas sobre el fraude de un residente para poder obtener la transmisión de informes bancarios que le conciernan, lo cual, obviamente, limita drásticamente las posibilidades de control y detección de fraudes. Durante 2013, tras el anuncio de Luxemburgo y Suiza de su intención de ajustarse a las obligaciones previstas por la ley estadunidense, se reanudaron las discusiones en Europa con el objetivo de retomar todas (o parte de) estas disposiciones en el marco de una nueva directiva europea. Es imposible decir cuándo culminarán tales discusiones en un texto con fuerza de ley y cuál será su contenido exacto.

[9] En particular en las islas Anglonormandas, Liechtenstein, Mónaco, etcétera.

Sólo se puede indicar que en este campo hay una distancia, que a veces parece abismal, entre las declaraciones de victoria de los responsables políticos y la realidad de lo que hacen. Esto es extremadamente preocupante para el equilibrio de nuestras sociedades democráticas. Lo más sorprendente es constatar que los países que más dependen de ingresos fiscales importantes para el financiamiento de su Estado social, es decir, los países europeos, son también los que menos han hecho para avanzar realmente hacia la solución del problema, la cual es, sin embargo, técnicamente sencilla. Esto ilustra el drama de los países pequeños en medio de la globalización. Los Estados nación construidos en el curso de los últimos siglos no tienen las dimensiones adecuadas para decretar las reglas que se imponen en el marco del capitalismo patrimonial globalizado del siglo XXI. Los países europeos han sabido unirse para crear una moneda única (en el siguiente capítulo volveremos al alcance y los límites de esta unificación monetaria), pero no han hecho casi nada en el aspecto fiscal. Los responsables de los países más importantes de la Unión Europea, que por definición son los primeros responsables de este fracaso y de la enorme distancia entre su discurso y sus actos, generalmente siguen protegiéndose tras la responsabilidad de otros países y de otras instituciones europeas. Nada permite afirmar que las cosas cambiarán en los próximos años.

Por otra parte, conviene subrayar que la ley FATCA, aunque más ambiciosa que las directivas europeas, es en sí misma notoriamente insuficiente. Para empezar, su redacción es poco precisa y poco sistemática, de tal forma que se puede apostar que ciertos activos financieros, en particular los mantenidos a través de fondos fiduciarios *(trust funds)* y de fundaciones, lograrán evadir legalmente la obligación de transmitir la información de manera automática. Además, las sanciones previstas —a saber, una sobretasa impositiva de 30% sobre los ingresos que los bancos reincidentes podrían obtener de sus actividades en los Estados Unidos— son insuficientes. Y aunque sin duda permitirán convencer de apegarse a la ley a aquellos bancos que no pueden evitar tener actividades en territorio estadunidense (como los bancos suizos o los luxemburgueses más grandes), se corre el riesgo de presenciar un resurgimiento de pequeños establecimientos bancarios especializados en la gestión de carteras extranjeras y que no realizan inversiones en los Estados Unidos. Tales estructuras, ubicadas en Suiza, Luxemburgo, Londres o en territorios más exóticos, podrán muy bien seguir administrando activos de contribuyentes estadunidenses (o más adelante, europeos) sin transmitir ni un dato y sin la más mínima sanción.

Probablemente la única manera de obtener resultados tangibles sea imponiendo sanciones automáticas no sólo a los bancos: también a los países que se negaran a extender a su legislación interna las obligaciones de transmisión automática a cualquier establecimiento localizado en su territorio. Se puede pensar, por ejemplo, en sancionar a dichos países con aranceles de

30% o más, si fuera necesario. Que quede bien claro: el objetivo no es aplicar un embargo generalizado a los paraísos fiscales o iniciar una interminable guerra comercial con Suiza o Luxemburgo. El proteccionismo no es de por sí una fuente de riqueza, y en el fondo a todo el mundo le interesan el libre comercio y la apertura económica, pero a condición de que ciertos países no los aprovechen para afectar la base fiscal de los vecinos. Los acuerdos de libre comercio y liberalización de los movimientos de capital negociados a partir de 1970 y 1980 debieron haber impuesto de inmediato el intercambio automático y sistemático de información bancaria. No lo hicieron, pero ello no es razón suficiente para quedarse eternamente en tal régimen. Para los países que deben en parte su nivel de vida a la opacidad financiera, este cambio será difícil de aceptar, sobre todo porque en general han creado, al lado de las actividades bancarias ilícitas (o cuando menos actividades que serían muy cuestionadas por la transmisión automática de información), verdaderos servicios financieros que responden a las necesidades de la economía internacional real y que evidentemente seguirán existiendo, pase lo que pase. No obstante, el nivel de vida de dichos países se resentiría significativamente en caso de que se aplicara un régimen de transparencia financiera generalizada.[10] Es poco probable que lo acepten sin que se ejecuten las sanciones, sobre todo porque hasta ahora los otros países —en particular los más poblados de la Unión Europea— no han destacado por su impoluta determinación al respecto; de ahí lo limitado de su credibilidad. Además, no es inútil recordar que hasta ahora toda la construcción europea ha consistido en explicar que se podía obtener el mercado único y la libre circulación de capitales sin dar nada a cambio (o casi). El cambio de régimen es necesario, incluso indispensable, pero sería ingenuo imaginar que eso ocurrirá con toda tranquilidad. La ley FATCA estadunidense tuvo cuando menos el mérito de formular el debate en términos de sanciones concretas y de ir más allá de los grandilocuentes discursos inútiles. No queda sino endurecer los términos de las sanciones, acción nada fácil, sobre todo en Europa.

Por último, se verá que hasta hoy el objetivo de la ley FATCA, o el de las directivas europeas, no ha sido el de establecer declaraciones patrimoniales prellenadas ni gravar con un impuesto progresivo el patrimonio global. El objetivo es, antes que nada, poder hacer una lista de los activos de cada individuo para las necesidades internas de la administración fiscal, sobre todo con el fin de señalar las posibles deficiencias de las declaraciones de ingresos. Los informes recabados también se utilizan para identificar eventuales incumplimientos de la fiscalidad patrimonial (por ejemplo, del impuesto suce-

[10] Es difícil estimar esa pérdida, pero es posible que llegara a 10-20% del ingreso nacional de países como Luxemburgo o Suiza (o de territorios como la City de Londres), lo que es una fracción a la vez minoritaria y muy sustancial de su nivel de vida. En los paraísos fiscales exóticos y los microestados, es probable que esta parte rebase por mucho el 50%, llegando prácticamente a 80-90% en ciertos territorios que no albergan más que domiciliaciones de sociedades ficticias.

sorio o del impuesto sobre el patrimonio global para los países afectados), pero los controles efectuados conciernen, sobre todo, a la fiscalidad de los ingresos. No obstante, se ve que estas diferentes cuestiones están estrechamente vinculadas y que la transparencia financiera internacional es clave para el conjunto del Estado fiscal moderno.

¿Para qué sirve el impuesto sobre el capital?

Supongamos ahora que se dispone de esas declaraciones prellenadas (como el documento borrador para la declaración) sobre el patrimonio. ¿Nos contentaremos con gravar la riqueza con una tasa muy baja (del tipo de 0.1%, según una lógica de derecho de registro), o bien habrá que aplicar tasas más sustanciales? ¿Por qué razón? La cuestión central puede ser reformulada de la siguiente manera: sabiendo que existe además un impuesto progresivo sobre el ingreso y en la mayor parte de los países un impuesto progresivo sobre las sucesiones, ¿de qué sirve tener también un impuesto progresivo sobre el capital? En realidad, estos tres impuestos progresivos desempeñan papeles distintos y complementarios, y a mi parecer constituyen los tres componentes esenciales de un sistema fiscal ideal.[11] Es posible distinguir dos lógicas que justifican la necesidad de un impuesto sobre el capital: una contributiva y una de incentivos.

La lógica contributiva se deriva sencillamente de que, en la práctica, el ingreso es un concepto con frecuencia mal definido para las personas que disponen de muy abundantes riquezas, y que sólo gravando directamente el capital se puede capturar correctamente la capacidad contributiva de los titulares de fortunas considerables. En concreto, imaginemos una persona que dispone de una fortuna de 10 000 millones de euros. Como vimos al examinar la evolución de las clasificaciones de *Forbes*, los patrimonios de ese nivel han crecido mucho en el curso de las últimas tres décadas, con tasas de crecimiento reales del orden de 6 a 7% anual, e incluso más, en el caso de fortunas de las categorías superiores (como las de Liliane Bettencourt o Bill Gates).[12] Desde el punto de vista de su definición económica, esto significa que el ingreso, incluyendo todos los dividendos y plusvalías y, más generalmente, todos los recursos nuevos de que han dispuesto los interesados cada año para financiar su consumo y acrecentar su riqueza, ha sido en este periodo cuando menos igual a 6 a 7% de su fortuna (suponiendo que no consuman casi nada).[13] Imaginemos, para simplificar, que la persona en cuestión dispone

[11] Las cotizaciones sociales se parecen a una forma de gravar los ingresos (y, además, se agrupan con el impuesto sobre los ingresos en ciertos países; véase el capítulo XIII).

[12] Véase, en particular, el capítulo XII, tabla XII.1.

[13] Recordemos la definición clásica del ingreso en sentido económico del economista británico John Hicks: “El ingreso de una persona o de una colectividad en el curso de un periodo es el

anualmente de un ingreso económico igual a 5% de su fortuna de 10 000 millones de euros, es decir, un ingreso anual de 500 millones de euros. Es poco probable que el ingreso fiscal de esta persona, tal como figura en su declaración de ingresos, sea tan elevado. En Francia, como en los Estados Unidos y en todos los países estudiados, los ingresos más importantes declarados en el marco del impuesto sobre el ingreso generalmente no rebasan algunas decenas de millones de euros. Según los informes aparecidos en la prensa, además de lo revelado por ella misma sobre el monto de sus impuestos, parecería, por ejemplo, que el ingreso fiscal declarado por la heredera de L'Oréal, la mayor fortuna francesa durante años, nunca fue superior a los cinco millones de euros anuales, es decir, apenas más de un diezmilésimo de su fortuna (que actualmente rebasa los 30 000 millones de euros). Independientemente de cualquier imprecisión y de los detalles relativos a este caso individual, que por cierto no tiene importancia, el hecho es que el ingreso fiscal representa, en uno de estos casos, menos de un centésimo del ingreso económico.[14]

El aspecto esencial es que tal realidad muy a menudo no tiene nada que ver con un fenómeno de fraude fiscal o de cuentas suizas no declaradas (o cuando menos no a título principal). Esto se debe sencillamente a que incluso viviendo con gusto y elegancia no es fácil gastar 500 millones de euros por año para financiar el consumo corriente. En general, basta con ingresar algunos millones de euros por año en dividendos (o de cualquier otra forma) y dejar que el resto de los rendimientos de la fortuna se acumulen en un *holding* familiar o en una estructura jurídica *ad hoc,* cuya misión es precisamente la administración de un patrimonio de esta magnitud, de la misma manera, por ejemplo, que para los fondos patrimoniales universitarios. Esto es perfectamente legítimo y, en sí, no plantea problemas,[15] a condición, sin embargo, de que no tenga consecuencias para el sistema fiscal. Se entiende que si a ciertas personas se les grava sobre la base de un ingreso fiscal que es igual a un centésimo de su ingreso económico, o incluso a un décimo de

valor de lo máximo que puede consumir durante ese periodo y al final seguir igual de rico que al principio del periodo".

[14] Incluso con un rendimiento de 2% (muy inferior al efectivamente observado para esta fortuna en particular en el periodo 1987-2013), el ingreso económico asociado a una fortuna de 30 000 millones de euros debería ser de 600 millones de euros, y no de cinco millones.

[15] En el caso de la mayor fortuna francesa, la dificultad adicional se debe a que el *holding* familiar era administrado por la esposa del ministro de presupuesto, quien a su vez era tesorero del partido político que había recibido donativos importantes de la fortuna en cuestión. Como ese mismo partido había reducido a un tercio el impuesto sobre la fortuna durante su periodo en el poder, todo ello causó naturalmente cierta conmoción en el país y demuestra, si fuera necesario, que los fenómenos de captura del poder político mencionados en el capítulo anterior rebasan claramente el caso americano. A título indicativo, se trata del ministro de presupuesto que precedió al que ocultó una cuenta en Suiza, lo cual recuerda que en Francia también estas cuestiones de captura rebasan las jerarquías políticas.

su ingreso económico, no sirve de nada aplicar una tasa de 50%, o para el caso, de 98%, a una base gravable tan insignificante. El problema es que, en la práctica, así funciona el sistema fiscal en los países desarrollados en general. De ello resultan tasas efectivas de impuestos (expresadas en porcentaje del ingreso económico) extremadamente bajas en lo más alto de la jerarquía de las fortunas, lo cual es problemático, en la medida en que acentúa el carácter explosivo de la dinámica de la desigualdad de la riqueza cuando el rendimiento crece con la fortuna inicial, mientras que el sistema fiscal debería, por el contrario, atenuar esta lógica.

Hay varias formas de resolver este problema. Una consiste en integrar en el ingreso fiscal individual el conjunto de los ingresos que se acumulan en *holdings,* fondos fiduciarios o empresas en las cuales se tiene una participación (en proporción a dicha participación). La otra, más sencilla, es basarse en el valor del patrimonio en cuestión para calcular el impuesto por pagar. Entonces se puede optar por aplicar un rendimiento fijo (por ejemplo, 5% anual) para estimar un ingreso teórico que dicho capital tendría que haber rendido, e integrar ese ingreso teórico al ingreso global sometido al impuesto progresivo sobre el ingreso. Algunos países han intentado seguir este camino, como Holanda, pero con algunos problemas, sobre todo relacionados con la amplitud de los activos cubiertos y la opción del rendimiento aplicable.[16] Otra solución consiste en aplicar directamente una escala tributaria progresiva al patrimonio global individual, es decir, el impuesto progresivo sobre el patrimonio global. Una ventaja considerable de esta solución es que permite graduar la tasa impositiva según el nivel de una fortuna en particular, sobre todo en función de las tasas de rendimiento efectivamente observadas en la práctica en esa franja de fortunas.

Teniendo en cuenta el despegue observado de los rendimientos en la parte más alta de la jerarquía de la riqueza, este argumento contributivo es el más importante en favor del impuesto progresivo sobre el capital. Según esta lógica, el capital sencillamente parece ser un mejor indicador de la capacidad contributiva de las personas más acaudaladas que su ingreso anual, el cual suele ser difícil de cuantificar. El impuesto sobre el capital permite así complementar el impuesto sobre el ingreso para todas aquellas personas cuyo ingreso fiscal es manifiestamente insuficiente en comparación con su patrimonio.[17]

[16] En la práctica, el sistema aplicado en Holanda no es totalmente satisfactorio: comprende numerosas excepciones y categorías de activos que escapan al impuesto (sobre todo en *holdings* familiares y otros fondos fiduciarios), y el rendimiento aplicado se supone igual a 4% para todos los activos, lo que puede ser demasiado elevado para ciertos patrimonios e insuficiente para otros.

[17] Lo más lógico es apreciar ese carácter insuficiente a partir de las tasas medias de rendimiento efectivamente observadas para la clase de fortuna en cuestión, lo cual permite dar coherencia a las escalas tributarias del impuesto sobre el ingreso y el del impuesto sobre el capital. También es posible imaginar tasas impositivas mínimas y máximas en función del ingreso y del capital.

Lógica contributiva, lógica incitativa

No obstante, no se debe descuidar otro argumento clásico en favor del impuesto sobre el capital, basado en una lógica de incentivos. Esta idea, también planteada en todos los debates públicos al respecto, se cifra en el hecho de que un impuesto sobre el capital puede incitar a los poseedores de la riqueza a obtener el mejor rendimiento posible. En concreto, un impuesto igual a 1 o 2% del valor de la fortuna es relativamente bajo para un creador de empresas muy rentables que podría llegar a obtener un rendimiento de 10% anual sobre su patrimonio. Por el contrario, es muy pesado para alguien que no hiciera gran cosa con su fortuna y obtuviera un rendimiento de apenas 2 o 3% anual, o incluso un rendimiento nulo. En la lógica de incentivos, el objetivo del impuesto sobre el capital es precisamente obligar a quien utiliza mal su riqueza a deshacerse de ella progresivamente para pagar sus impuestos y ceder así sus activos a poseedores más dinámicos.

Este argumento tiene parte de verdad, pero no debe exagerarse su alcance.[18] En la práctica, el rendimiento del capital no refleja únicamente el esfuerzo y el talento del poseedor de la riqueza. Por una parte, el rendimiento medio obtenido varía sistemáticamente con el nivel de la fortuna inicial; por la otra, la dimensión del rendimiento individual es en gran medida imprevisible y caótica, y depende de todo tipo de choques económicos que afectan a unos y a otros. Por ejemplo, muchas razones pueden explicar por qué una empresa pierde en un momento dado. Un sistema impositivo basado nada más en el valor de las reservas de capital (y no en el nivel de los beneficios efectivamente producidos) llevaría a una presión desproporcionada sobre tales sociedades, pues pagarían los mismos impuestos cuando perdieran y cuando obtuvieran beneficios importantes, lo cual podría llevarlas a la quiebra definitiva.[19] El sistema fiscal ideal es naturalmente un equilibrio entre una

[18] La lógica de incentivos es el núcleo de la obra de Maurice Allais (*L'Impôt sur le capital et la réforme monétaire,* Éditions Hermann, París, 1977, 370 pp.), que llega al extremo de defender la supresión total del impuesto sobre el ingreso y de todos los impuestos para sustituirlos íntegramente por el impuesto sobre el capital, lo cual es excesivo y poco coherente en relación con las cantidades consideradas. Sobre las propuestas de Allais y sus repercusiones actuales, véase el anexo técnico. De manera general, los debates en torno al impuesto sobre el capital suelen caracterizarse por posiciones extremas (a este impuesto se le rechaza en bloque o se le considera como el impuesto único que debe remplazar a todos), igual que los debates en torno al impuesto sucesorio (o no se grava o la tasa debe ser de 100%). Me parece urgente tratar este debate menos acaloradamente, otorgando un lugar a cada argumento y a cada instrumento fiscal. El impuesto sobre el capital es útil, incluso indispensable en el marco del capitalismo patrimonial del siglo xxi, pero no debe remplazar a todos los demás.

[19] Lo mismo pasaría con un desempleado que siguiera pagando un impuesto predial elevado (sobre todo cuando, en casos como éste, en general los préstamos no son deducibles, lo cual puede tener consecuencias dramáticas para familias endeudadas en exceso).

lógica de incentivos (que lleva más bien hacia un impuesto sobre las reservas de capital) y una lógica de previsión (que lleva más a un impuesto sobre el flujo de ingresos derivados del capital).[20] Por otra parte, este lado imprevisible del rendimiento del capital explica la razón de que sea más eficaz hacer que los herederos paguen no sólo una vez en el momento de la transmisión (a través del impuesto sucesorio), sino también durante toda la vida, en forma de impuestos derivados de los ingresos del capital heredado y del valor del capital.[21] De ahí que estos tres impuestos —sobre la herencia, los ingresos y el capital— sean útiles y complementarios (incluso si el ingreso de todos los contribuyentes fuera perfectamente observable, por adinerados que fuesen).[22]

Esbozo de un impuesto europeo sobre la fortuna

Teniendo en cuenta todos estos elementos, ¿cuál es la escala tributaria ideal del impuesto sobre el capital y cuánto podría reportar tal impuesto? Conviene precisar que aquí lo que nos interesa es el caso de un impuesto anual sobre el capital aplicado de forma permanente y cuyas tasas, por tanto, serían relativamente moderadas. En el caso de impuestos cobrados una sola vez en el curso de una generación, como el impuesto sobre las sucesiones, se puede pensar en tasas muy elevadas: un tercio, la mitad, incluso dos terceras partes del patrimonio transmitido para las herencias más grandes, como en los Estados Unidos y el Reino Unido desde 1930 hasta la década de 1980.[23] Lo mismo ocurriría para los impuestos excepcionales sobre el capital que se cobran una sola vez, en circunstancias poco comunes. Ya mencionamos, por

[20] Este equilibrio depende de la importancia respectiva de los incentivos individuales y de los choques aleatorios en la determinación del rendimiento del capital. Según el caso, puede ser preferible gravar menos los ingresos del capital que los ingresos del trabajo (y apoyarse principalmente en un impuesto sobre las reservas de capital), o al contrario, gravar más los ingresos del capital (como en los países anglosajones hasta los primeros años ochenta, sin duda porque los ingresos del capital eran considerados particularmente arbitrarios). Véase T. Piketty y E. Saez, "A Theory of Optimal Capital Taxation", NBER Working Paper 17989, abril de 2012 (versión resumida publicada como "A Theory of Optimal Inheritance Taxation", *Econometrica,* vol. 81, núm. 5, septiembre de 2013, pp. 1851-1886).

[21] Esto se deriva del hecho de que el valor capitalizado de la herencia en el curso de la vida no se conoce en el momento de la transmisión. Cuando una persona hereda un departamento parisino que en 1972 valía 100 000 francos, nadie sabe si ese bien valdrá un millón de euros en 2013 y le permitirá ganar o ahorrar más de los 40 000 euros anuales que costaría rentar una propiedad. Por ello, más que hacer pagar un elevado impuesto sobre la herencia en 1972, es más eficaz aplicar un impuesto sucesorio más limitado y cobrar cada año un impuesto predial, un impuesto por alquiler y, eventualmente, un impuesto sobre la fortuna, en función de la evolución del valor y del rendimiento del bien en cuestión.

[22] Véase T. Piketty y E. Saez, "A Theory of Optimal Capital Taxation", art. cit. Véase también el anexo técnico.

[23] Véase el capítulo XIV, gráfica XIV.2.

ejemplo, el caso del impuesto sobre el capital cobrado en Francia en 1945, a tasas de hasta 25%, e incluso de 100%, sobre los enriquecimientos más importantes ocurridos entre 1940 y 1945.[24] Es muy evidente que tales impuestos no pueden aplicarse por mucho tiempo: si cada año se cobra un cuarto del patrimonio, por definición, al cabo de unos años ya no habrá nada que cobrar. Por eso las tasas de los impuestos anuales sobre el capital son siempre mucho más reducidas, del orden de algunos puntos porcentuales, lo cual suele sorprender, pero en realidad es sustancial, tratándose de un impuesto que se cobra anualmente sobre las reservas de capital. Por ejemplo, el impuesto predial (o *property tax*) a menudo se sitúa entre 0.5 y 1% del valor de los bienes inmuebles, es decir, entre una décima y una cuarta parte del valor del alquiler del bien (suponiendo un rendimiento promedio por alquiler de 4% al año).[25]

El aspecto importante sobre el que insistiremos ahora es el siguiente. Habida cuenta del muy alto nivel alcanzado por las riquezas privadas europeas en estos primeros años del siglo XXI, un impuesto anual progresivo cobrado a tasas relativamente moderadas sobre los patrimonios más importantes podría proporcionar ingresos nada despreciables. Consideremos, por ejemplo, el caso de un impuesto sobre la fortuna que se cobraría a una tasa de 0% sobre los patrimonios de menos de un millón de euros, de 1% sobre la fracción de aquellos comprendidos entre uno y cinco millones de euros y de 2% sobre la fracción de patrimonios superiores a cinco millones de euros. En el conjunto de los países de la Unión Europea, tal impuesto se aplicaría más o menos a 2.5% de la población y reportaría cada año el equivalente a 2% del PIB europeo.[26] Esta elevada recaudación no debe sorprender: proviene sencillamente de que los patrimonios privados representan más de cinco años de PIB y que los percentiles superiores poseen una parte considerable de ese total.[27] Vemos, pues, que si bien un impuesto sobre el capital no puede finan-

[24] Véase el capítulo X.

[25] Por ejemplo, para un bien inmueble de 500 000 euros, con un valor de alquiler anual del orden de 20 000 euros, la tasa anual estaría comprendida entre 2 500 y 5 000 euros. Estructuralmente, un impuesto sobre el capital aplicado cada año a una tasa de 4 a 5% sobre todos los patrimonios equivaldría a cobrar casi la totalidad de la parte de los ingresos del capital en el ingreso nacional, lo cual no parece ni justo ni realista, sobre todo porque hay, además, impuestos sobre los ingresos del capital.

[26] En 2013, cerca de 2.5% de la población europea adulta disponía de un patrimonio neto superior a un millón de euros, y más o menos 0.2% de la población rebasaba los cinco millones de euros. La recaudación anual estaría cerca de los 300 000 millones de euros, para un PIB de aproximadamente 15 billones de euros. Véanse el anexo técnico y el cuadro S5.1 para una estimación detallada y un simulador simplificado que permite estimar el número de contribuyentes y los ingresos asociados a otros esquemas tributarios posibles.

[27] El percentil superior posee actualmente en torno a 25% del patrimonio total, es decir, 125% del PIB europeo. El 2.5% más rico posee más o menos 40% del patrimonio total, esto es, aproximadamente 200% del PIB europeo. Por eso no debe sorprender que un impuesto con tasas marginales de 1 y 2% en ese grupo produzca una cuantía de unos dos puntos del PIB. La recaudación

ciar por sí solo el Estado social, el complemento de recursos que puede aportar no es para nada desdeñable.

En principio, cada país de la Unión Europea podría obtener ingresos de ese mismo orden con sólo aplicar este sistema; pero, como no hay transmisión automática de información bancaria entre países ni con los territorios situados fuera de la Unión (empezando por Suiza), los riesgos de evasión son muy importantes. Esto explica, en parte, por qué los países que aplican este tipo de impuesto sobre la fortuna (como Francia, que utiliza un esquema tributario aparentemente muy similar) han introducido, generalmente, numerosas excepciones, sobre todo para los "activos empresariales" y, en la práctica, para casi la totalidad de las participaciones más grandes en empresas, ya sea que coticen o no en la bolsa. Esto equivale a vaciar el impuesto progresivo sobre el capital de una buena parte de su contenido y explica por qué los ingresos obtenidos son mucho menores que los mencionados aquí.[28] Un ejemplo particularmente extremo es el caso de Italia, que ilustra las dificultades a las que se enfrentan los países europeos cuando intentan cobrar aisladamente un impuesto sobre el capital. En 2012, enfrentado a una deuda considerable (la más elevada de Europa) y con un nivel excepcionalmente alto de riqueza privada (también de los más altos de Europa, junto con España),[29] el gobierno italiano decidió introducir un nuevo impuesto sobre el patrimonio. Sin embargo, por miedo a que los activos financieros huyeran del país y se refugiaran en bancos suizos, austriacos o franceses, la tasa se fijó en 0.8% sobre los bienes inmuebles y solamente 0.1% sobre los depósitos bancarios y otros activos financieros (con deducciones completas para las acciones), sin ningún elemento de progresividad. Además de que es difícil imaginar un principio económico que explique por qué ciertos activos deberían gravarse ocho veces menos que otros, este sistema tiene como consecuencia lamentable la de ser un impuesto regresivo sobre la riqueza, pues los

sería más elevada si las tasas se aplicaran a la totalidad del patrimonio y no a las fracciones superiores a esos umbrales.

[28] El impuesto de solidaridad sobre la fortuna (ISF) aplicado en Francia en 2013 afectaba a patrimonios gravables de más de 1.3 millones de euros (después de una deducción de 30% sobre el valor de la residencia principal), con tasas que iban de 0.7 a 1.5% sobre la fracción más elevada (superior a 10 millones de euros). Teniendo en cuenta los aumentos del umbral y de las deducciones, los ingresos que producía eran inferiores a 0.5% del PIB. En principio, se dice que un activo es profesional si el propietario ejerce una actividad en la empresa en cuestión. En la práctica, esta condición es difícil de apreciar y fácil de eludir, sobre todo cuando con el paso de los años se han agregado otros regímenes de exención (como los "pactos de accionistas", que también permiten deducciones parciales o totales del ISF cuando un grupo de accionistas se dedica a conservar su participación durante un plazo mínimo). Según los datos disponibles, los patrimonios más grandes se escapan en gran medida del ISF. La administración fiscal francesa publica muy pocas estadísticas detalladas por fracción de fortuna (mucho menos, por ejemplo, que los datos sucesorios a principios del siglo XX y hasta 1950-1960), lo cual oscurece aún más este ámbito. Véase el anexo técnico.

[29] Véase, sobre todo, el capítulo V, gráficas V.4 y siguientes.

patrimonios más elevados están constituidos principalmente por activos financieros (en particular acciones). Sin duda esto no fue favorable para la aceptación social de dicho impuesto, que estuvo en el centro de las elecciones italianas de 2013, en las cuales el candidato que lo había establecido, con el beneplácito de las autoridades europeas e internacionales, resultó tajantemente derrotado. Lo importante es que, sin transmisión automática de información bancaria entre países europeos que permita a cada país crear declaraciones prellenadas que muestren el conjunto de los activos poseídos por sus residentes, sea cual sea el país en que se encuentren esos activos, es muy difícil que un país por sí solo aplique actualmente un impuesto progresivo sobre el capital global. Esta situación es aún más perjudicial porque se trataría de un instrumento particularmente apropiado a la situación económica del continente.

Supongamos ahora que ya están en uso la transmisión automática y generalizado el documento borrador previo a la declaración, lo cual acabará por suceder ¿cuál sería el esquema tributario ideal? Como siempre, no hay una fórmula matemática que permita responder a esta pregunta y que sustituya la deliberación democrática. En cuanto a los patrimonios de menos de un millón de euros, sería coherente integrarlos en el mismo impuesto progresivo sobre el capital, por ejemplo, con una tasa del orden de 0.1% para aquellos por debajo de 200 000 euros de patrimonio neto y una tasa de 0.5% sobre la fracción comprendida entre 200 000 y un millón de euros. Esto vendría a sustituir al impuesto predial (o *property tax*), que en la mayor parte de los países hace las veces de impuesto sobre la riqueza para la clase media con un patrimonio. El nuevo sistema sería a la vez más justo y más eficaz, pues se referiría a la riqueza en general (y no sólo a inmuebles) y se basaría en la declaración borrador, los valores de mercado y la deducción de los créditos.[30] En gran medida, esto ya podría hacerse en el ámbito de cada país.

Por otra parte, cabe señalar que no hay razón para limitarse a una tasa de 2% sobre los patrimonios superiores a cinco millones de euros. A partir del momento en que los rendimientos reales observados en el nivel de las más grandes fortunas europeas y mundiales llegan a 6 o 7% anual, o lo sobrepasan, no sería nada extravagante que las tasas aplicadas por arriba de los 100 millones o de los 1 000 millones de euros de patrimonio fueran claramente superiores a 2%. La forma más sencilla y más objetiva de proceder sería que las tasas impositivas evolucionaran en función del promedio de rendimiento efectivamente observado en cada clase de patrimonio en el curso de los años anteriores. Esto permite ajustar el grado de progresividad según la evolución del rendimiento promedio y el objetivo deseado en térmi-

[30] Los ingresos del impuesto progresivo sobre el capital pasarían entonces a tres o cuatro puntos del PIB, de los cuales uno a dos puntos provendrían del impuesto predial. Véase el anexo técnico.

nos de concentración de la riqueza. Para evitar la divergencia en la distribución de las riquezas, es decir, un alza en la tendencia de la participación de las fortunas más grandes en la riqueza total, lo cual, *a priori*, parece un objetivo mínimo deseable, probablemente sea necesario aplicar tasas superiores a 5% sobre los patrimonios más importantes. Si se adopta un objetivo más ambicioso, como reducir las desigualdades patrimoniales a niveles más moderados que los observados hoy (y que la experiencia histórica demuestra que de ninguna manera son necesarios para el crecimiento), entonces es posible imaginar tasas de 10% o más para los multimillonarios. No me corresponde zanjar aquí ese debate. Lo cierto es que no tiene sentido tomar como referencia el rendimiento de la deuda pública, como a menudo se hace en el debate público.[31] Evidentemente, las grandes fortunas no están colocadas allí.

¿Es realista un impuesto europeo sobre la fortuna de esas características? No hay limitaciones técnicas que se opongan. Se trata del instrumento más adecuado para los desafíos económicos de estos primeros años del siglo XXI, particularmente en el Viejo Continente, donde los patrimonios privados han alcanzado una prosperidad desconocida desde la Bella Época. Sin embargo, para que tal cooperación reforzada pueda ver la luz, también las instituciones políticas europeas deben adaptarse: hasta la fecha la única institución federal fuerte es el Banco Central Europeo, cuya existencia es importante pero claramente insuficiente. Volveremos a ello en el próximo capítulo, cuando estudiemos la crisis de la deuda pública. Antes conviene volver a situar en una perspectiva histórica más amplia el impuesto sobre el capital aquí propuesto.

El impuesto sobre el capital en la historia

En todas las civilizaciones, el hecho de que el poseedor del capital obtenga, sin trabajar, una parte sustancial del ingreso nacional y que la tasa de rendimiento del capital sea generalmente de cuando menos 4 a 5% anual ha suscitado reacciones violentas, a menudo de indignación, y respuestas políticas de naturaleza diferente. Una de las más extendidas es la prohibición de la usura, presente de diferentes formas en casi todas las religiones, sobre todo en el cristianismo y el islam. También los filósofos griegos estaban muy divididos por los intereses, que llevan a un enriquecimiento potencial infinito, pues el tiempo nunca deja de transcurrir. Es ese riesgo de lo ilimitado lo que señala con insistencia Aristóteles cuando subraya que la palabra "interés" en griego *(tocos)* quiere decir "niño". Para el filósofo, el dinero no debe engendrar dinero.[32]

[31] Por ejemplo, para justificar la reciente reducción de la tasa superior del ISF francés de 1.8 a 1.5%.

[32] Al respecto, véase P. Judet de la Combe, "Le Jour où Solon a aboli la dette des Athéniens", *Libération*, 31 de mayo de 2010.

En un mundo en el que el crecimiento es escaso, incluso infinitesimal, donde tanto la población como la producción son casi iguales de una generación a otra, ese riesgo de lo ilimitado parece particularmente destructor.

El problema es que a las respuestas formuladas en términos de prohibición suele faltarles coherencia. La prohibición de prestar con interés tiende, en general, a limitar ciertos tipos de inversiones y ciertas categorías particulares de actividades comerciales o financieras que las autoridades políticas o religiosas vigentes consideran menos lícitas y menos dignas, pero sin cuestionar el rendimiento del capital en general. En las sociedades agrarias europeas, las autoridades cristianas se cuidaban de poner en tela de juicio la legitimidad de la renta de la tierra, que las beneficiaba y de la cual vivían también los grupos sociales sobre los que se apoyaban para estructurar la sociedad. La prohibición de la usura debía pensarse más como una medida de control social: ciertas formas de capital parecían más inquietantes que otras porque eran menos fácilmente controlables. No se trataba de cuestionar el principio general según el cual un capital puede producir un ingreso a su poseedor sin que éste tenga que trabajar. La idea era más bien desconfiar de la acumulación sin fin: los ingresos derivados del capital debían utilizarse de modo conveniente, en la medida de lo posible para financiar buenas obras e indudablemente no para lanzarse a aventuras comerciales y financieras que podrían alejar de la verdadera fe. Desde ese punto de vista, el capital inmobiliario era tranquilizador, pues parecía no poder hacer más que seguir siendo idéntico año tras año, siglo tras siglo.[33] De este modo, todo el orden social y espiritual del mundo parecía inmutable. Antes de convertirse en el enemigo jurado de la democracia, durante mucho tiempo los ingresos inmobiliarios se vieron como el germen de una sociedad apaciguada, cuando menos para quienes los poseían.

La solución sugerida por Karl Marx y muchos otros autores socialistas del siglo XIX, y puesta en práctica por la Unión Soviética en el siglo XX, es mucho más radical y cuando menos tiene el mérito de la coherencia. Al abolir la propiedad privada del conjunto de los medios de producción, tanto para las tierras y los bienes inmuebles como para el capital industrial, financiero y empresarial, con excepción de algunas cooperativas pequeñas y parcelas individuales, desaparecía el conjunto del rendimiento privado del capital. La prohibición de la usura se generalizaba: la tasa de explotación, que en Marx medía la parte de la producción que se apropia el capitalista, por fin desaparecía, y con ella la tasa de rendimiento privado. Al llevar a cero el rendimiento del capital, la humanidad y el trabajador se liberaban finalmente de sus

[33] En realidad, hemos visto que una parte —cada vez mayor, conforme pasa el tiempo— del capital inmobiliario corresponde a mejoras aportadas a la tierra; aunque visto a muy largo plazo, el capital inmobiliario es, en el fondo, poco diferente de las otras formas de capital acumulables. Eso no impide que la acumulación de capital inmobiliario pueda rebasar ciertos límites y que su predominio corresponda a un mundo de crecimiento muy lento.

cadenas y de las desigualdades patrimoniales arrastradas desde el pasado. El presente volvía a predominar. La desigualdad $r>g$ ya sólo era un amargo recuerdo, sobre todo porque el comunismo amaba el crecimiento y el avance técnico. Desgraciadamente, el problema para las poblaciones afectadas por estos experimentos totalitarios era que la función de la propiedad privada y la economía de mercado no era sólo la de permitir que los poseedores del capital dominaran a quienes no tenían más que su trabajo: estas instituciones también desempeñaban una función útil para coordinar las acciones de millones de individuos y no era tan fácil prescindir de ellas por completo. Los desastres humanos causados por la planificación centralizada lo ejemplifican muy claramente.

El impuesto sobre el capital permite dar una respuesta a la vez más pacífica y eficaz al eterno problema del capital privado y su rendimiento. El impuesto progresivo sobre el patrimonio individual es una institución que permite al interés general retomar el control del capitalismo, apoyándose en las fuerzas de la propiedad privada y la competencia. Cada categoría de capital se grava de la misma manera, sin discriminación previa, partiendo del principio de que los propietarios de los activos generalmente están en mejor posición que el gobierno para decidir qué inversiones realizar.[34] Si es el caso, la progresión del impuesto puede ser intensa para las fortunas más grandes, y esto puede hacerse en el marco del Estado de derecho, tras un debate democrático. Es la respuesta más idónea a la desigualdad $r>g$ y a la desigualdad del rendimiento en función del capital inicial.[35]

Así formulado, el impuesto sobre el capital es una idea nueva, adaptada al capital patrimonial globalizado del siglo XXI. Cierto que los impuestos sobre el capital territorial existían desde tiempos inmemoriales, pero esos impuestos solían ser proporcionales y con una tasa baja: se trataba sobre todo de garantizar el derecho de propiedad según una lógica de derecho de registro, y ciertamente no de redistribución de las fortunas. La Revolución inglesa, la estadunidense y la francesa caben en esta lógica, pues los sistemas

[34] Esto no impide dar a otros *stakeholders* (asalariados, comunidades, asociaciones, etc.) los medios para influir realmente en esas decisiones en forma de derecho a voto apropiado. Aquí la transparencia financiera puede ser esencial. Volveremos a ello en el próximo capítulo.

[35] La tasa impositiva óptima para el capital tiende precisamente a cerrar la brecha entre la tasa de rendimiento r y la tasa de crecimiento g, o cuando menos a limitar algunos de sus efectos. Por ejemplo, según ciertas hipótesis, la tasa impositiva óptima para las herencias es la proporcionada por la fórmula $\tau = 1 - G/R$, donde G es la tasa de crecimiento generacional y R el rendimiento generacional del capital (de modo que la tasa tiende a 100% cuando el crecimiento es infinitamente débil respecto del rendimiento y hacia 0% cuando el crecimiento se acerca al rendimiento). Sin embargo, en general el asunto es más complejo, en particular porque el sistema ideal implica un esquema tributario anual y progresivo sobre el capital. Las principales fórmulas de tributación óptima (que permiten precisar los términos del debate, pero de ninguna manera dar respuestas preestablecidas, debido a lo numeroso de los efectos y a la dificultad de evaluarlos con precisión) se presentan y explican en el anexo técnico.

fiscales instituidos por ellas de ninguna manera tendían a reducir las desigualdades patrimoniales. Las discusiones en torno al impuesto progresivo fueron intensas durante la Revolución francesa, pero el principio de progresividad acabó por ser rechazado. Conviene destacar que incluso las propuestas más audaces de esa época hoy parecen relativamente moderadas en lo que respecta a las tasas impositivas.[36]

Hubo que esperar al siglo XX y al periodo de entreguerras para que sobreviniera la revolución del impuesto progresivo. Sin embargo, esta ruptura tuvo lugar en el caos y se refirió principalmente a los impuestos progresivos sobre el ingreso y sobre las sucesiones. A finales del siglo XIX y principios del XX, algunos países también instauraron un impuesto anual progresivo sobre el capital (especialmente Alemania y Suecia), aunque los Estados Unidos, el Reino Unido y Francia se mantuvieron fuera de este movimiento hasta la década de 1980.[37] Además, estos impuestos anuales al capital instituidos en algunos países siempre han implicado tasas relativamente reducidas, sin duda porque se pensaron para un contexto muy diferente del actual. Más allá de eso, su defecto técnico original es que se establecieron no a partir de los valores de mercado de los diversos activos inmobiliarios y financieros, que se revisaban anualmente, sino a partir de valores fiscales y catastrales revisados esporádicamente y que, en última instancia, acabaron por perder todo vínculo con los valores de mercado, convirtiéndose muy pronto en unos impuestos disfuncionales y poco útiles. Ese mismo defecto tenían las bases del impuesto predial en Francia y en numerosos países después del choque inflacionario de 1914-1945.[38] En el caso de un impuesto progresivo sobre el capital, este defecto de concepción puede ser mortal: el hecho de cruzar o no el umbral impositivo (o de ser gravado en una franja u otra) depende de consideraciones más o menos arbitrarias, como la fecha de la última revisión de los valores catastrales de la ciudad o el barrio en cuestión. Estos impues-

[36] Thomas Paine, en su propuesta de *justicia agraria* de 1795, contemplaba gravar las herencias hasta en un 10% (correspondiente, según él, a la parte no acumulada, en tanto que la parte acumulada no se gravaría, incluso cuando había sido constituida numerosas generaciones atrás). Ciertas propuestas sobre el "derecho nacional de herencia" que se hicieron durante la Revolución eran más radicales. Los derechos de sucesión y de transmisión que finalmente se adoptaron, después de mucho debatir, nunca fueron superiores a 1-2% en línea directa. Sobre estos debates y propuestas, véase el anexo técnico.

[37] A pesar de múltiples debates y propuestas estadunidenses y británicas, en particular entre 1960 y 1970, y de nuevo en 2000 a 2010. Véase el anexo técnico.

[38] Ese defecto de concepción se debe a que estos impuestos sobre el capital provenientes del siglo XIX se instauraron en un mundo sin inflación (o con baja inflación), donde parecía suficiente revisar los valores de los activos cada 10 o 15 años (para los activos inmobiliarios) o bien utilizar los valores de compra (sistema utilizado a menudo para los activos financieros). Estos sistemas de valores catastrales y fiscales se vieron profundamente perturbados por la inflación entre 1914 y 1945 y nunca han funcionado correctamente en un mundo caracterizado por una permanente inflación sustancial.

tos han sido cada vez más impugnados a partir de los años sesenta y setenta, en un contexto de fuertes alzas de los precios inmobiliarios y bursátiles, a menudo ante los tribunales (por violación del principio de igualdad impositiva). Este proceso llevó a la supresión del impuesto anual sobre el capital en Alemania y Suecia en los años noventa y en la primera década del siglo XXI. Esta evolución se explica más por el carácter arcaico de dichos impuestos heredados del siglo XIX que por razones de competencia fiscal.[39]

El impuesto sobre la fortuna que actualmente se aplica en Francia es, en cierta forma, más moderno: se basa en los valores de mercado de los diferentes activos recalculados cada año. Esto se debe sencillamente a que este impuesto es de creación mucho más reciente: se introdujo en la década de 1980, en un momento en que no se podía ignorar que la inflación —sobre todo en los precios de los activos— era una realidad duradera. Una ventaja de ir contra la corriente política del resto del mundo desarrollado es que en ocasiones es posible adelantarse a los tiempos.[40] Dicho esto, si el ISF francés tiene el mérito de basarse en valores de mercado y, por tanto, de acercarse al impuesto ideal sobre el capital en ese elemento clave, no por eso deja de estar muy lejos en otros aspectos. Como ya se hizo notar, está lleno de reglas de exención e ignora la declaración borrador. El extraño impuesto sobre el patrimonio introducido en Italia en 2012 ilustra los límites de lo que un país aislado puede hacer en esta materia en el contexto actual. El caso de España es igualmente interesante: el cobro del impuesto progresivo sobre la fortuna, que como en Alemania y Suecia se apoya en valores catastrales y fiscales más

[39] Acerca de la historia del impuesto alemán al capital, su creación en Prusia en 1891 y su interrupción jurisdiccional en 1997 (la ley nunca fue abolida formalmente), véase F. Dell, *L'Allemagne inégale. Inégalités de revenus et de patrimoine en Allemagne, dynamique d'accumulation du capital et taxation de Bismarck à Schröder, 1870-2005,* Éditions de l'EHESS, París, 2008. Para el impuesto sueco sobre el capital, creado en 1947 (pero que en realidad existía como suplemento del impuesto sobre los ingresos del capital desde la década de 1910) y suprimido en 2007, véanse los trabajos ya citados de Ohlsson y de Waldenström, y las referencias que se incluyen como anexo. Las tasas de estos impuestos, en general, no fueron superiores a 1.5 o 2% sobre las riquezas más grandes, con un tope de 4% en Suecia en 1983 (aunque aplicado únicamente a valores fiscales sin gran relación con los valores de mercado). Además de este fenómeno de degeneración de las bases fiscales, que concierne también al impuesto sucesorio en los dos países, la percepción de competencia fiscal también tuvo que ver en el caso sueco, donde el impuesto sucesorio se suprimió en 2005. Este episodio, poco coherente con los valores de igualdad del país, ilustra la incapacidad creciente de los países pequeños de conducir una política autónoma.

[40] El impuesto sobre las grandes fortunas se introdujo en Francia en 1981, se suprimió en 1986 y se reintrodujo en 1988 como el impuesto de solidaridad sobre la fortuna. Los valores de mercado suelen tener variaciones bruscas que pueden parecer arbitrarias, pero tienen el mérito de proporcionar la única base objetiva aceptable para todos, a condición de ajustar regularmente las tasas y las fracciones impositivas, y de no dejar que los ingresos desaparezcan mecánicamente con las cotizaciones inmobiliarias; de lo contrario, se expone uno a la rebeldía fiscal, como la célebre Propuesta 13 adoptada en California en 1978 para limitar las alzas uniformes del impuesto a la propiedad *(property tax).*

o menos arbitrarios, se interrumpió en 2008-2010 y se reanudó a partir de 2011-2012, en un contexto de crisis presupuestal aguda, pero sin modificar su estructura.[41] Se ve la misma tensión por todas partes: el impuesto sobre el capital parece lógicamente necesario (teniendo en cuenta la prosperidad de los patrimonios privados y el estancamiento de los ingresos, habría que estar ciego para prescindir de tal base fiscal, sea cual sea el ala política que esté en el poder), pero es difícil de instituir en el marco de un solo país.

En resumen, el impuesto sobre el capital es una idea nueva que debe reconsiderarse por completo en el contexto del capitalismo patrimonial globalizado del siglo XXI, tanto en términos de las tasas impositivas como en sus modalidades prácticas, con el objetivo de pasar a una lógica de intercambio automático de informes bancarios internacionales, de declaraciones prellenadas o borrador, y de valores de mercado.

Formas alternativas de regulación: proteccionismo y control de capitales

¿No hay salvación fuera del impuesto sobre el capital? Ése no es el punto. Hay otras soluciones y otras vías que permiten regular el capitalismo patrimonial del siglo XXI y que, por otra parte, ya se exploran en varias partes del mundo. Pero, en pocas palabras, esos modos alternativos de regulación no son tan satisfactorios como el impuesto sobre el capital y llegan a crear más problemas de los que resuelven. Ya mencionamos que la forma más sencilla de que un Estado aislado recupere cierta soberanía económica y financiera es recurrir al proteccionismo y a los controles de capital. En ocasiones, el proteccionismo permite proteger útilmente ciertos sectores poco desarrollados en determinado país (mientras las empresas nacionales se preparan para afrontar la competencia internacional).[42] También es un arma indispensable frente a países que no respetan las reglas (en materia de transparencia financiera, normas sanitarias, respeto por las personas, etc.), arma que sería tonto no aprovechar. No obstante, aplicado de forma masiva y permanente, el proteccionismo no es en sí una fuente de prosperidad y creación de riqueza. La experiencia histórica sugiere que un país que siguiera intensiva y permanentemente ese camino y anunciara a su población un vigoroso crecimiento de los salarios y del nivel de vida se expondría, quizás, a graves decepciones.

[41] El impuesto español se aplica a patrimonios gravables de más de 700 000 euros (con 300 000 euros de deducción para la residencia principal), y la tasa más elevada es de 2.5% (en Cataluña aumentó a 2.75%). Aparte de Francia y España, en Suiza hay también un impuesto anual sobre el capital, con tasas relativamente bajas (menos de 1%) debido a la competencia entre cantones.

[42] Y a la inversa, impedir que un competidor extranjero se desarrolle (permanece en la memoria de la India la destrucción de su pequeña industria textil por el colonizador británico a principios del siglo XIX) a menudo puede tener consecuencias perdurables.

Por otra parte, el proteccionismo de ninguna manera regula la desigualdad $r>g$ ni la tendencia a la acumulación y concentración de los patrimonios en unas cuantas manos en ese país.

La interrogante sobre los controles de capital es diferente. La liberalización completa y absoluta de los flujos de capital, sin control alguno y sin transmisión de información sobre los activos poseídos por unos y otros en los diferentes países (o casi), fue la consigna de casi todos los gobiernos de los países ricos desde los años ochenta y noventa. Ese programa fue promovido principalmente por las organizaciones internacionales, en particular la OCDE, el Banco Mundial y el FMI, como debe ser, en nombre de la ciencia económica más avanzada.[43] Pero antes que nada es obra de gobiernos elegidos democráticamente y refleja las corrientes de ideas dominantes en un momento dado de la historia, marcado sobre todo por la caída de la Unión Soviética y por una fe sin límites en el capitalismo y la autorregulación de los mercados. Desde la crisis financiera de 2008, todo el mundo realmente lo ha puesto en duda, y es muy probable que, en las décadas siguientes, los países ricos recurran cada vez más a medidas de controles de capital. En cierta forma, el mundo emergente ha mostrado el camino, principalmente desde la crisis financiera asiática de 1998, que convenció a buena parte del planeta (desde Indonesia hasta Brasil, pasando por Rusia) de que los programas de ajuste y otras terapias de choque dictadas por la comunidad internacional no siempre eran los más pertinentes, y que ya era tiempo de emanciparse. Esta crisis también llevó a fomentar la creación de reservas, incluso excesivas, que sin duda no son la mejor regulación colectiva frente a la inestabilidad económica mundial, pero que al menos permiten que países aislados afronten los choques y, al mismo tiempo, preserven su soberanía.

El misterio de la regulación china del capital

Es importante darse cuenta de que ciertos países siempre han aplicado controles a los capitales y nunca han sido tocados por la ola de desregulación completa de los flujos financieros y de la balanza de pagos. Al respecto, destaca el caso de China, cuya moneda no siempre es convertible (lo será posiblemente cuando el país considere que ha acumulado suficientes reservas

[43] Lo más sorprendente es que las escasas estimaciones de las ganancias económicas aportadas por la integración financiera extraen como conclusión una ganancia global bastante modesta (sin siquiera tener en cuenta los efectos negativos en la desigualdad y la inestabilidad, ignorados en esos estudios). Véase O. Jeanne y P. O. Gourinchas, "The Elusive Gains from International Financial Integration", *Review of Economic Studies,* vol. 73, núm. 3, 2006, pp. 715-741. Obsérvese que la posición del FMI respecto de la transmisión automática de información es generalmente imprecisa y cambiante, y casi siempre consiste en aprobar el principio para mejor torpedearlo cuando ya se aplica, en nombre de argumentos técnicos poco convincentes.

para hacer perder mucho dinero a algún especulador) y cuyo control es muy estricto tanto con los capitales que entran (no se puede invertir ni ser propietario de una gran empresa china sin solicitar autorización, que en general sólo se concede si el inversionista extranjero se contenta con una participación claramente minoritaria) como con los que salen (no es posible sacar de China los propios activos sin que el gobierno dé su opinión). Este asunto de los capitales que salen es hoy extremadamente delicado en China y es el centro del modelo chino de regulación del capital. La pregunta clave es sencilla: los millonarios chinos, cada vez más numerosos en las clasificaciones internacionales de fortunas, ¿son verdaderamente dueños de su patrimonio y pueden, por ejemplo, sacarlo libremente de su país? Independientemente de los misterios que rodean estos asuntos, no hay duda de que la noción de derecho de propiedad que se aplica en China es diferente de la que rige en Europa y en los Estados Unidos, y remite a un conjunto complejo y cambiante de derechos y deberes. Por ejemplo, todo parece indicar que a un millonario chino que hubiera adquirido 20% de Telecom China y que deseara instalarse en Suiza con su familia le costaría más trabajo conservar su participación financiera y hacer que le depositaran millones de euros en dividendos que a un oligarca ruso. En el caso de los oligarcas rusos, las cosas parecen más fáciles, a juzgar por los enormes flujos que salen del país hacia destinos sospechosos, lo que no es el caso chino, cuando menos por el momento. Desde luego que en Rusia no conviene enemistarse con el presidente y hacerse encarcelar, pero con evitar este caso extremo parece posible vivir mucho tiempo de una fortuna derivada de los recursos naturales del país. Aparentemente, en China los controles son más estrictos. Es una de las muchas razones por las que las comparaciones que se hacen en la prensa internacional (occidental) entre las fortunas de los líderes chinos y estadunidenses, y según las cuales los primeros serían mucho más ricos que los segundos, parecen relativamente inconsistentes.[44]

No es mi intención hacer aquí una apología del estilo chino de regulación del capital, que parece extremadamente opaco e inestable. Eso no impide que los controles de capital puedan ser una manera de regular y contener la di-

[44] La comparación más frecuente que se hace en la prensa contrasta, por una parte, el patrimonio promedio de los 535 miembros del Congreso estadunidense (que según sus declaraciones, fiables en principio, reunidas por el Center for Responsible Politics, sería de "sólo" 15 millones de dólares, cifra que parece mucho más elevada que en Europa, como habíamos indicado) y, por la otra, el patrimonio promedio de los 70 miembros más ricos de la Asamblea Nacional Popular de China, que es superior a los 1 000 millones de dólares (según el *Hurun Report* 2012, clasificación de las fortunas chinas del tipo de *Forbes*, cuyos métodos son poco claros). Habida cuenta de los informes de población, sería más justificable comparar el patrimonio promedio de los 3 000 miembros de la asamblea china (no parece haber estimaciones disponibles). Además, parecería que ser miembro de la asamblea china representa para estos millonarios una función principalmente honorífica (y no un trabajo de legislador). Quizás eso justificaría compararlos con los 70 donadores más ricos de la escena política estadunidense.

námica de la desigualdad de la riqueza. Por otra parte, China dispone de un impuesto sobre el ingreso claramente más progresivo que el de Rusia (que, como la mayor parte de los países del antiguo bloque soviético, adoptó en la década de 1990 un modelo fiscal de tipo *flat tax*), aunque notablemente insuficiente. Llega a movilizar ingresos fiscales que le permiten invertir en educación, salud e infraestructura mucho más importantes que los de otros países emergentes, empezando por India, a la que ha dejado atrás.[45] Si lo desea, y sobre todo si sus élites aceptan (y lo logran) la instauración de la transparencia democrática y el Estado de derecho que acompañan a la modernidad fiscal, lo que no deja de ser importante, China tendría el tamaño suficiente para aplicar el tipo de impuesto progresivo sobre el ingreso y sobre el capital del que aquí se ha hablado. Desde cierta perspectiva, China está mejor armada para aceptar el reto que Europa, que debe enfrentarse a su propia división política y a una lógica de competencia fiscal cuyo fin no estamos seguros de haber visto.[46]

En todo caso, si los países europeos no se unen para establecer una regulación cooperativa y eficaz del capital, muy probablemente cada vez habrá más medidas de control individual y de preferencia nacional (las cuales, por cierto, hace mucho que empezaron, con una promoción a veces irracional de las empresas campeonas nacionales y los accionistas locales, a quienes imaginan poder controlar mejor que a los accionistas extranjeros, fenómeno que suele ser ilusorio). En este plano, China lleva una ventaja que será difícil de alcanzar. El impuesto sobre el capital es la forma liberal de controlar los capitales y esto corresponde más a la ventaja comparativa de Europa.

La redistribución de la renta petrolera

Entre otras formas de regulación del capitalismo mundial y de las desigualdades que provoca, también es necesario mencionar la problemática particular planteada por la geografía de los recursos naturales y, sobre todo, por la renta petrolera. Siguiendo el trazo exacto de las fronteras, de las que se conoce a menudo lo arbitrario de su origen histórico, las desigualdades del capital y de los destinos entre países con frecuencia adquieren proporciones

[45] Véase N. Qian y T. Piketty, "Income Inequality and Progressive Income Taxation in China and India: 1986-2015", *American Economic Journal: Applied Economics,* vol. 1, núm. 2, abril de 2009, pp. 53-63.

[46] Para una perspectiva de muy largo plazo que insista en el hecho de que durante mucho tiempo Europa ha sacado ventaja de su división (la competencia entre Estados estimula las innovaciones, sobre todo en materia de tecnología militar), antes de que se convirtiera en una desventaja frente a China, véase J.-L. Rosenthal y R. B. Wong, *Before and Beyond Divergence. The Politics of Economic Change in China and Europe,* Harvard University Press, Cambridge, 2011, 276 pp.

extremas. Si el mundo formara una sola comunidad democrática mundial, el impuesto ideal sobre el capital no dejaría de redistribuir los beneficios de la renta petrolera. Eso hacen a menudo las leyes vigentes en las naciones al transformar en propiedad común una parte de los recursos naturales. Cierto que estas leyes varían con el tiempo y entre países, pero lo importante es que se puede esperar que la deliberación democrática conduzca, en general, por el buen camino. Por ejemplo, si una persona encuentra mañana en su jardín riquezas más valiosas que todos los patrimonios del país juntos, es probable que se hallará la manera de adaptar las leyes para que se permita compartir esa riqueza de forma razonable (o cuando menos eso esperamos).

Como el mundo no constituye una sola comunidad democrática, las deliberaciones relativas a la posible redistribución de los recursos naturales entre los países suelen ser mucho menos tranquilas. En 1990-1991, en el momento de la caída de la Unión Soviética, tuvo lugar otro acontecimiento fundador del siglo XXI. Iraq, país de 35 millones de habitantes, decidió invadir Kuwait, su minúsculo vecino de apenas un millón de habitantes, que disponía de reservas petroleras de la misma magnitud que las iraquís. Esto se debe a azares de la geografía, pero también al trazado del lápiz poscolonial de las empresas petroleras occidentales y de sus gobiernos, para quienes suele ser más fácil comerciar con países sin población (no está claro si a la larga es una buena opción). En todo caso, esos mismos países enviaron de inmediato 900 000 soldados para devolver a los kuwaitíes la propiedad única y legítima del petróleo (prueba, si la hay, de que los Estados a veces pueden movilizar recursos importantes para hacer respetar sus decisiones). Esto ocurrió en 1991. A esta primera guerra de Iraq siguió una segunda en 2003, esta vez con una coalición occidental menos abundante. Son acontecimientos que siguen teniendo un papel preponderante en el mundo durante la década de 2010.

No me corresponde calcular aquí el esquema impositivo óptimo para el capital petrolero que debería existir en una comunidad política mundial basada en la justicia y el interés general, ni siquiera en una comunidad política del Medio Oriente. No queda más que observar que la injusticia de la desigualdad del capital alcanza en esta región del mundo proporciones inusitadas que, sin una protección militar del exterior, hubiera dejado de existir hace mucho tiempo. En 2013, el presupuesto total del que disponía el ministerio egipcio de educación y sus servicios locales para financiar el conjunto de escuelas, colegios, institutos y universidades de ese país de 85 millones de habitantes fue inferior a 5 000 millones de dólares.[47] A unos cientos de kilómetros, los ingresos petroleros ascienden a 300 000 millones de dólares para Arabia Saudí y sus 20 millones de saudíes, y superan los 100 000 millones de dólares para Qatar y sus 300 000 qatarís. Al mismo tiempo, la comunidad internacio-

[47] Véase el anexo técnico.

nal se pregunta si no sería necesario renovar un préstamo de algunos miles de millones de dólares para Egipto, o bien si no sería mejor esperar a que, como lo había prometido, el país aumente los impuestos sobre las bebidas gaseosas y los cigarrillos. Sin duda es normal impedir hasta donde sea posible que la redistribución dependa de las armas (tanto más cuanto que en 1990 la intención del invasor iraquí era comprar más armas, no construir escuelas), pero a condición de encontrar otros medios, como sanciones, impuestos y apoyos, que permitan imponer una distribución más justa de los ingresos petroleros para dar a los países sin petróleo la posibilidad de desarrollarse.

La redistribución a través de la inmigración

Otra forma de redistribuir y regular la desigualdad mundial del capital, en principio más pacífica, es obviamente la inmigración. Más que el desplazamiento del capital, que plantea toda suerte de dificultades, a veces una solución más sencilla es dejar que el trabajo se desplace hacia lugares con salarios más altos. Se trata por supuesto de la gran contribución de los Estados Unidos a la redistribución mundial: de esa forma, ese país de apenas tres millones de habitantes, cuando se independizó, pasó a más de 300 millones hoy en día, en parte debido a los flujos migratorios. También por esto los Estados Unidos están aún muy lejos de convertirse en "la vieja Europa del planeta", como se mencionó en el capítulo anterior. La inmigración sigue siendo el cimiento de ese país, la fuerza estabilizadora que hace que el capital proveniente del pasado no adquiera la misma importancia que en Europa, y también la fuerza que hace política y socialmente soportables las desigualdades cada vez más extremas de los ingresos del trabajo. Para una buena parte de 50% de los estadunidenses peor pagados, estas desigualdades son secundarias por la sencilla razón de que nacieron en un país menos rico y que están en una trayectoria claramente ascendente. Conviene subrayar que en el decenio 2000-2010, este mecanismo de redistribución a través de la inmigración, que permite que personas procedentes de países pobres mejoren su suerte llegando a un país rico, atañe tanto a Europa como a los Estados Unidos. Desde este punto de vista, la distinción entre Viejo Mundo y Nuevo Mundo quizás está a punto de dejar de ser pertinente.[48]

No obstante, conviene destacar que la redistribución a través de la inmi-

[48] En el periodo 2000-2010, los índices de inmigración de carácter permanente (expresados en porcentaje de la población del país anfitrión) llegaron a 0.6-0.7% anual en varios países europeos (Italia, España, Suecia y Reino Unido) comparados con 0.4% en los Estados Unidos y 0.2-0.3% en Francia y Alemania. Véase el anexo técnico. Con la crisis, ciertos flujos ya empezaron a revertirse, en particular entre el sur de Europa y Alemania. Considerando Europa en su conjunto, la inmigración permanente estuvo muy cerca del nivel de la estadunidense en el periodo mencionado. No obstante, la natalidad sigue siendo sensiblemente más sólida en América del Norte.

gración, por deseable que sea, sólo regula una parte del problema de la desigualdad. Una vez que la producción y los ingresos promedio entre países se igualan, por la inmigración y sobre todo porque la productividad de los países pobres se acerca a la de los ricos, siguen ahí los problemas planteados por las desigualdades y, en particular, por la dinámica de la concentración de los patrimonios en el ámbito mundial. La redistribución por inmigración no hace más que posponer un poco más el problema, pero no exime de instituir las regulaciones necesarias —Estado social, impuesto progresivo sobre el ingreso e impuesto progresivo sobre el capital—. Por otra parte, nada impide pensar que con ellas la inmigración tenga más oportunidades de ser bien aceptada por las poblaciones menos favorecidas de los países ricos, pues estas instituciones aseguran que los beneficios económicos de la globalización alcancen a todos. Si se practicara a la vez el libre comercio y la libre circulación de capitales y de personas, pero se redujera el Estado social y se suprimiera todo tipo de impuesto progresivo, entonces podría pensarse que la tentación de un aislamiento nacional e identitario sería más fuerte que nunca, tanto en Europa como en los Estados Unidos.

Conviene subrayar, por último, que los países en desarrollo serán de los primeros en beneficiarse con un sistema fiscal internacional más transparente y más justo. En África, los flujos de capital salientes superan en gran medida, y desde siempre, a los flujos entrantes, debido a la ayuda internacional. El hecho de lanzar en los países ricos procedimientos judiciales contra un puñado de ex dirigentes africanos por bienes mal habidos es, sin duda, una buena cosa, pero sería aún más útil crear la cooperación fiscal internacional y la transmisión automática de información bancaria que permitieran a los países africanos y europeos poner fin de forma mucho más sistemática y metódica a ese pillaje que, por otra parte, se observa tanto en empresas y accionistas europeos (y de cualquier nacionalidad) como en las poco escrupulosas élites africanas. También en este caso, la respuesta correcta es la transparencia financiera y el impuesto progresivo y mundial sobre el capital.

XVI. LA DEUDA PÚBLICA

SON DOS las formas principales en que un Estado financia sus gastos: impuestos o deuda. De manera general, el impuesto es una solución infinitamente preferible, tanto en términos de justicia como de eficiencia. El problema de la deuda es que con mucha frecuencia tiene que reembolsarse, de modo que favorece sobre todo a quienes tienen los medios para prestarle al gobierno, y a quienes hubiera sido preferible hacerles pagar impuestos. Sin embargo, son muchas las razones, buenas y malas, por las que los gobiernos en ocasiones tienen que recurrir al crédito y a la acumulación de la deuda, o bien a heredar deudas importantes de gobiernos anteriores. En este inicio del siglo XXI, los países ricos parecen atrapados en una interminable crisis de deuda. Sin duda, en la historia se pueden encontrar niveles de endeudamiento público aún más elevados, como vimos en la segunda parte de este libro. Tal es el caso del Reino Unido, donde la deuda pública ha sido superior al doble del ingreso nacional en dos ocasiones, una vez después de las guerras napoleónicas y nuevamente después de la segunda Guerra Mundial. El hecho es que con una deuda pública cercana a un año de ingreso nacional (más o menos 90% del PIB) en promedio en los países ricos, el mundo desarrollado se encuentra hoy con un nivel de endeudamiento que no se había visto desde 1945. El mundo emergente, a pesar de ser más pobre que el mundo rico, tanto en ingresos como en capital, tiene una deuda pública mucho más moderada (en promedio, cerca de 30% del PIB). Esto muestra hasta qué punto la deuda pública tiene que ver con la distribución de la riqueza, en particular entre actores públicos y privados, y que no es un asunto del nivel absoluto de riqueza. El mundo rico es rico; son sus gobiernos los que son pobres. El caso más extremo es el de Europa, que es a la vez el continente con los patrimonios privados más grandes del mundo y al que le cuesta más trabajo resolver su crisis de deuda pública. Extraña paradoja.

Empezaremos por examinar las diferentes formas de salir de un nivel elevado de deuda pública. Esto nos llevará al análisis de las diferentes funciones que en la práctica desempeñan los bancos centrales para regular y redistribuir el capital, y los problemas a los que conduce una unificación europea excesivamente centrada en la moneda, ignorando demasiado abiertamente los impuestos y la deuda. Estudiaremos, por último, la acumulación óptima de capital público y su articulación con el capital privado en el siglo XXI, en un contexto caracterizado por un escaso crecimiento y una posible degradación del capital natural.

Reducir la deuda pública: impuesto sobre el capital, inflación o austeridad

¿Qué hacer para reducir significativamente una deuda pública importante, como la deuda europea actual? Son tres los principales métodos, que se pueden combinar en diferentes proporciones: impuesto sobre el capital, inflación y austeridad. El impuesto excepcional sobre el capital privado es la solución más justa y la más eficiente. En su defecto, la inflación puede desempeñar un papel muy útil: es así como gran parte de las deudas públicas importantes se reabsorbieron en la historia. La peor solución, tanto en términos de justicia como de eficiencia, es una dosis prolongada de austeridad. Es esta solución, sin embargo, la que se aplica actualmente en Europa.

Empecemos por recordar la estructura agregada de la riqueza nacional en Europa en estos primeros años del siglo XXI. Como vimos en la segunda parte de este libro, la riqueza nacional se acerca actualmente a los seis años de ingreso en la mayor parte de los países europeos, y casi en su totalidad está en manos de agentes privados (es decir, de los hogares). El valor total de los activos públicos es del mismo orden que las deudas públicas (en torno a un año de ingreso nacional), de modo que el patrimonio público neto es casi nulo.[1] La riqueza privada se divide en dos partes casi iguales: activos inmobiliarios y activos financieros (libres de deudas privadas). La posición patrimonial oficial de Europa frente al resto del mundo está, en promedio, bastante cerca del equilibrio, lo cual significa que las empresas europeas, como las deudas públicas europeas, están en promedio en manos de los hogares europeos (o, más precisamente, lo que posee el resto del mundo es compensado por lo que los europeos poseen en el resto del mundo). Esta realidad la oscurecen la complejidad del sistema de intermediación financiera (los ahorros se colocan en la banca, en una cuenta de ahorros o en un producto financiero, y después la banca los coloca en otra parte) y la amplitud de las participaciones cruzadas entre países, pero no por eso deja de ser realidad: los hogares europeos (o, cuando menos, los que poseen algo: no olvidemos que la riqueza está siempre muy concentrada, con más de 60% del total para 10% de los más ricos) poseen el equivalente de todo lo que hay para poseer en Europa, incluidas, evidentemente, las deudas públicas.[2]

¿Qué hacer en estas condiciones para reducir la deuda pública a cero? Una primera solución sería privatizar todos los activos públicos. Según las cuentas nacionales establecidas en los diferentes países europeos, el produc-

[1] Véase sobre todo la segunda parte del capítulo III, cuadro III.1.

[2] Agreguemos que, si se tienen en cuenta los activos poseídos por los hogares europeos en los paraísos fiscales, la posición patrimonial real de Europa frente al resto del mundo se torna netamente positiva: los hogares europeos poseen el equivalente de todo lo que hay para poseer en Europa más una parte del resto del mundo. Véase la tercera parte, capítulo XII, gráfica XII.6.

to de la venta de todos los edificios públicos, escuelas, institutos, universidades, hospitales, cuarteles, infraestructura diversa, etc.,[3] permitiría reembolsar más o menos las deudas públicas. En lugar de poseer la deuda pública a través de sus inversiones financieras, los hogares europeos mejor dotados en cuanto a patrimonio se convertirían directamente en propietarios de escuelas, hospitales, cuarteles, etc. Entonces sería necesario pagarles una renta para poder utilizar esos activos y seguir prestando los servicios públicos correspondientes. Me parece que esta solución, a veces evocada con toda la seriedad del mundo, tendría que ser rechazada de forma absoluta. Para que el Estado social europeo pueda cumplir correctamente y de forma perdurable sus misiones, en particular en el campo de la educación, la salud y la seguridad, parece indispensable que siga poseyendo los activos públicos correspondientes. Sin embargo, es importante entender que la situación actual, en la que todos los años se tienen que pagar pesados intereses por la deuda pública (y no alquileres), no es tan diferente, pues esos intereses también pesan mucho en los presupuestos públicos.

Por mucho, la solución más satisfactoria para reducir la deuda pública consiste en cobrar un impuesto excepcional sobre el capital privado. Por ejemplo, un impuesto proporcional de 15% sobre todos los patrimonios privados reportaría aproximadamente un año de ingreso nacional y permitiría reembolsar de inmediato todas las deudas públicas. El Estado seguiría teniendo sus activos públicos, pero el valor de sus deudas se reduciría a cero y, por tanto, no tendría que pagar intereses.[4] Esta solución equivale a un repudio total de la deuda pública, pero con dos diferencias esenciales.[5]

Primero, siempre es difícil prever la incidencia final de un repudio, incluso parcial. Esas medidas de incumplimiento total o parcial de la deuda pública son utilizadas a menudo en situaciones de crisis extrema de sobreendeudamiento público, por ejemplo en Grecia, en 2011-2012, en forma de un recorte de amplitud variable (o *haircut,* según una expresión coloquial), que disminuye en 10 o 20% (o más) el valor de los títulos de deuda pública en poder de los bancos y de los diferentes acreedores. El problema es que, si se aplica este tipo de medida a gran escala, por ejemplo, a escala de Europa, y no sólo de Grecia (que representa apenas 2% del PIB europeo), es muy pro-

[3] Así como el producto de la venta de los activos financieros públicos (pero estos últimos pierden importancia respecto de los activos no financieros). Véanse los capítulos III a V y el anexo técnico.

[4] La reducción de la carga de intereses de la deuda permitiría reducir, en parte, los impuestos y financiar parcialmente ciertas inversiones nuevas, en particular en el campo de la educación (véase más adelante).

[5] Para que la equivalencia sea completa, habría que gravar los patrimonios en función de la localización de los activos inmobiliarios y financieros (incluidos los títulos de deuda pública localizados en Europa), y no sólo en función de la residencia de los poseedores. Volveremos a este punto más adelante.

bable que desencadene movimientos de pánico bancario y quiebras en cadena. Según la identidad de los bancos que poseen una determinada categoría de títulos, la estructura de su balance, la identidad de los establecimientos que les han prestado dinero, los hogares que colocaron sus ahorros en esas instituciones, en qué forma, etc., se pueden encontrar incidencias finales totalmente diferentes que es imposible prever con precisión. Además, es muy posible que los poseedores de patrimonios muy importantes lleguen a reestructurar a tiempo su cartera y a escapar casi totalmente del *haircut*. Uno se imagina a menudo que el recorte permite contribuir a los que más han arriesgado. Nada más falso: habida cuenta de las transacciones incesantes que caracterizan a los mercados financieros y la selección de cartera, nada garantiza que quienes efectivamente contribuirán sean los que deben ser. La ventaja del impuesto excepcional sobre el capital, que parece un *haircut* fiscal, es precisamente que esta solución permite organizar las cosas de forma más civilizada. Se asegura que cada persona contribuirá con el esfuerzo demandado, y se evitan sobre todo las quiebras bancarias, pues son los poseedores finales de la riqueza (las personas físicas) y no los establecimientos financieros los que contribuyen. Para ello es obviamente indispensable que las autoridades públicas dispongan permanentemente de la transmisión automática de información bancaria sobre el conjunto de los activos financieros en poder de unos y otros. Sin catastro financiero, todas las políticas aplicadas son aventuradas.

Además, y sobre todo, la ventaja de la solución fiscal es que permite modular el efecto exigido en función del nivel del patrimonio de cada quien. En concreto, no tendría mucho sentido cobrar un impuesto excepcional proporcional de 15% sobre todos los patrimonios privados europeos. Más vale aplicar un esquema progresivo, con el objetivo de proteger los patrimonios más modestos y exigir más a los más grandes, lo que en cierta forma hacen ya las leyes bancarias europeas, pues en caso de quiebra garantizan generalmente los depósitos de menos de 100 000 euros. El impuesto progresivo sobre el capital es una generalización de esta lógica, pues permite graduar mucho más finamente el esfuerzo exigido mediante el establecimiento de diversos grupos (garantía completa hasta 100 000 euros, garantía parcial de 100 000 a 500 000, etc., con tantos segmentos como sea necesario). Por otra parte, este instrumento puede aplicarse al conjunto de los activos (incluidas las acciones que cotizan en bolsa y las que no), y no sólo a los depósitos bancarios. Este último aspecto es absolutamente esencial si en realidad se desea hacer contribuir a los poseedores de las riquezas más importantes, cuyos ahorros en raras ocasiones se encuentran en cuentas de cheques.

Por otra parte, sin duda sería excesivo tratar de reducir a cero de una sola vez las deudas públicas. De forma más realista, supongamos, por ejemplo, que se trata de reducir las deudas de los Estados europeos en 20% del PIB, lo cual permitiría pasar de aproximadamente 90 a 70% del PIB actual, es decir, a un nivel cercano a la meta de endeudamiento máximo de 60% del PIB que determinan los tratados europeos actuales.[6] Como se señaló en el capítulo precedente, un impuesto progresivo sobre el capital que grave con 0% los patrimonios netos de menos de un millón de euros, 1% sobre la fracción del patrimonio comprendida entre uno y cinco millones de euros y 2% sobre la fracción superior a cinco millones de euros, reportaría más o menos el equivalente a 2% del PIB europeo. Para obtener de una sola vez 20% del PIB en ingresos, basta, pues, con aplicar un impuesto excepcional con tasas 10 veces más elevadas: 0% hasta un millón de euros; 10% entre uno y cinco millones, y 20% más allá de cinco millones de euros.[7] Es interesante observar que el cobro excepcional sobre el capital aplicado en Francia en 1945, cuyo objetivo era sobre todo reducir de forma importante el endeudamiento público, tenía un esquema progresivo que ascendía gradualmente de 0 a 25% para las riquezas más abundantes.[8]

El mismo resultado se puede obtener aplicando durante 10 años el impuesto progresivo con tasas de 0, 1 y 2%, y adscribiendo los ingresos recaudados al desendeudamiento, por ejemplo, a través de un "fondo de redención", como el propuesto en 2011 por un consejo de economistas vinculado con el gobierno alemán. Esta propuesta, que tiende a mutualizar* todas las deudas públicas de los países de la zona euro que rebasen el 60% del PIB (en particular las de Alemania, Francia, Italia y España), y después a reducir progresivamente ese fondo a cero, dista de ser perfecta: le falta sobre todo la gobernanza democrática sin la cual no funcionaría la mutualización de las deudas europeas, como veremos después; pero al menos es una propuesta concreta y perfectamente se puede conjugar con un cobro excepcional o decenal sobre el capital.[9]

¿La inflación permite redistribuir la riqueza?

Retomemos nuestra argumentación. Hemos observado que el impuesto excepcional sobre el capital es la mejor forma de reducir una deuda pública

[6] Más adelante volveremos al asunto del nivel óptimo de endeudamiento público de largo plazo, que no puede resolverse sin tener en cuenta el nivel de acumulación de capital público y privado.

[7] También se pueden simular otros esquemas utilizando el cuadro S15.1 (disponible en línea).

[8] Véase el capítulo X.

* Es decir, que las deudas reciban el respaldo del conjunto de Europa y ya no de un gobierno en específico. [Nota del revisor técnico.]

[9] Sobre los "fondos de redención", véase German Council of Economic Experts, *Annual Report 2011* (noviembre de 2011); *The European Redemption Pact. Questions and Answers* (enero de 2012). Técnicamente, las dos ideas pueden complementarse perfectamente. Sin embargo, política y simbólicamente es posible que la noción de "redención" (que parece remitir a un largo sufrimiento compartido por el conjunto de la población) se vea con dificultad asociada a la del impuesto progresivo sobre el capital, por lo que el término "redención" resulta el menos idóneo.

importante y es, por mucho, el método más transparente, justo y eficiente. En su defecto, se puede recurrir a la inflación. En concreto, como la deuda pública es un activo nominal (es decir, uno cuyo precio se fija de antemano y no depende de la inflación), y no un activo real (es decir, uno cuyo precio evoluciona según la situación económica, en general cuando menos a la misma velocidad que la inflación, como es el caso de los activos inmobiliarios o bursátiles), basta con un poco más de inflación para reducir mucho el valor real de la deuda pública. Por ejemplo, con una inflación de 5% anual —en lugar de una de 2%—, al cabo de cinco años el valor real de la deuda, expresada en porcentaje del PIB, se reducirá en un 15% adicional (mientras que todo lo demás se mantenga igual), lo cual es considerable.

Tal solución es extremadamente tentadora, y así se ha reducido en la historia la mayor parte de las deudas públicas importantes de los países europeos en conjunto, sobre todo en el siglo XX. Por ejemplo, de 1913 a 1950, en Francia y Alemania la inflación fue, respectivamente, de 13 y 17%, en promedio anual, lo que permitió que esos dos países se lanzaran a su reconstrucción con una deuda pública insignificante en los primeros años de la década de 1950. En particular, Alemania es comparativamente el país que ha recurrido en mayor medida a la inflación (y también simple y sencillamente a la anulación de créditos) para deshacerse de deudas públicas a lo largo de su historia.[10] Dejando de lado el Banco Central Europeo (BCE), que hoy es claramente el más reticente a esa solución, no es casualidad que todos los grandes bancos centrales del planeta, trátese de la Reserva Federal estadunidense, el Banco de Japón o el Banco de Inglaterra, intenten eliminar su objetivo de inflación más o menos explícitamente, y experimenten para ello con diversas políticas "no convencionales" (volveremos a esto). Si lo lograran y si, por ejemplo, su nivel de inflación llegara a 5% anual, en lugar de 2% (lo que no es seguro que ocurra), esos países de hecho conseguirían salir del sobreendeudamiento mucho más rápidamente que los países de la zona euro, cuyas perspectivas económicas parecen seriamente amenazadas por la falta de resultados visibles frente a la crisis de la deuda y por la ausencia, en los diferentes países, de una visión clara a largo plazo sobre la unión europea en los ámbitos fiscal y presupuestario.

De hecho, es importante entender que, sin un gravamen excepcional

[10] Además del efecto de reducción de la inflación, los Aliados anularon de un plumazo una parte importante de las deudas alemanas después de la segunda Guerra Mundial (o más exactamente, las aplazaron hasta una eventual unificación alemana, y nunca las cubrieron). Según los cálculos del historiador alemán Albrecht Ritschl, se llegaría a montos sustanciales si se recapitalizaran a una tasa razonable. Parte de estas deudas corresponde a gastos de ocupación retenidos a Grecia durante la ocupación alemana, de donde se derivaron controversias sin fin y en gran medida irresolubles. Esto complica todavía un poco más aplicar hoy una mera lógica de austeridad y reembolso de las deudas. Al respecto, véase A. Ritschl, "Does Germany Owe Greece a Debt? The European Debt Crisis in Historical Perspective", London School of Economics, 2012.

sobre el capital y sin una inflación adicional, tendrían que pasar varias décadas para salir de un nivel de endeudamiento público tan elevado como el que impera actualmente. Tomemos un caso extremo: suponiendo una inflación rigurosamente nula, un crecimiento anual del PIB de 2% (que no está garantizado en el contexto europeo actual, pues el rigor presupuestal ejerce un impacto recesivo evidente, cuando menos a corto plazo) y un déficit presupuestal limitado a 1% del PIB (que en la práctica implica un excedente primario importante, habida cuenta de los intereses de la deuda), por definición se necesitarían 20 años para reducir en 20 puntos el endeudamiento público (expresado en porcentaje del PIB).[11] Si en ocasiones el crecimiento es menor de 2% y el déficit superior a 1%, entonces tal vez se requerirían 30 o 40 años. Se necesitan décadas para acumular capital; también se precisa mucho tiempo para reducir una deuda.

El ejemplo histórico más interesante de una dosis prolongada de austeridad es el del Reino Unido en el siglo XIX. Como indicamos en la segunda parte de este libro (capítulo III), se hubiera requerido un siglo de excedentes primarios (aproximadamente de dos a tres puntos del PIB por año, en promedio, de 1815 a 1914) para deshacerse de la enorme deuda pública derivada de las deudas napoleónicas. En total, en ese periodo los contribuyentes británicos dedicaron más recursos a los intereses de la deuda que a sus gastos totales en educación. Sin duda es una opción a favor de los tenedores de títulos de deuda, pero es poco probable que esa opción favoreciera el interés general del país. Nada impide pensar que el retraso educativo británico contribuyó al declive del Reino Unido en el curso de las décadas siguientes. Se trataba ciertamente de una deuda superior a 200% del PIB (y no de apenas 100%, como hoy), y la inflación en el siglo XIX era casi nula (mientras que todo el mundo acepta hoy una meta de 2% anual). Así, se puede esperar que la austeridad europea dure 10 o 20 años (cuando menos), y no un siglo, aunque de todos modos sería demasiado tiempo. Legítimamente se puede considerar que a Europa le conviene más preparar su futuro en la economía global del siglo XXI que dedicar anualmente varios puntos del PIB de excedente primario a su deuda pública, cuando en general dedica menos de un punto del PIB a sus universidades.[12]

[11] Si el PIB avanza 2% anual y la deuda 1% anual (suponiendo que se parte de una deuda total cercana al PIB), la deuda expresada en porcentaje del PIB disminuye más o menos 1% anual.

[12] El gravamen excepcional o decenal sobre el capital descrito antes es una forma de destinar el excedente primario a la reducción de la deuda. La diferencia es que se trata de un recurso nuevo, que no agobia a la mayoría de la población y que no impacta en el resto del presupuesto público. En la práctica, las diferentes soluciones forman un continuo (impuesto sobre el capital, inflación, austeridad): todo depende de la dosis y de la manera en que el peso del ajuste se reparte entre los diferentes grupos sociales. El impuesto sobre el capital impone el esfuerzo en los poseedores de grandes patrimonios, mientras que las políticas de austeridad muy a menudo tienden a protegerlos.

Una vez planteado esto, se debe insistir igualmente en que la inflación no es sino un sustituto muy imperfecto del impuesto progresivo sobre el capital que puede traer consigo cierto número de efectos secundarios poco atractivos. El primer problema de la inflación es el riesgo de desbocamiento: no es seguro que se pueda detener en 5% al año. Una vez que la espiral inflacionaria empieza, cada persona quiere que su salario y los precios que la afectan evolucionen como le conviene, y resulta muy difícil detener un mecanismo de esa naturaleza. En Francia, la inflación fue superior a 50% anual de 1945 a 1948, durante cuatro años consecutivos. La deuda pública se redujo a casi nada, mucho más radicalmente que por el gravamen excepcional sobre la riqueza aplicado en 1945. Sin embargo, la inflación arruinó definitivamente a millones de pequeños ahorradores, contribuyendo así a agravar la pobreza endémica de la tercera edad en la década de 1950.[13] En Alemania, los precios se multiplicaron por cientos de millones entre el principio y el final de 1923. La sociedad y la economía acabaron traumatizadas durante mucho tiempo por este episodio, que sin duda sigue influyendo en la forma en que los alemanes perciben la inflación. El segundo problema es que la inflación pierde una buena parte del efecto deseado cuando se torna permanente y anticipada (en particular, los que prestan al Estado exigen una tasa de interés más elevada).

Es cierto que hay un argumento más en favor de la inflación. Comparada con el impuesto sobre el capital, que, como todos los impuestos, conduce inevitablemente a la sustracción de recursos a personas que se aprestan a gastarlos de forma útil (para consumo o inversión), la inflación, en su versión idealizada, tiene el mérito de penalizar principalmente a quienes no saben qué hacer con su dinero, es decir, a los que mantienen demasiada liquidez en sus cuentas bancarias, en cuentas e inversiones poco dinámicas, o bajo el colchón. Se salvan quienes ya se gastaron todo, los que han invertido todo en activos económicos reales (inmobiliarios o empresariales), o mejor aún, quienes se han endeudado (la inflación reduce su deuda nominal, lo que les permite retomar más rápidamente nuevos proyectos de inversión). Según esta visión ideal, la inflación sería en cierta forma un impuesto sobre el capital ocioso y un aliciente para el capital dinámico. Este punto de vista tiene algo de verdad y no debe dejarse de lado totalmente,[14] pero, como ya se vio al estudiar la desigualdad de los rendimientos en función del capital inicial, la inflación no impide que los patrimonios importantes y bien diversificados

[13] El ahorro financiero de los años 1920-1930 se destruyó prácticamente por completo al derrumbarse los mercados bursátiles. Eso no impidió que la inflación de 1945-1948 provocara otro choque. La respuesta fue la creación de una asignación mínima para la vejez (creada en 1956) y el desarrollo de sistemas de jubilación por reparto (creados en 1945, pero que se desarrollaron gradualmente).

[14] Hay modelos teóricos basados en esta idea; véase el anexo técnico.

obtengan un muy buen rendimiento, sin importar las implicaciones personales, simplemente por su magnitud.[15]

Finalmente, la verdad es que la inflación es un instrumento relativamente tosco e impreciso en sus objetivos. En ocasiones, la redistribución inducida de la riqueza va en el sentido correcto y, en otras, en el incorrecto. Es cierto que si hay que elegir entre un poco más de inflación o un poco más de austeridad, sin duda es preferible un poco más de inflación. Sin embargo, es excesivamente ingenua y fantasiosa la visión a menudo expresada en Francia, según la cual la inflación sería un instrumento casi ideal de redistribución (tal opinión con frecuencia se formula como sigue: la inflación es una forma de tomar dinero del "rentista alemán" y de forzar a una población envejecida, que prospera del otro lado del Rin, a dar pruebas de mayor solidaridad). Una gran ola inflacionista europea tendría en la práctica todo tipo de consecuencias indeseables en la distribución de la riqueza, en particular en detrimento de las personas más modestas en Francia, en Alemania y en todos los países. Por el contrario, los poseedores de patrimonios inmobiliarios y bursátiles importantes estarían, en gran medida, protegidos a ambos lados del Rin y en cualquier otro lugar.[16] Trátese de reducir las desigualdades patrimoniales sobre una base permanente, o bien de reducir una deuda pública excepcionalmente elevada, el impuesto progresivo sobre el capital es, por regla general, un instrumento mucho mejor que la inflación.

¿Qué hacen los bancos centrales?

Con el fin de entender mejor el papel de la inflación y, de manera más general, el de los bancos centrales en la regulación y redistribución del capital, conviene salirse un poco del marco de la crisis actual y observar de nuevo estas cuestiones desde una perspectiva histórica más amplia. En la época en que el patrón oro era la norma en todos los países, es decir, hasta la primera Guerra Mundial, la función de los bancos centrales era mucho más reducida que hoy, y sobre todo su poder para crear dinero estaba muy limitado en ese tipo de sistema por la magnitud de las reservas de oro y plata. Una de las dificultades evidentes era precisamente que la evolución general de los precios dependía principalmente del azar de los descubrimientos auríferos y argentíferos. Si la reserva mundial de oro era estacionaria y la producción mundial crecía mucho, entonces el nivel de los precios debía bajar continuamente (una misma masa monetaria servía para adquirir una producción más im-

[15] Véanse, en particular, los resultados presentados en el capítulo XII.

[16] Sería lo mismo en caso de volver a la moneda nacional. Siempre es posible reducir la deuda pública con emisiones de dinero e inflación, pero es difícil dominar las consecuencias distributivas de un proceso de esas características, ya sea con el euro o con el franco, el marco o la lira.

portante), lo cual, en la práctica, causaba problemas importantes.[17] Si repentinamente se hacían grandes descubrimientos —en la América hispánica de los siglos XVI y XVII, o en California a mediados del siglo XIX—, los precios podían subir con rapidez y dar lugar a otro tipo de problemas, incluso a enriquecimientos indebidos.[18] Esta situación no era nada satisfactoria para la época y es muy improbable que algún día se vuelva a un régimen de tales características ("reliquia bárbara", llamaba Keynes al oro).

No obstante, a partir del momento en que se suprime toda referencia a un patrón metálico, queda claro que el poder de creación de dinero de los bancos centrales se convierte en potencialmente infinito y, por lo tanto, debe regularse seriamente. Éste es el debate sobre la independencia de los bancos centrales, del cual surgen numerosos malentendidos. Repasemos brevemente sus etapas. Al principio de la crisis de la década de 1930, los bancos centrales de los países industrializados adoptaron una política extremadamente conservadora: apenas salidos del patrón oro, se negaron a crear la liquidez necesaria para salvar a las instituciones financieras en problemas, de ahí las quiebras bancarias en serie, que agravaron terriblemente la crisis y lanzaron al mundo al abismo. Es importante entender la magnitud del traumatismo causado por esta dramática experiencia histórica. Desde esa fecha, todo el mundo considera que la función principal de los bancos centrales es la de garantizar la estabilidad del sistema financiero, lo cual, en caso de pánico absoluto, implica adoptar el papel de "prestador de última instancia", que consiste en crear la liquidez necesaria para evitar el colapso generalizado de los establecimientos financieros. Es esencial darse cuenta de que desde la crisis de los años treinta esta convicción es compartida por todos los observadores, sin importar su postura respecto de la política del *New Deal* o de las diversas formas del Estado social instituido en los Estados Unidos y Europa después de las crisis de 1930-1940. En ocasiones, la fe en el papel estabilizador del banco central incluso parece inversamente proporcional a la que se tiene en las políticas sociales y fiscales surgidas en ese mismo periodo.

Esto es particularmente obvio en la monumental *A Monetary History of the United States* publicada en 1963 por Milton Friedman. En esta obra considerada como fundacional, el líder de los economistas monetaristas dedicó gran atención a los movimientos de la política monetaria de la Reserva Federal, estudiados sobre todo a través de los archivos y las minutas de sus

[17] Un ejemplo histórico muy citado es el de la ligera deflación (baja de precios y salarios) ocurrida en los países industrializados a fines del siglo XIX. La deflación suele ser muy mal aceptada por productores y asalariados por igual: éstos parecen esperar que los precios y salarios bajen para consentir que el que les corresponde también baje; de ahí se deriva una gran inercia, que en ocasiones se denomina "rigidez nominal". El argumento más importante en favor de una inflación baja pero positiva (típicamente 2%) es que permite realizar con mayor facilidad el ajuste de salarios y precios relativos que una inflación nula o negativa.

[18] La teoría clásica del declive español critica abiertamente las ventajas producidas por el oro.

diferentes comités de 1857 a 1960.[19] No sorprende que el elemento central de la investigación se refiriera a los sombríos años de la crisis de 1929. Para Friedman, no cabía la menor duda: la política burdamente restrictiva de la Reserva Federal fue la que en realidad transformó el colapso bursátil en una crisis del crédito, sumiendo a la economía en la deflación y en una recesión de inusitada magnitud. La crisis fue antes que nada monetaria lo mismo que su solución. De este erudito análisis, Friedman extrajo conclusiones políticas transparentes: para garantizar un crecimiento tranquilo y sin sobresaltos en el marco de las economías capitalistas, es necesario y suficiente seguir una política monetaria apropiada que permita garantizar un crecimiento estable del nivel de precios. Según la doctrina monetarista, el *New Deal* y su florilegio de empleos públicos y transferencias sociales promovidas por Roosevelt y los demócratas, como consecuencia de la crisis de la década de 1930 y de la segunda Guerra Mundial, no eran más que una gigantesca farsa, costosa e inútil. Para salvar al capitalismo no hacía falta un *welfare state* ni un gobierno tentacular: bastaba con un buen banco central. En los Estados Unidos de la década de 1960-1970, donde una parte de los demócratas soñaba con enterrar el *New Deal,* y una parte de la opinión pública empezaba a inquietarse por el declive relativo de su país respecto de una Europa en pleno crecimiento, este mensaje político, sencillo y enérgico, produjo el efecto de una bomba. Los trabajos de Friedman y de la escuela de Chicago contribuyeron, sin duda, a crear un clima de desconfianza frente a la extensión indefinida del Estado y a forjar el contexto intelectual que llevó a la revolución conservadora de 1979-1980.

Evidentemente, estos mismos acontecimientos pueden reinterpretarse en el sentido de que nada impide complementar un buen banco central con un buen Estado social y una buena fiscalidad progresiva. Es obvio que estas diferentes instituciones son más complementarias que sustitutas. A diferencia de lo que la doctrina monetarista intenta sugerir, el hecho de que la Reserva Federal haya sido burdamente restrictiva en los primeros años de la década de 1930 (como los bancos centrales de otros países ricos) no dice nada del mérito y los límites de las demás instituciones. Sin embargo, no es eso lo que nos interesa aquí. El hecho es que desde hace décadas todos los economistas, monetaristas, keynesianos o neoclásicos, y todos los observadores, sin importar su tendencia política, convienen en que los bancos centrales deben desempeñar el papel de prestadores de última instancia y tomar todas las medidas necesarias para evitar el colapso financiero y una espiral deflacionaria.

Este relativo consenso histórico explica por qué todos los bancos centrales del planeta, tanto en los Estados Unidos como en Europa y Japón, reac-

[19] Véase M. Friedman y A. J. Schwartz, *A Monetary History of the United States, 1857-1960,* Princeton University Press, Princeton, 1963, 860 pp.

cionaron a la manifiesta crisis de 2007-2008 adoptando el papel de prestador y estabilizador. Con excepción del caso de Lehman Brothers, en septiembre de 2008, el número de quiebras bancarias fue relativamente limitado. Esto no implica, sin embargo, que haya consenso sobre la naturaleza exacta de las políticas monetarias "no convencionales" que deben aplicarse en tales circunstancias.

Creación monetaria y capital nacional

En concreto, ¿qué hacen los bancos centrales? En el marco de nuestra investigación es de primordial importancia precisar que los bancos centrales no crean riqueza como tal, sino que la redistribuyen. Más exactamente, cuando la Reserva Federal o el Banco Central Europeo (BCE) deciden crear 1 000 millones de dólares o de euros suplementarios, sería un error imaginar que el capital nacional estadunidense o europeo se incrementa en esa misma cantidad. En realidad, el capital nacional no cambia ni un dólar ni un euro, pues las operaciones efectuadas por los bancos centrales son siempre operaciones de préstamo. Por definición, estas instituciones llevan a la creación de activos y pasivos financieros que se compensan exactamente en el momento en que son introducidos. Por ejemplo, la Reserva Federal presta 1 000 millones de dólares a Lehman Brothers o a General Motors (o al gobierno estadunidense), endeudados por esa misma cantidad. Ni el patrimonio neto de la Reserva Federal ni, en consecuencia, el de los Estados Unidos o el del planeta se modifican un ápice por esta operación. Por lo demás, sorprendería mucho que los bancos centrales pudieran con un simple registro contable aumentar el capital nacional de su país, y del universo entero, al mismo tiempo.

Después, todo depende del impacto de esta política monetaria en la economía real. Si el préstamo del banco central permite a la empresa en cuestión salir de una situación desventajosa y evitar la quiebra definitiva (quiebra que quizás hubiera llevado a una reducción del patrimonio nacional), entonces, una vez estabilizada la situación y reembolsado el préstamo, se puede considerar que el préstamo del banco central permitió incrementar el patrimonio nacional (o cuando menos no disminuirlo). Y a la inversa, si el préstamo sólo demoró la quiebra inevitable de la empresa y si incluso impidió el surgimiento de un competidor viable (que bien puede suceder), se debe considerar que el efecto final de esta política fue el de disminuir el patrimonio nacional. Los dos ejemplos son posibles y sin duda están presentes en distintas proporciones en todas las políticas monetarias. En la medida en que los bancos centrales han permitido limitar el alcance de la recesión de 2008-2009, se puede considerar que, en promedio, contribuyeron a aumentar el PIB, la inversión y, por tanto, el capital de los países ricos y del mundo. Sin embargo, es evidente que una evaluación dinámica de este tipo siempre resultará incierta y será objeto de controversia. De lo que no hay duda es de que en el momento en que los bancos centrales aumentan la masa monetaria al hacer un préstamo a una institución financiera o no financiera, o bien a un gobierno, no se produce un impacto inmediato en el capital nacional ni, por cierto, en el capital público o privado.[20]

¿En qué consisten las políticas monetarias "no convencionales" experimentadas desde la crisis de 2007-2008? En tiempos de calma, los bancos centrales se contentan con garantizar que la masa monetaria crezca al mismo ritmo que la actividad económica para asegurar de este modo una inflación baja, del orden de 1 o 2% anual. En concreto, introducen el dinero nuevo prestándolo a los bancos a plazos extremadamente cortos, en ocasiones por unos cuantos días. Estos préstamos permiten garantizar la solvencia del conjunto del sistema financiero. Los enormes flujos de depósitos y retiros efectuados a diario por hogares y empresas nunca cuadran perfectamente al día en cada uno de los bancos. Desde 2008, la novedad principal radica en la duración de los préstamos otorgados a los bancos privados. En lugar de prestar a un horizonte de varios días, la Reseva Federal y el BCE ahora prestan a plazos de tres, incluso seis meses —de ahí el gran aumento de los volúmenes correspondientes al último trimestre de 2008 y a principios de 2009—. También empezaron a prestar por esos mismos plazos a instituciones no financieras, sobre todo en los Estados Unidos, con préstamos al sector bancario hasta por 9 o 12 meses y con adquisiciones directas de bonos de plazo relativamente largo. A partir de 2011-2012, los bancos centrales ampliaron nuevamente la gama de sus intervenciones. Las compras de bonos del Tesoro y de diversas obligaciones públicas, practicadas desde que se iniciara la crisis por la Reserva Federal, el Banco de Japón y el Banco de Inglaterra, fueron también realizadas por el BCE, conforme la crisis de la deuda pública se agravaba en el sur de Europa.

Respecto de estas políticas se deben precisar varios aspectos. Para empezar, los bancos centrales tienen el poder de evitar la quiebra de un banco o una institución no financiera prestándoles el dinero necesario para pagar los salarios y a los proveedores, pero no tienen el poder para obligar a las em-

[20] Cabe hacer notar que la emisión monetaria pura no existe, en el sentido siguiente. Cuando un banco central imprime dinero con el fin de prestarle a su gobierno, ese fenómeno se produce siempre a manera de préstamo (cuyo rastro se conserva en la contabilidad del banco central, incluso en los periodos más caóticos, como en la Francia de 1944-1948), y no como un donativo. Todo depende también de lo que pase a continuación: si esta fabricación de moneda conduce a inflación alta, entonces puede implicar una redistribución muy elevada (por ejemplo, el valor real de la deuda pública puede verse reducido a poca cosa, en detrimento de los activos nominales privados). El efecto total en el ingreso nacional y en el capital nacional depende, por su parte, del impacto de esta política en el nivel global de actividad económica del país. *A priori* puede ser positivo o negativo, exactamente de la misma manera que para los préstamos a actores privados. Los bancos centrales redistribuyen el capital monetario, pero no tienen la facultad de crear riqueza nueva en forma inmediata.

presas a invertir, a los hogares a consumir y a la economía a reanudar el crecimiento. Tampoco tienen el poder de decidir sobre la tasa de inflación. La liquidez creada por los bancos centrales puede haber contribuido a evitar la depresión y la deflación, pero el clima económico sigue sombrío en los países ricos en los primeros años de la década de 2010, particularmente en Europa, donde la crisis de la zona euro influye negativamente en la confianza. El hecho de que los gobiernos de los principales países ricos (Estados Unidos, Japón, Alemania, Francia, Reino Unido) se encuentren pidiendo prestado a tasas excepcionalmente bajas en 2012-2013 —apenas 1%— da fe de la importancia de las políticas estabilizadoras de los bancos centrales. Sin embargo, esto demuestra sobre todo que los inversionistas privados no saben muy bien qué hacer con el dinero líquido prestado a tasas nulas o casi nulas por las autoridades monetarias, así que prefieren prestarlo de nuevo, por un rendimiento irrisorio, a los gobiernos considerados más seguros. Estas tasas de interés, tan bajas para ciertos países y mucho más elevadas para otros, son indicio de una situación económica febril y anómala.[21]

La fuerza de los bancos centrales radica en que pueden redistribuir la riqueza muy rápidamente, y en principio en proporciones infinitas. Si fuera necesario, un banco central puede, en el lapso de un segundo, crear tantos miles de millones como desee y depositarlos en la cuenta de una institución o de un gobierno. En caso de urgencia absoluta (pánico financiero, guerra, catástrofe natural), esta inmediatez y carencia de límites para la creación de dinero son dos de sus ventajas irremplazables. En particular, ninguna autoridad fiscal podría actuar tan rápidamente para recaudar un impuesto: tiene que definir una base, tasas, promulgar una ley, recaudar el impuesto, prever las posibilidades de reclamación, etc. Si hubiera que proceder de esa forma para resolver una crisis financiera, ya habrían quebrado todos los bancos. Esta rapidez de ejecución es la principal fuerza de las autoridades monetarias.

La debilidad de los bancos centrales radica en que su capacidad para decidir a quién otorgar préstamos, por qué monto y durante cuánto tiempo, así como para gestionar la cartera financiera correspondiente, es evidentemente muy limitada. La primera consecuencia es que el tamaño de su balance no puede rebasar ciertos límites. En concreto, con todas las nuevas gamas de préstamos y de intervenciones en los mercados financieros introducidas desde 2008, los balances de los bancos centrales prácticamente han duplicado su tamaño. La totalidad de los activos y pasivos financieros pasó de aproximadamente 10 a más de 20% del PIB para la Reserva Federal y el Banco de Inglaterra, y de más o menos 15 a cerca de 30% del PIB para el Banco Central

[21] Por el contrario, las tasas de interés exigidas a países considerados como menos seguros llegaron a niveles extremadamente elevados en 2011-2012 (6 a 7% en Italia o España, incluso 15% en Grecia). Esto demuestra sobre todo la febrilidad de los inversionistas y su incertidumbre ante el futuro inmediato.

Europeo. Es, sin duda, una evolución espectacular, pero al mismo tiempo se ve que estos montos siguen siendo relativamente modestos comparados con la totalidad de los patrimonios privados netos que ascienden a 500 o 600% del PIB, o lo rebasan, en la mayor parte los países ricos.[22]

En teoría, sin duda se podría imaginar montos mucho más importantes. Los bancos centrales podrían decidir comprar todas las empresas de un país, todos los bienes inmobiliarios, financiar la transición energética, invertir en las universidades, dirigir la economía en su conjunto. El único problema, obviamente, es que los bancos centrales no tienen una administración provista para ello, y sobre todo carecen de la legitimidad democrática para emprender tales acciones. Las redistribuciones operadas por los bancos centrales son inmediatas y potencialmente infinitas, pero también pueden estar infinitamente mal dirigidas (como ocurre con los efectos de la inflación en la desigualdad); por eso es preferible que no sobrepasen cierta magnitud. Por ello, los bancos centrales operan en el marco de un mandato estricto, centrado en torno a la estabilidad del sistema financiero. En la práctica, cuando el poder público decide acudir en ayuda de ciertos sectores industriales, como con General Motors en los Estados Unidos en 2009-2010, es el gobierno y no el banco central el que directamente se ocupa de los préstamos, las participaciones y las diversas convenciones de objetivos con la empresa en cuestión. Lo mismo pasa en Europa: la política industrial o universitaria depende de los gobiernos, no del banco central. No es una cuestión de imposibilidad técnica; se trata de un problema de gobernanza democrática. Si los impuestos y los presupuestos públicos requieren tiempo para votarse y aplicarse, no es por mera casualidad: cuando se desplazan fracciones importantes de la riqueza nacional, más vale no equivocarse.

Entre las múltiples controversias relativas a los límites de la función de los bancos centrales, dos aspectos conciernen particularmente a nuestra in-

[22] El total de activos y pasivos financieros brutos es aún más elevado, pues equivale a 10-20 años de PIB en la mayor parte de los países desarrollados (véase el capítulo V). Por tanto, los bancos centrales no poseen actualmente más que cierto porcentaje del total de activos y pasivos financieros de los países ricos. Los balances de los diferentes bancos centrales están disponibles en línea cada semana o cada mes. Se conoce el detalle por categoría de activos y pasivos (pero no en el nivel de cada institución o país al que se le prestó dinero). Billetes y monedas no representan sino una pequeñísima parte del balance (en general, apenas 2% del PIB), y lo esencial corresponde a puros asientos contables, igual que en el caso de las cuentas bancarias de los hogares, las sociedades y los gobiernos. En el pasado, el balance de los bancos centrales llegó en ocasiones a 90-100% del PIB (por ejemplo en Francia, en 1944-1945, después de lo cual ese balance se eliminó en gran medida mediante la inflación). En el verano de 2013, el balance del Banco de Japón llegó a casi 40% del PIB. Para series históricas sobre los balances de los principales bancos centrales, véase el anexo técnico. El análisis de estos balances es instructivo y permite constatar que aún están muy lejos de recuperar sus más altos niveles pasados. Por otra parte, la inflación depende de muchas fuerzas diversas, y sobre todo de la competencia internacional de precios y salarios, que actualmente tiende a mantenerlos a la baja y a orientar las alzas a los precios de los activos.

vestigación y merecen un análisis en profundidad. Se trata, por una parte, de la complementariedad entre la regulación bancaria y el impuesto sobre el capital (cuestión que ilustra a la perfección el reciente ejemplo de la crisis chipriota) y, por la otra, de los límites cada vez más evidentes de la arquitectura institucional vigente en la actualidad de Europa (donde se está experimentando con una construcción inédita en la historia, cuando menos a esta escala: una moneda sin Estado).

La crisis chipriota: cuando el impuesto sobre el capital se encuentra con la regulación bancaria

El primer papel de los bancos centrales, irremplazable, es el de garantizar la estabilidad del sistema financiero; tienen la situación más idónea para asegurar día a día la posición de los diferentes bancos, para refinanciarlos, dado el caso, y para controlar que el sistema de pagos funcione normalmente. En ocasiones se apoyan en autoridades y estructuras encargadas específicamente de la regulación bancaria, por ejemplo, para otorgar licencias de operación a establecimientos financieros (no se puede abrir un banco en un taller mecánico) o para verificar que se respeten los índices de prudencia vigentes (es decir, los volúmenes de reservas y activos considerados como de poco riesgo que deben tener los bancos para poder prestar o invertir determinados montos en activos de mayor riesgo). En todos los países, los bancos centrales y las autoridades de regulación bancaria (que a menudo están muy vinculados) trabajan concertadamente. En el proyecto en curso sobre la creación de una unión bancaria europea, se supone que el BCE tendrá el papel más importante. En la solución de ciertas crisis bancarias consideradas como particularmente importantes, los bancos centrales también trabajan de común acuerdo con las estructuras internacionales creadas para este efecto, empezando por el Fondo Monetario Internacional. Es el caso, sobre todo, de la ya famosa "Troika", en que se agrupan la Comisión Europea, el BCE y el FMI, y que desde 2009-2010 intenta neutralizar la crisis financiera europea, que incluye una crisis de deuda pública y una crisis bancaria, sobre todo en el sur de Europa. En efecto, la recesión de 2008-2009 llevó a una agravación del endeudamiento público, que ya era muy elevado en vísperas de la crisis en la mayor parte de los países (sobre todo en Grecia e Italia), y a un acelerado deterioro de los balances bancarios, sobre todo en los países afectados por el estallido de la burbuja inmobiliaria (empezando por España). En última instancia, ambas crisis están inextricablemente vinculadas. Los bancos poseen títulos de deuda pública de los que nadie sabe exactamente su valor (el *haircut* fue masivo en Grecia, y aunque se afirmó que esta solución única no se repetiría, la verdad es que resulta muy difícil prever de modo objetivo cuál será el siguiente episodio en tales circunstancias), y las finanzas públicas de los gobiernos sólo pueden continuar degradándose mientras se prolongue el marasmo económico, dependiente en gran medida del bloqueo del sistema financiero y crediticio.

Una de las dificultades es que ni la Troika ni las autoridades públicas de los diferentes países afectados disponen de transmisión automática de información bancaria internacional ni de un "catastro financiero" que les permitiría repartir de forma transparente y eficaz las pérdidas y los esfuerzos. En el capítulo anterior mencionamos el caso de Italia y España y sus dificultades para instaurar, de forma aislada, un impuesto progresivo sobre el capital con el objetivo de restablecer sus finanzas públicas. El caso de Grecia es aún más extremo; todo el mundo le exige que haga que sus residentes más acomodados paguen impuestos, lo cual es sin duda una excelente idea. El problema es que, sin la cooperación internacional adecuada, Grecia carece evidentemente de los medios suficientes para imponer una tributación justa y eficiente, más aún cuando el desplazamiento de fondos al extranjero (a menudo a otros países europeos) es una tarea tan fácil para sus ciudadanos más ricos. Ahora bien, las autoridades europeas e internacionales no han tomado en ningún momento las medidas que permitan ofrecer un marco regulador y jurídico de esas características.[23] En consecuencia, a falta de recursos fiscales adecuados, Grecia, como los demás países afectados por la crisis, a menudo se ve obligada a generar ingresos deshaciéndose de los activos públicos que le quedan, con frecuencia a bajo precio, lo que para los compradores —griegos o europeos de diversas nacionalidades— es sin duda más atractivo que pagar impuestos.

Un caso particularmente interesante es el de la crisis chipriota de marzo de 2013. Chipre es una isla de un millón de habitantes; su entrada en la Unión Europea se produjo en 2004, y en 2008 en la zona euro. Su sector bancario está hipertrofiado, aparentemente por importantes depósitos bancarios extranjeros, sobre todo rusos, atraídos por la baja tributación y la poca atención de las autoridades locales. Según las declaraciones de los responsables de la Troika, parecería que esos depósitos rusos incluyen enormes sumas individuales, así que es posible imaginar oligarcas cuyos haberes se cifran en decenas de millones de euros, incluso miles de millones de euros, a juzgar por las clasificaciones de las fortunas publicadas por las revistas. El problema es que ni las autoridades europeas ni el FMI han publicado estadísticas, por burdas y aproximadas que sean. Lo más probable es que estas instituciones no sepan gran cosa, por la sencilla razón de que nunca se han tomado el trabajo de avanzar en este sentido, a pesar de su importancia. Tal opacidad no facilita un arreglo pacífico y racional de este tipo de conflictos. El proble-

[23] Como se indicó en el capítulo anterior, las discusiones sobre posibles cambios en los reglamentos europeos sobre la transmisión automática de información bancaria apenas empezaron en 2013 y están muy lejos de haber concluido.

ma, en efecto, es que los bancos chipriotas ya no tienen el dinero que figura en sus balances. Al parecer, los montos se invirtieron en títulos griegos hoy devaluados y en inversiones inmobiliarias en parte ilusorias. Con toda razón, las autoridades europeas dudan de utilizar el dinero de los contribuyentes europeos para sacar a flote los bancos chipriotas sin contrapartida, sobre todo si en última instancia se trata de sacar a flote a millonarios rusos.

Tras meses de reflexión, los miembros de la Troika tuvieron la desastrosa idea de proponer un impuesto excepcional para todos los depósitos bancarios: 6.75% para depósitos de hasta 100 000 euros y 9.9% para aquellos por encima de esa cantidad. La idea se antoja interesante, en la medida en que parece un impuesto progresivo sobre el capital, pero con dos matices importantes. Primero, la ligerísima progresividad es evidentemente ilusoria. Para cualquiera es claro que se trata de gravar casi con la misma tasa al pequeño ahorrador chipriota que tiene 10 000 euros en su cuenta de cheques y al oligarca ruso que posee 10 millones de euros. Segundo, la base impositiva nunca fue definida con claridad por las autoridades europeas e internacionales encargadas del expediente. Daba la impresión de que sólo los depósitos bancarios en sentido estricto resultaban afectados, y que para salvarse bastaba con transferir los haberes a títulos en acciones o bonos, o a otros activos financieros o inmobiliarios. En otras palabras, si ese impuesto se hubiera aplicado, habría sido sin duda brutalmente regresivo, habida cuenta de la composición y de las posibilidades de reasignación de las carteras más importantes. El impuesto se propuso en marzo de 2013, tras haber sido aprobado unánimemente por los miembros de la Troika y los 17 ministros de Finanzas en representación de los países de la zona euro; a continuación fue violentamente rechazado por la población. Finalmente se adoptó una nueva solución, consistente sobre todo en exentar los depósitos de menos de 100 000 euros (que es, en principio, el nivel de la garantía prevista en el proyecto de unión bancaria europea en proceso de aplicación). Sin embargo, las modalidades exactas siguen siendo relativamente imprecisas. Parece estarse aplicando un enfoque individualizado, banco por banco, sin que se conozcan con exactitud las tasas de retención y las bases tributarias utilizadas.

Este episodio es interesante, pues ilustra los límites de los bancos centrales y de las autoridades financieras; su fuerza y su rapidez para actuar, su debilidad y su capacidad limitada para enfocar correctamente las redistribuciones que operan. La conclusión es que el impuesto progresivo sobre el capital no sólo es útil como impuesto permanente, sino que también puede desempeñar un papel central como gravamen excepcional (con tasas en ocasiones bastante altas) en el marco de los arreglos de crisis bancarias importantes. En el caso chipriota, no es necesariamente inconveniente pedir a los ahorradores que hagan un esfuerzo, en la medida en que el país en su conjunto tiene una responsabilidad en la estrategia de desarrollo elegida por su gobierno. Por el contrario, lo que sí es profundamente chocante es que ni siquiera se busquen los medios para llegar a un reparto justo, transparente y progresivo de los esfuerzos. La buena nueva es que esta situación tal vez lleve a las autoridades internacionales a darse cuenta de los límites de los instrumentos de que disponen. Si se pregunta a los responsables por qué la propuesta del impuesto chipriota era tan poco progresiva y su base tan reducida, la respuesta inmediata es que nadie disponía de la información bancaria necesaria para aplicar un esquema mucho más progresivo.[24] La mala noticia es la falta de diligencia de las autoridades en cuestión para solucionar el problema, aun cuando la solución técnica está al alcance de la mano. No hay que excluir que el impuesto progresivo sobre el capital suscite bloqueos puramente ideológicos y que todavía falte mucho para lograr superarlos.

El euro: ¿moneda sin Estado para el siglo xxi?

Más allá de las diferentes crisis bancarias del sur de Europa, se ve que esos episodios ponen sobre la mesa un tema más amplio: el de la arquitectura general de la Unión Europea. ¿Cómo llegó a crearse, por primera vez en la historia, a tal escala, una moneda sin Estado? En la medida en que el PIB de la Unión Europea representaba en 2013 casi la cuarta parte del PIB mundial, el asunto es de interés general y va más allá de los habitantes de la zona.

La respuesta que suele darse a esta pregunta es que la creación del euro, decidida en 1992 por el tratado de Maastricht, en medio de la caída del muro de Berlín y de la unificación alemana, y cuya entrada en vigor para los distribuidores de billetes se produjo el 1° de enero de 2002, no era más que una etapa de un largo proceso. La unión monetaria conduce naturalmente a una unión política, fiscal, presupuestaria; una unión que no deja de estrecharse. Basta con tener paciencia y no saltarse etapas. Y en parte es cierto. Sin embargo, me parece que, a fuerza de no querer anticiparse al camino, a fuerza de posponer una y otra vez el debate sobre el itinerario preciso, las etapas y la meta, en ocasiones se corre el riesgo de salirse del camino. Si en 1992 Europa decidió crear una moneda sin Estado no fue sólo por pragmatismo, sino también porque este acuerdo institucional se concibió en los últimos años de la década de 1980 y los primeros de la de 1990, en un momento en que se pensaba que la única función de los bancos centrales era ver pasar los trenes, es decir, asegurarse de que la inflación no subiera. Después de la estanflación de los años setenta, los gobiernos y la opinión pública se dejaron convencer de que primeramente los bancos centrales debían

[24] En particular, para aplicar un esquema progresivo es indispensable reunir información sobre todos los activos de una persona en diferentes cuentas y diferentes bancos (idealmente en Chipre y en toda la Unión Europea). La ventaja de una tasa poco progresiva es que podría aplicarse aisladamente en cada banco.

ser independientes del poder público y tener, como objetivo único, una inflación baja. Así se llegó a la creación de una moneda sin Estado y de un banco central sin gobierno. Esta visión inerte de los bancos centrales se hizo añicos después de la crisis de 2008, cuando todo el mundo redescubrió el papel crucial que desempeñan estas instituciones en caso de crisis graves y el carácter totalmente inadecuado del arreglo institucional europeo.

Entiéndaseme bien. Habida cuenta del poder infinito de creación monetaria de los bancos centrales, es perfectamente legítimo restringirlos con estatutos rígidos y misiones claramente definidas. Así como nadie desea dar a un jefe de gobierno el poder de cambiar a su gusto a los rectores o los profesores universitarios (y no se diga el contenido de su enseñanza), nada tiene de chocante que las relaciones entre el poder político y las autoridades monetarias estén regidas por drásticas restricciones. Además, se tienen que precisar los límites de esa independencia. No conozco a nadie que en las últimas décadas haya propuesto que se devuelva a los bancos centrales el estatuto privado de que gozaban en muchos países hasta la primera Guerra Mundial, incluso hasta 1945.[25] De hecho, que los bancos centrales sean instituciones públicas tiene como consecuencia que sus dirigentes sean nombrados por los gobiernos y, en ocasiones, por los parlamentos. A menudo el mandato es irrevocable mientras dura (en general, cinco o seis años), pero de todas formas esto se traduce en que pueden ser remplazados durante ese lapso si su política se considera inadecuada, posibilidad nada despreciable. En la práctica, los dirigentes de la Reserva Federal, del Banco de Japón o del Banco de Inglaterra deben trabajar en concierto con los gobiernos democráticamente elegidos y legítimos. Particularmente en cada uno de esos países el banco central ha desempeñado un papel clave en la estabilización de la tasa de interés de la deuda pública en un nivel bajo y previsible.

En el caso del Banco Central Europeo se han afrontado dificultades particulares. Para empezar, sus estatutos son más restrictivos que los otros: el objetivo de baja inflación ganó la delantera al objetivo de empleo pleno y crecimiento, fenómeno que refleja el contexto ideológico en que fue creado. Es aún más importante que sus estatutos impidan al BCE ser acreedor de los préstamos públicos en el momento en que se emiten: primero debe dejar que los bancos privados presten dinero a los gobiernos miembros de la zona euro (en ocasiones a una tasa más elevada que aquella con la que el BCE presta a los bancos privados) y después comprar los títulos en el mercado secundario;

[25] Por ejemplo, los 200 accionistas principales tuvieron una función estatutaria importantísima en la gobernanza del Banco de Francia de 1803 a 1936 y, de hecho, determinaron la política monetaria del país, función muy cuestionada por el Frente Popular (que permitió que gobernadores y subgobernadores, nombrados por el gobierno, ya no tuvieran que ser accionistas), antes de la nacionalización total y definitiva de 1945. Desde esa fecha, el Banco de Francia ya no tiene accionistas privados y es una institución puramente pública, igual que la mayor parte de los bancos centrales del mundo.

esto es lo que ha acabado por hacer en el caso de los países del sur de Europa, después de mucho dudarlo.[26] En general, es evidente que el principal problema es que el BCE se enfrenta a 17 diferentes deudas públicas nacionales y 17 gobiernos nacionales, y que le es muy difícil desempeñar su papel de estabilizador en tal contexto. Si la Reserva Federal tuviera que escoger cada mañana entre la deuda de Wyoming, la de California y la de Nueva York, y decidir tasas y cantidades según la tensión que percibiera en cada mercado específico, bajo la presión de las diferentes regiones, le costaría mucho trabajo aplicar con serenidad una política monetaria.

Desde la introducción del euro en 2002 y hasta 2007-2008, las tasas de interés fueron rigurosamente las mismas para los diferentes países. Nadie anticipaba una posible salida del euro, de modo que todo parecía marchar bien. Sin embargo, una vez que la crisis financiera mundial empezó, empezaron también las divergencias de las tasas. Se debe medir muy bien la magnitud de las consecuencias en los presupuestos públicos. Cuando una deuda pública se acerca a un año de PIB, una diferencia de unos cuantos puntos base en la tasa de interés tiene consecuencias importantes. Es casi imposible organizar un debate democrático sereno sobre los esfuerzos necesarios y sobre las indispensables reformas del Estado social frente a tal incertidumbre. Para los países del sur de Europa, verdaderamente se trata de la peor de las combinaciones. Antes de la creación del euro, se podía devaluar la propia moneda para, cuando menos, recuperar competitividad y relanzar la actividad económica. La especulación sobre las tasas de interés nacionales es, en cierta forma, aún más desestabilizadora que las especulaciones de antaño sobre los tipos de cambio intraeuropeos, en la medida en que los balances bancarios internacionales son de tal alcance, que basta con un movimiento de pánico en un puñado de operadores de mercado para crear movimientos de gran amplitud en el ámbito de un país como Grecia, Portugal o Irlanda, e incluso como España o Italia. Lógicamente, la contraparte de la pérdida de soberanía monetaria debería ser el acceso a una deuda pública segura y a tasas bajas y previsibles.

El tema de la unificación europea

Sólo mancomunar las deudas públicas de la zona euro, o cuando menos las de aquellos países que la integran y que lo deseen, permitiría acabar con estas contradicciones. La propuesta alemana de "fondos de redención" mencionada antes es un buen punto de partida, pero le falta el lado político.[27] En

[26] Uno de los momentos clave de la crisis griega fue el anuncio del BCE, de diciembre de 2009, de que ya no aceptaría los bonos griegos en garantía, en caso de que Grecia fuera degradada por las agencias calificadoras (aunque nada en sus estatutos le obligara a proceder de esa forma).

[27] La otra limitación, más técnica, del "fondo de redención" es que, teniendo en cuenta la amplitud de las renovaciones de la deuda (el vencimiento de buena parte de la deuda es a varios

concreto, es imposible decidir con 20 años de anticipación cuál será el ritmo exacto de la "redención", es decir, el ritmo que se imprimirá al conjunto de la deuda común para llegar a la meta deseada. Todo dependerá de múltiples parámetros, empezando por la coyuntura económica. Para decidir el ritmo del desendeudamiento común, es decir, del déficit público de la zona euro, se debe crear un verdadero parlamento presupuestario de la zona euro. La mejor solución sería constituirlo a partir de los diputados de los parlamentos nacionales, con el objetivo de construir una soberanía parlamentaria europea partiendo de legitimidades democráticas nacionales.[28] Como todos los parlamentos, esta cámara tomaría decisiones por mayoría, tras debates públicos y plurales. Se verían coaliciones sobre bases parcialmente políticas y parcialmente nacionales; las decisiones que se tomaran no serían perfectas, pero cuando menos se sabría qué se decidió y por qué, lo que ya es algo. Esto parece una evolución más prometedora que la de recurrir al actual Parlamento Europeo, que tiene el inconveniente de apoyarse en 27 países (de los cuales muchos no son miembros de la zona euro y en este momento no desean proseguir con la integración europea) y de esquivar demasiado abiertamente las soberanías parlamentarias nacionales, lo cual resulta problemático, tratándose de decisiones sobre los déficits presupuestales nacionales. Esto explica sin duda que la transferencia de competencias hacia el Parlamento Europeo haya sido siempre muy limitada y que vaya a seguir siéndolo durante mucho tiempo. Es el momento de tomar nota y de contar, por fin, con una cámara parlamentaria adaptada a la voluntad de unificación expresada por los países de la zona euro (de lo cual el ejemplo más claro es el abandono de la soberanía monetaria, por poco que se hayan medido las consecuencias).

Es posible hacer otros arreglos institucionales complementarios. En la primavera de 2013, las autoridades italianas hicieron suya la propuesta lanzada varios años antes por los responsables políticos alemanes sobre la elección por sufragio universal de un presidente de la Unión Europea, propuesta que lógicamente debería ir acompañada de una extensión de sus poderes. A partir del momento en que un parlamento presupuestal vota por el déficit de la zona euro, parece evidente que un ministro europeo de finanzas debe ser responsable ante tal cámara y someterle su proyecto de presupuesto y de déficit. Una cosa es segura: la zona euro no puede prescindir de un verdadero recinto parlamentario para decidir pública, democrática y soberanamente

años y debe renovarse regularmente, sobre todo en Italia), al cabo de pocos años se llegará al límite de 60% del PIB; por tanto, es el conjunto de la deuda pública el que debería mutualizarse.

[28] Este parlamento podría contar con unos 50 miembros para cada uno de los países grandes de la zona, en proporción de la población. Los miembros podrían provenir de las comisiones de finanzas y asuntos sociales de los parlamentos nacionales, o seleccionarse de alguna otra manera. El nuevo tratado europeo adoptado en 2012 prevé una "conferencia de parlamentos nacionales", pero no es más que una asamblea consultora, sin poderes propios y, con mayor razón, sin deuda común.

sus opciones de estrategia presupuestal y, de forma más general, cómo pretende salir de la crisis bancaria y financiera en la que está sumida. Los consejos de jefes de Estado o de los ministros de finanzas no pueden de ninguna manera actuar como tal: estas reuniones son secretas, no dan lugar a debates públicos plurales y rutinariamente desembocan en triunfales comunicados nocturnos que anuncian la salvación de Europa, mientras que los propios participantes no siempre parecen saber muy bien lo que decidieron. El caso de la decisión sobre el impuesto chipriota es emblemático: oficialmente se decidió por unanimidad, pero nadie quiso asumirlo de modo público.[29] Tal situación es digna de la Europa del Congreso de Viena (1815), pero por supuesto no va con el siglo XXI. Las propuestas alemanas e italianas mencionadas antes muestran que es posible avanzar, pero de todas formas sorprende atestiguar hasta qué punto Francia, dispuesta, sin embargo, a dar lecciones de solidaridad europea, en particular sobre la mutualización de las deudas (cuando menos en el ámbito de la retórica),[30] está ausente de este debate, independientemente del partido político en el poder.[31]

A falta de una evolución de esta naturaleza, es muy difícil imaginar una solución duradera a la crisis de la zona euro. Aparte de mancomunar la deuda y el déficit, hay otros instrumentos presupuestales y fiscales que cada país ya no puede verdaderamente asumir de forma individual y que sería lógico mutualizar. El primer ejemplo que nos viene a la mente es, por supuesto, el impuesto progresivo sobre el capital, analizado en el capítulo anterior.

Un ejemplo aún más evidente es el impuesto sobre las utilidades de las empresas, el cual es sin duda la causa de la competencia fiscal entre Estados

[29] La versión oficial es que este impuesto casi uniforme (semi *flat tax*) sobre los depósitos se adoptó a solicitud del presidente chipriota, que quería gravar fuertemente a los pequeños depositarios para evitar que huyeran los más grandes. Sin duda así fue, en parte: esta crisis ilustra también el drama de los países pequeños en la globalización, que para salvarse y encontrar su nicho en ocasiones están dispuestos a participar en la competencia fiscal más feroz y atraer los capitales menos recomendables. El problema es que nunca se sabrá: todas las negociaciones se celebraron a puerta cerrada.

[30] El actual gobierno francés está retóricamente a favor de la mutualización de las deudas, pero no ha formulado una propuesta precisa y finge creer que cada país podría seguir decidiendo separadamente qué cantidad de deuda común desea emitir, lo cual es imposible. La mutualización implica el voto de un déficit común (cada país podría conservar una deuda propia, pero sólo de modestas dimensiones, como las deudas de las comunidades locales y regionales o de los estados estadunidenses). Es muy lógico que el presidente del Bundesbank indique frecuentemente en los medios de comunicación que no se puede compartir una tarjeta de crédito sin compartir también la opción sobre el monto de los gastos.

[31] La explicación habitual es que los dirigentes franceses están traumatizados por su derrota en el referendo de 2005 sobre el Tratado Constitucional Europeo. El argumento no es muy convincente, en la medida en que el TCE, cuyas disposiciones en esencia se adoptaron después sin pasar por la vía del referendo, no incluía justamente ninguna innovación democrática sustancial y consagraba la omnipotencia del consejo de jefes de Estado y de ministros, es decir, la impotencia de la Europa actual. Es posible que la cultura presidencial francesa explique por qué la reflexión sobre la unión política europea ha avanzado menos, en cierta forma, que en Alemania o Italia.

europeos y la más feroz desde principios de los años noventa. En particular, varios países pequeños, primero Irlanda, después en el antiguo bloque soviético de la Europa del Este, han hecho de una tasa impositiva baja sobre los beneficios de las empresas uno de los ejes principales de su estrategia de desarrollo y de su actividad internacional. En principio, en un sistema fiscal ideal basado en intercambios automáticos de información bancaria perfectamente confiables, el papel del impuesto sobre las empresas sería limitado: no sería sino una retención anticipada del impuesto sobre el ingreso (o el impuesto sobre el capital) que deben pagar los accionistas o los acreedores individuales.[32] En la práctica, el problema es que esta retención anticipada suele ser lo único que se paga, en el sentido de que buena parte de la base fiscal declarada en el nivel de los beneficios gravables de las sociedades no forma parte del ingreso gravable individual; de ahí la importancia de cobrar una tasa significativa en el origen, es decir, en el nivel del impuesto sobre las empresas.

Una buena solución sería tener una declaración única de beneficios para el ámbito europeo y después repartir los ingresos en función de un criterio menos manipulable de lo que actualmente son los beneficios por filial. De hecho, el problema del sistema actual es que las sociedades multinacionales a veces pagan montos insignificantes del impuesto sobre las empresas si, por ejemplo, localizan de forma totalmente ficticia sus utilidades en una microfilial ubicada en un territorio o país donde el impuesto es bajo, con toda impunidad, y a menudo con la conciencia tranquila.[33] Sin duda es más razonable abandonar la idea de poder localizar las utilidades en este o aquel territorio, y repartir los ingresos sobre la base de las ventas o los salarios.

Un problema similar se plantea para el impuesto sobre el capital individual. El principio general sobre el que se basa la mayor parte de las convenciones fiscales es el principio de residencia: cada país grava el ingreso y el patrimonio de las personas que residen en su territorio más de seis meses

[32] El impuesto progresivo sobre la renta o el capital es más satisfactorio que el impuesto sobre las empresas porque permite graduar la tasa en función del nivel de ingresos o del capital individual (mientras que el impuesto sobre las empresas grava con la misma tasa todos los beneficios obtenidos, sea grande o pequeño el accionista).

[33] De creer en ciertas declaraciones de dirigentes de empresas como Google, parecería que su discurso es más o menos el siguiente: "Nosotros enriquecemos a la sociedad mucho más de lo que nuestras utilidades y nuestros salarios indican, por eso está bien que paguemos los impuestos más bajos que sea posible". De hecho, si una sociedad o una persona aporta al resto de la economía un bienestar marginal superior al precio que factura por sus productos, entonces es perfectamente legítimo que pague pocos impuestos, o incluso que se le subsidie (en economía se habla de "externalidad positiva"). Evidentemente, el problema es que a todos les interesa aparentar que son generadores de una considerable externalidad positiva para el resto del universo. Ahora bien, Google no ha presentado como se debe ni siquiera el principio de un estudio que sugiera que, en efecto, se le puede considerar en esta categoría. En todo caso, es muy evidente la dificultad de organizar la vida en común en un mundo en que cada uno pretende decidir por sí mismo su tasa impositiva.

por año. Este principio práctico es cada vez más difícil de aplicar en Europa, sobre todo en las zonas fronterizas (por ejemplo, entre Francia y Bélgica). Además, el patrimonio siempre se ha gravado en parte según la ubicación del activo, no del poseedor. Por ejemplo, el impuesto predial francés se paga sobre un inmueble parisino, incluso si su poseedor reside al otro lado del mundo y sin importar su nacionalidad. El mismo principio se aplica para el impuesto sobre la fortuna, pero únicamente sobre los bienes inmuebles. Nada impediría aplicarlo también sobre los activos financieros, según la ubicación de la actividad económica de la empresa respectiva. Esto sirve también para los títulos de la deuda pública. Tal extensión del principio de "residencia del capital" a los activos financieros (y no de residencia del poseedor) exige, por supuesto, una transmisión automática de información bancaria que permita seguir las complejas estructuras del accionariado. Estos impuestos plantean además la cuestión de la multinacionalidad.[34] Al respecto, es muy evidente que las respuestas adecuadas pueden provenir únicamente del ámbito europeo (incluso mundial). La solución correcta sería, pues, confiar al parlamento presupuestal de la zona euro la creación de esos instrumentos.

¿Es una utopía? No más que pretender crear una moneda sin Estado. Desde el momento en que los países renunciaron a su soberanía monetaria, parece indispensable devolverles una soberanía fiscal sobre temas que escapan ya a los Estados-nación, como la tasa de interés sobre la deuda pública, el impuesto progresivo sobre el capital o los gravámenes a las utilidades de las compañías multinacionales. Para los países europeos, hoy la prioridad debería ser la construcción de un gobierno continental capaz de retomar el control del capitalismo patrimonial y de los intereses privados, así como de defender el modelo social europeo en el siglo XXI; las pequeñas desavenencias entre modelos nacionales son relativamente secundarias; tanto es así que de lo que aquí se trata es de la supervivencia del modelo común.[35]

Cabe subrayar también que, a falta de una unión política europea de ese tipo, es muy posible que las fuerzas de la competencia fiscal sigan haciendo sentir sus efectos. Sería erróneo pensar que ya se le ve el fin a la competencia fiscal. En particular, las próximas etapas de la carrera de persecución a la baja del impuesto sobre las empresas ya están listas, con los proyectos de

[34] Recientemente se propuso imponer a las organizaciones internacionales un impuesto mundial sobre la fortuna. La ventaja es que este impuesto sería independiente de la nacionalidad y podría ser una forma de proteger el derecho a la multinacionalidad. Véase al respecto P. Weil, "Let Them Eat Slightly Less Cake: An International Tax on the Wealthiest Citizens of the World", *Policy Network*, 26 de mayo de 2011.

[35] Esta conclusión se acerca mucho a la de D. Rodrik según la cual el Estado-nación, la democracia y la globalización forman un trío inestable en el siglo XXI (uno de los tres términos debe abdicar en favor de los otros dos, al menos en parte). Véase D. Rodrik, *The Globalization Paradox. Democracy and the Future of the World Economy,* Norton, Nueva York/Londres, 2011, 368 pp. [*La paradoja de la globalización. Democracia y el futuro de la economía mundial,* Antoni Bosch Editor, Barcelona, 2012, 368 pp.]

tipo "ACE", que en poco tiempo podría llevar a una pura y simple supresión del impuesto sobre las empresas.[36] Sin tratar de dramatizar a toda costa, me parece importante percatarse de que el curso normal de la competencia fiscal es conducir hacia un predominio del impuesto sobre el consumo, es decir, hacia un sistema fiscal del siglo XIX, que no permite progresividad y favorece, en la práctica, a las personas que pueden ahorrar, o mudarse, o mejor aún, ambas cosas.[37] De todas formas se puede indicar que ciertos tipos de cooperación fiscal avanzan a veces más rápido de lo que hubiera podido pensarse *a priori*, como lo demuestra el proyecto del impuesto sobre las transacciones financieras, tal vez uno de los primeros impuestos verdaderamente europeos. Incluso si la importancia de tal impuesto parece mucho menor que la del impuesto sobre el capital o sobre los beneficios (a la vez en términos de ingresos y de impacto distributivo), esta evolución reciente demuestra que nada está escrito de antemano.[38] La historia política y fiscal inventa siempre sus propios caminos.

Gobierno y acumulación del capital en el siglo XXI

Tomemos ahora un poco de distancia respecto de lo que está en juego en la construcción de Europa y planteemos la siguiente pregunta: en una sociedad ideal, ¿cuál sería el nivel de deuda pública deseable? Así, de entrada, no hay certeza absoluta al respecto, y sólo la deliberación democrática puede per-

[36] El sistema ACE (Allowance for Corporate Equity), adoptado en Bélgica en 2006 (de ahí las múltiples localizaciones ficticias de las empresas), autoriza una deducción del beneficio gravable correspondiente al rendimiento "normal" de las acciones. Este sistema se presenta como el equivalente de la deducción de los intereses y como una forma técnica de igualar las condiciones impositivas de deudas y acciones. Sin embargo, hay otra forma de hacerlo, aplicada en Alemania (y recientemente en Francia), que consiste en limitar la deducción de los intereses. Aquellos interesados en este debate, como el FMI, y hasta cierto punto la Comisión Europea, fingen creer que ambas soluciones son equivalentes, cuando en realidad no lo son: si se deduce a la vez el rendimiento "normal" de deudas y acciones, es muy probable que el impuesto desaparezca.

[37] En particular, las tasas diferenciadas por tipo de bien sólo permiten una meta muy burda por nivel del ingreso. La principal razón por la que el impuesto al valor agregado (IVA) se ve tan favorecido por los gobiernos europeos actuales es que, de hecho, permite gravar los bienes importados y hacer minidevaluaciones. Obviamente es un juego sin ganancia ni pérdida (una vez que cada uno ha hecho lo mismo, ya no hay ventaja competitiva), sintomático de una unión monetaria apenas cooperativa. La otra justificación clásica del impuesto sobre el consumo se basa en la idea de favorecer la inversión, pero los fundamentos conceptuales de tal enfoque son poco claros (sobre todo en un periodo histórico en que la relación capital/ingreso es relativamente alta).

[38] El objetivo de este impuesto es disminuir el volumen de las transacciones financieras muy frecuentes, lo cual sin duda es bueno, pero, por definición, no puede generar muchos ingresos, pues el objetivo mismo es agotar la fuente. Las estimaciones de ingresos respecto de este impuesto muchas veces pecan de optimistas. Sin duda, no pueden ser superiores a 0.5% del PIB, como mucho, pues tal impuesto no permite, por definición, una meta que esté en función del nivel del ingreso o del capital individual. Véase el anexo técnico.

mitir dar respuesta a esta pregunta, en función de los objetivos de una sociedad y de los retos específicos a los que se enfrenta. Lo cierto es que resulta imposible dar una respuesta sensata si al mismo tiempo no se plantea una pregunta más amplia: ¿cuál es el nivel deseable de capital público y cuál el nivel ideal de capital nacional en su conjunto?

En el marco de este libro, hemos estudiado detalladamente la evolución de la relación entre capital e ingreso, β, a través de países y siglos. También analizamos cómo la relación β de largo plazo era determinada por las tasas de ahorro y crecimiento del país en cuestión, mediante la ley $\beta = s/g$. Sin embargo, todavía no nos preguntamos sobre la relación β deseable. En una sociedad ideal, ¿debería disponerse de cinco años de ingreso nacional en acervo de capital, o de 10, o incluso de 20? ¿Cómo reflexionar sobre este tema? No es posible dar una respuesta exacta, pero, según ciertas hipótesis, podemos fijar un límite máximo a la cantidad de capital que se puede considerar, *a priori,* como acumulable. Ese nivel máximo consiste en acumular tanto capital como para que la tasa de rendimiento del capital r, supuestamente igual a su productividad marginal, caiga al nivel de la tasa de crecimiento g. Tomada al pie de la letra, esta regla $r = g$, bautizada como "regla de oro de la acumulación del capital" por Edmund Phelps en 1961, implicaría un acervo de capital mucho más elevado que los observados a todo lo largo de la historia, pues, como ya vimos, la tasa de rendimiento siempre ha sido claramente superior a la tasa de crecimiento. La desigualdad $r > g$ fue muy considerable hasta el siglo XIX (con rendimientos del orden de 4 a 5% y un crecimiento inferior a 1%) y probablemente lo sea de nuevo durante el siglo XXI (con igual rendimiento promedio, de 4 a 5%, y un crecimiento sin duda un poco superior a 1.5%, a largo plazo).[39] Es muy difícil decir cuánto capital habría que acumular para que la tasa de rendimiento bajara a 1 o 1.5%. Es cierto que serían necesarios más de los seis o siete años de ingreso nacional observados actualmente en los países más intensivos en capital: tal vez sería necesario acumular el equivalente de 10 a 15 años de ingreso nacional en capital, quizá más. Para que la tasa de rendimiento baje a las tasas de crecimiento minúsculo observado antes del siglo XVIII (menos de 0.2%), es difícil imaginar lo que eso podría representar en términos de la relación capital/ingreso. Tal vez se tendrían que acumular 20 o 30 años de ingreso nacional en capital para que cada quien dispusiera de tantos inmuebles y casas, equipos y máquinas, y herramientas de todo tipo, para que una unidad suplementaria de capital reportara menos de 0.2% en producción suplementaria anual.

A decir verdad, la pregunta así planteada es sin duda demasiado abstracta, y la respuesta de la regla de oro no es muy útil en la práctica. Es probable

[39] Véase el capítulo X, gráficas X.9-X.11. Para evaluar la regla de oro se debe tomar en cuenta la tasa de rendimiento antes de impuestos (supuestamente igual a la productividad marginal del capital).

que ninguna sociedad humana acumule jamás tanto capital, pero no por ello deja de tener interés la lógica subyacente a la regla. Resumiendo:[40] si se cumple con la regla de oro $r=g$, por definición eso significa que a largo plazo la parte del capital en el ingreso nacional es exactamente igual a la tasa de ahorro de la economía, $\alpha=s$. De modo inverso, mientras se verifique la desigualdad $r>g$, a largo plazo la parte del capital será superior a la tasa de ahorro: $\alpha>s$.[41] Dicho de otra manera, para que se cumpla la regla de oro se tiene que haber acumulado tanto capital que éste ya no produzca nada. O más precisamente, se tiene que haber acumulado tanto capital que el simple hecho de mantener ese acervo de capital en el mismo nivel (en proporción al ingreso nacional) exija reinvertir cada año todo lo que reporta ese capital. Es exactamente lo que significa la igualdad $\alpha=s$: la totalidad de los ingresos del capital debe ahorrarse cada año y agregarse al acervo de capital. A la inversa, mientras se cumpla la desigualdad $r>g$, en el largo plazo el capital reportará algo, en el sentido de que no es necesario reinvertir la totalidad de los ingresos del capital para mantener en el mismo nivel la relación capital/ingreso.

Vemos, pues, que la regla de oro es semejante a una estrategia de "saturación del capital". Se acumula tanto capital que los rentistas ya no tienen nada que consumir, pues necesitan reinvertir todo si desean que su capital crezca al mismo ritmo que la economía, y así conservar su estatus social respecto del promedio de la sociedad. A la inversa, mientras $r>g$, basta con reinvertir cada año la fracción del rendimiento correspondiente a la tasa de crecimiento (g) y consumir el resto ($r-g$). La desigualdad $r>g$ es la base de las sociedades rentistas. Así, acumular suficiente capital para que el rendimiento baje al nivel del crecimiento puede poner fin al reino de los rentistas.

¿Pero estamos seguros de que es el mejor método? ¿Por qué los poseedores del capital, y por qué una sociedad en su conjunto, escogerían acumular tanto capital? En realidad, no debe olvidarse que el razonamiento que lleva a la regla de oro permite únicamente fijar un límite máximo, pero de ninguna manera justifica, en general, que se vaya tan lejos.[42] En la práctica hay dos

[40] El artículo original, escrito con cierta distancia irónica, en forma de fábula, merece releerse: E. Phelps, "The Golden Rule of Accumulation: A Fable for Growthmen", *The American Economic Review,* vol. 51, núm. 4, septiembre de 1961, pp. 638-643. También se puede encontrar una idea similar, pero expresada menos claramente, y sin que se mencione la expresión "regla de oro", en el libro de M. Allais de 1947 (*Économie et intérêt,* 2 vols., Imprimerie Nationale, París, 800 pp.), y en los artículos de Von Neumann de 1945 y de Malinvaud de 1953. Conviene subrayar que todos estos trabajos (incluido el artículo de Phelps) se sitúan en un plano exclusivamente teórico y no pretenden realmente discutir qué nivel de acumulación de capital sería susceptible de verificar la igualdad entre r y g. Véase el anexo técnico.

[41] La participación del capital está dada por $\alpha=r\times\beta$. En el largo plazo, $\beta=s/g$; por tanto, $\alpha=s\times r/g$, de ahí que $\alpha=s$ si $r=g$, y que $\alpha>s$ si y sólo si $r>g$. Véase el anexo técnico.

[42] Las razones por las que se trata de un límite máximo se explican con mayor precisión en el anexo técnico.

formas mucho más sencillas y eficaces para combatir a los rentistas, sobre todo por la vía fiscal: no hay necesidad de acumular decenas de años de ingreso nacional en reservas de capital, lo cual tal vez exigiría privaciones durante generaciones.[43] En un nivel puramente teórico, todo depende, en principio, de los orígenes del crecimiento. Si la productividad no crece y si el crecimiento proviene sólo de la población, dirigirse hacia la regla de oro puede tener sentido. Por ejemplo, si se toma como dato el hecho de que la población crecerá eternamente al 1% anual, y si uno es infinitamente paciente y altruista respecto de las generaciones futuras, entonces la manera correcta de maximizar el consumo por habitante a largo plazo es en efecto acumular tal cantidad de capital que el rendimiento caiga a 1%. Sin embargo, de inmediato se ven los límites del razonamiento. Para empezar, es un poco extraño tomar como dato un crecimiento demográfico eterno: después de todo, depende de las opciones de fecundidad de las generaciones futuras, y las generaciones actuales no son responsables de ello (excepto si se imagina una tecnología anticonceptiva particularmente desarrollada). Además, si el crecimiento demográfico también es igual a cero, habría que acumular una cantidad infinita de capital: mientras el rendimiento sea ligeramente positivo, siempre será en interés de las generaciones futuras que las generaciones actuales no consuman nada y acumulen más. Según Marx, que supone implícitamente un crecimiento nulo tanto de la población como de la productividad, es en lo que habría tenido que desembocar el deseo de acumulación infinita de los capitalistas, de ahí su caída definitiva, para dar lugar a la apropiación colectiva de los medios de producción, de modo que fuera el Estado soviético el que se hiciera cargo, por el bien común, de la acumulación sin límite de capital industrial y de máquinas, cada vez más numerosas, sin que, por otra parte, se sepa muy bien dónde deben detenerse las autoridades encargadas de la planificación.[44]

[43] En la práctica, el impuesto sobre el capital o la propiedad pública puede actuar de tal manera que la parte del ingreso nacional destinada a los ingresos del capital privado (después de impuestos) sea inferior a la tasa de ahorro, sin que sea necesario acumular tanto. Es el ideal socialdemócrata de la posguerra: las utilidades financian la inversión y no el tren de vida de los accionistas. Según la famosa expresión del canciller alemán Helmut Schmidt: "Las utilidades de hoy son las inversiones de mañana y los empleos de pasado mañana". El capital y el trabajo van de la mano, pero es importante comprender que esto depende de instituciones como el impuesto o la propiedad pública (salvo que imaginemos niveles de acumulación desconocidos hasta la fecha).

[44] En cierta forma, la regla de oro, interpretada al estilo soviético, consiste en transferir a la colectividad el deseo de acumulación infinita del capital atribuido a los capitalistas. Es interesante observar que en los pasajes de la *Teoría general* dedicados a la eutanasia de los rentistas (capítulos 16 a 24), Keynes planteaba una idea cercana a la de la "saturación del capital": acumular suficiente capital es la forma de que los rentistas pierdan su rendimiento y sean sacrificados. Sin embargo, Keynes no precisaba hasta qué grado (ni rastro de $r=g$) y no consideraba explícitamente una acumulación pública.

Cuando el crecimiento de la productividad es positivo, el proceso de acumulación del capital se equilibra merced a la ley $\beta = s/g$. El problema del óptimo social se torna entonces más difícil de resolver. Si se sabe de antemano que la productividad crecerá eternamente al 1% anual, ello implica que las generaciones futuras serán mucho más productivas y prósperas que las actuales. En esas condiciones, ¿es razonable sacrificar nuestro consumo actual para acumular cantidades inusitadas de capital? Dependiendo de la forma que elijamos para comparar y ponderar el bienestar de las diferentes generaciones, se puede llegar a todas las conclusiones posibles: concluir que lo más sabio es no dejarles nada (quizá nada más nuestra contaminación) o llegar hasta la regla de oro, o a algún punto entre esos dos extremos. Aquí se ve hasta qué punto es limitada la utilidad práctica de la regla de oro.[45]

A decir verdad, el sentido común debería haber sido suficiente para concluir que no hay fórmula matemática que nos permita zanjar el eminentemente complejo problema de determinar qué dejar a las generaciones futuras. Si de todas formas me pareció necesario presentar estos debates conceptuales en torno a la regla de oro fue porque en estos primeros años del siglo XXI tienen cierto impacto en el debate público, por una parte respecto del tema de los déficits europeos y, por otra, en el marco de las controversias sobre las consecuencias del cambio climático.

Legalismo y política

En un principio, la noción de regla de oro se utilizó en el marco del debate europeo en torno a los déficits públicos, pero en un sentido completamente diferente.[46] En 1992, en el momento de la creación del euro, el tratado de Maastricht había previsto que el déficit presupuestal no sobrepasara el 3%

[45] La solución matemática que dan los economistas a este problema se incluye en el anexo técnico. En resumen, todo depende de lo que se haya convenido en llamar concavidad de la función de utilidad (a través de la fórmula $r = \theta + \gamma \times g$, ya mencionada en el capítulo X, a la cual en ocasiones se le llama "regla de oro modificada"). Se considera que, con una concavidad infinita, las generaciones futuras no tendrán necesidad de un centésimo iPhone y, por ello, no se les deja ningún capital. En el caso extremo inverso, se puede llegar a la regla de oro, para lo cual puede ser necesario dejarles varias decenas de años de ingreso nacional en capital. La concavidad infinita suele estar asociada a un objetivo social de tipo rawlsiano y, por tanto, puede parecer atractiva. El problema es que, si no se deja capital, no es seguro que el crecimiento de la productividad siga al mismo ritmo. Todo ello vuelve el problema irresoluble y deja al investigador tan perplejo como al ciudadano.

[46] De manera general, la expresión "regla de oro" (en inglés, *golden rule*) remite a la idea de una regla moral que permite fijar las obligaciones de cada persona respecto de los demás. En economía y en política se utiliza con frecuencia para evocar reglas sencillas que permiten definir nuestras obligaciones frente a las generaciones futuras. Por desgracia, no existe una regla sencilla para resolver, de una vez por todas, esta cuestión existencial, que debe replantearse sin cesar.

del PIB y que la deuda pública total fuera menor de 60% del PIB.[47] La lógica económica precisa tras la decisión de estas cifras no ha sido aclarada explícitamente.[48] A decir verdad, si no se toman en cuenta los activos públicos y, más generalmente, el conjunto del capital nacional, es muy difícil justificar racionalmente un nivel determinado de deuda pública. La verdadera razón subyacente a estos criterios apremiantes, nunca antes vistos (por ejemplo, ni el parlamento estadunidense, ni el británico, ni el japonés, se han impuesto nunca tales reglas), ya se mencionó antes: se deriva casi inevitablemente del hecho de que se haya decidido crear una moneda común sin Estado y, en particular, sin crear una deuda común y sin unificar la determinación del nivel del déficit. En principio, estos criterios serían inútiles si la determinación del déficit común fuera responsabilidad de un parlamento presupuestal de la zona euro. Se trataría, entonces, de una decisión soberana y democrática, pero no hay una razón convincente para imponer, *a priori,* tales elecciones, y mucho menos, para incluir esas reglas en las constituciones. Tomando en consideración que esta unión presupuestal en construcción todavía es joven, se puede sin duda imaginar que la confianza común exige reglas específicas, por ejemplo, a manera de supermayorías parlamentarias para sobrepasar cierto nivel de deuda. Sin embargo, no se justificaría fijar para siempre un objetivo intangible de déficit y de deuda, sin tener en cuenta las mayorías políticas europeas del futuro.

Entiéndase bien: no tengo ninguna preferencia personal por la deuda pública, de la que varias veces he dicho que a menudo favorece la redistribución al revés, de los más modestos hacia los que tienen medios para prestar al gobierno (a los que, de manera general, sería obviamente preferible hacerles pagar impuestos). Desde mediados del siglo XX y desde el gran repudio de las deudas públicas de la posguerra (o más bien, de su eliminación por inflación), se han desarrollado muchas fantasías peligrosas sobre la deuda pública y las posibilidades de redistribución social que ofrece, que me parece urgente disipar.

Sin embargo, varias razones hacen pensar que no es acertado fijar criterios presupuestales por la vía jurídica o constitucional. Para empezar, la experiencia de la historia sugiere que en caso de crisis grave suele ser necesario

[47] Estas cifras se retomaron en el nuevo tratado, concluido en 2012, con el objetivo adicional de tender hacia un déficit "estructural" inferior a 0.5% del PIB (aparte de los efectos coyunturales) y de aplicar sanciones automáticas en caso de que no se respetaran estos compromisos. Conviene señalar que todas las cifras de los déficits mencionados en los tratados europeos repercuten en el déficit secundario (los intereses de la deuda están incluidos en los gastos).

[48] En ocasiones se ha observado que un déficit de 3% permite estabilizar una deuda total de 60% del PIB si el crecimiento nominal del mismo es de 5% (por ejemplo, 2% de inflación y 3% de crecimiento real), en virtud de la fórmula $\beta = s/g$ aplicada a la deuda pública. Sin embargo, el razonamiento es poco convincente (en particular, nada justifica realmente tal tasa de crecimiento nominal). Véase el anexo técnico.

tomar decisiones de urgencia sobre el presupuesto de una magnitud imposible de imaginar antes de la crisis. Dejar a un juez constitucional (o a comités de expertos) la tarea de decidir caso por caso sobre la oportunidad de tales decisiones sería una forma de regresión democrática. Además, implicaría riesgos. De hecho, la historia demuestra la lamentable tendencia de los jueces constitucionales a embarcarse en largas y aventuradas interpretaciones —y, en general, muy conservadoras— de los textos jurídicos sobre asuntos fiscales y presupuestarios.[49] Este conservadurismo jurídico es particularmente peligroso hoy en Europa, donde suele verse una tendencia a favorecer el derecho absoluto a la libre circulación de personas, bienes y capitales antes que el de los gobiernos a promover el interés general, lo que incluye el derecho a cobrar impuestos.

Antes que nada conviene insistir en que el nivel del déficit o de la deuda no se puede apreciar correctamente sin tomar en cuenta muchos otros parámetros que afectan la riqueza nacional. En este caso, si se considera el conjunto de datos disponibles, lo que más sorprende es que el patrimonio nacional nunca ha sido tan elevado en Europa. El patrimonio público neto es desde luego casi nulo, habida cuenta de la magnitud de las deudas públicas, pero el patrimonio privado neto es igualmente elevado desde hace un siglo. Por tanto, la idea de que estaríamos a punto de dejar deudas escandalosas a nuestros hijos y nietos, y que deberíamos cubrirnos la cabeza de cenizas para que nos perdonen, no tiene sentido. Desde el punto de vista de la verdadera regla de oro, que trata de la acumulación total del capital nacional, la verdad obliga a decir que los países europeos nunca han estado tan cerca de ella. Por el contrario, lo que es exacto y, en buena lógica, escandaloso es que el capital nacional está exageradamente mal repartido, con una riqueza privada apoyada en la pobreza pública. Su consecuencia principal es que actualmente gastamos mucho más en intereses de la deuda de lo que invertimos, por ejemplo, en enseñanza superior. Esto, además, es una realidad muy antigua: teniendo en cuenta el crecimiento relativamente lento desde 1970-1980, estamos en un periodo histórico en que la deuda cuesta mucho a las finanzas públicas en todo el mundo.[50] Es ésa la razón principal de que se tenga que

[49] En los Estados Unidos, la Suprema Corte bloqueó durante mucho tiempo el impuesto sobre el ingreso a finales del siglo XIX y principios del XX, y luego el salario mínimo en la década de 1930, al mismo tiempo que, durante más de dos siglos, consideró que la esclavitud y la discriminación racial eran perfectamente compatibles con los derechos fundamentales. En las últimas noticias, el Juzgado Constitucional Francés ha desarrollado una teoría excepcionalmente precisa sobre el nivel de la tasa impositiva superior, compatible, según éste, con la Constitución: concluidos sus razonamientos jurídicos de altos vuelos que sólo éste conoce, dicha tasa fluctúa entre 65 y 67%, y aún se pregunta si conviene o no tener en cuenta el impuesto sobre las emisiones de carbono.

[50] Es el mismo problema que el observado respecto del rendimiento de los sistemas de jubilación por reparto. Mientras el crecimiento sea tan grande y las bases fiscales avancen a la misma velocidad (o casi) que los intereses de la deuda, es relativamente fácil reducir el peso del

reducir dicha deuda lo más rápido posible, idealmente a través de un gravamen progresivo y excepcional sobre el capital privado y, en su defecto, mediante la inflación. En todos los casos, estas decisiones deben depender de un parlamento soberano y del debate democrático.[51]

Cambio climático y capital público

La regla de oro tiene también un impacto importante sobre una segunda cuestión esencial: el cambio climático y, de manera más general, el posible deterioro del capital natural a lo largo del siglo XXI. Si se adopta una visión global del capital nacional y mundial, ésta será sin duda la principal inquietud a largo plazo. El informe Stern, publicado en 2006, impresionó a la opinión pública con su cálculo de que los posibles daños al medio ambiente de aquí a que termine el siglo podían calcularse, según ciertas proyecciones, en decenas de puntos del PIB mundial anual. Entre los economistas, la controversia sobre el informe Stern ha girado principalmente en torno a la tasa a la cual habría que descontar esos estragos futuros. Para el británico Nick Stern, sería necesario utilizar una tasa de descuento relativamente baja, del orden de la tasa de crecimiento (1 a 1.5% anual), en cuyo caso dichos daños parecen ya muy elevados desde el punto de vista de las generaciones presentes. La conclusión del informe es, pues, la necesidad de actuar de forma intensiva e inmediata. Para el estadunidense William Nordhaus, habría que utilizar, por el contrario, una tasa de descuento más próxima a la tasa de rendimiento promedio del capital (4 a 5% anual), con lo cual las catástrofes futuras se ven mucho menos inquietantes. Dicho de otra manera, ambos autores aceptan la misma evaluación de los estragos futuros (evidentemente, muy inciertos), pero sacan conclusiones muy diferentes. Para Stern, la pérdida de bienestar mundial para la humanidad es tal, que desde ahora se justifica gastar el equivalente a cuando menos cinco puntos del PIB mundial cada año para tratar de limitar el cambio climático futuro. Para Nordhaus, sería totalmente injustificado, pues las generaciones futuras serán más ricas y productivas que nosotros y encontrarán la forma de resolverlo, con el riesgo de consumir menos, lo cual en todo caso será mucho menos costoso para el bienestar universal que hacer tales esfuerzos ahora. En esencia, tal es la conclusión de tan eruditos cálculos.

endeudamiento público como porcentaje del ingreso nacional. No es lo mismo si el crecimiento es bajo: la deuda se convierte en un fardo del que es difícil deshacerse. Si se saca el promedio conjunto del periodo 1970-2010, en todos los países ricos se observa que la carga de intereses es mucho más pesada que el déficit primario medio, que es casi nulo en numerosos países, sobre todo en Italia, donde la carga promedio de los intereses de la deuda asciende al nivel astronómico de siete puntos del PIB en promedio para ese periodo. Véase el anexo técnico, cuadro S16.1.

[51] Si se intenta judicializar y constitucionalizar estos asuntos, no se excluye que soluciones como el impuesto progresivo sobre el capital se consideren como jurídicamente imposibles.

Puestos a escoger, las conclusiones de Stern me parecen más razonables que las de Nordhaus, que muestran en efecto un optimismo agradable y muy oportuno —por su coincidencia con la estrategia estadunidense de emisiones de carbono sin reservas—, pero, en última instancia, poco convincente.[52] Me parece, sin embargo, que este debate relativamente abstracto sobre la tasa de descuento no presta atención al asunto central. En la práctica, cada vez con más frecuencia se trata de introducir en el debate público, sobre todo en Europa pero también en China o los Estados Unidos, la necesidad de una gran ola de inversiones tendientes a descubrir nuevas tecnologías no contaminantes y formas de energía renovables suficientemente abundantes para prescindir de los hidrocarburos. Este debate sobre la "recuperación ecológica" está muy presente en Europa, pues se ve en él una forma viable de salir del marasmo económico actual. Tal estrategia es tanto más tentadora cuanto que la tasa de interés, en cuyo nombre los Estados piden prestado, es hoy muy baja. Si los inversionistas privados no saben cómo gastar e invertir, ¿por qué el gobierno debería privarse de invertir para el futuro, evitando así una probable degradación del capital natural?[53]

Se trata de uno de los principales debates del porvenir. Más que inquietarse por la deuda pública (que es muy inferior a los patrimonios privados y que, en el fondo, puede ser fácilmente suprimida), sería más urgente la preocupación por aumentar nuestro capital educativo y evitar que se degrade nuestro capital natural. De otro modo es una pregunta más seria y difícil, pues el efecto invernadero no desaparece de un plumazo (o con un impuesto sobre el capital, que es lo mismo). En la práctica, la pregunta central es la siguiente. Supongamos que Stern tenga más o menos razón y que se justifique gastar cada año el equivalente a 5% del PIB mundial para evitar la catástrofe: ¿estamos seguros de saber qué inversiones hacer y cómo organizarlas? Si se trata de inversiones públicas, es importante entender que están en juego

[52] Respecto de la manera en que uno y otro calculan la tasa de descuento que prefieren, véase el anexo técnico. Es interesante observar que Stern y Nordhaus utilizan la misma "regla de oro modificada" antes descrita, pero el parámetro de concavidad de la función de utilidad social es de plano opuesta (Nordhaus elige un parámetro más rawlsiano que Stern para justificar el poco peso que concede a las generaciones futuras). Una salida lógica más satisfactoria consiste en introducir el hecho de que la sustituibilidad entre el capital natural y el de las otras formas de riqueza está lejos de ser infinita a largo plazo (como hicieron Roger Guesnerie y Thomas Sterner). En otras palabras, si el capital natural se destruye, no bastará con reducir nuestro consumo de iPhones para reparar los daños.

[53] Como señalamos, esta situación sobre las tasas de interés de la deuda pública es sin duda parcialmente ilusoria y transitoria: hoy, las tasas de interés son muy elevadas para ciertos países, y es poco probable que los países que actualmente piden prestado a menos de 1% se beneficien de esta situación durante decenios (el análisis del periodo 1970-2010 sugiere que la tasa de interés real de la deuda pública a largo plazo para los países ricos es del orden de 3%; véase el anexo técnico). Eso no impide que se trate de un argumento económico poderoso en favor de la inversión pública (al menos mientras sigan vigentes esas tasas).

cantidades considerables, mucho más, por ejemplo, que todas las inversiones públicas que se realizan en los países ricos hoy en día.[54] Si se trata de inversión privada, se deben precisar las modalidades de financiamiento público y la naturaleza de los derechos de propiedad sobre las tecnologías y patentes que se derivarán. Por otra parte, ¿conviene apostar todo a investigaciones de punta con el fin de avanzar rápidamente en energías renovables, o imponernos de inmediato reducciones importantes en el consumo de hidrocarburos? Sin duda es inteligente recurrir a una estrategia equilibrada que se apoye en todos los instrumentos disponibles.[55] Pero más allá de esta observación de sentido común, es forzoso subrayar que hoy nadie sabe cómo se enfrentarán esos desafíos ni qué papel desempeñará exactamente el gobierno para evitar esta posible degradación del capital natural en el siglo XXI.

Transparencia económica y control democrático del capital

De manera más general, para concluir me parece importante insistir en que una de las grandes apuestas para el futuro es, sin duda, la creación de nuevas formas de propiedad y control democrático del capital. La frontera entre capital público y capital privado está lejos de ser tan clara como se ha imaginado después de la caída del muro. Como hemos indicado, de hoy en adelante habrá numerosos sectores de actividad, en la educación, la salud, la cultura, los medios de comunicación, en que las formas dominantes de organización y propiedad no tienen mucho que ver con los paradigmas polares del capital puramente privado (como el modelo de la sociedad por acciones, totalmente en manos de sus accionistas) o del capital puramente público (con una lógica igualmente *top/down,* en cuyo caso el gobierno decide soberanamente qué inversión hacer). Evidentemente, hay numerosos modos de organización intermedia que permiten utilizar de modo conveniente la información y las competencias de cada persona. El mercado y el voto no son más que dos formas polares de organizar las decisiones colectivas: tendrán que inventarse nuevas formas de participación y de gobernanza.[56]

[54] En las últimas décadas, la inversión pública anual (libre de depreciación de los activos públicos) ha representado en la mayor parte de los países ricos cerca de 1 a 1.5% del PIB. Véase el anexo técnico, cuadro S16.1.

[55] Incluidos, por supuesto, instrumentos como el impuesto sobre las emisiones de carbono, que permite hacer pagar caras las diferencias en consumo de energía, según la emisión de CO_2 (y no en función de variaciones presupuestales, que ha sido la lógica general del impuesto a las gasolinas). No obstante, todo hace pensar que ese indicador de los precios tiene menos efecto en la reducción de las emisiones que los enfoques en términos de inversión pública y de normas de construcción (aislamiento térmico, por ejemplo).

[56] La idea según la cual el mercado y la propiedad privada permiten coordinar y utilizar eficientemente (según ciertas condiciones) la información y las competencias de millones de individuos es una idea clásica que se ve en Smith, pero también en Hayek, Arrow o Debreu. La

El elemento esencial es que estas diferentes formas de control democrático del capital dependen, en gran medida, del grado de información económica al alcance de cada individuo. La transparencia económica y financiera no es únicamente una apuesta fiscal; también es, y quizás esto sea más importante, una apuesta de gobernanza democrática y de participación en las decisiones. Desde este punto de vista, la apuesta no es tanto la transparencia financiera respecto de los patrimonios y los ingresos individuales, que realmente carece en sí de interés, excepto tal vez en circunstancias muy particulares, como para los responsables políticos,[57] o en un contexto en el que la falta de confianza no pueda corregirse de otra manera.[58] Como regla general, la apuesta más importante para la acción colectiva se refiere a la publicación de las cuentas detalladas de las empresas privadas (como, por lo demás, de las agencias gubernamentales), que en su forma pública actual son totalmente insuficientes para que los asalariados, o cualquier ciudadano, se formen una opinión sobre lo realizado y puedan intervenir en las decisiones. Para citar, por ejemplo, un caso práctico que nos remite al principio de esta obra, las cuentas publicadas por la empresa Lonmin, poseedora de la mina gigante de platino de Marikana, donde murieron a balazos 34 huelguistas en agosto de 2012, no permitían siquiera calcular con exactitud la distribución de la riqueza producida entre utilidades y sueldos. Se trata, por otra parte, de una característica general de las contabilidades públicas de las empresas en todo el mundo: los datos se agrupan en categorías estadísticas muy amplias que permiten decir lo menos posible sobre lo que realmente está en juego, o bien reservar la verdadera información para los inversionistas.[59] Luego, es

idea según la cual los mecanismos de voto constituyen otra forma eficiente de agregar la información (y, de manera más general, las ideas, reflexiones, etc.) de cada individuo es igualmente muy antigua: se remonta a Condorcet. Para investigaciones recientes en torno a este enfoque constructivista de las instituciones políticas y los sistemas electorales, véase el anexo el técnico.

[57] Por ejemplo, es importante poder estudiar dónde se sitúan los responsables políticos de los diferentes países en la jerarquía de los ingresos y los patrimonios de su tiempo (véanse los capítulos anteriores). No obstante, cabe destacar que puede ser suficiente con cuadros estadísticos bien detallados: la información estrictamente individual en general no es necesaria.

[58] Es interesante observar que una de las primeras medidas de las asambleas revolucionarias de 1789-1790 fue la creación de un "gran libro de pensiones" que permitiera hacer una lista completa de las rentas pagadas por el poder real (rentas que se mezclaban con pago de deudas, pensiones de antiguos funcionarios reales y simples favores). El estado nominativo de 1 600 páginas, que incluía 23 000 nombres, con todos los detalles sobre montos (las rentas múltiples se agruparon en una sola entrada individual), ministerio, edad, año de liquidación, motivos de la atribución, etc., se publicó en abril de 1790. Sobre este interesante documento, véase el anexo técnico.

[59] Esto se debe, sobre todo, a que los salarios suelen agruparse en una misma rúbrica que los consumos intermedios (es decir, lo que se compra a otras empresas, que remunera, a la vez, el trabajo y el capital). La consecuencia es que las cuentas publicadas no permiten calcular por separado utilidades y sueldos, ni examinar los posibles abusos sobre consumos intermedios (que pueden ser una forma de proporcionar un complemento importante de nivel de vida a los altos

fácil decir que los asalariados y sus representantes no están bien al tanto de las realidades económicas de la empresa. Sin verdadera transparencia contable y financiera, sin información compartida, no puede haber democracia económica. Y al contrario, sin derechos reales de intervención en las decisiones (como derecho de voto para los asalariados en los consejos de administración), la transparencia no sirve de mucho. La información debe nutrir a las instituciones fiscales y democráticas; no es un objetivo en sí. Para que la democracia llegue un día a retomar el control del capitalismo, se debe partir del principio de que las formas concretas de la democracia y del capital siempre tienen que estarse reinventando.[60]

ejecutivos o a los accionistas). Sobre el ejemplo de la contabilidad de Lonmin y de la mina de Marikana, véase el anexo técnico.

[60] El exigente punto de vista sobre la democracia de un filósofo como Jacques Rancière es indispensable en este asunto. Véase en particular J. Rancière, *La Haine de la démocratie*, La Fabrique, París, 2005, 106 pp.

CONCLUSIÓN

En esta obra he intentado presentar el estado actual de nuestros conocimientos históricos sobre la dinámica de la distribución de los ingresos y de la riqueza desde el siglo XVIII y examinar qué se puede aprender de ellos para este siglo que empieza.

Reiteremos: las fuentes reunidas en el marco de esta obra son más amplias que las de los autores precedentes, pero son imperfectas y están incompletas. Todas las conclusiones a las que llegué son, por su naturaleza, frágiles y merecen aún cuestionarse y debatirse. La vocación de la investigación en las ciencias sociales no es producir certezas matemáticas preconcebidas que sustituyan el debate público, democrático y plural.

La contradicción central del capitalismo: $r > g$

La lección general de mi investigación es que la evolución dinámica de una economía de mercado y de propiedad privada que es abandonada a sí misma contiene en su seno fuerzas de convergencia importantes, relacionadas sobre todo con la difusión del conocimiento y de calificaciones, pero también poderosas fuerzas de divergencia, potencialmente amenazadoras para nuestras sociedades democráticas y para los valores de justicia social en que están basadas.

La principal fuerza desestabilizadora se vincula con el hecho de que la tasa de rendimiento privado del capital r puede ser significativa y duraderamente más alta que la tasa de crecimiento del ingreso y la producción g.

La desigualdad $r > g$ implica que la recapitalización de los patrimonios procedentes del pasado será más rápida que el ritmo de crecimiento de la producción y los salarios. Esta desigualdad expresa una contradicción lógica fundamental. El empresario tiende inevitablemente a transformarse en rentista y a dominar cada vez más a quienes sólo tienen su trabajo. Una vez constituido, el capital se reproduce solo, más rápidamente de lo que crece la producción. El pasado devora al porvenir.

Las consecuencias pueden ser temibles para la dinámica de la distribución de la riqueza a largo plazo, sobre todo si a esto se agrega la desigualdad del rendimiento, en función del tamaño del capital inicial, y si ese proceso de divergencia de las desigualdades patrimoniales tiene lugar a escala mundial.

El problema no es fácil de solucionar. Cierto que es posible alentar el crecimiento, invirtiendo en formación, conocimiento y tecnologías no contaminantes, pero no por eso el crecimiento aumentará a 4 o 5% anual. La experiencia histórica indica que sólo países en proceso de recuperación y alcance respecto de otros, como Europa durante los Treinta Gloriosos, o China y los países emergentes de hoy, pueden crecer a ese ritmo. Todo hace pensar que la tasa de crecimiento de los países que están a la vanguardia en desarrollo tecnológico mundial, y uno de estos días la del planeta en su conjunto, no podrá ser superior a 1-1.5% anual a largo plazo, sin importar qué políticas se apliquen.[1]

Si el rendimiento promedio del capital es del orden de 4 a 5%, es probable que la desigualdad $r>g$ vuelva a ser la norma en el siglo XXI, como lo ha sido siempre en la historia, y como lo fue en el siglo XIX y en vísperas de la primera Guerra Mundial. En el siglo XX fueron las guerras las que hicieron tabla rasa del pasado, reduciendo fuertemente el rendimiento del capital y dando la impresión de que se había superado estructuralmente el capitalismo y su contradicción fundamental.

Desde luego que se podrían imponer fuertes gravámenes al rendimiento del capital para llevar el rendimiento privado por debajo de la tasa de crecimiento; pero, si esa acción es muy intensa y uniforme, se corre el riesgo de apagar el motor del crecimiento y reducir un poco más la tasa de crecimiento. Los empresarios ni siquiera tendrían tiempo de convertirse en rentistas: ya no habría con qué.

La solución correcta es un impuesto progresivo anual sobre el capital; así sería posible evitar la interminable espiral de desigualdad y preservar las fuerzas de la competencia y los incentivos para que no deje de haber acumulaciones originarias. Por ejemplo, hemos mencionado la posibilidad de una lista de tasas impositivas al capital con tasas limitadas a 0.1 o 0.5% anual sobre los patrimonios de menos de un millón de euros, de 1% para fortunas entre uno y cinco millones de euros, de 2 a 5% para aquellas de entre cinco y diez millones de euros, o 10% anual para las fortunas de varios cientos o miles de millones de euros. Esto permitiría contener el crecimiento sin límite de las desigualdades patrimoniales mundiales que hoy en día crecen a un ritmo insostenible a largo plazo, algo que debería preocupar incluso a los fervientes defensores del mercado autorregulado. La experiencia histórica indica, además, que fortunas tan desmesuradamente desiguales tienen poco que ver con el espíritu empresarial y carecen de utilidad para el crecimiento. Retomando la bella expresión del artículo primero de la Declaración de los Derechos del Hombre y del Ciudadano de 1789, con la que empieza este libro, no son de utilidad común.

El problema es que esta solución, el impuesto progresivo sobre el capital,

[1] Desde una perspectiva estrictamente lógica, cabe agregar que al elevarse la tasa de crecimiento g, también puede elevarse el rendimiento del capital r, sin por ello necesariamente reducirse la distancia $r-g$. Véase el capítulo X.

exige un muy alto grado de cooperación internacional y de integración política regional. No está al alcance de los Estados-nación en que se construyeron los compromisos sociales precedentes. A muchos les inquieta que, de seguirse este camino, en la Unión Europea por ejemplo, lo único que se conseguiría sería debilitar los logros existentes (empezando por el Estado social pacientemente construido en los países europeos después de los golpes del siglo XX), sin poder construir más que un gran mercado caracterizado por una competencia cada vez más pura y más perfecta. Ahora bien, esta competencia pura y perfecta no cambiará en nada la desigualdad $r > g$, que no se deriva de una "imperfección" del mercado o de la competencia, sino todo lo contrario. Ese riesgo existe, pero me parece que, para retomar el control del capitalismo, verdaderamente no hay más opción que apostar por la democracia hasta sus últimas consecuencias, sobre todo a escala europea. Otras comunidades políticas de mayor tamaño, en los Estados Unidos o en China, se enfrentan a opciones un poco más diversificadas, pero en el caso de los pequeños países europeos, que pronto serán minúsculos a escala de la economía globalizada, la vía del repliegue nacional no puede llevar sino a frustraciones y decepciones mayores incluso que la vía europea. El Estado-nación sigue siendo el escalón pertinente para modernizar profundamente muchas políticas sociales y fiscales y, hasta cierto punto, para desarrollar nuevas formas de gobernanza y propiedad compartida, a medio camino entre la propiedad pública y la privada, que es una de las grandes apuestas para el futuro. Sin embargo, sólo la integración política regional permite considerar una reglamentación eficaz del capitalismo patrimonial globalizado del siglo que empieza.

Por una economía política e histórica

Permítaseme concluir aquí con algunas palabras sobre la economía y las ciencias sociales. Como ya lo precisé en la introducción, no concibo otro lugar para la economía que como una subdisciplina más de las ciencias sociales, al lado de la historia, la sociología, la antropología, las ciencias políticas y tantas otras. Espero que este libro haya ilustrado en parte lo que quiero dar a entender con esta postura. No me gusta mucho la expresión "ciencia económica": me parece terriblemente arrogante y podría hacer creer que la economía ha logrado un estatuto científico superior, específico, distinto de las demás ciencias sociales. Prefiero sin duda la expresión "economía política", tal vez un poco anticuada, pero con el mérito de ilustrar lo que, a mi parecer, es la única especificidad aceptable de la economía dentro de las ciencias sociales, es decir, su intención política, normativa y moral.

Desde sus orígenes, la economía política ha intentado estudiar científicamente, o cuando menos racionalmente, y de forma sistemática y metódica, cuál debe ser el papel ideal del Estado en la organización económica y social de un país, cuáles son las instituciones y políticas públicas que más nos acercan a una sociedad ideal. Esta pretensión inverosímil de estudiar el bien y el mal, materia en la cual todo ciudadano es especialista, puede hacer sonreír y casi siempre es mal utilizada, o cuando menos exagerada. Sin embargo, al mismo tiempo es necesaria y hasta indispensable, pues es demasiado fácil que los investigadores en ciencias sociales salgan del debate público y la confrontación política y se contenten con jugar a ser comentaristas o simples deconstructores de todos los discursos y todas las estadísticas. Los investigadores en ciencias sociales, como, por otra parte, todos los intelectuales y principalmente todos los ciudadanos, deben participar en el debate público. Este compromiso no puede hacerse sólo en nombre de grandes principios abstractos (la justicia, la democracia, la paz en el mundo); debe encarnarse en opciones, en instituciones y políticas precisas, se trate del Estado social, de los impuestos o de la deuda. Todo el mundo hace política, en el lugar que le corresponde. No hay, por un lado, una fina élite de responsables políticos y, por otro, un ejército de comentaristas y espectadores, buenos nada más que para introducir la papeleta en la urna cada cierto número de años. La idea según la cual la ética del investigador y la del ciudadano son irreconciliables, y que el debate sobre los medios debe estar separado del de los fines, me parece una ilusión, comprensible, sí, pero en última instancia peligrosa.

Durante demasiado tiempo los economistas han tratado de definir su identidad a partir de sus supuestos métodos científicos. En realidad, esos métodos se basan sobre todo en un uso inmoderado de modelos matemáticos que a menudo no son más que una excusa para ocupar terreno y disimular la vacuidad del objetivo. Demasiada energía se ha gastado, y así es siempre, en meras especulaciones teóricas, sin que los hechos económicos que se ha tratado de explicar, o los problemas sociales o políticos que se ha intentado resolver, hayan sido claramente definidos. Hoy somos testigos del gran entusiasmo de los estudiosos de la economía por los métodos empíricos basados en experimentos controlados. Utilizados con moderación y discernimiento, estos métodos pueden ser muy útiles, y cuando menos han tenido el mérito de orientar a una parte de la profesión hacia asuntos concretos e investigaciones prácticas (ya era hora). Sin embargo, estos nuevos enfoques en ocasiones tampoco son libres de cierta ilusión cientificista. Por ejemplo, se puede pasar mucho tiempo demostrando la existencia indiscutible de una causalidad pura y verdadera y olvidar, de paso, que el asunto de que se trata es a veces de interés limitado. Estos métodos llevan con frecuencia a desatender las lecciones de la historia y a olvidar que la experiencia histórica sigue siendo nuestra principal fuente de conocimiento. No se puede repetir la historia del siglo xx haciendo como si nunca hubiera ocurrido la primera Guerra Mundial, o como si el impuesto sobre el ingreso y la jubilación por reparto no se hubieran inventado. No hay duda de que siempre es difícil establecer con certeza las causalidades históricas. ¿Hay la plena seguridad de que tal política surtió tal efecto, o quizás éste se debió también a alguna otra causa? Sin embargo, las lecciones imperfectas que aprendemos de la investigación histórica y, en particular, del estudio del siglo recién transcurrido tienen un valor inestimable e irremplazable que ninguna experiencia controlada podrá jamás igualar. Para tratar de ser útiles, me parece que los economistas deberían aprender sobre todo a ser más pragmáticos en sus opciones metodológicas, a no escatimar, en cierta forma, y acercarse así a otras disciplinas de las ciencias sociales.

Y a la inversa, los demás investigadores en ciencias sociales no deben dejar el estudio de los hechos económicos a los economistas y echarse a correr en cuanto ven un número; tampoco deben considerarlos una impostura, contentándose con decir que cada cifra es una construcción social, lo cual sin duda es siempre cierto, pero insuficiente. En el fondo, estas dos formas de renuncia resultan en lo mismo, porque ambas llevan a dejar el campo libre a otros.

El juego de los más pobres

"Mientras los ingresos de las clases de la sociedad contemporánea sigan fuera del alcance de la investigación científica, será en vano querer emprender una historia económica y social de utilidad." Con esta bella frase empieza el libro que en 1965 publicaron Jean Bouvier, François Furet y Marcel Gillet: *Mouvement du profit en France au XIXe siècle* [El movimiento de los beneficios en Francia en el siglo XIX]. Este trabajo merece una relectura, por una parte, porque se trata de una de las obras características de la historia "serial" que prosperaba en Francia en el siglo XX (sobre todo entre 1930 y 1970), con sus cualidades y defectos, pero sobre todo por el recorrido intelectual de François Furet, que ilustra maravillosamente las buenas y las malas razones de la muerte de ese programa de investigación.

Cuando Furet inició su carrera, como joven y prometedor historiador, se dirigió a lo que le parecía el tema principal de investigación: "los ingresos de las clases de la sociedad contemporánea". El libro es riguroso, sin prejuicios, y trata sobre todo de reunir materiales y establecer hechos. Sin embargo, fue su primera y última obra sobre el tema. En *Lire et écrire* [Leer y escribir], magnífica obra publicada en 1977 con Jacques Ozouf, dedicada a "la alfabetización de los franceses, de Calvino a Jules Ferry", se encontraba la misma voluntad de establecer series, ya no sobre los beneficios industriales, sino sobre los índices de alfabetización, el número de profesores y los gastos en educación. Sin embargo, en esencia, Furet se hizo famoso por sus trabajos sobre la historia política y cultural de la Revolución francesa, en los que resulta difícil encontrar rastros de los "ingresos de las clases de la sociedad contemporánea" y en los que el gran historiador, muy preocupado por su lucha de los años setenta contra los historiadores marxistas de la Revolución francesa (en ese entonces particularmente dogmáticos y claramente dominantes, sobre todo en la Sorbona), parecía incluso negar toda forma de historia económica y social. Me parece una pena, en la medida en que —creo— es posible conciliar los diferentes enfoques. Evidentemente, la vida política y la vida de las ideas tienen su autonomía respecto de los cambios económicos y sociales. Las instituciones parlamentarias y el Estado de derecho no son las instituciones burguesas descritas por los intelectuales marxistas de antes de la caída del muro de Berlín. Sin embargo, al mismo tiempo es más que evidente que los sobresaltos de los precios y los salarios, de los ingresos y los patrimonios, contribuyen a forjar las percepciones y las actitudes políticas, y que a cambio estas representaciones engendran instituciones, reglas y políticas que acaban por modelar los cambios económicos y sociales. Es posible, e incluso indispensable, tener un enfoque a la vez económico y político, salarial y social, patrimonial y cultural. Ya dejamos atrás los combates bipolares de los años 1917-1989. Lejos de estimular las investigaciones sobre el capital y las desigualdades, los enfrentamientos en torno al capitalismo y el comunismo más bien contribuyeron a esterilizarlas, tanto entre los historiadores y los economistas como entre los filósofos.[2] Es el momento de dejar eso atrás, incluyendo la forma que adoptó la investigación histórica, que a mi parecer todavía lleva la marca de esos enfrentamientos pasados.

Como señalé en la introducción, sin duda también hay razones puramente técnicas que explican la muerte prematura de la historia serial. Los problemas materiales relacionados con la recolección y explotación de los datos explican obviamente la razón de que esos trabajos (incluido *Mouvement du profit en France au* XIX*e siècle*) concedan tan poco espacio a la interpretación histórica, lo cual en ocasiones hace que la lectura de esas obras sea relativamente árida. En particular, el análisis de los vínculos entre los cambios económicos observados y la historia política y social del periodo estudiado suele ser mínimo, pues se prefiere una descripción meticulosa de las fuentes y los datos brutos que, en nuestros días, encuentran naturalmente su lugar en cuadros de Excel y bases de datos disponibles en línea.

Me parece también que el fin de la historia serial está ligado al hecho de que ese programa de investigación murió antes de haber llegado al estudio del siglo XX. Cuando se estudian los siglos XVIII y XIX, es posible imaginar más o menos que la evolución de precios y salarios, ingresos y fortunas sigue una lógica económica autónoma e interactúa poco, o nada, con la lógica propiamente política y cultural. Cuando se estudia el siglo XX, esa ilusión se derrumba de inmediato. Basta con echar una rápida ojeada a las curvas de la des-

[2] Cuando se leen los textos que Sartre, Althusser o Badiou dedicaron a sus compromisos marxistas o comunistas, a menudo se tiene la impresión de que su interés por el asunto del capital y las desigualdades entre las clases sociales es apenas moderado, y que no es más que un pretexto para otro tipo de disputas.

igualdad en los ingresos y los patrimonios, o a la relación entre capital e ingreso, para ver que la política permea todo, y que las evoluciones económica y política son indisociables y deben estudiarse conjuntamente. Esto obliga también a estudiar el Estado, los impuestos y la deuda en sus dimensiones concretas, y a salir de los esquemas simplistas y abstractos sobre la infraestructura económica y la superestructura política.

En efecto, un sano principio de especialización puede justificar perfectamente que no todo el mundo se ponga a establecer series estadísticas. Hay mil y una formas de hacer investigación en ciencias sociales, y generar series no siempre es indispensable —en absoluto—; tampoco es particularmente imaginativo (estoy de acuerdo). Sin embargo, me parece que los investigadores en ciencias sociales de todas las disciplinas, los periodistas y los comentaristas de cualquier medio, los militantes sindicales y políticos de todas las tendencias, pero principalmente todos los ciudadanos, deberían interesarse seriamente por el dinero, su comportamiento, los hechos y las evoluciones que lo rodean. Quienes tienen mucho nunca se olvidan de defender sus intereses. Negarse a usar cifras rara vez favorece a los más pobres.

LISTA DE CUADROS Y GRÁFICAS

Cuadros

Gráficas

ÍNDICE GENERAL

Segunda Parte

LA DINÁMICA DE LA RELACIÓN CAPITAL/INGRESO [127]

El capital en el siglo XXI, de Thomas Piketty, se terminó de imprimir y encuadernar en noviembre de 2014. La edición consta de 38 500 ejemplares; 10 000 impresos y encuadernados en papel book cream de 60 g en Impresora y Encuadernadora Progreso, S. A. de C. V. (IEPSA), Calzada San Lorenzo, 244; 09830 México, D. F.; 6 500 ejemplares impresos y encuadernados en papel bookcel de 80 g en Talleres Gráficos Nuevo Offset, Viel 1444, C1424BKD, Ciudad Autónoma de Buenos Aires, Argentina; 8 000 ejemplares impresos y encuadernados en papel bond ahuesado de 80 g en Talleres de Salesianos Impresores, S. A., General Gana 1486, Santiago de Chile; 4 000 ejemplares impresos y encuadernados en papel bulky de 60 g en Nomos Impresores, Diagonal 18 Bis No. 41-17, Bogotá, Colombia; 10 000 ejemplares impresos y encuadernados en papel prinset ahuesado de 80 g en Talleres Viro Servicios Gráficos, S. L., Pol. Ind. Los Nuevos Calahorros, C/Rosal, 3 y 5, 28970, Humanes de Madrid, España. Para su composición se emplearon tipos de la familia New Aster, 10/12 y 8/10. Armado y composición: *Griselda González Bastida* y *Eduardo Romero*. Cuidado de la edición: *Mariana Flores Monroy* y *Víctor H. Romero Vargas*. Editora de obras de Ciencias Sociales en FCE México: *Karla López*; asistente editorial: *Grizel Robles*.